Zahrnt · VOC
Verdingungsordnung für Computerleistungen

Teil 1: Die Besonderen Vertragsbedingungen für die Miete, den Kauf und die Wartung von EDV-Anlagen und -Geräten

EDV und Recht

Band 11

Herausgegeben von

Prof. Dr. jur. Dr. rer. nat. Herbert Fiedler, Bonn

Eine Veröffentlichung der Forschungsstelle für Juristische Informatik und Automation der Universität Bonn

1978

J. Schweitzer Verlag · Berlin

VOC

Verdingungsordnung für Computerleistungen

Teil 1: Die Besonderen Vertragsbedingungen für die Miete, den Kauf und die Wartung von EDV-Anlagen und -Geräten

von Dipl.-Volkswirt

Dr. jur. Christoph Zahrnt

Rechtsanwalt in Heidelberg

unter Mitwirkung von

Dr. rer. nat. Ulrich Nielsen

München

1978

J. Schweitzer Verlag · Berlin

Anschrift des Verfassers:
Dr. jur. Christoph Zahrnt, Dürerstr. 7, D-6900 Heidelberg

CIP-Kurztitelaufnahme der Deutschen Bibliothek

Zahrnt, Christoph:
Verdingungsordnung für Computerleistungen : VOC / von Christoph Zahrnt. Unter Mitw. von Ulrich Nielsen. – Berlin : Schweitzer.
Teil 1. Die Besonderen Vertragsbedingungen für die Miete, den Kauf und die Wartung von EDV-Anlagen und -Geräten. – 1978.
(EDV und Recht ; Bd. 11)
ISBN 3-8059-0505-X

Druck: Hildebrand, Berlin – Bindearbeiten: Dieter Mikolai, Berlin – Printed in Germany

Inhaltsverzeichnis

Vorwort

Der Titel "VOC = Verdingungsordnung für Computerleistungen" drückt in Anlehnung an die VOB (Verdingungsordnung für Bauleistungen) ein Programm aus:

- in Bezug auf die BVB: Sie sind nicht nur Besondere Vertragsbedingungen, die die "Allgemeinen Bedingungen für die Ausführung von Leistungen (VOL/B)" ergänzen, sie regeln vielmehr die Beschaffung von Computerleistungen - fast - genauso umfassend wie es die VOB für die Beschaffung von Bauleistungen tut; sie sind eben die VOC.
- in Bezug auf den Kommentar: Er behandelt alle Fragen im Umfeld von EDV-Beschaffungen. Insb. wird auch die VOL/B kommentiert.

Dieser Kommentar soll einerseits dem Beschaffer (der nicht Jurist zu sein braucht), andererseits dem EDV-Spezialisten bei der Beschaffung von Hard- und Software dienen. Für Beschaffer und/oder Juristen werden deswegen Ausführungen über die EDV gemacht, die ihr Verständnis für die sich aus der EDV ergebenden Rechtsfragen fördern sollen, mögen sie dem EDV-Spezialisten auch als selbstverständlich erscheinen. Andersherum können gewisse Breiten für den Juristen nicht vermieden werden, um dem EDV-Spezialisten und/oder Beschaffer den rechtlichen Hintergrund für die Regelung zu erklären. Es wird aber darauf verzichtet, eine Einführung in das Bürgerliche Gesetzbuch zu geben. Der Kommentar will zugleich auch ein Handbuch für die praktische Seite von EDV-Beschaffungen sein. Deswegen ist ein "Praktischer Teil" angefügt.

Der vorliegende erste Band behandelt die Hardware(beschaffungs)-verträge, also die BVB-Miete, -Kauf und -Wartung sowie den dazugehörenden Praktischen Teil.

Für EDV-technische Fragen zeichnet Herr Dr. Nielsen verantwortlich, im übrigen der Verfasser.

Mein Dank gilt denen, die sich mit dem Manuskript auseinandergesetzt und zu Verbesserungen beigetragen haben: Herrn Prof. Dr. Dr. Fiedler als Herausgeber, Herrn Dr. Engelhard von der Deutschen Forschungsgemeinschaft, der sein Wissen über die Entstehung der BVB und seine Erfahrungen aus seiner Beschaffungstätigkeit beigesteuert hat, und meiner Frau, die sich um die Verständlichkeit des Kommentars gekümmert hat.

Schrifttum

Folgende Werke werden mehrfach angeführt:

Braun, Bernd und Schwab, Hans-Jürgen, Erläuterungen zu den BVB-Miete, in: Burhenne, Wolfgang und Perband, Klaus, EDV-Recht, Berlin 1970 ff, 9. Lieferung 1975; auch Sonderdruck Düsseldorf 1975.
zit: Braun-Schwab mit § und Anmerkung

Daub, Walter und Meierrose, Rudolf, Kommentar zur VOL, 2. Aufl. Düsseldorf 1976
zit: Daub mit Teil, § und Ez

Ebisch, Hellmuth und Gottschalk, Joachim, Preise und Preisprüfungen bei öffentlichen Aufträgen einschließlich Bauaufträge, 3. Aufl. München 1973
zit: Ebisch-Gottschalk

Palandt Bürgerliches Gesetzbuch, 36. Aufl. München 1977
zit: Palandt mit Bearbeiter, § und Anmerkung

Soergel- Siebert, Bürgerliches Gesetzbuch 10. Aufl. Stuttgart 1959 ff
zit: Soergel mit Bearbeiter, § und Randziffer

Beschaffungshinweis

Die BVB können bezogen werden beim Bundesanzeiger, Postfach 108006, 5000 Köln 1
"Beilagen 2/73 und 15/74".

Abkürzungen

aaO	am angegebenen Orte
Abs.	Absatz
AG	Auftraggeber
AGB	Allgemeine Geschäftsbedingungen
AN	Auftragnehmer
Anm.	Anmerkung
a.o.	außerordentlich
Aufl.	Auflage
BB	Betriebsberater, Heidelberg
BGB	Bürgerliches Gesetzbuch
BGBl.	Bundesgesetzblatt
BGH	Bundesgerichtshof
BGH...Z	Amtliche Sammlung der Entscheidungen des Bundesgerichtshofs in Zivilsachen
BMF	Bundesminister(ium) der Finanzen
BMI	Bundesminister(ium) des Innern
BVB	Besondere Vertragsbedingungen
d.h.	das heißt
einschl.	einschließlich
Ez	Erläuterungsziffer (bei Daub)
f	folgende (Seite/Randziffer)
ff	folgende (Seiten/Randziffern)
Fn	Fußnote
gem.	gemäß
ggf.	gegebenenfalls
GMBl.	Gemeinsames Ministerialblatt der Bundesministerien ...
GWB	Gesetz gegen Wettbewerbsbeschränkungen
GZ	Grundzüge
HGB	Handelsgesetzbuch
HS	Halbsatz
HW	Hardware
idR	in der Regel
IMKA	Interministerieller Ausschuß zur Koordinierung der EDV in der Bundesverwaltung
insb.	insbesondere
i.S.v.	im Sinne von
i.V.m.	in Verbindung mit
K	BVB für den Kauf ...
KBSt	Koordinierungs- und Beratungsstelle der Bundesregierung für die EDV in der Bundesverwaltung
KoopA	Kooperationsausschuß ADV Bund/Länder Kommunaler Bereich
KS	Kaufschein
LB	Leistungsbeschreibung
M	BVB für die Miete ...
MS	Mietschein
m.W.	meines Wissens
NJW	Neue Juristische Wochenschrift, Frankfurt a.M.
Nr.	Nummer

Online	Online, Zeitschrift für Datenverarbeitung, Köln
ÖVD	Öffentliche Verwaltung und Datenverarbeitung, Stuttgart
PT	Praktischer Teil
RGBl.	Reichsgesetzblatt
RG	Reichsgericht
RGZ	Amtliche Sammlung der Entscheidungen des Reichsgerichts in Zivilsachen
Rz	Randziffer
S.	Satz
s.	siehe
Sp.	Spalte
SW	Software
u.a.m.	und anderes mehr
usw.	und so weiter
u.U.	unter Umständen
vgl.	vergleiche
VOB/B	Verdingungsordnung für Bauleistungen, Teil B
VOL/A	Verdingungsordnung für Leistungen, Teil A
VOL/B	Verdingungsordnung für Leistungen, Teil B
VO PR 30/53	Verordnung PR 30/53 über die Preise bei öffentlichen Aufträgen vom 21.11.1953 (Bundesanzeiger Nr. 244 vom 18.12.1953)
W	BVB für die Wartung ...
WS	Wartungsschein
z.B.	zum Beispiel
ZPO	Zivilprozeßordnung
z.T.	zum Teil

Einführungsschreiben zu den BVB-Miete, -Kauf und -Wartung

Rundschreiben des Bundesministers für Wirtschaft und Finanzen vom 15.12.1972 (GMBl 1973, 30)

"1. Die zunehmende Bedeutung der elektronischen Datenverarbeitung innerhalb der Bundesverwaltung hat eine enge Zusammenarbeit der einzelnen Bundesressorts auf diesem Gebiete erforderlich gemacht. Vordringlichste Aufgabe war die Erarbeitung allgemeiner Grundsätze für die Beschaffung von EDV-Anlagen. Der Interministerielle Ausschuß zur Koordinierung der elektronischen Datenverarbeitung in der Bundesverwaltung hat unter Federführung des BMI im Einvernehmen mit dem Kooperationsausschuß EDV Bund/Länder/kommunaler Bereich zunächst die Besonderen Vertragsbedingungen für die Miete von EDV-Anlagen und -Geräten erarbeitet. Besondere Vertragsbedingungen für den Kauf und die Wartung von EDV-Anlagen sowie für die Überlassung bzw. Erstellung von Software werden in Kürze folgen.
Die Besonderen Vertragsbedingungen sind entwickelt worden für Aufträge

- des Bundes, der Länder, Gemeinden, Gemeindeverbände und kommunalen Zweckverbände,
- der sonstigen juristischen Personen des öffentlichen Rechts, die nicht auf Erzielung von Gewinn ausgerichtet sind,
- der Institutionen, die überwiegend aus öffentlichen Mitteln finanziert werden und die nicht auf Erzielung von Gewinn ausgerichtet sind.

Die Besonderen Vertragsbedingungen für die Beschaffung von EDV-Anlagen (Miete, Kauf, Wartung usw.) sind eine Ergänzung der in der Verdingungsordnung für Leistungen - ausgenommen Bauleistungen - (VOL) enthaltenen allgemeinen Bedingungen für die Ausführung von Leistungen (VOL/B). Obwohl die Miete nicht zu den in § 1 der VOL/B genannten Leistungen gehört, soll die VOL/B im Interesse eines einheitlichen Bedingungswerkes bei sämtlichen Beschaffungen von EDV-Anlagen, das heißt also auch bei der Miete zugrunde gelegt werden. Die Besonderen Vertragsbedingungen modifizieren die VOL/B für den Bereich der elektronischen Datenverarbeitung.
Für das Verfahren bei der Vergabe von Leistungen in diesem Bereich sind die Bestimmungen der VOL/A, insbesondere § 3, anzuwenden.

2. Im übrigen wird für das Vergabeverfahren auf folgendes hingewiesen."
(Es folgen die Erläuterungen)

Rundschreiben des Bundesministers des Inneren vom 15.7. 1974 (GMBl 1974, 326)

"Nachdem mit Rundschreiben des Bundesministers für Wirtschaft und Finanzen vom 15. Dezember 1972 - F/VII B 3 - O 1095 - 93/72 - die Besonderen Vertragsbedingungen für die Miete von EDV-Anlagen und -Geräten (BVB-Miete) veröffentlicht worden sind (vgl. Gemeinsames Ministerialblatt Nr. 3 vom 2. Februar 1973, Ministerialblatt des Bundesministers der Finanzen und des Bundesministers für Wirtschaft Nr. 3 vom 12. Februar 1973 und Beilage zum Bundesanzeiger Nr. 23 vom 2. Februar 1973) werden im Einvernehmen mit dem Bundesminister für Wirtschaft in der Anlage die Besonderen Vertragsbedingungen für den Kauf von EDV-Anlagen und -Geräten (BVB-Kauf) und der Kaufschein sowie die Besonderen Vertragsbedingungen für die Wartung von EDV-Anlagen und -Geräten (BVB-Wartung) und der Wartungsschein bekanntgemacht.
Die Besonderen Vertragsbedingungen, die vom Interministeriellen Ausschuß zur Koordinierung der EDV in der Bundesverwaltung (IMKA) im Einvernehmen mit dem Kooperationsausschuß ADV erarbeitet wurden, sind eine Ergänzung der in der Verdingungsordnung für Leistungen - ausgenommen Bauleistungen - (VOL) enthaltenen Allgemeinen Bedingungen für die Ausführung von Leistungen (VOL/B). Die Besonderen Vertragsbedingungen modifizieren die VOL/B für den Bereich der elektronischen Datenverarbeitung.
Die Besonderen Vertragsbedingungen sind mit den Herstellern eingehend erörtert worden. Sollten sich dennoch in Einzelfällen beim Abschluß von Verträgen Unklarheiten oder Zweifelsfragen ergeben, bitte ich um Unterrichtung mit dem Ziel einer Abstimmung.
Im Einvernehmen mit dem Bundesminister für Wirtschaft bitte ich, beim Abschluß von Kauf- und Wartungsverträgen für EDV-Anlagen und -Geräte in Ihrem Geschäftsbereich ab 1. Juli 1974 die Besonderen Vertragsbedingungen anzuwenden.
Im Kooperationsausschuß ADV ist vereinbart worden, daß die Besonderen Vertragsbedingungen auch von den Ländern und den Gebietskörperschaften angewandt werden."

Einleitung

1. Zielsetzung der BVB

1 Die BVB sollen von den AGB der Hersteller fort zu vertraglichen Beziehungen führen, die auch die Interessen der öffentlichen Hand berücksichtigen. Diese Interessen lassen sich mit den drei Stichworten
- Ausgewogenheit der Bedingungen
- Vergleichbarkeit der Angebote und
- Sicherheit des Einsatzes der EDV

zusammenfassen. Diese Ziele können nur erreicht werden, wenn die BVB für alle Stellen der öffentlichen Hand einheitlich und verbindlich sind. Die AGB der Hersteller waren idR einseitig auf die Interessen der Hersteller zugeschnitten (s. z.B. Bernd Braun, Analyse eines Standardvertrags, Data Exchange 1972, Sept. S 15ff), wenn sich auch viele Hersteller in der Praxis - aus welchen Gründen auch immer - sehr viel entgegenkommender verhielten, als es die Verträge verlangten. Die VOL/B war als Allgemeine Einkaufsbedingungen der öffentlichen Hand für EDV-Leistungen nicht spezifisch genug, bei der Miete überhaupt nicht einschlägig, um den AGB der Hersteller entgegengesetzt werden zu können; die VOL/B ließ sich deswegen in der Praxis kaum durchsetzen.

2 Ausgewogenheit: Mit den BVB als Allgemeine Einkaufsbedingungen soll sich der öffentliche AG nicht mehr auf die Großzügigkeit des Herstellers verlassen müssen, sondern soll klare vertragliche Rechte haben. Nebenleistungen und Zusicherungen sollen vertraglich abgesichert werden, sei es durch standardmäßige Regelungen oder dadurch, daß die LB den AG dazu anhält, alle Vereinbarungen auch eindeutig festzulegen. Die BVB normieren den Vertragsinhalt möglichst weitgehend, damit er nicht im Einzelfall jeweils erneut ausgehandelt werden muß. Z.B. ist aus diesem Grunde stets ein verbindlicher Liefertermin mit Sanktionen im Falle des Verzugs (§ 7 M/K) vorgesehen; außerdem sind die Sanktionen bei Gewährleistung der Höhe nach festgelegt (§ 9 M/K). Dadurch wird der einzelne *Vertragsabschluß* erheblich vereinfacht.
Die Normierung kann sich auch auf die *Vertragsdurchführung* beziehen. Z.B. ist im Falle des Verzugs die Nachfrist von vornherein auf 100 Tage festgelegt, während nach dem BGB und der VOL/B jeweils im konkreten Fall eine angemessene Frist bestimmt werden muß.

3 Ausgewogenheit bedeutet aber auch - und zwar *innerhalb* der öffentlichen Hand -, daß der kleine öffentliche AG die Möglichkeit haben soll, zu den gleichen - ausgewogenen und damit günstigen - Bedingungen abzuschließen wie der große

AG. Das bedeutet, daß die Bedingungen für alle öffentlichen AG verbindlich sein müssen, also Regelbedingungen, nicht Mindestbedingungen sein müssen. Der große AG soll also nicht mehr für sich heraushandeln (zur Zulässigkeit von Abweichungen s. GZ 2 Rz 24ff). Aus diesem Grunde sind die BVB noch detaillierter abgefaßt, als dies wegen der Ausgewogenheit im Verhältnis von AG zu AN erforderlich ist. Der Ordnungscharakter zeigt sich auch in Regelungen, die auf die bessere Vorhersehbarkeit der Vertragsdurchführung abzielen; z.B. werden Zahlungen durch Pauschalierung, Laufzeiten durch Angabe von Mindestfristen besser vorhersehbar.

4 Vergleichbarkeit: EDV-Leistungen sollen - auf die Dauer gesehen - ausgeschrieben werden können. Die BVB sollen einen Schritt zur besseren Vergleichbarkeit der Angebote sein. Dies wird teilweise bereits dadurch bewirkt, daß viele Regelungen im Interesse der Ausgewogenheit normiert werden. In den BVB finden sich zusätzlich zahlreiche Detailregelungen, die in erster Linie der Vergleichbarkeit dienen (Angabe der Kosten für den Haustransport gem. § 6 Nr. II. 1 M. In § 22 Nr. 2 M ist wegen der *Ausgewogenheit* geregelt, wer die Kosten trägt. Zur Erhöhung der *Vergleichbarkeit* ist der Zielort für den Rücktransport der Anlage nach Mietende anzugeben, so daß die Transportkosten ungefähr abgeschätzt werden können.) Zur Ausschreibbarkeit mit Hilfe der BVB und der LB s. PT 7.

5 Die beiden bisher erörterten Zielsetzungen sind die wesentliche Ursache für die Kompliziertheit der BVB. Außerdem wurden Regelungen eingefügt, wenn vermutet wurde, daß sich anderenfalls in der Praxis Zweifel bei der Anwendung der BVB ergeben könnten. Die Kompliziertheit hat es mit sich gebracht, daß manche Fragen doppelt geregelt wurden. Z.B. überschneiden sich die Regelungen in § 9 Nr. 2, § 14 Nr. 3 und § 17 Nr. 3 K darin, welche Eintragungen im Betriebsbuch vorzunehmen sind.

6 Sicherheitsbedürfnis: Soll die öffentliche Hand die Erledigung von Verwaltungsaufgaben mit Hilfe der EDV verantworten können, muß ein besonderes Sicherheitsbedürfnis hinsichtlich der Einführung und des Einsatzes der EDV abgedeckt sein. Strenge Bedingungen sollen leichtfertigen Versprechungen entgegenwirken. Das Einführungsschreiben zu den BVB-Miete (s. GZ 1 Rz 8) führt hierzu aus: "Die zunehmende Bedeutung der automatisierten Datenverarbeitung in der öffentlichen Verwaltung macht es erforderlich, an die Sicherheit und Zuverlässigkeit automatisierter Verfahren hohe Anforderungen zu stellen. Grundbedingung hierfür ist reibungsloses und verläßliches Funktionieren der EDV-Anlagen und -Geräte. Diesen Erfordernissen Rechnung" zu tragen, sind die BVB erarbeitet worden. Diese Anforderungen sollen nicht punktuell, u.U. mehr als erforderlich, aber zu hohen Kosten erfüllt werden (z.B. durch eine Duplex-Anlage), sondern hinsichtlich *aller* Leistungen: Die BVB sollen das normale Sicherheitsbedürfnis der öffent-

lichen Anwender hinsichtlich aller relevanten Leistungen abdecken. Dieses Konzept findet seinen Ausdruck z.B. in der Werbung eines großen Herstellers: "Für Ihre zukünftigen Computeranwendungen ist es wichtiger denn je: Ein EDV-System ist nicht so gut wie die Zentraleinheit allein, sondern so gut wie die Zentraleinheit *und* die Ein/Ausgabeeinheiten *und* die Speicher *und* die Software *und* die Beratung *und* die Wartung."

7 Das Konzept der BVB lautet: Ausgewogenheit auf der Grundlage der besonderen Anforderungen der öffentlichen Hand. Das Konzept geht von den AGB der Hersteller aus und übernimmt EDV-spezifische Regelungen. Bei jeder Regelung wird geprüft, ob sie ausgeglichen ist, wobei das BGB als Maßstab für Ausgeglichenheit gilt. Soweit das BGB verschiedene Regelungen zur Verfügung stellt, wird diejenige ausgewählt, die den AN am stärksten in die Pflicht nimmt. Für den AG besonders günstige AGB sind übernommen worden (z. B. Haftungsausschluß des AG in § 11 Nr. 1 M). Die Vereinheitlichung der Bedingungen soll grundsätzlich nicht soweit reichen, daß die Hersteller gezwungen werden würden, ihre Produktpolitik zu ändern. Dies gilt für den Bereich Sicherheit nur eingeschränkt (s. Rz 6). Aber auch dort wird nur ausnahmsweise verlangt, daß der AN eine *bestimmte* Maßnahme trifft; am ehesten geschieht dies, wenn es um die *Einsatzsicherheit* geht. (So darf z.B. der AN nach § 9 Nr. 6 I M die Grundsoftware nicht beliebig oft, sondern u.U. nur alle zwei Jahre ändern). Auch hier wird eher das finanzielle Risiko des AN bei Leistungsstörungen vergrößert, so daß dieser die geeigneten Maßnahmen zur Senkung dieses Risikos selber aussuchen kann. Das Konzept beinhaltet damit die Bereitschaft, ggfs. auch einen höheren Preis zu zahlen, als ihn der AG bei Lieferung zu seinen Bedingungen verlangt (s. zur Praxis GZ 1 Rz 6 f).

8 <u>BVB in der privaten Wirtschaft:</u> Die Zielsetzungen entsprechen weitgehend auch den Bedürfnissen der privaten Anwender. Braun erwartete von dem ersten veröffentlichten Entwurf der BVB zugunsten aller Anwender (BB 1971, 1264 ff):
"a) Größere Klarheit, sowohl was die Vertragsstruktur, die Formulierung der einzelnen Bedingungen als auch die verwendeten Begriffe betrifft.
b) Einführung verbindlicher Lieferfristen mit fühlbarer Sanktion für den Fall des Verzuges.
c) Klare und vernünftige Abnahmebedingungen.
d) Angemessene Gewährleistungs- und Schadensersatzverpflichtungen der Vermieter oder Verkäufer.
All dies sind Gesichtspunkte, die in den bis heute üblichen Standardverträgen zu Lasten der Anwender zu kurz kommen. Sie sind in dem Entwurf des BMI sämtlich berücksichtigt."

2. Benutzungsanweisung für den Kommentar

9 Die <u>GZ</u> sollen das Verständnis der BVB erleichtern und solche Fragen klären, die in den BVB an verschiedener Stelle auftreten. Der erste Abschnitt über die *Geschichte* zeigt

das Bemühen, einen Kompromiß zwischen den Wünschen und den Möglichkeiten zu finden. Der Abschnitt über die *BVB als AGB* soll Hinweise geben, wie man mit den BVB arbeiten muß. Die grundsätzlichen Fragen der *Einbeziehung der Software* in den Vertrag über die Hardwarebeschaffung werden im dritten Abschnitt erörtert. Das Sicherheitskonzept (s. Rz 5) hat seinen Niederschlag im wesentlichen in den Regelungen über den *pauschalierten Schadensersatz* gefunden, was im letzten Abschnitt der GZ behandelt wird. Den Erläuterungen der BVB ist eine Kurzkommentierung der VOL/B vorangestellt. Diese soll tabellarisch angeben, welche Regelungen der VOL/B überhaupt anwendbar sind; außerdem soll sie die wichtigsten Probleme dieser Regelung klären.

10 Zur Kommentierung der BVB ist folgendes anzumerken: Zu Beginn der einzelnen Paragraphen (bzw. von Teilen, soweit in einem Paragraphen verschiedene Komplexe behandelt werden) werden folgende Fragen behandelt:
- Was ist an den Regelungen EDV-spezifisch?
- Wie ist das Verhältnis zur VOL/B und zum BGB?
- Wie ist der Komplex üblicherweise in den AGB der Hersteller geregelt?
- Wie ist die Einbeziehung der Software geregelt?

11 Inhaltliche Bezugnahme: Soweit Regelungen in den verschiedenen BVB zumindest weitgehend übereinstimmen, werden sie nur einmal kommentiert. Dies erfolgt in erster Linie bei den BVB-Miete, weil sie Vorbild für die anderen BVB waren. Bei der Kommentierung der BVB-Kauf und -Wartung wird soweit wie möglich auf die Kommentierung der BVB-Miete verwiesen (bzw. von den BVB-Wartung auf die BVB-Kauf). Kleinere Abweichungen werden möglichst bei den entsprechenden Regelungen der BVB-Miete behandelt; es kann dann vollständig auf die Kommentierung der BVB-Miete verwiesen werden; der Leser braucht nicht zwischen den verschiedenen BVB hin und her zu blättern. Es werden deswegen möglichst durchgehend die Begriffe Auftraggeber/-nehmer verwendet (AG, AN), damit der Leser bei Verweisen auf die BVB-Miete nicht durch die Begriffe Vermieter/Mieter verwirrt wird. Die Begriffe Mieter/Vermieter werden nur bei spezifisch mietrechtlichen Regelungen verwendet.
Bevor verwiesen wird, wird der Grad der Übereinstimmung angegeben. Die grundsätzliche Aussage "§ X BVB-Kauf entspricht § X BVB-Miete..." wird ergänzt entweder durch die Aufzählung der Unterschiede oder durch Wendungen wie "weitgehend, weitestgehend, sachlich" (letzteres bedeutet, daß nur formale Unterschiede bestehen, z.B. durch verschiedene Absatzbildung). Es darf nicht übersehen werden, daß gleichlautende Regelungen unterschiedliche Bedeutung haben können, je nachdem, ob Mietrecht oder Kaufrecht vorausgesetzt wird. Soweit die BVB-Kauf und -Wartung gemeinsam von den BVB-Miete abweichen, wird von den BVB-Wartung auf die BVB-Kauf und ggf. darüber auf die BVB-Miete verwiesen.

12 Die amtlichen Erläuterungen sind in der Form, wie sie von

dem für die Veröffentlichung federführenden Bundesministerium abgefaßt worden sind, übernommen worden (s. aber GZ 1 Rz 4 zur Veröffentlichung). Soweit die Erläuterungen zu den BVB-Kauf (u.U. auch zu den BVB-Wartung) von denen zu den BVB-Miete trotz Übereinstimmung der zu erläuternden Regelungen abweichen, also bereits praktische Erfahrungen berücksichtigen, wird diese Neufassung auch bei der Kommentierung der BVB-Miete zugrundegelegt.

13 Die Entstehungsgeschichte darf für die *Auslegung* der BVB als AGB nur vorsichtig herangezogen werden (s. GZ 2 Rz 3). Die Entstehungsgeschichte muß aber z.T. dargestellt werden, weil manche Regelungen dadurch verständlicher werden. Die Bezugnahme erfolgt möglichst mit der Einleitung: "Es ist davon ausgegangen worden, daß..." Unabhängig davon muß z.T. das (sich aus der Entstehung ergebende) *tatsächliche* Verständnis der BVB in der Praxis dargestellt werden (s. GZ 2 Rz 7).

14 Sprachgebrauch der Kommentierung: Es werden möglichst folgende Wendungen verwendet:
- "sollte (müßte)": Dem AG, manchmal auch dem AN wird ein bestimmtes Vorgehen zur Absicherung empfohlen.
- "dürfte": Es wird betont, daß mehrere Auslegungsmöglichkeiten bestehen, von denen diejenige vertreten wird, die am weitestgehenden Treu und Glauben entspricht.
- "Es ist als zulässig anzusehen": Die Zulässigkeit von Abweichungen von den BVB wird erörtert.

In den BVB wird nicht immer klar, ob nur die Hardware oder das System aus Hardware und Software gemeint ist (s. GZ 3 Rz 9 f). Der Begriff Hardware wird hier im Gegensatz zur Software oder zum System verwendet, und um nicht von Anlagen und/oder Geräten sprechen zu müssen, wenn es auf letztere Unterscheidung nicht ankommt (s. auch Begriffsverzeichnis). Die Begriffe Anlage und Gerät werden als Gegensatzpaar verwendet. Der Begriff Einheit dient als Oberbegriff für Geräte und Programme. Bei den BVB-Wartung wird der Begriff Gerät (e) verwendet, weil es meist um die einzelnen Geräte geht; der Begriff Anlage wird verwendet, wenn die Gesamtheit betont werden soll.

15 Zitiertechnik der BVB: Die Regelungen werden möglichst folgendermaßen zitiert: § Nr. Absatz . Satz, Halbsatz, *also* § 1 Nr. 1 I. 1, 1. HS. Fehlt die Unterteilung in Absätze (oder zugleich auch in Nummern), so wird zwischen Nummer und Satz (bzw. Paragraph und Satz) ein Komma gesetzt: § 1 Nr. 1, 1 *oder* § 1, 1. Ausnahmsweise erweitern die BVB das Format um Buchstaben und Unterabsätze: § 1 Nr. 1 I. a) I. 1, 1. HS.

16 Verweisungstechnik: Der Kommentar ist folgendermaßen gegliedert:
- bei der Kommentierung der BVB und der VOL/B: "BVB § Rz" und "VOL/B § Rz".

- beim Praktischen Teil 1: "XX Rz", wobei XX die Kurzbezeichnung der jeweiligen LB und die Nummer des Formulars angibt, *also* MS 1 Rz 7.
- im übrigen: "XX Rz", wobei YY für den Teil und für den Abschnitt steht, *also* GZ 1 Rz 1.

Bei Verweisungen werden alle diejenigen Angaben fortgelassen, die gleich sind: z.B. wird innerhalb eines Paragraphen nur auf die Rz verwiesen, innerhalb einer BVB nur auf Rz und Paragraph. Von der LB wird ohne Angabe der dazugehörenden BVB nur auf Rz und Paragraphen verwiesen.

Grundzüge 1: Geschichte

1. Entstehung

1 Bereits beim 6. Erfahrungsaustausch Bund/Länder 1968 in Kiel wurde die Forderung nach einheitlichen Vergabegrundsätzen erhoben. Der Interministerielle Ausschuß zur Koordinierung der EDV in der Bundesverwaltung (IMKA) beschloß am 10.12.1968 die Bildung eines Arbeitskreises "Grundsätze für die Beschaffung von EDV-Anlagen" unter Federführung der Koordinierungs- und Beratungsstelle der Bundesregierung für die EDV in der Bundesverwaltung (beim BMI). Der Kooperationsausschuß ADV Bund/Länder/Kommunaler Bereich entsandte nach dem Beschluß vom 5.11.1970 Vertreter der Länder und des kommunalen Bereichs in den Arbeitskreis. Der Arbeitskreis stimmte seine Entwürfe mit dem Arbeitskreis "Öffentliche Auftraggeber" der Bundesverwaltung ab, der für die VOL zuständig ist.
Es waren folgende Vertragswerke vorgesehen:
- Miete von Hardware
- Kauf von Hardware
- Wartung von Hardware
- Überlassung von Software
- Beratung in der Organisation, wobei alsbald die Erstellung von Software ausgegliedert worden ist
- Beschaffungsgrundsätze als Ergänzung zur VOL/A.

2 Die rechtstechnische Einbettung in das Vergabewesen stand lange zur Diskussion. Anfangs war geplant, die Bedingungen als Mustervertrag oder als Besondere Vertragsbedingungen für EDV in Ergänzung der VOL/B zu erarbeiten (zum Verhältnis BVB - VOL/B s. GZ 2 Rz 9). Musterverträge gibt es in Bereichen, für die die VOL/B nicht geschaffen ist (s. zum Anwendungsbereich Vorbemerkung VOL/B Rz 4), z.B. Architekten- und Ingenieurverträge im Bauwesen (s. "Richtlinien für die Durchführung von Bauaufgaben des Bundes im Zuständigkeitsbereich der Finanzbauverwaltungen" = RB Bau des BMF, Loseblattsammlung). Wegen der Konzentration der Erörterungen auf die Hardwareverträge wurde daran gedacht, Rahmenverträge zu schaffen, die der Bund mit den einzelnen Herstellern abschließen sollte. (Darin hätten bereits Preise und Rabatte festgelegt werden können). Nach der Beteiligung der Länder an den Beratungen wurde dieses Konzept dahingehend erweitert, daß auch die Länder Rahmenverträge hätten schließen sollen. Dies war aber für den kommunalen Bereich praktisch nicht möglich. Aus diesem Grunde und um die Fa. IBM nicht durch Regierungsrahmenverträge wegen der Meistbegünstigungsverpflichtung gegenüber der US-Regierung in deren Verhandlungsspielraum einzuengen, wurde dann wieder das Konzept der Musterverträge und letztlich das Besonderer Vertragsbedingungen zugrunde gelegt.

Offen war, ob die BVB Mindestbedingungen oder Regelbedingungen enthalten sollten. Der IMKA stellte in einem Beschluß vom 29.11.1972 klar, daß es sich um Regelbedingungen handeln solle (s. dazu GZ 2 Rz 24f).

3 Die Erörterung der Entwürfe mit den Herstellern begann im Frühjahr 1971. Die Entwürfe wurden anfangs mit einzelnen großen Hardwareherstellern, dann mit einer Delegation der Hersteller diskutiert:
- die abschließenden Beratungen der BVB-Miete mit dem Verband deutscher Maschinenbauanstalten (VDMA),
- die BVB-Kauf und -Wartung mit einer gemeinsamen Delegation des Verbandes deutscher Maschinenbauanstalten und des Zentralverbandes der elektrotechnischen Industrie (ZVEI).

Die Beratungen wurden von der öffentlichen Hand mit dem Ziel geführt, Übereinstimmung mit den Herstellern zu erreichen. Der Sache nach handelte es sich aber um eine Anhörung, auch wenn die Hersteller wiederholt darauf hinwiesen, daß bei den Beratungen der VOL/B Einvernehmen erzielt worden sei und dies eigentlich auch hier erzielt werden müßte. § 8 VOL/A enthält die Anweisung an den öffentlichen AG, bei der Ausarbeitung Besonderer Vertragsbedingungen diese mit den AN zu erörtern. (Daub A § 8 Ez 4b): mehr ist nicht erforderlich. Verständlicherweise konnte nicht in allen Fragen Übereinstimmung erzielt werden (s. Gessert, Besondere Vertragsbedingungen für den Kauf und die Wartung von EDV-Anlagen, ÖVD 1974, 530ff, 542).

4 Der Gang der Verhandlungen: Wegen der neuen Vertriebspolitik der Fa. IBM (unbundling) wurden die Arbeiten intensiviert und auf die Hardwareverträge, dort wiederum auf die BVB-Miete, konzentriert. 1972 wurden die BVB-Miete zu Ende beraten und zum 1.1.1973 für die Bundesverwaltung eingeführt (s. dazu Gessert, Besondere Vertragsbedingungen für die Miete von EDV-Anlagen und -Geräten, ÖVD 1973, 29 ff). Ab Mitte 1973 wurden die BVB-Kauf und -Wartung beraten, die zum 1.7.1974 für die Bundesverwaltung in Kraft traten. Diese BVB enthalten trotz des Strebens nach Einheitlichkeit bereits einige Abweichungen zu den BVB-Miete, die sich nicht aus den Besonderheiten dieser Vertragstypen ergeben, sondern Verbesserungen und Klarstellungen bringen, die für alle Hardwareverträge gelten. Die Erläuterungen zu diesen BVB wurden vom federführenden Ressort des Bundes nicht im Bundesanzeiger zur Kenntnis für die AN veröffentlicht, damit sie einfacher intern fortgeschrieben werden könnten (veröffentlicht z.B. im Hessischen Staatsanzeiger 1975, S. 265 ff).
"Die Tatsache, daß die BVB-Kauf und -Wartung ... ein halbes Jahr später als vorgesehen in Kraft gesetzt werden konnten - nach der Terminplanung sollten BVB-Kauf und BVB-Wartung bereits am 1. Januar d.J. veröffentlicht werden -, zeigt, daß die verwaltungsinternen Absprachen und insbesondere die Verhandlungen mit den EDV-Herstellern schwieriger und damit zeitaufwendiger waren, als dies vorher-

gesehen werden konnte ... . Der Verabschiedung vorausgegangen waren in den Jahren 1973 und 1974 insgesamt 5 verwaltungsinterne Sitzungen des Arbeitskreises mit mehr als 20 Verhandlungstagen sowie 4 Verhandlungsrunden mit insgesamt 10 Verhandlungstagen mit den EDV-Herstellern." (Gessert, ÖVD 1974, 530f). "Es ist festzustellen, daß dieser Arbeitskreis erfolgreich gearbeitet hat", lautete das Urteil des Präsidenten des Bundesrechnungshofs als Bundesbeauftragter für Wirtschaftlichkeit in der Verwaltung (Gutachten vom Januar 1975 zur Organisation und Koordinierung der automatisierten Datenverarbeitung in der Bundesverwaltung).
Die BVB für die Überlassung, Pflege und Erstellung von Software sollten zwar Ende 1974 ausgearbeitet sein. Die Überarbeitung der Entwürfe zog sich aber hin, so daß die Herstellerdiskussion erst im März 1975 beginnen konnte.

5 Zielsetzung der Hersteller: Für die Hersteller waren Ausgangspunkt einerseits die firmeneigenen Bedingungen, andererseits die "Grünen Lieferbedingungen der Elektroindustrie" (Allgemeine Lieferbedingungen für Erzeugnisse und Leistungen der Elektroindustrie). So sehen die Grünen Lieferbedingungen Gewährleistung in den Stufen Nachbesserung, Minderung, Rücktrittsrecht vor; Schadensersatz bei Verzug wird auf 5 % des Auftragswertes begrenzt. Die öffentliche Hand verlangte hingegen wegen der besonders starken Bindung an den Hersteller beim Einsatz der EDV mehr Schutz, als es die Grünen Lieferbedingungen vorsehen (s. Einleitung Rz 6). Demgegenüber mußten die AN Rücksicht nehmen
- auf die privaten AG und auf die weltweite Geschäftspolitik, u.U. auch auf Meistbegünstigungsklauseln gegenüber anderen Regierungen,
- auf andere Geschäftszweige der Elektronik und der Elektrotechnik, wo die AG ähnliche Bedingungen fordern könnten (etwa die Bundespost bei einer sehr starken Marktstellung im Fernmeldewesen).

6 Für die Hersteller war sehr wichtig, durch die BVB nicht dazu gezwungen zu werden, höhere und damit andere Vergütungen zu verlangen als auf dem sonstigen Markt. Der Arbeitskreis bemühte sich, dies mit seinem Konzept (s. Einleitung Rz 6 f) zu vereinbaren. Bei den BVB-Miete ging er davon aus, die zusätzlichen Leistungen und Risiken nicht zu groß werden zu lassen, so daß die Hersteller bei ihren üblichen Preisen bleiben könnten. Bei den BVB-Kauf und -Wartung waren die Schwierigkeiten größer, die Kalkulation nicht wesentlich zu beeinflussen, weil hier das Sicherheitskonzept größere Abweichungen vom üblichen Leistungsangebot verlangte (s. GZ 2 Rz 33: BVB-Kauf und -Wartung = BVB-Miete). Deswegen ist bei den BVB-Kauf fakulativ für bestimmte Leistungen, die nach der derzeitigen Praxis und damit nach der derzeitigen Kalkulation nicht erbracht werden, eine zusätzliche Vergütung vorgesehen: Während der Gewährleistungsfrist soll z.B. der AN die Kosten der *Instandsetzung* tragen. Er muß aber auch die *Instandhaltung* (vorbeugende Wartung) durchführen: dafür

kann nach § 17 Nr. 1 I. 2 eine gesonderte Vergütung vereinbart werden (s. auch § 9 Nr. 3 i.V.m § 3 Nr. 2 K und § 8 Nr. 2 i.V.m § 5 Nr. 1 III W).
Außerdem müssen die BVB für die Kalkulationsschemata verschiedener Hersteller passen; auch aus Gründen der Wettbewerbsneutralität dürfen die BVB nicht bestimmte Kalkulationsschemata und damit Leistungsangebote bestimmter Hersteller bevorzugen. Gerade Wartungsleistungen werden in verschiedenem Umfang angeboten (s. Rz 7 ff zu § 1 W). Die BVB-Wartung müssen deswegen Zuschläge zu einer Wartungspauschale vorsehen, die die wichtigsten Faktoren des Leistungsumfangs berücksichtigen.

7 Durchsetzung der BVB in der Praxis: Die BVB-Miete wurden von der Auftragnehmerseite weitgehend hingenommen; nur einige kleinere AN führten Zuschläge ein. Einige große verzichten aus Wettbewerbsgründen darauf, so lange ihre privaten AG nicht auch verlangen, Verträge nach BVB abzuschließen. Bei den BVB-Kauf und -Wartung wurden anfangs stärker Preiszuschläge über die vorgesehene gesonderte Vergütung hinaus verlangt als bisher bei den BVB-Miete. In dieselbe Richtung ging die Reaktion einiger kleinerer Hersteller, diese BVB überhaupt abzulehnen.
Diese BVB, ausgerichtet auf größere Anlagen, gelten für einen Markt, der sehr viel mehr durch kleine Unternehmen gekennzeichnet ist als der für die Miete von Hardware. Soweit solche Anbieter eine - bei Spezialgeräten oft - starke Marktstellung haben, versuchen sie oft gar nicht erst, ihr Gewährleistungs- und Wartungskonzept den BVB anzupassen und die Mehrkosten durch Zuschläge zu decken, weil Wartungspolitik und Kalkulation dann völlig umgestellt werden müßten. Denn diese sind eher auf Ersatz defekter Teile ausgerichtet, wobei das Gerät für die Reparatur u.U. eingeschickt werden kann, als auf eine Wartungsbereitschaft, die, abgestuft in Zwei-Stunden-Sprüngen, bis auf 24 Stunden täglich ausgedehnt werden kann.
Es zeichnet sich ab, daß die BVB sich in der Praxis als weniger risikobeladen erweisen als vorher angenommen, so daß die Frage von Risikozuschlägen in den Hintergrund tritt. Z.T. werden sie auch als risikobegrenzend begrüßt.

2. Geltung

8 Die BVB müssen - wie die VOL - als Vergaberichtlinien erlassen werden, d.h. als Anweisung an den öffentlichen Beschaffer, sie zu *vereinbaren*. In der Bundesverwaltung führt jedes Ressort die BVB für seinen Bereich ein. § 55 II Bundeshaushaltsordnung verlangt zwar einheitliche Richtlinien, verzichtet aber im Gegensatz zu § 46 II Reichshaushaltsordnung darauf, einen Beschluß der Bundesregierung als Grundlage dafür zu verlangen. Bei den BVB ist auf einen Beschluß verzichtet worden. Einheitlichkeit wurde formlos erreicht. Der Bundesminister für Wirtschaft und Finanzen hat mit *Einführungsschreiben* vom 19.12.1972 die Anwendung der BVB-Miete einschl. der Erläuterungen den anderen Ressorts empfohlen und für seinen Geschäfts-

Übersicht des BMI über Bekanntmachungen der BVB (Angaben aufgrund des Rundschreibens O I 2 131 136/113 vom 10. Juni 1976 an den KoopA ADV)

Bund/Land	BVB Miete	BVB Kauf und Wartung
Bund	Gemeinsames Ministerialblatt Nr. 3 vom 2.2.1973 Beilage zum Bundesanzeiger Nr. 3 vom 2.2.1973	Gemeinsames Ministerialblatt Nr. 19 vom 15.7.1974 Beilage zum Bundesanzeiger Nr. 135 v. 25.7.1974
Baden-W.	Rundschreiben des Ministeriums für Wirtschaft, Mittelstand und Verkehr vom 20.8.1973 Nr. 5110/42 (GABL S. 954)	Rundschreiben des Ministeriums für Wirtschaft, Mittelstand und Verkehr v. 18.9.1974 Nr. 5110/264 (GABL.S. 1115)
Bayern	noch nicht formell eingeführt, Einführung vorgesehen	
Berlin	Rundschreiben des Senators für Inneres VI Nr. 24/1973 v. 13.2.1973	Rundschreiben ...VI Nr. 98/1974 vom 29. August 1974
Bremen	Die BVB wurden durch Beschluß des Ausschusses für ADV (AADV) vom 16.4.1973 für das Land und die Stadtgemeinde Bremen für verbindlich erklärt (keine allgemeine Bekanntmachung).	Die BVB wurden durch Beschluß des Ausschusses für ADV (AADV) vom 22.8.1974 für das Land und die Stadtgemeinde Bremen für verbindlich erklärt (...)
Hamburg	Mitteilungen der Verwaltung der Freien und Hansestadt Hamburg Nr. 14 v. 14.8.1974 (Finanzbehörde 6.8.1974-152/2-)	
Hessen	Erlaß des Hessischen Ministerpräsidenten v. 3.5.1973 (Staatsanzeiger Nr. 21 v. 21.5.1973 Seite 889).	Erlaß des Hessischen Ministerpräsidenten v. 24.1.1975 (Staatsanzeiger Nr. 7 v. 17.2.1975 S. 265 mit Ergänzung in Nr. 30 v. 28.7.1975 S. 1338).

Abb. 1

Nordrhein-W.	Runderlaß des Innenministers vom 24.5. 1973 I A 1/51 - 09.00 (Ministerialblatt für das Land Nordrhein-Westfalen 1973 S.888)	Runderlaß des Innenministers v. 9.9.1974 IA 1/51 - 09.02 - 09.03 - (Ministerialblatt für das Land Nordrhein-Westfalen 1974 S. 1412)
Niedersachsen	Runderlaß des Minister des Inneren v. 2.5.1973 - 51.3 - 02743/9 - Gültl 9/92 (Niedersächsischen Ministerialblatt Nr. 23/1973 S. 845)	Runderlaß des Minister des Inneren v. 10.10.1974 - 51.3 - 02743/9 - Gültl 9/95 (Niedersächsisches Ministerialblatt Nr. 43/1974 S. 1807)
Rheinland-Pfalz	Die BVB wurden durch Beschluß des Interministeriellen Ausschusses für integrierte Datenverarbeitung vom 9.3.1973 verbindlich eingeführt (keine allgemeine Bekanntmachung)	bisher nicht verbindlich eingeführt
Saarland	Erlaß des Ministers für Finanzen und Forsten v. 24.10.1973 Az.: PK/EDV - 370/73 - O 1081/O 1587 A (Gemeinsames Ministerialblatt Saarland Nr. 35 vom 17.12.1973)	Erlaß des Ministers der Finanzen v. 30.9.1974 Az.: PK-EDV/I 649/74 - O 1081/O 1587 A - (Gemeinsames Ministerialblatt Saarland Nr. 37/38 v. 9.12.74)
Schleswig-Holstein	Erlaß des Finanzministers des Landes Schleswig-Holstein v. 15.5.1973 Az.: O 1082 - 206 VI 60 - VI 62 - IV 19	Erlaß des Finanzministers des Landes Schleswig-Holstein vom 31.1.1975 Az.: O 1082 - 206 VI 60 - VI 62 - IV 19

Abb. 1

bereich vorgeschrieben. Einige Ressorts haben die BVB-Miete und die weiteren BVB ausdrücklich eingeführt. Der Bundesminister des Innern hat im Einvernehmen mit dem Bundesminister für Wirtschaft mit Schreiben vom 15.6.1974 die anderen Ressorts gebeten, die BVB-Kauf und -Wartung anzuwenden.

9 Bei den Bundesländern hängt es einerseits vom Haushaltsrecht, andererseits von der Organisation der Beschaffung ab, ob und von wem die BVB als Ergänzung zur VOL eingeführt werden, s. Abb. 1. Der Kooperationsausschuß ADV Bund/Länder/Kommunaler Bereich hat die Anwendung der BVB empfohlen.

10 Wenn die kommunalen Gebietskörperschaften verpflichtet sind, die VOL anzuwenden (z.B. nach § 30 II Hessische Gemeindehaushaltsverordnung i.V.m Bekanntmachung des Ministers des Innern vom 8.6.1976, Staatsanzeiger 1976, S. 1170), heißt dies nicht zugleich, daß sie auch die BVB anzuwenden haben. Es entspricht vielmehr einer Übung, solche aufgabenbezogenen Sonderbedingungen mit Vorsicht zu behandeln, um die kommunalen Gebietskörperschaften nicht zu überfordern (z.B. indem die Anwendung nur empfohlen wird). Den kommunalen Gebietskörperschaften ist von den Ländern z.T. die Auflage gemacht worden, die BVB anzuwenden, soweit für die Beschaffungen Landeszuschüsse verwendet werden. Die Kommunale Gemeinschaftsstelle hat die Anwendung der BVB empfohlen (Mitteilungen vom 10.Juli 1974, S. 50 bzw. vom 25. Oktober 1974, S. 80).

Grundzüge 2: BVB als Allgemeine Geschäftsbedingungen

1 Die BVB sind ihrem Wesen nach nicht geltendes Recht, sondern müssen als AGB in den Vertrag einbezogen werden, d. h. ihre Geltung muß vereinbart werden (s. PT 1 Einleitung Rz 2 ff). Der öffentliche AG ist z.T. angewiesen, für die Einbeziehung zu sorgen (s. GZ 1 Rz 8 ff und Rz 1 zu § 1 M). § 2 AGB-Gesetz, der die ausdrückliche Einbeziehung von AGB in den Vertrag verlangt, greift gem. § 24 AGB-Gesetz nicht ein, wenn der AN Kaufmann ist. Die ausdrückliche Einbeziehung bleibt aber z.T. aufgrund des Bürgerlichen Rechts erforderlich: AGB können zwar stillschweigend vereinbart werden, insb. dann, wenn jemand seine AGB stets, also auch mit einer bestimmten Häufigkeit, anwendet. Die Voraussetzungen werden aber nur z.T. durch die öffentlichen AG erfüllt.
Ist der AN ausnahmsweise kein Kaufmann, so verlangt § 2 AGB-Gesetz die ausdrückliche Einbeziehung der BVB sowie, daß "der Verwender bei Vertragsschluß ... der anderen Vertragspartei die Möglichkeit verschafft, in zumutbarer Weise von ihrem Inhalt Kenntnis zu nehmen."

1. Auslegung der BVB und das AGB-Gesetz

2 Die BVB folgen der VOL/B darin, daß diese "kein ausgefeilter Gesetzestext ist" (s. Daub B / Einführung Ez 1). Daub zieht daraus die Konsequenz, die VOL/B bei Auslegungsschwierigkeiten sach- und sinngemäß zu korrigieren. So heißt es in Ez 5 a zu § 14 VOL/B: "Praktisch zweckmäßig, rechtlich zutreffend und vervollständigt ist § 14 Nr. 3 b Satz 1 sinngemäß so auszulegen, wie wenn der Text wie folgt lautete: ..." Dies dürfte die zutreffende Methode auch bei der Auslegung der BVB sein.

3 Allgemeine Vertragsbedingungen sollen für alle Geschäftspartner in gleicher Weise gelten, müssen also für alle gleich ausgelegt werden, d.h. so, wie sie der durchschnittliche Geschäftspartner verstehen konnte und mußte. Dabei ist vom Willen verständiger und redlicher Geschäftspartner auszugehen, die ihrem Geschäftsverkehr eine allgemeine Grundlage geben wollen, wobei Treu und Glauben

gem. § 242 BGB zu berücksichtigen ist (BGH, Urteil vom 29.9.1960, Z 33, 216, 218 f; s. auch Soergel-Lange, Vorbemerkung 107 vor § 145 BGB). Die Entstehungsgeschichte tritt dementsprechend in den Hintergrund.

4 Die Unklarheitenregel wurde vom BGH in ständiger Rechtsprechung vertreten (z.B. Urteil vom 29.10.1975, BB 1976, 156): "Allgemeine Geschäftsbedingungen sind grundsätzlich eng auszulegen. *Unklarheiten* gehen zu Lasten dessen, der sie aufgestellt hat." Die Unklarheitenregel gilt jetzt als § 5 AGB-Gesetz, wobei auf *Zweifel* abgestellt wird: "Zweifel bei der Auslegung Allgemeiner Geschäftsbedingungen gehen zu Lasten des Verwenders." Soergel-Lange (Vorbemerkung 109 vor § 145 BGB) wollten vor Inkrafttreten des AGB-Gesetzes wegen der generalisierenden Auslegung unter besonderer Berücksichtigung von Treu und Glauben die Unklarheitenregel nur für den Fall anwenden, daß Freizeichnungs- und Haftungsbegrenzungsklauseln eng auszulegen seien. Insbesondere bei AGB, die beiden Seiten gerecht werden sollen, sei für die Unklarheitenregel kein Raum. Dies dürfte auch für die Auslegung von § 5 AGB-Gesetz richtig sein. Soweit aber auch bei sorgfältiger Auslegung Zweifel bleiben, greift § 5 ein. Der BGH hat solche Fälle anscheinend als Sonderfall der Überraschungsregel aufgefaßt. Überraschende Klauseln seien als unwirksam anzusehen (jetzt ähnlich § 3 AGB-Gesetz): Diese Einschränkung trägt dem Umstand Rechnung, daß ein Vertragspartner bei Vertragsschluß vielfach nicht in der Lage ist, die vom Gegner vorformulierten, meist umfangreichen, abstrakt gefaßten und eine Fülle von Einzelpunkten unterschiedlichen Gewichts regelnden Geschäftsbedingungen sorgfältig durchzulesen, ihren Zusammenhang zu erfassen und ihre mögliche Auswirkung gerade für das konkret abzuschließende Rechtsgeschäft sachgerecht einzuschätzen; das gilt insbesondere dann, wenn die Bedingungen auf verschiedene, wahlweise in Betracht kommende Möglichkeiten der Vertragsgestaltung abstellen." (BGH, Urteil vom 3.10. 1975, BB 1976, 157, 158 = NJW 1977, 195, 196).
Die Überraschungsregel hat für die BVB keine Bedeutung.

5 Ergeben sich bei der Auslegung Lücken, so sind diese - wenn auch die VOL/B nicht weiterhilft - durch das dispositive Recht, also im wesentlichen durch das BGB, zu schließen. Fehlen solche gesetzlichen Vorschriften "oder werden sie der Besonderheit des Wirtschaftszweiges nicht gerecht, so muß die Auslegung nach § 242 BGB erfolgen" (Soergel-Lange, Vorbemerkung 101 vor § 145 BGB; BGH, Urteil vom 10.1.1974, NJW 1974, 551, 552 f: Die ergänzende Auslegung sei nicht schlechthin ausgeschlossen; sie müsse aber angemessen sein). Lücken in den BVB müssen wegen der BVB-eigenen Konzeption aus deren Gesamtzusammenhang geschlossen werden; der Rückgriff auf das BGB taugt nicht, wenn in einem größeren Regelungskomplex "spezielle Lücken" geschlossen werden müssen. Dies widerspricht nicht der Lückenfüllung bei *unwirksamen* Bedingungen. (Für diese gilt § 6 II AGB-Gesetz: "Soweit die Bestimmungen ... un-

wirksam sind, richtet sich der Inhalt nach den gesetzlichen Vorschriften.") Denn dort geht es darum, daß dann, wenn eine Bedingung unwirksam ist, die Gesamtregelung, die in den AGB angestrebt war, gestört ist; hier geht es hingegen darum, die unvollständig gebliebene Gesamtregelung im Interesse beider Seiten zu ergänzen.

6 Das AGB-Gesetz gilt auch für die öffentliche Hand als Verwender von AGB. Seine Bedeutung ist über die dargestellten Punkte hinaus gering, da die wichtigsten Vorschriften (§§ 10 und 11) gem. § 24 nicht für solche AGB gelten, die gegenüber Kaufleuten angewendet werden. Die AN sind bei den Hardwareverträgen in aller Regel Kaufleute. § 24 AGB-Gesetz fährt fort: "§ 9 ist ... auch insoweit anzuwenden, als dies zur Unwirksamkeit von den in §§ 10 und 11 genannten Vertragsbestimmungen führt; auf die im Handelsrecht geltenden Gewohnheiten und Gebräuche ist angemessen Rücksicht zu nehmen." Das heißt, daß Regelungen, die gem. §§ 10 und 11 stets oder im Zweifel als unwirksam anzusehen sind, auf Grund der Generalklausel in § 9 auch im Wege der richterlichen Inhaltskontrolle für unwirksam erklärt werden können. § 9 lautet:
"(1) Bestimmungen in Allgemeinen Geschäftsbedingungen sind unwirksam, wenn sie den Vertragspartner des Verwenders entgegen den Geboten von Treu und Glauben unangemessen benachteiligen.
(2) Eine unangemessene Benachteiligung ist im Zweifel anzunehmen, wenn eine Bestimmung
1. mit wesentlichen Grundgedanken der gesetzlichen Regelung, von der abgewichen wird, nicht zu vereinbaren ist, oder
2. wesentliche Rechte oder Pflichten, die sich aus der Natur des Vertrages ergeben, so einschränkt, daß die Erreichung des Vertragszwecks gefährdet ist."

Damit gilt die Rechtsprechung zu Treu und Glauben in AGB weiter. Die BVB weichen zwar wesentlich vom BGB ab; dabei wird aber eine für beide Seiten angemessene Regelung gesucht. Die Vermutung von Abs. 2 wird dadurch grundsätzlich entkräftet. Es dürfte auch sonst keine Regelung der BVB betroffen sein, wenn diese selber unter Berücksichtigung von Treu und Glauben ausgelegt werden. Dies aber ist für die VOL/B und damit auch für die BVB besonders geboten (s. Rz 5 zu § 5 VOL/B). S. Rz 16 f zu dem Bemühen, Treu und Glauben in den *Regelungen* selber zu berücksichtigen und zu konkretisieren.

7 Es darf nicht übersehen werden, daß bei einigen großen AG und einigen großen AN ein anderes Verständnis über den Inhalt einzelner Regelungen besteht, als sich aus dem Text bei Anwendung der üblichen Auslegungsmethoden ergibt. In diesen Fällen weicht der Text davon ab, was bei der Diskussion mit den Herstellern (s. GZ 1 Rz 3) von der öffentlichen Hand oder sogar von beiden Seiten gewollt war. Dadurch, daß die KBSt bei Verständnisfragen vielfach zu Rate gezogen wird und z.T. dieses Verständnis vertritt, gewinnt es an tatsächlicher Bedeutung. Soweit dieses

Verständnis bekannt ist, wird es bei der Kommentierung dargestellt.

2. Einbettung in die Rechtsordnung

8 Es gelten gem. § 2 M/K/W nacheinander in der folgenden Reihenfolge:
- die in der LB bzw. in ihrem Anhang enthaltenen Vereinbarungen, also einschl. der Änderungen und Ergänzungen der BVB,
- die BVB,
- die VOL/B, die in § 5 für die Ausführung der Leistungen auf die Handelsgebräuche und die anerkannten Regeln der Technik verweist,

und ergänzend:
- das HGB, soweit es Anwendung findet, und
- das BGB.

Zum Verhältnis von BVB und LB s. Rz 23.

2.1 Das Verhältnis zur VOL/B

9 Die BVB gehen der VOL/B vor. Da eine umfassende Normierung angestrebt ist (s. Einleitung Rz 2 f), verdrängen die BVB die VOL/B weitgehend. (Dies wird insbesondere bei der Kommentierung der VOL/B deutlich). Das Einführungsschreiben führt dazu aus: "Obwohl die Miete nicht zu den in § 1 VOL/B genannten Leistungen gehört, soll die VOL/B im Interesse eines einheitlichen Bedingungswerkes bei sämtlichen Beschaffungen von EDV-Anlagen, d.h. also auch bei der Miete, zugrundegelegt werden. Die BVB ... modifizieren die VOL/B daher für den Bereich der automatischen Datenverarbeitung." Die VOL/B gilt nach § 1 I "für Leistungen aller Art aus Kauf-, Werk- und Werklieferungsverträgen", also nicht für die Miete und für Wartungsleistungen (s. Vorbemerkung VOL/B Rz 4). Daub (B § 1 Ez 4) ist zuzustimmen, daß die VOL/B auch für andere Vertragstypen, wie z.B. für die Miete, vereinbart werden kann, daß dafür aber keine Anweisung an den öffentlichen AG besteht. Hätten besondere Bedingungen als Ergänzung der Allgemeinen Bedingungen erarbeitet werden sollen, dann hätte die VOL/B sowohl um EDV-spezifische als auch um mietrechtliche Bedingungen ergänzt werden müssen. Die VOL/B hätte ausdrücklich abgeändert werden müssen. Insb. der Praktikabilität wegen wurde eine Reihe formal fast selbständiger Vergaberichtlinien geschaffen; diese sollen nicht die VOL/B ergänzen, sondern in weniger wichtigen Punkten durch die VOL/B ergänzt werden. Wichtige Regelungen der VOL/B, die auch für die BVB-Miete anwendbar sind, wurden deshalb formal in die BVB-Miete und dann in die anderen BVB übernommen. Dies soll dem Beschaffer, erst recht dem AN ersparen, auch zur VOL/B greifen zu müssen. Der Rückgriff wird aber dann nicht erspart, wenn eine Regelung verkürzt übernommen worden ist (z.B. auf § 18 VOL/B bei § 4 Nr. 2 K; auf § 17 VOL/B bei § 5 M bzw. § 4 K bzw. § 6 W). Die formale Selbständigkeit der BVB zeigt sich z.B. bei § 2 M/K/W, der - wie sonst § 2 VOL/B - an-

gibt, in welcher Reihenfolge Rechtsvorschriften gelten. § 7 VOL/B über Behinderung und Unterbrechung der Leistung ist - leicht modifiziert - als § 12 M/K bzw. § 10 W übernommen worden. § 11 Nr. 2 VOL/B über Verletzungen von Schutzrechten ist zu § 10 M/K geworden, wobei mit Blick auf die Software auch auf das Urheberrecht hingewiesen wird. Diese Regelung ist vom Wortlaut her eine Nachbildung von Ressortbedingungen, hier des § 8 der Allgemeinen Bedingungen für Beschaffungsverträge des Bundesministeriums der Verteidigung (ABBV vom 18.7.1962).

10 Die VOL/B ist im Gegensatz zur VOB/B in den letzten Jahrzehnten nicht überarbeitet worden. Dies wird bei den Zusatzbedingungen der Ressorts z.T. dadurch ausgeglichen, daß einzelne Bedingungen dazu geschaffen sind, Unklarheiten zu beseitigen und die VOL/B der Rechtsentwicklung anzupassen. Um diese Entwicklung aufzunehmen, weichen einige Regelungen der BVB inhaltlich von der VOL/B ab.

11 Bei den BVB-Kauf, die stärker an der VOL/B hätten ausgerichtet werden können, und dann bei den BVB-Wartung wurden Aufbau und Inhalt der BVB-Miete der Einheitlichkeit aller BVB-Vertragstypen wegen soweit wie möglich übernommen, so daß die VOL/B auch hier nicht stärker berücksichtigt wurde.

12 Das Verhältnis zu Ressortbedingungen: Die BVB sollen die VOL/B *sachspezifisch* ergänzen und präzisieren; sie enthalten außerdem rein vertragsrechtliche Ergänzungen, soweit Freiräume der VOL/B gefüllt werden müssen, sowie Regelungen mehr verwaltungsmäßiger Art (z.B. Rechnungsstellung). Alles dies ist auch Aufgabe der Ressortbedingungen; diese trennen z.T. die mehr verwaltungsmäßigen und vertragsrechtlichen Ergänzungen von den sachbezogenen Ergänzungen (Zusätzliche Vertragsbedingungen bzw. Besondere Vertragsbedingungen). In der Praxis werden Zusätzliche Vertragsbedingungen z.T. neben den BVB angewendet, weil die verwaltungsmäßigen Fragen in den BVB nicht erschöpfend geregelt sind (z.B. nicht geklärt ist, wievielfach Rechnungen einzureichen sind).

2.2 Das Verhältnis zum BGB und HGB

13 § 1 II VOL/B führt den fast selbstverständlichen Grundsatz auf, daß die allgemeinen gesetzlichen Bestimmungen, also insbesondere das BGB, unberührt bleiben, soweit in der VOL/B nichts anderes bestimmt ist; zwingende gesetzliche Bestimmungen bleiben unberührt. Die BVB nehmen keinen dieser ohnehin geltenden Grundsätze ausdrücklich auf, sondern überlassen die Klarstellung der VOL/B, die ergänzend gilt.

14 Das HGB findet, wenn auch beschränkt, Anwendung. Der Auftragnehmer ist in aller Regel Vollkaufmann. Für ihn gilt § 348 HGB, wonach § 343 BGB über die richterliche Herabsetzung von Vertragsstrafen keine Anwendung findet (s.

GZ 4 Rz 10).

15 Einige der öffentlichen Auftraggeber, denen die Anwendung der BVB vorgeschrieben sind, sind Kaufleute (s. Rz 12 zu § 1 M). Die Bestimmungen über den Handelskauf (insbesondere §§ 376 ff HGB über die Untersuchungs- und Rügepflicht) werden aber durch die BVB verdrängt (insbesondere durch § 8 M/K über die Funktionsprüfung).

16 Die BVB bemühen sich, Rückgriffe auf das BGB soweit wie möglich zu erübrigen. Damit ist nicht nur das - stets bei der Aufstellung von AGB vorhandene - Bemühen gemeint, gesetzliche Regelungen, die den Typ des Schuldverhältnisses bestimmen, zu wiederholen, um den Vertragstext anschaulich zu machen. Es geht bei den BVB auch darum, Fragen des Schuldrechts abschließend zu behandeln, insbesondere was das Recht der Leistungsstörungen und Treu und Glauben (§ 242 BGB) anbelangt.

17 Treu und Glauben in den BVB: Zur *Auslegung* der BVB nach Treu und Glauben s. Rz. 6. Es wird wiederholt versucht, die Auswirkungen von Treu und Glauben (§ 242 BGB) in den BVB zu *regeln*. Erfolgt dies zugunsten der einen Seite, so muß die Regelung auch zugunsten der anderen Seite an Treu und Glauben gemessen und ggf. ergänzt werden: Kann z.B. der AN nur einen Teil der Anlage rechtzeitig liefern, so kann der AG gem. § 266 BGB die Teilleistung zurückweisen; dies gilt nicht, wenn die Annahme dem AG nach § 242 BGB zumutbar ist (Palandt-Heinrichs § 266 Anm 1 a). Die BVB statuieren diesen Grundsatz in § 7 Nr. 3 I M/K. Ist die Annahme aber zumutbar, wenn die gelieferten Geräte wegen des Fehlens der übrigen nur in gemindertem Umfang genutzt werden können? § 242 BGB muß auch für den AG eingreifen: Deswegen wird bestimmt, daß die Teillieferung zwar angenommen werden muß, hinsichtlich der Verzugsfolgen aber nur entsprechend der Gebrauchsfähigkeit zu bewerten ist; d.h. daß pauschalierter Schadensersatz auch zu zahlen ist, soweit Geräte zwar geliefert sind, aber nicht genutzt werden können. Sicherheitshalber wird noch klargestellt, daß eine unerhebliche Minderung außer Betracht bleibt.
Die Einbeziehung von Treu und Glauben kann auch dadurch erfolgen, daß neben den Regelfall eine zweite Alternative gestellt wird, die Treu und Glauben berücksichtigt: Eine Seite soll z.B. nicht nur entlastet werden, wenn etwas unmöglich ist, sondern bereits, wenn etwas unzumutbar ist. (S. z.B. Rz 11 zu § 17 Nr. 2 I. 1 M, wo die Wartung durch den Anschluß von mixed hardware "nicht beeinträchtigt oder wesentlich erschwert werden darf"). Ausfluß des Bemühens, § 242 BGB zu konkretisieren, ist auch der Versuch, Begriffe möglichst einzuengen. Diesen Begriffen fehlt u. U. die Elastizität der normativen Begriffe, so daß sie nicht alle Fälle in der gewünschten Weise abgrenzen. "Unzumutbar" wird z.B. umschrieben durch "wirtschaftlich nicht sinnvoll".
"Unzumutbare Nachteile" in § 17 Nr. 1, 3 M werden teil-

weise präzisiert zu "Ausgaben oder unzumutbare Nachteile" in § 16 Nr. 1 II K; das bedeutet, daß Ausgaben stets als unzumutbar anzusehen sind. In § 10 Nr. 2 II K wird der Bereich angegeben, innerhalb dessen auf die Interessen des AN Rücksicht zu nehmen ist:" Wegen der Auswirkungen auf seine Wirtschaftslage nicht zumutbar".

2.3 Das Verhältnis zum sonstigen Beschaffungsrecht

18 Preisrecht: § 4 i.V.m. § 5 VO PR 30/53 räumt den Marktpreisen Vorrang vor anderen Formen der Preisgestaltung ein:
"(1) Für marktgängige Leistungen dürfen die im Verkehr üblichen preisrechtlich zulässigen Preise nicht überschritten werden.
(2) Bei Leistungen, die unter gleichartigen Voraussetzungen mit marktgängigen Leistungen im wesentlichen vergleichbar sind (vergleichbare Leistungen), sind Abschläge vorzunehmen oder können Zuschläge vorgenommen werden, soweit es die Abweichungen von den marktgängigen Leistungen rechtfertigen ...
(4)Die Preise nach den Absätzen 1 bis 3 sind zu unterschreiten oder können überschritten werden, wenn es die bei dem Auftrag vorliegenden besonderen Verhältnisse kostenmäßig rechtfertigen." Abs. 2 erlaubt die Bildung "abgeleiteter Marktpreise" für technisch unterschiedliche, aber vergleichbare Leistungen, Abs. 4 die Bildung "modifizierter Marktpreise" bei gleichen Leistungen, aber besonderer Kostensituation, z.B. wegen besonderer Vertragsbedingungen. Die BVB verlangen weniger eine besondere Leistung, als ein Mehr an Risiko für den AN (s. Einleitung Rz 6 f). M.E. kommt deswegen eher ein "modifizierter Marktpreis" in Betracht. Die Preisprüfungsstelle Stuttgart hat in einem Schreiben an die KBSt vom 28.9.1976 von einem "abgeleiteten Marktpreis für einen besonderen Markt" nach Abs. 2 gesprochen. Soweit die BVB eine besondere Leistung verlangen, sehen sie z.T. selber die Vereinbarung von Zuschlägen vor (s. GZ 1 Rz 6).
Die Zuschläge nach Abs. 2 und 4 sind an den Kosten auszurichten. Im günstigsten Fall gibt es für die Leistung von vornherein einen Marktpreis. Anderenfalls kann der AN die Bildung eines *besonderen* Marktpreises für den Teilmarkt EDV-Leistungen zu BVB anstreben. Es kann dann nicht mehr überprüft werden, ob der Zuschlag der Höhe nach berechtigt ist.
Wenn die BVB von der Erstattung der Kosten des AN sprechen, so erfolgt dies zu Marktpreisen, sofern sich solche gebildet haben. Anderenfalls erfolgt dies zu Selbstkostenpreisen gem. § 5 VO PR 30/53. Diese enthalten stets einen Gewinnzuschlag (s. auch Rz 4 zu § 16 VOL/B).

18a Preisprüfungsrecht: Nach § 9 VO PR 30/53 sind grundsätzlich nur die für die Preisbildung und Preisüberwachung zuständigen Behörden berechtigt, zu überprüfen, ob Marktpreise vorliegen oder Selbstkostenpreise der Höhe nach berechtigt sind. Der AN braucht also seine Preise nicht gegenüber dem AG rechtfertigen.

Dem AG können gem. § 10 VO PR 30/53 Prüfungsbefugnisse beschränkt übertragen werden.

19 Die BVB berücksichtigen außerdem die "Grundsätze zur Anwendung von Preisvorbehalten bei öffentlichen Aufträgen" des Bundesministers für Wirtschaft und Finanzen, Rundschreiben vom 2. Mai 1972 (Bundesanzeiger Nr. 88/72), weil die Bundesverwaltung an diese Grundsätze gebunden ist (s. Rz 15 zu § 4 M).

3. Die Regelungstechnik der BVB

3.1 Bedingungen - Erläuterungen - Leistungsbeschreibung

20 Die BVB enthalten neben den Vertragsbedingungen auch zahlreiche Anweisungen, die bei den Verhandlungen mit dem AN zu berücksichtigen sind. Dies ist in der VOL/B vorgezeichnet, die als Verdingungsordnung in den Allgemeinen Bedingungen zugleich den Rahmen für Ergänzende/Besondere Bedingungen setzen will (s. Rz 5 zu § 1 VOL/B und GZ Rz 2 zu der in § 9 Nr. 2 II VOL/B enthaltenen Anweisung). Die BVB übernehmen dies im kleinen, um selbst die Ausgestaltung von Details zu normieren (s. dazu Einleitung Rz 2 f). Als Konsequenz aus der weitgehenden Normierung ergeben sich zahlreiche Anweisungen, die sich mit der Zulässigkeit von Abweichungen befassen (s. dazu Rz 26). Die BVB legen dem öffentlichen AG auch Pflichten im eigenen Interesse auf, so z.B. stets einen festen Liefertermin zu vereinbaren oder vor der Abnahme eine Funktionsprüfung durchzuführen. Solche Pflichten brauchen nicht als Anweisungen formuliert zu sein, sondern können sich auch daraus ergeben, daß bestimmte vertragliche Regelungen wie die genannten vorgesehen sind, also vom AG auch befolgt werden müssen. Die BVB enthalten sogar Anweisungen wie die, daß Vorauszahlungen nach § 4 Nr. 2 K nur bis zu einer bestimmten Höhe vereinbart werden dürfen, um auch Fragen des Haushaltsrechts möglichst gleich mitzubehandeln (s. Rz 3 zu § 4 K).

21 Die Bedingungen enthalten auch zahlreiche Hinweise, was der AG bei Vertragsabschluß und -durchführung zu berücksichtigen hat. Eine Reihe von Nebenleistungen werden nur angeschnitten: "Einzelheiten sind in der Leistungsbeschreibung zu vereinbaren." Z.T. wird zwar versucht, die Pflichten des AN genauer zu umreißen, praktisch geht es aber kaum um mehr, als Abschlußpflichten festzulegen. So ist der AN z.B. nach § 13 Nr. 1 K verpflichtet, "... bis zu 5 Jahren nach Anlieferung der Anlage ... in angemessenem Umfang das ... notwendige ... Personal auszubilden."

22 Die Erläuterungen ergänzen die Anweisungen und Hinweise und erklären einzelne Regelungen, um deren einheitliche Anwendung sicherzustellen. Diese Erläuterungen sind z.T. nicht durch den Text der BVB gedeckt. Z.B. wird das Modell für die Berechnung der Minderung bei Teilausfall des Systems in den Erläuterungen zu den BVB-Miete aus § 9 Nr.

5 abgeleitet. In den Erläuterungen zu § 9 Nr. 6 K wird darauf hingewiesen, daß das Modell nur gilt, wenn es vereinbart ist (s. GZ 4 Rz 18). In § 6 Nr. 4 M bzw. § 5 Nr. 4 K ist vorgesehen, daß die Kosten für den Transport bis zum Hof stets, die für den Haustransport nur dann erstattet werden, wenn sie in der LB angegeben sind. Die Erläuterungen zu § 5 K enthalten folgende Anweisung zur Erstattung der Kosten für den Haustransport: "In aller Regel sollten diese Kosten nur anerkannt werden, wenn die Lage der Aufstellungsräume (z.B. Hochhaus 10. Stock) außergewöhnliche Aufwendungen (z.B. den Einsatz eines Krans, Mauerdurchbrüche u.ä.) und damit erhöhte Kosten verursachen." Welcher Beschaffer wird im Normalfall nicht die gesonderte Ausweisung der Kosten, die der eine Anbieter vorsieht, ablehnen, während der andere diese Kosten in den Kaufpreis einbezieht? Es handelt sich hier nicht um eine Dienstanweisung zur Sicherung gleichmäßiger Ermessensausübung, die legitim wäre.
Der Rückgriff auf die Erläuterungen ist für die Auslegung mancher Begriffe unverzichtbar, wie z.B. bei den "allgemeingültigen" Normen nach § 2 II M bzw. bei den "allgemein angewandten" Normen nach § 2 II K (s. Rz 7 zu § 2 M).

23 Die Leistungsbeschreibung (Mietschein bzw. Wartungsschein; bei den BVB-Kauf: Leistungsbeschreibung, weil der Begriff Kaufschein schon belegt war) gibt Raum, die Leistung zu beschreiben; dabei handelt es sich aber nicht nur um eine technische Beschreibung im eigentlichen Sinne, sondern um eine Mischung aus technischer Beschreibung und Festlegung von Rechten und Pflichten, die in den BVB nicht normiert werden konnten. Sie ist eine Checkliste dafür, ob auch alle erforderlichen Festlegungen getroffen sind. Zugleich bietet sie Raum, sämtliche Absprachen auch schriftlich niederzulegen (s. auch PT 1 Einleitung). Festlegungen, die sich nicht auf die Leistung beziehen, werden abgesetzt, indem sie in einen "Anhang zur Leistungsbeschreibung" aufgenommen werden (z.B. Gerichtsstand, Änderungen der BVB). Diese Aufteilung wird aber nicht durchgehalten, da der Anhang auch Raum für Ergänzungen der LB enthält.
Soweit die lb der Festlegung von Rechten und Pflichten dienen, ergänzen sie die BVB z.T., indem sie nicht nur Raum für Festlegungen vorsehen, sondern auch den Inhalt der Festlegungen beeinflussen. So sieht z.B. § 5 Nr. 3 W vor, daß Zuschläge für die zeitliche Ausdehnung der Erbringung von Wartungsleistungen vereinbart werden können. WS 3 (Nr.2.1) sieht hier Verlängerungen in einem *bestimmten* Rhythmus, nämlich in 2-Stunden-Sprüngen vor. Ziel der Normierung ist es in diesem Fall, die Vergleichbarkeit der Angebote zu erhöhen. Nach § 6 Nr. 3 M bzw. § 5 Nr. 3 K muß der AG die Installations- und Aufstellungsvoraussetzungen bis zum Anlieferungstermin schaffen. Dieser Termin läßt sich u.U. gar nicht vorher exakt bestimmen (s. MS 5 Rz 5). MS/KS 5 (Nr. 4.2) sieht deswegen zur Klarstellung eine Zeitangabe für die Fertigstellung vor, so daß der AN den Anlieferungstermin daran ausrichten kann.

23a Abweichungen: Die Erläuterungen (zu § 2 K) führen aus: "Die Leistungsbeschreibung soll nach Form und Inhalt dem Muster-Kaufschein entsprechen." Es handelt sich hier um eine schwächere Anweisung als bei den Vertragsbedingungen selber, wo nach den Erläuterungen zu § 1 "nur in besonders gelagerten Ausnahmefällen" abgewichen werden darf. Z.T. ergibt der Zusammenhang, daß die Formulare nur als Muster gemeint sind wie manche Regelungen der BVB (s. Rz 26).

3.2 Regelbedingungen und Abweichungen

24 Die BVB wollen die vertraglichen Beziehungen bei der Beschaffung von EDV-Leistungen weitgehend normieren. (s. Einleitung Rz 2, 6). Nach den Erläuterungen vor (zu)§ 1 M/K/W soll der AG dementsprechend nur aus sachlichen Gründen des Einzelfalls von den BVB abweichen (s. Rz 2 zu § 1 M). *Verschärfungen* durch Einzelverhandlungen, die große AG erreichen könnten, sind nicht erwünscht (s. Einleitung Rz 3).

25 *Abweichungen zugunsten des AN* widersprechen dem Grundsatz von Regelbedingungen formal gesehen genauso. Sie können die Durchsetzung der BVB gefährden. Dabei geht es aber in der Praxis weniger darum, ob die AN die Bedingungen überhaupt anerkennen, als ob sie sie zu ihren üblichen Preisen anerkennen. Nach dem Konzept der BVB ist eine höhere Vergütung ggf. der Preis für bessere Bedingungen (s. Einleitung Rz 7). Wenn das Sicherheitskonzept der BVB im Einzelfall nicht erforderlich ist, ist es nicht nur zulässig, sondern wegen des Grundsatzes der sparsamen Verwendung öffentlicher Mittel geboten, von den BVB abzuweichen, um einen günstigeren Preis zu erzielen. Dies gilt auch für zusätzliche Leistungen außerhalb des Bereiches Sicherheit (s. Rz 6 zu § 5 W).

26 Bei allen Bemühungen um Normierung enthalten die BVB dennoch eine gewisse Elastizität, indem sie Abweichungen erlauben:
- In manchen Fällen bieten sie Alternativen an, damit der öffentliche AG nicht festgelegt ist, andererseits aber ausgearbeitete Regelungen zur Hand hat, zwischen denen er wählen kann. Beispiele: Fakultative Vereinbarung einer Ausweichanlage, getrennt für Verzug und Gewährleistung; Preisvorbehalte nach Kosten oder nach Listenpreis.
- In manchen Fällen enthalten die BVB Festlegungen, damit keine Regelungslücke entsteht (auch nicht auf das BGB zurückgegriffen werden braucht); die Festlegungen hätten genauso gut auch anders getroffen werden können. Dies wird durch Redewendungen ausgedrückt, wie "Abweichungen können vereinbart werden" (z.B. § 3 Nr. 1, 3 M); "es sei denn, daß etwas Abweichendes vereinbart ist" oder "Sofern nichts anderes vereinbart ist" (§ 4 Nr. 5 II, § 13 Nr. 2 M). U.U. ist den Erläuterungen zu entnehmen, inwieweit Abweichungen erwünscht sind (§ 9 Nr. 3 I. 3 K).
- In manchen Fällen bevorzugen die BVB eine Regelung,

lassen aber auch in besonderen Fällen andere zu: "Kann abweichend vereinbart werden, wenn sachgemäß" (z. B. § 8 Nr. 5 M): Dies entspricht der Generalklausel für Abweichungen. Sie wird dennoch wiederholt, um Zweifel auszuräumen.

27 Abstufungen finden sich auch bei der Frage, ob bestimmte Nebenleistungen gesondert vergütet werden sollen (s. auch Rz 2 zu § 3 K):

- Die Vereinbarung von Zuschlägen/Vergütungen ist freigestellt. Dies wird häufig dadurch ausgedrückt, daß Zuschläge/gesonderte Vergütungen zu zahlen sind, wenn sie vereinbart sind (z.B. § 4 Nr. 1, 4, § 4 Nr. 1, 6, § 6 Nr. 4 II M). In manchen Fällen wird darauf hingewiesen, daß Zuschläge/gesonderte Vergütungen "vereinbart werden können" (z.B. § 18 Nr. 1, 3 M, § 8 Nr. 2 I i.V.m. § 5 III K).
- Die Vereinbarung von Zuschlägen ist zulässig, sollte aber vermieden werden, d.h. in der Hauptvergütung enthalten sein (§ 17 Nr. 1 I K).

Soweit die BVB die gesonderte Vergütung ausschließen wollen, verletzen sie die VO PR 30/53 (z.B. sieht § 4 Nr. 4 M nur die Erstattung der Kosten für den Haustransport vor und will die Erstattung der Transportkosten bis zum Hof ausschließen; § 21 Nr. 2, 2). Denn § 4 VO PR 30/53 räumt Marktpreisen den Vorzug ein. Der AN würde gezwungen werden, einen gesonderten Preis für die öffentliche Hand zu bilden und als besonderen Marktpreis durchzusetzen.

3.3 Beweislast und Auskunftspflicht

28 Beweislastverteilung: Im Prozeß muß der Kläger die anspruchsbegründenden Tatsachen beweisen, der Beklagte seine Einwendungen. Was anspruchsbegründende Tatsache, was Einwendung ist, ergibt sich weitgehend aus dem Wortlaut der gesetzlichen oder vertraglichen Regelung. Soweit die Beweislastverteilung in den BVB berücksichtigt worden ist, ist dies durch hervorstechende Formulierungen geschehen, z.B. in § 10 Nr. 2 K durch die Formulierung: "Beweist der AN, daß ihm dies nicht möglich ist, ..." oder in anderen Regelungen durch die Wendung "es sei denn, daß ...". In dem Sinne, daß einer Seite die Beweislast auferlegt wird, dürften auch die Regelungen zu verstehen sein, in denen einer Seite eine Auskunfts- oder Darlegungspflicht auferlegt wird, z.B. in § 7 Nr. 3 II M (s. auch Rz 30).
Fehlt eine solche Formulierung, so ist nicht beabsichtigt worden, durch den Wortlaut die Beweislast zu verteilen: Nach § 8 M/K ist Voraussetzung für die Abnahme und damit für die Zahlungspflicht des AG, daß die Funktionsprüfung erfolgreich war. Dies kann der AN kaum beweisen; hier muß der AG einwenden (und beweisen), daß die Funktionsprüfung nicht erfolgreich war.

29 Die Behandlung der Beweislast erklärt sich daraus, daß sie nicht für besonders wichtig genommen wurde. Kein AN pro-

zessiert gerne mit der öffentlichen Hand. AN der EDV-Branche prozessieren überhaupt nicht gern. Treten Probleme auf, so sprechen die Parteien ohnehin miteinander. Fragen der Beweislastverteilung, die sich in erster Linie bei Prozessen stellen, treten in den Hintergrund.

30 Auskunftspflicht: Liegen Tatsachen, die die eine Seite beweisen müßte, in der Sphäre der anderen Seite, so wird die prozessuale Beweislast oft der anderen Seite auferlegt ("näher am Beweis"). Die BVB übernehmen dieses Prinzip z.T. Gemäß dem Ausgangspunkt, daß man miteinander spricht, legen sie in wichtigen Fällen derjenigen Seite eine Auskunfts- oder Darlegungspflicht auf, die Zugang zu den strittigen Tatsachen hat. In manchen Fällen, wie z.B. in §§ 9 Nr. 6 I. 4 und 17 Nr. 1, 2 M bzw. §§ 9 Nr. 7 I. 4 und 16 Nr. 1 II K fehlt die Auskunftspflicht. Der AN muß in diesen Fällen beweisen, daß eine Verpflichtung für den AG zumutbar ist; üblicherweise wäre so vorgegangen worden, daß der AG die Unzumutbarkeit beweisen muß.

31 Die BVB enthalten keine allgemeine Auskunftspflicht. Sie setzen wie dargelegt eher eine Auskunftsbereitschaft voraus, die wegen der starken gegenseitigen Abhängigkeit unterstellt wird. Insoweit ist stets zu prüfen, ob sich die Auskunftspflicht nicht aus Treu und Glauben (§242 BGB) ergibt.

4. Vertragstypen

32 Bei den in diesem Band behandelten Vertragstypen steht die Beschaffung der Hardware - zumindest formal (s. GZ 3 Rz 9) - im Vordergrund:

- die Miete von Hardware und bestimmter Software mit umfassender Wartung,
- der Kauf von Hardware und bestimmter Software mit umfassender Gewährleistung (=Wartung) und
- die Wartung nur der Hardware, die sich an die Gewährleistung aus Kauf anschließt und diese fortsetzt.

Kauf und Wartung sind stark aufeinander ausgerichtet: "Der Kernpunkt der BVB-Kauf und -Wartung ist zweifellos der, daß der AN durch den Kauf- und Wartungsvertrag vom vereinbarten Zeitpunkt der Betriebsbereitschaft an für einen Zeitraum von rund 6 Jahren die Verantwortung für die Betriebsbereitschaft der Anlage übernimmt und der AN pauschalierten Schadensersatz leisten muß, wenn er seinen diesbezüglichen vertraglichen Pflichten nicht nachkommt" (Gessert, ÖVD 1974, 541). Dies klingt fast nach einem einzigen Vertrag; die Verträge sollten ohnehin möglichst gleichzeitig geschlossen werden, damit der AG nicht bei einem späteren Abschluß des Wartungsvertrages seinen Verhandlungsspielraum eingebüßt hat.

33 Kauf und Wartung sollen - das ist das Ziel - für die Sicherheit des AG so gut wie die Miete sein. Die Formel "Kauf und Wartung = Miete" hat ihren Grund in dem Sicherheitsbedürfnis beim Einsatz der EDV (s. Einleitung Rz 6).

Dieses Bedürfnis soll unabhängig davon befriedigt werden, ob gemietet oder gekauft und dann gewartet wird. Die Entscheidung für Miete oder für Kauf und Wartung soll aus fiskalischen Gründen getroffen werden können. Kauf und Wartung müssen also das Sicherheitsbedürfnis etwa in gleicher Weise abdecken (s. auch Gessert, ÖVD 1974, 531). Die Hersteller haben sich hingegen bisher stärker darauf ausgerichtet, das Sicherheitsbedürfnis ihrer Kunden bei der Vermietung zu berücksichtigen, wo sie weitergehend die Kontrolle über die Anlage behalten. Im Mietrecht liegt es näher, daß der Hersteller z.B. Teile, die häufig zu Ausfällen führen, austauscht oder Verbesserungen nachträglich einbaut. Wartet der Hersteller hingegen eine verkaufte Anlage, so liegt das Risiko der Betriebsbereitschaft stärker beim Eigentümer. Die Anbieter tun sich deswegen mit den BVB-Kauf und -Wartung schwerer als mit den BVB-Miete (s. GZ 1 Rz 7 zur Akzeptierung der BVB). Daß das Sicherheitsbedürfnis aber nicht so sehr vom Vertragstyp abhängen muß, zeigt die Politik mancher Hersteller, Verbesserungen - meist aus Rücksicht auf die spätere Wartung - in allen Anlagen nachträglich einzubauen. Auch wenn das Thema Sicherheit beim Einsatz der EDV in der privaten Wirtschaft angeschnitten wird, werden viele Empfehlungen unabhängig vom Vertragstyp gegeben (s. z.B. NN, Die Kunst der Vertragsgestaltung, Diebold Management Report Februar 1974, S. 6 f).

34 Die weiteren BVB sollen die Beschaffung von Software regeln. Geplant sind BVB für:

- die Überlassung vorhandener Software, einschl. "Kauf", (am 4.11.1977 bekanntgegeben),
- die Erstellung von Software,
- die Pflege von Software als Ergänzung des "Kaufs" von Software und des Kaufs von Hardware einschl. Software, da sich die BVB-Wartung nur auf die Wartung der Hardware beziehen, und
- die Analyse und/oder die Beratung, also die Leistungen, die vor der Beschaffung von Software liegen.

Grundzüge 3: Einbeziehung der Software in die BVB für die Beschaffung von Hardware

1 Die BVB-Miete/-Kauf beziehen sich ihrem Namen nach auf die Beschaffung von *Hardware*. Ihr sachlicher Geltungsbereich umfaßt gem. § 1 M/K aber auch die Beschaffung der Grundsoftware bzw. der sonstigen Software als andere vereinbarte Leistung (zu den Begriffen s. Rz. 3 ff). Das heißt nicht, daß alle Software, die der AG vom AN braucht, in den Hardwarevertrag einbezogen werden soll, sondern nur solche, die zur Nutzung der Hardware zwingend erforderlich ist (s. ausführlich Rz 25 ff). Dementsprechend ist die Mietsache/Kaufsache definiert als Hardware *plus* Software. Daß die Bedingungen dennoch nicht BVB für die Beschaffung von *EDV-Systemen* benannt worden sind, drückt so etwas wie ein Programm aus: Es geht zwar um die Beschaffung von Systemen; die Beschaffung der Hardware steht aber im Vordergrund.

2 Die BVB-Wartung regeln nur die Wartung der Hardware (s. Rz 5 f zu § 1 W), um auch reinen Wartungsunternehmen zu ermöglichen, die Wartung zu übernehmen. Denn diese dürften nicht in der Lage sein, auch die Wartung oder Pflege der Software zu übernehmen.

1. Technische Grundlagen

3 Ein EDV-System setzt sich zusammen aus
- Hardware
- Grundsoftware
- systemnaher Software und
- anwendungsbezogener Software, wobei zwischen allgemeinen und speziellen anwendungsbezogenen Programmen zu unterscheiden ist.

Die Grenzen sind fließend (s. Rz 5 und 8). Zur Bedeutung der Differenzierung der Software s. Rz 25 ff.

4 Die Grundsoftware ist in den Erläuterungen zu § 1 definiert als "Programme (einschließlich festverdrahteter Programme), die zum Betrieb einer festgelegten Anlagenkonfiguration Voraussetzung sind, insbesondere die zur Steuerung, Überwachung, Wartung und Diagnose der einzelnen Systemelemente (Zentraleinheit, Arbeitsspeicher, Anschluß-

geräte) sowie zur Verwaltung und Kontrolle der Programmabläufe erforderlichen Organisationsprogramme eines Betriebssystems". Die Grundsoftware ist also in erster Linie das Betriebssystem. Das Betriebssystem beeinflußt die Anwendungsmöglichkeiten der Hardware wesentlich: "Betriebssysteme sind die Realisierungen bestimmter Zielsetzungen für Nutzungsformen bzw. Anwendungsformen" (Fischer, TSO - Eine moderne Nutzungsform von Rechensystemen, ÖVD 1972, 251 ff, 251), wobei selbstverständlich auch die Hardware auf die Nutzungsformen hin ausgerichtet wird. (Zu den verschiedenen Einsatzformen: Stapelverarbeitung - interaktive Verarbeitung, lokale - Datenfernverarbeitung s. Fischer aaO).

5 Die Funktionen, die Hardware und Grundsoftware *insgesamt* ausüben, können teilweise hardware- oder softwaremäßig realisiert sein: Hardware und Grundsoftware sind z.T. austauschbar. So kann das Addierwerk zusätzliche hardwaremäßige Einrichtungen haben, um auch multiplizieren zu können. Dies kann aber auch durch ein Programm erreicht werden. Dieses Programm braucht nicht "soft" zu sein; es kann auch fest verdrahtet oder in einem PROM fixiert sein (PROM = programmable read only memory). (S. zur hardwaremäßigen Realisierung von Software, was manchmal als Firmware bezeichnet wird, Göhring, Übersicht über Architektur und Leistung von Kleinrechnern, ÖVD 1974, 469 ff, 480 f, sowie Zdunnek, Firmware - Ein neuer Schlüsselbegriff der Computer-Zukunft, Online 1974, 830 ff). Ob solche Technik als Software oder als Hardware anzusehen ist, ist vertragsrechtlich so lange irrelevant, wie beide gleich behandelt werden. Dies ist in den BVB-Miete/-Kauf grundsätzlich der Fall.
Werden sie unterschiedlich behandelt, so geschieht dies in erster Linie hinsichtlich der Gewährleistung. Die Einordnung sollte dann danach erfolgen, ob die für die Hardware üblicherweise strengeren Regelungen für die Fehlerbeseitigung angemessen sind oder nicht. Dies dürfte fast immer der Fall sein: Diese "Zwitter" sollen wie Hardware eine beschränkte unveränderliche Zahl von Funktionen erbringen. Logische Fehler sollen ausgeschlossen sein (bei Software muß man hingegen von der Unvermeidbarkeit von Fehlern ausgehen); die Fehlerbeseitigung erfolgt durch den Austausch von Bauelementen. Die Erläuterungen ordnen festverdrahtete Programme der Software zu; auch Braun-Schwab rechnen "auch Mikroprogrammspeicher u.a.m." ohne Begründung zur Grundsoftware (§ 1 M Anm. 4).

6 Die systemnahe Software umfaßt nach den Erläuterungen zu § 1 bzw. in MS 15 (Nr. 14):" Maschinenprogramme, die Anwenderprogramme in die Maschinensprache übersetzen (z.B. Assembler, Compiler), soweit sie nicht in der Grundsoftware enthalten sind, Standardprogramme für häufig wiederkehrende, nicht problembezogene Aufgaben (z.B. Sortier- und Mischprogramme), Standardprogrammgeneratoren." Die Definition ist nicht genau. Standardprogrammgeneratoren können anwendungsbezogen sein. Üblicherweise werden unter

systemnaher Software folgende Programmgruppen verstanden:
- Sprachübersetzer
- Dienstprogramme:
  - Bibliotheksverwaltungsprogramme
  - Sortier- und Mischprogramme
  - Hilfsprogramme (Vorbereitung der Nutzung von peripheren Speichern)
  - Testhilfen und
  - Umsetzprogramme.

Die Abgrenzung zur allgemeinen anwendungsbezogenen Software liegt darin, daß die Daten hier in erster Linie aus technischen Gründen bewegt werden, während sie bei der allgemeinen anwendungsbezogenen Software in erster Linie aus Anwendungsgründen bewegt werden.

7 Bei der anwendungsbezogenen Software handelt es sich "um vom Vermieter zu liefernde problembezogene Programme, die vereinbarungsgemäß zur Lösung der der Hardware gestellten Aufgabe unabdingbar sind". Die Unterscheidung zwischen allgemeiner anwendungsbezogener Software einerseits, die der Lösung allgemeiner Probleme bzw. in verschiedenem Zusammenhang auftretender Probleme dient, und spezieller anwendungsbezogener Software andererseits ist vertragstechnisch nur für die Zuordnung von Hardwareausfallzeiten bei Ausfallzeiten dieser Programme wegen eines Softwarefehlers erheblich (s. Rz 18 ff).

8 Die Abgrenzung der verschiedenen Softwaretypen ist fliessend. Mit zunehmender Entwicklung des Komforts werden immer mehr Programmfunktionen in die Grundsoftware einbezogen, so daß sich der Anwender immer mehr auf die Anwendungsprobleme konzentrieren kann. So mußte z.B. in der Null-Generation der Anwender seine eigenen Ein- und Ausgaberoutinen programmieren. Die erste Generation brachte dann Zugriffsroutinen, die bis zu hohem Komfort entwickelt wurden (ISAM). Die zweite Generation brachte Dateiabfragesprachen (z.B. RPG), die dritte Datenbanksysteme, die Zugriff und Abfrage erleichtern, wobei die Systeme anfangs noch auf bestimmte Anwendungsbereiche ausgerichtet waren. Noch sträuben sich manche Hersteller, ihre Datenbanksysteme als Grundsoftware anstatt als allgemeine anwendungsbezogene Software einzustufen. Dabei wird bereits damit gerechnet, daß einzelne Funktionen der Datenbanksysteme in Zukunft hardwaremäßig realisiert werden.
Die Begriffe, die zur Klassifizierung der Software verwendet werden, sind auf Großanlagen ausgerichtet. Bei spezialisierten Systemen, bei denen schon die Hardware auf ein bestimmtes Anwendungsgebiet ausgerichtet ist, können die "anwendungsbezogenen" Programme nur als systemnahe Software verstanden werden (Beispiel: Formatgeneratoren bei Datensammelsystemen).

2. Die rechtliche Behandlung der Softwarebeschaffung

9 Die Rechtsfragen der Softwarebeschaffung müssen genauso umfassend geregelt werden wie die der Hardwarebeschaffung.

Dies erfolgt in den BVB nur selten mit Hilfe des Begriffes Miet-/Kaufsache; Hardware und Software werden eher getrennt behandelt. Dies geschieht kaum, um unterschiedliche Regelungen treffen zu können. Denn wenn es um die Software geht, werden die Hardwareregelungen durchweg wiederholt oder für entsprechend anwendbar erklärt. Dies erklärt sich weitgehend daraus, daß Hardware und Software zusammengehören und deswegen möglichst gleich behandelt werden. (Vereinfacht ausgedrückt: Es macht für den Anwender keinen Unterschied, ob das System wegen eines Fehlers der Hardware oder der Software nicht genutzt werden kann). Dabei wird das System in erster Linie von der Hardware her gesehen, wie die Verweisungstechnik bei Softwareregelungen zeigt.
Die Übereinstimmung von Hardware- und Softwareregelungen befriedigt nicht immer. Die BVB für die Überlassung von Software behandeln manche Fragen der Softwareüberlassung anders, als es die Hardwareverträge tun. Spezifische Softwareregelungen finden sich nur in § 9 Nr. 6 M, § 9 Nr. 7 K und in § 6 Nr. 2 K.

10 Die Software wird in manchen Regelungen übersehen. Die BVB sprechen manchmal von der Anlage oder den Geräten, wenn sie das System meinen. Nach § 16 M darf die Anlage anderen Stellen zur Nutzung überlassen werden. Nach § 17 Nr. 2 M, § 16 Nr. 2 K ist der AN, d.h. der Lieferant der Zentraleinheit, beim Anschluß von mixed hardware zur Lieferung der für den Anschluß notwendigen Hardware, nicht aber der Software verpflichtet (s. Rz 16 zu § 17, wo in Nr. 1 abwechselnd von Anlage und Mietsache gesprochen wird). § 18 K verpflichtet den AN, einen Wartungsvertrag für die Hardware, nicht aber auch einen für die Software zu schließen. In § 7 Nr. 3 M wird die Software nicht als Teil der Leistung angesehen, wenn der Verzug bei der Lieferung der Software gesondert in Abs. 5 geregelt wird. Abs. 3 beginnt mit den Worten: "Gerät der Vermieter mit einem Teil der Leistung in Verzug ...". Mit Leistung ist hier nicht die Mietsache, sondern nur die Hardware gemeint. In § 7 Nr. 3 I K ist diese Ungenauigkeit bereits beseitigt: "Gerät der Auftragnehmer mit der betriebsbereiten Übergabe eines Teils der Anlage oder Geräte in Verzug ...". Die Ungenauigkeit schadet nicht, da der Begriff Hardware stets als Miet-/Kaufsache verstanden werden kann, die hinsichtlich der Software fehlenden Regelungen also ergänzt werden können.

11 Daß die Software teilweise unzulänglich behandelt wird, erklärt sich daraus, daß die BVB anfänglich neben der Beschaffung der Hardware nur die Beschaffung derjenigen Grundsoftware abdecken sollten, die *ohne* gesonderte Vergütung überlassen werden sollte. Bei solcher sozusagen kostenlos zu überlassenden Software (der erste Entwurf sprach auch von "kostenloser" Überlassung) konnten keine hohen Ansprüche gestellt werden, brauchten also nicht alle Fragen der Überlassung der Grundsoftware wie bei der Hardware geregelt zu werden. Die fehlenden Bestimmungen

sind nach und nach weitgehend aufgenommen worden; die Beschränkung auf die "kostenlose" Software ist in § 1 M/K gestrichen worden. Die Software wurde dennoch nicht der Hardware voll gleichgestellt, d.h. so softwarespezifisch geregelt, wie die Hardware hardwaremäßig behandelt wurde.

12 Es kann nicht angenommen werden, daß manche Softwarefragen deswegen nicht behandelt werden, weil die Software zugleich über einen Softwarevertrag beschafft werden soll, der genau diese Fragen regelt. Dazu sind die Auslassungen zu zufällig, wie die o.a. Beispiele zeigen (s. Rz 10). Es fragt sich dann auch, warum die Softwareüberlassung fast vollständig im Hardwarevertrag behandelt wird. Die BVB-Miete/-Kauf befassen sich weit ausführlicher mit der Software, als dies wegen der Koppelung erforderlich wäre (s. Rz 15 ff). Die BVB-Softwareüberlassung zeigen deutlich, wie wenige Regelungen für die Koppelung erforderlich sind.

Der Gedanke, die Software zugleich über einen zusätzlichen Softwareüberlassungsvertrag zu beschaffen, findet sich (noch) im letzten Protokoll des Arbeitskreises über die Beratungen der BVB-Kauf: "Die Verzugs- und Gewährleistungsregelung für die Software selbst bleibt den Besonderen Vertragsbedingungen für die Software vorbehalten." Ähnlich schreibt Gessert in ÖVD 1974, 530, 532: "In diesem Zusammenhang sollte darauf hingewiesen werden, daß in den BVB-Kauf Rechtsfolgen bezüglich der 'übrigen Software, zu deren Lieferung spätestens zusammen mit der Anlage oder den Geräten sich der Auftragnehmer verpflichtet hat' aus Verzug und Gewährleistung nur insofern geregelt sind, als durch die Nichtlieferung oder das Nichtfunktionieren der Software die Hardware nicht oder nicht voll genutzt werden kann. Die Verzugs- und Gewährleistungsregelung für die Software selbst bleibt den Besonderen Vertragsbedingungen für Software vorbehalten."
Alle wichtigen Fragen der Softwareüberlassung sind geregelt; dies erübrigt also einen zweiten Vertrag:
- Für die Mietsache/Kaufsache ist der Mietzins/Kaufpreis zu zahlen. Die Vergütung für die Software wird in der LB angegeben (MS 2, Nr. 1,2, MS 15, Nr. 14; KS 2, Nr. 1, 2, KS 14, Nr. 10).
- Auch für die Software sind Liefertermine angegeben (MS 4, Nr. 3, 1, MS 15, Nr. 14; KS 4, Nr. 3,1, KS 14, Nr. 10).
- Verzug bei der Überlassung von Software ist durch Verweisung geregelt (§ 7 Nr. 3 V M bzw. § 7 Nr. 3 III K, s. Rz 10 f zu § 7 M).
- Die Gewährleistung für Softwarefehler ist umfassend geregelt. Denn es "gelten" nach § 9 M/K sämtliche Regelungen über die Gewährleistung bei Hardware "sinngemäß" für Softwarefehler (s. Rz 47 ff zu § 9 M).

13 Die Grundsoftware wird, wenn auch z.T. formal getrennt, rechtlich wie die Hardware behandelt. Wo sie vernachlässigt wird, ist nicht zu erkennen, daß dies deswegen geschieht, weil diese Fragen in den BVB-Softwareüberlassung

geregelt werden sollen. Es müßte statt Anlage eben Mietsache/Kaufsache heißen.
Die sonstige Software wird ihrerseits bis auf zwei Punkte genauso wie die Grundsoftware behandelt:

- Literatur ist nach § 13 Nr. 1 M/K nur für die Grundsoftware, nicht auch für die sonstige Software zu liefern.
- Die Pflicht des AN nach § 19 Nr. 2 M/K, die weiterentwickelte Software auf Wunsch des AG ohne gesonderte Vergütung zu überlassen, gilt nur für die Grundsoftware; hinsichtlich der sonstigen Software besteht nur eine Informationspflicht in § 19 Nr. 3 M/K. In § 19 Nr. 2 K wird diese Abweichung relativiert: Es kann vereinbart werden, daß auch die weiterentwickelte Grundsoftware nur gegen Vergütung überlassen wird. Die Verpflichtung des AG, seinerseits neue Versionen zu übernehmen, ist in § 9 Nr. 6 M bzw. §§ 9 Nr. 7 und 19 Nr. 2 K gleichermaßen geregelt.

14 Es bleibt unbenommen, einen zweiten Vertrag, bestehend aus LB und Vertragsbedingungen, über die Überlassung der Software zu schließen, s. Abb. 2. Dieser würde die Beschaffung softwarespezifischer regeln. In Betracht kommt dies für die sonstige Software eher als für die Grundsoftware, weil diese mit der Hardware das System im engeren Sinne bildet. Dann bedeutet die Aufführung der Software in MS 15 (u.U. auch in MS 2) nur, daß die Software mit der Hardware gekoppelt wird. Für die Software gelten dann vom Hardwarevertrag nur die Regelungen über die Koppelung (s. Rz 15 ff). Die Vergütung sollte dann nur im Softwarevertrag angegeben werden (so, wie nach den BVB-Softwareüberlassung für die im Softwarevertrag gekoppelte Hardware die Vergütung auch nur im Hardwarevertrag angegeben werden soll). Wird nur eine LB erstellt und im Deckblatt auf die Vertragsbedingungen sowohl für die Lieferung der Hardware als auch für die der Software verwiesen, so ist anzunehmen, daß damit dasselbe wie bei der Erstellung von zwei LB angestrebt wird.

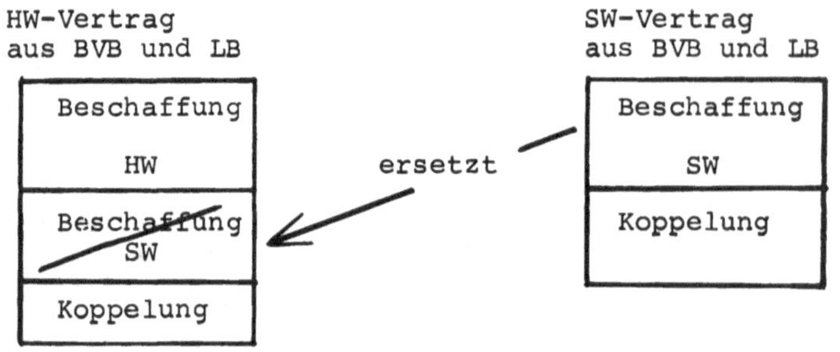

Abb. 2

3. Die Koppelung von Hardware und Software

15 Bei der Einbeziehung der Software in den Hardwarevertrag geht es nicht nur um die Frage, inwieweit die gesamte Leistung in einem Vertrag erfaßt werden soll, sondern auch darum, wie Hardware und Software *rechtlich*, insb. hinsichtlich der Leistungsstörungen als Einheit behandelt werden können und sollen: Schränken Mängel der Software die Nutzbarkeit der Hardware (oder anderer Software) ein, so will der AG auch wegen der Nachteile, die ihm hinsichtlich der Hardware (oder anderer Software) entstehen, schadlos gestellt werden.

16 Für die Funktionsprüfung bedeutet dies: Bestehen Programme die Funktionsprüfung nicht, kann der AG auch die Hardware (und die anderen dann nutzlosen Programme) nach § 8 Nr. 2 M/K zurückgeben (s. Rz 21 f zu § 8 M).

17 Bei Verzug und Gewährleistung sind die Sanktionen (Mietminderung, Schadensersatz) am Wert der durch den Fehler in der Nutzung beeinträchtigten Einheiten ausgerichtet (s. GZ 4 Rz 16 ff). Wären diese Regelungen auf das *System* bezogen, so wäre zu fragen, inwieweit das System nicht genutzt werden kann. Bei einem Softwaremangel, der die Nutzbarkeit der Hardware aufhebt, würde auch für die Hardware (und die übrige Software, die dann nicht genutzt werden kann) keine Miete zu zahlen sein. Die BVB sehen bei der Regelung der Leistungsstörungen aber die Hardware als die eigentliche Leistung an. Hardware und Software werden erst einmal getrennt behandelt. Deswegen ist es erforderlich, Hardware und Software durch besondere Regelungen wiederum zu einer Einheit zu koppeln: Können *Programme* wegen Verzug oder Fehlerhaftigkeit nicht genutzt werden, so gilt dies auch als Verzug oder als Mangel bei der *Anlage* oder den *Geräten*, die ohne die Programme nicht oder nicht voll genutzt werden können (§ 7 Nr. 2, § 9 Nr. 6 I. 2 M bzw. § 7 Nr. 2, § 9 Nr. 7 I. 2 K). Der Softwarefehler wird also in einen Hardwareausfall umgesetzt. Ohne diese Koppelung würde bei einem Softwarefehler wie dem geschilderten nur der Mietzins für das Programm entfallen.
Andersherum müßte auch die Hardware mit der Software gekoppelt werden: Kann der AG die Software wegen eines Hardwarefehlers - teilweise - nicht nutzen, will er auch für die Softwarenutzung keine Miete zahlen. Eine solche Regelung fehlt, kann aber im Wege der Auslegung ergänzt werden (s. GZ 4 Rz 20 ff).

18 Die Bestimmung der Nutzungsminderung des Systems ist stets problematisch (s. GZ 4 Rz 17 f: es kommt nicht auf eine rechnerische, sondern auf die wirkliche Beeinträchtigung an); die Umsetzung eines Softwarefehlers in einen Hardwareausfall ist es ganz besonders. Es gibt keine eindeutige technische Zuordnung von Software zur Hardware; dem widerspricht weitgehend die Philosophie, Software, die eindeutig zugeordnet werden kann, möglichst hardwaremäßig zu realisieren. Fehler der Grundsoftware beeinträchtigen

tendenziell die Nutzbarkeit der Hardware stärker als solche der systemnahen Software und diese tendenziell stärker als solche in anwendungsbezogener Software (wobei es letztlich auf die beabsichtigte Nutzung ankommt). Ein Fehler hebt idR nicht die Nutzbarkeit eines Programms auf; im Zweifel wird das Programm schon aus praktischen Bedürfnissen heraus weiter eingesetzt, die Hardware also (voll) genutzt.

19 Aber selbst bei einem Fehler der Grundsoftware läßt sich kaum bestimmen, welche Hardware als ausgefallen anzusehen ist. Eine Zugriffsroutine kann mehrere Geräte eines Typs oder sogar verschiedener Typen bedienen, andersherum kann ein Gerät durch eine Reihe von Routinen bedient werden.

Wie soll ein Softwarefehler in einer Zugriffsroutine (Teil der Grundsoftware) bewertet werden, der drei Tage vorhanden ist, wenn dadurch ausfällt:
- die Nutzung eines Anwendungsprogramms, das ein Plattenlaufwerk eine Stunde lang belegt hätte?
- die Nutzung einer Reihe von Programmen, die unterschiedliche Zahlen von Plattenlaufwerken belegt hätten, unter zwölf Stunden Produktionszeit bzw. über 12 Stunden?

Die Programme hätten alle dringend eingesetzt werden müssen;die Plattenlaufwerke konnten ständig (bzw. nur zum Teil) für andere Zwecke eingesetzt werden.

20 Bei der systemnahen Software sah der Arbeitskreis selber "Schwierigkeiten ... in der exakten Festlegung der Minderung der gesamten Anlage", ohne aber näher darauf einzugehen, wie es in einem Sitzungsprotokoll des Arbeitskreises heißt. Bei der anwendungsbezogenen Software ist die Zuordnung dermaßen vage, daß sich das Problem in der Praxis schon wieder vereinfacht: Eine Nutzungseinschränkung der Hardware läßt sich nur in Ausnahmefällen feststellen; bei vagen Fällen verzichtet der AG auf die Berechnung der Minderung und setzt § 9 nur im Ernstfall ein.

21 Es können auch solche Programme einbezogen werden, die technisch gesehen nicht wesentlicher Bestandteil des Systems sind, bei deren Ausfall der AG aber das System *nach seiner Planung* nicht nutzen kann (besonderer vertraglich vorausgesetzter Gebrauch).

Ein Fehler in einem Programmsystem zur Berechnung von Löhnen kann den Einsatz des Programmsystems ausschließen und damit die Hardware nutzlos machen, wenn diese nicht für andere Zwecke eingesetzt werden kann. Der Anwender kann bei Ausfall dieses Programmsystems am 27. des Monats nicht beliebig Produktion der nächsten Tage, z.B. nicht den Monatsabschluß der Buchhaltung vorziehen.

Die Koppelung erlaubt auch, Programme in die Einheit einzubeziehen, die über einen eigenen Softwarevertrag beschafft werden sollen. Diese vertragstechnische Gestaltung ist z.B. erforderlich, wenn Software erst erstellt werden soll (s. dazu Rz 33). Im Erstellungsvertrag muß dann zum Ausdruck gebracht werden, daß die Software mit der Leistung des Hardwarevertrages eine Einheit bilden soll.

22 Die Koppelung erfolgt bei der Grundsoftware bereits dadurch, daß diese in MS/KS 2 (Nr. 1.2) aufgeführt wird.

23 Nach den Erläuterungen vor § 1 M erfolgt die Koppelung bei der sonstigen Software dadurch, "daß im Zusammenhang mit der Anmietung der Hardware Mieter und Vermieter konkrete Absprachen über die Lieferung oder das Funktionieren bestimmter Programme getroffen haben und diese Programme unter Ziffer 14 des Mietscheins aufgeführt sind". Unter Ziffer 14 findet sich der Hinweis: "Sonstige vom Vermieter zu liefernde Programme, die vereinbarungsgemäß zur Lösung der der Anlage gestellten Aufgabe unabdingbar sind". Die in den Erläuterungen erwähnten "konkreten Absprachen" brauchen also nirgends schriftlich festgehalten zu werden; die Aufnahme in den Mietschein unter der angegebenen Überschrift reicht aus.
Der Wortlaut der Koppelungsregelungen verlangt, daß die Lieferung spätestens zusammen mit der Hardware erfolgt. (Eine frühere Lieferung kommt u.U. in Betracht).Eine spätere Lieferung (bei gleichzeitiger Bestellung) kommt aber sehr wohl in Betracht, z.B. bei Teillieferungen. Ein späteres Datum ist ein Indiz gegen die Koppelung, erlaubt aber noch nicht den Schluß, daß nicht gekoppelt werden soll.
Die Formulierung kann kaum dahingehend verstanden werden, daß der AN die *Verpflichtung* zur Lieferung der Software nicht später abgegeben haben darf als die Verpflichtung zur Lieferung der Hardware. Denn es muß zulässig sein, *nachträglich* das System um Software wie um Hardware zu ergänzen. Die Voraussetzungen für die nachträgliche Koppelung dürften aber nur ausnahmsweise erfüllt sein (s. Rz 26 ff, insb. 30 ff).

24 Die BVB erlauben, sonstige Software über MS 15 / KS 14 *ohne* Koppelung, d.h. ohne Einbeziehung in die Einheit, zu beschaffen, indem "konkrete Absprachen" über die Koppelung, wie es die Erläuterungen zu § 1 M/K verlangen, nicht getroffen werden (zur exakten vertragstechnischen Gestaltung s. die letzte Rz). Die Einbeziehung in den Hardwarevertrag kann die Beschaffung vereinfachen, wenn es nur um wenige solche Programme geht. Die Hardware-BVB gehen allerdings davon aus, daß alle Software, die im Hardwarevertrag beschafft wird, auch gekoppelt, also zu einem Teil der Einheit gemacht wird.

4. Inwieweit soll gekoppelt werden?

25 Die Erläuterungen zu § 1 K enthalten die Anweisungen, daß die Grundsoftware (das Betriebssystem) gekoppelt werden *muß*, die Grundausstattung an systemnahe Software (Dienstprogramme, Compiler) gekoppelt werden *sollen* und anwendungsbezogene Programme unter bestimmten Voraussetzungen

gekoppelt werden *können* (und *dann* auch gekoppelt werden *sollen)*. Die Differenzierung zwischen Grundsoftware, systemnaher Software und sonstiger Software dient dazu, die Bedeutung der verschiedenen Programme für die Nutzbarkeit des Systems zu klären (s. Rz 3 ff) und damit die Erforderlichkeit der Koppelung zu bestimmen.

26 Grundsoftware: Die Erläuterungen zu § 1 führen aus: "Wegen des funktionellen Zusammenhangs mit der Hardware muß die Grundsoftware zwingend Gegenstand des Hardwarevertrages sein".

4.1 Koppelung der systemnahen Software

27 Die Erläuterungen zu § 1 K fahren fort: "Zu der in den BVB-Kauf angesprochenen 'übrigen Software, zu deren Lieferung spätestens zusammen mit der Anlage oder den Geräten sich der Auftragnehmer verpflichtet hat', ist zunächst die systemnahe Software zu zählen, nämlich die Übersetzungsprogramme (z.B. Assembler, Compiler), soweit sie nicht bereits als Grundsoftware erfaßt sind, sowie Standardsoftware für häufig wiederkehrende, nicht problembezogene Aufgaben (z.B. Sortier- und Mischprogramme) und Standardprogrammgeneratoren. Es bedarf demnach einer Festlegung im Kaufvertrag, welche Programme - mit oder ohne Berechnung - als 'Grundsoftware' vom Auftragnehmer geliefert werden - sie sind unter Ziffer 1.2 des Kaufscheins auszuführen - und welche Programme der Auftragnehmer als systemnahe Software - mit oder ohne Berechnung - zu liefern hat. Die letztgenannten Programme werden über Ziffer 10 des Kaufscheins als Programmtyp a) in den Kaufvertrag einbezogen. Hierdurch wird die systemnahe Software insbesondere hinsichtlich des Verzugs, der Funktionsprüfung, der Gewährleistung, der Haftung für Schutzrechtsverletzungen der Grundsoftware gleichgestellt. Die systemnahe Software muß daher zumindest in dem Umfang in den Kaufvertrag einbezogen werden, als sie zur Nutzung der Hardware unbedingt erforderlich ist (Grundausstattung an systemnaher Software)." Der letzte einschränkende Satz fehlt in den Erläuterungen zu § 1 M. Wie in Rz 13 f dargelegt, ist die Gleichstellung vollständig.

28 Der Einschub "soweit sie nicht als Grundsoftware erfaßt sind" weist darauf hin, daß die Begriffe nicht scharf sind (s. Rz 5). Letztlich erfolgt die Einordnung danach, was der Hersteller als Grundsoftware bezeichnet. Die Unschärfe erklärt sich vor allem daraus, daß die systemnahe Software aus der Grundsoftware ausgegliedert wurde, weil es die Hersteller abgelehnt haben, für solche Programme, die mehr dem Komfort des Anwenders dienen, genauso wie für das Betriebssystem zu haften. Nachdem bei der Erarbeitung der BVB der Begriff der Grundsoftware eingeschränkt werden mußte, wurde der öffentliche Beschaffer in den Erläuterungen zu § 1 M verpflichtet, die systemnahe Software dennoch uneingeschränkt einzubeziehen. Nach dem Widerstand der Hersteller wurde in den Erläuterungen zu § 1 K

die Einschränkung aufgenommen, daß nur die Grundausstattung an systemnaher Software einbezogen werden soll.

29 Die Einbeziehung der systemnahen Software erleidet weiterhin dadurch Einschränkungen, daß sie z.T. kaum sinnvoll ist:
Erstens: Das Bedürfnis für die Koppelung ist in erster Linie danach zu beurteilen, inwieweit Leistungsstörungen bei diesen Programmen die Nutzbarkeit des Systems beeinträchtigen können, so daß sich der AG besonders absichern muß. Fehler in der systemnahen Software führen kaum je zu einem vollständigen Ausfall des Programms; die Nutzbarkeit des *Systems* beeinträchtigen sie nur ausnahmsweise. In solchen Fällen ist es außerordentlich schwer und strittig, diese Nutzungsbeeinträchtigung in einem auf die Hardware bezogenen Wert als Grundlage für den pauschalierten Schadensersatz zu messen (s. Rz 18 ff). Die Praxis muß zeigen, ob sich hier die Geltendmachung von Schadensersatzansprüchen positiv auf die Bemühungen des AN auswirkt, Fehler zu beseitigen.
Zweitens: Die systemnahe Software wird häufig nicht in zeitlichem Zusammenhang mit der Hardware beschafft. z.B. wird systemnahe Software (insbesondere Compiler) bei Anlagenwechsel oft übernommen oder schon vorher gesondert für eine künftige Anlage bestellt, deren Einsatz vorbereitet werden soll. Die systemnahe Software hat sich dann zumindest hinsichtlich ihrer Funktionsfähigkeit bereits bewährt. Die Koppelung wäre rein formal.
Drittens: Die Koppelung verschafft den Lieferanten von Hardware auch auf dem Markt für systemnahe Software einen unnötigen Wettbewerbsvorteil gegenüber Softwarehäusern: Die Hersteller von Hardware können dem AG durch die Koppelung im Hardwarevertrag mehr Sicherheit schaffen, indem sie ein höheres Risiko übernehmen. Dieses können sie durch die Vergütung für die Hardware mit abdecken. Für die Softwarehäuser dürfte es kaum vertretbar sein, im Softwarevertrag dasselbe Risiko zu übernehmen.

4.2 Koppelung der anwendungsbezogenen Software

30 Bei der anwendungsbezogenen Software soll die Koppelung, wie die Erläuterungen zu § 1 ausführen, "nur in Ausnahmefällen vorgenommen werden". Die Koppelung kann berechtigt sein, wenn
- die Hardware wegen der Software gekauft wird,
- der Anbieter entsprechende Zusagen macht, also bereit ist, eine starke Gewährleistung für die Software einzugehen, z. B. wenn ein öffentlicher Anwender die einschneidenden Folgen der Umstellung auf EDV nur bei entsprechender Absicherung hinnehmen kann, oder
- wenn ein erheblicher Schaden bei Fehlerhaftigkeit der Programme droht, für den ein nur auf den Softwarepreis abgestellter pauschalierter Schadensersatz unangemessen niedrig wäre.

Auch hier muß auf den Text der Erläuterungen hingewiesen werden (s. Rz 23), der den Ausnahmecharakter der Koppelung verdeutlicht: "Eine Koppelung von Hardware und Software über die Grundsoftware hinaus setzt also voraus, daß im Zusammenhang mit der Anmietung der Hardware Mieter und Vermieter konkrete Absprachen über die Lieferung und das Funktionieren bestimmter Programme getroffen haben und diese Programme unter Ziffer 14 des Mietscheins aufgeführt sind". Hier gelten dieselben Einschränkungen über Zweckmäßigkeit und Erforderlichkeit der Koppelung wie bei der systemnahen Software. Hinzuzufügen ist, daß es bei Großanlagen nur ausnahmsweise vorkommt, daß die Hardware wegen bestimmter anwendungsbezogener Software beschafft wird, oder andersherum die Software für die Lösung der der Hardware gestellten Aufgaben unabdingbar ist.

31 Die Programme bedürfen u.U. der Anpassung an die besonderen Einsatzbedingungen beim AG, sei es wegen des vom AG eingesetzten Systems, sei es aus Anwendungsgründen. Diese Anpassungsfähigkeit ist vorgesehen, wobei idR den anwendungsspezifischen Wünschen des AG Grenzen gesetzt sind. Es muß darauf geachtet werden - damit die Koppelung nicht unbillig wird -, daß der AG seine Anforderungen an die Programme hinreichend detailliert festlegt und nicht nur die Aufgaben, die mit Hilfe dieser Programme erledigt werden sollen, beschreibt.

32 Bei der mittleren Datentechnik spielt die Koppelung eine größere Rolle. Auf diesen Anlagen sollen oft nur wenige Programme eingesetzt werden. Die Koppelung liegt also nahe. Der Anwender hat oft keine EDV-Erfahrungen und überläßt dem AN die EDV-Organisation, die Lieferung und Anpassung von Standardprogrammen sowie ggf. die Erstellung zusätzlicher Programme. "Die Basis für den Markterfolg der mittleren Datentechnik ist das kombinierte Angebot von Hardware und Software." (H. Walther, Die Software-Preise in der MDT, Bürotechnik 1973, 1143). Die Systemanalyse wird also in den Vertrag einbezogen. Der Vertrag wird u.U. auf einer wenig abgesicherten Grundlage, dem vom Anbieter unentgeltlich erstellten Grobvorschlag, geschlossen. Gerade, wenn sich der Anwender aber so stark auf den Anbieter verlassen muß und unterschiedliche Angebote nicht ausreichend beurteilen kann, empfiehlt sich für ihn die Koppelung. Bei frei programmierbaren Datensammelsystemen ist dieselbe Arbeitsteilung üblich. Aufgabe des Herstellers ist es, modulare Software an gestellte Aufgaben anzupassen (Norbert Neumann, Neue Maßstäbe für programmierbare Datensammelsysteme, Online 1973, S. 591).

4.3 Koppelung mit zu erstellender Software

33 Die BVB-Miete/-Kauf gehen nicht davon aus, daß solche Software gekoppelt wird, die erst noch zu erstellen ist. Denn dann kann kaum gesagt werden, daß die Hardware wegen bestimmter Programme beschafft werden soll. Die Einbeziehung solcher Programme ist aber nicht ausdrücklich eingeschränkt. Es kommt in der Praxis durchaus vor, daß der AN die Überlassung von Software anbietet, die er erst

noch erstellen muß. Dies kommt desto eher in Betracht, je mehr es um die Ergänzung des Betriebssystems für die Nutzung der Hardware geht (z.B. für Rechnerkoppelungen), und desto weniger, je stärker anwendungsbezogen die Programme sind. Es ist nicht an den Fall gedacht, daß ein Anwendungspaket erstellt wird, das der AG voll bezahlen müßte, insb. nicht bei den BVB-Miete. Die Sach- und Rechtsfragen beim Prozeß der Programmerstellung, insbesondere bei gemeinsamer Arbeit, werden nicht behandelt. Es müßte noch ein Vertrag über die Erstellung von Software geschlossen werden. Dies ist zwar möglich, von den BVB aber eigentlich nicht vorgesehen (s. Rz 21).

5. Würdigung

34 Es hat sich in der Praxis gezeigt, daß die Einbeziehung der Software dem AG nicht so viel Sicherheit und dem AN nicht soviel Risiko bringt, wie ursprünglich angenommen worden ist. Die Hersteller hatten sich entschieden gegen die Einbeziehung der Software in den Hardwarevertrag ausgesprochen. Ihre Gründe liefen in erster Linie darauf hinaus, daß die Gewährleistung unterschiedlich geregelt werden müsse. Faßt man die Argumente der Hersteller aus den Verhandlungen zusammen, so ergibt sich ungefähr folgendes: Während die Hardware nach dem Stand der Technik voll beherrscht werde, stehe man bei der Software am Anfang der technischen Entwicklung. Bei der Hardware sei eine vollständige Überprüfung von Funktionsmängeln möglich, bei der Software sei dies nicht möglich. Bei der Hardware sei der Prüfaufwand überschaubar und kalkulierbar, bei der Software unüberschaubar. Bei der Hardware sei ein Austesten der mathematischen Kombinationen möglich, bei der Software nicht. Bei der Hardware treten in aller Regel Materialfehler und Verschleißfehler auf - denen z.T. durch vorbeugende Wartung begegnet werden kann -, bei der Software dagegen logische Fehler. Bei der Hardware habe man ausreichende Erfahrungen bei Nachbesserungen, bei der Software verfüge man nur über wenig Erfahrungen.

35 Berücksichtigt man die Besonderheiten der Software, so ist ihre Einbeziehung in den Hardwarevertrag, auch über die Grundsoftware hinaus, nicht unbillig. Es dürfte zwar schwerer sein, Software mit derselben Fehlerfreiheit wie Hardware zu liefern oder Fehler ebenso schnell zu beseitigen. Die Hersteller haben in den letzten Jahren enorme Anstrengungen unternommen, die Hardware sicherer zu machen und die Erkennung und die Beseitigung von Hardwarefehlern zu vereinfachen. Auf dem Gebiet der Software ist nichts Vergleichbares geschehen. Die (angeblich) strenge Haftung der BVB-Miete soll dem berechtigten Verlangen der Anwender nach Sicherheit auf diesem Gebiet Nachdruck verleihen.

Grundzüge 4: Sanktionen bei Leistungsstörungen durch den AN

1 Die BVB sehen bei Leistungsstörungen des AN Zahlung pauschalierten Schadensersatzes, ggf. die Stellung eines Ausweichsystems, bei den BVB-Miete auch Kürzung des Mietzinses als Sanktion vor.

1. Rechtliche Einordnung der Sanktionen

1.1 Einleitung

2 Die VOL weist den AG an, die Höhe der Sanktionen zu begrenzen. Für den Schadensersatz bei Verzug des AN bestimmt § 9 Nr. 2 II VOL/B: "In den vertraglichen Abmachungen kann der zu ersetzende Verzugsschaden der Höhe nach begrenzt werden; in diesem Falle sollen die Lieferbedingungen, wie sie üblich sind in dem Fachzweig, dem der Auftragnehmer angehört, in Betracht gezogen werden." § 14 VOL/A bestimmt über Vertragsstrafen bei Verzug: "Vertragsstrafen sind nur auszubedingen, wenn die Überschreitung der Ausführungsfristen erhebliche Nachteile verursachen würde. Die Strafe ist in angemessenen Grenzen zu halten (B § 12)." Das ist nach § 12 VOL/B 1/2 % des Lieferwertes je vollendete Woche Verzug. Für den Schadensersatz aus Gewährleistung bestimmt § 14 Nr. 3 e) VOL/B: "Unberührt bleiben die Ansprüche des Auftraggebers auf Herabsetzung der Vergütung (Minderung) und auf Schadensersatz, soweit der Schaden an dem Gegenstand selbst entstanden ist. Eine weitergehende Schadensersatzpflicht des Auftragnehmers tritt nur ein, wenn der entstandene Schaden durch Vorsatz oder grobe Fahrlässigkeit des Auftragnehmers ... verursacht ist." Die BVB folgen diesen Anweisungen nur beschränkt.

3 <u>Verzug des AN:</u> Die BVB übernehmen den Ansatz der "Grünen Lieferbedingungen" (s. GZ 1 Rz 5), verschärfen ihn aber zu Lasten des AN. Nach den "Grünen Lieferbedingungen" braucht der AG den Schaden nicht nachzuweisen, sondern nur glaubhaft zu machen, und das nur dem Grunde, nicht der Höhe nach. Der Schadensersatz ist pauschaliert; bei Teilverzug wird er auf den Anteil der Lieferung bezogen, der nicht zweckdienlich in Betrieb genommen werden kann.

Die BVB übernehmen dieses Schema für den Verzug, begrenzen die Sanktion aber nicht wie in den "Grünen Lieferbedingungen" auf höchstens insgesamt 5 % des Liefer(Miet-)wertes, sondern auf 6,67 % (100/1500 bei K). Es ist davon ausgegangen worden, daß einerseits nach § 9 VOL/B die üblichen Lieferbedingungen nur in Betracht gezogen werden *sollen*, andererseits der Einsatz der EDV so bedeutungsvoll sei, daß die üblichen Grenzen für den Schadensersatz nicht ausreichen würden.

4 Gewährleistung: Die BVB übernehmen diese Pauschalierung auch für die Gewährleistung. Dabei wird der Ersatz des weitergehenden Schadens erheblich eingeschränkt. Soweit mehr als der unmittelbare Schaden zu ersetzen ist, wird allerdings nicht grobe Fahrlässigkeit zur Voraussetzung gemacht. Die Sanktion wird daran angeknüpft, daß der Fehler nicht schnell genug beseitigt wird, d.h., daß der AN mit der Beseitigung des Fehlers in Verzug kommt. Es ist davon ausgegangen worden, daß beim Einsatz der EDV häufig Fehler auftreten, die sich relativ schnell beseitigen lassen. Die Sanktion wird an eine Pflicht geknüpft, die der AN relativ gut in der Hand hat.

1.2 Pauschalierter Schadensersatz oder Vertragsstrafe?

5 Die Pauschalierung des Schadens ist insbesondere deswegen gewählt worden, weil die öffentliche Hand durch den Ausfall der EDV meist nur einen geringen unmittelbaren Schaden hat, mittelbare Schäden sich hingegen oft nicht in Geld bewerten lassen oder aber den Bürger treffen, ohne daß die Schäden von der öffentlichen Hand ersetzt werden könnten. Wird z.B. die Erstellung von Wohngeldbescheiden durch den Ausfall des Systems verzögert, spart der Staat sogar Zinsen. Damit stellte sich die Frage, ob es sich überhaupt um Schadensersatzansprüche oder um Vertragsstrafen handelt, wenn es oft so wenig auf den finanziellen Schaden der öffentlichen Hand ankommt.

6 Die Abgrenzung von Vertragsstrafe und pauschaliertem Schadensersatz ist deswegen so schwer, weil die Vertragsstrafe zugleich "präventives Druckmittel gegen Vertragsverletzungen und Mittel eines vereinfachten Schadensausgleichs" ist (Horschitz, Atypische Vertragsstrafen, NJW 1973, 1958). Die Abgrenzung ist wichtig, *wenn* die beiden Formen rechtlich unterschiedlich behandelt werden. Der wesentliche Unterschied spielt hier keine Rolle: Eine von einem *Nichtkaufmann* versprochene Vertragsstrafe kann gem. § 343 BGB vom Gericht herabgesetzt werden, wenn sie unangemessen hoch ist. Aus diesem Grunde ist nach Treu und Glauben ggf. eher anzunehmen, daß eine Vertragsstrafe und nicht pauschalierter Schadensersatz vereinbart ist (BGH, Urteil vom 6.11.1967, Z 49, 84, 89 = NJW 1968, 149, 150). Die Herabsetzung zugunsten von Kaufleuten ist gem. § 348 HGB ausgeschlossen. Die BVB finden in aller Regel nur gegenüber Kaufleuten Anwendung. Im Ausnahmefall dürfte eine Herabsetzung deswegen nicht vorkommen, weil die Sank-

tionen nicht als unangemessen hoch bezeichnet werden können. Der BGH hat in einem Urteil vom 1.4.1976 eine Vertragsstrafe für Verzug von 1,5 % je Woche für unbedenklich gehalten (in NJW 1976, 2259 ist nur ein Leitsatz abgedruckt). Die BVB-Kauf sehen nur knapp 0,5 % je Woche vor. Die Abgrenzung kann insoweit dahingestellt bleiben. Das AGB-Gesetz verlangt keine Einordnung der Sanktion. Nach § 11 Nr. 5 AGB-Gesetz ist unwirksam "die Vereinbarung eines pauschalierten Anspruchs ... auf Schadensersatz ..., wenn

a) die Pauschale den in den geregelten Fällen nach dem gewöhnlichen Lauf der Dinge zu erwartenden Schaden ... übersteigt, oder
b) dem anderen Vertragsteil der Nachweis abgeschnitten wird, ein Schaden oder eine Wertminderung sei überhaupt nicht entstanden oder wesentlich niedriger als die Pauschale ..."

Diese Vorschrift gilt gem. § 24,1 AGB-Gesetz nicht gegenüber Kaufleuten. Ein Kaufmann kann sich also nicht darauf berufen, daß er nicht zur Zahlung verpflichtet sei, weil kein Schaden entstanden sei. Dies kann er nach dem BGB auch nicht bei Vertragsstrafen einwenden. Der BGH hat in dem o.a. Urteil ausgeführt, daß grundsätzlich nichts gegen solche Vertragsstrafen in AGB einzuwenden sei. Damit entfallen auch Bedenken nach § 9 AGB-Gesetz (der zugunsten von Kaufleuten gilt, s. GZ 2 Rz 6).

7 Vom Erscheinungsbild ist diese Sanktion eher Vertragsstrafe als pauschalierter Schadensersatz. Die Rechtsprechung grenzt beides vor dem Hintergrund unterschiedlicher Rechtsfolgen wie folgt ab: "Eine Vertragsstrafe ist danach anzunehmen, wenn die Zahlung des versprochenen Betrages in erster Linie die Erfüllung des Kaufvertrags sichern und auf den Vertragsgegner einen möglichst wirkungsvollen Druck ausüben soll, alle vertraglich übernommenen Verpflichtungen einzuhalten" (BGH, Urteil vom 8.10.1969, NJW 1970, 29, 32; s. auch Canaris, Zivilrechtliche Probleme des Warenhausdiebstahls, NJW 1974, 521, 526 sowie Horschitz aaO S. 1958). Da die Sanktion nur zu zahlen ist, wenn der AG das System wegen des Ausfalls nicht nutzen kann, ist ein Bezug zum Schaden gegeben. (Daß bei den BVB-Miete dem AG dadurch ein Schaden entstehen würde, daß er Mietzins zahlen müßte, wird durch die Kürzung des Mietzinses ausgeschlossen). Die Sanktion soll beim Einsatz der EDV in der *Verwaltung* kaum einen darüber hinausgehenden Schaden abdecken, sondern auf den AN Druck ausüben, die Leistungsstörung alsbald zu beheben. Gerade bei der Gewährleistung wird die Sanktion an die mangelnde Geschwindigkeit bei der Nichtbeseitigung des Fehlers angeknüpft (s. Rz 4). Daran ändert nichts, daß die Sanktion der Höhe nach kaum einen starken wirtschaftlichen Druck ausübt; ihre Bedeutung liegt in der Signalwirkung (Schaden für das Ansehen der Firma, Auslösung interner Maßnahmen beim AN). Wird die EDV im Bereich der öffentlichen Wirtschaftsbetriebe eingesetzt, so kann der Bezug zum Schaden stärker sein.

8 Die Einordnung kann derzeit dahingestellt bleiben, weil sich keine unterschiedlichen Rechtsfolgen abzeichnen (s. auch Rz 9 ff). Im folgenden wird deswegen möglichst von Sanktionen gesprochen, um auch deren schwächere Form, nämlich die Kürzung des Mietzinses bei den BVB-Miete, sowie die Verpflichtung zur Stellung einer Ausweichanlage einzubeziehen.

1.3 Einzelheiten

9 Verschulden: § 12 VOL/B dürfte die Anweisung an den öffentlichen AG enthalten, in Zusätzlichen oder Besonderen Vertragsbedingungen Vertragsstrafen nur an schuldhaftes Verhalten anzuknüpfen (Daub B § 12 Ez 4 d). Dies dürfte gleichfalls für die Vereinbarung pauschalierten Schadensersatzes gelten (s. insb. § 14 Nr. 3 e) VOL/B). Die BVB enthalten z.T. von Verschulden unabhängige Sanktionen. Dies dürfte § 9 AGB-Gesetz nicht widersprechen (Horschitz aaO S. 1959 hat vor dem AGB-Gesetz darin keinen Verstoß gegen Treu und Glauben gesehen).

10 Die Verjährungsfrist beträgt bei Vertragsstrafen 30 Jahre, auch wenn die zu sichernde Forderung einer kürzeren Verjährungsfrist unterliegt (Soergel-Schmidt § 339 (24) unter Berufung auf RGZ 85,242). "Schadensersatzansprüche wegen Verzugs und Nichterfüllung verjähren in derselben Frist wie der Anspruch, aus dem sie herrühren" (BGH, Urteil vom 11.2.1958, BB 1958, 281; Horschitz aaO S. 1960 f; Soergel-Siebert-Augustin § 195 (8)). Die zu sichernden Forderungen verjähren ebenfalls in 30 Jahren.

11 Die Vertragsstrafe im BGB: Wird die Sanktion als Vertragsstrafe angesehen, gelten zwar gem. § 12 Nr. 1, 1 VOL/B die §§ 339 ff BGB ergänzend. Diese werden aber durch die teils inhaltlich gleichen, teils gegensätzlichen Regelungen verdrängt: Die Pauschalierung des Schadensersatzes ist endgültig; ein höherer Schaden kann nicht geltend gemacht werden (anders §§ 340 II und 341 II BGB). Das bedeutet zugleich, daß es auch insoweit nicht auf die rechtliche Einordnung der Sanktion ankommt.

Die §§ 339 ff BGB lauten:
"§ 339. (Verwirklichung der Vertragsstrafe) Verspricht der Schuldner dem Gläubiger für den Fall, daß er seine Verbindlichkeit nicht oder nicht in gehöriger Weise erfüllt, die Zahlung einer Geldsumme als Strafe, so ist die Strafe verwirkt, wenn er in Verzug kommt. Besteht die geschuldet Leistung in einem Unterlassen, so tritt die Verwirkung mit der Zuwiderhandlung ein.
§ 340. (Strafversprechen für Nichterfüllung) (1) Hat der Schuldner die Strafe für den Fall versprochen, daß er seine Verbindlichkeit nicht erfüllt, so kann der Gläubiger die verwirkte Strafe statt der Erfüllung verlangen. Erklärt der Gläubiger dem Schuldner, daß er die Strafe verlange, so ist der Anspruch auf Erfüllung ausgeschlossen. (2) Steht dem Gläubiger ein Anspruch auf Schadensersatz

wegen Nichterfüllung zu, so kann er die verwirkte Strafe als Mindestbetrag des Schadens verlangen. Die Geltendmachung eines weiteren Schadens ist nicht ausgeschlossen.
§ 341. (Strafversprechen für nicht gehörige Erfüllung)
(1) Hat der Schuldner die Strafe für den Fall versprochen, daß er seine Verbindlichkeit nicht in gehöriger Weise, insbesondere nicht zu der bestimmten Zeit, erfüllt, so kann der Gläubiger die verwirkte Strafe neben der Erfüllung verlangen.
(2) Steht dem Gläubiger ein Anspruch auf Schadensersatz wegen der nicht gehörigen Erfüllung zu, so finden die Vorschriften des § 340 Abs. 2 Anwendung.
(3) Nimmt der Gläubiger die Erfüllung an, so kann er die Strafe nur verlangen, wenn er sich das Recht dazu bei der Annahme vorbehält.
§ 345. (Beweislast) Bestreitet der Schuldner die Verwirklichung der Strafe, weil er seine Verbindlichkeit erfüllt habe, so hat er die Erfüllung zu beweisen, sofern nicht die geschuldete Leistung in einem Unterlassen besteht."

§§ 339, 1 und 340 I BGB (Vertragsstrafe bei Verzug und bei Lösung des Vertrages wegen Nichterfüllung) werden durch § 7 Nr. 1 und 5 M/K verdrängt. § 341 I BGB ist in § 9 Nr. 2 und 4 M/K sachlich übernommen: Der AG kann stets die Fehlerbeseitigung verlangen, daneben die Sanktion, soweit sie verwirkt ist. Auch § 341 III BGB ist bei Gewährleistung ausgeschlossen: Der AG, der das betriebsbereite System nach der Fehlerbeseitigung wieder übernimmt, braucht sich die Geltendmachung des pauschalierten Schadensersatzes nicht vorzubehalten. § 14 Nr. 3 Satz 2 und 3 M/K gehen davon aus, daß bei der Übergabe die Ausfallzeiten festgehalten werden, damit später ggf. die Sanktion berechnet werden kann. Die Sanktion soll also später ohne weiteres verlangt werden können. Zur Lage bei Verzug s. Rz 9a zu § 7 M. Die Beweislastverteilung ergibt sich aus den §§ 7 und 9 M/K, so daß § 345 BGB ausgeschlossen ist (s. Rz 18 zu § 9 M).

2. <u>Die Höhe der Sanktionen im Verhältnis zur Vergütung</u>

12 Die Sanktionen richten sich in den BVB-Miete an der Grundmonatsmiete für das System aus: Bei vollständigem Ausfall des Systems braucht der AG also für Ausfalltage erstens keinen Mietzins zu zahlen und erhält zweitens vom AN vom vierten Tag an täglich einen Betrag in der Höhe, den er bei ordnungsgemäßem Betrieb hätte zahlen müssen. Bei vollständigem Ausfall zahlt der AG also keinen Mietzins, sondern erhält einen Betrag in dessen Höhe als Schadensersatz (s. genauer Rz 24 f zu § 9 M).

13 Die tägliche Sanktion in den <u>BVB-Kauf</u> soll dem 1/30 der Grundmonatsmiete der BVB-Miete entsprechen. Es ist von einem Abschreibungszeitraum für Geräte von 50 Monaten ausgegangen worden; daraus ist ein Bruchteil von 1/1500 des Kaufpreises je Tag abgeleitet worden. (Der Zuschlag nach § 17 K für die Instandhaltung gehört nicht zum Kaufpreis).

Der Abschreibungszeitraum erhebt nicht Anspruch auf Richtigkeit, sondern ist das Ergebnis von Verhandlungen, um zu einem akzeptablen Bruchteil zu kommen.

14 Die Vergütung für die Software ist Teil der Bemessungsgrundlage, wenn sie über den Hardware(beschaffungs)vertrag bezogen wird (s. GZ 3 Rz 12). Dies führt nur bei den BVB-Miete in dem Falle zu Schwierigkeiten, daß die Vergütung nicht wie der Mietzins für die Hardware monatlich, sondern einmalig gezahlt wird. Es bietet sich an, wie bei den BVB-Kauf 1/1500 der einmaligen Vergütung je Tag anzusetzen.

15 Bei den BVB-Wartung ist die Sanktion proportional höher. Für den AG ist das Risiko, die Anlage nicht nutzen zu können, fast so hoch wie bei der Miete; (nur fast, weil die Software nicht der Wartung durch diesen Vertrag unterliegt, das Risiko für solche Softwareausfälle, die die Nutzbarkeit der Hardware einschränken, also nicht unter den Wartungsvertrag fällt). Deswegen muß die Sanktion eher an der *absoluten* Höhe der Sanktion bei den BVB-Miete ausgerichtet werden als an dem *proportionalen* Wert von 1/30 der monatlichen Zahlung. Der pauschalierte Schadensersatz ist deswegen auf 5/30 der monatlichen Wartungsvergütung (also einschl. der Zuschläge nach § 5, aber ohne den nach § 8 für das Vorhalten der Ausweichanlage, s. WS 6 Rz 4) festgelegt worden.
Der maximale Schadensersatz je Ausfall beträgt damit 5/30 x 100 = 16,7 Monatsvergütungen. Bei einer Dauer der Wartungsverpflichtung von 60 Monaten, die gem. § 3 W als Richtschnur angesetzt werden kann, bedeutet dies 27,7 % der gesamten Vergütung.

3. Die Höhe der Sanktionen bei Teilausfall und Teilverzug

16 Bei Teilausfällen werden die täglichen Sanktionen an der Höhe der Nutzungsminderung des Systems ausgerichtet. Der Mietzins ist entsprechend der Nutzungseinschränkung des Systems zu kürzen; Schadensersatz ist entsprechend der Nutzungseinschränkung zu zahlen, also in der Höhe, in der der Mietzins täglich gekürzt wird. Bei Verzug wird der pauschalierte Schadensersatz in gleicher Weise nach der Höhe der Nutzungsminderung bestimmt. Beeinträchtigendes Ereignis ist hier nicht der Ausfall von Einheiten, sondern ihr Fehlen.

3.1 Die Bestimmung der Nutzungsminderung

17 Der vollständige oder teilweise Ausfall einer Einheit kann sich wie bei einer Kettenreaktion auf die Nutzbarkeit der anderen Einheiten auswirken. Dabei können sich eine Reihe von Hardware- und Softwarekomponenten gegenseitig beeinflussen. Grundsätze für die Bewertung der Nutzungsminderung des gesamten Systems lassen sich kaum aufstellen.

Bei der Funktionsprüfung wird nach den Erläuterungen zu § 8 K (s. PT 2 Rz 19) jeder Hardwareeinheit ein Nutzungswert innerhalb einer Funktionsgruppe zugeordnet. Fallen mehrere Geräte einer Gruppe aus, so wird die überproportionale Nutzungsbeeinträchtigung dahingehend berücksichtigt, daß der AG von einem bestimmten Punkt an das System zur Verfügung stellen und für die Funktionsprüfung Totalausfall geltend machen kann.

Bei der Gewährleistung im laufenden Betrieb ist das faktisch nicht machbar. Es fände auch keine Grundlage in den BVB: Diese stellen auf die Beeinträchtigung beim AG ab. Es kommt darauf an, wie dieser an denjenigen Tagen, für die die Sanktion zu berechnen ist, das System nutzen wollte. Diese subjektive Beurteilung ist in § 7 Nr. 3 für den Verzug vorgezeichnet, in § 9 Nr. 4 I M bzw. § 9 Nr. 3 IV und Nr. 4 K für die Gewährleistung (Sanktionen nur für vorgesehene Nutzungstage). Anderenfalls hätte bei der Minderung des Mietzinses gem. §§ 537 und 472 BGB die Nutzungseinschränkung nach objektivem Maßstab beurteilt werden müssen: Wie hoch ist die Nutzungseinschränkung einer *solchen Konfiguration?* In der Praxis werden z.T. objektive Maßstäbe in Anlehnung an die bei der Funktionsprüfung angewendeten vereinbart.

18 Ausgegangen werden kann und muß von den einzelnen Einheiten des Systems, für die sich ein Wert nach dem Vertrag bestimmen läßt (Anteil am gesamten Mietzins/Kaufpreis):
- Können solche Einheiten gar nicht genutzt werden, so treffen den AN die Sanktionen in voller Höhe, bezogen auf den Wert der betroffenen Einheiten.
- Bei den Einheiten, deren Nutzung nur eingeschränkt ist (sei es wegen eines Fehlers oder mittelbar wegen eines Fehlers in einer anderen Einheit), muß die Nutzungsbeeinträchtigung geschätzt werden. Die Sanktionen werden dann nach der Nutzungseinschränkung bestimmt, bezogen auf den Wert der betroffenen Einheit. (Beispiele s. Rz 13 zu § 7 und Rz 25 zu § 9 M).

Die Bestimmung der Nutzungsminderung eines Geräts wegen des Ausfalls eines anderen Geräts dürfte bald zu unterschiedlicher Beurteilung zwischen den Vertragspartnern führen; in der Praxis wird die mittelbare Nutzungseinschränkung nur in eindeutigen Fällen geltend gemacht.

> Eine Steuereinheit bedient 8 Plattenlaufwerke. Bei Ausfall der Steuereinheit sind die Plattenlaufwerke eindeutig nicht nutzbar. Ist eine Nutzungsminderung der Steuereinheit anzunehmen, wenn *ein* Plattenlaufwerk ausfällt? U.U. wird sie voll genutzt; die anderen Plattenlaufwerke können häufiger bedient werden. Nimmt man eine Nutzungsminderung an, müßte auch die Zentraleinheit als zu 1/x in der Nutzung beeinträchtigt angesehen werden, wobei x als Anteil des Plattenlaufwerks an der gesamten Vergütung angenommen werden könnte. Wie aber steht es beim Ausfall von 2 oder 3 Plattenlaufwerken?

Die Erläuterungen zu § 9 Nr. 5 M vermeinten, einen Maßstab für die Bestimmung der geminderten Sanktionen an die Hand geben zu können (s. Rz 26 ff zu § 9 M). In den Erläuterungen zu § 9 Nr. 7 K wird klargestellt, daß das Schema nur gilt, wenn es vereinbart ist.

19 Die Bestimmung der Nutzungsbeeinträchtigung der Hardware durch Softwarefehler wird bei den BVB-Miete/-Kauf ebenso vorgenommen. Hier ist die Schätzung der Nutzungsbeeinträchtigung besonders unsicher (s. GZ 3 Rz 18 ff).

3.2 Auslegungsprobleme der BVB-Miete/-Kauf

20 Das dargestellte Prinzip (Bezugsgröße der Nutzungseinschränkung ist das System bzw. der Systempreis) ist in den BVB-Miete/-Kauf nirgends eindeutig zu finden, weil das System erst in Hardware und Software aufgespalten, dann aber durch die Koppelung wieder zusammengefaßt wird (s. GZ 3 Rz 17). Es wird in den vier Fällen (Verzug und Gewährleistung bei Kauf und Miete) jeweils verschieden vorgegangen. Das dargestellte Prinzip ergibt sich zwingend, wenn man alle vier Fälle auf einen Nenner bringen will.

21 Ausgangspunkt ist die Einschränkung der Nutzbarkeit der Hardware; Softwarefehler werden in der Weise berücksichtigt, daß aus ihnen Ausfallzeiten der Hardware abgeleitet werden (so auch bei der Funktionsprüfung, bei der die Ausfallrate nur auf die Hardware bezogen wird, s. Rz 23 zu § 8 M). Anscheinend wird die Nutzungseinschränkung allein auf die Hardware bezogen, die Sanktion hingegen in der Höhe dieser Nutzungseinschränkung auf die Vergütung für das System. In §§ 7 Nr. 1 und 9 Nr. 3 K wird von dem Kaufpreis, also der Vergütung für Hardware und Software gesprochen. Dabei wird die Nutzungseinschränkung der Hardware ausgedrückt als Anteil der betroffenen Geräte an der Vergütung für die gesamte Hardware (bei teilweiser Nutzungseinschränkung anteilig).

$$\text{Nutzungseinschränkung} = \frac{X \cdot \text{Vergütung für die betroffenen Geräte}}{\text{Vergütung aller Geräte}}$$

wobei X den Grad der teilweisen Nutzungseinschränkung einzelner Geräte angibt.

$$\text{Sanktion} = \text{Nutzungseinschränkung} \cdot \text{Vergütung für System}$$

22 Dieser Ansatz führt zu erheblichen Schwierigkeiten.
Beispiel 1 (s.Abb. 3): Kostet die Hardware 80 Einheiten, darunter eine bestimmte Einheit 8, die Software 20, ergibt dies bei Ausfall dieser Einheit: 8 von 80, also 10 %; die Sanktion beträgt 10 % von 100 Einheiten, also 10 Einheiten. Damit ist die mögliche Nutzungseinschränkung der Software mit abgegolten.
Beispiel 2 (s.Abb. 3): Ein Programm fällt vollständig aus.

Dies "gilt" nach § 9 K als Ausfall der betroffenen Hardware. Die Einschränkung der Nutzbarkeit der Hardware bestimmt die Höhe der Sanktion. Darüberhinaus ist für das ausgefallene Programm nach § 9 Nr. 7 III i.V.m. Nr. 6 K zusätzlich pauschalierter Schadensersatz entsprechend der Vergütung für das Programm zu zahlen. Damit würde die Vergütung für die Software zweimal in die Berechnung eingehen. Diese Schwierigkeit würde entfallen, wenn die Software über einen weiteren Vertrag beschafft werden würde, ihre Aufführung in der LB also nur die Koppelung beinhalten würde (s. Gz 3 Rz 12 ff). Dies müßte dann aber nicht nur für die entgeltliche Überlassung der sonstigen Software, sondern auch für die der Grundsoftware erfolgen. In diesem Fall würde sich der Kaufpreis bzw. der Mietzins nur noch auf die Hardware beziehen; die Vergütung für die Software käme nicht mehr doppelt in Ansatz.

Beispiel 3: Ein Programmfehler verhindert den Einsatz eines Softwarepakets; die Hardware kann aber uneingeschränkt genutzt werden. Die Sanktion wird nur auf die Softwarevergütung bezogen:

- bei *einem* Vertrag auf Grund der entsprechenden Anwendung der Gewährleistungsregelungen für die Hardware auf die Software,
- bei *zwei* Verträgen auf Grund der Gewährleistung aus dem Softwareüberlassungsvertrag.

Beispiel 4: Ein unbedeutender Hardwareausfall beeinträchtigt die Nutzung eines teuren Softwarepakets erheblich:

- bei *einem* Vertrag führt dies nur zu einer an der Nutzungseinschränkung der Hardware ausgerichteten und damit zu einer zu niedrigen Sanktion (s. GZ 3 Rz 17 dazu, daß die Koppelung vom Wortlaut her nur einseitig erfolgt),
- bei zwei Verträgen ergibt sich die Sanktion aus dem Softwareüberlassungsvertrag für Hardware und für Software.

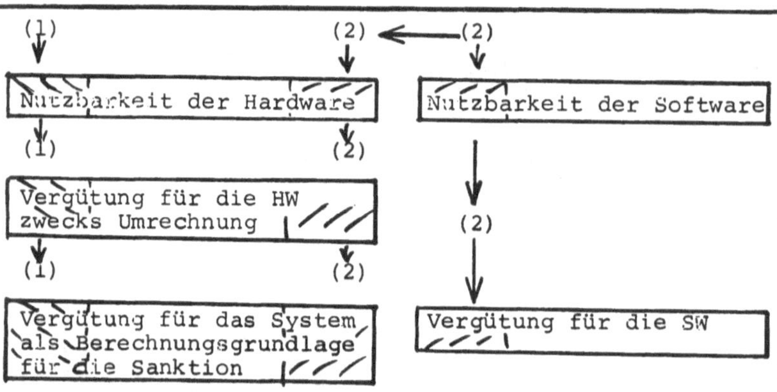

(1) bzw. (2) = Beispiel 1 bzw. 2.

Abb. 3

23 Wird nur ein Vertrag geschlossen, so müssen die Regelungen dahingehend ausgelegt werden, daß sich dieselben Rechtsfolgen wie bei zwei Verträgen ergeben. Dies läßt sich ohne Schwierigkeiten dadurch erreichen, daß bereits die Nutzungseinschränkung auf das System bezogen wird und nicht erst die Sanktion (s. Rz 47 ff zu § 9 M).
In Beispiel 1 (s. Abb. 4) wird die Sanktion bei einem Hardwareausfall, der die Nutzbarkeit der Software nicht einschränkt, jetzt nur noch auf den Hardwarepreis bezogen.

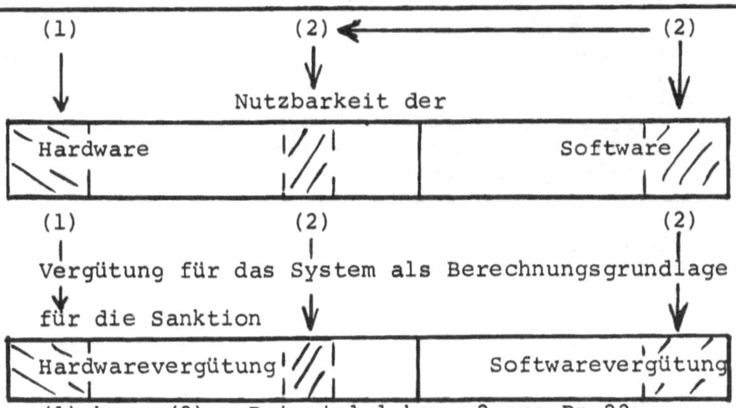

(1) bzw. (2) = Beispiel 1 bzw. 2 aus Rz 22.

Abb. 4

24 In den Verzugsregelungen finden sich Anhaltspunkte dafür, daß das dargestellte Prinzip gemeint ist: In § 7 Nr. 3 I M entfällt bei Teilverzug nur der Mietzins für die nichtgelieferten Geräte. Während in Nr. 1 III bei Totalverzug mit Grund- bzw. Pauschalmonatsmiete der Mietzins für das System gemeint ist, wird in Nr. 3 I auf den Mietzins für die einzelnen Einheiten abgestellt. Auch in § 7 Nr. 3 I K wird der pauschalierte Schadensersatz "bezogen auf den Kaufpreis für die nichtgelieferten Geräte". In § 7 Nr. 3 V M wird eindeutig zwischen den Sanktionen für die Nutzungseinschränkung der Software und denen für die Nutzungseinschränkung der Hardware unterschieden (s. dort Rz 10).

Kommentar VOL/B

Vorbemerkung zur VOL/B

1 Die Bedingungen der VOL/B können verschieden weit anwendbar sein:
- Eine Bedingung kann durch eine inhaltsgleiche Regelung in den BVB gemäß § 2 M/K/W ausgeschlossen sein.
- Eine Bedingung ist zwar nicht ausgeschlossen, ist aber für bestimmte BVB-Typen nicht einschlägig.
- Eine Bedingung gilt ergänzend und ist für den BVB-Typ rechtlich gesehen
  - erheblich
  - nicht erheblich. Es kommt *nicht* darauf an, wie häufig sie in der Praxis zum Zuge kommt; so sind Konkurse nicht häufig, die Bestimmungen der VOL/B darüber aber eine erhebliche Ergänzung der BVB.

2 Die VOL/B bezieht sich gem. § 1 auf Kauf-, Werk- und Werklieferungsverträge (s. Abb. 5). Die Beschaffungsverträge BVB-Miete/-Kauf haben in aller Regel Seriengeräte zum Gegenstand (s. Rz 10 zu § 1 M). Alle Regelungen der VOL/B über echte Werklieferungsverträge oder Werkverträge sind damit grundsätzlich nicht einschlägig.

Kaufvertrag		Werklieferungsvertrag		Werkvertrag
über:				
individuell bestimmbare Sache	vertretbare insb. Gattungssache	unecht= über vertretbare Sache (von AN hergestellt)	echt= über nicht vertretbare Sache	Werk ist in erster Linie das Ergebnis einer Tätigkeit (z.B. Gutachten)
Es gilt:				
Kaufrecht	Kaufrecht	weitgehend Kaufrecht	Kaufrecht, wenn Stoff vom AN geliefert wird, sonst Werkvertragsrecht	Werkvertragsrecht

"Lieferverträge" = Anwendungsbereich der BVB-Miete/-Kauf

Abb. 5

3 Soweit die VOL/B Kaufverträge regelt, ergänzt sie die BVB-Miete in gleicher Weise wie die BVB-Kauf. Denn bis zur Abnahme des Systems beinhalten die BVB-Miete einen Beschaffungsvertrag. Der Mietvertrag beinhaltet nach Installation neben der Überlassungspflicht im wesentlichen die Pflicht zur Wartung; die VOL/B ergänzt die BVB-Miete also für diese Zeit grundsätzlich genauso wie die BVB-Wartung.

4 Die VOL/B bezieht sich nicht auf Dauerschuldverhältnisse (s. Rz 2 zu § 1). Sie kann deswegen das Mietverhältnis und das Wartungsverhältnis nur beschränkt ergänzen. Die VOL/B ist auch gem. § 1 I. 1 für Verträge über Wartungsarbeiten mit persönlicher Dienstleistungspflicht nicht unmittelbar, sondern "höchstens sinngemäß" anwendbar (Daub A § 1 Ez. 2a). Da die VOL/B auch bei den BVB-Miete und -Wartung als vereinbart gilt, muß bei jeder Regelung geprüft werden, ob sie nicht teilweise oder sinngemäß angewendet werden kann.

5 Entsprechend diesen Grundsätzen ist der Kommentierung jeweils eine Tabelle über die Anwendbarkeit der VOL/B vorangestellt:
"-" : ausgeschlossen
"/" : für diesen Typ nicht einschlägig
"x" : gilt ergänzend, wird aber nicht erheblich
"x!": gilt ergänzend und ist erheblich.
"Hinweis": Die VOL/B weist auf einen regelungsbedürftigen Punkt hin; u.U. enthält sie eine Hilfsregelung ("falls nichts anderes vereinbart ist, gilt diese Regelung").
Werden Paragraphen angegeben, so beziehen sie sich auf die jeweiligen BVB. Fehlt eine Angabe, so bedeutet das, daß eine Kurzaussage über die Anwendbarkeit keinen Sinn machen würde. Die BVB-Miete entsprechen bis zur Abnahme weitgehend der BVB-Kauf, danach den BVB-Wartung (s. Rz 3). Soweit die VOL/B die BVB-Kauf und die BVB-Wartung unterschiedlich ergänzt (idR deswegen, weil sich eine Regelung auf die Lieferung von Sachen bezieht), wird bei der Aussage über die Anwendbarkeit der BVB-Miete auf die Zeit bis zur Abnahme abgestellt.

§ 1. Sachlicher Geltungsbereich

1. Die nachstehenden Allgemeinen Bedingungen gelten für Leistungen aller Art aus Kauf-, Werk- und Werklieferungsverträgen. Sie gelten nicht für Bauleistungen im Sinne der Verdingungsordnung für Bauleistungen.
2. Die Rechte und Pflichten der Parteien aus den allgemeinen gesetzlichen Vorschriften bleiben unberührt, soweit in diesen Allgemeinen Bedingungen nichts anderes bestimmt ist.

1

	Miete	Kauf	Wartung
Abs. 1			
Abs. 2	X!	X!	X!

2 Abs. 1 Satz 1 enthält eine in eine Vertragsbedingung gekleidete Anweisung an den öffentlichen AG, bei welchen Beschaffungen er die VOL/B anzuwenden hat. Die VOL/B gilt nicht für Dauerschuldverhältnisse wie Miete und Wartung. Sie kann aber auch für Dauerschuldverhältnisse angewendet werden (s. Vorbemerkung Rz 4).

3 Mit dem Begriff Leistung ist in erster Linie die Leistung des AN gemeint. Die Gegenleistung des AG wird kaum geregelt.

4 Abs. 2 stellt klar, daß die allgemeinen gesetzlichen Vorschriften, also insb. das BGB, ergänzend gelten (s. GZ 2 Rz 13 ff). Zwingende allgemeine Vorschriften gehen selbstverständlich der VOL/B und den BVB vor.

5 Die VOL/B stellt "im wesentlichen Auszüge aus dem BGB dar, die inhaltlich an die besonderen Bedürfnisse der öffentlichen Hand angepaßt sind" (s. Daub B/Einführung Ez 2). Sie baut stark auf dem allgemeinen Teil des Schuldrechts auf (s. Rz 4). Die VOL/B geht davon aus, daß im Einzelfall ergänzende Vereinbarungen über die Rechte und Pflichten beider Seiten getroffen werden. Sie enthält Normalbedingungen, die vielfach einen Spielraum einräumen. "Die VOL/B enthält ... keine ausreichende oder gar abschliessende Regelung des Vertragsrechts" (s. Daub B § 1 Ez 6). § 11 Nr. 2 VOL/A bringt einen Katalog der Punkte, die in den "Besonderen Bedingungen" eines jeden Vertrags mindestens noch geregelt werden müssen. Dies ist der Ansatzpunkt für die Schaffung der BVB.

6 Die BVB übernehmen dieses System der Normalbedingungen, der Spielräume und der Übernahme von Regelungen aus dem besonderen Teil des Schuldrechts (s. GZ 2 Rz 24 ff).

§ 2. Art und Umfang der Leistungen

1. Art und Umfang der beiderseitigen Leistungen werden durch die vertraglichen Abmachungen geregelt. Maßgebend für die vertraglichen Abmachungen sind:
a) die Beschreibung der Leistungen einschließlich der Zeichnungen und die besonderen Bedingungen des Einzelfalles,
b) die technischen und Fachvorschriften für die jeweiligen Leistungen,
c) die Allgemeinen Bedingungen für die Ausführung von Leistungen.
Bei Unstimmigkeiten gelten die vertraglichen Abmachungen

in der vorstehenden Reihenfolge.
2. Wird nach Muster bestellt, so ist das Muster maßgebend. Der Verbleib der Muster bestimmt sich nach den vertraglichen Abmachungen.
3. Ob der Auftraggeber oder Auftragnehmer die Kosten für die nach Art und Umfang notwendigen Güteprüfungen und die Kosten für die dazu erforderlichen Arbeitskräfte, Maschinen, Geräte und Betriebsstoffe zu tragen hat, ist von Fall zu Fall zu vereinbaren. Bei der Güteprüfung unbrauchbar gewordene Stücke werden mangels abweichender Vereinbarungen auf die Leistung nicht angerechnet.

1

	Miete	Kauf	Wartung
Nr. 1	- (§ 2)	- (§ 2)	- (§ 2)
Nr. 2	X	X	/
Nr. 3	Hinweis, aber § 8	Hinweis aber § 8	/

2 Nr. 1 (Reihenfolge der Geltung von Rechtsvorschriften) ist ausgeschlossen, weil sie - mit geringen Änderungen - als § 2 in die BVB übernommen worden ist. Nr. 1 Satz 2 erwähnt die "besonderen Bedingungen des Einzelfalls", die die VOL/B ergänzen sollen und müssen (s. Rz 5 zu § 1 VOL/B). Als solche haben sich im Laufe der Zeit auch die von verschiedenen Verwaltungen vorgesehenen allgemeinen Ergänzungen, Zusätze und Änderungen der VOL/B herausgebildet. (s. GZ 2 Rz 12). Die BVB sind ressortübergreifende Bedingungen für einen bestimmten Beschaffungsbereich.

3 Nr. 2 (Beschaffung nach Muster) nimmt § 494 BGB auf und ergänzt ihn. Die Regelung ist bei den BVB-Miete und BVB-Kauf anwendbar, aber kaum praktisch. Denkbar ist die Bezugnahme auf ein bereits geliefertes Gerät bei einer weiteren Bestellung.

4 Nr. 3 weist darauf hin, daß geregelt werden muß, wer die Kosten der Güteprüfung trägt; die Güteprüfung selber ist in § 13 behandelt. Soweit die Güteprüfung als Funktionsprüfung durchgeführt wird, bestimmt sich die Kostentragung nach § 8 M/K: Der AG trägt die ihm entstehenden Kosten einschließlich des zu zahlenden Mietzinses (s. Rz 4 und 36 zu § 8 M). Dem AN entstehen durch die Funktionsprüfung keine Kosten. Soweit der AG darüber hinaus eine Güteprüfung vor der Funktionsprüfung durchführen will, gilt dafür § 13 VOL/B (s. Rz 3 zu § 13 VOL/B). Dann bedarf es auch einer Vereinbarung über die Kosten. Wenn eine Vereinbarung über die Kosten fehlt, trägt jede Seite im Normalfall ihre Kosten selber (Daub B § 2 Ez 13).

§ 3. Änderungen der Leistung

1. Der Auftraggeber kann nachträglich noch Änderungen in der Beschaffenheit der Leistungen im Rahmen der Leistungsfähigkeit des Auftragnehmers verlangen.
2. Werden durch Änderung der Leistungen oder durch andere Forderungen des Auftraggebers die Grundlagen der Preisberechnung für eine in den vertraglichen Abmachungen vorgesehene Leistung verändert, so sind neue Preise unter Berücksichtigung entstehender Mehr- oder Minderkosten zu vereinbaren.
3. Leistungen, die der Auftragnehmer ohne Auftrag oder unter eigenmächtiger Abweichung von den vertraglichen Abmachungen ausführt, werden nicht vergütet. Solche Leistungen hat er auf Verlangen innerhalb einer angemessenen Frist zurückzunehmen oder zu beseitigen, widrigenfalls sie auf seine Kosten und Gefahr zurückgesandt oder beseitigt werden können. Eine Vergütung steht ihm jedoch zu, wenn der Auftraggeber solche Leistungen nachträglich annimmt. Weitergehende Ansprüche des Auftraggebers bleiben unberührt.
4. Ob Verpackungsstoffe Eigentum des Auftragnehmers bleiben oder in das Eigentum des Auftraggebers gegen oder ohne besondere Vergütung übergehen, richtet sich nach den vertraglichen Abmachungen.

1

	Miete	Kauf	Wartung
Nr. 1	X	X	/
Nr. 2	X	X	/
Nr. 3	X!aber § 17	X! aber § 17	/
Nr. 4	Hinweis	Hinweis	/

2 Die Regelung handelt eigentlich von der Vergütung (s.Daub B § 3 Ez 1). Es fehlt eine Bestimmung, daß
"a) die vereinbarten Preise Fest-(abschluß-)preise sind, soweit nichts anderes ausdrücklich vereinbart ist, und daß
b) durch die vereinbarten Preise alle Leistungen des Auftragnehmers abgegolten werden, die nach der Beschreibung der Leistung, den Besonderen Bedingungen und der gewerblichen Verkehrssitte zur vertraglichen Leistung gehören (vgl. VOB/B § 2 Nr. 1)" (Daub B § 3 Ez 2).
Eine solche Regelung fehlt auch in § 4 M (s. dort Rz 14), ist aber in § 3 Nr. 1 K aufgenommen (wo allerdings nicht ganz klar wird, *wann* etwas anderes vereinbart ist, s. dort Rz 2), sowie in § 5 Nr. 1 W.

3 Eine Regelung dahingehend, daß Vorteile, insbesondere Rabatte und Skonti, die beim Vorliegen gleicher Verhältnisse nichtöffentlichen AG üblicherweise gewährt werden, auch öffentlichen AG zu gewähren sind, findet sich weder in der VOL/B noch in den BVB; sie ist aber auch nicht nötig, da das Preisrecht dies ohnehin in § 4 III VO PR 30/53 vorgibt:

"Dem öffentlichen Auftraggeber sind Vorteile, insbesondere Mengen- und Wertrabatte, Skonti und besondere Lieferungsbedingungen einzuräumen, die beim Vorliegen gleicher Verhältnisse nichtöffentlichen Auftraggebern üblicherweise gewährt werden oder gewährt werden würden". Die Einräumung von Skonti dürfte nicht üblich sein. Die Einräumung von Rabatten richtet sich nach der abgenommenen Menge und dem besonderen Einsatzzweck (z.B. im wissenschaftlichen Bereich).

4 Nr. 1 räumt dem AG einen Anspruch darauf ein, Änderungen in der Beschaffenheit der Leistung *bis* zur Lieferung zu verlangen. Die zeitliche Einschränkung ergibt sich nicht aus dem Wortlaut, sondern daraus, daß die VOL/B keine Dauerschuldverhältnisse regelt, wo nachträgliche Änderungswünsche vorkommen können (s. weiter unten). Ob Nr. 1 nach der Lieferung anwendbar ist, kann dahingestellt bleiben. Denn von da an gilt § 17 M bzw. § 16 K; außerdem bestehen Abschlußpflichten des AN zu Nebenleistungen und Leistungsänderungen. Dies umfaßt nicht das Recht, eine andere Menge, andere Artikel, Nebenleistungen oder Änderungen der Auftragsgrundlagen oder Hauptbedingungen zu verlangen (Daub B/Einführung Ez 3 sowie B § 3 Ez 7b und 15). Die Regelung berechtigt den AG also, andere Leistungsbedingungen zu verlangen, wie "Ort und Zeit der Leistung, den Haftungsmaßstab, die Verlängerung und Verkürzung einer Ausschlußfrist sowie alle nach der gewerblichen Verkehrssitte üblichen Nebenleistungen u.a.m." (Daub B § 3 Ez 7b). Die Grenze wird durch die Leistungsfähigkeit des AN bestimmt. Parallel zu Nr. 1 befaßt sich § 5 Nr. 5 mit dem Recht des AG, Forderungen hinsichtlich der Durchführung des Auftrags zu stellen (s. dort Rz 7). Nr. 1 ist hinsichtlich Änderungen der Leistung für die BVB-Miete und -Kauf bis zur Lieferung anwendbar. Nr. 1 dürfte hinsichtlich der Änderung von Vertragsbedingungen weitgehend ausgeschlossen sein, da die BVB die vertraglichen Beziehungen normieren wollen (s. Einleitung Rz 2). Nachträgliche Änderungen, etwa Verschärfungen, dürften dem widersprechen. Bei den BVB-Wartung ist Nr. 1 nicht anwendbar, da keine Lieferung erfolgt. § 5 Nr. 6 und Nr. 10 II W regeln die Änderung der Wartungsleistung *während* der Vertragsdurchführung.

5 Nr. 2 behandelt die Auswirkungen von Änderungen, die der AG gem. Nr. 1 verlangt hat, auf die Vergütung. Die Regelung ist dementsprechend in demselben Umfang wie Nr. 1 anwendbar. Unter "anderen Forderungen des AG" sind solche zu verstehen, auf die der AN nicht gem. Nr. 1 einzugehen braucht, dies aber freiwillig tut, z.B. die Forderung nach Änderung des Umfangs. Die neuen Preise ergeben sich nicht automatisch aus der Leistungsänderung, sondern sind unter Berücksichtigung entstehender Mehr- oder Minderkosten zu *vereinbaren* (zur Kostendifferenzrechnung s. Daub B § 3 Ez 13, 14). Soweit Marktpreise vorhanden sind, haben diese gem. § 4 VO PR 30/53 Vorrang (s. GZ 2 Rz 18). Jede Seite kann jederzeit eine Vereinbarung verlangen. Es

gibt keine Anweisung wie in § 5 Nr. 5 VOB/B, daß die Vereinbarung vor Beginn der Ausführung getroffen werden soll. Zur Überprüfung der Berechtigung von Mehrforderungen s. GZ 2 Rz 18 a.

6 Nr. 3 befaßt sich mit eigenmächtigen Abweichungen des AN von den vertraglichen Abmachungen bis zur Lieferung. Die Regelung ist bei den BVB-Miete und -Kauf anwendbar. Der AN ist aber in bestimmtem Umfang berechtigt, technische Änderungen an den zu liefernden Einheiten vorzunehmen (s. Rz 3 zu § 17 M). Eigenmächtige Abweichungen stellen Geschäftsführung ohne Auftrag nach §§ 677 ff BGB dar. Sie sind eine Leistungsstörung, gegen die sich der AG schon vor der Abnahme (Funktionsprüfung) wenden kann. Außerdem können sie zu weitergehenden Ersatzansprüchen aus positiver Vertragsverletzung führen.

7 Nr. 4 verweist wegen der Frage, was hinsichtlich der Verpackung gilt, auf die vertraglichen Abmachungen. Nach § 6 M/K hat der AN ein betriebsbereites System zu übergeben. Die Verpackung verbleibt danach im Eigentum des AN, es sei denn, daß nach der Verkehrssitte anzunehmen ist, daß der AG sie zu beseitigen hat (s. auch Rz 15 zu § 6 M).

§ 4. Ausführungsunterlagen

1. Der Auftraggeber hat dem Auftragnehmer die für die Ausführung erforderlichen Unterlagen unentgeltlich und rechtzeitig zu übergeben.
2. Der Auftraggeber kann von dem Auftragnehmer die Vorlage der Unterlagen, die dieser nach den technischen oder Fachvorschriften (vgl. B § 2 Nr. 1b) nicht zu beschaffen hat, nur auf Grund besonderer Vereinbarungen verlangen.

1

	Miete	Kauf	Wartung
Nr. 1	X	X	X
Nr. 2	Hinweis, §§ 13, 14	Hinweis, §§ 13, 14	Hinweis X!

2 Nr. 1 bezieht sich nicht auf alle für die Ausführung erforderlichen Unterlagen (z.B. nicht auf solche, die als Betriebsmittel anzusehen sind), sondern nur auf solche, die aus dem Bereich des AG kommen. Die Regelung ist bei allen BVB anwendbar, bei den BVB-Miete und -Kauf aber kaum erheblich, da es idR um die Lieferung von Seriengeräten geht (s. Rz 10 zu § 1 M). In Betracht kommt bei mixed hardware die Zurverfügungstellung von Unterlagen über andere Systeme. Bei den BVB-Wartung kann es darum gehen, daß ein Wartungsunternehmen, das nicht zugleich Hersteller der Geräte ist, die entsprechenden Unterlagen

für die Wartung benötigt (s. zum Anspruch des AG gegenüber dem Verkäufer auf die Unterlagen Rz 3 zu § 18 Nr. 2 K). Soweit solche Unternehmen überhaupt tätig werden, beziehen sie ihre Unterlagen aber idR vom Hersteller. Zu den Eigentums- und Urheberrechten an diesen Unterlagen s. Rz 5 zu § 5 Nr. 3.

3 Nr. 2 stellt klar, daß der AG Betriebs-, Bedienungs- und Gebrauchsanweisungen nur auf Grund besonderer Vereinbarungen verlangen kann. Zu ergänzen ist allerdings, daß die Zurverfügungstellung von Unterlagen im Verkehr als Teil der Leistung angesehen werden kann (s. Daub B § 4 Ez 6), also dann ohne ausdrückliche Vereinbarung in angemessenem Umfang zu erfolgen hat. Besondere Vereinbarungen sind in § 13 Nr. 1 und § 14 Nr. 1 M/K vorgesehen. Umfang und ggf. Vergütung sollten in der LB festgelegt werden (s. MS 2 Rz 1a). Zu den Eigentums- und Urheberrechten an diesen Unterlagen s. Rz 5 zu § 5 Nr. 3. Bei den BVB-Wartung kann es zur Überlassung von Unterlagen kommen, insb. wenn der AN Geräte ändert.

§ 5. Ausführung

1. Der Auftragnehmer hat die Leistungen unter eigener Verantwortung nach den vertraglichen Abmachungen auszuführen. Dabei hat er die Handelsgebräuche, die anerkannten Regeln der Technik sowie die gesetzlichen und behördlichen Vorschriften zu beachten.
Gegenüber seinen Arbeitnehmern ist der Auftragnehmer für die Erfüllung der gesetzlichen, polizeilichen und berufsgenossenschaftlichen Verpflichtungen verantwortlich. Es ist ausschließlich seine Aufgabe, unter Beachtung bestehender Tarifverträge die Vereinbarungen und Maßnahmen zu treffen, die sein Verhältnis zu den Arbeitnehmern regeln.
2. Ist mit dem Auftraggeber vereinbart, daß er sich von der vertragsmäßigen Ausführung der Leistungen unterrichten kann, so ist ihm innerhalb der Geschäfts- oder Betriebsstunden zu den Arbeitsplätzen, Werkstätten und Lagerräumen, in denen die Gegenstände der Leistungen oder Teile von ihnen hergestellt oder die hierfür bestimmten Stoffe gelagert werden, Zutritt zu gewähren. Auf Wunsch sind ihm die Ausführungsunterlagen zur Einsicht vorzulegen und die erforderlichen Auskünfte zu erteilen. Auf Preisgabe von Fabrikations- oder Geschäftsgeheimnissen des Auftragnehmers hat der Auftraggeber keinen Anspruch. Alle bei der Besichtigung oder aus den Unterlagen und der sonstigen Unterrichtung erworbenen Kenntnisse von Fabrikations- oder Geschäftsgeheimnissen sind vertraulich zu behandeln. Bei mißbräuchlicher Benutzung haftet der Auftraggeber.
3. Sämtliche Unterlagen dürfen ohne Genehmigung ihres Urhebers weder veröffentlicht noch vervielfältigt, noch für einen anderen als den vereinbarten Zweck benutzt werden. Sie sind, soweit nichts anderes vereinbart ist, auf Verlangen zurückzugeben. Der Auftraggeber kann jedoch die vom

Auftragnehmer gelieferten Unterlagen nur so lange behalten, wie er sie zur Rechnungsprüfung braucht. Die Vervielfältigung für den Gebrauch, die Instandhaltung oder Instandsetzung der gelieferten Gegenstände durch den Auftraggeber ist nur zulässig, wenn es vertraglich vereinbart ist.

4. Für die Güte der vom Auftraggeber zugelieferten Stoffe sowie für die von ihm vereinbarten Leistungen anderer haftet der Auftraggeber. Der Auftragnehmer hat die Pflicht, erkennbare Mängel des Materials oder Bedenken gegen die vorgesehene Art der Ausführung unverzüglich schriftlich dem Auftraggeber mitzuteilen. Unterläßt er dies, so übernimmt er damit die Verantwortung.

5. Der Auftraggeber ist berechtigt, auch nach Abschluß des Vertrages Forderungen zu stellen, die zur Durchführung der vertragsmäßigen Leistung erforderlich sind; die dem Auftragnehmer nach Nr. 1 zustehende Leitung muß dabei aber gewahrt bleiben. Hält der Auftragnehmer die Forderungen für unberechtigt oder unzweckmäßig, so hat er seine Bedenken unverzüglich schriftlich geltend zu machen; er hat in gleicher Weise auf entstehende Mehrkosten hinzuweisen. Er muß die Forderungen - jedoch nur auf schriftliches Verlangen des Auftraggebers - ausführen, wenn nicht gesetzliche oder polizeiliche Bestimmungen entgegenstehen. Werden durch die Berücksichtigung dieser Forderungen Mehrkosten verursacht, so hat der Auftraggeber diese zu tragen, soweit es sich um zusätzliche Leistungen handelt oder der Auftragnehmer auf sie gemäß Satz 2 hingewiesen hat. Der Auftragnehmer haftet nicht für den Schaden, der durch die Erfüllung der Forderungen des Auftraggebers verursacht wird, wenn er im übrigen die Leistungen vertragsmäßig ausführt.

6. Der Auftragnehmer soll die Leistung im eigenen Betrieb durchführen. Die Übertragung an andere ist nur mit Zustimmung des Auftraggebers zulässig; der Zustimmung bedarf es nicht für Teilleistungen, auf die der Betrieb des Auftragnehmers überhaupt nicht oder zur Zeit nicht eingerichtet ist. *

*Diese Bestimmung darf nicht zum Nachteil des Handels ausgelegt werden.

		Miete	Kauf	Wartung
1	Nr. 1	X!	X!	X!
	Nr. 2	X	X	/
	Nr. 3	X!	X!	X
	Nr. 4	X!	X!	X!
	Nr. 5	X	X	X! aber §§ 5,7
	Nr. 6	/	/	X!

2 Die Regelungen über die Ausführung der Leistung beziehen sich in erster Linie auf Werkverträge bzw. echte Werklieferungsverträge und nicht auf Lieferverträge (s. zu den Begriffen Vorbemerkung Rz 2). Die Regelungen sind deswegen nur beschränkt anwendbar.

3 Nr. 1 betont die Eigenverantwortung des AN gegenüber dem AG, insbesondere seine Leitungsbefugnisse unbeschadet der Eingriffsrechte des AG nach Nr. 4 und 5. Gleichzeitig werden die Verpflichtungen des AN, rechtmäßig zu handeln, und seine Eigenverantwortung hierfür im Verhältnis zu seinen Arbeitnehmern betont. Diese Grundsätze sind von allgemeiner Bedeutung, so daß sie auch die BVB ergänzen, selbst wenn es im wesentlichen nur um Lieferung geht.
Nr. 1 besagt nichts über das Recht des AN, Unterauftragnehmer einzuschalten (s. dazu Rz 8). Die Durchführung der Leistung richtet sich vor allem nach § 242 BGB. "Im Vertrauen darauf, daß der in besonderen Vergabeverfahren fachkundig und zuverlässig ermittelte Auftragnehmer die Verkehrssitte, Handelsgebräuche und anerkannte Regeln der Technik gut kennt und auch besser kennen muß, als der jeweilige Auftraggeber, muß dieser sich darauf verlassen können, daß der Lieferant oder Unternehmer bei der Abwicklung des Vertrages alles ihm Zumutbare unternimmt, um eine Benachteiligung der öffentlichen Hand zu vermeiden. Als zumutbar hat dabei alles das zu gelten, was andere Vertragspartner in gleicher Lage üblicherweise oder nach der Verkehrssitte einander gewähren würden und was auch zwischen den Parteien des öffentlichen Auftrags normalerweise ausdrücklich vereinbart sein würde, wenn sie die jeweilige Verkehrssitte gekannt hätten" (Daub B § 5 Ez 3k). Diese besondere Berücksichtigung von Treu und Glauben ist Grundlage für die Auslegung der BVB (s. auch GZ 2 Rz 6).
Anerkannte Regeln der Technik: "Grundsätzlich und im wesentlichen wird es sich hierbei um Regeln über übliche Ausführungsarten von gewerblichen Leistungen handeln, wie sie in ... technischen und Fachvorschriften festgelegt ... sind." (Daub B § 5 Ez 4). Sie decken sich weitestgehend mit allgemein angewandten Normen und Richtlinien. Insofern enthält § 2 I c) M/K/W eine speziellere Regelung. Nr. 1 bezieht darüberhinaus anerkannte Regeln der Technik ein, die keine formale (schriftliche) Festlegung gefunden haben.
Nr. 1 regelt nicht die gegenseitige Haftung oder die Haftung im Innenverhältnis bei gesamtschuldnerischer Haftung gegenüber einem Dritten (s. dazu Rz 15 zu § 11 M).

4 Nr. 2 regelt Einzelheiten, wenn die Unterrichtung des AG an Ort und Stelle während der Leistungserstellung vereinbart ist, genauere Vereinbarungen aber nicht getroffen worden sind. Die Regelung ist bei den BVB-Miete und -Kauf anwendbar, aber kaum erheblich (u.U. im Zusammenhang mit einer Vereinbarung über Gütesicherung, s. Rz 3 zu § 13 Nr. 1); bei der Wartung entfällt sie mangels einer Lieferung.

5 Nr. 3 befaßt sich mit den Unterlagen, die eine der beiden Seiten der anderen zur Verfügung zu stellen hat. Diese

Unterlagen dürfen, sofern nichts anderes vereinbart ist, nur für den vereinbarten Zweck benutzt werden, also insb. nicht vervielfältigt werden. Nr. 3 ist für alle BVB anwendbar, soweit Unterlagen überlassen werden (s. dazu § 4 VOL/B sowie §§ 13, 14 M/K). Die BVB regeln ausdrücklich nur die Überlassung von Unterlagen, nicht auch die Frage, inwieweit der AG die Unterlagen verwenden darf. Es ist anzunehmen, daß dem AG ein Kopierrecht für den Fall eingeräumt ist, daß der AN gem. §§ 9 Nr. 6, 17 Nr. 1 M bzw. §§ 9 Nr. 7, 16 Nr. 1 K bzw. § 12 Nr. 1 W die Hardware oder die Software ändert. In diesem Fall sollen den AG möglichst geringe oder gar keine Ausgaben treffen. Es ist deswegen anzunehmen, daß er berechtigt ist, die geänderten Unterlagen zu vervielfältigen. Der AG dürfte auch bei den BVB-Miete grundsätzlich nicht verpflichtet, die Unterlagen nach Vertragsbeendigung zurückzugeben, weil sie in sein Eigentum übergegangen sein dürften, und zwar auch dann, wenn er sie nicht gesondert vergütet hat (s. auch Rz 3 zu § 4).

6 Der erste Teil von Nr. 4 (Beistellung von Stoffen durch den AG) ist kaum einschlägig, wohl aber der zweite: Der AG haftet dafür, daß Vorleistungen anderer AN rechtzeitig und richtig erbracht werden, so daß dieser AN seine Leistung erbringen kann. Dieser Teil ist bei allen BVB anwendbar, insbesondere bis zur Lieferung. In Betracht kommen z.B. Lieferungen anderer AN bei mixed hardware oder die Stellung von Postleitungen durch die Deutsche Bundespost.

7 Nr. 5 räumt dem AG bestimmte Rechte ein, Forderungen an die Durchführung der Leistungen zu stellen (s. Rz 4 zu § 3 Nr. 1 zu dem Recht, eine Änderung der Beschaffenheit der Leistungen zu verlangen). Diese Rechte finden ihre Grenze in Nr. 1, worin dem AN seine Eigenverantwortlichkeit zugesichert wird. Die Regelung ist bei den BVB-Miete und -Kauf bis zur Lieferung anwendbar, aber kaum erheblich. Für die Zeit der Wartung bestehen bestimmte Sonderregelungen; dabei fallen Durchführung der Leistung (§ 5) und Beschaffenheit der Leistung (§ 3 Nr. 1) sachlich zusammen (§ 18 M, § 17 K, §§ 5, 7 W).

8 Nach Nr. 6 darf der AN Unterauftragnehmer nur mit Zustimmung des AG einschalten. Dies gilt nicht für Lieferverträge (siehe Daub B § 5 Ez 3i). Dabei ist es gleichgültig, ob die Lieferung durch den Handel oder - wie in der EDV-Branche üblich - durch den Systemhersteller erfolgt, der einzelne Gerätetypen von anderen Herstellern bezieht. In Betracht kommt die Zustimmung, wenn sich der AN bei der Wartung durch einen zweiten AN unterstützen lassen will (s. insb. Rz 16 zu § 1 W).

§ 6. Beginn der Leistungen

Leistungsfristen beginnen, wenn vertraglich nichts anderes vereinbart ist, unter Berücksichtigung von B § 4 Nr. 1 mit

Abschluß der vertraglichen Vereinbarungen.

1

	Miete	Kauf	Wartung
§ 6	Hinweis, aber § 6	Hinweis, aber § 6	Hinweis, aber § 3

2 § 6 enthält eine Hilfsregelung für den Beginn von Ausführungsfristen, soweit diese vertraglich nicht festgelegt worden sind (nur für Zeitspannen, nicht für kalendermäßig bestimmbare Termine, Daub B § 6 Ez 3a). Auf diese Regelung braucht grundsätzlich nicht zurückgegriffen werden, weil die BVB-Miete und -Kauf stets die Angabe eines Liefertermins vorsehen (MS/KS4, Nr. 3.1). Bei den BVB-Wartung beginnt die Leistungsverpflichtung mit dem in WS 1 (Nr. 1) angegebenen Zeitpunkt. Der Hinweis auf § 4 Ziff. 1 bedeutet, daß Fristen erst nach Aushändigung der Ausführungsunterlagen, die der AG zur Verfügung zu stellen hat, zu laufen beginnen.

§ 7. Behinderung und Unterbrechung der Leistungen

1. Glaubt sich der Auftragnehmer in der ordnungsmäßigen Durchführung der übernommenen Leistung behindert, so hat er dies dem Auftraggeber unverzüglich schriftlich anzuzeigen. Rechtsnachteile aus der Unterlassung der Anzeige erwachsen dem Auftragnehmer dann nicht, wenn die Tatsachen oder deren hindernde Wirkung offenkundig waren.
2. Die Lieferfrist verlängert sich angemessen, wenn die Behinderung vom Auftraggeber zu vertreten ist oder wenn sie durch höhere Gewalt oder andere vom Auftragnehmer oder seinen Vor- oder Unterlieferern nicht zu vertretende Ereignisse verursacht ist. Dabei ist es unerheblich, ob eins dieser Ereignisse im Bereich des Auftragnehmers oder in einem für ihn nach B § 5 Nr. 6 arbeitenden Betriebe eintritt. Die Verzögerungen der Lieferung, die durch Arbeitsstreitigkeiten verursacht werden, geben keinen Anspruch auf Verlängerung der Lieferfrist, sofern der Auftragnehmer diese Verzögerung durch rechtswidrige Handlungen verschuldet hat.
3. Sobald das Hindernis wegfällt, hat der Auftragnehmer unter schriftlicher Mitteilung an den Auftraggeber die Leistungen ohne besondere Aufforderung unverzüglich wieder aufzunehmen.

1

	Miete	Kauf	Wartung
Höhere Gewalt	- (§ 12)	- (§ 12)	- (§ 10)
Behinderung dch. den AG	X	X	X

2 § 7 ist durch § 12 M/K bzw. § 10 W ausgeschlossen, soweit es um Ereignisse geht, die keine Seite zu vertreten hat. Die BVB übernehmen § 7, wobei sie den Schwerpunkt nicht auf die Anzeigepflicht, sondern auf die Regelung der höheren Gewalt legen.

3 § 7 regelt auch den Fall, daß der *AG* die Behinderung zu vertreten hat. Der AN kann nach Nr. 2, 1 eine angemessene Verschiebung des Zeitpunkts der Leistung, insb. der Lieferung verlangen. Voraussetzung ist, daß er der Informationspflicht nach Nr. 1 nachgekommen ist. Dazu gehört auch, die von ihm veranlaßten oder vom AG zu veranlassenden Maßnahmen soweit sinnvoll mitzuteilen (s. Daub B § 7 Ez 2c). Zur Zahlungspflicht des AG s. Rz 23 f bzw. 8 f zu § 7 Nr. 6 M/K. Zur Verletzung von Mitwirkungspflichten durch den AG s. Rz 3 zu § 10 sowie Rz 21 zu § 9 M.

§ 8. Art der Anlieferung und Versand

1. Der Auftragnehmer hat, soweit der Auftraggeber die Versandkosten trägt, unter Beachtung der Versandvorschriften das Interesse des Auftraggebers sorgfältig zu wahren. Dies bezieht sich insbesondere auch auf die Wahl des Beförderungsweges und die Wahl und die Ausnutzung des Beförderungsmittels sowie auf die tarifmäßig günstigste Warenbezeichnung. Die Vorschriften des Handelsgesetzbuches bleiben unberührt.

1

	Miete	Kauf	Wartung
Transport bis Hof	- (§ 6)	- (§ 5)	/
Haustransport	X!	X!	/

2 § 8 gilt nur, soweit die Versandkosten gesondert erstattet werden (Daub B § 8 Ez 3). § 8 wird für den Transport bis zum Hof des AG dadurch ausgeschlossen, daß diese Kosten durch den Mietzins bzw. den Kaufpreis gem. § 6 Nr. 4 M bzw. § 5 Nr. 4 K abgegolten werden. § 8 gilt aber für die Kosten des Haustransports (s. Rz 21 zu § 6 M). Der Hinweis auf das HGB bezieht sich auf § 347 I HGB: "Wer aus einem Geschäfte, das auf seiner Seite ein Handelsgeschäft ist, einem anderen zur Sorgfalt verpflichtet ist, hat für die Sorgfalt eines ordentlichen Kaufmanns einzustehen."

§ 9. Lösung des Vertragsverhältnisses durch den Auftraggeber - Verzug des Auftragnehmers

1. Der Auftraggeber kann vom Vertrag zurücktreten oder den Vertrag mit sofortiger Wirkung kündigen, wenn über das Vermögen des Auftragnehmers das Konkursverfahren eröffnet oder wenn die ordnungsmäßige Abwicklung des Vertrages da-

durch in Frage gestellt ist, daß gegen den Auftragnehmer ein gerichtliches Vergleichsverfahren eröffnet ist oder daß er seine Zahlungen nicht nur vorübergehend einstellt. Im Falle der Kündigung sind die bisherigen Leistungen, soweit der Auftraggeber für sie Verwendung hat, nach den Vertragspreisen oder nach dem Verhältnis des geleisteten Teils zu den gesamten vertraglichen Leistungen auf der Grundlage der Vertragspreise abzurechnen; die nicht verwendbaren Leistungen werden dem Auftragnehmer auf seine Kosten zurückgewährt. Die sonstigen gesetzlichen Rechte und Ansprüche des Auftraggebers bleiben unberührt.

2. Kommt der Auftragnehmer in Verzug, so kann ihm der Auftraggeber eine angemessene Frist zur Vertragserfüllung setzen mit der Erklärung, daß er nach Ablauf der Frist die Annahme der Leistung ablehne. Erst nach Ablauf der Frist kann er vom Vertrage zurücktreten oder Schadenersatz wegen Nichterfüllung verlangen. Wird die Leistung bis zum Ablauf der Frist teilweise nicht bewirkt oder hat die Erfüllung des Vertrages infolge des Verzuges für den Auftraggeber kein Interesse, so gelten die Vorschriften des § 326 Abs. 1, Satz 3 und Abs. 2 des Bürgerlichen Gesetzbuches. Der Auftragnehmer hat ein Verschulden seiner Erfüllungsgehilfen und der Unterlieferer, soweit letztere nicht vom Auftraggeber vorgeschrieben sind, in gleicher Weise wie eigenes Verschulden zu vertreten.

In den vertraglichen Abmachungen kann der zu ersetzende Verzugsschaden der Höhe nach begrenzt werden; in diesem Falle sollen die Lieferbedingungen, wie sie üblich sind in dem Fachzweig, dem der Auftragnehmer angehört, in Betracht gezogen werden.

Der Schadenersatz wegen Nichterfüllung beschränkt sich auf Ersatz des aus der Nichterfüllung entstandenen unmittelbaren Schadens. Ersatz von entgangenem Gewinn kann nicht verlangt werden.

Für den Fall, daß der Auftraggeber Schadenersatz wegen Nichterfüllung verlangt, ist er auch berechtigt, den noch nicht vollendeten Teil der Leistungen durch einen Dritten ausführen zu lassen und Ersatz der hierdurch entstehenden angemessenen Mehrkosten von dem Auftragnehmer zu fordern. Macht der Auftraggeber von diesem Recht Gebrauch, so ist der Auftragnehmer verpflichtet, die ihm überlassenen Unterlagen (Zeichnungen, Berechnungen usw.) dem Auftraggeber sofort zurückzugeben. Der Auftraggeber hat unverzüglich eine Aufstellung über die Art seiner Ansprüche dem Auftragnehmer mitzuteilen. Die endgültige Aufstellung über die entstandenen Mehrkosten und über seine anderen Ansprüche hat der Auftraggeber dem Auftragnehmer spätestens binnen 12 Werktagen nach Abrechnung mit dem Dritten zuzustellen.

3. Die Lösung des Vertragsverhältnisses kann auch auf einen in sich abgeschlossenen Teil der Leistungen beschränkt werden; der Auftragnehmer soll dann unverzüglich eine vorläufige Rechnung über die ausgeführten Leistungen vorlegen. Eine vereinbarte Vertragsstrafe darf nur berechnet werden nach dem Werte des in sich abgeschlossenen Teils der Leistungen und nur für die Zeit bis zum Tage der Lö-

sung des Vertrages.
4. Abschlagszahlungen werden im Falle der Lösung des Vertragsverhältnisses dem Auftragnehmer nur bis zu dem Betrage gewährt, der unter Berücksichtigung der entstandenen Gegenansprüche ermittelt ist.
5. Rücktritt vom Vertrage oder Kündigung des Vertrages mit sofortiger Wirkung ist zulässig, wenn der Auftragnehmer mit anderen Bietern zum Nachteil des Auftraggebers eine gegen die guten Sitten verstoßende Abrede zur Erzielung eines unangemessen hohen Preises getroffen hat. Die Berechtigung des Auftraggebers zum Rücktritt oder zur Kündigung erlischt mit Ablauf von zwei Wochen, nachdem er von dem Vorliegen der Tatsachen, die zum Rücktritt oder zur Kündigung berechtigen, Kenntnis erhalten hat. Die Tatsache einer von dem Auftragnehmer mit anderen getroffenen Vereinbarung berechtigt für sich allein nicht zum Rücktritt vom Vertrage oder zur Kündigung des Vertrages. Bei Kündigung des Vertrages mit sofortiger Wirkung gelten die Bestimmungen Nr. 1 Satz 2, 3.

1

	Miete	Kauf	Wartung
Nr. 1	X!	X!	X!
Nr. 2	-	-	-
Nr. 3	-	-	/
Nr. 4	/	X!	/
Nr. 5	X!	X!	X!

2 § 9 regelt einige Möglichkeiten des AG, sich einseitig vom Vertrag zu lösen. Andere gesetzliche Lösungsmöglichkeiten bleiben unberührt (Daub Vorbem. zu B §§ 9 und 10 Ez 1).

3 Nr. 1 räumt dem AG ein Rücktritts- bzw. Kündigungsrecht ein, wenn die ordnungsmäßige Vertragsabwicklung durch den AN in Frage gestellt ist. Bei Konkurs wird diese Beeinträchtigung unterstellt; in den anderen Fällen muß die Gefährdung geprüft werden. Es handelt sich hier um vertraglich geregelte Fälle des Wegfalls der Geschäftsgrundlage (Daub B § 9 Ez 6). Der Hinweis in Satz 3, daß die sonstigen gesetzlichen Rechte und Ansprüche des AG unberührt bleiben, bezieht sich darauf, daß bereits eine Leistungsstörung vorliegen kann (derentwegen dem AG Schadensersatzansprüche zustehen können). Löst der AG den Vertrag, so "konkretisieren sich die vorbehaltenen Ansprüche ... als solche des Schadensersatz wegen (evtl. teilweiser) Nichterfüllung" (Daub B § 9 Ez 6). Schadensersatz dürfte der Höhe nach entsprechend §§ 7 und 9 M/K begrenzt sein.
Nr. 1 ist für alle BVB anwendbar. Kündigung bedeutet für die BVB-Kauf die Beendigung eines Lieferungsvertrages, bei dem die Lieferung in Teilen erfolgt, für die Zukunft. Satz

2 bestimmt, was mit den bereits erbrachten Leistungen geschieht. Der AG kann aber auch nach Nr. 3 vorgehen (s. Rz 5). Bei den Dauerschuldverhältnissen Miete und Wartung kommt nur die Kündigung in Betracht, nicht der Rücktritt. Satz 2, der die "Restabgeltung" behandelt, reicht bei echten Werkverträgen für die Abrechnung nicht aus; bei BVB-Verträgen entstehen keine Schwierigkeiten, weil es grundsätzlich um die Lieferung von Seriengeräten geht. Als Schadensersatz wegen Nichterfüllung dürfte entsprechend § 7 Nr. 5 und § 9 Nr. 8 bzw. 9 M/K pauschal die Sanktion für 100 Tage zu zahlen sein, bei Teilbeendigung gem. Nr. 3, 2 anteilig.

4 Nr. 2 ist, soweit es um den Verzug des AN bei der Hauptleistung geht, durch § 7 M/K, soweit es um Verzug bei Nebenleistungen geht, durch § 11 M/K ausgeschlossen. Bei den BVB-Wartung regelt § 8 den Verzug des AN bei der Hauptleistung, § 9 bei Nebenpflichten. Nr. 2 will Vertragsstrafen und Schadensersatz wegen Nichterfüllung einschränken. Die BVB nehmen das zwar auf, ziehen die Grenzen aber erheblich anders (s. GZ 4 Rz 2 ff).

5 Nr. 3 räumt dem AG das Recht ein, die Lösung des Vertrags auf einen abgeschlossenen Teil der Leistung zu beschränken. Nr. 3 ist für die BVB-Wartung nicht einschlägig, für die BVB-Kauf ausgeschlossen, da dieses Recht dem AG dort bereits in § 7 Nr. 4 II eingeräumt wird. Nr. 3 ergänzt aber § 7 Nr. 4 M (s. dort Rz 15).

6 Nr. 4 (Abschlagszahlungen) ist für die BVB-Miete und -Wartung nicht einschlägig, für die BVB-Kauf anwendbar.

7 Nr. 5 (Rücktritt bei Preisabsprache des AN mit anderen Bietern) ist für alle BVB anwendbar. "Das GWB erfordert für die Unwirksamkeit einer solchen 'Abrede' nicht mehr, daß sie zum Nachteil, zur Erzielung eines 'unangemessen' hohen Preises usw. getroffen ist, es genügt vielmehr die wettbewerbsbeschränkende, darunter vor allem die Preis-Absprache, um die Unwirksamkeit der Vereinbarung unter den Beteiligten hervorzurufen. Nach der jetzigen Rechtslage ist daher - im Gegensatz zur Wortfassung in B § 9 Nr. 5 Satz 1 - zur Rücktritts- usw. Berechtigung des Auftraggebers als ausreichend anzusehen, wenn er nach Vertragsschluß feststellt, daß eine vom GWB für unwirksam erklärte, d.h. auch nach GWB § 38 ff als Ordnungswidrigkeit mißbilligte Vereinbarung des Auftragnehmers mit Dritten vorliegt. Es muß festgestellt werden, daß ein Verstoß gegen das GWB - auch wenn die besonders erschwerenden Umstände von B § 9 Nr. 5 Satz 1 nicht oder nicht alle vorliegen - immer eine derart schwere positive Vertragsverletzung des Auftragnehmers ist, daß sie den Auftraggeber zu den Folgerungen aus B § 9 Nr. 5 berechtigt" (Daub B § 9 Ez 7a). Es dürfte sich um einen Fall von culpa in contrahendo handeln. Die Schadensersatzpflicht dürfte der Höhe nach entsprechend § 7 M/K begrenzt sein.

§ 10. Lösung des Vertragsverhältnisses durch den Auftragnehmer

1. Unterläßt der Auftraggeber eine ihm obliegende Handlung, ohne deren Vornahme der Auftragnehmer außerstande ist, die Leistungen auszuführen, oder gerät er mit einer ausbedungenen Zahlung in Verzug, so kann der Auftragnehmer dem Auftraggeber zur Nachholung der Handlung oder Zahlung eine angemessene Frist setzen mit der Erklärung, daß er den Vertrag mit sofortiger Wirkung kündige, wenn die Handlung oder Zahlung nicht bis zum Ablauf der Frist vorgenommen werde. Der Vertrag gilt als aufgehoben, wenn nicht die Nachholung bis zum Ablauf der Frist erfolgt.
2. Im Falle der Kündigung sind die bisherigen Leistungen nach den Vertragspreisen oder nach dem Verhältnis des geleisteten Teils zu den gesamten vertraglichen Leistungen auf der Grundlage der Vertragspreise abzurechnen. Außerdem hat der Auftragnehmer Anspruch auf Ersatz des ihm entstandenen unmittelbaren Schadens. Im übrigen bleiben die gesetzlichen Folgen des Verzuges des Auftraggebers unberührt.

1

	Miete	Kauf	Wartung
Nr. 1			
1.Alt.	- (§ 7)	- (§ 7)	/
2.Alt.	X!	X!	X!
Nr. 2	X	X	X

2 <u>Nr. 1</u> regelt 2 Fälle des Verzugs des AG, nämlich bei Mitwirkungspflichten und bei Zahlungspflichten. Der erste Fall ist bis zur Lieferung bei den BVB-Miete und -Kauf weitgehend durch § 7 Nr. 6 M/K ausgeschlossen. Denkbar ist Verzug bei der Entscheidung über offene Spezifikationen oder bei der Zurverfügungstellung von Abstellräumen. Ausserdem greift § 7 Nr. 2 ein (s. dort Rz 2). Zu Mitwirkungspflichten des AG nach der Lieferung s. Rz 21 zu § 9 und Rz 3 f zu § 17 M.

3 Der zweite Fall ist für alle BVB anwendbar. Der AG schuldet nicht von vornherein Schadensersatz nach §§ 284 ff BGB; der AN kann vielmehr nur unter der Bedingung kündigen, daß der AG die Zahlung auch innerhalb einer angemessenen Nachfrist nicht erbringt. Eine weitere Erklärung ist nach fruchtlosem Ablauf der Frist nicht erforderlich. Auch bei Lieferverträgen erfolgt kein (rückwirkender) Rücktritt, sondern im Interesse des AN nur eine Lösung des Vertrages mit Wirkung für die Zukunft. Erbrachte Leistungen brauchen also nicht zurückgenommen zu werden.

4 <u>Nr. 2</u> regelt die gegenseitigen Ansprüche im Falle einer Kündigung. Hat der AN bereits einen Teil seiner Leistung erbracht, erfolgt eine Restabgeltung ähnlich § 9 Nr. 1.

Nach Satz 3 bleibt es dem AN unbenommen, Ersatz des entgangenen Gewinns dgem. § 325 f BGB zu verlangen. Es kann also dahingestellt bleiben, ob der AN dies bereits nach Satz 2 verlangen kann (s. Daub B § 9 Ez 6d). Die Regelung ist bei Zahlungsverzug für alle BVB anwendbar.

§ 11. Versicherungspflicht und Haftung des Auftragnehmers für Verletzung von Schutzrechten

1. Der Auftragnehmer hat die von ihm ausgeführten Leistungen und ihm für die Ausführung übergebenen Stoffe oder Gegenstände bis zur Erfüllung vor Beschädigungen oder Verlust zu schützen. Auf Verlangen des Auftraggebers hat der Auftragnehmer die Leistungen oder die hierzu gehörigen Stoffe und Gegenstände über den vorgenannten Zeitpunkt hinaus bis zu einem näher zu bestimmenden Zeitpunkt gegen Verlust und Schäden mit Einschluß der Feuerschäden für Rechnung des Auftraggebers zu versichern mit der Bestimmung, daß im Schadensfalle die Entschädigung an diesen zu zahlen ist.
2. Der Auftragnehmer übernimmt unter den in § 47 des Patentgesetzes, § 15 des Gebrauchsmustergesetzes und § 24 des Warenzeichengesetzes vorgesehenen Voraussetzungen die alleinige Haftung Dritten gegenüber wegen Verletzung gewerblicher Schutzrechte.

1

	Miete	Kauf	Wartung
Nr. 1	/	/	/
Nr. 2	- (§ 10)	- (§ 10)	/

2 Nr. 1 legt dem AN Schutzpflichten auf. Satz 1 ist für die BVB nicht einschlägig; er paßt nur auf Werkverträge und echte Werklieferungsverträge (Daub B § 11 Ez 2c, s. zu den Begriffen Vorbemerkung Rz 2). Bei Lieferverträgen über Seriengeräte hat der AG einen Anspruch auf Lieferung aus der Gattung, so daß "die Sorgfaltspflicht des Auftragnehmers bis zur Erfüllung praktisch nur den Schutz solcher e i g e n e n Leistungen, Stoffe oder Gegenstände betrifft, die durch gleichartige ersetzt werden können und für deren Leistung er grundsätzlich in jedem Falle einzustehen hat ... beinhaltet die 'Schutzpflicht' daher keine über den allgemeingültigen BGB-Rahmen hinausgehende Sorgfaltspflichten und damit keine erweiterte" Haftungsgrundlage (Daub B § 11 Ez 2a). Da keine besonderen Schutzpflichten bestehen, ist der AN auch nicht zum Abschluß einer Versicherung gem. Satz 2 verpflichtet.

3 Nr. 2 (Verletzung gewerblicher Schutzrechte) ist für die BVB-Wartung nicht einschlägig, im übrigen durch § 10 M/K ausgeschlossen.

§ 12. Vertragsstrafe

1. Wenn Vertragsstrafen vereinbart sind, gelten die Vorschriften der §§ 339 bis 345 des Bürgerlichen Gesetzbuchs. Die Vertragsstrafe darf nur für jede vollendete Woche höchstens 1/2 v.H. desjenigen Teiles der Lieferung betragen, der nicht in Betrieb genommen werden kann.
2. Ist die Vertragsstrafe für den Fall vereinbart, daß der Auftragnehmer in der vorgesehenen Frist nicht erfüllt, so wird sie fällig, wenn der Auftragnehmer in Verzug gerät.
3. Ist die Vertragsstrafe nach Tagen bemessen, so zählen nur Werktage; ist sie nach Wochen bemessen, so wird jeder Werktag einer angefangenen Woche als 1/6 Woche gerechnet.

1

	Miete	Kauf	Wartung
Nr. 1			
Nr. 2	- (§ 7)	- (§ 7)	/
Nr. 3	- (§§ 7,9)	- (§§ 7,9)	- (§ 8)

2 Die Anwendbarkeit von Nr. 1 steht nur zur Diskussion, wenn der "pauschalierte Schadensersatz" als Vertragsstrafe eingeordnet wird (s. GZ 4 Rz 6 ff). Dann sollen gem. Nr. 1,1 die §§ 339 ff BGB gelten. Diese sind aber durch die Regelungen in §§ 7 und 9 M/K bzw. § 8 W ausgeschlossen. Die BVB übergehen die Einschränkung, die Satz 2 hinsichtlich der Höhe bzw. § 14 VOL/A hinsichtlich der Voraussetzungen für die Vereinbarung von Vertragsstrafen enthält (s. dazu GZ 4 Rz 2, 12 ff).

3 Nr. 2, der §§ 339 Satz 1 BGB für den Fall verspäteter Leistung wiederholt, ist durch die gleichartige Regelung in § 7 M/K ausgeschlossen, für die BVB-Wartung nicht einschlägig; § 8 W regelt die verspätete Instandsetzung als Gewährleistungsfall.

4 Nr. 3 (für welche Tage ist die Vertragsstrafe zu zahlen?) ist durch die Regelungen der BVB, die pauschalierten Schadensersatz vorsehen, ausgeschlossen. Diese Regelungen stellen entweder auf Kalendertage oder Produktionstage ab (s. insb. Rz 37 f zu § 9 M).

§ 13. Güteprüfung, Gefahrübergang, Abnahme und Ablieferungsort

1. Der Auftraggeber kann die Vornahme einer Güteprüfung verlangen. Über Art, Ort und Durchführung der Güteprüfung ist, soweit in den vertraglichen Abmachungen nichts anderes bestimmt ist, eine Vereinbarung zwischen dem Auftraggeber und dem Auftragnehmer zu treffen. Teilleistungen sind auf Verlangen des Auftragnehmers oder Auftraggebers besonders zu prüfen, insbesondere auch Teile einer Leistung, die durch weitere Ausführung der Prüfung und Feststellung entzogen werden. In Fällen, in denen die Prüfung durch die weitere Bearbeitung wesentlich erschwert oder unmöglich werden würde, ist der Auftragnehmer verpflichtet, die Fertigstellung dieser Leistungen dem Auftraggeber rechtzeitig mitzuteilen.

2. Der Auftragnehmer ist verpflichtet, sich zunächst dem Urteil des mit der Güteprüfung oder mit der Abnahme Beauftragten zu unterwerfen.

3. Hat vor der Abnahme eine Güteprüfung stattgefunden und ist dabei die Leistung als bedingungsmäßig anerkannt worden, so findet eine Wiederholung der Güteprüfung bei der Abnahme in der Regel nicht statt.

4. Bei der Güteprüfung als nicht bedingungsmäßig zurückgewiesene Gegenstände hat der Auftragnehmer unentgeltlich und, falls die Güteprüfung nicht in der Werkstatt, Fabrik usw. des Auftragnehmers stattgefunden hat, auch frei Anlieferungsort durch bedingungsmäßige zu ersetzen. Erforderliche Nacharbeiten an einzelnen Leistungen, welche den Bedingungen nicht voll entsprechen, hat der Auftragnehmer innerhalb einer angemessenen Frist auszuführen.

5. Für die bei der Abnahme zurückgewiesenen Gegenstände liegt dem Auftragnehmer die gleiche Ersatzverpflichtung ob wie für die bei der Güteprüfung nicht bedingungsmäßig befundenen Gegenstände.

6. Der Auftraggeber kann dem Auftragnehmer eine angemessene Frist setzen, bei Güteprüfung oder Abnahme zurückgewiesene Leistungsgegenstände fortzuschaffen. Nach Ablauf dieser Frist kann er die Gegenstände unter möglichster Wahrnehmung der Interessen des Auftragnehmers auf dessen Kosten und für dessen Rechnung veräußern.

7. Entstehen zwischen dem Auftraggeber und dem Auftragnehmer Meinungsverschiedenheiten über die Zuverlässigkeit der bei der Güteprüfung verwendeten Maschinen oder angewendeten Untersuchungsarten, so kann der Auftragnehmer eine weitere Prüfung durch eine mit dem Auftraggeber zu vereinbarende Materialprüfungsstelle verlangen, deren Festsetzungen endgültig entscheidend sind. Die hierbei entstehenden Kosten trägt der unterliegende Teil.

8. Die Ablieferung der Leistungen hat an den in den vertraglichen Abmachungen genannten Stellen zu erfolgen.

9. Für den Übergang der Gefahr gelten, sofern nichts anderes vereinbart ist, die gesetzlichen Vorschriften.
Wenn der Versand oder die Übergabe der fertiggestellten Leistungen auf Wunsch des Auftraggebers über den in den vertraglichen Abmachungen vorgesehenen Endzeitpunkt hinaus verzögert wird, so geht, sofern ein anderer Zeitpunkt nicht vereinbart ist, für die Dauer der Verzögerung die Gefahr auf den Auftraggeber über.

1

	Miete	Kauf	Wartung
Nr. 1 - 4	- (§ 8)	- (§ 8)	/
Nr. 5	- (§§ 8,9)	- (§§ 8,9)	/

Nr. 6	X!	- (§ 17)	/
Nr. 7	- (§ 8)	- (§ 8)	/
Nr. 8	- (§ 6)	- (§ 6)	/
Nr. 9 Satz 1	/	- (§ 6)	/
Satz 2	/	X	/

2 § 13 ist für die BVB-Wartung insgesamt nicht einschlägig.

3 Die Regelungen unterscheiden nicht eindeutig zwischen der Güteprüfung und der Abnahme (Entgegennahme der Lieferung und deren Anerkennung als vertragsgemäß). Die Güteprüfung beinhaltet die Prüfung der Übereinstimmung der tatsächlichen Leistung mit der geforderten Leistung. "Sie ist daher von der immer notwendigen, äußeren Vollständigkeitsprüfung bei der Abnahme ... zu unterscheiden. Güteprüfung ist im Regelfall auch etwas anderes, als nur die formale Prüfung der von außen erkennbaren Ordnungsmäßigkeit oder Unversehrtheit der Leistungsgegenstände. Andererseits kann die Güteprüfung auch nicht mit einer 'Brauchbarkeits'- oder 'Funktions'prüfung der Vertragsgegenstände gleichgesetzt werden, weil sie sich auch auf unselbständige Teile der Leistung .... oder auch nur auf verwendete Stoffe oder angewendete Herstellungsverfahren beziehen kann. Normalerweise wird allerdings die Brauchbarkeits- und Funktionsprüfung der Vertragsgegenstände der wesentliche Zweck der Güteprüfung sein" (Daub B § 13 Ez 2). Der AG kann die Güteprüfung unmittelbar im Zusammenhang mit der Abnahme, aber auch schon während der Leistungserstellung durchführen; in diesem Fall dient sie zugleich der Gütesicherung. Die begleitende Kontrolle empfiehlt sich überall dort, wo die endgültige Leistung nicht mehr hinreichend auf ihre Güte hin überprüft werden kann. <u>Nr. 1 - 4 und 7</u>, die die Güteprüfung regeln, sind durch <u>§ 8 M/K ersetzt.</u> Die Funktionsprüfung stellt ein förmliches Abnahmeverfahren dar, das zugleich eine Güteprüfung enthält. Damit dürfte das Recht des AN gem. Nr. 1 I, auch nach Vertragsschluß einseitig eine solche Prüfung zu verlangen, ausgeschlossen sein. Dem AG ist aber unbenommen, eine über die Funktionsprüfung hinausgehende Güteprüfung für die Kontrolle der Vertragsdurchführung vor der Übergabe einzelvertraglich als Gütesicherung zu vereinbaren. Dies kann nicht als Abweichung von § 8 M/K, sondern nur als Ergänzung angesehen werden. Ob der AG sie tatsächlich durchführt, liegt in seinem Ermessen. Er kann sie nicht nachträglich verlangen. Zu den Kosten s. Rz 4 zu § 2.

4 Nach <u>Nr. 5</u> ist der AN verpflichtet, die bei der Abnahme zurückgewiesenen Gegenstände nachzubessern oder durch bedingungsgemäße zu ersetzen. Diese Regelung ist durch § 8 M/K ausgeschlossen; der AG kann nur kündigen bzw. zurücktreten. Nachbesserung kann er allerdings bereits gem. § 9 M/K verlangen, weil die Gewährleistung bereits mit der Übergabe beginnt (s. Rz 4 f zu § 9 M). Es ist dem AN sei-

nerseits unbenommen, mangelhafte Geräte auszutauschen.

5 Nr. 6 (Fortschaffung zurückgewiesener Gegenstände) kann nicht unmittelbar angewendet werden, weil der AG nicht gem. Nr. 5 berechtigt ist, Gegenstände zurückzuweisen. Soweit es bei den BVB-Kauf zu einer endgültigen Zurückweisung, d.h. zu einem Rücktritt nach § 8 Nr. 6 K kommt, ist der AN nach § 17 Nr. 5 K zur Rücknahme verpflichtet. Für den Fall der Kündigung nach § 8 Nr. 7 M fehlt eine entsprechende Regelung. Hier muß § 13 Nr. 6 entsprechend angewendet werden.

6 Nr. 8 wird durch § 6 Nr. 1 M bzw. § 5 Nr. 1 K ersetzt. Der Erfüllungsort wird in der LB angegeben (MS/KS 4, Nr. 3.2).

7 Nr. 9 (Gefahrenübergang) ist für die BVB-Miete nicht einschlägig. Abs. 1 ist für die BVB-Kauf durch § 6 Nr. 1 I K ausgeschlossen. Abs. 2 ist anwendbar. Voraussetzung ist allerdings, daß der AN bereits eine bestimmte Anlage für die Lieferung vorgesehen, die Leistung also konkretisiert hat.

§ 14. Gewährleistung

1. Der Auftragnehmer übernimmt die Gewähr, daß seine Leistungen die vertraglich zugesicherten Eigenschaften haben und nicht mit Fehlern behaftet sind, die den Wert oder die Tauglichkeit zu dem gewöhnlichen oder dem nach dem Vertrage vorausgesetzten Gebrauche aufheben oder mindern. Eine unerhebliche Minderung des Wertes oder der Tauglichkeit kommt nicht in Betracht.
2. Ist ein Mangel zurückzuführen auf besondere Anweisungen des Auftraggebers, auf die von ihm gelieferten oder vorgeschriebenen Stoffe oder von ihm geforderten Vorlieferungen eines anderen, so ist der Auftragnehmer von der Gewährleistung für diese Mängel frei, wenn er die in B § 5, Nr. 4, 5 vorgesehene schriftliche Mitteilung erstattet hat oder wenn es sich bei vom Auftraggeber gelieferten Stoffen um Mängel handelt, die auch bei Anwendung verkehrsüblicher Sorgfalt nicht erkennbar waren.
3. Bei Mängeln, die während einer vereinbarten Gewährleistungsfrist auftreten, kann der Auftraggeber verlangen, daß der vertragsmäßige Zustand hergestellt wird, und zwar mit folgender Maßgabe:
a) Er kann insbesondere die Beseitigung des Mangels verlangen und dem Auftragnehmer zur Beseitigung eine angemessene Frist mit dem Hinweis setzen, daß er nach Ablauf dieser Frist selbst die Beseitigung für Rechnung des Auftragnehmers veranlassen oder die sonst ihm zustehenden Rechte geltend machen werde. Der Bestimmung einer Frist bedarf es nicht, wenn die Beseitigung des Mangels unmöglich ist oder wenn die sofortige Geltendmachung des Anspruchs auf Wandelung, Minderung oder Schadensersatz durch ein besonderes Interesse des Auftraggebers gerechtfertigt wird. Die Beseitigung des Mangels kann verweigert werden, wenn

sie einen unverhältnismäßig großen Aufwand erfordert.
b) Ist eine vertretbare Sache zu liefern, so kann der Auftraggeber auch verlangen, daß ihm anstatt der mangelhaften eine mangelfreie Sache geliefert wird; er kann dem Auftragnehmer eine angemessene Frist mit dem Hinweis setzen, daß er die Annahme der Leistung nach Ablauf der Frist ablehne. Dem Auftragnehmer kann auferlegt werden, binnen der gleichen Frist die beanstandeten Gegenstände fortzuschaffen. Nach Ablauf dieser Frist kann der Auftraggeber die Gegenstände unter möglichster Wahrnehmung der Interessen des Auftragnehmers auf dessen Kosten und für dessen Rechnung veräußern.
c) Für Änderungen oder Instandsetzungsarbeiten, die der Auftraggeber unsachgemäß und ohne Zustimmung des Auftragnehmers vornimmt, oder deren Folgen, haftet der Auftragnehmer nicht.
d) In den Fällen zu a und b hat der Auftraggeber das Wandelungsrecht, wenn der Auftragnehmer die ihm gestellte angemessene Nachfrist für die Beseitigung eines von ihm zu vertretenden Mangels verstreichen läßt. Die Wandelung kann von dem Auftraggeber nur erklärt werden, wenn sein Interesse an der Leistung durch den Mangel aufgehoben oder nicht nur unerheblich gemindert wird.
e) Unberührt bleiben die Ansprüche des Auftraggebers auf Herabsetzung der Vergütung (Minderung) und auf Schadensersatz, soweit der Schaden an dem Gegenstand selbst entstanden ist. Eine weitergehende Schadensersatzpflicht des Auftragnehmers tritt nur ein, wenn der entstandene Schaden durch Vorsatz oder grobe Fahrlässigkeit des Auftragnehmers selbst, seiner gesetzlichen Vertreter oder seiner Erfüllungsgehilfen (§ 278 des Bürgerlichen Gesetzbuchs) verursacht ist. Diese Schadensersatzpflicht entfällt, wenn der Auftragnehmer nachweist, daß Sabotage vorliegt, oder wenn der Auftraggeber die Erfüllungsgehilfen gestellt hat oder wenn der Auftragnehmer auf die Auswahl der Erfüllungsgehilfen einen entscheidenden Einfluß nicht ausüben konnte. Grobe Fahrlässigkeit ist jede besonders schwere, für jedermann auf den ersten Blick einleuchtende Verletzung der im Verkehr erforderlichen Sorgfalt.
4. Ist die Güteprüfung erfolgt und eine nochmalige Prüfung bei der Abnahme nicht vereinbart, so gelten die gelieferten Gegenstände als in der Hauptsache dem Vertrag entsprechend, soweit nicht Beanstandungen ausgesprochen sind oder es sich um Mängel handelt, die auch bei Anwendung verkehrsüblicher Sorgfalt nicht feststellbar waren. Hat der Auftragnehmer einen Mangel arglistig verschwiegen, so kann er sich auf diese Bestimmung nicht berufen.

1

	Miete	Kauf	Wartung
für die *Hauptleistung*			
Nr. 2	X!	X!	X!
Nr. 3c)	X!	X!	X!

für *Nebenleistungen:*			
Nr. 1	X!	X!	X!
Nr. 2			
Nr. 3			
a)	X!	X!	X!
b)	X	X	/
d)	-	-	-
e) 1.Alt	X!	X!	X!
2.Alt	-	-	-
Nr. 4	- (§ 8)	- (§ 8)	/

2 Die BVB regeln die Gewährleistung grundsätzlich selber umfassend. Dabei stellen sie - wie die VOL/B - die Nachbesserung in den Vordergrund. § 14 ergänzt die BVB deswegen nur beschränkt. Die BVB regeln aber nur die Gewährleistung für die Hauptleistung (§ 9 M/K bzw. § 8 W) und die Schadensersatzpflichten des AN (§ 11 Nr. 2 M bzw. § 11 Nr. 1 K bzw. § 9 Nr. 1 W); sie regeln nicht die Gewährleistung für Nebenleistungen (s. Rz 1 zu § 9 und Rz 9 zu § 11 M). § 14 gilt also für Nebenleistungen. § 14 VOL/B baut zwar weitgehend auf dem BGB auf, unterscheidet sich aber dadurch, daß es eine einheitliche Regelung für alle drei Vertragstypen (s. Vorbemerkung Rz 2) gegenüber drei Regelungen im BGB enthält.

3 Nr. 2 schränkt die Gewährleistung für solche Mängel ein, die letztlich auf Einwirkungen des AG zurückzuführen sind. Nr. 2 kann alle BVB ergänzen, wenn der AG einzelvertraglich solche Einwirkungsmöglichkeiten eingeräumt bekommen hat, z.B. ein System bestellt, in das der AN bestimmte Geräte anderer Hersteller einbeziehen soll.

4 Nach Nr. 3 kann der AG verlangen, daß der vertragsgemäße Zustand hergestellt wird. Nur Kenntnis oder grob fahrlässige Unkenntnis des AG schließen den Anspruch aus (§§ 460, 539 BGB). Die Buchstaben a) bis e) enthalten keine Reihenfolge für die Ansprüche des AG.

5 Nach Nr. 3 a) kann der AG eine Frist für die Nachbesserung unter Hinweis auf die möglichen Konsequenzen setzen. Bei nutzlosem Ablauf der Frist kann er gem. a) die Mängel selbst oder durch einen Dritten für Rechnung des AN beseitigen oder Minderung gem. e) verlangen. Nr. 3 b) räumt dem AG bei nur nach der Gattung bestimmten Sachen über a), d) und e) hinaus den Anspruch ein, daß ihm anstatt der mangelhaften eine mangelfreie Sache geliefert wird. Die Regelung dürfte bei Nebenleistungen kaum in Betracht kommen, weil gelieferte Sachen in aller Regel Teil der Miet-/Kaufsache sind oder werden.

6 Nr. 3 c) enthält allgemeine Grundsätze, die die Gewährleistungsregelung aller BVB ergänzen. Die Regelung besagt nichts darüber, ob der AG berechtigt ist, Änderungen oder Instandsetzungsarbeiten vorzunehmen. Zur Zustimmung zu Änderungen s. Rz 8, 12 zu § 17 M. Zur Zulässigkeit von Instandsetzungsarbeiten durch den AG s. Rz 12 zu § 1 W. Der

AN ist zur Instandsetzung der vom AG verursachten Störungen gegen Kostenerstattung verpflichtet (s. Rz 11 zu § 18 M).

7 Die Wandlung gem. Nr. 3 d) ist das Rückgängigmachen des gesamten *Vertrages*. Die Regelung ist auf die Gewährleistung für Nebenleistungen nicht anwendbar; denn die Rückgängigmachung einer Nebenleistung kann nur als Minderung der Gesamtleistung angesehen werden. Nr. 3 e) ist nur anwendbar, soweit es dem AG das Recht auf Herabsetzung der Vergütung (Minderung) einräumt. Die Voraussetzungen für Schadensersatz bestimmen sich nicht nach Nr. 3 e), sondern ausschließlich nach § 11 Nr. 2 M/K bzw. § 9 Nr. 1 W.

§ 15. Rechnung

1. Der Auftragnehmer hat die Rechnung (auf Verlangen in mehrfacher Ausfertigung) auf vorgeschriebenem Vordruck übersichtlich aufzustellen und dabei die Reihenfolge der Posten und die Bezeichnung der Vertragsunterlagen einzuhalten. Die Unterlagen, die zur Prüfung notwendig sind, wie Stücklisten, Wiegescheine, Frachtbriefe, Zeichnungen und andere Belege, müssen beigefügt werden (prüfbare Rechnung). Rechnungsbeträge, die für Änderungen und Nachbestellungen zu zahlen sind, sollen von den übrigen getrennt aufgeführt oder unter Hinweis auf die getroffenen Vereinbarungen besonders kenntlich gemacht werden.
2. Wenn nichts anderes vereinbart ist, muß die Rechnung spätestens am 18. Werktage nach Beendigung der Leistungen eingereicht werden.
3. Wird eine prüfbare Rechnung trotz Stellung einer Nachfrist nicht eingereicht, so kann der Auftraggeber die Rechnung auf Kosten des Auftragnehmers für diesen aufstellen, wenn er dies gleichzeitig mit der Setzung der Nachfrist angedroht hat.

1

	Miete	Kauf	Wartung
Nr. 1	X!	X!	X!
Nr. 2	- (§ 5)	- (§ 4)	- (§ 6)
Nr. 3	/	/	/

2 Nr. 1 ist für alle BVB anwendbar. Die Rechnung dient den Prüfungsbehörden als Grundlage für die Prüfung, ob die Zahlung berechtigt war. Daraus sind die Anforderungen abzuleiten, die an eine prüfbare Rechnung i.S. von Nr. 1 zu stellen sind. Die Rechnung ist prüfbar, wenn "sie die sachliche Feststellung des erbrachten Leistungsumfangs und die weitere Feststellung der rechnerischen Richtigkeit der dafür gemachten Aufwendungen ermöglicht" (Daub B § 15 Ez 7 a). Für Abschlagszahlungen (s. Rz 5 zu § 17) ist keine Rechnung i.S. von § 15 erforderlich, sondern nur ein "Antrag", der daraufhin überprüft werden kann, ob die Vor-

aussetzungen für die Abschlagszahlung erfüllt sind (Daub B § 17 Ez 5 a).

3 Nr. 2 (Pflicht des AN zur alsbaldigen Rechnungsstellung) ist durch § 5 M bzw. § 4 K bzw. § 6 W ausgeschlossen.

4 Nr. 3 soll es ermöglichen, alsbald eine Rechnung zu erstellen, um damit Klarheit über die Höhe der Zahlung zu schaffen. Diese Regelung bezieht sich auf echte Werkverträge und ist damit für die BVB nicht anwendbar.

§ 16. Stundenlohnarbeiten

1. Stundenlohnarbeiten werden nur vergütet, wen sie im Vertrage vorgesehen oder vor ihrem Beginn als solche vom Auftraggeber in Auftrag gegeben sind.
2. Es wird nur die eigentliche Arbeitszeit vergütet, wenn nicht nach dem Tarifvertrage dem Arbeitnehmer außerdem eine Vergütung für Wege- und Zehrgelder sowie Vergütung für Reise- und Wartezeit zustehen. Besteht kein Tarifvertrag, so bleibt eine Vereinbarung zwischen den Parteien vorbehalten.
3. Wenn nicht besondere Stundenlohnsätze vereinbart sind, gelten die ortsüblichen Sätze. Wenn solche fehlen, werden die tariflichen Löhne zuzüglich eines näher zu vereinbarenden Zuschlages zur Abgeltung der im folgenden Absatz aufgeführten Leistungen vergütet. Auf tarifliche Sondervergütungen für Überstunden, auf Sonntags- und Nachtarbeit sowie auf Gefahr- und Schmutzzulagen und auf alle sonstigen Sondervergütungen, die nach dem Tarifvertrag dem Arbeitnehmer zustehen, werden Zuschläge nur dann gewährt, wenn dies im Vertrage ausdrücklich vereinbart worden ist. Dagegen dürfen auf bare Auslagen, wie z.B. Auslösung, Wege- und Zehrgelder, Kosten für Gepäckbeförderung, nur die durch steuerliche Vorschriften bedingten Belastungen aufgeschlagen werden.
4. Die besonders vereinbarten Stundenlohnsätze, die ortsüblichen Sätze und die Zuschläge zu den tarifmäßigen Löhnen enthalten die Vergütung für Geschäftsunkosten und Gewinn sowie für das Vorhalten der notwendigen Geräte, Gerüste, Werkzeuge, Maschinen und anderer Arbeitshilfsmittel. Erfordern besonders geartete Stundenlohnarbeiten besondere Gerüste, Werkzeuge, Geräte, Maschinen oder andere Einrichtungen, so kann hierfür eine entsprechende Vergütung nur gefordert werden, wenn sie besonders vereinbart worden ist.
5. Dem Auftraggeber ist die Ausführung von Stundenlohnarbeiten vor Beginn anzuzeigen, ebenso die tatsächliche Beendigung. Über die Stundenlohnarbeiten sind wöchentlich, erforderlichenfalls täglich, Listen einzureichen, in denen die geleisteten Arbeitsstunden und die etwa besonders zu vergütenden Roh- und Werkstoffe, Hilfs- und Betriebsstoffe sowie besonders vereinbarte Vergütungen für die Bereitstellung von Gerüsten, Werkzeugen, Geräten, Maschinen und dgl. aufzuführen sind.

6. Stundenlohnrechnungen sind wöchentlich, erstmalig 12 Werktage nach Beginn der Stundenlohnarbeiten, einzureichen.
7. Verlangt der Auftraggeber, daß die Stundenlohnarbeiten durch eine Aufsichtsperson überwacht werden, so hat er den hierfür festgesetzten Stunden- oder Tagelohn zu vergüten oder seinerseits eine Aufsichtsperson zu stellen, sofern der Auftragnehmer zur Stellung einer solchen nicht in der Lage ist.

1

	Miete	Kauf	Wartung
Nr. 1	X!	X!	X!
Nr. 2 - 4			
Nr. 5 - 7	X	X	X

2 Stundenlohnleistungen betreffen Leistungen, insbesondere Nebenleistungen, "deren Umfang bei Vertragsschluß noch nicht übersehbar ist und für die deshalb nur schwer eine zahlenmäßige Gesamtvergütung (Festpreis) im voraus festgelegt werden kann. Diese Leistungen werden deshalb meist nachträglich, nach tatsächlichem Aufwand an Arbeitszeit, verbrauchtem Material oder ähnlichen Maßstäben abgerechnet und bezahlt" (Daub B § 16 Ez 1 a). Die BVB sehen als Nebenleistungen insb. Wartungsarbeiten vor, die auf Stundenlohnbasis abgerechnet werden.

3 Nr. 1 soll spätere Streitigkeiten über die Vergütungspflicht vermeiden. Die Regelung ergänzt alle BVB. Sie schließt nicht die Vergütungspflicht für Wartungsarbeiten aus, bei denen sich erst nachträglich herausstellt, daß sie nicht unter die Gewährleistung fallen (s. Rz 11 zu § 18 M).

4 Nr. 2 - 4 enthalten einerseits Anweisungen (an den öffentlichen AG) über die Preisbildung. Inwieweit diese durch die VO PR 30/53 überlagert werden (s. GZ 2 Rz 18), braucht nicht geklärt zu werden, weil Nr. 2 - 4 kaum für die BVB passen. Nr. 2 - 4 legen andererseits Abrechnungsregeln fest, wenn zwar die Durchführung von Stundenlohnarbeiten vereinbart, die Vergütung aber nicht hinreichend geregelt worden ist. Solche Lücken bestehen in den BVB, wenn es heißt, daß der AN "hierfür eine Vergütung verlangen kann" (z.B. § 18 Nr. 2 II M). Gemeint ist damit stets: "Zu den üblichen bzw. geltenden Preisen des AN" (s. z.B. § 17 Nr. 5 II M, § 5 Nr. 1 II W), also zu Marktpreisen (s. dazu GZ 2 Rz 18).

5 Nr. 2 beinhaltet - übertragen auf die BVB -, daß auch die Wegezeiten zu vergüten sind, wenn der AN diese Zeiten tarifvertraglich seinen Arbeitnehmern zu vergüten hat. Das ist der Fall, weil diese Zeiten Teil der Arbeitszeit sind. Nr. 3 gibt an, welche Stundenlohnsätze und Zuschläge hilfsweise gelten. Für die BVB ist stets davon auszugehen, daß die üblichen Stundensätze des AN einschließlich seiner üb-

lichen Zuschläge vereinbart sind. Nr. 4 geht davon aus, daß die gesamte Leistung des AN mit der Vergütung der aufgewendeten Stunden abgegolten ist, sofern nichts anderes vereinbart ist. Die üblichen Stundensätze der AN enthalten nicht die Vergütung für Material, insbesondere Ersatzteile. Die Vergütung von Material muß deswegen als vereinbart angesehen werden, es sei denn, daß nur der Personalaufwand vergütet werden soll (z.B. in § 5 Nr. 9 W).

6 Nr. 5 - 7 sind für alle BVB anwendbar; sie beziehen sich aber auf umfangreiche Stundenlohnarbeiten, so daß sie kaum erheblich werden.

§ 17. Bezahlung

1. Die Auszahlung des Rechnungsbetrages erfolgt nach Erfüllung der Leistung oder früher gemäß den vereinbarten Zahlungsbedingungen. Fehlen solche Vereinbarungen, so hat die Auszahlung des Rechnungsbetrages nach Prüfung und Feststellung der von dem Auftragnehmer vorgelegten Rechnung, möglichst jedoch binnen einem Monat nach Einreichung der Rechnung zu erfolgen. Die Bezahlung geschieht in der Regel bargeldlos am Sitze des Auftragnehmers. Der Auftragnehmer ist verpflichtet, Überzahlungen, die bei der Rechnungsprüfung durch die Aufsichtsinstanzen der anweisenden Behörde oder besondere Prüfungsinstanzen mit Einschluß des Rechnungshofs festgestellt werden, unverzüglich zurückzuerstatten.

2. Die Prüfung und Bezahlung selbständiger Teilleistungen richtet sich nach den vertraglichen Abmachungen.

3. Sofern in den vertraglichen Abmachungen Abschlagszahlungen vorgesehen sind, sind sie in angemessenen Fristen auf Antrag entsprechend dem Wert der gelieferten Gegenstände in vertretbarer Höhe zu leisten. Die Leistungen sind durch eine prüfbare Aufstellung nachzuweisen. Die Abschlagszahlungen können um Forderungsbeträge des Auftraggebers gegen den Auftragnehmer aus demselben Vertragsverhältnis gekürzt werden. Durch die Gewährung von Abschlagszahlungen werden die vertraglichen Verpflichtungen des Auftragnehmers, insbesondere seine Haftung und Gewährleistung nicht berührt.

4. Bleiben bei der Schlußabrechnung Meinungsverschiedenheiten, so ist dem Auftragnehmer gleichwohl der ihm unbestritten zustehende Betrag auszuzahlen.

5. Eine vorbehaltlose Annahme der Schlußzahlung schließt Nachforderungen aus. Ein Vorbehalt wird hinfällig, wenn nicht innerhalb eines Monats nach dem Empfange der Schlußzahlung die Nachforderung in einer prüfbaren Rechnung eingereicht oder, wenn dies nicht möglich ist, der Vorbehalt begründet wird.

1

	Miete	Kauf	Wartung
Nr. 1			
Satz 1,2	- (§ 5)	- (§ 4)	- (§ 6)
Satz 3	X!	X!	X!
Satz 4	X	X	X

	Miete	Kauf	Wartung
Nr. 2	Hinweis	Hinweis	/
Nr. 3			
Satz 1,2	/	X	/
Satz 3,4	/	X!	/
Nr. 4	X!	X!	X!
Nr. 5	/	X	/

2 § 17 befaßt sich mit der Bezahlung einmaliger Leistungen, kann also die BVB-Miete und -Wartung nur beschränkt ergänzen, wohl aber § 4 K.

3 Nr. 1: Das BGB sieht bei Kaufverträgen Leistung Zug um Zug gegen Zahlung vor; § 17 macht den AN vorleistungspflichtig. § 4 K nimmt die Vorleistungspflicht auf. Die Sätze 1 und 2 sind sachlich in § 5 M bzw. § 4 Nr. 1 K bzw. § 6 W aufgenommen und dadurch ausgeschlossen. Die BVB enthalten nicht die Klausel, daß Rechnungen möglichst binnen einem Monat bezahlt werden sollen. Skonti bedürfen der Vereinbarung. (s. dazu Rz 3 zu § 3 VOL/B). Nr. 1 Satz 3 ergänzt alle BVB. Nr. 1 Satz 4 bezieht sich in erster Linie auf Werkverträge, wo es zahlreiche Fehlerquellen gibt; die Regelung kann aber auch, z.B. bei Rechenfehlern, bei den BVB zur Anwendung kommen.

4 Nr. 2 (Teilleistungen): § 8 Nr. 3 und 6 I M und § 4 Nr. 1 II K bestimmen, daß vereinbarte Teilleistungen gesondert abgenommen und dann vergütet werden.

5 Nr. 3 enthält eine Hilfsregelung für Abschlagszahlungen. Abschlagszahlungen sind "Zahlungen, die nach Herstellung, Fertigung oder Bereitstellung von (meist unselbständigen) Teilen einer Leistung gewährt werden .... Teilzahlungen dagegen setzen in der Regel verwertbare Endprodukte, aber in Ansehung des jeweiligen Gesamtauftrages nur zahlenmäßig begrenzte Erfüllungshandlungen" voraus (Daub B § 17 Ez 5 a). Abschlagszahlungen können bei Kaufverträgen vereinbart werden, z.B. bei Rechnerkopplungen für den Zeitpunkt der Anlieferung. Die BVB-Kauf sehen in § 4 Nr. 2 Vorauszahlungen vor. Diese werden entgegen den Abschlagszahlungen ohne die Erbringung einer Gegenleistung gezahlt. Die Zulässigkeit von Vorauszahlungen ist allerdings haushaltsrechtlich eingeschränkt (s. Rz 3 zu § 4 K). Die Vereinbarung von Abschlagszahlungen ist deswegen soweit wie möglich vorzuziehen. Satz 3 und 4 sind auch bei Vorauszahlungen gem. § 4 Nr. 2 K anwendbar.

6 Nr. 4 bezieht sich in erster Linie auf Werkverträge; als allgemeiner Grundsatz ist die Regelung aber bei jeder Abrechnung anwendbar. Sind Voraus-, Abschlags- oder Teilzahlungen geleistet worden, so ist die letzte Zahlung eine Schlußzahlung.

7 Nr. 5 bezieht sich in erster Linie auf Werkverträge; wegen ihrer Strenge kann die Regelung nicht dahingehend verallgemeinert werden, daß jede vorbehaltlose Annahme einer Zahlung Nachforderungen ausschließt, nämlich nicht "früher gestellte, aber unerledigte Forderungen" (§ 16 Nr. 3 II VOB/B).

§ 18. Sicherheitsleistung

1. Wenn Sicherheitsleistung vereinbart ist, gelten die Vorschriften der §§ 232 bis 240 des Bürgerlichen Gesetzbuches. Der Auftraggeber hat die Wahl unter den verschiedenen Arten der Sicherheit. Er darf jedoch nicht Sicherheit in barem Geld verlangen. Die Verpfändung beweglicher Sachen ist ausgeschlossen, die Stellung eines tauglichen, von dem Auftraggeber anerkannten Bürgen zulässig, ebenso die Hinterlegung von gezogenen Wechseln, die bei Sicht zahlbar und angenommen sind.
Bei Sicherheitsleistung durch Bürgschaft ist die Bürgschaftserklärung schriftlich unter Verzicht auf die Einreden der Aufrechenbarkeit, der Anfechtbarkeit und der Vorausklage abzugeben (§§ 770, 771 des Bürgerlichen Gesetzbuchs).
Die Bürgschaftserklärung darf nicht zeitlich begrenzt sein und muß nach Vorschrift des Auftraggebers ausgestellt werden.
Bares Geld, das dem Auftraggeber als Sicherheit übergeben ist, wird von diesem nicht verzinst. Zins-, Renten- und Gewinnanteilscheine werden für den Zeitraum, in dem die Sicherheit voraussichtlich nicht beansprucht wird, dem Auftragnehmer auf Verlangen zu den Fälligkeitszeiten ausgehändigt, soweit sie noch nicht in Anspruch genommen sind.
2. Der Auftraggeber ist nicht verpflichtet, zu überwachen, ob die ihm verpfändeten Wertpapiere, Depotscheine, Sparkassenbücher, Wechsel oder andere Sicherheiten zur Auszahlung aufgerufen, ausgelost oder gekündigt werden oder ob sonst eine Veränderung eintritt.
3. Die Sicherheit ist binnen 3 Wochen nach Vertragsabschluß zu leisten.

1

	Miete	Kauf	Wartung
Nr. 1 - 3	/	X!	/

2 Sicherheitsleistungen sind nur in § 4 Nr. 2 K bei Vorauszahlungen vorgesehen (s. dort Rz 4). § 4 Nr. 2 K ist nicht umfassend genug, als daß § 18 ausgeschlossen werden würde. § 18 verweist seinerseits auf das BGB. Im Gegensatz zu § 232 I BGB hat der AG gem. Nr. 1 I. 2 ein Wahlrecht zwischen den verschiedenen Formen der Sicherheitsleistung.

§ 19. Streitigkeiten

1. Für alle Rechtsstreitigkeiten aus dem Vertragsverhältnis und über die Gültigkeit des Vertrages ist ausschließlich das Gericht zuständig, in dessen Bezirk diejenige Stelle des Auftraggebers ihren Sitz hat, die für die Prozeßordnung zuständig ist. Die auftraggebende Stelle ist auf Verlangen verpflichtet, die den Auftraggeber im Prozeß vertretende Stelle mitzuteilen.
2. Bei Meinungsverschiedenheiten soll der Auftragnehmer, wenn die auftraggebende Stelle eine Behörde ist, zunächst die Entscheidung der unmittelbar vorgesetzten Behörde anrufen. Diese kann ihm auf Antrag Gelegenheit zur mündlichen Aussprache geben und soll ihn tunlichst innerhalb eines Monats nach Anrufung schriftlich bescheiden. Die Entscheidung gilt als anerkannt, wenn der Auftragnehmer nicht binnen einem Monat vom Eingang des Bescheides ab beim Auftraggeber schriftlich Einspruch erhebt und er auf diese Rechtsfolge in dem Bescheid hingewiesen worden ist.
3. Bei Meinungsverschiedenheiten über die Eigenschaften von Stoffen, für die allgemeingültige Prüfungsverfahren bestehen, oder über die Zuverlässigkeit der bei der Prüfung angewendeten Maschinen und Prüfungsverfahren kann gemäß B § 13, Nr. 7, jeder Teil eine endgültige Entscheidung durch eine zu vereinbarende Materialprüfungsstelle verlangen.
4. Streitfälle berechtigen den Auftraggeber nicht, die übertragenen Leistungen einzustellen.

1

	Miete	Kauf	Wartung
Nr. 1, S. 1	-	-	-
S. 2	X!	X!	X!
Nr. 2	X!	X!	X!
Nr. 3	/	/	/
Nr. 4	X!	X!	X!

2 <u>Nr. 1:</u> Satz 1 ist in § 24, 2 M bzw. § 24 Nr. 2 K bzw. § 15 II W aufgenommen und damit ausgeschlossen. Nr. 1 Satz 2 ergänzt alle BVB.

3 <u>Nr. 2</u> enthält ein unverbindliches Schlichtungsverfahren ("soll .... anrufen"), wenn sich die Regelung auch der Begriffe des verwaltungsgerichtlichen Vorverfahrens bedient. Nr. 2 enthält - schon wegen der Form - keinen Schiedsvertrag (s. dazu Rz 6). Der AN kann von vornherein den Rechtsweg beschreiten. Auch die unmittelbar vorgesetzte Behörde ist nicht verpflichtet, sondern nur aufgefordert, das Schlichtungsverfahren zu betreiben. Gibt sie eine Erklärung ab (zu der sie als vorgesetzte Behörde zivilrechtlich bevollmächtigt ist), so ist dies eine Willenserklärung;

widerspricht der AN ihr nicht innerhalb eines Monats, so gilt sie als stillschweigend angenommen. Dies gilt aber nur, wenn die unmittelbar vorgesetzte Behörde auch darauf hingewiesen und damit den AN entsprechend gewarnt hat.

4 Nr. 3 (Meinungsverschiedenheiten über die Eigenschaften von Stoffen) gilt nur für Werklieferungsverträge und ist für die BVB nicht einschlägig.

5 Nr. 4 entspricht allgemeinen Rechtsgrundsätzen. Zurückbehaltungsrechte werden dadurch nicht eingeschränkt (wohl aber durch § 17 Nr. 1, 1).

6 Schiedsklausel: Die schiedsgerichtliche Regelung ist bewußt nicht aufgenommen worden (Daub A § 11 Ez 9a). Sie ist zulässig, bedarf aber nach dem Gesetz über die schiedsgerichtliche Erledigung privatrechtlicher Streitigkeiten des Reiches und der Länder vom 10. Oktober 1933 (RGBl I S. 722) der Genehmigung durch das Bundes- bzw. Landesfinanzministerium (die Genehmigung wird nach Daub B/Einführung Ez 5 nie erteilt).

§ 20. Vertragsurkunde

Wird über einen Auftrag eine urkundensteuerpflichtige Urkunde errichtet, trägt jede Partei die Hälfte der Kosten der Urkunde, einschließlich der Urkundensteuer, soweit nichts anderes vereinbart ist.

1 Die Regelung bezieht sich nur noch auf die Kosten der Urkunde, da die Urkundensteuer seit der Steueränderungsverordnung vom 20.8.1941 (RGBL I S. 510) nicht mehr erhoben wird. Die Regelung ist für alle BVB anwendbar.

Kommentar BVB-Miete

§ 1. Sachlicher Geltungsbereich

Die nachstehenden Bedingungen gelten für die Miete von EDV-Anlagen und -Geräten, die Überlassung der Grundsoftware, die Wartung und andere vereinbarte Leistungen.

1. Einleitung

1 § 1 gibt - in Anlehnung an § 1 VOL/B - den Vertragstyp an, der geregelt wird. § 1 enthält aber keine vertragliche Regelung, sondern eine Anweisung an den öffentlichen AG, die BVB bei Beschaffungen dieser Art anzuwenden (s. ähnlich zur VOL/B Daub B § 1 Ez 1). § 1 VOL/B wird durch § 1 M nicht verdrängt; die VOL/B wird über § 2 I d) M einbezogen. Das Mietrecht des BGB (§§ 535 ff) wird weitgehend abbedungen, da die BVB darauf angelegt sind, die vertraglichen Beziehungen möglichst weitgehend zu regeln (s. GZ 2 Rz 16).

2 Die BVB sollen als Regelbedingungen möglichst unverändert angewendet werden (s. GZ 2 Rz 24 ff). Die Erläuterungen weisen den öffentlichen AG an, nachdem sie auf zulässige Abweichungen eingegangen sind (s. Rz 6 ff): "Im übrigen darf von den Besonderen Vertragsbedingungen nur abgewichen werden, wenn besonders gelagerte Ausnahmefälle dies rechtfertigen." In § 6 Nr. 4 II. 2 ist mit dem Wort "Ausnahmefall" nichts anderes als das Wort "Fall" gemeint. (s. dort Rz 22). Dies dürfte auch für diese Erläuterung gelten. Denn die Worte "besonders gelagert" weisen bereits auf den Ausnahmecharakter hin. Es kann kaum angenommen werden, daß die BVB angesichts der Verschiedenartigkeit der Beschaffungen Abweichungen nur unter ganz besonders engen Voraussetzungen zulassen wollen. Die Erläuterungen sollten in den üblichen Sprachgebrauch übertragen wie folgt verstanden werden: "Abweichungen sind nur bei Vorliegen besonderer Gründe zulässig." Zur Zulässigkeit von Abweichungen wird bei den einzelnen Regelungen Stellung genommen.

3 Der Wortlaut des § 1 verdeutlicht, daß es nicht (nur) um die Miete von Hardware, sondern um die Miete von Systemen geht (s. GZ 3 Rz 1 ff und die Begriffsbestimmungen; zum Recht, die Software zum Einsatz von mixed hardware zu nutzen, s. Rz 14 zu § 17).

4 Gegenstand der Verpflichtung des AN ist die Überlassung der Mietsache und die Sicherstellung ihrer Betriebsbereitschaft während der gesamten Mietzeit. Um dies zu be-

tonen, ist der Begriff Wartung in § 1 aufgenommen worden. Die bloße Überlassung eines Systems kommt auch vor; die Wartung kann dann im gewünschten Umfang auf gesonderter vertraglicher Basis erfolgen (Instandsetzung auf Zeit- und Materialbasis). Für den normalen Einsatz von EDV in der öffentlichen Verwaltung schien es nicht erforderlich zu sein, diesen Fall zu regeln. S. zur Aufspaltung des Mietvertrags in einen Gebrauchsüberlassungvertrag und in einen Wartungsvertrag bei Leasing PT 4 Rz 2, 8 ff.

5 Zu den anderen vereinbarten Leistungen gehören insbesondere

- die Überlassung der sonstigen Software,
- die Beratung,
- die Einführung in die Bedienung des Systems,
- die Schulung.

Diese Leistungen sind z.T. notwendiger Bestandteil der Hauptleistung, z. T. Nebenleistung, die im Zusammenhang mit der Installation oder später zu erbringen sind (zur Abschlußpflicht bei künftigen Leistungen s. GZ 2 Rz 21). Zur Frage der gesonderten Vergütung s. Rz 14 zu § 4 (bzw. Rz 2 zu § 3 K).

2. Sachlicher Geltungsbereich

6 Hinsichtlich des sachlichen Geltungsbereichs sind folgende Punkte zu klären:

- Abgrenzung von EDV-Geräten
- Kleine Geräte
- EDV als Teil eines Gesamtprojekts
- Einzelfertigungen
- Besonderer Einsatzbereich.

7 EDV-Anlage/-Gerät: Dies sind elektronische Instrumente (Überwiegen der Elektronik gegenüber der Mechanik). Nicht dazu gehören Geräte zur Nachbearbeitung (z.B. zum Schneiden, Kuvertieren). Es muß sich um Anlagen/Geräte zur automatisierten Datenverarbeitung handeln. Der Begriff EDV wird zunehmend durch den Begriff ADV = Automatisierte Datenverarbeitung ersetzt, um auf die Funktionsweise abzustellen. Auch Geräte, die nur einzelne Funktionen innerhalb des Verarbeitungsprozesses erfüllen, gehören dazu, wie z.B. Datenerfassungsgeräte, Zeichentische. Die Erläuterungen führen hierzu aus: "Die Besonderen Vertragsbedingungen finden gleichfalls Anwendung bei Datenfernverarbeitungsanlagen einschließlich Terminals, für die Leitungen jedoch nur, wenn sie vom Vermieter zur Verfügung gestellt wurden." Die BVB gehen vom Leitbild mittelgroßer Universalanlagen aus. Das Arbeiten mit speicherresidenten, verzweigungsfähigen, austauschbaren Programmen dürfte das wesentliche Merkmal solcher Anlagen sein (s. z.B. die Definitionen im Zolltarif 84.53 mit Erläuterungen). Je kleiner Geräte sind, desto stärker sind sie idR spezialisiert und damit in ihren Funktionen beschränkt. Der Übergang zu Geräten, die zwar von einer Zentraleinheit aus gesteuert werden, die aber nur die Daten dieses Gerätes verarbeiten

(z.B. Navigationsinstrumente, Hardwaremonitore und andere Meß-, Regel- und Prüfgeräte) oder dieses Gerät nur steuern (z. B. Flugsimulatoren), ist fließend. Die Nützlichkeit der BVB nimmt in diese Richtung ab, ohne daß sich Grenzen für die Anwendbarkeit der BVB bestimmen ließen. Textverarbeitungsautomaten und ähnliche Einzweckgeräte fallen nicht unter die BVB, anders aber Textverarbeitungssysteme.

8 Kleine Geräte: Bei kleinen Geräten nimmt die Nützlichkeit wegen der Spezialisiertheit der Geräte auf wenige Funktionen stärker ab. Hier erfordert die Anmietung neben dem Hinweis auf die Spezifikationen des AN nur wenige Regelungen und wenige Angaben in einer LB. Soweit es in diesem Bereich überhaupt zur Miete und nicht zum Kauf kommt, ist der Auftragswert so hoch, daß das Ausfüllen des Mietscheins keinen unverhältnismäßig hohen Aufwand verursacht. Die Anwendung der BVB ermöglicht dem AG, die AGB des AN auszuschließen. Denn der in vielen Verwaltungen übliche Auftragsschein für Bestellungen auf der Grundlage der VOL/B taugt nicht für das Dauerschuldverhältnis Miete.Die Frage des Anwendungsbereiches ist beim Kauf wichtiger (s. Rz 6 zu § 1 K).

9 Gesamtprojekt: Die Erläuterungen behandeln die Lieferung von selbständigen EDV-Anlagen als Teil einer Gesamtleistung: "Die Besonderen Vertragsbedingungen sind anzuwenden, wenn ausschließlich oder im Rahmen eines Gesamtprojekts überwiegend EDV-Anlagen oder -Geräte gemietet werden. Sind die zu mietenden EDV-Geräte jedoch nur untergeordneter Teil eines Gesamtprojekts (z.B. Steuerungsanlage eines Kraftwerks), gelten die allgemeinen vertraglichen Regelungen (Verzug, Gewährleistung, Schutzrechte usw.) des Gesamtprojekts auch für die EDV-Geräte. Im übrigen finden die Besonderen Vertragsbedingungen insoweit Anwendung, als EDV-spezifische Regelungen notwendig sind." Die Erläuterungen zu § 1 K/W schränken den letzten Satz ein: "In diese (vertragliche Regelungen, der Verf.) können notwendige EDV-spezifische Regelungen (z.B. Abnahme, Ergänzung der Software) aus den BVB-Kauf / von den BVB-Wartung übernommen werden."

10 Einzelfertigungen: Die Erläuterungen führen dazu aus: "Die Besonderen Vertragsbedingungen finden Anwendung sowohl bei der Miete von EDV-Anlagen und -Geräten, die serienmäßig hergestellt werden, als auch bei solchen, die als Einzelanfertigungen auf die besonderen Verhältnisse des Anwenders abgestellt gemietet werden". (Bei den Erläuterungen zu § 1 W wird nicht auf "die besonderen Verhältnisse", sondern auf "die Verhältnisse" abgestellt; es ist nicht erkennbar, was der unterschiedliche Wortlaut beinhalten soll). "Im letzteren Fall sind Abweichungen nur dann gerechtfertigt, wenn es sich um Geräte handelt, die im Rahmen eines Testeinsatzes beim Anwender erprobt werden (z. B. Pilotinstallationen)." Der letzte Satz ist bei den Erläuterungen zu § 1 K/W fortgelassen worden, da der

Testeinsatz nichts mit der Frage von Einzelfertigungen zu tun hat. Bei den Einzelfertigungen handelt es sich nicht um Einzelfertigungen im üblichen Sinne (echter Werkvertrag über eine unvertretbare Sache, s. Vorbemerkung VOL/B Rz 2); die Miete wäre dann nicht die passende Vertragsform, der Kauf nur bedingt. Es geht in aller Regel nur um solche Typen von Seriengeräten, die bei der Montage auf die besonderen Anforderungen des Anwenders ausgerichtet werden.

11 Besonderer Einsatzbereich: Abweichungen, die der besondere Einsatzbereich verlangt (z.B. besondere Betriebssicherheit bei Anlagen, die für militärische Zwecke eingesetzt werden), werden durch die Generalklausel zugelassen (s. Rz 2). Die Erläuterungen zu § 1 K/W führen zum Einsatz im Hochschulbereich aus: "Die BVB-Kauf und die BVB-Wartung gelten grundsätzlich auch für die Beschaffung und Wartung der EDV-Anlagen und -Geräte im Bereich von Lehre und Forschung; jedoch besteht hier die Möglichkeit, in besonders gelagerten Ausnahmefällen abweichende schriftliche Vereinbarungen zu treffen (vgl. die Erläuterungen zu den BVB-Kauf, zu § 1 vierter Absatz und die Erläuterungen zu den BVB-Wartung, zu § 1 vierter Absatz)."

3. Persönlicher Geltungsbereich

12 Welche Stellen verpflichtet sind, die BVB anzuwenden, ergibt sich grundsätzlich aus den Erlassen, die die BVB eingeführt haben (s. GZ 1 Rz 8 ff). Die Erläuterungen geben an, an welche Stellen gedacht worden ist: "Die Besonderen Vertragsbedingungen sind entwickelt worden für Aufträge
- des Bundes, der Länder, Gemeinden, Gemeindeverbände und kommunalen Zweckverbände,
- der sonstigen juristischen Personen des öffentlichen Rechts, die nicht auf Erzielung von Gewinn ausgerichtet sind,
- der Institutionen, die überwiegend aus öffentlichen Mitteln finanziert werden und die nicht auf Erzielung von Gewinn ausgerichtet sind." Dazu gehören insb. die gemeinsamen Gebietsrechenzentren der kommunalen Gebietskörperschaften, die als juristische Personen des Privatrechts geführt werden.

Der Adressatenkreis ist damit gegenüber anderen Bestimmungen, die öffentliche Aufträge definieren (wie § 2 VO PR Nr. 30/53 oder § 2 VO PR Nr. 1/72, BGBl I S 293), eingeschränkt; denn Stellen, die auf Erzielung von Gewinn ausgerichtet sind, sind hier von vornherein nicht erfaßt. Gegenüber § 2 VO PR Nr. 1/72 stellt das Einführungsschreiben auf die finanzielle Förderung der Institution und nicht auf die finanzielle Förderung des Beschaffungsauftrags ab. Es kommt aber vor, daß eine öffentliche Stelle (z.B. das Bundesministerium für Forschung und Technologie) von privaten Zuwendungsempfängern verlangt, Beschaffungen auf der Grundlage der BVB durchzuführen.

13 Ohne verpflichtet zu sein, kann jeder andere AG die BVB anwenden, wenn der AN damit einverstanden ist. Die Kirchen

fallen, auch wenn sie öffentlichrechtliche Körperschaften sind, nicht unter die "sonstigen juristischen Personen des öffentlichen Rechts" im Sinne der Erläuterungen.

§ 2. Art und Umfang der Leistungen

Art und Umfang der beiderseitigen Leistungen werden durch die vertraglichen Abmachungen geregelt. Maßgebend dafür sind:
a) Leistungsbeschreibung (Mietschein)
b) nachstehende Bedingungen einschließlich der Begriffsbestimmungen (Anhang)
c) allgemeingültige technische Richtlinien und Fachnormen
d) die Allgemeinen Bedingungen für die Ausführung von Leistungen (VOL/B).
Bei Unstimmigkeiten gelten die vertraglichen Abmachungen in der vorstehenden Reihenfolge.

1 Rechtliche Einordnung: § 2 übernimmt § 2 Nr. 1 VOL/B; dabei wird § 2 Abs. 1 a) VOL/B in zwei Punkte aufgespalten, nämlich in a) Leistungsbeschreibung und b) BVB als "die besonderen Bedingungen des Einzelfalls" im Sinne der VOL/B (s. dazu Rz 2 zu § 2 VOL/B). Dadurch wird zugleich ein Rangverhältnis zwischen der LB und den Besonderen Bedingungen aufgestellt.

2 Rangfolge: Die BVB setzen eine Vertragsurkunde (§ 25 Schriftform) voraus, bestehend aus einem Vorspann, in dem die Geltung der BVB vereinbart wird (s. PT 1 Einleitung Rz 2 ff) und aus der LB. Nach § 2 geht die Leistungsbeschreibung, zu der auch Änderungen und Ergänzungen der BVB im Einzelfall gehören, den BVB vor. Auf die BVB folgen im Rang die "allgemeingültigen technischen Richtlinien und Fachnormen". Im Grunde genommen stehen sie als technische Regelung in keinem Verhältnis zu den BVB und der VOL/B als vertragliche Regelungen, sondern nur in einem Verhältnis zur LB: Sind dort technische Normen festgelegt worden, so gehen sie evtl. abweichenden allgemeingültigen vor. Die VOL/B hat den letzten Rang innerhalb der vertraglichen Abmachungen. Die VOL/B verweist auf weitere Ergänzungen des Vertrages: § 5 verpflichtet den AN, bei der Ausführung der Leistung die Handelsgebräuche, die anerkannten Regeln der Technik sowie die gesetzlichen und behördlichen Vorschriften zu beachten (s. zu dem in den Handelsgebräuchen enthaltenen Grundsatz von Treu und Glauben GZ 3 Rz 16 und Rz 3 zu § 5 VOL/B). Verbleibende Lükken werden gemäß § 1 II VOL/B durch die "allgemeinen gesetzlichen Vorschriften" ausgefüllt (s. GZ 2 Rz 8 ff).

3 a) Die Leistungsbeschreibung wird hier als Mietschein bezeichnet. Zum Inhalt s. ausführlich PT 1. In § 2 K/W wird klargestellt, daß die Leistungsbeschreibung nicht nur aus dem Kaufschein (Formulare und Anlagen) besteht, sondern auch aus den "Änderungen und Ergänzungen gem. § 25". Damit

sind nicht Änderungen und Ergänzungen der BVB oder der Formulare bei *Vertragsschluß* gemeint - diese sind eindeutig Teile der Vertragsurkunde -, sondern solche, die nachträglich vorgenommen werden. Es soll betont werden, daß sie der Schriftform gemäß § 25 unterliegen. Es besteht also kein rechtlicher Unterschied zu § 2 M. Zur vertragstechnischen Behandlung von Nachträgen s. PT 1 Einleitung Rz 13. Die Erläuterungen führen aus (wobei zu beachten ist, daß die LB nach § 25 der Schriftform unterliegt): "Im Mietschein sind die vom Vermieter und Mieter zu erbringenden Leistungen vollständig und zweifelsfrei anzugeben (Leistungsbeschreibung). Bei der Beschreibung der Hard- und Software kann auf Publikationen des Vermieters verwiesen werden, die dann dem Mietschein als Anlage beizufügen und damit für Mieter und Vermieter verbindlich sind." Fehlen Angaben, so müssen die Geräte die erforderlichen Eigenschaften haben, daß sie ihren Zweck erfüllen; im Zweifel ist darauf abzustellen, was in den (nicht beigefügten) Unterlagen des AN angegeben ist. Die Erläuterungen (zu BVB-Kauf) fahren fort: "Im Hinblick auf § 8 Nr. 2 Abs. 1 Buchst. a), c) und d) muß die Leistungsbeschreibung unter Umständen auch Spezifikationen über das Fehlverhalten der Hard- und Software enthalten. Dabei sind z. B. Grenzwerte für Fehlerhäufigkeit und Fehlerarten festzulegen, deren Überschreitung die Verweigerung der Abnahme rechtfertigt. Es ist zu beachten, daß die Grenzwerte lediglich für die Abnahme, nicht jedoch für die Gewährleistung gelten. In die Beschreibung der Programme sind nicht nur Angaben über die speziellen Aufgaben, die mit den Programmen behandelt werden sollen, sondern auch Angaben über die Belastung der Anlagen oder Geräte (z.B. Speicherplatzbedarf, Rechenzeitbedarf) aufzunehmen." Zu diesen Fragen s. Rz 24, 27 ff zu § 8. Bei der *Miete* konzentriert sich das Mietverhältnis auf die gelieferten Einheiten; der AN ist berechtigt, sie auszutauschen, z.B. um die Betriebssicherheit zu erhöhen. Bei *Kauf* kann er das bis zur Abnahme (Eigentumsübergang) tun.

4 Die LB sieht nirgends die Beschreibung des Gesamtsystems vor, z.B. um die Leistungsfähigkeit anzugeben (s. PT 1 Einleitung Rz 7). Es muß auch der Umfang des Systems festgelegt werden, weil sich die Höhe der Sanktionen daran ausrichtet (s. GZ 3 Rz 15 ff bzw. 4 Rz 12 ff). Regelmäßig bildet alles, was an Hardware und Software in einer Leistungsbeschreibung aufgeführt ist, ein System. Sind mehrere Systeme oder Geräte/Programme für verschiedene Systeme aufgeführt, so bestimmt sich der Umfang eines jeden Systems bzw. die Zugehörigkeit der Geräte/Programme zu einem System nach der vom AG beabsichtigten Nutzung. Anhaltspunkte dafür ergeben sich aus der (gemeinsamen) Konfigurationsplanung (s. Rz 11 zu § 6). Der AG hat bei Ausfällen die Darlegungslast, welche Einheiten alle zu dem dadurch betroffenen System gehören. Bei Kauf beziehen sich die Sanktionen nur auf diejenigen Geräte des Systems, die noch der Gewährleistung unterliegen.
Soll ein System später ergänzt werden, so sollte die Zu-

gehörigkeit der neuen Einheiten zu diesem System verdeutlicht werden. Dies läßt sich dadurch erreichen, daß die Geräte über einen *Nachtragsmietschein* bezogen werden (s. PT 1 Einleitung Rz 14) oder daß bei einem formal selbständigen Mietschein Vereinbarungen über das Zusammenwirken getroffen werden. Insbesondere bei zugeordneten Geräten (z.B. bei solchen für die Datenerfassung) muß festgelegt werden, ob sie zum System gehören oder nicht.Setzt der AG mehrere (insoweit kompatible) Systeme ein, so ist er grundsätzlich berechtigt, die Systeme später umzukonfigurieren. Der AG sollte dies dem AN wegen der Berechnung der Sanktionen nach dem Systemwert mitteilen.

5 b) BVB: Sollen sonstige Ressortbedingungen (s. GZ 2 Rz 12) zusätzlich vereinbart werden, so ist ihr Rang zu den BVB zu klären: Die Ressortbedingungen sollen im Zweifel vorgehen, soweit sie sich mit der Vertragsdurchführung befassen (Rechnungen, Zahlungen), nicht aber, soweit es um Fragen der Leistung geht.

6 c) Allgemeingültige technische Richtlinien und Fachnormen: Die Erläuterungen führen aus: "Allgemeingültige technische Richtlinien und Fachnormen .... sind insoweit Gegenstand der vertraglichen Abmachungen, als die Besonderen Vertragsbedingungen einschließlich der Leistungsbeschreibung Regelungen nicht enthalten. Technische Richtlinien und Fachnormen gelten immer dann, wenn sie sich allgemein auf dem EDV-Markt durchgesetzt haben (z.B. DIN-Normen, VdE-Vorschriften und ähnliches). In diesem Fall ist der Vermieter verpflichtet, diese Normen und Richtlinien zu beachten. Falls der Vermieter in besonderen Fällen von allgemeingültigen Richtlinien und Fachnormen abweichen will, ist dies bei Vertragsabschluß im Mietschein zu vereinbaren." Unter Normen dürften hier nur die DIN-Normen verstanden werden (die nach DIN 820 zustandekommen), damit der Begriff Richtlinien nicht leerläuft. Darunter fallen z.B. die in den Erläuterungen erwähnten VdE-Vorschriften. Beides sind Normen im weiteren Sinne, wie es §§ 5 und 38 Gesetz gegen Wettbewerbsbeschränkungen verstehen. DIN 820 definiert die Norm in diesem weiten Sinne als "das Ergebnis der planmäßig durch die interessierten Kreise gemeinschaftlich durchgeführten Vereinheitlichung von materiellen und immateriellen Gegenständen zum Nutzen der Allgemeinheit." Technische Normen gelten nicht automatisch, sondern müssen vereinbart werden (s. BGH, Urteil vom 25.9.1968, NJW 1968, 2238 sowie Henseler, Zusicherung von Eigenschaften beim Kauf durch Angabe von DIN-Normen, Betriebsberater 1969, 24 f und Zemlin/Budde, Zusicherung von Eigenschaften beim Kauf bei Bestehen von DIN-Normen oder bei Bezugnahme auf DIN?, DIN-Mitteilungen 1970, 211 ff und 360 f). Ob durch die Vereinbarung von Normen nur die Beschaffenheit der Leistung festgelegt wird oder sogar Eigenschaften zugesichert werden, kann hier dahingestellt bleiben, da die BVB zugesicherte Eigenschaften nicht einer strengeren Haftung unterwerfen (s. Rz 1 zu § 9).

7 Vertragsbestandteil sollen nach § 2 M nur diejenigen Normen und Richtlinien sein, die "allgemeingültig" sind, bzw. diejenigen nach § 2 K/W, die "allgemein angewandt" werden. Daß in allen Regelungen dasselbe gemeint ist, wird daraus ersichtlich, daß die Erläuterungen insoweit gleich sind. Maßgeblich ist der Zeitpunkt des Vertragsschlusses.
Der Begriff "allgemeingültig" darf nicht im Rechtssinn verstanden werden; denn Normen "gelten" nicht im Rechtssinn und sollen es auch nicht (s. Zemlin/Budde aaO). "DIN-Normen haben kraft Entstehung, Trägerschaft, Inhalt und Anwendungsbereich den Charakter von Empfehlungen" (Merkblatt für DIN-Normen als Normen- und Typenempfehlungen, herausgegeben vom Deutschen Institut für Normung im Einvernehmen mit dem Bundeskartellamt, abgedruckt bei Budde, Kartellrecht und DIN-Normen, DIN-Mitteilungen 1976, 572 ff, hier S. 573 unter Punkt 3). Die Erläuterungen lassen erkennen, daß so etwas wie eine faktische Allgemeingültigkeit gemeint ist, nämlich die allgemeine Durchsetzung auf dem EDV-Markt. Der AG trägt dafür die Beweislast, daß sich die Normen durchgesetzt haben; der AN muß, will er von solchen Normen abweichen, dies vertraglich festlegen.

8 Alle BVB streben eine Einengung gegenüber § 2 VOL/B an, wo auf die "technischen und Fachvorschriften für die jeweiligen Leistungen" abgestellt wird. Daub (B § 2 Ez 6) empfiehlt, bei Anwendung der VOL/B die einschlägigen Normen aufzuführen, um Zweifel zu vermeiden. (§ 1 Nr. 2 e VOB/B kann mit dem Hinweis auf "die Allgemeinen Technischen Vorschriften für Bauleistungen" auf einen festumrissenen Satz an Normen verweisen, nämlich auf Teil C der VOB). Dies ist auch hier zu empfehlen.

9 Zu den anerkannten Regeln der Technik s. Rz 3 zu § 5 VOL/B.

10 Die praktische Bedeutung dieser Regelung ist noch gering, weil zum einen die Normung erst am Anfang steht (s. Übersicht des BMI für den Bereich Datenaustausch in ÖVD 1976, 132, und Richter, Aspekte der Standardisierung des Datenaustauschs, ÖVD 1974, 105 ff) und noch viel Spielraum läßt. Zum anderen setzen sich derzeit idR nur die Normen durch, die der Marktführer befolgt. Die Normung ist auf dem EDV-Sektor für die öffentliche Hand besonders wichtig, weil hier vielfach Systeme verschiedener Hersteller zusammenwirken müssen (s. Krause, Ergebnisse der von der GMD durchgeführten Kompatibilitätsumfrage, ÖVD 1976, 15ff). Z.T. beteiligt sich die öffentliche Verwaltung bei der Schaffung von DIN-Normen (z.B. bei der Dokumentation von Programmen, Entwurf DIN 66230 Teil 5: "Informationsverarbeitung; Dokumentation von DV-Programmen im Bauwesen").

Das Bundesministerium des Innern hat im Interesse der Zusammenarbeit über die Grenzen von Gebietskörperschaften hinweg "Einheitliche Datenübermittlungs-Steuerungsverfahren nach DIN 66019 für die öffentliche Verwaltung der BRD" federführend erarbeitet und für seinen Bereich eingeführt

(Bundesanzeiger Nr. 52 vom 16.3.1976, Beilage 6/76) und plant weitere, derzeit zu kompatiblen Datenbankschnittstellen). Andere Stellen sind gefolgt. Das Bundesministerium des Innern führt dazu aus: "Die Einheitlichen Datenübermittlungs-Steuerungsverfahren sind 'allgemein angewandte technische Richtlinien und Fachnormen' im Sinne des § 2 Abs. c) M/K."Da diese Richtlinien vom Zeitpunkt ihres Erlasses aus gesehen erst in der Zukunft angewendet werden sollen, können sie zum Zeitpunkt des Erlasses noch nicht "allgemein angewandt" sein. Solange sie es noch nicht sind, muß ihre Anwendung bei Bedarf vereinbart werden. In diesem Sinne dürfte es zu verstehen sein, wenn das BMI fortfährt: "Die Hersteller sollten beim Abschluß von Miet- und Kaufverträgen auf diesen Sachverhalt hingewiesen werden; entsprechende Vereinbarungen im Mietschein bzw. Kaufschein .... sind zu treffen." Für die allgemeine Durchsetzung reicht der Erfolg auf dem Teilmarkt Beschaffungen der öffentlichen Verwaltung aus. Die Frage, ob die Richtlinien ordnungsgemäß zustandegekommen sind (d.h. unter angemessener Beteiligung der Hersteller), damit man von Normen im weiteren Sinn sprechen kann, kann dann dahingestellt bleiben.

11 Ob solche Richtlinien unter § 38 Gesetz gegen Wettbewerbsbeschränkungen fallen (weil es sich um allgemein empfohlene Normen handelt) oder ob sie als verwaltungsinterne Maßnahmen nicht unter das Gesetz fallen, kann derzeit dahingestellt bleiben (s. zum letzteren auch § 8 des Vertrag zwischen der BRD, vertreten durch den Bundesminister für Wirtschaft, und dem DIN Deutsches Institut für Normung e.V.: "Die Bundesregierung ... behält sich jedoch vor, notwendige Ergänzungen oder Einschränkungen der DIN-Normen für ihren Bereich zu verfügen.")

12 Die Merkblätter des BMI zu technischen Fragen der Datenverarbeitung enthalten keine Richtlinien im Rechtssinn, sondern Vorschläge für sachgemäßes Vorgehen (s. MS 5 Rz 2), wenn auch die Verbindlichkeit für nachgeordnete Stellen angestrebt wird. Es soll aber kein Druck auf die Hersteller ausgeübt werden, ihre Richtlinien/Vorgaben anzupassen; es ist bisher auch nicht erkennbar, daß angestrebt werden würde, die Merkblätter als Richtlinien in der gesamten öffentlichen Verwaltung einzuführen.

13 d) VOL/B: Die Kommentierung zur VOL/B gibt an, welche ihrer Regelungen die BVB ergänzen können.

§ 3. Mindestmietzeit, Kündigung

1. Die Mindestmietzeit wird im Mietschein festgelegt; sie beträgt wenigstens ein Jahr, gerechnet von dem vereinbarten Zeitpunkt der Betriebsbereitschaft an. Zum Ende der Mindestmietzeit oder zum Ende eines jeden darauffolgenden Kalendermonats können Anlage und/oder Geräte mit einer

6monatigen Frist vom Mieter oder Vermieter durch eingeschriebenen Brief gekündigt werden. Kürzere oder längere Kündigungsfristen können vereinbart werden.

2. Bei der Kündigung der Zentraleinheit können angeschlossene oder zugeordnete Geräte zusammen mit der Zentraleinheit gekündigt werden, auch wenn sie weniger als ein Jahr in Betrieb sind. Voraussetzung hierfür ist, daß die Kündigung der Zentraleinheit bei Anmietung dieser Geräte nicht vorhersehbar war und deren Weiterverwendung für den Mieter technisch nicht möglich oder wirtschaftlich nicht vertretbar ist.
Wurde für diese Geräte eine Mindestmietzeit von mehr als einem Jahr vereinbart und war hiermit ein Preisnachlaß verbunden, so hat der Mieter, wenn ein Gerät vor Ablauf der vereinbarten Mindestmietzeit gekündigt wird, den entsprechenden Preisvorteil zurückzugewähren oder im Mietschein vereinbarte Ablösebeträge zu zahlen.
Der Absatz 1 gilt nicht, wenn eine Zentraleinheit zum Zwecke des Austauschs gekündigt wird und der wirtschaftliche Wert der auszutauschenden Zentraleinheit zu dem der übrigen Anlagenkonfiguration in einem solchen Verhältnis steht, daß dem Mieter zugemutet werden kann, die neue Zentraleinheit der bestehenden Konfiguration anzupassen.

I. Mindestmietzeit (Nr. 1, 1)

1 Nr. 1, 1 geht von einem auf unbestimmte Zeit geschlossenen Mietvertrag aus. Die Vereinbarung einer Mindestmietzeit und damit bestimmter Mindesteinnahmen des AN ist erforderlich, weil einige Leistungen, die zu Beginn des Mietverhältnisses anfallen (Transport, Installation, Beratung und - weitgehend - Schulung), nicht oder nur z.T. gesondert vergütet, sondern durch den Mietzins gedeckt werden sollen. Eine solche Vereinbarung ist in den Herstellerbedingungen üblich.
Die Mindestmietzeit wird für jedes einzelne Gerät in MS 1 (Nr. 1.1, Sp. 5) angegeben. Sie beträgt nach Nr. 1, 1, 2. HS wenigstens 1 Jahr. Diese Frist gilt auch, wenn keine Mindestmietzeit im Mietschein angegeben ist. Die Mindestmietzeit kann ausnahmsweise nach Nr. 2 I nachträglich abgekürzt werden (s. Rz 10 ff). Abweichungen, d.h. Vereinbarungen über kürzere Mindestmietzeiten, etwa um Spitzenbelastungen durch eine Anmietung für kurze Zeit auszugleichen (z.B. für das Berechnen von Wahlergebnissen), sind als zulässig anzusehen; der AN wird dann einen finanziellen Ausgleich verlangen. Wird in solchen Fällen nicht von vornherein eine feste Mietzeit vereinbart, dürfte es

angebracht sein, die Kündigungsfrist (6 Monate nach Satz 3) zu kürzen. Angaben über die Mindestmietzeit für die Grundsoftware und die sonstige Software sind nicht vorgesehen. Es ist davon ausgegangen worden, daß die Software für die Nutzung der Anlage unabdingbar ist, also nicht vor Ende der Mindestmietzeit gekündigt werden kann und darf. Sind für einzelne Geräte verschiedene Mindestmietzeiten vereinbart und werden bestimmte Programme nur in Verbindung mit bestimmten Geräten genutzt, so gelten die Mindestmietzeiten für diese Geräte auch für solche Programme. Zur Kündigung nach Ablauf der Mindestmietzeit s. Rz 8.

2 Die Mindestmietzeit beginnt idR mit dem tatsächlichen Zeitpunkt der Betriebsbereitschaft, auch wenn Nr. 1, 1 dem Wortlaut nach auf den "vereinbarten Zeitpunkt der Betriebsbereitschaft" abstellt. (Nr. 2 I. 1 stellt auf den tatsächlichen Beginn ab). Denn der in MS 4 "vereinbarte Zeitpunkt der Betriebsbereitschaft" ist der späteste Zeitpunkt und gilt nur für den Auftragnehmerverzug (§ 7), nicht aber für den Beginn der Mietzeit oder der Mindestmietzeit. Der AN ist nämlich weitgehend berechtigt, die Betriebsbereitschaft vor dem im Mietschein angegebenen Zeitpunkt zu erklären (vgl. Rz 4 zu § 6). Darauf stellt auch § 8 Nr. 1 I. 3 i.V.m Nr. 6 I ab, wonach die Funktionsprüfung und damit die Mietzeit bei erfolgreicher Funktionsprüfung rückwirkend am ersten Werktag nach Zugang der Mitteilung über die Betriebsbereitschaft beginnt (s. dort Rz 5. A.A. Braun-Schwab § 3 Anm. 2 unter Berufung auf den Wortlaut. Soweit sie anführen, daß es nach § 6 Nr. 1 u.U. einen frühesten und einen spätesten Termin gibt, übersehen sie, daß diese Termine nur vorläufig sind, also ein endgültiger Termin rechtzeitig festgelegt werden muß).

3 Verlängert sich die Funktionsprüfung, so beginnt die *Mietzeit* nach § 8 Nr. 6 I mit dem ersten Tag der erfolgreichen dreißigtägigen Prüfungsperiode. Es ist angemessen, die *Mindestmietzeit* auch erst mit diesem Tage beginnen zu lassen, um sie nicht zu Lasten des AN zu verkürzen. Dasselbe gilt, wenn der AN nach § 7 in Verzug kommt. Auch hier dürfte eine Ergänzung der Regelung dahingehend, daß die Mindestmietzeit zusammen mit der Funktionsprüfung beginnt, den BVB entsprechen: Die Sanktionen für den Verzug sind in § 7 abschließend behandelt; eine Verkürzung der Mindestmietzeit wegen des Verzugs wäre eine weitere Sanktion.
Kommt der AG nach § 7 Nr. 6 damit in Verzug, die Installations- und Aufstellungsvoraussetzungen zu schaffen, oder schafft er sie nicht ordnungsgemäß, so sind zwei Fälle zu unterscheiden:

Überschreitet der Verzug 30 Kalendertage, so erhält der AN den Mietzins für die Tage, um die sich die Betriebsbereitschaft verzögert; die Mindestmietzeit beginnt mit dem ersten Tag, für den die Miete gezahlt wird. Bei weniger als 30 Verzugstagen soll der Verzug nach § 7 Nr. 6 keine rechtlichen Wirkungen haben; die Mindestmietzeit beginnt zusammen mit der Funktionsprüfung.

II. Vereinbarung längerer Mindestmietzeiten

4 Die Erläuterungen führen aus: "In den Besonderen Vertragsbedingungen ist die Mindestmietzeit nur insofern festgelegt, als sie wenigstens 1 Jahr betragen muß. Bei der Festlegung der Mindestmietzeit im Mietschein ist zu prüfen, ob die Vereinbarung einer Mindestmietzeit von 2 oder mehr Jahren dem Mieter Vorteile bringt. Ein Vorteil kann beispielsweise darin liegen, daß der Vermieter bei längeren Mindestmietzeiten niedrigere Mieten anbietet. Von dieser Möglichkeit sollte jedoch nur dann Gebrauch gemacht werden, wenn bei Vertragsabschluß feststeht, daß Anlage oder Geräte länger als 1 Jahr benötigt werden." Zu Mindest*verlängerungs*perioden s. MS 14 Rz 8.
Die langfristige Bindung verlangt in der Praxis häufig weitere Vereinbarungen, die als zulässig anzusehen sind. Insbesondere die Listenpreisklausel nach § 4 Nr. 5 II b) befriedigt nicht, weil der AG Mietzinserhöhungen und damit die Gesamtbelastung während der Mindestmietzeit nicht hinreichend abschätzen kann, dem AN hingegen bei jeglichen Listenpreiserhöhungen eine Kündigung nach § 4 Nr. 5 V droht. In der Praxis werden deswegen z.B. Obergrenzen bestimmt, bis zu denen der AN den Mietzins überhaupt oder jährlich im Durchschnitt erhöhen kann. Das Risiko von Mieterhöhungen ist damit hinreichend überschaubar, so daß dafür das a.o. Kündigungsrecht abbedungen werden kann. Mancher AN wünscht auch Vereinbarungen über die Auswirkungen von Verbesserungen der Hardware (vgl. § 17 Nr. 1): Er möchte zusätzliche Investitionen durch eine Erhöhung des Mietzinses oder eine Verlängerung der Mindestmietzeit wirtschaftlich ausgleichen.

5 Die Hersteller bieten bei längeren Mindestmietzeiten häufig ein vertragliches Kündigungsrecht an, das nicht den Einschränkungen des § 3 Nr. 2 unterliegt, also eine Kündigung ohne besondere Voraussetzungen zuläßt. Der AG ist im Falle der Kündigung verpflichtet, die gewährten Vorteile zurückzugewähren oder Ablösebeträge zu zahlen. Die Vereinbarung über Ablösebeträge oder die Rückzahlung von Vorteilen kann in MS 14 (Nr. 12) erfolgen, wo entsprechende Vereinbarungen für das Kündigungsrecht nach Nr. 2 vorgesehen sind (s. MS 14 Rz 6 ff). Werden Ablösebeträge in der Höhe von monatlichen Mietzahlungen vereinbart, muß klargestellt werden, welche Miete gemeint ist (Normalmiete oder ermäßigte Miete; wenn die Ermäßigung in mehreren Stufen erfolgt, muß die anzuwendende Stufe angegeben werden).
Nach Ablauf der Mindestmietzeit gilt weiterhin die ermäßigte Miete, sofern nichts anderes vereinbart ist.
Wird das Mietverhältnis jeweils um bestimmte Zeiten verlängert, so sollte im Interesse des AG eine Vereinbarung

vorgesehen werden, daß er auch das Recht hat, nach Ablauf einer Periode das Mietverhältnis auf unbestimmte Zeit zum nichtermäßigten Mietzins fortzusetzen.

6 Mancher AN wünscht, die Vereinbarungen über die längerfristige Anmietung nicht als Bestandteil des Vertrags, sondern als Zusatzvereinbarung zu schließen. In diesem Fall ist zwischen der Vereinbarung über die Anmietung überhaupt und der Zusatzvereinbarung zu unterscheiden. Mit Ablauf der Zusatzvereinbarung setzt sich das normale Mietverhältnis fort. Kündigt der AG also, so muß er darauf achten, ob er nur die Zusatzvereinbarung oder beide Vereinbarungen beenden will (MS 14 Rz 9).Eine solche Gestaltung erlaubt es dem AN, eine Klausel dahingehend vorzusehen, daß er die Bedingungen der Zusatzvereinbarung unter Beachtung von § 315 BGB ändern darf. Dem AG wird dafür ein a.o. Kündigungsrecht hinsichtlich der Zusatzvereinbarung eingeräumt.

III. Kündigung (Nr. 1, Satz 2 und 3, Nr. 2)

7 1. Normale Kündigung (Nr. 1, Satz 2 und 3)

Die Regelungen über das Kündigungsrecht ersetzen § 565 IV BGB. Es ist in Nr. 1, 2 eine regelmäßige Kündigungsfrist von 6 Monaten vorgesehen. Nr. 1, 3 läßt es unbenommen, kürzere oder längere Kündigungsfristen zu vereinbaren. Die lange Regelkündigungsfrist berücksichtigt, daß der AG bei Kündigung durch den AN idR erhebliche Zeit braucht, um sich auf ein anderes System umzustellen. Das Kündigungsrecht bezieht sich auf jedes einzelne Gerät. Die Kündigung ist gem. Nr. 1, 2 erstmals zum Ende der Mindestmietzeit, sonst zum Ende eines jeden Kalendermonats zulässig. Zur Höhe des Mietzinses, wenn der Kündigungstermin nicht auf das Ende eines Kalendervierteljahres fällt, s. Rz 9 f zu § 4. Daß die Kündigung mit eingeschriebenem Brief erfolgen soll, ist trotz des Wortlauts nicht Wirksamkeitsvoraussetzung, sondern eine Anweisung, um Beweissschwierigkeiten vorzubeugen.

Beim Abschluß eines Rahmenvertrags bedarf es Vereinbarungen einerseits für die Kündigung einzelner Geräte, andererseits für die Kündigung des Rahmenvertrags (s. PT 3 Rz 2 sowie die Beispiele Rz 7 f).

8 Eine Regelung über die Kündigung der Software fehlt (s. auch Rz 1). Nr. 1 Satz 2 kann und muß entsprechend angewendet werden. Es kann also jedes einzelne Programm gekündigt werden.

9 A.o. Kündigungsrechte sind bei Leistungsstörungen nach § 8 Nr. 7, § 9 Nr. 7, § 10 Nr. 2 i.V.m § 9 Nr. 7 und § 17 Nr. 3 i.V.m. § 9 Nr. 7 vorgesehen. Zu a.o. Kündigungsrechten nach § 9 VOL/B für den AG bzw. § 10 VOL/B für den AN s. Rz 3, 7 zu § 9 bzw. Rz 3 zu § 10 VOL/B.

2. Besonderes Kündigungsrecht innerhalb der Mindestmietzeit für periphere Geräte (Nr. 2)

10 Nr. 2 räumt dem AG ein Kündigungsrecht ohne Einhaltung der Mindestmietzeit für angeschlossene oder zugeordnete, d.h. periphere Geräte ein, wenn die Zentraleinheit ordnungsgemäß gekündigt wird, für diese Geräte die Mindestmietzeit aber noch nicht abgelaufen ist. Die Regelung findet ihren Grund darin, daß die peripheren Geräte allein kaum genutzt werden können. Die Regelung dürfte wegen der besonderen Voraussetzungen kaum von praktischer Bedeutung sein (s. hingegen Rz 5 zum vertraglichen Kündigungsrecht).

11 Nach Nr. 2 I. 1 braucht die Mindestmietzeit nicht eingehalten zu werden, auch wenn die Geräte "weniger als ein Jahr in Betrieb sind". (Entscheidend ist der tatsächliche Beginn der Mietzeit, nicht der vereinbarte, s. Rz 2). Die Regelung muß richtig gelesen werden: "auch wenn die Mindestmietzeit noch nicht abgelaufen ist". Der Wortlaut stellt zwar auf die übliche Mindestmietzeit nach Nr. 1 ab, meint aber die Mindestmietzeit selber. Diese Auslegung ergibt sich bei längeren Mindestmietzeiten zwingend, weil Abs. 2 bei längeren Mindestmietzeiten nur die Rechtsfolgen einer Kündigung regelt, das Kündigungsrecht aber voraussetzt. Dieses kann nur in Abs. 1 enthalten sein. Das Kündigungsrecht kann bei Mindestmietzeiten über ein Jahr also auch noch ausgeübt werden, wenn die Geräte über ein Jahr lang in Betrieb sind.

12 Voraussetzung ist nach Nr. 2 I. 2, "daß die Kündigung der Zentraleinheit bei Anmietung dieser Geräte nicht vorhersehbar war und deren Weiterverwendung für den Mieter technisch nicht möglich oder wirtschaftlich nicht vertretbar ist." Im zweiten Fall darf nicht darauf abgestellt werden, ob eine anderweitige Beschaffung (mixed hardware) so günstig ist, daß der AG insgesamt eine Einsparung erzielen kann; es dürfen nur solche Gründe berücksichtigt werden, die in der Nutzbarkeit der peripheren Geräte liegen. Nr. 2 III enthält zusätzliche Voraussetzungen für den Fall, daß eine Zentraleinheit ausgetauscht werden soll (s. Rz 15).
Die Kündigung kommt in Betracht,

- wenn die peripheren Geräte von vornherein mit einer längeren Mindestmietzeit als die Zentraleinheit angemietet worden sind,
- wenn die peripheren Geräte erst nachträglich angemietet worden sind oder
- wenn die peripheren Geräte nachträglich von einem anderen System her dieser Zentraleinheit zugeordnet worden sind.
  Die Voraussetzungen von Abs. 1 Satz 2 gelten in diesem Fall entsprechend: Die Kündigung der Zentraleinheit darf zum Zeitpunkt der Zuordnung der Geräte nicht vorhersehbar gewesen sein; eine Rückordnung zum früheren System muß wirtschaftlich nicht vertretbar sein.

Die Beweislast liegt beim AG. Die Erläuterungen weisen

darauf hin, daß den AG eine Darlegungspflicht trifft (s. GZ 2 Rz 30): "Wenn sich der Mieter auf diese Vorschriften beruft, hat er dem Vermieter darzulegen, daß die genannten Voraussetzungen vorliegen."
Wegen der Beweisschwierigkeiten schlagen Braun- Schwab (§ 3 Anm. 6 c) vor, zu vereinbaren, daß periphere Geräte stets gleichzeitig mit der Zentraleinheit gekündigt werden können, d.h. die Voraussetzungen für das Kündigungsrecht abzubedingen. Eine solche Abweichung von den BVB zu Lasten des AN kann nur anerkannt werden, wenn ein Ausgleich der Nachteile (vgl. Abs. 2) vereinbart wird.

13 Nr. 2 II verpflichtet den AG, für den Fall, daß eine längere Mindestmietzeit für die Peripherie als ein Jahr vereinbart worden ist und damit ein Preisnachlaß verbunden war, im Falle der vorzeitigen Kündigung den entsprechenden Preisvorteil zurückzugewähren oder im Mietschein vereinbarte Ablösebeträge zu zahlen (s. auch Rz 5). Das Kündigungsrecht soll auch dann den Voraussetzungen des Abs. 1 Satz 2 unterliegen, wenn die Nachteile der vorzeitigen Kündigung dem AN nach Abs. 2 ausgeglichen werden. Das Kündigungsrecht sollte dann nicht eingeschränkt werden (s. Beispiel MS 14 Rz 7).
Die Vereinbarung einer Entschädigung bei einer vorzeitigen Kündigung ist bei einer Mindestmietzeit von einem Jahr nicht vorgesehen, wohl aber bei einer Mindestmietzeit von über einem Jahr. Wirtschaftlich gesehen erhält der AG auch für die Vereinbarung einer Mindestmietzeit von einem Jahr einen Preisvorteil (s. Rz 1). Die Regelung ist anscheinend eine Konsequenz aus der - unzutreffenden - Einschränkung in Abs. 1 ("weniger als ein Jahr in Betrieb"). Die Vereinbarung eines Ausgleichs ist auch bei einer Mindestmietzeit von einem Jahr als zulässig anzusehen.

14 Nach dem Wortlaut von Nr. 2 I ist es offen, ob das Kündigungsrecht für die peripheren Geräte nur besteht, wenn Zentraleinheit und periphere Geräte von demselben AN gemietet sind, oder auch, wenn sie von verschiedenen AN gemietet sind. Bei der Auslegung ist davon auszugehen, daß der AN keine Entschädigung erhalten soll, wenn die Mindestmietzeit weniger als ein Jahr beträgt.
Die Regelung ist deswegen eng auszulegen: Gekündigt werden können nur Geräte des Vermieters der Zentraleinheit. Daß die Kündigung nur unter besonderen Voraussetzungen möglich ist, ändert nichts daran; denn diese sind als Mindestvoraussetzungen dafür vorgesehen, daß überhaupt vorzeitig gekündigt werden darf.
Hinsichtlich der Kündigung von Geräten anderer AN gilt (dem Wortlaut nach bei Mindestmietzeiten von über einem Jahr): Ist ein Preisnachlaß vereinbart, so ist die Kündigung für den AN zumutbar, weil er den Preisvorteil zurückerhält. Nur für diesen Fall kann angenommen werden, daß Nr. 2 II auch gegenüber diesem AN gelten soll.

15 Nr. 2 III erweitert die Voraussetzungen für das Recht,

periphere Geräte zu kündigen, für den Fall, daß eine Zentraleinheit zum Zwecke des Austauschs gekündigt wird: Das Kündigungsrecht ist ausgeschlossen, wenn der wirtschaftliche Wert der Zentraleinheit zu der Peripherie in einem solchen Verhältnis steht, daß dem AG zugemutet werden kann, die neue Zentraleinheit der bestehenden Konfiguration anzupassen, sich eine für die Peripherie passende Zentraleinheit zu suchen. Die weitere Verwendbarkeit muß für jeden Gerätetyp einzeln beurteilt werden. Bei der Abwägung der wirtschaftlichen Werte darf dann nur auf die nicht weiter verwendbaren Geräte abgestellt werden. Die Beweislast liegt beim AG, weil sich dieser auf ein besonderes Kündigungsrecht beruft. Mit dem wirtschaftlichen Wert der Zentraleinheit ist nicht ihr Zeitwert gemeint, der nur für den AN erheblich ist, sondern die Belastung des AG durch den Mietzins, der in seine Kostenabwägung eingeht.

> Der AG will eine Zentraleinheit A gegen eine Zentraleinheit B1 austauschen; diese ist das Einstiegsmodell einer neuen Systemfamilie für Erstkunden, sie ist mit der Peripherie des AG so gut wie nicht kompatibel (alles unter Berücksichtigung der Grundsoftware). Bei der nächstgrößeren Zentraleinheit B2, die für Aufsteiger gedacht ist, kann die vorhandene Peripherie hingegen weitestgehend verwendet werden. In diesem Fall kann es dem AG zumutbar sein, die Zentraleinheit B2 zu mieten, so daß das Kündigungsrecht entfällt.

Diese Regelung dürfte nur ausnahmsweise in dem Fall erheblich werden, daß alles von demselben AN gemietet wird. Beide Seiten würden sich eher dahingehend einigen, daß der AG die alte Zentraleinheit zusammen mit den nicht weiter verwendbaren Geräten zurückgibt und die neue Zentraleinheit um die erforderlichen Geräte ergänzt.
Dies weist darauf hin, daß Abs. 3 - wie die gesamte Nr. 2 - für den Fall geschaffen worden ist, daß die peripheren Geräte von anderen AN geliefert worden sind. Diese müßten ihre Geräte u.U. ersatzlos zurücknehmen. Diese Ausrichtung der Nr. 2 auf mixed hardware wird jedoch auch in Abs. 3 nicht so deutlich, daß sie bei der Auslegung zugrundegelegt werden müßte.

§ 4. Mietzins

1. Der Mietzins ist von dem in § 8 Nr. 6 bestimmten Tage an zu entrichten. Er errechnet sich nach einer monatlichen Nutzungsdauer (Kalendermonat) von 180 Stunden, die durch Zähler an den einzelnen Geräten ermittelt wird (Grundmonatsmiete). Während eines Kalendervierteljahres werden Mehr- und Minderstunden gegeneinander verrechnet; mindestens sind jedoch im Vierteljahr drei Grundmonatsmieten zu zahlen. Werden im Kalendervierteljahr mehr als 540 Nutzungsstunden ermittelt und sind Zuschläge für Mehrstunden vereinbart, so ist für jede volle Mehrstunde ein Betrag zu entrichten, der aus einem Prozentsatz aus 1/180 der Grundmonatsmiete errechnet wird. Dieser Prozentsatz ist im Mietschein festzulegen. Ob und in welchem Umfang im ersten Vierteljahr bei der Berechnung des Mietzinses Mehrstunden außer Ansatz bleiben, wird im Mietschein festgelegt.

2. Werden in einem Rechenzentrum mehrere Anlagen oder Geräte gleichen Typs und gleicher Ausstattung verwendet, für die gleiche Grundmonatsmieten vereinbart sind, so werden innerhalb eines Kalendervierteljahres deren Nutzungsstunden gegeneinander verrechnet; mindestens ist jedoch je Monat eine Grundmonatsmiete für jede Anlage oder jedes Gerät zu zahlen.

3. Für Geräte ohne Zählwerk gilt unabhängig von der Nutzungsdauer eine Pauschalmonatsmiete.

4. Für Anlagen oder Geräte, für die die Mietzahlungsverpflichtung im Laufe eines Kalendervierteljahres beginnt oder endet, beträgt der Mietzins je Kalendertag 1/30 der Grundmonatsmiete gemäß Nummer 1 bzw. der Pauschalmonatsmiete gemäß Nummer 3.
Bei Anlagen oder Geräten, für die eine Grundmonatsmiete und Zuschläge für Mehrstunden vereinbart sind, werden Mehrstunden vergütet, wenn die Zahl der Nutzungsstunden das Produkt aus sechs Stunden und der Zahl der Kalendertage, für die die Grundmonatsmiete anteilig berechnet wird, übersteigt.

5. Der vereinbarte Mietzins (Grund- und Pauschalmonatsmiete, der Zuschlag für Mehrbenutzung) und die Vergütung für Nebenleistungen (Personalausbildung, Beratung, Testzeiten, Vergütung für nicht durch den Mietzins abgegoltene Wartungsleistungen) gelten grundsätzlich für die Dauer des Vertrags, es sei denn, daß im Mietschein ein Preisvorbehalt vereinbart ist.
Für den Fall, daß für den Preisvorbehalt keine anderweitigen Regelungen vereinbart sind, gilt folgendes:
a) Eine Erhöhung der Grund- bzw. Pauschalmonatsmiete ist auf den im Mietschein angegebenen Wartungskostenanteil beschränkt. Dieser kann nur erhöht werden, wenn sich nach Angebotsabgabe der Ecklohn für die Metallindustrie auf Grund einer oder mehrerer Erhöhungen um mindestens 8% durch Änderungen der Tarife oder bei einem tariflosen Zustand durch Änderungen von orts- und gewerbeüblichen Betriebsvereinbarungen erhöht und wenn die Frist zwischen Angebotsabgabe und der Mietpreiserhöhung mehr als zehn Monate beträgt. Der Vermieter hat im Mietschein anzugeben, um wieviel Prozent sich der Wartungskostenanteil der Grund- bzw. Pauschalmonatsmiete erhöht bei einer Erhöhung des o.a. Ecklohns um 1 Dpf/Stunde. Die auf Grund der Erhöhung des Wartungskostenanteils neu festgesetzte Grund- bzw. Pauschalmonatsmiete darf jedoch die unter gleichartigen Voraussetzungen von anderen Mietern allgemein und stetig geforderte und erzielte Grund- bzw. Pauschal-

monatsmiete nicht überschreiten.
b) Handelt es sich bei der Grund- bzw. Pauschalmonatsmiete um einen nachgewiesenen Listenpreis und ist nicht eine Regelung nach Buchstabe a vereinbart, so wird bei einer Erhöhung der Listenpreise der Mehrbetrag entrichtet, wenn der Vermieter nachweist, daß die Preisliste der Koordinierungs- und Beratungsstelle der Bundesregierung für die EDV vorliegt und daß er die erhöhte Miete als Listenpreis von anderen Mietern allgemein und stetig fordert und erzielt und die Frist zwischen Angebotsabgabe und Mietpreiserhöhung mehr als zehn Monate beträgt.
c) Erhöhungen der Vergütungen für Nebenleistungen kann der Vermieter nur insoweit geltend machen, als die Frist zwischen Angebotsabgabe und der Erhöhung mehr als zehn Monate beträgt und er nachweist, daß diese Vergütungen von anderen Mietern allgemein und stetig gefordert und erzielt werden.
Erhöhungen nach den Buchstaben b oder c sind wenigstens drei Monate vor ihrem Inkrafttreten dem Mieter schriftlich anzukündigen.
Ist eine Mietpreiserhöhung oder eine Erhöhung der Vergütungen für Nebenleistungen erfolgt, können weitere Erhöhungen nur geltend gemacht werden, wenn die vorherigen Preise mindestens zehn Monate beibehalten wurden und im Falle des Buchstabens a seit der letzten Erhöhung der Ecklohn sich um mindestens 8% erhöht hat.
Bei einer Erhöhung nach Buchstabe b kann der Mieter jedes von der Erhöhung betroffene Gerät mit einer Frist von einem Monat zu dem Tage, an dem die Erhöhung in Kraft tritt, kündigen. Diese Kündigungsmöglichkeit besteht auch für solche Geräte, deren Nutzung durch die Kündigung der von der Erhöhung betroffenen Geräte dem Mieter nicht mehr möglich oder zumutbar ist.
Ermäßigen sich die für gleichartige Leistungen von anderen Mietern allgemein und stetig geforderten Grund- bzw. Pauschalmonatsmieten oder die Vergütungen für Nebenleistungen, so sind die niedrigeren Sätze vom Zeitpunkt des Inkrafttretens der neuen Preise an vom Mieter zu entrichten.

I. Nutzungsumfang und Mietzins (Nr. 1 - 4)

1 Die BVB folgen im Grundsatz den Herstellerbedingungen, verschärfen sie aber durch Verrechnungsmöglichkeiten bei Abrechnung nach Zählerstand (s. Rz 5 ff) und durch Einschränkungen bei Preisvorbehalten (s. Rz 23 f). Die Vergütung für Software wird nicht angesprochen. Hier ist von einer Pauschalmonatsmiete auszugehen (sofern es sich nicht um eine einmalige Zahlung handelt).
Der Mietzins soll für jedes Gerät in MS 1 (Nr. 1. 1) gesondert ausgewiesen werden. Der Mietzins ist nach Monaten bemessen (s. Rz 6), wird aber vierteljährlich abgerechnet und bezahlt (§ 5).
Die Preise verstehen sich einschließlich der Mehrwertsteuer, soweit nichts anderes vereinbart ist (s. dazu Rz 30).

1. Berechnungsformen

2 § 4 unterscheidet zwischen Geräten mit Zählwerk und solchen ohne Zählwerk. Bei Beräten mit Zählwerk wird pauschal oder nach Zählerstand ("spitz"), bei Geräten ohne Zählwerk nur pauschal abgerechnet.
§ 4 bevorzugt die spitze Abrechnung; denn Geräte ohne Zählwerk werden dadurch schlechter gestellt, daß für sie ein Mehrbenutzungszuschlag nicht vorgesehen ist. Es ist davon ausgegangen worden, daß die Abrechnung nach Zählerstand (=Inanspruchnahme der Geräte) gerechter sei; wenn alle Geräte Zählwerke hätten, wäre die Vergleichbarkeit der Angebote erhöht. Es wurde befürchtet, daß jeder Hersteller eine eigene Berechnungsform für Zuschläge anbieten würde. Diese Geräte werden idR nur im Einschichtbetrieb genutzt, so daß sich die Frage von Zuschlägen nur selten stellt.
Neuerdings sehen manche AN bei bestimmten Geräten die Abrechnung nach Leistungseinheiten vor (z.B. bei Druckern für Druckseiten, wie dies bei Kopiergeräten für die Zahl der Kopien üblich ist). Die BVB stehen dem nicht entgegen.

3 Das Zählwerk braucht sich nicht im Gerät selber zu befinden. Soll die Nutzungszeit eines Gerätes über das Zählwerk eines anderen gemessen (=mit ihr gleichgesetzt) werden, so ist dies nur zulässig, wenn die für das andere Gerät gemessenen Zeiten exakt die Nutzung dieses Gerätes wiedergeben.
Die Steuereinheit eines Druckers kann physisch getrennt von der Druckeinheit untergebracht sein. Die Zentraleinheit kann aus mehreren Teilen bestehen, für die der Mietzins in der LB getrennt ausgewiesen wird. Es reicht hingegen nicht aus, die Nutzungszeit von Magnetbändern über die Steuereinheit (für den gesamten Strang) zu messen.

2. Abrechnung nach Zählerstand (Nr. 1, 2, 4)

4 Die Grundmonatsmiete deckt nach Nr. 1, 2 bei Geräten mit Zählwerk 180 Nutzungsstunden ab. Für darüber hinausgehen-

de Nutzungsstunden kann nach Nr. 1, 4 ein Zuschlag für jede Mehrstunde vereinbart werden. Der Zuschlag ist dann als Prozentsatz von 1/180 der Grundmonatsmiete in MS 1 (Nr. 1. 1 Sp. 6) anzugeben. Der Zuschlag kann auch degressiv gestaffelt sein.
Die Höhe des Zuschlags richtet sich danach, ob nur die erhöhte Abnutzung vergütet wird oder ob der AN auch verpflichtet wird, während der vom AG vorgesehenen Einsatzzeiten, also auch außerhalb seiner normalen Geschäftszeiten, Instandsetzungsarbeiten durchzuführen. § 18 Nr. 2 I geht davon aus, daß der Zuschlag auch letzteres deckt, der AN also zur Wartungsbereitschaft verpflichtet ist, wenn die Regelung in der Praxis auch anscheinend nicht in dieser Weise verstanden wird (s. dort Rz 7).
Werden keine Zuschläge vereinbart, so ist die Grundmonatsmiete wie eine Pauschalmonatsmiete zu behandeln.
Der Mietzins ist gem. § 324 I BGB (s. Palandt-Putzo § 536 Anm. 1 c) aa) zur Anwendbarkeit von § 324 neben den Gewährleistungsregeln) auch bei Ausfällen zu zahlen, die der AG zu vertreten hat (s. dazu Rz 9 zu § 9).
Da die Geräte solange keine Nutzung anzeigen, ist eine fiktive Nutzungszeit zum Zählerstand hinzuzurechnen. 6 Stunden pro vorgesehenen Nutzungstag dürften angemessen sein (auf Mehrbenutzung durch den AG hat der AN keinen Anspruch, s. auch Rz 24 zu § 9).
Zum Untergang der Mietsache s. Rz 7 zu § 11.

5 Im Gegensatz zu der in Herstellerbedingungen üblichen Zahl von 182 Nutzungsstunden gilt die Grundmonatsmiete für 180 Stunden. Dies soll einerseits die Verrechnung über Gerätetypen und Monate (s. Rz 6 f) vereinfachen, andererseits ein Ausgleich für die Verrechnung sein, die den AN finanziell belastet.
Es ist den Vertragspartnern unbenommen, dennoch von 182 Stunden auszugehen (was dem AN ermöglicht, gegenüber allen Kunden einheitlich abzurechnen). Dann ist unter "Änderungen und Ergänzungen" der Satz aufzunehmen: "Bei der Berechnung der Miete gemäß § 4 wird von 182 Stunden statt von 180 ausgegangen". (Es reicht formal nicht aus, in MS 1 (Nr. 1. 1 Sp. 6) einen Prozentsatz von Null für die ersten beiden Stunden anzugeben; denn auch der Prozentsatz in § 18 muß von 1/180 auf 1/182 geändert werden. Dies dürfte aber auch gemeint sein, wenn eine Null angegeben wird).

6 Nach Nr. 1, 3 werden Mehr- und Minderstunden für jedes Gerät innerhalb eines Kalendervierteljahres gegeneinander verrechnet; mindestens sind jedoch im Vierteljahr 3 Grundmonatsmieten zu zahlen. Diese Verrechnung entbindet den AG davon, für eine ganz gleichmäßige Ausnutzung der Systeme im Zeitablauf sorgen zu müssen. Soll der Mehrbenutzungszuschlag erhöhte Abnutzung und Wartung decken, so ist die Verrechnung von Mehrstunden mit Minderstunden angemessen.
Damit wird die Miete nicht zu einer Vierteljahresmiete

(wie Braun-Schwab § 4 Anm. 1 b) annehmen). Denn bei einer Vierteljahresmiete wäre eine Verrechnung gar nicht nötig.

7 Wie Nr. 1, 3 die Ausgleichung der Nutzung im Zeitablauf vorsieht, erlaubt Nr. 2, die Nutzungsstunden mehrerer Geräte (oder sogar von Anlagen) gleichen Typs und gleicher Ausstattung gegeneinander zu verrechnen. Die Erläuterungen führen dazu aus: "Diese Vorschrift dient der Vereinfachung des Betriebsablaufs in den Rechenzentren. Sie soll ausschließen, daß - nur um Mehrstunden zu vermeiden - Arbeiten von Geräten, bei denen die der Grundmonatsmiete zugrunde liegende Zahl der Nutzungsstunden erreicht ist, auf solche, die diese Zahl noch nicht erreicht haben, verlagert werden müssen. Als Rechenzentrum im Sinne dieser Vorschrift gelten eine oder eine Mehrzahl von EDV-Anlagen und/oder -Geräten innerhalb der Bundesrepublik einschließlich Berlin (West), die eine organisatorische Einheit bilden und die ein und derselben unmittelbaren Rechenzentrumsleitung unterstehen und zwar unabhängig davon, wer für die Aufgaben, die mit Hilfe der EDV wahrgenommen werden, zuständig ist."
Die Geräte müssen nicht alle an demselben Ort stehen. Bei getrennter Aufstellung kann aber nur dann von *einem* Rechenzentrum gesprochen werden, wenn die Geräte über eigene Leitungen und nicht über Postleitungen verbunden sind. Die Berechtigung der Verrechnung innerhalb gleicher Geräte wird deutlich, wenn diese Geräte über Umschalteinrichtungen wahlweise verschiedenen Zentraleinheiten zugeordnet werden können.
Welche Geräte gleich sind, sollte im Zweifelsfall in der LB festgelegt werden. Andernfalls sind es nur solche Geräte, die laut Mietschein 1 (Nr. 1. 1, Sp. 2) in einer größeren Anzahl als 1 angemietet werden.

8 Die Verrechnungsregelungen dürfen nicht gleichzeitig angewendet werden. Dies würde zwar eine weitergehende Verrechnung erlauben, als wenn die Regelungen nur nacheinander zum Zuge kommen. Bei simultaner Verrechnung würden aber nicht nur Mehr- und Minderstunden gegeneinander verrechnet werden, sondern würden auch Minderstunden bzw. Mehrstunden gegeneinander verschoben werden, um dann im zweiten Schritt Mehr- und Minderstunden ausgleichen zu können (wie im zweiten Teil des Beispiels verdeutlicht wird).
Bei der Verrechnung *nacheinander* ist es gleich, in welcher Reihenfolge vorgegangen wird.
Bei folgenden Nutzungsstunden von zwei Geräten eines Typs

	1. Monat	2.	3.
Gerät I	240	180	240
Gerät II	210 ⟶	120	120

ergibt die Verrechnung zuerst über die *Zeit*

I	240	180	240↓
II	180	150	120

und dann über den *Gerätetyp*

I	240	180	180
II	180	150	180

Der AG hat 6 Grundmonatsmieten und den Mehrbenutzungszuschlag für 60 Stunden (Gerät I im 1. Monat) zu zahlen.

Bei *gleichzeitiger* Verrechnung würde sich ergeben:

I	210	180	180
II	180	180	180

Der AG hätte sechs Grundmonatsmieten und den Mehrbenutzungszuschlag für 30 Stunden zu zahlen. Im Grunde wird dabei folgendermaßen vorgegangen: Sämtliche Nutzungsstunden werden addiert. Das Produkt aus 180 x Zahl der Geräte x 3 Monate wird davon abgezogen. Für den Rest sind Mehrbenutzungszuschläge zu zahlen. Vollzieht man das im Wege der schrittweisen Verrechnung nach, so sehen die Zwischenstufen folgendermaßen aus:
Verrechnung über die *Zeit:*

I	210	210	240
II	180	150	120

und über den *Gerätetyp:*

I	210	180	180
II	180	180	180

Dabei würde die Verschiebung bei Gerät I vom 1. zum 2. Monat keine Verrechnung von Mehr- und Minderstunden enthalten, sondern eine Verschiebung von Mehrstunden.

Werden die Zähler hingegen nur alle Vierteljahr einmal abgelesen, so ergibt sich das für den AG günstigere Ergebnis automatisch.

	Vierteljahr	entsprechend dem Beispiel
Gerät I	660 ./. 90	570
II	450 + 90	540

also 6 Grundmonatsmieten und 30 Mehrstunden.

9 Beginn der Zahlungsverpflichtung: Der Mietzins ist vom 1. Tag des erfolgreichen Funktionsprüfungszeitraums an zu entrichten (s. Rz 4 zu § 8). Nr. 4 I bestimmt die Höhe des Mietzinses für das erste - in aller Regel angebrochene - Kalendervierteljahr. Die Grund- bzw. Pauschalmonatsmiete ist für volle Monate voll, für den ersten angebrochenen Monat anteilig auf der Basis von 1/30 je Kalendertag zu zahlen. In § 5 Nr. 8 W ist dies deutlicher ausgedrückt (s. dort Rz 13).
Die Erläuterungen führen zur Berechnung von Mehrbenutzungszuschlägen gem. Nr. 4 II aus: "Bei der Berechnung der Mehrstunden ist davon auszugehen, daß mit der Grundmonatsmiete 6 Nutzungsstunden je Kalendertag abgegolten sind. Diese 6 Stunden ergeben sich als Quotient aus den der Grundmonatsmiete je Vierteljahr zugrunde liegenden 540 Nutzungsstunden und 90 Kalendertagen. Für die Berechnung der zu vergütenden Mehrstunden gilt folgende Formel:

$$M = N - \frac{540 \times D}{90}$$

M = Mehrstunden
N = Nutzungsstunden in dem betreffenden Vierteljahr
D = Kalendertage innerhalb des Nutzungszeitraums, für die die Grundmonatsmiete zu zahlen ist."

10 Endet die Zahlungsverpflichtung innerhalb eines Kalendervierteljahres, so ist Nr. 4 entsprechend anzuwenden (z.B. beim Austausch von Einheiten).

11 Nachinstallationstestzeit: Nr. 1, 6 soll an die Aufnahme einer Vereinbarung darüber erinnern, ob im ersten Vierteljahr noch Teststunden nach der Installation oder kostenlosen Nutzungszeit für Umstellungsarbeiten eingeräumt werden sollen. Satz 6 bezieht sich nur auf Mehrstunden; die Grundmiete soll stets gezahlt werden. Die Regelung ist aus Herstellerbedingungen übernommen.

3. Pauschalmonatsmiete (Nr. 3 und 4)

12 Für Geräte ohne Zählwerk ist nach Nr. 3 unabhängig von der Nutzungsdauer eine Pauschalmonatsmiete als Mietzins zu zahlen. Mehrbenutzungszuschläge sind nicht vorgesehen (s. Rz 2). Es ist aber als zulässig anzusehen, einen solchen Zuschlag bei Mehrschichtnutzung zu vereinbaren (s. Beispiel in MS 1 Rz 8). § 5 Nr. 2 W sieht dies inzwischen ausdrücklich vor. § 5 Nr. 1 b) M setzt die Zulässigkeit solcher Zuschläge voraus.
Die Pflicht zur Zahlung des Mietzinses entfällt nicht bei Ausfällen, die der AG zu vertreten hat (s. dazu Rz 9 zu § 9). Zum Untergang der Mietsache s. Rz 7 zu § 11.

13 Beginnt die Verpflichtung zur Mietzahlung im Laufe eines Kalendervierteljahres, so ist nach Nr. 4 I der Mietzins für volle Monate voll, für den ersten angebrochenen Monat anteilig auf der Basis von 1/30 pro Tag zu zahlen (s. auch Rz 9).

II. Vergütung für Nebenleistungen

14 Die BVB verfolgen das Ziel, daß der Mietzins alle Leistungen abdecken soll, die üblicherweise bei einem Mietverhältnis über EDV-Systeme durch den Mietzins abgegolten werden (s. auch GZ 2 Rz 27). Sie enthalten nicht den Grundsatz, daß der Mietzins sämtliche (Neben)Leistungen abdeckt, soweit nichts anderes vereinbart ist (s. auch Rz 2 zu § 3 VOL/B). Die LB soll allerdings den AG dazu anhalten, den Umfang der Nebenleistungen festzulegen und dabei zu klären, ob und wie diese gesondert vergütet werden. Soweit Nebenleistungen erst nach der Installation zu erbringen sind, erlauben die BVB idR, erst später eine Vereinbarung über die Vergütung zu treffen (s. Rz 28 am Ende).

III. Preisvorbehalte (Nr. 5)

1. Einleitung

15 Bei Dauerschuldverhältnissen ist ein Preisvorbehalt für die laufenden Mietzahlungen oft nicht zu vermeiden. Preisvorbehalte werden durch die VO PR 30/53 nicht geregelt (s. GZ 2 Rz 18). Der Bundesminister für Wirtschaft und Finanzen hat in den "Grundsätzen zur Anwendung von Preisvorbehalten bei öffentlichen Aufträgen" vom 2. Mai 1972 (Bundesanzeiger Nr. 88 vom 10. Mai 1972, Gemeinsames Ministerialblatt BMWi und BMF 1972, 649) den Stellen des Bundes eine Leitlinie vorgegeben, ob und wie Preisvorbehalte vereinbart werden können. Diese Grundsätze beziehen sich nicht ausdrücklich auf Dauerschuldverhältnisse; die BVB richten sich aber möglichst weitgehend an ihnen aus. Die BVB geben nicht verbindlich Klauseln vor, sondern bieten als Muster eine Lohnkostenklausel nach a), eine Listenpreisklausel nach b) und eine Klausel für die Vergütung von Nebenleistungen nach c) an. Eine Klausel für die Mehrwertsteuer fehlt (s. Rz 30). Aus der Einleitung zu b) wird deutlich, daß die Lohnklausel erwünschter als die Listenpreisklausel ist. Zu anderen Preisvorbehalten s. MS 13 Rz 5.

16 Wird dem AN ein Preisvorbehalt eingeräumt, so wird zugleich dem öffentlichen AG eine Meistbegünstigungsklausel in Abs. 6 eingeräumt. Nach der VO PR 30/53 brauchen Preissenkungen nach Angebotsabgabe nicht an alle AG weitergegeben zu werden (Ebisch-Gottschalk § 4 (7)).

17 <u>§ 3 Währungsgesetz</u> (vom 20. Juni 1948, Britisches und Amerikanisches Gesetz Nr. 61, Beilage Nr. 5 zum Gesetz- und Verordnungsblatt des Wirtschaftsrates des Vereinigten Wirtschaftsgebietes) verbietet bestimmte Wertsicherungsklauseln bzw. stellt sie unter einen Genehmigungsvorbehalt durch die Bundesbank: "Goldschulden dürfen nur mit Genehmigung ... in anderer Währung als in Deutscher Mark eingegangen werden. Das gleiche gilt für Goldschulden, deren Betrag in Deutscher Mark ... durch den Preis

oder eine Menge von ... anderen Gütern oder Leistungen bestimmt werden soll."
Klauseln, die auf die Kostenentwicklung abstellen oder die Preise nicht automatisch an die geänderten Bezugsgrößen anpassen, sondern den Parteien einen Verhandlungsspielraum lassen, sind grundsätzlich genehmigungsfrei. Die Bundesbank hat "Grundsätze bei der Entscheidung über Genehmigungsanträge nach § 3 des Währungsgesetzes" bekanntgegeben (Bundesanzeiger Nr. 160 vom 29.8.1964, S. 3 vom 26.8.1964, Mitteilung Nr. 1018/64); darin wird zwischen nichtgenehmigungsfähigen Klauseln und solchen unterschieden, bei denen mit der Erteilung der Genehmigung gerechnet werden kann. Die Bundesbank hat die Zuständigkeit für die Erteilung von Genehmigungen auf die Landeszentralbanken übertragen. Diese erteilen auch Negativatteste.

2. <u>Lohnkostenklausel (Nr. 5 II a)</u>

18 Die Lohnkostenklausel geht davon aus, daß der AN die Investitionskosten bereits erbracht hat, Kostenerhöhungen sich also nur auf laufende Leistungen auswirken. Das sind primär Wartungsarbeit und Material. Dementsprechend wird nur der Wartungskostenanteil des Mietzinses der Klausel unterworfen. (Genauer: Vergütungsanteil für die Wartung; es werden nicht nur die reinen Kosten erstattet, s. GZ 2 Rz 18). Als übrige Kosten sind zu erwähnen: Die Zinsbelastung, die sich in Abhängigkeit vom Zinssatz während der Amortisation ändern kann; Kosten für nachträgliche Verbesserungen der Geräte (s. Rz 3 zu § 17). Der Erhöhungsfaktor kann so gewählt werden, daß auch Kosten für Verbesserungen gedeckt werden.

19 <u>Genehmigungspflicht:</u> Lohnkostenklauseln sind genehmigungsfrei, wenn der AN nur den konkret nachweisbaren Mehraufwand je Kostenart verlangen kann (Kostenabwälzungsklausel). Andernfalls sind Lohnkostenklauseln genehmigungspflichtig; sie sind nach Nr. 3 b) bb) der Grundsätze der Bundesbank genehmigungsfähig, wenn sie auf die künftige Einzel- oder Durchschnittsentwicklung von solchen Löhnen abstellen, die die Selbstkosten des AN wesentlich beeinflussen, also betriebsnah sind (Kostenelementeklausel). Wesentlich heißt nach der Genehmigungspraxis, daß die Kostenart, auf die abgestellt wird, mehr als die Hälfte der Gesamtkosten ausmachen. Ein solcher Kostenfaktor wäre der Lohn der üblicherweise eingesetzten Wartungstechniker (idR Angestellte). § 4 stellt hingegen auf den Ecklohn für Arbeiter der Metallindustrie ab und erfüllt damit die Voraussetzungen für die Genehmigungsfähigkeit nur in bestimmten Fällen.
Die Lohnkostenklausel ist schlechthin nicht genehmigungsfähig, weil sie sich nur auf Erhöhungen der Vergütung, nicht auch auf Ermäßigungen bezieht ("Einseitigkeitsklauseln" nach Nr. 2 a) der Grundsätze der Bundesbank).
Eine genehmigungspflichtige und -fähige Klausel müßte lauten, wobei vorausgesetzt wird, daß die Lohnkosten tat-

sächlich mehr als die Hälfte aller Wartungskosten ausmachen: "Eine Änderung der Grund- bzw. Pauschalmonatsmiete ist auf den im Mietschein angegebenen Anteil des Mietzinses für die Wartung beschränkt. Sie erfolgt, wenn sich nach Angebotsabgabe der im Mietschein angegebene Kostensatz für Wartungstechniker um mindestens 8% durch Änderungen der Tarife oder bei einem tariflosen Zustand durch Änderungen von orts- und gewerbeüblichen Betriebsvereinbarungen ändert. Im Mietschein ist angegeben, wie sich die Änderung der Kosten auf den Anteil des Mietzinses für die Wartung auswirkt. Die erste Änderung kann nicht früher als 10 Monate nach Angebotsabgabe, weitere Änderungen nicht vor Ablauf von jeweils 10 Monaten verlangt werden. Die jeweilige Grund- bzw. Pauschalmonatsmiete darf jedoch die unter gleichartigen Voraussetzungen von anderen Mietern allgemein und stetig erzielte Grund- bzw. Pauschalmonatsmiete nicht überschreiten."

20 Ist eine Lohnkostenklausel nach a) vereinbart worden, so ist diese nicht genehmigungsfähig und damit unwirksam. Der Mietvertrag selber ist im Zweifelsfall nicht unwirksam (vgl. BGH, Urteil vom 18.9.1974, NJW 1974, 2233, 2234). Die Parteien sind verpflichtet, sich auf eine genehmigungsfähige oder genehmigungsfreie Klausel zu einigen (s. Bulla, Anpassung von Währungsklauseln in einem Mietvertrag, NJW 1975, 1108).
Ist eine genehmigungsfähige Klausel vereinbart worden, so ist der Vertrag wirksam; der AN kann sich aber erst nach der Genehmigung auf die Klausel berufen.

21 Das Ausmaß der Erhöhung wird gemäß Satz 3 in MS 13 (Nr. 10) festgelegt. Dort sollte auch angegeben werden, welcher Tarifvertrag maßgeblich ist. Für Verhandlungen ist kein Raum (unverständlich Schwab-Braun § 4 Anm. 8). Die Erhöhung ist zu jedem Monat möglich.
Die Frist zwischen Angebotsabgabe und Mietpreiserhöhung muß mehr als 10 Monate betragen. Üblicherweise wird im Vergaberecht auf das Angebot des *AN* abgestellt. Das ist auch hier der Fall; denn die Kenntnis von anstehenden Lohnerhöhungen des AN kann nur auf den Zeitpunkt seiner Angebotsabgabe bezogen werden. Bei Bestellungen von EDV-Geräten gibt der AG häufig als erster eine verbindliche Erklärung (Angebot!) ab. Dann beginnt die Frist erst von der Annahme des Angebots durch den AN an zu laufen. Der AN ist - rechtlich gesehen - noch an nichts gebunden und kann ein teureres Angebot abgeben, über dessen Annahme dann der AG entscheiden muß (§ 151 BGB).
Entsprechend der Ausrichtung der Klausel auf Kostensteigerungen kann der AN die Erhöhung ohne Ankündigung durchsetzen; der AG hat kein Kündigungsrecht. Ein Selbstbehalt ist nicht vorgesehen und dürfte bei Dauerschuldverhältnissen unangemessen sein. Die Grundsätze des Bundesministers für Wirtschaft und Finanzen verlangen zwar einen Selbstbehalt; sie sind aber nicht auf Dauerschuldverhältnisse abgestellt (s. Rz 15).
Die Lohnklausel widerspricht nicht der Anmietung zu einem

Listenpreis; sie kann auch dann angewendet werden, wenn der Mietzins ein Marktpreis ist.
Abs. 4 sieht vor, daß weitere Änderungen (Erhöhungen) geltend gemacht werden können, sobald sich der Ecklohn wiederum um 8% geändert (erhöht) hat.

3. Listenpreisklausel Nr. 5 II b))

22 Wie die Einleitung zu b) zeigt, ist die Listenpreisklausel weniger erwünscht. Es wird befürchtet, daß sie ermöglicht, das Ergebnis von Ausschreibungen zu verfälschen. Die Listenpreisklausel mußte auf Wunsch der AN, insbesondere wegen ihrer Üblichkeit, aufgenommen werden; sie ist voll mit den Grundsätzen des Bundesministeriums für Wirtschaft und Finanzen vereinbar (s. Rz 15). Außerdem bezieht die Lohnkostenklausel für den Wartungskostenanteil nicht alle Kostenfaktoren ein (s. Rz 18; es wird von Seiten der AN sogar für legitim gehalten, die Entwicklung neuer Systeme durch Preiserhöhung für die bereits installierten zu finanzieren).

23 Voraussetzungen für die Preiserhöhungen sind:
- das Vorliegen eines Listenpreises. Ob es sich tatsächlich um einen Listenpreis handelt, braucht und soll - nach preisrechtlichen Grundsätzen - bei Vertragsschluß nicht geprüft werden. Erheblich wird die Frage, ob ein Listenpreis zur Zeit des Vertragsschlusses vorlag, erst zum Zeitpunkt der Preiserhöhung, ob nämlich eine Marktpreisvereinbarung getroffen worden ist. Für die Nachprüfung ist allein die Preisbehörde zuständig (vgl. Ebisch-Gottschalk § 10 (4); s. GZ 2 Rz 18).
- Der AN kann zum Zeitpunkt des Wirksamwerdens der Erhöhung nachweisen, daß der neue Preis von anderen AG allgemein und stetig gefordert und erzielt wird. Der AN muß zwar erst nach der Ankündigung, aber vor dem Inkrafttreten entsprechende Verträge mit Dritten geschlossen und/oder die Preiserhöhung auch bei anderen bereits installierten Geräten durchgesetzt haben (d.h., daß "alte" AG überwiegend nicht von ihrem Kündigungsrecht Gebrauch gemacht haben). Es handelt sich hier nicht wie sonst bei Listenpreisklauseln um eine - genehmigungsfreie - Spannungsklausel (der Mietzins für installierte Geräte soll in einem festen, hier sogar gleichen Verhältnis zu einem anderen Preis, nämlich dem für neu vermietete Geräte stehen). Denn der AG ist zur Kündigung berechtigt, wenn er die Erhöhung nicht hinnehmen will. Damit handelt es sich um einen - genehmigungsfreien - Leistungsvorbehalt.
- Die Preisliste muß der Koordinierungs- und Beratungsstelle der Bundesregierung für die EDV vorliegen. Nach dem Wortlaut reicht es aus, wenn die alte Preisliste unmittelbar vor dem Inkrafttreten der Erhöhung vorliegt. Nach den Absichten der öffentlichen Hand soll allerdings damit erreicht werden, daß die AN stets neue Preislisten sofort der KBSt vorlegen, so daß diese andere öffentliche AG bei der Frage, ob angebotene Preise

Listenpreise sind oder nicht, beraten kann. Wie bereits dargelegt, braucht dies zum Zeitpunkt des Vertragsschlusses nicht überprüft zu werden. Den AG interessiert eher, ob die geforderten Preise gemäß § 4 VO PR Nr. 30/53 *üblich* und damit Marktpreise sind. Dies läßt sich anhand von Preislisten nicht mit hinreichender Sicherheit sagen.

- Die Erhöhung muß mindestens 3 Monate vorher angekündigt werden; d.h. sie tritt erst frühestens 3 Monate nach Ankündigung in Kraft (§ 5 Nr. 10 II b) II. 2 W stellt klar, daß es sich um eine Anlaufhemmung handelt, s. dort Rz 23). Sie kann zu jedem Monatsersten angekündigt werden.

24 Letzte Voraussetzung ist, daß zwischen Angebotsabgabe (s. zum Begriff Rz 21) und Mietpreiserhöhung mindestens 10 Monate liegen. Auf die Frist bis zur Installation (Lieferfrist) kommt es nicht an.
Die Formel ist aus Lieferungsverträgen übernommen worden, wo die Gegenleistung in einer einmaligen Zahlung liegt. Die Klausel soll darauf hinwirken, daß AN nicht mit "alten" Preisen Wettbewerb treiben, wenn sie schon eine Erhöhung planen, sondern daß sie auf geplante Erhöhungen hinweisen. Bei Dauerschuldverhältnissen paßt die Formel weniger: Eine Preiserhöhung, die bereits nach 9 Monaten erfolgt, könnte der AN erst einmal gar nicht geltend machen, sondern erst zusammen mit der nächsten Erhöhung (s. Rz 25). Nimmt der AN die Listenpreiserhöhung hingegen erst elf Monate nach Angebotsabgabe vor, so kann er den höheren Mietzins sofort verlangen.
Die Klausel kann nicht unter Berufung auf den Wortlaut dahingehend verstanden werden, daß es nicht auf die Listenpreiserhöhung ankommt, sondern darauf, wann der AN die "Mietpreiserhöhung" beim AG geltend macht. Denn dann könnte der AN jede Listenpreiserhöhung dadurch durchsetzen, daß er sie erst zehn Monate nach Angebotsabgabe geltend macht. Unter Mietpreiserhöhung würde dann nicht die Listenpreiserhöhung, sondern die konkrete Erhöhung bei einem bestimmten AG verstanden. Der Wortlaut soll dies stützen, weil nicht von Listenpreiserhöhung gesprochen wird. Das Wort "Mietpreiserhöhung" bezieht sich aber eindeutig auf die vorhergehenden Worte "die erhöhte Miete als Listenpreis." Es wäre dann sinnlos, vom AN den Nachweis der Fristeinhaltung zu verlangen (der AN soll nicht nachweisen, daß er erst 10 Monate später von diesem AG mehr verlangt). Schließlich liegt nicht mehr ein Listenpreis vor, wenn der AN den Preis gegenüber verschiedenen AG jeweils so erhöht, daß er die Zehnmonatsfrist einhält.

Unabhängig davon fragt sich, ob die Klausel nicht nach Treu und Glauben im Sinne der *Anlaufhemmung* verstanden werden muß. Das BMI hat eine inoffizielle Neufassung, Stand 2.1.1974, herausgegeben, die eine Anlaufhemmung beinhaltet: " b) Handelt .... fordert und erzielt.

Eine Erhöhung der Grund- bzw. Pauschalmonatsmiete tritt frühestens 12 Monate nach Angebotsabgabe in Kraft. Weitere Erhöhungen können nur gefordert werden, wenn die vorherigen Preise jeweils mindestens 12 Monate beibehalten worden sind." Es wird jetzt auf höchstens eine jährliche Erhöhung abgestellt.

25 Weitere Erhöhungen sind gemäß Abs. 4 jeweils nach Ablauf von zehn Monaten zulässig. Ist eine erste Erhöhung wegen der Zehnmonatsfrist nicht wirksam geworden, so wird sie bei der zweiten Erhöhung nachgeholt; denn es ist dann der neue Listenpreis zu zahlen.

26 Nach Abs. 5 kann der AG seinerseits die Geräte in bestimmtem Umfang kündigen (Waffengleichheit). Bei langfristigen Mietverträgen wird z.T. einerseits der Erhöhungsspielraum eingeschränkt, andererseits das Kündigungsrecht ausgeschlossen (s. Rz 4 zu § 3).

27 Zu Preissenkungen gem. Abs. 6 s. Rz 16.

4. Klausel bei Nebenleistungen (Nr. 5 II c)

28 Voraussetzung für die Erhöhung der Vergütung von Nebenleistungen ist,
- daß der neue Preis ein Marktpreis ist;
- daß die Frist zwischen Angebotsabgabe und Preiserhöhung zehn Monate beträgt. Da es sich um einmalige Leistungen handelt, entstehen keine Auslegungsschwierigkeiten wie bei der Listenpreisklausel (s. Rz 24);
- daß die Erhöhung wenigstens drei Monate vorher schriftlich angekündigt worden ist (Abs. 3).

Die Ankündigungspflicht ist idR unbillig. Nebenleistungen werden nur selten erbracht. Der AN hat einen erheblichen Verwaltungsaufwand, die Preiserhöhungen jeweils mitzuteilen. Der Nutzen für den AG liegt nur in der genaueren Information über kaum wichtige Preise. Einsparungen ergeben sich für ihn bei rechtzeitiger Ankündigung nicht. Bei § 3 Nr. 3 c) K ist deswegen auf die Ankündigungspflicht verzichtet worden.
Es ist als zulässig anzusehen, sie abzubedingen.
Der AN kann dan seine "jeweils üblichen/gültigen" Preise für Nebenleistungen verlangen, wenn er die Preise nicht schon in der LB angibt; ein Vorbehalt ist dann nicht erforderlich. So können z.B. die Stundensätze für Instandsetzungsarbeiten, die gemäß § 18 vom AG zu tragen sind, bereits in MS 11 (Nr. 8. 2, Sp. 3) festgelegt und dem Preisvorbehalt unterworfen werden. Der AN kann seine Sätze aber auch im Bedarfsfall mitteilen.
Soweit die BVB nur Abschlußpflichten des AN für künftige Leistungen enthalten, sind z.T. gar keine Angaben in der LB vorgesehen, z.B. für die Leistungen nach § 17 Nr. 5 II.

29 Die Klammer, in der am Anfang von Nr. 5 I Nebenleistungen

aufgezählt sind, ist nicht vollständig. Soweit von der "Vergütung für nicht durch den Mietzins abgegoltene Wartungsleistungen" gesprochen wird, ist nur § 18 Nr. 2 II gemeint, nicht aber § 18 Nr. 1 und Nr. 2 I. Dort geht es um prozentuale Zuschläge zum Mietzins; die absolute Höhe dieser Zuschläge ändert sich (proportional) mit dem Mietzins und bedarf keines Preisvorbehalts.

IV. Mehrwertsteuer

30 Die Mehrwertsteuer ist zivilrechtlich gesehen Preisbestandteil. Der AG schuldet "den (Brutto)Preis, der nur für Zwecke der Umsatzsteuer in Entgelt i.S. d. § 10 UStG und Steuer zerlegt wird. Wie der BGH mehrfach festgestellt hat, hat sich durch die Einführung der neuen Umsatzsteuer (Mehrwertsteuer) der zivilrechtliche Begriff des Entgelts, der die Umsatzsteuer einschließt, nicht geändert" (Peusquens, Der Irrtum über den Steuersatz als Irrtum über die Kalkulationsgrundlage, NJW 1974, 1644, 1645; s. auch Schaumburg, Umsatzsteuer und Zivilrecht, NJW 1974, 1734 ff). Die BVB verstehen die Vergütung einschl. der Mehrwertsteuer.
Auch nach der VO über Preisangaben in der Fassung vom 10.5.1973 (BGBl I 461) ist gegenüber Endverbrauchern - in welcher Form der Staat überwiegend auftritt - der Preis *einschl.* MWST anzugeben.
Die Grundsätze des Bundesministers für Wirtschaft und Finanzen gehen von dem zivilrechtlichen Entgeltbegriff aus (s. Rz 15). Will der AN die jeweils gültige Mehrwertsteuer - die er seinerseits ans Finanzamt abzuführen hat - in Rechnung stellen können, so muß ein Preisvorbehalt für die Mehrwertsteuer vereinbart werden. Als Muster kann die Klausel in § 5 Nr. 12 W genommen werden (s. MS 13 Rz 5).

§ 5. Zahlungen

1. Der Vermieter wird
a) die Grund- bzw. Pauschalmonatsmiete vierteljährlich zum Ersten des zweiten Vierteljahresmonats,
b) die über die Grund- bzw. Pauschalmonatsmieten hinausgehenden Zuschläge für Mehrstunden vierteljährlich nachträglich,
c) die Vergütung für sonstige Leistungen nach Leistungserbringung
in Rechnung stellen.

2. Der Mieter wird alle Rechnungen unverzüglich nach Eingang prüfen, feststellen und den Betrag zahlen.

1 Rechtliche Einordnung: § 5 weicht von dem Grundsatz des § 17 Nr. 1 VOL/B, wonach Zahlungen erst nach Leistungserbringung erfolgen, für das Dauerschuldverhältnis Miete notgedrungen ab. S. ergänzend Rz 1 ff zu § 17 VOL/B.

2 Die vierteljährliche Zahlung der Grund- bzw. Pauschlmonatsmiete nach Nr. 1 dient der Rationalisierung. Damit vierteljährliche Zahlungen gegenüber monatlichen, wie sie die Herstellerbedingungen vorsehen, zinsneutral sind, ist der Zahlungstermin auf den 1. Tag des zweiten Vierteljahresmonats gelegt. (Der AN kann die Rechnung schon vorher einreichen). Rechnet man die Zeit für die Bearbeitung und Überweisung hinzu, werden Zahlungen kurz vor der Mitte des Vierteljahres eingehen. Zuschläge werden andererseits erst am Ende des Vierteljahres gezahlt. Die Regelung ist damit insgesamt zinsneutral.
Falls pauschale Zuschläge vereinbart sind, können diese zusammen mit dem Mietzins gezahlt werden.

3 Prüfung und Feststellung der Rechnung sind verwaltungsinterne Vorgänge. Nach Nr. 2 sind Rechnungen unverzüglich nach Eingang, also auch bereits vor dem Tag, zu dem die Rechnung zu stellen ist, so weit wie möglich zu prüfen. Die Zahlungen werden erst nach Ablauf der für diese Tätigkeiten erforderlichen Zeit fällig, vgl. § 17 Nr. 1 VOL/B. Dieser Termin läßt sich kaum objektiv bestimmen (s. Daub B § 17 Ez 3). Bei Schwierigkeiten ist der AG verpflichtet, die Rechnung soweit wie möglich festzustellen und den entsprechenden Teil zu zahlen.
Eine Regelung wie in § 17 Nr. 1 VOL/B, wonach die Zahlung möglichst binnen vier Wochen auszuführen ist, ist nicht aufgenommen worden.
Ein Hinweis wie in § 5 Nr. 1 I. 2 K, daß die Funktionsprüfung erst durchgeführt sein muß, ist hier entbehrlich, da die Mietzahlungspflicht nach § 8 Nr. 6 erst nach der Abnahme entsteht (dann aber für eine bestimmte Zeit, idR 30 Tage, rückwirkend). Wann die Miete für das erste (angebrochene) Vierteljahr in Rechnung zu stellen ist, ist nicht bestimmt. Dies kann sobald wie möglich geschehen, da es zu früh, nämlich vor dem in Nr. 1 a) vorgesehenen Termin (dem 1. Tag des 2. Monats) nicht erfolgen kann.

4 Die Zahlungen sind Schickschulden (§ 270 BGB), die nach § 17 Nr. 1 Satz 3 VOL/B bargeldlos durchzuführen sind. Erfüllungsort ist der Sitz des AG; § 24 Nr. 1 dürfte sich nur auf die Leistung des AN beziehen. Bei verspäteter Zahlung hat der AN keinen Anspruch auf Schadensersatz (Zinsen), sondern hat nur die Rechte nach § 10 Nr. 1 VOL/B, die ihm wenig nutzen (s. Rz 3 zu § 10 VOL/B: Fristsetzung mit Rücktrittsdrohung).

§ 6. Anlieferung, Aufstellung und Betriebsbereitschaft

1. Ort und Zeitpunkt der Anlieferung sowie der Zeitpunkt der Betriebsbereitschaft (Nummer 4) sind im Mietschein anzugeben. Können infolge langer Lieferfristen bei Vertragsabschluß verbindliche Termine nicht angegeben werden, so ist zunächst ein frühester und spätester Anlieferungstermin zu vereinbaren; das gleiche gilt für den Zeitpunkt der Betriebsbereitschaft. Spätestens acht Monate vor dem vereinbarten frühesten Termin sind der Anlieferungstermin sowie der Zeitpunkt der Betriebsbereitschaft endgültig zu vereinbaren.

2. Rechtzeitig, spätestens bei Vertragsabschluß, gibt der Vermieter dem Mieter die Installations- und Aufstellungsvoraussetzungen schriftlich verbindlich bekannt. Auf Verlangen berät er den Mieter ohne besondere Berechnung bei der Durchführung der notwendigen Maßnahmen in angemessenem und für ihn zumutbarem Umfang.

3. Der Mieter verpflichtet sich, bis zum Anlieferungstermin die Installations- und Aufstellungsvoraussetzungen gemäß Nummer 2 zu schaffen. Auf Verlangen teilt er dem Vermieter rechtzeitig vor Ablauf des Anlieferungstermins mit, daß die Installations- und Aufstellungsvoraussetzungen erfüllt sind.

4. Der Vermieter übernimmt die Anlieferung der Anlage oder Geräte bis in die Aufstellungsräume des Mieters, versetzt sie in betriebsbereiten Zustand und teilt die Betriebsbereitschaft dem Mieter schriftlich mit.
Soweit die Kosten für den Transport der Anlage oder Geräte vom Hof des Mieters bis in die Aufstellungsräume nicht durch den Mietzins abgegolten werden, sind diese im Mietschein anzugeben. Ist dies in Ausnahmefällen nicht möglich, werden diese Kosten zusammen mit der ersten Mietzahlung gegen Nachweis erstattet.
Auf Verlangen hat der Vermieter dem Mieter die Unterlagen über die durchgeführte erfolgreiche Prüfung der Anlage oder Geräte in einer für Mieter nachprüfbaren Form zur Verfügung zu stellen.

5. Auf Verlangen stellt der Mieter dem Vermieter den notwendigen Raum zum Aufbewahren von Geräten, Werkzeugen, Ersatzteilen usw. sowie ggf. für Wartungspersonal zur Verfügung.

I. Ort

1 Wie MS 4 (Nr. 3. 2 und 3) vorsieht, soll nicht nur die Anschrift des Aufstellungsortes angegeben werden, sondern auch die Lage der Aufstellungsräume (z.B. Stockwerk). Dies ist in erster Linie wegen der Verteilung der Kosten des Haustransports nach § 6 Nr. 4 II erforderlich, aber auch deswegen, weil sich die Beratung über die Installations- und Aufstellungsvoraussetzungen nach § 6 Nr. 2 auf einen bestimmten Raum bezieht.
Der Aufstellungsort ist Erfüllungsort nach § 24 I.

II. Liefertermin (Nr. 1)

1. Fester Liefertermin von vornherein (Nr. 1, 1)

2 Nach Nr. 1, 1 ist stets ein verbindlicher Termin für die Anlieferung sowie für die Erklärung der Betriebsbereitschaft gemäß Nr. 4 zu vereinbaren. Nach Nr. 1, 2 kann bei langen Lieferzeiten zuerst eine verbindliche Spanne für die Lieferung vereinbart werden, innerhalb derer die endgültigen Termine frühzeitig festgelegt werden.
Es würde häufig ausreichen, die Termine anfangs nur einvernehmlich einzuplanen und rechtzeitig vor der geplanten Lieferung festzulegen. Nur bei besonderem Interesse einer Seite ist es erforderlich, von vornherein einen festen Liefertermin bzw. eine feste Lieferspanne vorzusehen. Die BVB nehmen dies dennoch als Regelfall, damit der einzelne AG nicht dem AN die Vereinbarung eines verbindlichen Termins abhandeln muß (s. auch Einleitung Rz 2). In der Praxis kann dies durchaus dazu führen, daß der AN weniger gewillt ist, auf den Wunsch des AG zu reagieren, den Liefertermin wegen dessen geänderter Planungen zu verschieben, zumal dem AN selber stets die Sanktionen nach § 7 wegen Lieferverzugs drohen.
Außerdem kann dies dazu führen, daß der AN lange Lieferzeiten vorsieht, um das Risiko, in Verzug zu kommen, gering zu halten.
Angesichts der großen Strenge der Regelung sind Abweichungen als zulässig anzusehen. Auch bei kurzen Lieferzeiten kann eine Spanne vereinbart werden, wobei der endgültige Liefertermin nicht schon 8 Monate vor dem frühesten Liefertermin festgelegt werden kann und muß (Beispiele MS 4 Rz 3).

3 Die Termine für Anlieferung und Betriebsbereitschaft werden in MS 4 (Nr. 3. 1, Spalte 3 und 4) angegeben. Ein fester Termin wird entweder kalendermäßig oder relativ zu einem bestimmten Ereignis bestimmt, z.B. in der Form: "X Wochen nach Eingang der Bestellung". Im letzten Falle muß der AG den AN im Falle der verspäteten Lieferung mahnen, um diesen in Verzug zu setzen (§ 284 I. 1 BGB). Da der AN die Anlieferung, erst recht aber das Herstellen der Betriebsbereitschaft bei Vertragsschluß kaum für einen bestimmten Tag zusagen kann, kann auch von vornherein ein enger Zeitraum vereinbart werden, z.B. "Anlie-

ferung und Betriebsbereitschaft: letzte Woche des Monats ....". (Beispiele MS 4 Rz 1).

4 Der AN ist nach § 271 BGB im Zweifel berechtigt, die Leistung vorher zu bewirken. Nr. 1 schließt diese Vermutung nicht aus. Der verbindliche Termin ist ein für den AN spätester Termin (s. Rz 2 zu § 3). Die Regelung in § 8 Nr. 1 I. 3 über den Beginn der Funktionsprüfung bestätigt diese Auslegung. Diese stellt auf den Tag nach *Erklärung* der Betriebsbereitschaft ab, nicht auf den *vereinbarten Termin* der Betriebsbereitschaft. Andernfalls hätte § 8 so gefaßt werden müssen, daß die Funktionsprüfung nicht vor dem vereinbarten Termin der Betriebsbereitschaft beginnt (s. dort Rz 6). Letztlich kommt es auf den Einzelfall an. Der AG kann einen Vorschlag des AN nur insoweit ablehnen, wie ihm der angebotene Termin unzumutbar ist, z.B. weil er bei Umstellungen die laufende Produktion nicht am Monatsende unterbrechen will. Der Liefertermin muß auch so rechtzeitig mitgeteilt werden, daß der AG die Funktionsprüfung vorbereiten kann. Soweit die Installations- und Aufstellungsvoraussetzungen erst geschaffen werden müssen, kommt es auf die Terminangabe für deren Fertigstellung in MS 5 an (s. MS 5 Rz 6). Im übrigen gelten dieselben Erwägungen wie in dem Fall, daß erst eine Lieferspanne vereinbart worden ist und nun der endgültige Liefertermin festgelegt werden soll (s. Rz 5).

2. Zeitspanne (Nr. 1 Satz 2 und 3)

5 Damit auch bei langen Lieferfristen feste Termine vereinbart werden können, ist vorgesehen, bei Bedarf zunächst früheste und späteste Termine für Anlieferung und Betriebsbereitschaft zu vereinbaren; damit ist eine verbindliche Spanne abgesteckt. Spätestens 8 Monate vor dem Beginn dieser Spanne sind die endgültigen Termine zu vereinbaren.
Abweichungen sind als zulässig anzusehen, z.B.
- daß die endgültige Festlegung erst später, also nicht schon 8 Monate vor dem frühesten Liefertermin erfolgt.
- daß nicht ein Termin, sondern ein kurzer Zeitraum festgelegt wird (s. Rz 3).

Bei der endgültigen Festlegung sind in erster Linie die Interessen des AN zu berücksichtigen. Denn die Interessen des AG sind schon bei Vertragsschluß durch die Festlegung des frühesten Liefertermins berücksichtigt worden. Innerhalb der Spanne kann der AG Termine nur wegen Unzumutbarkeit ablehnen (s. Rz 4).

Der AG muß vor der Lieferung Baumaßnahmen durchführen. Er darf dann in eigenem Interesse kein Datum als frühesten Liefertermin vereinbaren, das vor dem Abschluß der Baumaßnahmen liegt.

§ 299 BGB kann hingegen nicht entsprechend angewendet werden: "Ist die Leistungszeit nicht bestimmt ..., so kommt der Gläubiger nicht dadurch in Verzug, daß er vorübergehend an der Annahme der angebotenen Leistung verhindert ist, es sei denn, daß der Schuldner ihm die Leistung eine angemessene Zeit vorher angekündigt hat." Denn es geht hier nicht um das Recht des Schuldners, vor einer bestimmten Zeit zu *leisten*, sondern um den Anspruch des Schuldners, daß primär seine Interessen bei der *Vereinbarung des endgültigen Liefertermins* berücksichtigt werden.

6 Berücksichtigung der Interessen des AG: Der AG kann umfangreiche vorbereitende Maßnahmen zu treffen haben, deren Terminierung von dem Liefertermin abhängt (z.B. Personalausbildung, Umstellung von Programmen, Baumaßnahmen, Schaffung der Installations- und Aufstellungsvoraussetzungen, Koordination mit anderen Lieferungen bei mixed hardware). Diese Interessen sind dann bei der endgültigen Festlegung zu berücksichtigen, wenn sie im Vertrag auch Ausdruck gefunden haben. Dies kann in MS 5 (Nr. 4. 2) erfolgen, wo für die Fertigstellung der Installations- und Aufstellungsvoraussetzungen ein Termin angegeben werden soll (s. MS 5 Rz 5). Die Vereinbarung einer Zeitspanne ist zwar für diesen Zweck nicht vorgesehen, ist aber eine legitime Anwendung dieser Regelung. Um Beweisschwierigkeiten zu entgehen, sollte dies entsprechend klargestellt werden.

> Der AG will die Anlage im Neubau eines Bürogebäudes unterbringen, dessen Fertigstellung noch offen ist. Er kann Ende 1976 für die 2. Hälfte 1978 mit der Vereinbarung bestellen: "Der endgültige Liefertermin bestimmt sich frühestmöglich nach der Fertigstellung des Bürogebäudes."

7 Nachträgliche Festlegung: Wurde die Festlegung der endgültigen Termine übersehen oder wurde vorläufig darauf verzichtet, so kann jede Seite verlangen, daß die Festlegung nachgeholt wird. Für die nachträgliche Festlegung gelten dieselben Grundsätze wie für die rechtzeitige Vereinbarung. Die Verpflichtung zur gemeinsamen Festlegung der endgültigen Termine wird nicht aufgehoben.

3. Liefertermin für die Software

8 Der Text spricht zwar nur von der Lieferung der Hardware, meint aber auch für die Lieferung der Software.
Für die *Grundsoftware* sind in MS 4 (Nr. 3. 1, Sp. 2 bis 4) parallel zur Hardware Termine für die Anlieferung und für die betriebsbereite Überlassung vorgesehen. Für die *sonstige Software* spricht MS 15 (Nr. 14, Sp. 8) nur vom "Liefertermin". Dies ist diejenige Software, "zu deren Lieferung spätestens zusammen mit der Anlage oder den Geräten der Auftragnehmer sich verpflichtet hat" (§ 7 Nr. 2). Unter Liefertermin ist der Zeitpunkt der Betriebsbereitschaft zu verstehen, wie er für die Hardware und die

Grundsoftware gilt. Der Zeitpunkt für die *Anlieferung* der Software ist für den AG bedeutungslos (s. MS 15 Rz 8).

III. Installations- und Aufstellungsvoraussetzungen

1. Gegenstand und Beratung (Nr. 2)

9 Gegenstand: Bei den Installations- und Aufstellungsvoraussetzungen geht es um die Voraussetzungen für den Betrieb überhaupt und um die Bedingungen für den sicheren und schonenden Einsatz der Hardware. Diese Voraussetzungen und Betriebsbedingungen beziehen sich auf die räumliche Ausstattung, die Stromversorgung, die Klimatisierung (s. MS 5, Nr. 4. 1) sowie den Feuerschutz (s. Rohrer, Planung, Bau und Einrichtung von Rechenzentren, ÖVD 1974, 521 ff).

> Zu hohe Temperaturen zerstören integrierte Schaltkreise, beeinträchtigen die Justierung von Leseköpfen bei Platten u.a.m. Eine nicht stabile Stromversorgung führt u.a. zu intermittierenden Fehlern. Zu hohe Luftfeuchtigkeit verändert die Isolierwerte und kann bei Bauelementen, die nahe ihrer Toleranzgrenze liegen, zu intermittierenden Fehlern führen, beeinträchtigt aber auch Datenträger aus Papier, die aufquellen (die sich bei zu niedriger Feuchtigkeit hingegen elektrostatisch aufladen). Staub verschlechtert die Lesefähigkeit bei elektromagnetischen peripheren Speichergeräten und kann die Schreib/Leseköpfe beschädigen.

Zu den Faktoren, die in erster Linie der Schaffung angenehmer Arbeitsplätze dienen (z.B. Licht und Lärm) s. Schramm, Einrichtung und Organisation fürs Rechenzentrum: Wie plant man ein Rechenzentrum? Online 1976, 37 ff.
Zu den technischen Merkblättern des BMI s. MS 5 Rz 3e.

10 Es ist überflüssig, eine Verpflichtung des AN dahingehend vorzusehen, daß er "die Voraussetzungen rechtzeitig, spätestens bei Vertragsschluß, bekanntzugeben" hat: *Vor* Vertragsschluß besteht keine Verpflichtung zur Bekanntgabe; gibt der AN hingegen die Angaben *bei* Vertragsschluß bekannt, so werden sie Vertragsbestandteil. Der Wortlaut ist daraus zu erklären, daß die Bekanntgabe ursprünglich "rechtzeitig, spätestens bei der Vereinbarung des *Liefertermins*" erfolgen sollte. Bei den Beratungen der BVB wurde später auf den Zeitpunkt des Vertragsschlusses abgestellt, womit die Verpflichtung überflüssig wird.
Der AN hat ein Interesse, diese Voraussetzungen nach Vertragsschluß zu ändern, wenn er an den Geräten technische Änderungen vornehmen will, die andere Voraussetzungen verlangen. Der AN ist entgegen § 3 Nr. 3 VOL/B (s. dort Rz 6) berechtigt, die Installations- und Aufstellungsvoraussetzungen im Rahmen des Zumutbaren abzuändern; soweit dem AG dadurch Mehrkosten entstehen, muß er diese übernehmen. Dies ist insb. aus § 17 Nr. 1 abzuleiten, wonach der AG Änderungen auch noch an der *installierten*

Anlage hinnehmen muß, wenn ihm dadurch keine unzumutbaren Nachteile entstehen (s. dort Rz 3).

11 Umfang der Beratungspflicht: Nr. 2, 2 verpflichtet den AN zur Beratung, wie sie der Praxis entspricht, nämlich ohne besondere Berechnung in angemessenem und für ihn zumutbarem Umfang. Entsprechend § 13 Nr. 2, 2 haftet der AN nicht für ein bestimmtes Ergebnis. Mißverständlich sprechen Braun-Schwab (§ 1 Anm. 7) nicht nur von Beratung, sondern von "Leistungen des Herstellers im Zusammenhang mit der Aufstellung der Anlage z.B. Schaffung von Voraussetzungen in den Betriebsräumen (Klimatisierung der Betriebsräume)". Die Beratung liegt nicht nur *bei* der Durchführung, sondern auch *vor* ihr (worauf aber im Vertrag nicht mehr eingegangen zu werden braucht). Die Beratung kann sich auf alle Installations- und Aufstellungsvoraussetzungen beziehen (s. Rz 9). Die Beratung umfaßt auch die Erarbeitung eines Aufstellungsplans für das Operating, für die Wartung (die Geräte müssen u.U. mehr Zugang haben, als es der Betrieb erfordert, z.B. für das Öffnen der Rückwände), für die Verkabelung sowie für die Planung von Hilfseinrichtungen (Abstelltische, Datenträgerarchive).
Vorgeschaltet ist die Erarbeitung eines Installationsplanes (Konfigurationsplans), die idR schon vor Vertragsschluß erfolgt. Insoweit geht es um die Definition des Systems (s. Rz 4 zu § 2).
Zur Beratung s. auch Rz 5 zu § 13 Nr. 2 und Rz 3 zu § 20, 2.

12 Je mehr es um die optimale Nutzung des Systems geht, desto stärker ist der AN zur Beratung wegen eigener Sachkunde verpflichtet. Soweit es um Installations- und Aufstellungsvoraussetzungen geht, die der AG zu schaffen hat, reicht die Beratungspflicht weniger weit. Ist z.B. die Tragfähigkeit des Bodens beschränkt, so hat der AN den AG dahingehend zu beraten, wie die Geräte in einer Weise angeordnet werden können, daß keine oder möglichst wenige Verstärkungsmaßnahmen erforderlich sind. Der AN ist aber nicht verpflichtet, über die Art der Bodenverstärkung zu beraten. Der AN muß aus den Daten des AG über die Aufstellungsräume Richtwerte für die Abdeckung der Anforderungen errechnen und Unternehmer für die erforderlichen Leistungen benennen. (Diese Werte müssen aber von diesen Unternehmern bestätigt werden). Der AN braucht den AG nicht über Faktoren, die der Schaffung angenehmer Arbeitsplätze dienen, zu beraten.
Über Nr. 2. 2 hinaus ist der AN zur Beratung nach § 3 Nr. 1 VOL/B gegen Vergütung im Rahmen seiner Leistungsfähigkeit verpflichtet.

2. Systemtechnische Voraussetzungen

13 Es wird nicht darauf eingegangen, daß der AG auch verpflichtet sein kann, bestimmte systemtechnische Voraussetzungen zu schaffen. Dies gilt vor allem für die In-

stallation von mixed hardware, u.U. auch bei Lieferungen desselben AN, der die vorhandenen Geräte geliefert hat. Zur Überlassung des vorhandenen Systems für die Installation der weiteren Geräte s. Rz 16. Wird definiert, in welcher Form die verschiedenen Geräte bei mixed hardware zusammenwirken sollen, dann sind damit auch die Voraussetzungen im wesentlichen bestimmt, die der AG zu schaffen hat. In dem Falle, daß mixed hardware nach § 17 Nr. 3 vereinbart wird, werden die Voraussetzungen in jenem Zusammenhang in der LB angegeben (s. dort Rz 29). Sollen Geräte nur tatsächlich zusammenwirken, können die Voraussetzungen unter "Änderungen und Ergänzungen" festgehalten werden. In der Praxis geschieht dies häufig in MS 5. Beispiele MS 5 Rz 2.

3. Termin für die Schaffung der Voraussetzungen (Nr. 3)

14 Der AG ist verpflichtet, die Installations- und Aufstellungsvoraussetzungen rechtzeitig zu schaffen. Nach MS 5 (Nr. 4. 2) kann dafür ein spätester Termin vorgesehen werden. Andernfalls müssen die Voraussetzungen bis zu dem Zeitpunkt, an dem der AN frühestens liefern darf, vorhanden sein. Der AN kann nach Nr. 3, 2 verlangen, daß der AG ihm die Fertigstellung rechtzeitig mitteilt; er kann nach Treu und Glauben weiterhin verlangen, daß er auch vorher Zugang zu dem Aufstellungsraum hat, um das Vorhandensein der Voraussetzungen überprüfen und die Anlieferung vorbereiten zu können.
Die Rechtsfolgen für Verzögerungen sind in § 7 Nr. 6 geregelt (s. dort Rz 23 ff).

V. Anlieferung und Herstellen der Betriebsbereitschaft (Nr. 4 und 5)

1. Durchführung

15 Die Verpflichtung des AN, die Geräte bis in die Aufstellungsräume zu liefern, beinhaltet, daß der Haustransport auf sein Risiko geht. Es gibt keine Risikosphäre des AG. Bedient sich der AN eines Spediteurs, so ist dieser Erfüllungsgehilfe des AN. Das Recht und idR auch die Pflicht, die Verpackung zurückzunehmen, ergibt sich daraus, daß der AN die Anlage betriebsbereit, d.h. ohne Verpackung, zu liefern hat (s. Rz 7 zu § 3 VOL/B).

16 Pflichten des AG bei Erweiterungen: Bei Erweiterungen eines Systems braucht der AN dieses für die Installation der zusätzlichen Geräte, um den physischen Anschluß durchzuführen und das Zusammenwirken zu testen. Es sollte geklärt werden, in welchem Umfang der AG das System zu überlassen hat, damit der laufende Betrieb möglichst wenig gestört wird (s. MS 5 zu Rz 2). Reicht die vereinbarte Zeit nicht aus, so kann der AG den AN auf Abendstunden usw. verweisen. Zur Erstattung der Kosten für zusätzliche Maschinenzeiten bei Verschulden des AN s.

Rz 9 zu § 7.
Ist keine Vereinbarung getroffen, so hat der AN Anspruch auf Überlassung in angemessenem Umfang und während seiner normalen Geschäftszeiten.
Entsteht dem AN zusätzlicher Aufwand, weil die zur Verfügung gestellte Anlage Fehler hat, so hat der AG diesen Aufwand wegen positiver Vertragsverletzung zu ersetzen. Es handelt sich nicht um Verzug des AG nach § 7 Nr. 6. Zur Pflicht, den AG zu benachrichtigen, zur Form der Benachrichtigung und zur Verschiebung des Übergabetermins s. Rz 3 zu § 7 VOL/B.

17 Der AN hat auch die Betriebsbereitschaft der Software herzustellen, wenn er ein betriebsbereites System zu übergeben hat. Dazu gehört die Erstellung einer Sicherungskopie aller Software in Quellenform und als ablauffähiges Programm. Das kann auf Datenträgern, die der AG zur Verfügung stellt, oder auf dem Datenträger für die Anlieferung erfolgen. Der Einführung (Generierung) der Grundsoftware gehen idR Gespräche über
- die zur Verfügung stehende Hardware,
- die Auswahl der vom Auftraggeber gewünschten Funktionen des Gesamtpakets Grundsoftware und
- die Auswahl der Diagnostikprogramme zur Wartung des Systems

voraus. Die Einführung der Grundsoftware selber umfaßt idR drei Schritte:
- Eingabe aller erforderlichen Daten über die Hardware, so daß alle peripheren Geräte unterstützt werden,
- Aufbauen der Systemdateien,
- Abstimmen der Grundsoftware auf die Benutzeranforderungen des AG. Dies hängt im wesentlichen von den Vereinbarungen ab, insbesondere inwieweit der AN Zusagen über die Leistungsfähigkeit des Systems gemacht hat. Andernfalls beinhaltet dies nur, die Routinen und Parameter einzugeben, wie sie der AG vorher mitgeteilt hat, nicht aber, die optimalen Parameter aufgrund des Anwendungsprofils des AG zu bestimmen.

Die Einführung (Installation, Implementierung) der sonstigen Software erfolgt im Zweifel nur bis zur Herbeiführung der Ablauffähigkeit. Soweit zusätzliche Maßnahmen erforderlich sind, um die Programme für die Anforderungen des AG einsatzfähig zu machen (z.B. Routinen-/Parameterauswahl), bedarf es im Zweifel einer solch intensiven Beschäftigung mit den Anforderungen des AG, daß dies nicht mehr als Teil der Herbeiführung der Betriebsbereitschaft angesehen werden kann (s. aber auch GZ 3 Rz 31 ff). Dies sollte in der LB geklärt werden.

18 Nach Nr. 5 hat der AG den notwendigen Raum zum Aufbewahren von Geräten, Werkzeugen, Ersatzteilen usw. sowie ggf. für Wartungspersonal zur Verfügung zu stellen. Die Aufzählung (Ersatzteile, Wartungspersonal) weist darauf hin, daß es sich hier um eine Verpflichtung für die gesamte Vertragsdauer handelt. Die Festlegungen bei Vertragsschluß sind nur für die Installationszeit verbindlich.

Der AN kann später auch anderes verlangen.

2. Erklärung der Betriebsbereitschaft

19 Es ist nicht ausdrücklich geregelt, daß ein Übergabetest zum Nachweis der Betriebsbereitschaft durchzuführen ist. Es dürfte als selbstverständlich angenommen worden sein, daß dies erfolgt, insb. weil die Betriebsbereitschaft z. T. nur auf diese Weise nachgewiesen werden kann. In § 5 Nr. 4 I. 2. 1 HS K ist klargestellt worden, daß der AN die Betriebsbereitschaft der Geräte anhand *seiner* Prüfprogramme nachzuweisen hat. Bei nicht standardmäßigen Lieferungen sollte der AG klarstellen, daß die Prüfprogramme das Funktionieren der besonderen Eigenschaften erfassen.
Die Prüfung der Betriebsbereitschaft von *Geräten* kann in zwei Schritten erfolgen:
- statisch: Das Gerät gehorcht einem Gerätetestprogramm, das dieses Gerät mehr oder weniger unabhängig prüft (ein Bildschirm läßt lokal alle Funktionen als richtig erkennen),
- dynamisch: Das Gerät erfüllt alle Anforderungen auch unter Betriebsbedingungen, d.h. bei Ablauf eines Steuerprogramms unter Kontrolle der Grundsoftware. Dies ist gleichzeitig eine Prüfung der Grundsoftware.

Bei Einsatz von mixed hardware muß der AG die Voraussetzungen für den dynamischen Test schaffen; dies verlangt idR die Unterstützung durch den Hersteller der anderen Geräte, insb. der Zentraleinheit (s. Rz 18 zu § 17).
Die Prüfung der Betriebsbereitschaft der *Programme* erfolgt hinsichtlich der Grundsoftware z.T. über die Prüfung der Geräte; im übrigen hat der AN die Programme mit seinen Testdaten ablaufen zu lassen. Nach Nr. 4 III sind die Unterlagen, die beim Übergabetest entstanden sind, dem AG zu übergeben. Die Unterlagen müssen für den durchschnittlichen AG nachprüfbar sein.

20 Der AN teilt die Betriebsbereitschaft schriftlich mit. Der Nachweis der Betriebsbereitschaft bewirkt den Einschnitt zwischen Verzug und Gewährleistung (s. Rz 4 zu § 8).
Die Demonstration darf grundsätzlich keine Einschränkungen der Betriebsfähigkeit des Systems ergeben haben. Bei unwesentlichen, aber beseitigbaren Fehlern kann der AG die Erklärung der Betriebsbereitschaft nicht zurückweisen. Er sollte seine Rechte wahren, indem er erklärt, daß er die Abnahme (nach der Funktionsprüfung) ablehne, wenn die Fehler nicht beseitigt seien.

3. Kosten (Nr. 4 II)

21 Die Kosten für den Transport bis zum Hof des AG (gleich von wo her) sollen durch den Mietzins abgegolten sein; ihre Erstattung ist nicht vorgesehen. Es ist davon ausgegangen worden, daß die Vergleichbarkeit der Angebote andernfalls beeinträchtigt werden würde. Die Kosten für den

Haustransport können erstattet werden; dies wird damit begründet, daß diese Kosten im Einzelfall sehr unterschiedlich sein können (Rampe zu ebener Erde oder Instalation im 5. Stock mit Kran) und daß es deswegen dem AN nicht zuzumuten sei, daß diese Kosten durch die Mietzahlung abgegolten würden. Die Transportkosten bis zum Hof dürften fast genauso schlecht zu kalkulieren sein; letztlich ist der Grund für die unterschiedliche Behandlung der, daß die Einbeziehung dieser Kosten in den Mietzins bei Großanlagen üblich ist. Bei kleineren Anlagen ist dies weniger der Fall. Es ist als zulässig anzusehen, die Transportkosten gesondert auszuweisen (was die Vergleichbarkeit der Angebote beeinträchtigen kann).

22 Können die Kosten für den Haustransport bei Vertragsschluß nicht verbindlich angegeben werden, werden sie zusammen mit der ersten Mietzahlung gegen Nachweis erstattet. Diese Form der Zahlung verringert zwar die Zahl der Zahlungsvorgänge, kaum aber den Aufwand; insbesondere wenn Spediteure eingeschaltet sind, dürfte die direkte Zahlung der Spediteurkosten einfacher sein.
Der AG kann die Vorlage eines Kostenvoranschlags verlangen; dies kommt insbesondere dann in Betracht, wenn sich der AN eines Spediteurs bedient. Es lohnt sich aber nur bei entsprechender Höhe der Kosten, einen Kostenvoranschlag zu verlangen. Die Anweisung, die Kosten für den Haustransport möglichst verbindlich festzulegen, dient dazu, die Vergleichbarkeit der Angebote zu erhöhen. Da auf die Kostenerstattung nur ausgewichen werden darf, wenn die Kosten nicht verbindlich angegeben werden *können*, so ist es überflüssig, die Kostenerstattung wiederum auf Ausnahmefälle innerhalb der Unmöglichkeit zu beschränken. Mit "Ausnahmefall" dürfte nur "Fall" gemeint sein.

23 Die Kosten für die Installation sollen wie die für den Hoftransport durch den Mietzins abgegolten sein. S. dazu und zu Abweichungen Rz 21. Kosten für die Verlegung von Leitungen für Datenfernübertragung (soweit dies nicht durch die Bundespost erfolgt) werden üblicherweise gegen Aufwandsnachweis erstattet.

§ 7. Verzug

1. Kommt der Vermieter mit der betriebsbereiten Überlassung der Anlage oder Geräte in Verzug, teilt er insbesondere aus von ihm zu vertretenden Gründen die Betriebsbereitschaft nicht zu dem nach § 6 Nr. 1 maßgeblichen Zeitpunkt mit, so stellt er dem Mieter, sofern im Mietschein vereinbart, eine Ausweichanlage zur Verfügung. Einzelheiten, insbesondere der späteste Zeitpunkt für die Bereitstellung der Ausweichanlage, sind im Mietschein festzulegen.
Bei der Bereitstellung einer Ausweichanlage ist für deren Benutzung - nach Abzug der Kosten für die dem Mieter zu-

sätzlich entstehende Nutzungszeit, die der Vorbereitung der programmwirksamen Nutzung der Ausweichanlage dient - der übliche Preis zugrunde zu legen. Die Summe aus der hierfür anfallenden Vergütung und der dem Mieter zusätzlich entstehenden Kosten für das Bedienungspersonal (Reise- und Aufenthaltskosten) sowie für den Transport der erforderlichen Materialien (Datenträgermaterial, Formulare usw.) trägt bis zur Höhe des Mietzinses, der sich bei gleicher Benutzung der Mietanlage ergeben hätte, der Mieter; der darüber hinausgehende Betrag und die Kosten für die Nutzungszeit der Ausweichanlage, die der Vorbereitung der programmwirksamen Nutzung dient, gehen zu Lasten des Vermieters. § 4 Nr. 1 Satz 3 bis 6 sowie § 4 Nr. 3 bleiben unberührt. Kann der vorhandene Rechenbedarf des Mieters nicht auf der Ausweichanlage gedeckt werden, so daß nach Inbetriebnahme der gemieteten Anlage oder Geräte Mehrstunden erforderlich werden, bleibt diese Rechenzeit bei der Berechnung des Zuschlags für Mehrstunden (§ 4 Nr. 1) außer Ansatz.
Stellt der Vermieter die Ausweichanlage nicht zum vereinbarten Zeitpunkt zur Verfügung, so hat er von diesem Zeitpunkt an für jeden Kalendertag 1/30 der im Mietschein festgelegten Grund- bzw. Pauschalmonatsmiete als pauschalierten Schadenersatz zu leisten. Die Verpflichtung zur Leistung des pauschalierten Schadenersatzes endet mit Ablauf des Tages, an dem die Ausweichanlage nachträglich zur Verfügung gestellt oder die Betriebsbereitschaft der Anlage oder Geräte dem Mieter mitgeteilt wird. Kann der Mieter an diesem Tage die Ausweichanlage bzw. die Mietanlage oder die gemieteten Geräte mehr als zwölf Stunden nutzen, endet die Verpflichtung zur Leistung des pauschalierten Schadenersatzes bereits mit Ablauf des Vortages.
Ist eine Ausweichanlage nicht vereinbart und überschreitet der Verzug 30 Kalendertage, so ist für jeden Tag des Verzugs 1/30 der im Mietschein festgelegten Grund- bzw. Pauschalmonatsmiete als pauschalierter Schadenersatz an den Mieter zu zahlen.

2. Verzug bei der Überlassung der Grundsoftware nach § 1 oder der im Mietschein festgelegten übrigen Software, zu deren Überlassung spätestens zusammen mit der Anlage oder den Geräten sich der Vermieter verpflichtet hat, gilt als Verzug bei der Überlassung der Anlage oder Geräte, zu deren Nutzung diese Software bestimmt ist.

3. Gerät der Vermieter mit einem Teil der Leistung in Verzug und ist dem Mieter die Nutzung der gelieferten Geräte zuzumuten, so entfällt nur für die nichtgelieferten Geräte die Mietzahlung.
Falls der Mieter sich darauf beruft, daß ihm die Benutzung der gelieferten Geräte nicht zumutbar ist, hat er die Gründe dem Vermieter mitzuteilen.
Die Schadenersatzleistung richtet sich nach den Vorschriften der Nummer 1 bezogen auf den Mietzins für die nicht gelieferten Geräte.

Wird darüber hinaus durch die Nichtlieferung von Geräten die Nutzung der gelieferten Geräte gemindert, so ist unbeschadet der Regelung nach Absatz 1 der Mietzins für diese Geräte um den Teil herabzusetzen, der der Gebrauchsminderung entspricht. Dasselbe gilt für die Regelung des Schadenersatzes.
Die vorstehenden Bestimmungen gelten entsprechend, wenn der Vermieter mit einem Teil der Software gemäß Nummer 2 in Verzug gerät.

4. Steht fest, daß der Vermieterverzug 100 Kalendertage überschreiten wird, so kann der Mieter fristlos kündigen. Macht der Mieter nicht innerhalb der Frist von 100 Kalendertagen von seinem Kündigungsrecht Gebrauch, kann er erst dann kündigen, wenn feststeht, daß der Vermieter auch während einer weiteren vom Mieter gesetzten Nachfrist seine Leistungen nicht erbringt.

5. Die Zahlungsverpflichtung des Vermieters nach den Nummern 1, 2 und 3 ist auf 100 Verzugstage beschränkt; im Falle der Nummer 4 zahlt der Vermieter unabhängig vom Zeitpunkt der Kündigung Schadenersatz für 100 Verzugstage.

6. Werden vom Mieter die technischen Installations- und Aufstellungsvoraussetzungen aus von ihm zu vertretenden Gründen nicht termingerecht erfüllt, so kann der Vermieter für jeden Kalendertag, um den sich die Betriebsbereitschaft der Anlage oder Geräte nachweislich verzögert, die Zahlung von 1/30 der Grund- bzw. Pauschalmonatsmiete verlangen, wenn der Verzug 30 Kalendertage überschreitet.
Ist für den Fall des Vermieterverzugs bereits innerhalb der ersten 30 Verzugstage eine Ausweichanlage vorgesehen, so beginnt die Verpflichtung zur Mietzahlung mit dem Tage, für den die Bereitstellung einer Ausweichanlage vereinbart ist.

2. Verzug bei der Schaffung der Installations- und Aufstellungsvoraussetzungen (Nr. 6) 23 - 27

I. Einleitung

1 Rechtliche Einordnung: § 7 ersetzt § 9 Nr. 2 VOL/B sowie §§ 542 und 284 ff BGB für die Hauptleistung, wobei die Regelung auf §§ 542 und 284 ff BGB aufbaut. Für Verzug bei Nebenleistungen gilt § 11 Nr. 2 (s. dort Rz 9). § 7 verschärft die Sanktionen über das hinaus, was § 9 Nr. 2 VOL/B als Rahmen vorgibt (s. GZ 4 Rz 2 f). Zu den Gründen für die Pauschalierung des Schadensersatzes und zur rechtlichen Einordnung dieser Sanktion s. GZ 4 Rz 5 ff.
§ 7 Nr. 6 befaßt sich mit dem Verzug des AG bei der Erfüllung seiner Mitwirkungspflichten, die bei EDV-Beschaffungen oft erheblich sind.

II. Verzug des AN (Nr. 1 - 5)

2 Die BVB-Miete sehen nur die Form eines verbindlichen Liefertermins nach § 6 Nr. 1 vor (s. dort Rz 2), der stets durch § 7 sanktioniert wird. Nr. 1 I. 1 wiederholt, wann der AN in Verzug kommt, nämlich wenn er das betriebsbereite System nicht am spätesten Termin übergibt. Dieser Termin ergibt sich gem. § 6 Nr. 1 aus MS 4 (Nr. 3. 1) (s. Rz 3 zu § 6). Es kommt hinsichtlich der Einhaltung dieses Termins nicht auf den Zugang der schriftlichen Erklärung der Betriebsbereitschaft durch den AN an, sondern darauf, wann das System erkennbar zur Verfügung steht. Dafür reicht eine mündliche Erklärung des AN idR aus.
IdR ist der Termin kalendermäßig bestimmt, so daß der AN ohne Mahnung in Verzug kommt (§ 284 II BGB). Ist der Termin aber in der Form X Tage (Wochen) nach Bestellung bestimmt, so bedarf es der Mahnung (vgl. Palandt-Heinrichs, § 284 Anm. 4). Dem Wortlaut kann nicht entnommen werden, daß der Termin stets vertraglich als kalendermäßig bestimmt gelten sollte, die Mahnung also überflüssig wäre.

2a Verzug liegt gem. § 285 BGB nicht vor, solange die Leistung infolge eines Umstands unterbleibt, den der AN nicht zu vertreten hat. Der AN trägt die Beweislast.

1. Stellung einer Ausweichanlage (Nr. 1 I - III)

3 Bei den Verzugsfolgen wird in Nr. 1 I formal vorrangig von der Verpflichtung des AN ausgegangen, eine Ausweichanlage zur Verfügung zu stellen. (Gemeint ist im Zweifelsfall ein "Ausweichsystem", s. Rz 5). Durch diesen Vorrang soll die Vergleichbarkeit der Angebote erhöht werden. Die Stellung einer Ausweichanlage muß allerdings im Einzelfall vereinbart worden sein (MS 12, Nr. 9). Dies ist für den AN eine Belastung, da er seine eigenen Rechenzentren auslasten will. Die Erläuterungen führen hierzu aus: "Nach den Besonderen Vertragsbedingungen hat der Vermieter

bei Verzug oder wenn die gemietete Anlage oder die gemieteten Geräte wegen Mängel oder wegen Verletzung von Schutzrechten nicht genutzt werden können, eine Ausweichanlage zur Verfügung zu stellen, wenn im Mietschein entsprechende Vereinbarungen getroffen sind. Hierdurch soll sichergestellt werden, daß der Mieter seine Aufgaben auch bei Nichtlieferung oder bei Ausfall der gemieteten Anlage oder Geräte zeitgerecht und kontinuierlich erledigen kann." Die Ausweichanlage ist idR also nur dann erforderlich, wenn die laufende Produktion fortgesetzt werden soll. In diesem Fall sollte - soweit möglich und dann schon vorher - vereinbart werden, daß die alte Zentraleinheit bis zur Übergabe der neuen Zentraleinheit zur Verfügung steht. Die Erläuterungen führen weiter aus: "Bevor eine Ausweichanlage vereinbart wird, ist demnach zu prüfen, ob von der Aufgabenstellung her die Notwendigkeit für das Bereithalten von Ausweichkapazität besteht. Wird dies bejaht, so ist weiter zu prüfen, ob nicht durch verwaltungsinterne Absprachen im Wege der gegenseitigen Amtshilfe die notwendige Ausweichkapazität sichergestellt werden kann. Wenn dies nicht möglich oder zumutbar ist, kann mit dem Vermieter die Bereitstellung von Ausweichkapazität vereinbart werden. Um sicherzustellen, daß die vereinbarte Ausweichkapazität im Bedarfsfall auch tatsächlich zur Verfügung steht, sollten nach Möglichkeit mehrere Ausweichanlagen vereinbart werden, die in der im Mietschein angegebenen Reihenfolge als Ausweichanlage zu benutzen sind." Der letzte Absatz ist in den Erläuterungen zu den BVB-Kauf nicht aufgenommen worden.

4 Der Begriff der Ausweichanlage ist in der Definition weit gefaßt. Darunter fallen auch Austauschgeräte (insbesondere bei BVB-Kauf), die der AN beim AG zur Verfügung stellt. Dies kommt insbesondere für kleinere Anlagen oder für einzelne Geräte in Betracht (Datenerfassungsgeräte!). Größere Anlagen sind praktisch nicht transportabel; die Regelung geht davon aus, daß die Ausweichanlage an einem anderen Ort zur Verfügung gestellt wird (s. Nr. 1 II. 2 und MS 12, Nr. 9).
Die Möglichkeit, den Verzug durch die Stellung einer Ausweichanlage zu überbrücken, hängt weitgehend von der Art des zu liefernden Systems ab: je mehr es auf Datenfernverarbeitung oder real-time-Verarbeitung ausgerichtet ist, desto weniger ist die Stellung einer Ausweichanlage sinnvoll (im ersten Fall besonders wegen der Leitungskonzentratoren und den Übertragungsleitungen, im zweiten Fall wegen der oft festverlegten Kabeln zu den Geräten). Dementsprechend kann auch eine Ausweichanlage vereinbart werden, die nur bestimmte Aufgaben des AG erledigen kann/soll.

5 Die Stellung einer Ausweichanlage verlangt idR verschiedene Vereinbarungen über die Konfiguration, die einzusetzende Grundsoftware (!) sowie über die Vorbereitung, die Art und den Umfang der Nutzung (ausschließliche Nutzung; zeitlicher Umfang s. MS 12 Rz 1 ff). In MS 12 (Nr. 9) ist auch

anzugeben, nach wie vielen Tagen die Ausweichanlage zur Verfügung zu stellen ist. Wenn nichts anderes vereinbart ist, braucht der AN die evtl. erforderliche Generierung des Betriebssystems erst danach vorzunehmen. Da sich der Verzug frühzeitig abzeichnet, brauchen vorbereitende Maßnahmen nicht schon nach Vertragsschluß, sondern erst vor der Bereitstellung der Ausweichanlage getroffen zu werden. Die Erläuterungen beschränken sich auf folgende Ausführungen, die eher zur Stellung einer Ausweichanlage bei Gewährleistung (beim Betrieb des Systems) als bei Verzug gehören: "Es empfiehlt sich ferner, in regelmäßigen Abständen, mindestens einmal im Jahr, im Benehmen mit dem Vermieter zu prüfen, ob die vereinbarten Anlagen weiter als Ausweichanlage genutzt werden können. Wenn nicht, sind andere Anlagen zu vereinbaren. Kann der 'vorhandene Rechenbedarf' des Mieters nicht auf der Ausweichanlage gedeckt werden, so daß nach Inbetriebnahme der gemieteten Anlage oder Geräte Mehrstunden erforderlich werden, bleibt nach den Besonderen Vertragsbedingungen diese Rechenzeit bei der Berechnung des Zuschlags für Mehrstunden außer Ansatz. Welcher Rechenbedarf vorhanden ist, ergibt sich aus den auf Grund der Betriebsplanung des Mieters für die Ausfalltage anfallenden Arbeiten."

6 Die Kosten sollen bei Stellung einer Ausweichanlage so verteilt werden, daß der AG im Ergebnis Kosten genau in Höhe der Miete trägt, die er hätte zahlen müssen, wenn er die gemietete Anlage bereits hätte einsetzen können. Der AN soll also alle zusätzlichen Kosten tragen. Auf die Pauschalierung des Schadens wird hier verzichtet.

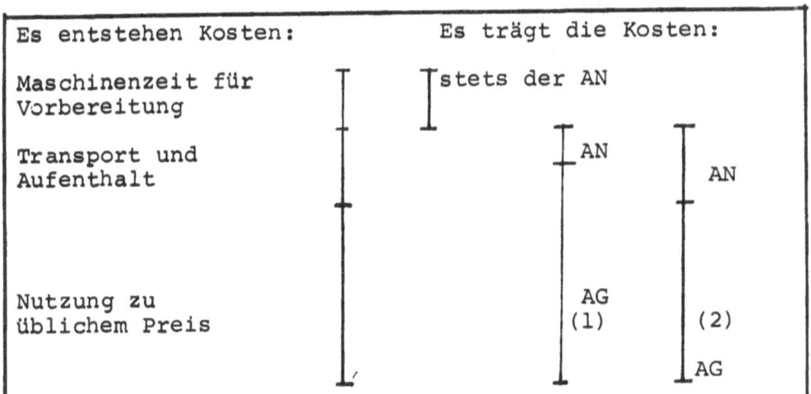

Beispiel 1: Die "eigene" Anlage wäre teurer gewesen (z.B. wäre sie nicht ausgelastet gewesen; die Ausweichanlage ist billiger).

Beispiel 2: Gleiche Anlage mit gleichen Kosten. Der AG trägt die Kosten, die ihm auch ohne Verzug entstanden wären.

Abb. 6

Es entstehen folgende Kosten (s. Abb. 6):
- rechnerische Miete für die Nutzung der Ausweichanlage und die Maschinenzeit für die Vorbereitung der Produktion,
- die Kosten des AG für den Transport von Personal und Sachen zur Ausweichanlage sowie für deren Aufenthalt.

Die Kosten werden folgendermaßen verteilt: Der AN trägt von vornherein die Kosten für die Vorbereitung der Produktion. Die übrigen Kosten trägt er, soweit sie den Betrag, den der AG bei gleicher Nutzung der gemieteten Anlage zu zahlen hätte, übersteigen.
Diese fiktive Miete ist gem. Nr. 1 II. 2 unter Berücksichtigung sämtlicher Einzelheiten des § 4 zu veranschlagen. Wie lang die Nutzungszeit gewesen wäre, läßt sich aber kaum abschätzen.
Bei unterschiedlicher Leistungsfähigkeit der Anlagen muß die wahrscheinliche Nutzungszeit der Mietanlage abgeschätzt werden.

Der Vorbehalt in Nr. 1 II. 3 bedeutet im einzelnen folgendes:
- hinsichtlich § 4 Nr. 1 Satz 3 bis 5: Bei der Berechnung des Mietzinses, den der AG bei gleicher Benutzung der Mietanlage zu zahlen hätte, ist bei Abrechnung nach Zählerstand zugunsten des AG die Möglichkeit, Mietzinsen über Monate und über Anlagen zu verrechnen, zu berücksichtigen.
- Der Vorbehalt zu § 4 Nr. 1 Satz 6 soll sicherstellen, daß Nachinstallationstestzeit, die im ersten Vierteljahr wegen Ausfällen nicht genutzt werden konnte, nicht verloren geht.
- hinsichtlich § 4 Nr. 3: Bei Geräten ohne Zählwerk ist als fiktive Miete der Bruchteil täglich anzusetzen, der bei einer Pauschalmonatsmiete auf einen Tag entfällt.

7 Die Kostenregelung geht von einer Ausweichanlage aus, die mit der zu liefernden im wesentlichen identisch ist. Deswegen müssen in anderen Fällen besondere Vereinbarungen über die Kostenverteilung getroffen werden. Nr. 1 II. 4 geht nur auf den Fall ein, daß die Ausweichanlage den Rechenbedarf nicht in dem Umfang deckt, wie es das zu liefernde System getan hätte.
Dies setzt eine Vereinbarung darüber voraus, daß die Ausweichanlage von vornherein nur einen Teil des Rechenbedarfs befriedigen soll, insbesondere wenn die Ausweichanlage nur bestimmte Aufgaben erledigen kann, oder daß sich der AG vorbehalten will, in welchem Umfang er die Ausweichanlage in Anspruch nehmen will.
In diesem Fall muß sich der AG darauf beschränken, die vorhandene Kapazität auszunutzen und die Arbeiten, die nicht durchgeführt werden können, auf der Mietanlage zu erledigen, wenn diese in Betrieb genommen ist. Es ist nicht einzusehen, warum die Mehrstunden, die für das Nachholen der Produktion erforderlich sind, bei der Berechnung des Zuschlags für Mehrstunden gem. Nr. 1 II. 4 außer An-

satz bleiben sollen. Die geringere Kapazität der - schließlich so vereinbarten - Ausweichanlage führt bereits zu niedrigeren Nutzungskosten. Der Mietzins dafür gem. Nr. 1 II und die Mehrstunden ergeben die Mietbelastung, die der AG ohne Ausfall gehabt hätte.

8 Sanktion: Stellt der AN die Ausweichanlage nicht zu dem nach MS 12 (Nr. 9) vereinbarten Zeitpunkt zur Verfügung, so zahlt er für jeden Kalendertag von dem Tag an, an dem er die Anlage zur Verfügung stellen sollte (=einschließlich), pauschalierten Schadensersatz. Dabei kommt es nicht darauf an, daß den AN an der Nichtgestellung ein Verschulden trifft; bei höherer Gewalt gilt § 12.
Der pauschalierte Schadensersatz wird nur auf die Grundmiete bezogen, nicht auf den nach dem wahrscheinlichen Produktionsumfang entstandenen Mietzins. Es muß auch der Mietzins für die Software einbezogen werden, weil diese nicht genutzt werden kann (s. GZ 3 Rz 17 und 4 Rz 20 ff). Deckt die Ausweichanlage nicht die Anforderungen des AG ab, so schadet dies nicht, da eine solche Anlage ja vereinbart worden ist. Stellt der AN die Anlage aber zeitlich nicht ausreichend zur Verfügung, so dürfte er entsprechend Nr. 3 für jeden Tag zur Zahlung der Sanktion verpflichtet sein, an dem der AG die Ausweichanlage weniger als 12 Stunden nutzen kann.

2. Pauschalierter Schadensersatz, wenn Ausweichanlage nicht vereinbart ist (Nr. 1 IV)

9 Ist keine Ausweichanlage vereinbart, so ist nach Nr. 1 IV für jeden Kalendertag vom spätesten Übergabetermin an pauschalierter Schadensersatz zu zahlen, sobald der Verzug mehr als 30 Tage dauert, d.h. am 31. Tag rückwirkend für 30 Tage. Die Höhe wird auch hier auf die Grundmiete der Hardware und auf den Mietzins für die Software bezogen (s. Rz 8).
Soweit der AN bei einer Erweiterung des Systems dieses zur Verfügung haben muß und die dafür vereinbarte Zeit (s. Rz 16 zu § 6) schuldhaft überschreitet, hat er die Kosten für zusätzliche Maschinenzeit gem. § 11 Nr. 2 zu erstatten. Es handelt sich nicht um Verzugsschäden, sondern um Aufwendungen des AG bei der Erfüllung einer eigenen Verpflichtung gegenüber dem AN.

9a Gemäß § 341 III BGB kann der AG, der die Leistung annimmt, die Vertragsstrafe nur noch verlangen, wenn er sich das Recht dazu bei Annahme vorbehält (s. auch GZ 4 Rz 11). § 341 III BGB dürfte in § 7 nicht stillschweigend abbedungen sein, so daß der Vorbehalt erforderlich bleibt. Die Abbedingung in AGB wäre auch kaum mit Treu und Glauben vereinbar (vgl. Heinze, Inhaltskontrolle Allgemeiner Geschäftsbedingungen, NJW 1973, 2182, 2183 f).

3. Verzug bei Lieferung von Software (Nr. 2 und 3 V)

10 Nr. 2 enthält keine ausdrückliche Regelung, daß der AN,

wenn er mit der Überlassung der Software in Verzug kommt, für diese keinen Mietzins erhält, sondern entsprechend pauschalierten Schadensersatz zu zahlen hat (s. Rz 8). Diese Regelung ist Nr. 1 zu entnehmen, da sich Nr. 1 eigentlich auf die Mietsache, nicht nur auf die Hardware bezieht. Nr. 2 behandelt nur die Koppelung von Software zu Hardware: Soweit wie die Hardware wegen des Verzugs bei der Überlassung von Software nicht genutzt werden kann, treten auch die Sanktionen für Hardwareverzug ein (s. GZ 3 Rz 17 ff).
Nr. 3 V behandelt beide Punkte: Soweit einzelne Programme nicht geliefert werden, ist für diese in entsprechender Anwendung der vorhergehenden Absätze kein Mietzins zu zahlen (und kann pauschalierter Schadensersatz gefordert werden). In Verbindung mit Nr. 2 ist auch für solche Hardware kein Mietzins zu zahlen (und kann pauschalierter Schadensersatz gefordert werden), die wegen des Fehlens der Programme nicht genutzt werden kann. Das bedeutet, daß insgesamt einheitlich auf die Nutzungseinschränkung des Systems abzustellen ist (s. GZ 4 Rz 20 ff). Nr. 3 V wird deswegen im Zusammenhang mit Verzug bei der Überlassung der Hardware erörtert (s. Rz 12).

11 Nach dem Wortlaut von Nr. 2 braucht der AN keine Ausweichanlage zu stellen, wenn er mit der Überlassung der Software in Verzug kommt, unabhängig davon, ob eine Ausweichanlage vereinbart ist oder nicht. Die Sanktion ist also in dem Fall, daß die Hardware nicht genutzt werden kann, stets Schadensersatz nach Nr. 1 IV, wenn der Text dies auch nicht deutlich erkennen läßt.
Dem AN muß aber das Recht eingeräumt werden, auch Ausweichsoftware zur Verfügung zu stellen. In Betracht kommt, daß eine ältere Fassung der Software, insbesondere der Grundsoftware, einsetzbar ist und die Nutzung der Anlage zumindest teilweise (u.U. mit geringerer Leistung) ermöglicht. U.U. kann auch ein anderes Betriebssystem helfen.

4. Teilverzug (Nr. 3)

12 Die Stellung eines Ausweichsystems ist nicht vorgesehen. Nach § 266 BGB ist der AN nicht zu Teilleistungen berechtigt, weil Belästigungen vermieden werden sollen. Aus dieser Zweckbestimmung folgert die Rechtsprechung, daß der AG gemäß Treu und Glauben Teilleistungen nicht ablehnen darf, wenn ihm die Annahme bei verständiger Würdigung der Lage des AN und seiner eigenen schutzwürdigen Interessen zuzumuten ist (s. Palandt-Heinrichs § 266 Anm. 1 a)). Die Regelung baut auf dieser Rechtsprechung auf, wobei sie auf die Zumutbarkeit der Nutzung abstellt. Die Erläuterungen führen dementsprechend aus: "Bei einem Teilverzug des Vermieters prüft der Mieter, ob und in welchem Umfang ihm die Nutzung der gelieferten Geräte zuzumuten ist. Bei der Beurteilung dieser Frage hat er insbesondere seine betrieblichen und organisatorischen Gegebenheiten zu berücksichtigen." Abzustellen ist darauf, daß zu Beginn der Mietzeit die Funktionsprüfung durchgeführt werden soll.

Diese wird bei Verzug des AN soweit möglich gem. § 8 Nr. 3 II in Stufen durchgeführt (s. dort Rz 40).

13 Der AG zahlt den Anteil des Mietzinses, in welchem er das System in zumutbarer Weise nutzen kann; bezogen auf den Rest, d.h. die Nutzungsminderung, erhält er pauschalierten Schadensersatz (s. dazu GZ 4 Rz 15 ff). Über Nr. 3 V ist eindeutig nicht nur auf die Hardware, sondern auf das System abzustellen. Die Nutzung kann insb. dann unzumutbar sein, wenn die Funktionsprüfung wegen des Fehlens bestimmter Einheiten nicht sinnvoll durchgeführt werden kann (s. Rz 40 zu § 8).
Nr. 3 I geht von der Menge der gelieferten Einheiten aus. Davon werden diejenigen Einheiten ausgeschieden, deren Nutzung unzumutbar ist. Für Einheiten, deren eingeschränkte Nutzung zumutbar ist, ist der Mietzins anteilig in Höhe der Nutzbarkeit zu zahlen. Die Nutzung kann zeitlich eingeschränkt sein; innerhalb der Nutzungszeit kann die Nutzbarkeit herabgesetzt sein.
Der Anteil des Mietzinses, der zu kürzen ist, berechnet sich wie folgt:

- Eine Pauschalmonatsmiete wird entsprechend der Nutzungseinschränkung je Kalendertag gekürzt.
- Bei Abrechnung nach Zählerstand darf es nicht darauf ankommen, ob der AG diese Geräte nach Lieferung der fehlenden Geräte verstärkt einsetzt und dadurch im laufenden Kalendervierteljahr die ausgefallenen Stunden ausgleicht. Denn die Mehrstunden werden gem. § 4 Nr. 1, 3 gegen die Minderstunden verrechnet. Soweit der AG die Geräte über 180 Stunden je Monat in Anspruch nimmt, würde er den vollen Stundensatz und nicht nur den Mehrbenutzungszuschlag zahlen. Die tägliche Bezugsgröße dürfte hier deswegen genauso wie bei der Nutzungseinschränkung bei Gewährleistung anzusetzen sein (d.h. mit 6 Stunden, allerdings je Kalendertag, s. Rz 24 und 31 zu § 9).

Die Beweislast dafür, daß die Nutzung einzelner Einheiten zumutbar ist, obliegt dem AG. Die Mitteilungspflicht gem. Nr. 3 II ist hier als Zuweisung der Beweislast zu verstehen (s. GZ 2 Rz 28).

Bei einer kleinen Anlage wird der Lochstreifenleser nicht geliefert. Ein großer Teil der Daten kann deswegen nicht eingelesen werden. Es sei nicht möglich oder nicht sinnvoll, die Daten anderswo auf einen anderen Datenträger zu übertragen, der als Eingabemittel genutzt werden könnte.

Der Mietzins betrage einschl. Software	DM 10.000,-
Lochstreifenleser	DM 1.000,-
	DM 11.000,-

Das System kann nur zu 50% genutzt werden:
Höhe des Mietzinses : 50% von DM 10.000,-=DM 5.000,-

Basis für Schadensersatz:

- Lochstreifenleser: 100% von DM 1.000,--=DM 1.000,-
  Nutzungsminderung: 50% von DM 10.000,-=DM 5.000,-

also täglich 1/30 von DM 6.000,-

Das Beispiel zeigt deutlich, daß die Höhe des Ausfalls nicht allgemein vom System, sondern von der vom AG vorgesehenen Nutzung abhängt.

14 Bei Anlagen, die erst der Einführung der Datenverarbeitung oder der Einführung einer wesentlichen neuen Anwendung dienen, ist bei der Bestimmung der Nutzungsminderung zu berücksichtigen, daß idR erst eine Phase der Einarbeitung erforderlich ist; die Produktion läuft erst allmählich an. Die Nutzungsminderung kann dann sehr gering sein, nämlich dann, wenn die Einarbeitung durch den Teilverzug nicht oder kaum beeinträchtigt wird und sich diese Phase dadurch nur beschränkt verschiebt. (Bei völligem Verzug würde sich die Phase vollständig verschieben, so daß bei Miete der volle Schadensersatz gerechtfertigt wäre.)

5. A.o. Kündigung (Nr. 4)

15 Nr. 4 verdrängt § 542 BGB. Die Regelung räumt dem AG ein außerordentliches Kündigungsrecht ein (als "fristlos" bezeichnet; das Setzen einer Auslauffrist ist hier sinnlos, so daß die Wortwahl nicht schadet). Nr. 4 I stellt nicht - wie § 542 BGB - auf eine angemessene Nachfrist ab, sondern pauschaliert die Nachfrist auf 100 Tage.
Die Regelung stellt nicht auf das Verstreichen dieser Frist ab, sondern darauf, daß der Verzug in mindestens dieser Länge feststeht. Äußert sich der AN vor Ablauf von 100 Tagen dementsprechend, so ist diese Feststellung kein Problem. Andernfalls steht dies erst mit dem Ablauf der 100 Kalendertage fest. Nach Nr. 4 II kann der AG aber nur innerhalb der Frist von 100 Tagen kündigen. Hier besteht ein Widerspruch, der dahingehend zu lösen sein dürfte, daß der AG das Kündigungsrecht noch unverzüglich nach Ablauf der 100 Tage ausüben darf.
Das Kündigungsrecht bezieht sich auch bei Teilverzug auf die Mietsache. Andersherum ist der AG gemäß § 9 Nr. 3 VOL/B stets berechtigt, die Kündigung auf einen Teil der Einheiten einzuschränken (s. dort Rz 5).

16 Das a.o. Kündigungsrecht besteht auch dann, wenn der AN eine Ausweichanlage zur Verfügung gestellt hat. Die Stellung der Ausweichanlage beseitigt nicht den Verzug, sondern ist eine Sanktion wegen des Verzugs. Sachlich gesehen ist dies berechtigt, da die Nutzung der Ausweichanlage keine Dauereinrichtung werden soll.

17 Zweite Nachfrist: Hat der AG die pauschalierte Nachfrist nicht zur Kündigung genutzt, muß er gem. Nr. 4 II eine zweite Nachfrist setzen, um wiederum ein Kündigungsrecht zu erhalten. Es versteht sich von selber, daß die Nachfrist angemessen lang sein muß. Der AG kann dann - und zwar wiederum außerordentlich - kündigen, wenn feststeht, daß auch diese Frist erfolglos verstreichen wird.

6. Begrenzung des pauschalierten Schadensersatzes (Nr. 5)

18 Nr. 5 begrenzt die Zahl der Tage, für die Schadensersatz zu zahlen ist, auf 100 Tage. Im Falle der a.o. Kündigung nach Nr. 4 zahlt der AN unabhängig vom Zeitpunkt der Kündigung Schadensersatz für 100 Tage. Dies rechtfertigt sich daraus, daß die Höhe des Schadens weniger durch den Termin des Rücktritts als vielmehr durch die Notwendigkeit einer neuen Bestellung bestimmt wird (Der Sprachgebrauch "Verzugstage" beinhaltet keine sachliche Abweichung von dem Sprachgebrauch in Nr. 4 "Kalendertage".)

7. Pauschalierter Schadensersatz bei mixed hardware

19 Soll die Mitsache zusammen mit Geräten anderer AN genutzt werden, so deckt § 7 das erhöhte Risiko des AG für den Fall nicht ab, daß einer der AN in Verzug kommt und die Lieferung des/der anderen ohne die fehlenden Geräte nicht genutzt werden kann, aber dafür der Mietzins zu zahlen ist (anders bei § 17 Nr. 3, s. dort Rz 25). Der AG kann sich aber entsprechend absichern (s. Beispiel in MS 16 Rz 10).

III. Verzug des AG

1. Annahmeverzug

20 Kommt der AG mit der Annahme in Verzug, so wird seine Verpflichtung zur Entrichtung des Mietzinses nach dem BGB dadurch grundsätzlich nicht berührt. Der AN muß sich jedoch den Wert der ersparten Aufwendungen (Wartungsleistungen) sowie derjenigen Vorteile anrechnen lassen, welche er aus einer anderweitigen Verwertung des Gebrauchs erlangt (anderweitige Vermietung der Anlage), § 552, 2 BGB. Diese Vorschrift enthält einen allgemeinen Rechtsgrundsatz und gilt nicht nur für den Fall, daß der AG durch einen in seiner Person liegenden Grund an der Ausübung des ihm zustehenden Gebrauchsrechts behindert wird (§ 552, 1 BGB). Vgl. zu dem Rechtsgrundsatz § 615, 2 BGB.

21 Es kann kaum angenommen werden, daß der AG wegen unterlassener Entgegennahme in Schuldnerverzug kommt. Denn die körperliche Hinwegnahme, etwa wegen der Entlastung des Lagers des AN, spielt kaum eine Rolle (s. Palandt-Heinrichs § 293 Anm. 5). Auch § 642 BGB läßt sich bei Miete kaum entsprechend anwenden, wonach der AN einen Anspruch auf angemessene Entschädigung hat, wenn der AG bei der Herstellung des Werkes eine Handlung erbringen muß, diese aber verzögert.

22 Der AN hat hingegen nach § 304 BGB wegen Gläubigerverzugs einen Anspruch auf Ersatz seiner Mehraufwendungen für die Aufbewahrung und die Erhaltung der Mietsache. Die Lagerung von EDV-Geräten kann erheblichen Aufwand fordern: Diese dürfen nicht feucht werden noch verstauben (die Temperatur spielt hingegen bei Geräten, die nicht in Be-

trieb sind, also keine Wärmeabfuhr benötigen, nur eine geringe Rolle). Bei Lagerzeiten über zwei Jahre können Schmierungen hart werden oder elektronische Teile ausfallen. Paßt der AN wegen Änderungen des Typs der Geräte nach § 17 Nr. 1 die bereits installierten Geräte an, so kann dies bei den lagernden Geräten aufwendiger als bei den installierten sein, wo dies im Rahmen der vorbeugenden Wartung erfolgt. Der AN kann außerdem Mehraufwendungen dadurch haben, daß er Personal vorhalten muß. Auch solche Aufwendungen sind nach § 304 BGB zu ersetzen.

2. Verzug bei Schaffung der Installations- und Aufstellungsvoraussetzungen (Nr. 6)

23 Nr. 6 enthält eine besondere Regelung für den Fall, daß der AG die technischen Installations- und Aufstellungsvoraussetzungen nicht termingerecht erfüllt, so daß der AN die Anlage entweder überhaupt nicht liefern oder nur nicht betriebsbereit machen kann. In allen anderen Fällen bleibt der Annahmeverzug, wie in Rz 20 ff dargestellt, unberührt. Zum Verzug des AG bei anderen Mitwirkungspflichten s. Rz 2 zu § 10 Nr. 1 VOL/B.
Der AG kommt nur dann automatisch in Verzug, wenn der Termin kalendermäßig bestimmt ist; andernfalls ist eine Mahnung nötig (s. Rz 2 sowie Rz 14 zu § 6).
Diese Pflichten können u.U. genauso schwer zu erfüllen sein wie die Lieferpflichten des AN. Der AN kann deswegen nach Nr. 6 nur dann den Mietzins verlangen, wenn der AG zu vertreten hat, daß die Voraussetzungen nicht geschaffen sind. Aus der Wortwahl ("zu vertretenden Gründen") ist abzuleiten, daß es sich hier um eine Schuldverpflichtung handeln soll, der AG also wie bei Schuldnerverzug behandelt werden soll. Dementsprechend hat er nach § 276 BGB jedes Verschulden zu vertreten. Dem Wortlaut nach trifft die Beweislast zwar den AN; jedoch müssen §§ 282 und 285 BGB hier angewandt werden, wonach der AG für Ereignisse, die in seinem Bereich liegen, beweisen muß, daß ihn kein Verschulden trifft.

24 Zahlung des Mietzinses: Der Anspruch geht stets nur auf die Grund- bzw. Pauschalmonatsmiete; Mehrbenutzungszuschläge, die wahrscheinlich angefallen wären, brauchen nicht bezahlt zu werden. Der AN hat auch keinen Anspruch auf Ersatz seiner Mehraufwendungen. Der Mietzins ist nur für diejenigen Tage zu zahlen, um die sich die Betriebsbereitschaft *tatsächlich* verzögert. Entsprechend der Regelung des Auftragnehmerverzugs nach Nr. 1 IV hat auch der AG eine 30-tägige Freigrenze. Die Zahlungspflicht ist nicht auf 100 Tage beschränkt.

> Vereinbarter Termin für die Herstellung der Voraussetzungen: 2.1.
> (Vereinbarter Termin für die Anlieferung: 10.1.)
> Vereinbarter Termin für die Betriebsbereitschaft:10.2.
> Tatsächliche Herstellung der Voraussetzungen: 20.2.
> Betriebsbereitschaft gemeldet: 25.2.

Der Mietzins ist für 15 Tage zu zahlen.

Die Freigrenze entfällt nach Nr. 6 II dann, wenn der AN sich bereit erklärt hat, im Falle seines Verzugs innerhalb der ersten 30 Tage eine Ausweichanlage zu stellen. Der AN soll dafür belohnt werden, daß er diese Verpflichtung übernommen hat: Er kann die Miete von dem Tage an verlangen, von dem an er im Falle seines Verzugs eine Ausweichanlage zu stellen gehabt hätte.

25 Das bedeutet aber nicht, daß der AN in den Fällen des Nr. 6 berechtigt wäre, die Ausweichanlage in Anspruch zu nehmen; denn es liegt kein Verzug des AN vor. Für den Fall, daß eine Ausweichanlage bei Verzug des AN vereinbart ist, muß dem AG aber gem. § 18 Nr. 6 auch bei seinem Verzug ein Anspruch auf Nutzung der Ausweichanlage zuerkannt werden, und zwar gegen die übliche Vergütung des AN. § 18 Nr. 6 bezieht sich in erster Linie auf solche Fälle, daß eine bereits installierte Anlage "ausfällt", ohne daß der AN dies zu vertreten hätte. Die Tatsache, daß § 7 in § 18 Nr. 6 erwähnt ist, weist aber darauf hin, daß § 18 Nr. 6 auch diese Fälle abdecken soll. Das Wort "Ausfallen" ist in § 18 Nr. 6 untechnisch gemeint: Die Anlage fällt für den AG auch dann aus, wenn er sie gar nicht installieren lassen kann.

26 Ebensowenig wie in § 6 wird hier darauf eingegangen, daß der AG systemtechnische Voraussetzungen zu schaffen haben kann (s. dort Rz 16). § 7 Nr. 6 ist für Verzug bei der Schaffung dieser Voraussetzungen entsprechend anzuwenden, sobald dieselben Schwierigkeiten für den AG bestehen wie bei der Schaffung von Installations- und Aufstellungsvoraussetzungen (also kaum, wenn der AG nur ein vorhandenes System zur Verfügung stellen muß). Zur Haftung des AG bei mangelhafter Schaffung dieser Voraussetzungen s. Rz 16 zu § 6.

27 Verschiebung des Liefertermins: Der AN hat einen Anspruch auf angemessene Verschiebung gem. § 7 Nr. 2, 1 VOL/B (s. dort Rz 3).

§ 8. Abnahme

1. Entspricht die Leistung des Vermieters den Vereinbarungen, erklärt der Mieter unverzüglich nach erfolgreicher Funktionsprüfung (Leistungs- und Zuverlässigkeitsprüfung) schriftlich die Abnahme. Zum Zweck der Funktionsprüfung stellt der Vermieter dem Mieter mit der Mitteilung der Betriebsbereitschaft die Anlage oder Geräte zur Verfügung. Die Funktionsprüfung beginnt am ersten Werktag nach Zugang der Mitteilung über die Betriebsbereitschaft. Für die Funktionsprüfung dürfen außer den Fällen der Nummer 2 Buchstabe c nur solche Programme verwendet werden, die auf vergleichbaren Anlagen erfolgreich geprüft sind. Welche Anlagen vergleichbar sind, bestimmen Vermieter und Mieter

im gegenseitigen Einvernehmen.
Der Mieter ist verpflichtet, den Vermieter unverzüglich zu unterrichten, wenn während der Funktionsprüfung Mängel auftreten.

2. Die Funktionsprüfung ist erfolgreich durchgeführt, wenn im Rahmen der vertragsgemäßen Nutzung an 30 aufeinanderfolgenden Kalendertagen
a) die Anlage oder Geräte und die Grundsoftware nach § 1 die Leistungen erbringen, die den Spezifikationen des Vermieters sowie den vertraglich zugesicherten Eigenschaften entsprechen,
b) die vom Vermieter zu vertretende Ausfallzeit bei einer Nutzungszeit von mindestens 100 Stunden nicht mehr als 10% der Summe der Nutzungszeit und der Ausfallzeit beträgt,
c) die im Mietschein festgelegte übrige Software, zu deren Lieferung spätestens zusammen mit der Anlage oder den Geräten sich der Vermieter verpflichtet hat, ihren Zweck erfüllt, so daß die Aufgaben wahrgenommen werden können, und
d) von der Anlage oder den Geräten und der Grundsoftware nach § 1 die bei Vertragsabschluß vorhandenen ablauffähigen, auf vergleichbaren Anlagen erfolgreich geprüften Programme des Mieters verarbeitet werden, zu deren Nutzung die Anlage oder Geräte ausdrücklich beschafft wurden und die im Mietschein aufgeführt sind.
Für die 30 aufeinanderfolgenden Kalendertage gelten Ausfalltage, die nicht vom Vermieter zu vertreten sind, nicht als Unterbrechung der Funktionsprüfung. Die Funktionsprüfung verlängert sich auf Verlangen des Mieters um die Zahl dieser Tage, es sei denn, daß der Mieter die Unterbrechung vorsätzlich oder grob fahrlässig verursacht hat. Bei Verschulden des Mieters kann der Vermieter die Erstattung der notwendigen Mehraufwendungen verlangen.

3. Sind für einzelne Geräte einer Anlage im Mietschein unterschiedliche Anlieferungstermine vereinbart, so beschränkt sich die Funktionsprüfung jeweils auf die unter die Teillieferung fallenden Geräte. Auf eine Funktionsprüfung der gesamten Anlage kann der Mieter verzichten, wenn nach Abschluß der Teillieferungen die Anlage insgesamt ordnungsgemäß arbeitet.
Die vorstehenden Bestimmungen finden auch Anwendung im Falle des § 7 Nr. 3.

4. Führt die Funktionsprüfung nur deshalb nicht zum Erfolg, weil innerhalb der Prüfperiode gemäß Nummer 2 aus vom Mieter zu vertretenden Gründen keine 100 Nutzungsstunden für die Anlage oder Geräte erreicht werden, gelten Anlagen oder Geräte als abgenommen.

5. Der Mieter kann im Einvernehmen mit dem Vermieter auf die Durchführung einer Funktionsprüfung schriftlich verzichten, wenn eine sachliche Notwendigkeit für eine Prüfung nicht besteht.

6. Die Mietzahlungsverpflichtung - auch bei Teillieferungen gemäß Nummer 3 - beginnt mit dem ersten Tag der erfolgreichen dreißigtägigen Prüfperiode. Verlängert sich diese Prüfperiode gemäß Nummer 2, so ist auch für die Verlängerungstage der vereinbarte Mietzins zu zahlen, soweit der Mieter die Verlängerung zu vertreten hat.
Im Falle der Nummer 5 beginnt die Mietzahlungsverpflichtung mit dem Tage nach Eingang der Betriebsbereitschaftserklärung.

7. Kann die Funktionsprüfung aus vom Vermieter zu vertretenden Gründen nicht innerhalb von 100 Kalendertagen - gerechnet vom Zeitpunkt der Meldung der Betriebsbereitschaft an - erfolgreich abgeschlossen werden, kann der Mieter den Vertrag fristlos kündigen. § 9 Nr. 7 findet insoweit keine Anwendung.

I. Einleitung

1 Rechtliche Einordnung: Das Institut der Abnahme (§ 640 BGB) ist dem Mietrecht fremd (s. GZ 2 Rz 34). Die Herstellerbedingungen sehen Übergabetests vor (s. Rz 19 zu § 6). § 13 VOL/B, der die Abnahme zusammen mit der Güteprüfung regelt, ist weitgehend ausgeschlossen (s. dort Rz 3).

2 Voraussetzung für die Abnahme und damit für die Verpflichtung zur Zahlung des Mietzinses (des Kaufpreises) ist die Ordnungsgemäßheit aller Leistungen, die im zeitlichen Zusammenhang mit der Installation zu erbringen ist, so daß der AG das System voll nutzen kann. Die Anlage darf auch nicht Mängel haben, die nicht unmittelbar der Funktionsprüfung unterliegen: z.B. Geräuschentwicklung (s. Maschinenschutzgesetz), Wärmeabgabe. Der AN muß auch die Nebenleistungen (Schulung, Beratung) erbracht haben, soweit diese bis zu dem Abnahmezeitpunkt erbracht werden sollen. Die Software muß ordnungsgemäß dokumentiert sein.
Nach erfolgreichem Abschluß hat der AG unverzüglich die Abnahme zu erklären; eine Verzögerung ist bei Miete unschädlich, da die Pflicht zur Mietzahlung von dem Ende der Funktionsprüfung abhängt (s. Nr. 6). Bei den BVB-Kauf erfolgt hingegen die Zahlung des Kaufpreises gem. § 4 Nr. 1 I. 2 nicht vor der Abgabe der Abnahmeerklärung.

3 Hervorgehoben wird die Funktionsprüfung des Systems (Leistungs- und Zuverlässigkeitsprüfung), die eine Güteprüfung im Sinne von § 13 VOL/B ist. Auch bei Seriengeräten kann der AG sehr wohl daran interessiert sein, die *Leistungsfähigkeit* des Systems zu überprüfen, insb. hinsichtlich der Zusagen für seine eigenen Anforderungen; daß eine *Zuverlässigkeitsprüfung* in der Regel sinnvoll ist, wird auch von den Herstellern kaum bestritten. Dies gilt eingeschränkt auch bei Erweiterungen und Umrüstungen eines Systems (s. Rz 41).
Die Funktionsprüfung ist erfolgreich, wenn die Voraussetzungen der Nr. 2 erfüllt sind, d.h. daß Hardware, Grundsoftware und sonstige Software den Anforderungen hinsichtlich Leistungsfähigkeit und Zuverlässigkeit entsprechen (s. Rz 17 ff).
Die Durchführung und die Bewertung der Funktionsprüfung, d.h. vor allem der Zuverlässigkeitsprüfung, bedürfen besonderer Vereinbarungen; diese sollten weitgehend bei Vertragsschluß (s. MS 16 Rz 9), ergänzend vor Beginn der Funktionsprüfung erfolgen. Die Prüfung der Leistungsfähigkeit (= sind die Spezifikationen der *Leistungsbeschreibung* erfüllt?) bedarf kaum besonderer Vereinbarungen (s. Rz 21 f).
Die Erläuterungen schlagen ein Modell für die Vereinbarung über die Bewertung der Zuverlässigkeitsprüfung vor (s. Rz 29), das in PT 2 erörtert wird; außerdem weisen sie auf einzelne Punkte der Durchführung hin. Die Vereinbarung befaßt sich also mit:
- den Rahmenbedingungen der Funktionsprüfung,

- der Definition der Ausfallrate und
- der Festlegung besonderer Prüfungsmaßstäbe.

Außerdem sollte sie Lücken von § 8 füllen.

4 Die Funktionsprüfung schließt sich an die Erklärung der Betriebsbereitschaft an. (Wie unter Rz 19 zu § 6 dargelegt, soll der AN die Betriebsbereitschaft *nachweisen)*. Dies führt zur Zäsur zwischen der Haftung des AN aus Verzug und aus Abnahme/Gewährleistung: Mit dem Nachweis der Betriebsbereitschaft kann der AN nicht mehr in Verzug kommen; das Mietverhältnis beginnt. Nach erfolgreicher Funktionsprüfung hat der AG für die letzten 30 Tage der Prüfperiode rückwirkend Miete zu zahlen. Bei nicht erfolgreicher Funktionsprüfung kann er das Mietverhältnis nur noch - allerdings fristlos - kündigen, ohne daß er Miete zu zahlen hätte.
Die Erläuterungen führen in diesem Zusammenhang aus: "Verlängert sich die Abnahmeperiode dadurch, daß die ersten dreißig Tage noch nicht zur Abnahme führen, weil die Voraussetzungen der Nr. 2 nicht erfüllt sind, besteht gem. Nr. 6 Abs. 1 für die Zeit zwischen dem ersten Tag der erfolgreichen dreißigtägigen Prüfperiode keine Verpflichtung zur Mietzahlung, und zwar auch dann nicht, wenn außerhalb der Funktionsprüfung Arbeiten auf der Anlage oder den Geräten durchgeführt worden sind."
Bei Geräten, für die die Miete nach Zählerstand berechnet wird, kann die Höhe der Miete nur bestimmt werden, wenn die Zähler täglich abgelesen werden (s. dazu PT 2 Rz 26ff).

5 Funktionsprüfung und Gewährleistung: Das System unterliegt bereits der Gewährleistung und dementsprechend den Regelungen über den Schadensersatz nach § 9 (s. Rz 4 f zu § 9). Funktionsprüfung und Gewährleistung stehen also nebeneinander. Ausfälle gehen also einerseits in die Berechnung der Ausfallrate bei der Funktionsprüfung ein und entscheiden damit über den Zeitpunkt der Abnahme; Verzögerungen führen zu einem späteren Beginn der Mietzahlung (bei den BVB-Kauf nur zu einer Verschiebung der Zahlung des Kaufpreises). Andererseits lösen Ausfälle die Gewährleistungsverpflichtungen nach § 9 aus und können zu weiteren Sanktionen gegen den AN führen (s. dazu ausführlicher Rz 5 zu § 9).

II. Bedingungen für die Durchführung der Funktionsprüfung

1. Beginn, tägliche Dauer (Nr. 1 I. 3)

6 Die Funktionsprüfung beginnt am ersten Werktag nach Zugang der Mitteilung über die Betriebsbereitschaft. Es wird also nicht auf den Termin abgestellt, für den die Übergabe vereinbart ist (s. Rz 2 f zu § 3). Erklärt der AN die Betriebsbereitschaft früher, so kann sich der AG nur beschränkt auf die Einhaltung des vereinbarten Termins berufen (s. Rz 4 f zu § 6).

7 <u>Die tägliche Dauer der Funktionsprüfung</u> sollte festgelegt werden, weil sonst kaum die Funktionsprüfungszeit i.S.d. Nr. 2 bestimmt werden kann. Die Zeiten können von vornherein oder laufend während der Funktionsprüfung für die folgenden Tage festgelegt werden.
Die Begrenzung der täglichen Funktionsprüfung dient dem AG, Arbeiten, insb. Tests außerhalb der Funktionsprüfungszeit durchzuführen (s. Rz 9 f zu Nr. 1 I. 4). Die Begrenzung dient auch dem AN, der seine Wartungsbereitschaft darauf einstellen kann.
Der AN hat dann auch neutralisierte Zeit, während der er das System instandsetzen kann. Ob die Begrenzung unter diesem Gesichtspunkt allerdings wirklich vorteilhaft ist, hängt primär von der Art der Fehler und damit von der Verteilung der Zeitdauer für die Fehlerbeseitigung ab. (Die Begrenzung wäre neutral, wenn das Verhältnis der Funktionsprüfungszeit zur Gesamtbetriebszeit dem Verhältnis von Fehlerbeseitigungszeit, die in die Funktionsprüfungszeit fällt, zur gesamten Fehlerbeseitigungszeit entsprechen würde. Die Fehlerbeseitigungszeit ist aber durchschnittlich gering, so daß sie - absolut gesehen - überproportional in die Funktionsprüfungszeit fällt).

8 Treten beim <u>Einsatz des Systems außerhalb der täglichen Funktionsprüfungszeit</u> Mängel auf, so gilt folgendes: Softwarefehler müssen während der Funktionsprüfungszeit wieder herbeigeführt werden, wobei der AG für den Nachweis nur solche Programme einsetzen darf, die die Anforderungen von Nr. 1 I. 4 erfüllen. Hardwarefehler werden, wie für die Fehlermeldung vereinbart, spätestens zu Beginn der nächsten Funktionsprüfungszeit gemeldet. Die Fehler gehen von diesem Zeitpunkt an in die Bewertung ein. Die <u>Erläuterungen</u> zu § 8 Nr. 1 K - übertragen auf die BVB-Miete - führen hingegen aus: "Werden außerhalb der Funktionsprüfung Arbeiten auf der Anlage oder den Geräten durchgeführt und treten während dieser Zeit Mängel an der Anlage oder den Geräten oder der Grundsoftware auf, so daß die Anlage oder Geräte nicht oder nicht voll genutzt werden können, so werden diese Ausfallzeiten nicht in die Berechnung nach Nr. 2 b) einbezogen. Mit einer Ausnahme: Können wegen der genannten Mängel - beginnend mit dem Zeitpunkt der Störungsmeldung an den Vermieter - die Anlage oder Geräte an einem Kalendertag, der als Nutzungstag vorgesehen war, mehr als 12 Stunden nicht genutzt werden, gelten diese Zeiten entsprechend der Regelung nach § 9 Nr. 4 als Ausfallzeiten im Sinne der Nr. 2 b), sofern der Vermieter (Auftragnehmer) für die nicht rechtzeitige Behebung der Mängel einzustehen hat (die nicht rechtzeitige Behebung der Mängel zu vertreten hat). Zur Vermeidung von Rechtsunsicherheiten empfiehlt es sich, für den Fall, daß die Anlage während der Abnahmeperiode außerhalb der Funktionsprüfung genutzt wird, über die Anrechnung von Ausfallzeiten aufgrund von Mängeln, die außerhalb der Funktionsprüfung auftreten, eine entsprechende Vereinbarung im Rahmen des § 25 zu treffen."
Richtig ist, daß diese Zeiten hinsichtlich der *Gewähr-*

leistung als Ausfallzeiten nach § 9 Nr. 4 gelten. Unklar ist, warum sie für die Funktionsprüfung *in Abhängigkeit von ihrer Dauer* als Ausfallzeiten gewertet werden sollen. Der Inhalt der Erläuterungen gilt nur, wenn er vereinbart ist. Andernfalls bleibt es bei der Auslegung, wie sie zu Beginn dieser Rz dargelegt wurde. Nach den Erläuterungen zu § 8 Nr. 2 b) K soll deswegen folgende Vereinbarung getroffen werden: "Die Funktionsprüfung soll mit einer betriebsbereiten Anlage beginnen."

2. Art der Nutzung, insb. "ablauffähige Programme" (Nr. 1 I. 4 und 5)

9 Art der Nutzung: Die Erläuterungen führen hierzu aus: "Während der Abnahmeperiode - also in der Zeit ab Mitteilung der Betriebsbereitschaft durch den Auftragnehmer bis zur Abnahme der Anlage oder Geräte durch den Auftraggeber - ist die tägliche Nutzungszeit der Anlage oder Geräte und die Art ihrer Nutzung grundsätzlich nicht eingeschränkt", bei Miete insb. deswegen, weil der AG nach der Abnahme rückwirkend für 30 Tage Miete zu zahlen hat. "Ob der Auftraggeber während der Abnahmeperiode ausschließlich Arbeiten im Rahmen der Funktionsprüfung durchführt oder außerhalb der Funktionsprüfung andere Arbeiten auf der Anlage oder den Geräten vornimmt (z.B. Programmtest oder sonstige Arbeiten mit nicht auf vergleichbaren Anlagen erfolgreich geprüften Programmen) ist seiner Entscheidung überlassen.
Während der Funktionsprüfung betreibt der Auftraggeber die Anlage unter normalen Arbeitsbedingungen und für den vorgesehenen Einsatzzweck. Dies schließt den Einsatz von Prüfprogrammen nicht aus."
Daß die Anlage wegen der Zuverlässigkeitsprüfung während der Funktionsprüfungszeit möglichst weitgehend ausgelastet wird, entspricht dem Sinn der Funktionsprüfung.

10 Einsetzbare Programme: Nach Nr. 1 I. 4 können alle Programme des AG während der *Funktionsprüfung* eingesetzt werden, deren *Ablauffähigkeit* auf vergleichbaren Systemen (nicht: Anlagen, wie es im Text heißt) *festgestellt* wurde. Es ist auch zulässig, solche Programme einzusetzen, die auf diesem System - u.U. außerhalb der Funktionsprüfungszeit - ausgetestet wurden, so daß deren Ablauffähigkeit geprüft ist.
Der AG ist nicht gehindert, auch während der Funktionsprüfungszeit *ungeprüfte Programme* einzusetzen; andernfalls wäre die Mietzahlung nicht zu rechtfertigen. Die Erläuterungen führen zu der Frage, inwieweit Ausfälle *dann* in die Funktionsprüfung eingehen, aus: "Werden einvernehmlich während der Funktionsprüfung Programme eingesetzt, die nicht auf vergleichbaren Anlagen erfolgreich geprüft sind, so stellen bei Ausfall Mieter und Vermieter gemeinsam fest, wer diesen Ausfall zu vertreten hat. In Zweifelsfällen obliegt der Nachweis dem Mieter. Die hierfür aufgewendeten Zeiten sind Nutzungszeiten." (s. Rz 11 zu dem Fall, daß kein Einvernehmen erzielt worden ist).

"Außerdem" dürfen diejenigen *Programme* des AG eingesetzt werden, *deren Unterstützung durch das neue System* vom AN *zugesagt* worden ist. Bei einem Systemwechsel geht es dem AG in erster Linie darum, daß seine vorhandenen Programme von dem neuen System uneingeschränkt oder unter festgelegten Einschränkungen verarbeitet werden (s. Rz 33 zu Nr. 2 I d). Dies sind im Zweifel alle vorhandenen Programme, so daß nur ein Rest unter Nr. 1 I. 4 fällt, es sei denn, daß der AG auf die entsprechende Zusage des AN verzichtet hat.

11 Bestimmung der Programme: Die Programme, die unter Nr. 2 I d) fallen, werden in der LB angegeben bzw. beschrieben. Eine besondere Überprüfung dieser Programme auf ihre Ablauffähigkeit vor dem Systemwechsel ist nicht vorgesehen und ist idR nicht sinnvoll, insb. wegen der Menge der Programme (s. Rz 33).
Die restlichen Programme sollen gem. Nr. 1 I. 4 überprüft sein, wobei das System dafür gem. Nr. 1 I. 5 gemeinsam festgelegt wird. IdR dürfte auch dieses System das beim AG vorhandene sein. Der Sinn von Nr. 1 II. 4 liegt darin, nicht ausgetestete und damit fehleranfällige und im Zweifelsfall nicht hinreichend dokumentierte Programme auszuschließen. Deswegen sollten alle Programme, also auch die nach Nr. 2 I d), bestimmten Standards unterworfen werden, insb. hinsichtlich der Dokumentation. § 9 Nr. 1 II, wonach der AG die für die Fehlersuche erforderliche Dokumentation zu liefern hat, gilt hier ohnehin. Anderenfalls darf diejenige Zeit nicht in die Bewertung eingehen, während der der AN prüft, ob es sich überhaupt um einen Fehler des Systems handelt (s. ähnlich Rz 16).

12 Die Erläuterungen zu § 8 K - übertragen auf die BVB-Miete - führen zu der Überprüfung der Programme nach Nr. 1 I. 4 an: "Um zu vermeiden, daß während der Funktionsprüfung Auseinandersetzungen darüber entstehen, welche Programme ablauffähig sind oder nicht, bedarf es bei Vertragsabschluß eindeutiger Vereinbarungen zwischen Mieter und Vermieter darüber, wie und auf welchen Anlagen die Ablauffähigkeit dieser Programme geprüft und festgestellt wird. Dabei sollte auch die Möglichkeit vorgesehen werden, daß die Prüfung auf Ablauffähigkeit auch auf der gemieteten Anlage während der Abnahmeperiode außerhalb der Funktionsprüfung erfolgen kann. Ferner sollte bereits bei Vertragsschluß die Kostenfrage angesprochen und insbesondere verbindlich vereinbart werden, wer die Kosten für das Austesten der Programme auf den vereinbarten Anlagen zu tragen hat." Dazu ist folgendes klarzustellen:
- Nr. 1 I. 4 verlangt keine gemeinsame Prüfung der Ablauffähigkeit; Einvernehmen ist nur nach Nr. 1 I. 5 dahingehend erforderlich, welche Anlagen vergleichbar sind. Der AG hat die Ablauffähigkeit allein zu überprüfen (s. aber auch Rz 11).
- Die Prüfung kann auch vor Vertragsschluß und laufend nach ihm erfolgen, sogar noch nach Installation des neuen Systems.

- Kosten entstehen nur in besonderen Fällen.
- Werden ablauffähige Programme während der Funktionsprüfung geändert, so sind sie nach erneuter Überprüfung (Freigabe) wieder ablauffähig.

3. <u>Fehlermeldung (Nr. 1 II)</u>

13 Die Regelung ist überflüssig, da § 14 Nr. 2, 2 die Fehlermeldung bereits für die gesamte Mietdauer und in gleicher Weise wie hier regelt (s. dort Rz 4). § 14 Nr. 2, 2 gilt bereits während der Funktionsprüfung (s. Rz 5). Außerdem gilt § 9 Nr. 1 II über die Hilfe des AG bei der Fehlersuche (s. dort Rz 15).

14 Daß der AG verpflichtet ist, den AN *unverzüglich* von einem Mangel zu unterrichten, ist eigentlich nur sinnvoll, wenn die Zeit zwischen Auftreten des Fehlers und Fehlermeldung als Ausfallzeit zu Lasten des AN gerechnet wird. Dies kann aber nicht angenommen werden. In § 8 ist nicht bestimmt, wann die Ausfallzeit beginnt. In § 9 Nr. 4 I. 1 wird klargestellt, daß die Ausfallzeit für die Gewährleistung mit dem Zeitpunkt der Störungsmeldung beginnt. Dort sollte die Ausfallzeit ursprünglich mit dem Auftreten des Fehlers beginnen; später wurde dann aber auf den Zeitpunkt der Fehlermeldung abgestellt. In § 8 ist die Frage anscheinend übersehen worden; die Regelung muß entsprechend § 9 Nr. 4 ergänzt werden. Die Erläuterungen gehen davon aus (s. Rz 8).
Dem steht nicht entgegen, daß das Wort "unverzüglich" dann ohne Bedeutung wäre. In § 14 Nr. 2, 2 heißt es ebenso "unverzüglich"; dennoch beginnt die Ausfallzeit nach § 9 Nr. 4 I. 1 i.V.m. § 14 erst mit der Fehlermeldung. Das Wort "unverzüglich" dürfte nur als Anweisung an den AG gemeint sein, seine Rechte durch unverzügliche Mitteilung zu wahren.

15 Die Zeit zwischen Auftreten der Störung und Fehlermeldung dürfte nicht ohne weiteres als Nutzungszeit anzusehen sein. Das würde nämlich dazu führen, daß der AG jede Störung alsbald melden würde. Da ein großer Teil aller Störungen auf Fehler des AG (Bedienungsfehler, Programmfehler) zurückzuführen ist, sollte dieser erst einmal überprüfen, ob ein Eingreifen des AN überhaupt erforderlich ist. Die dafür erforderliche Zeit sollte als neutrale Zeit angesehen werden. So lange dies in den Bedingungen für die Funktionsprüfung nicht klargestellt ist, muß die Zeit allerdings als Nutzungszeit angesehen werden.

16 <u>Anschluß von Geräten anderer Hersteller während der Funktionsprüfung:</u> S. zu der Frage PT 2 Rz 22. Der Anschluß kann es dem AN u.U. erschweren, Fehler seiner eigenen Geräte oder Programme zu lokalisieren. Es kann deswegen angemessen sein, die Ausfallzeit einzuschränken, z.B. durch folgende Formulierung: "Werden Geräte anderer Hersteller während der Funktionsprüfung angeschlossen, so beginnt die Ausfallzeit für ein Gerät/Programm erst zu dem Zeit-

punkt, zu dem der Auftragnehmer einen Fehler seinem Gerät/Programm zuordnen kann; es sei denn, daß die Fehlersuche offensichtlich nicht durch den Anschluß solcher Geräte erschwert wird. Stellt sich heraus, daß der Fehler in einem Gerät/Programm des Auftragnehmers liegt, so wird auch die Zeit zwischen der Störungsmeldung und dem Beginn der Fehlersuche als Ausfallzeit gerechnet." (s. Abb. 7)

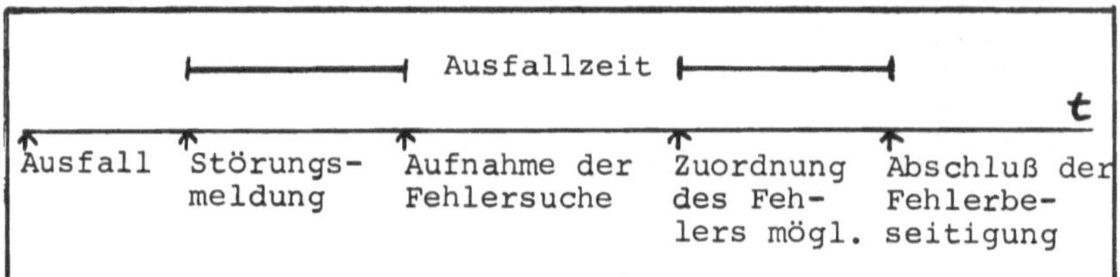

Abb. 7

Es wird nicht verkannt, daß der Wartungstechniker den Zeitpunkt, zu dem er den Fehler bei ordnungsgemäßer Arbeit hätte zuordnen können, u.U. nicht widerlegbar hinausschieben kann.
Ohne eine solche Formulierung gilt folgendes: Wird die Fehlerlokalisierung im Einzelfall tatsächlich erschwert, so hat der AN die zusätzliche Dauer des Ausfalls nicht zu vertreten. Diese Zeit ist gemäß § 8 Nr. 2 II. 1 neutrale Zeit.

III. Beurteilung der Funktionsprüfung

1. Gegenstände und Maßstäbe, Einfluß auf die Abnahme (Nr. 2)

17 Die Gegenstände der Funktionsprüfung sind in Nr. 2 I a) - d) aufgeführt. Es sind dies die Leistungsfähigkeit und die Zuverlässigkeit jeweils von Hardware, Grundsoftware und sonstiger Software; inwieweit die sonstige Software einer Zuverlässigkeitsprüfung unterliegt, ist nicht eindeutig (s. Rz 30). Bei der Leistungsfähigkeit ist jeweils zwischen der Erfüllung der Funktionen und dem Leistungsverhalten (Verbrauch an Zeit oder Betriebsmitteln) zu unterscheiden.
Die Erläuterungen zu Nr. 2 I a) fordern auf, Prüfungs*gegenstände* hinsichtlich der Leistungsfähigkeit und Prüfungs*maßstäbe* hinsichtlich der Zuverlässigkeit von Hardware und Software zu vereinbaren. Die Erläuterungen zu § 2 K wiederholen und ergänzen dies (s. Rz 3 zu § 2 M).

18 Bei unwesentlichen Mängeln darf der AG die Abnahme nicht verweigern, sondern muß nach Treu und Glauben unter dem Vorbehalt der Mängelbeseitigung abnehmen (s. § 640 II BGB).
Ist die Funktionsprüfung nur für einzelne Einheiten erfolglos, so ist der AG ebenfalls zur Abnahme unter dem Vorbehalt, daß die restlichen Einheiten noch die Funk-

tionsprüfung bestehen, verpflichtet. (Die Mietminderung für das System richtet sich nach § 9 Nr. 5).

> Ein peripheres Gerät ist zu mehr als 10% ausgefallen und arbeitet immer noch nicht zuverlässig; die Ausfallquote des Systems beträgt aber weniger als 10%.

19 Die Beweislast liegt beim AG. Die Formulierung, daß die Funktionsprüfung erfolgreich sein muß, darf nicht als Beweislastregelung verstanden werden; denn dann müßte der AN dies beweisen, um vom AG die Abnahmeerklärung verlangen zu können. Da der AG die Funktionsprüfung durchführt, muß er sich darauf berufen, daß die Funktionsprüfung nicht erfolgreich war, wenn er die Abnahme verschieben oder verweigern will. Wie Nr. 4 zeigt, trägt der AG das Risiko dafür, daß genügend tatsächliche Erfahrungen vorliegen, um über den Erfolg entscheiden zu können.

20 Die zeitliche Komponente der Funktionsprüfung: Die Erläuterungen führen aus: "Voraussetzung für die Abnahme gem. Nr. 2 Satz 1 ist eine erfolgreiche 30-tägige Funktionsprüfung. Die Funktionsprüfung gilt als erfolgreich, sobald während einer Periode von 30 aufeinanderfolgenden Kalendertagen alle Voraussetzungen gem. Nr. 2 a bis 2 d erfüllt sind. Treten im Rahmen der Regelung gem. Nr. 2 b Ausfallzeiten auf und liegen diese Ausfallzeiten über 10% der Summe der Nutzungszeit und der Ausfallzeit, verschiebt sich der Prüfungszeitraum so lange um je einen Tag, bis in einer zusammenhängenden Periode von 30 aufeinanderfolgenden Kalendertagen die Ausfallzeit 10% nicht mehr überschreitet."
Richtig ist, daß die *Zuverlässigkeit* zeitraumbezogen zu beurteilen ist. Die *Leistungsfähigkeit* muß hingegen nicht während dreißig Tagen, also schon am ersten Tag, sondern so rechtzeitig vor dem Ende der Funktionsprüfung erfüllt sein, daß der AG mit hinreichender Sicherheit den positiven Ausgang beurteilen kann. Die Funktionsprüfung verlängert sich nur so lange, bis ein Urteil möglich ist, höchstens aber um 30 Tage.

> Verbessert der AN das Antwortzeitverhalten eines Terminalsystems für Auskunftszwecke während der Funktionsprüfung, so daß die Anforderungen am 25. Tag erfüllt sind, so kann der AG nicht von da an den 30-Tage-Zeitraum zählen, sondern kann die Funktionsprüfung nur so lange verlängern, daß er das Leistungsverhalten intensiv austesten kann.

Dem steht nicht entgegen, daß der AG nach der Abnahme für 30 Tage rückwirkend Miete zahlen muß, was er nur tun will, wenn er das System auch entsprechend genutzt hat. Denn der Mietzins wird gem. § 9 Nr. 5 entsprechend der Nutzungseinschränkung gemindert (s. Rz 5). (Ausfälle in dieser Zeit belasten den AN zwar doppelt, s. Rz 5 zu § 9 M. Das ist aber unangemessen und darf nicht als Argument herangezogen werden, um auch hier eine doppelte Abdeckung zu begründen).

2. Leistungsfähigkeit der Hardware und der Grundsoftware (Nr. 2 I a)

21 Die Erläuterungen führen aus: "Für die Anwendung der Nr. 2 a) ist es von besonderer Bedeutung, daß sowohl über die Anlage oder Geräte wie auch über die Grundsoftware Festlegungen, insbesondere über zugesicherte Eigenschaften, getroffen werden. Dies kann durch Spezifikationen und Beschreibungen des Vermieters, aber auch dadurch geschehen, daß darüberhinaus der Mieter besondere Anforderungen stellt, die vom Vermieter bestätigt werden." Maßgeblich ist, was in die LB aufgenommen ist; der Wortlaut von § 8 Nr. 2 I a) K soll das verdeutlichen. (Die Spezifikationen des AN werden durch die Aufnahme in die LB zu vertraglichen Spezifikationen; die Angabe des AN soll nur auf die wahrscheinliche Herkunft der Spezifikationen hinweisen). Die BVB-Miete kennen keine zugesicherten Eigenschaften (s. Rz 8 zu § 9); die BVB-Kauf kennen sie zwar, knüpfen daran aber keine anderen Rechtsfolgen als an normale Eigenschaften (s. Rz 9 zu § 9).
"Zu diesem Zweck kann in der Leistungsbeschreibung z. B. auf das Angebot des Vermieters, auf Broschüren, technische Beschreibungen und sonstige Unterlagen des Vermieters Bezug genommen werden, die, soweit erforderlich, der Leistungsbeschreibung beizufügen sind. Ggfs. können weitere Kriterien für eine Beurteilung, z.B. Festlegung des Rechenzeitbedarfs bestimmter Programme, Übertragungssicherheit usw. vereinbart werden.
Mängel an der Grundsoftware können nur dann zu einer Nichtabnahme gem. Nr. 2 a) führen, wenn hierdurch in der Leistungsbeschreibung festgelegte und für die Aufgabenstellung des Mieters wesentliche Funktionen der Anlage oder Geräte nicht oder nicht voll erfüllt werden." Mit der Aufgabenstellung ist nicht die fachliche Aufgabe (Finanzwesen, Krankenhauswesen) gemeint, sondern die technische Aufgabenstellung, die die anwendungsbezogene Software des AG mit Hilfe des Systems erledigen soll.

22 Die Möglichkeiten, das Betriebsverhalten (Leistungsverhalten des gesamten Systems) zu definieren und in der Funktionsprüfung zu überprüfen, dürfen nicht überschätzt werden. Der AN wird nur (elementare) Leistungseigenschaften festlegen wollen (Zykluszeiten, Zugriffszeiten); der AG möchte zugesagt haben, daß das System *seinen* Anforderungen gewachsen ist (s. Hartmut Wedekind, Systemanalyse, Die Entwicklung von Anwendungssystemen für Datenverarbeitungsanlagen, München 1973, S. 88 f und 118 ff). Abgesehen davon, daß dies auch von der Systembedienung des Anwenders und der Optimierung in der Praxis abhängt, ist der Betrieb "so verwickelt, daß der berechenbare Anteil bei der Vorhersage des Betriebsverhaltens noch sehr gering ist" (Wedekind aaO S. 89), auch wenn "im Laufe der Zeit ... Methoden zur Vorhersage des Betriebsverhaltens

... entwickelt worden (sind), die an Kompliziertheit nichts zu wünschen übrig lassen." Das Betriebsverhalten läßt sich nicht in eindeutigen Dimensionen beschreiben, so daß man sich auf aufgabenbezogene oder komponentenbezogene (Teil)Meßwerte beschränken muß.
Eine Zwischenstufe bilden Instruktionsmixe, Programmixe und synthetische Jobs, die in immer komplexerer Form fiktive Aufgaben beinhalten und das spezifische Aufgabenprofil möglichst gut widerspiegeln (s. Wedekind aaO S. 124 ff; Beispiele für Kleinrechnersysteme bei Göhring, Übersicht über Architektur und Leistung von Kleinrechnern, ÖVD 1974, 469 ff). Optimal sind für den AG allerdings erst absolute Aussagen, die sich auf seine spezifischen Anforderungen beziehen. Der AN kann sie nur verantworten, wenn er sie vorher auf dem System überprüft oder zuverlässig simuliert hat (s. Wedekind aaO S. 128 ff). Beides setzt voraus, daß die Anwenderprogramme bereits vorhanden sind. Die Überprüfung kann sich wegen des Aufwands meist nur auf wenige repräsentative Programme beziehen (Benchmark-Test).

3. <u>Zuverlässigkeit der Hardware und der Grundsoftware (Nr. 2 I b)</u>

3.1 <u>Einleitung</u>

23 Prüfungsgegenstand ist die Zuverlässigkeit des Systems; Prüfungsmaßstab ist seine Ausfallrate. Die Ausfallzeiten der *Hardware* gehen in die Berechnung unmittelbar ein, die Ausfallzeiten der *Grundsoftware* mittelbar, indem die Zeiten zugrunde gelegt werden, während der die durch den Ausfall der Grundsoftware betroffene Hardware nicht genutzt werden konnte (zur Zurechnung s. GZ 3 Rz 18 f).
Der Ausfall *sonstiger Software* soll nach dem Modell in den <u>Erläuterungen</u> zu § 8 Nr. 2 b) bei der Berechnung der Ausfallrate unberücksichtigt bleiben (s. Rz 30); die sonstige Software würde danach nicht auf ihre Zuverlässigkeit überprüft. Die Erläuterungen wollen die Zuverlässigkeit der sonstigen Software anscheinend innerhalb der Leistungsfähigkeit überprüfen, wenn sie zu § 2 K vorschlagen, Grenzwerte für Fehlerhäufigkeiten zu vereinbaren (s. Rz 3 zu § 2 M. Die Erläuterungen schlagen vor, für alle Hardware und Software solche Grenzwerte zu § 8 Nr. 2 I a), c) und d) einzuführen, nicht aber zu b), wo die Zuverlässigkeitsprüfung geregelt ist. Es dürfte sachgerechter sein, die Fehlerfreiheit von Software der Zuverlässigkeitsprüfung zuzuordnen. Softwarefehler sind keine Fertigungsfehler, sondern - kleinere - Konstruktionsfehler, so daß der Übergang von der Zuverlässigkeitsprüfung zur Leistungsprüfung fließend ist).
Es sollte das ganze System einer Gesamtzuverlässigkeitsprüfung unterworfen werden. Der Wortlaut von b) läßt dies zu. Die Einschränkung in dem Modell sollte nicht in die Vereinbarung über die Funktionsprüfung aufgenommen werden.

24 <u>Maßstab für die Zuverlässigkeit:</u> Die vom AN zu vertreten-

de Ausfallzeit darf für 30 aufeinanderfolgende Tage bei einer Nutzungszeit von mindestens 100 Stunden nicht mehr als 10% der Summe aus Nutzungszeit und Ausfallzeit betragen. Der Ausfall wird stets auf das System bezogen; Teilausfälle müssen also in Systemausfälle umgesetzt werden (s. Rz 27 ff. Im Text heißt es versehentlich "zu vertretene" anstatt "zu vertretende" Ausfallzeit).

25 Funktionsprüfungszeit: Die Erläuterungen erklären sie, wenn sie auch von Nutzungszeit sprechen (s. zu den Begriffen Rz 26, 37, 42), als *vorgesehene Nutzungszeit:* "Nutzungszeit ist im Rahmen der Funktionsprüfung die Zeit, in der die hierfür vorgesehenen Programme ablaufen. Die Nutzungszeit wird entsprechend den für die Funktionsprüfung vorgesehenen Arbeiten täglich geplant. Die Funktionsprüfung soll mit einer betriebsbereiten Anlage beginnen. Anfang und Ende der Funktionsprüfung werden protokolliert." Anzumerken ist:
- Wie die tägliche Funktionsprüfungszeit festgelegt wird, bleibt den Parteien überlassen (s. Rz 7).
- Es *kann* vereinbart werden, daß die tägliche Funktionsprüfung mit einem betriebsbereiten System beginnen soll, daß also Ausfälle, die außerhalb der Funktionsprüfungszeit beginnen, die Funktionsprüfung nicht beeinträchtigen sollen (neutrale Zeit bis zur Fehlerbeseitigung; s. Rz 8). Wird nichts vereinbart, so zählen die Ausfälle *grundsätzlich* von Beginn der nächsten Funktionsprüfungszeit an (s. Rz 8). Zählen sie ausnahmsweise nicht, so führen sie zu neutraler Zeit.

Bereinigte Funktionsprüfungszeit: Von der täglichen Funktionsprüfungszeit ist die neutrale Zeit abzuziehen.
Neutrale Zeit: Nicht nur außerhalb der täglichen Funktionsprüfungszeit gibt es neutrale Zeit (s. Rz 7), sondern auch *innerhalb:* Alle diejenige Zeit ist als neutral zu werten, während der Geräte aus Gründen nicht genutzt werden können, die der AN nicht zu vertreten hat, d.h. die nicht die Funktionsfähigkeit der Geräte betreffen und deswegen nicht als Ausfallzeiten gewertet werden dürfen. Die BVB behandeln neutrale Zeit in Nr. 2 II. 2, wenn sie ganze Tage dauert (s. Rz 35). Dazu gehören z.B. auch Zeiten für vereinbarte Instandhaltungsarbeiten, Ausfallzeiten durch äußere Einwirkungen (Stromausfall). Dazu gehört auch der Fall, daß Geräte ausfallen, die zwar zu dem der Funktionsprüfung unterliegenden System gehören, die aber nicht selber der Funktionsprüfung unterliegen, sei es, daß sie bereits vorher abgenommen worden sind oder daß es sich um Geräte dritter Lieferanten handelt (s. PT 2 Rz 22).

26 Nutzungszeit ist erfolgreiche Funktionsprüfungszeit oder im Sprachgebrauch der Erläuterungen die tatsächliche Nutzungszeit innerhalb der vorgesehenen Nutzungszeit (zu den Begriffen s. Rz 25, 37, 42).

<u>Ausfallzeit:</u> "Die vom Vermieter zu vertretende Ausfallzeit ist die Zeit, in der Geräte keine oder fehlerhafte Leistungen erbringen oder fehlerfreie Geräte dem Vermieter auf dessen Verlangen zur Störungsbeseitigung fehlerhafter Geräte zur Verfügung gestellt werden. Die Ausfallzeit beginnt bei gestörten Geräten mit der Fehlermeldung, bei den übrigen Geräten mit der Überlassung der Geräte an den Vermieter. Die Ausfallzeit endet mit der Übergabe der Geräte an den Mieter. Macht der Mieter den Gesamtausfall der Geräte geltend, so stellt er diese dem Vermieter zur Verfügung."

3.2 <u>Bestimmung der Ausfallzeit</u>

27 Die Zuverlässigkeit des Systems ist fast so schwierig zu beurteilen wie sein Betriebsverhalten. Bei einzelnen Geräten oder kleinen Systemen lassen sich einfache Maßstäbe aufstellen, nach denen bestimmt wird, ob das Gerät/System genutzt werden kann oder nicht.
Bei größeren Systemen reicht ein auf die einzelnen Einheiten abgestellter Maßstab nicht aus, da das System bei Teilausfällen idR beschränkt nutzbar bleibt. Das bedeutet, daß die Einzelverfügbarkeit zwar für jede Einheit einzeln geprüft werden muß; darüberhinaus muß aber die Verfügbarkeit der einzelnen Einheiten auch auf die Verfügbarkeit des Systems bezogen werden. Dabei reicht es nicht aus, die Verfügbarkeit des Systems danach zu beurteilen, ob einzelne Einheiten über 10% Ausfall gehabt haben und dies die Zuverlässigkeit des gesamten Systems in Frage stellt. 10% Ausfall des Systems dürften nicht nur ein Mehr an Ausfall sein; vor allem fehlt es am Maßstab, die Gesamtausfallrate zu bestimmen.
Dieser Maßstab kann auf zwei Weisen definiert werden:
- Das System kann nur die Zustände Nutzbarkeit oder Ausfall annehmen; Teilausfälle müssen nach einem Hilfsmaßstab einem der beiden Zustände zugeordnet werden. Dieses Modell ist einfacher und in gewisser Weise realitätsnäher, weil die Ausfallzeiten in Uhrzeiten gemessen werden.
- Das System kann beliebige Zustände zwischen voller Nutzbarkeit und Totalausfall annehmen. Bei Teilausfällen wird die Funktionsprüfungszeit in Nutzungszeit und Ausfallzeit aufgespalten, indem sie mit dem Grad der Nutzungseinschränkung gewichtet wird. Also muß ein Maßstab für die Nutzungseinschränkung festgelegt werden.

Beide Modelle sollen nicht die Verfügbarkeit einer solchen Konfiguration an sich, sondern ihre Verfügbarkeit für die konkreten Nutzungsbedürfnisse des AN bestimmen. Werden Teilausfälle der Einfachheit halber dennoch auf eine solche Konfiguration bezogen gemessen, so müssen beide Modelle um eine Regelung ergänzt werden, die die konkreten Anforderungen berücksichtigt. Dies kann z.B. dahingehend erfolgen, daß der AG von einem bestimmten Grad der Nutzungseinschränkung an das System zur Verfügung stellen und Gesamtausfall geltend machen kann. Damit wird auch die progressive Nutzungseinschränkung beim Ausfall mehrerer Einheiten berücksichtigt (s. aber auch PT 2 Rz 12 am Ende). Insoweit sind beide Modelle gleichermaßen unabhängig davon, wie weit der Auftraggeber unter Produktionsdruck steht, d.h. bei Teilausfällen gar nicht in der Lage ist, das System zur Verfügung zu stellen. Beim zweiten Modell gehen auch Teilausfälle, bei denen der AG keinen Gesamtausfall geltend gemacht hat, in die Ausfallrate ein. Damit wird die Ausfallrate realitätsnäher und für den AG günstiger bestimmt.

28 Die Bestimmung der Nutzungsminderung läßt sich bei beiden Modellen beliebig verfeinern, was zu Gruppen von Modellen führt. Dabei tauchen dieselben Ansatzpunkte für die Verfeinerung in den beiden Modellgruppen auf (s. PT 2 Rz 2 ff): Bei der ersten Gruppe dienen sie der Bestimmung, ob der AG das System zur Verfügung stellen darf; bei der zweiten dienen sie der Bestimmung der Ausfallzeit selber.

29 Die Erläuterungen (zu § 8 K) schlagen ein Modell für die Bestimmung von Nutzungs- bzw. Ausfallraten und damit von Nutzungs- bzw. Ausfallzeiten vor, das zur zweiten Gruppe gehört. Es wird in PT 2 Rz 17 ff erörtert.

4. Leistungsfähigkeit und Zuverlässigkeit der sonstigen Software (Nr. 2 I c)

30 Die Erläuterungen führen aus: "Die Anlage oder Geräte werden nicht abgenommen, wenn die in der Leistungsbeschreibung unter Nr. 14 aufgeführte übrige Software (Programmtyp a) und Programmtyp b)) Mängel aufweist (bei Kauf: nicht den dort festgelegten Spezifikationen und zugesicherten Eigenschaften entspricht), so daß die vorgesehenen Aufgaben nicht wahrgenommen werden können, und zwar auch dann nicht, wenn im übrigen die Ausfallzeit der Anlage oder Geräte gem. Nr. 2 b) unter 10% liegt." Die Erläuterungen weisen darauf hin, daß hier nur die Leistungsfähigkeit geprüft wird. Die Zuverlässigkeit kann - und soll m.E. - innerhalb der Zuverlässigkeit des Systems beurteilt werden (s. Rz 23). Bei Bedarf sollten zusätzlich besondere Prüfungsmaßstäbe für diese Software vereinbart werden (s. PT Rz 25). Denn Mängel solcher Software führen kaum zu meßbaren Beeinträchtigungen der Nutzung der Hardware (s. GZ 3 Rz 18 f), werden also bei der Zuverlässigkeitsprüfung nach Nr. 2 I b) nicht hinreichend berücksichtigt.

31 Gegenstand der Prüfung der Leistungsfähigkeit sind die Spezifikationen in der LB, die in erster Linie vom AN stammen (so § 8 Nr. 2 I c) K). Dabei soll, da es sich um eine Funktionsprüfung für ein System handelt, besonders geprüft werden, ob diese Programme auch ihre Funktionen innerhalb des Systems (einschl. des Leistungsverhaltens) erfüllen. Dies ist mit der Formulierung in Nr. 2 I c) gemeint, daß die Software ihren Zweck erfüllen muß, so daß die Aufgaben wahrgenommen werden können.
Wenn die Definition und die Messung des Leistungsverhal-

tens von *Hardware* und *Grundsoftware* schon sehr schwierig ist (s. Rz 22), dann dürfte dies hier fast unmöglich sein. Der AG wird seine Anforderungen an die Programme kaum so genau definieren können, daß sie überhaupt vertraglich festlegbar und damit nachprüfbar sind. Der AN wird ohne vorherige Überprüfung keine Zusagen zum Leistungsverhalten seiner Software unter den Anforderungen des AG machen (können). Kommt es auf die Funktionen, erst recht aber auf das Leistungsverhalten entscheidend an, hilft nur ein Test vor Vertragsschluß.

32 Gegenstand der Prüfung der Zuverlässigkeit ist die Menge und die Schwere auftretender Fehler, u.U. noch ihre zeitliche Verteilung.
Es liegt nahe, ein Modell wie bei der Beurteilung der Zuverlässigkeit der Hardware und Grundsoftware einzuführen (s. Rz 27 f). Dies dürfte aber nicht möglich sein.
Erstens ist die sonstige Software keine Einheit für sich; es könnten nur die einzelnen Programme beurteilt werden. Die Fehler müßten *zweitens* gewichtet werden. Ein Ansatz dafür ist nicht zu sehen. Soweit sie die Nutzbarkeit des Systems beeinträchtigen, können sie in der Prüfung nach Nr. 2 I b) berücksichtigt werden (s. Rz 23).
Drittens kann kaum eine sachgerechte zeitliche Komponente eingeführt werden. Fehler sollten (außer wenn sie sich unter Nr. 2 I b) auswirken) nicht bis zu ihrer Beseitigung als Ausfallzeit in die Ausfallrate eingehen.
Es ist einfach nicht üblich (und sollte es aus Kostengründen auch nicht werden), die sofortige Beseitigung kleinerer Softwarefehler zu verlangen.
Es wäre also allein auf das Auftreten von Fehlern abzustellen. Die absolute Zahl von Fehlern besagt nichts über die Zuverlässigkeit des Systems, da diese Zahl von der Einsatzhäufigkeit der Programme abhängig ist. Es müßte auf die relative Fehlerhäufigkeit abgestellt werden (=Anzahl der Fehler/Benutzungshäufigkeit). Es ist allerdings sehr aufwendig, die Benutzungshäufigkeit der einzelnen Programme festzuhalten. Sonderprobleme liegen darin,
- daß der AG Fehler wiederholen kann; deswegen dürfte jeder Fehler nur einmal zählen (auf die Gewichtung ist bereits verzichtet worden),
- daß der AG Fehler provozieren kann (von deren Vorhandensein er leicht erfahren kann, z.B. aus Mitteilungen des Herstellers an die Anwender).

Die Praxis benutzt - wenn überhaupt - nur wenige vergröbernde Maßstäbe (Beispiele in PT 2 Rz 25).

5. Ablauffähigkeit der Software des AG (Nr. 2 I d))

33 Die Erläuterungen führen aus: "Die Anlage oder Geräte werden ferner nicht abgenommen, wenn die in der Leistungsbeschreibung unter Nr. 14 aufgeführten ablauffähigen Programme des Mieters, zu deren Nutzung die Anlage oder Geräte beschafft wurden (Programmtyp c), von der Anlage oder den Geräten bzw. der Grundsoftware nicht verarbeitet

werden, und zwar auch dann nicht, wenn im übrigen die Ausfallzeit gemäß Nr. 2 b) unter 10% liegt."
Im Grunde handelt es sich um eine Eigenschaft des Systems, in erster Linie der Grundsoftware (so wird die Unterstützung in § 9 Nr. 6 III behandelt, s. dort Rz 49), daß es nämlich bestimmte Programme unterstützt, und zwar in gleicher Weise oder ähnlich, wie es das alte System getan hat. Wäre diese Eigenschaft nicht ausdrücklich erwähnt, würde sie unter § 8 Nr. 2 I a) fallen: Es geht um Kompatibilität von altem und neuem System (s. Rz 11). Die Grundsoftware kann diese Eigenschaft von vornherein besitzen. Es kann aber auch erforderlich sein, daß die Programme neu übersetzt und/oder gebunden werden und die Dateien des Auftraggebers umgestellt werden; u. U. ist der Einsatz besonderer Umsetzprogramme nötig, oder sind bestimmte manuelle Umstellungen vorzunehmen. Dies alles bedarf der Vereinbarung.
Die Programme brauchen und sollten nicht in MS 14 aufgeführt werden, sondern ihre systemtechnischen Bedingungen, nämlich mit welchem System die Ladeprogramme und Dateien (!) erzeugt worden sind. Alle Programme, auch die, die nach Vertragsschluß erzeugt worden sind, müssen verarbeitet werden und können es auch, wenn dasselbe System benutzt worden ist. Will der AG zwischen Vertragsschluß und Installation sein System ändern, insb. eine andere Version von Compilern einsetzen, muß er von vornherein bzw. nachträglich für die Zusicherung sorgen, daß das neue System auch Programme unterstützt, die durch jene Version des Compilers erzeugt worden sind.

34 Da die Fähigkeit, diese Programme zu verarbeiten, durch die Grundsoftware, u.U. durch die Firmware, bewirkt wird, gehen Mängel automatisch in die Berechnung der Ausfallrate nach Nr. 2 I b) ein, wenn sie die Nutzbarkeit der Hardware einschränken. Insofern sind die Erläuterungen zu § 8 Nr. 2 I b) unzutreffend: "Ausfallzeiten aufgrund eines Mangels der übrigen Software gemäß Nr. 2 c) bleiben bei der Berechnung der Ausfallzeiten gemäß Nr. 2 b) unberücksichtigt; dasselbe gilt für Ausfallzeiten, die dadurch entstehen, daß Programme des Mieters gemäß Nr. 2 d) von der Anlage oder den Geräten und der Grundsoftware nicht verarbeitet werden."

IV. Sonstige Regelungen

1. Neutrale Tage und Verlängerung auf Wunsch des AG (Nr. 2 II und Nr. 6 I 2)

35 Tage, an denen das System aus Gründen ausfällt, die der AN nicht zu vertreten hat ("Ausfalltage"), werden in Nr. 2 II. 1 als neutrale Tage behandelt. Da sie keine Auswirkung auf die Ausfall*rate* haben, werden sie für die Berechnung des 30-Tage-Zeitraums mitgezählt (z.B. Tage, an denen der Strom ausfällt). Damit die Funktionsprüfungszeit aber nicht zu kurz ist, die Funktionsprüfung also auf jeden Fall ein hinreichend abgesichertes Ergebnis

ergibt, kann der AG gem. Nr. 2 II. 2 verlangen, daß die Funktionsprüfung um die Zahl dieser Tage verlängert wird (s. Rz 37 zu Nr. 2 I b) und Nr. 4, wo eine Mindestprüfungszeit angestrebt wird). Voraussetzung ist, daß den AG an der Unterbrechung höchstens leichte Fahrlässigkeit trifft.

36 Der AG hat gem. Nr. 2 II. 3 und Nr. 6 I. 2 die Mehraufwendungen, die dem AN aus der Verlängerung der Funktionsprüfungszeit entstehen, zu ersetzen und für diese Tage Miete zu zahlen, wenn er den Ausfall zu vertreten hat. Der unterschiedliche Wortlaut in Nr. 2 II. 3 und Nr. 6 I. 2 (Verschulden bzw. Vertreten) hat nichts zu bedeuten, da der AG nach § 276 I 1 BGB im Zweifel Verschulden zu vertreten hat. Bei Geräten, für die nach der Nutzungszeit abgerechnet wird, zeigen die Zähler für diese Tage keine Zeit an, da die Geräte ja nicht genutzt worden sind. Eine fiktive Stundenzahl muß bei der Abrechnung hinzugerechnet werden (im Zweifelsfall die für diese Tage vereinbarte Dauer der Funktionsprüfung).
Hat der AG die Ausfalltage nicht zu vertreten, liegt also höhere Gewalt vor, ist keine Miete zu zahlen. Eine Pauschalmonatsmiete ist entsprechend zu kürzen; bei Abrechnung nach Zählerstand wird keine Nutzung gezählt (zur Mietzahlung *nach* der Abnahme bei höherer Gewalt s. Rz 4 und 12 zu § 4).

2. Nichterreichen der Mindestnutzungszeit (Nr. 4)

37 Damit die Funktionsprüfung aussagekräftig ist, muß sie einen gewissen zeitlichen Mindestumfang haben. Dieser wird in Nr. 4 mit 100 Stunden "Nutzungszeit" angesetzt. Wird diese Nutzungszeit nicht erreicht, kann sich der AG nicht auf eine möglicherweise höhere, aber nicht hinreichend repräsentative Ausfallrate berufen, wenn er die geringe Nutzungszeit zu vertreten hat. Die Funktionsprüfung gilt als bestanden (wenn es heißt, daß die Anlage "als abgenommen" gilt).
Es dürfte zwar Funktionsprüfungszeit gemeint sein; die wörtliche Auslegung macht aber auch Sinn und führt zu vertretbaren Ergebnissen: Fällt eine Anlage in den ersten 24 Tagen ohne Verschulden des AG so weitgehend aus, daß der AG nur 50 Nutzungsstunden erreicht, verschuldet der AG dann aber einen Ausfall für wenige Tage, so kann er u. U. die 100 Nutzungsstunden = "erfolgreiche Zeit" innerhalb des 30-Tage-Zeitraums nicht erreichen. Der AG braucht aber nur abzunehmen, wenn der AN das Nichterreichen nicht (wegen Ausfall) zu vertreten hat.

38 Der AG ist nur beschränkt, nämlich nach § 242 BGB, verpflichtet, die tägliche Dauer der Funktionsprüfung zu verlängern, um mehr Nutzungsstunden zu erreichen, wenn die Zahl der Nutzungsstunden wegen solcher Ausfälle geringgeblieben ist, die er nicht zu vertreten hat. Denn die tägliche Zeit ist einvernehmlich beschränkt worden (s.

Rz 7). Wie sich aus Nr. 2 II ergibt, kann der AG sogar die Verlängerung der Funktionsprüfung um neutrale Tage verlangen, anstatt die tägliche Dauer zu verlängern.
Hat keine Seite das Nichterreichen von 100 Nutzungsstunden zu vertreten, so kann der AG nach Nr. 2 II die Verlängerung der Funktionsprüfung verlangen. Zur Mietzahlung für die Ausfalltage s. Rz 36.

3. Funktionsprüfung bei Teilleistungen (Nr. 3)

39 Nr. 3 I bestimmt, daß bei Teillieferungen die Funktionsprüfung stufenweise durchgeführt wird, und setzt voraus, daß das System am Ende einer Gesamtfunktionsprüfung unterzogen wird (wenn geregelt wird, daß der AG darauf verzichten kann). Zum Verzicht s. Rz 45.
Diese abschließende Prüfung bedarf wie die Teilprüfungen entsprechender Vereinbarungen. Dadurch stehen alle Teilprüfungen und -abnahmen unter dem Vorbehalt der Gesamtabnahme. Diese kann mit der Funktionsprüfung für die letzte Teillieferung verbunden werden.
Die einzelne Teilprüfung erstreckt sich nicht nur auf die Geräte, sondern auf das Teilsystem. IdR umfaßt die erste Lieferung die Zentraleinheit, die Grundsoftware und die sonstige Software teilweise oder ganz. Die Software kann oft erst mit den weiteren Geräten vollständig ausgetestet werden. Die Teilprüfung hat also zum Gegenstand:
- die Zuverlässigkeit und Leistungsfähigkeit der jeweils gelieferten Hardware und Software
- die Leistungsfähigkeit und Zuverlässigkeit bereits gelieferter Systemteile, die im wesentlichen zusammen mit dieser Teillieferung ausgetestet werden können. Soweit es nur um das Zusammenwirken geht, ist dies erst Gegenstand der Gesamtprüfung.

Der AN wird sich im Zweifelsfall darauf berufen, daß alles, was unter eine vereinbarte Teilleistung fällt, auch im wesentlichen unter der ersten Teilprüfung ausgetestet werden kann, also nicht mehr unter eine weitere Teilprüfung fällt, insb. nicht hinsichtlich der Zuverlässigkeit, sondern nur noch unter die Gesamtprüfung hinsichtlich des Zusammenwirkens.
Die Gesamtprüfung hat in erster Linie das Zusammenwirken der Einheiten zum Gegenstand (Leistung und Zuverlässigkeit). Es wird nicht erneut eine Zuverlässigkeitsprüfung für das gesamte System durchgeführt. Beispiel in PT 2 Rz 30.

40 Die Funktionsprüfung soll gem. Nr. 3 II auch im Falle des Auftragnehmerverzugs stufenweise durchgeführt werden. Hier ergeben sich aber Schwierigkeiten, da die Aufgliederung in Teillieferungen nicht geplant ist, die jeweilige Teillieferung also u.U. nicht einer sinnvollen Funktionsprüfung unterzogen werden kann. Der AG kann hier verlangen, daß Geräte, die in die Teilprüfung einzubeziehen für ihn unzumutbar ist, erst später einbezogen werden. Nutzt er sie, so hat er bis zum Beginn der Funktionsprüfung Miete zu zahlen (s. ähnlich Rz 44). Würde man diese

Zwischenlösung nicht anerkennen, könnte der AG die Nutzung solcher noch nicht sinnvoll prüfbarer Einheiten gem. § 7 Nr. 3 I ablehnen (s. dort Rz 13).

4. Verzicht auf die Funktionsprüfung/Einschränkung (Nr. 3 und 5)

41 Nach Nr. 5 kann auf die Funktionsprüfung verzichtet werden. Die Regelung kann sowohl auf den Zeitpunkt des Vertragsschlusses als auch auf die Zeit danach bezogen werden.
Ein vollständiger Verzicht läßt sich kaum mit den Interessen des AG vereinbaren, so daß es idR um eine Einschränkung gehen dürfte. Auch die Erläuterungen gehen deutlich davon aus, daß die Funktionsprüfung nur eingeschränkt, aber nicht ausgelassen wird: "Die Frage, ob auf eine Funktionsprüfung (Leistungs- und Zuverlässigkeitsprüfung) in der vorgesehenen Form verzichtet werden kann, sollte in aller Regel schon bei Vertragsschluß geklärt werden, so daß (z.B. im Mietschein) festgelegt werden kann, welches Abnahmeverfahren anstelle der Funktionsprüfung tritt. Auf die vorgesehene Funktionsprüfung darf nur verzichtet werden, wenn sie nach gesicherter Erfahrung nicht notwendig oder von der Elektronik und/oder Mechanik der Geräte her sachlich nicht gerechtfertigt ist, wie dies z.B. bei Geräten der mittleren Datentechnik der Fall sein kann."
Bei der Beschaffung zusätzlicher Geräte kann idR eine Funktionsprüfung auf die Einzelverfügbarkeit durchgeführt werden. Soweit dabei die Grundsoftware erweitert wird, kann diese nur einbezogen werden, wenn sie abgrenzbar ist (und nicht eine Reihe von Änderungen an verschiedenen Stellen erhält). Bei der Beschaffung von Zusatzeinrichtungen kann eine Funktionsprüfung aus technischen Gründen nicht möglich oder nicht sinnvoll sein (z.B. bei der Erweiterung des Kernspeichers, bei der Installation von Hardware-Interfaces). S. dazu PT 2 Rz 31 f.
Nr. 5 verlangt Einvernehmen mit dem AN, weil dieser an der Durchführung der Funktionsprüfung im Hinblick auf die Gewährleistung ein eigenes Interesse haben kann. Die Erklärung des AG bedarf der Schriftform; Schweigen des AN bedeutet Zustimmung (als "Einvernehmen" bezeichnet).

42 Die Erläuterungen führen aus: "Kann auf die Funktionsprüfung in der vorgesehenen Form verzichtet werden, hat der Vermieter die Betriebsbereitschaft der Geräte nachzuweisen. Dies kann einmal in der Form geschehen, daß der Vermieter aufgrund seiner technischen Diagnostikprogramme in Anwesenheit der Beauftragten des Mieters die Geräte auf ihr ordnungsgemäßes Funktionieren testet." Ein solcher Nachweis der Betriebsbereitschaft sollte *stets* vor dem Beginn der Funktionsprüfung durchgeführt werden. "Zum anderen kann die in § 8 vorgesehene Funktionsprüfung verkürzt werden, wobei der 30-Tages-Zeitraum und die Mindestnutzungszeit von 100 Stunden entsprechend den

sachlichen Notwendigkeiten reduziert und hinsichtlich der Ausfallzeit der Prozentsatz (10%) der Summe aus Nutzungszeit und Ausfallzeit modifiziert wird." Mit Mindestnutzungszeit dürfte zwar die Mindestfunktionsprüfungszeit gemeint sein; es bestehen aber keine zwingenden Gründe, von der wörtlichen Auslegung abzuweichen (s. ebenso Rz 37). Die Ausfallrate sollte als Maßstab (Prozentsatz) grundsätzlich von der Dauer der Funktionsprüfung unabhängig sein. Bei sehr kurzen Funktionsprüfungen kann es allerdings wegen der Häufigkeitsverteilung von Fehlern angemessen sein, die zulässige Ausfallrate zu senken.

43 Nach Nr. 6 II beginnt die Mietzahlungsverpflichtung "im Falle der Nr. 5 mit dem Tage nach Eingang der Erklärung der Betriebsbereitschaft. Die Regelung geht davon aus, daß auf die Funktionsprüfung verzichtet wird. Wird sie nur zeitlich eingeschränkt, so gelten die Vorschriften für die 30-tägige Funktionsprüfung (Nr. 6 I, Nr. 2 II) entsprechend, wobei ein verkürzter Zeitraum zugrundezulegen ist.

44 Verschiebung der Funktionsprüfung: Der AG kann vor der Situation stehen, die Funktionsprüfung zu Beginn überhaupt nicht (z.B. weil er noch keine Anwenderprogramme hat) oder nicht sinnvoll (z.B. weil er erst mixed hardware installieren will) durchführen zu können. In diesen Fällen sollte er eine Vereinbarung mit dem AN suchen, daß die Funktionsprüfung erst später durchgeführt wird. Eine solche Vereinbarung könnte lauten: "Die Funktionsprüfung beginnt erst am ... Der AG ist von der Erklärung der Betriebsbereitschaft an bis zum Beginn der Funktionsprüfung uneingeschränkt zur Mietzahlung verpflichtet, auch wenn die Funktionsprüfungszeit verlängert wird oder die Funktionsprüfung nicht erfolgreich ist. Vom Beginn der Funktionsprüfungszeit an gilt hinsichtlich der Mietzahlung § 8 Nr. 6."

Der AN wird dem u.U. nur zustimmen, wenn später die Anforderungen an die Zuverlässigkeit herabgesetzt werden, z.B. so wie nach § 9 Nr. 4 I vom AN nur verlangt wird, daß das System mindestens 12 Stunden täglich genutzt werden kann. Es ist durchaus billig, bei einer erheblich später durchgeführten Funktionsprüfung hinsichtlich der Zuverlässigkeit nur auf diesen Maßstab abzustellen. Die Ausfallrate würde dann nur nach Ausfalltagen (Betriebsbereitschaft weniger als 12 Stunden) bestimmt werden.

45 Verzicht auf die Gesamtfunktionsprüfung: Ist die Funktionsprüfung stufenweise durchgeführt worden (s. Rz 39), kann der AG unter den in Nr. 3 I. 2 angegebenen Voraussetzungen auf die Gesamtprüfung verzichten. Nr. 3 verlangt keine Zustimmung des AN und sieht nicht die Schriftform vor.

Der Verzicht kommt in Betracht,

- wenn sich die Gesamtprüfung erst an die Funktionsprüfung für die letzte Teillieferung anschließen soll und

der AG das Zusammenwirken bereits während dieser Teilfunktionsprüfung feststellen kann.
- bei gleichzeitiger Durchführung mit der letzten Teilprüfung, wenn die letzte Teillieferung das System nur quantitativ, nicht aber qualitativ erweitert und das Zusammenwirken z.B. durch den Übergabetest oder durch eine kurze Prüfung dargelegt wird. Auch hier bedeutet Verzicht wie in Nr. 5 eher Einschränkung.

5. A.o. Kündigungsrecht des AG (Nr. 7)

46 Der AG hat ein a.o. (als "fristlos" bezeichnetes) Kündigungsrecht, wenn die Funktionsprüfung aus vom AN zu vertretenden Gründen nicht innerhalb von 100 Kalendertagen erfolgreich abgeschlossen werden kann. In Betracht kommt vor allem, daß innerhalb von 100 Kalendertagen kein 30-Tages-Zeitraum erreicht wird, innerhalb dessen die Ausfallrate 10% nicht übersteigt. Das Kündigungsrecht ist in angemessener Frist auszuüben. Zur Schadensersatzpflicht des AN s. Rz 45 zu § 9.

47 Kündigt der AG nicht, so läuft das Mietverhältnis weiter. Nach Ablauf von 100 Kalendertagen ist Miete zu zahlen. Grundsätzlich braucht der AG zwar erst nach erfolgreicher Funktionsprüfung Miete zu zahlen. Nr. 7 räumt ihm aber ausdrücklich nur ein a.o. Kündigungsrecht ein. § 9 Nr. 4 und 5 schützen ihn abschließend vor zu hoher Zahlungspflicht. (Es ist dort gewollt, daß einzelne Fehler höchstens 100 Tage lang zu Sanktionen führen, s. dort Rz 44). Der AG dürfte aber berechtigt sein, eine Nachfrist zu setzen, nach deren fruchtlosem Ablauf er das Mietverhältnis a.o. kündigen kann. Andernfalls wäre er aus Sicherheitsgründen gezwungen, den Mietvertrag nach den 100 Tagen zu kündigen und dem AN die Möglichkeit zu nehmen, die Ausfallrate auf ein befriedigendes Maß zu verringern. Dies würde den BVB widersprechen. Vielmehr ist anzunehmen, daß eine Regelungslücke besteht; diese kann entsprechend § 7 Nr. 4 II gefüllt werden: Dort wird der AG verpflichtet, entweder nach 100 Tagen - wie auch bei § 8 Nr. 7 - von seinem Kündigungsrecht Gebrauch zu machen oder eine (weitere) Nachfrist zu setzen. Dem steht nicht § 9 Nr. 7 entgegen, der ein a.o. Kündigungsrecht aus Gewährleistung vorsieht. Denn § 9 Nr. 7 bezieht sich auf einzelne Mängel; hier geht es um die Zuverlässigkeit des Systems. Der AG sollte vorsichtshalber im Ernstfall rechtzeitig eine Nachfrist mit dem AN vereinbaren.

48 Nach Nr. 7, 2 findet § 9 Nr. 7 "insoweit keine Anwendung". Der AG kann also nicht bereits dann kündigen, wenn ein wesentlicher Mangel nicht innerhalb von 30 Kalendertagen beseitigt werden kann. Der Ausschluß von § 9 Nr. 7 erfolgt nur "insoweit", also nur für Mängel, die mindestens 30 Tage vor Ablauf der 100 Kalendertage aufgetreten sind, für die also andernfalls ein Kündigungsrecht nach § 9 Nr. 7 bestünde. Der AG kann also nach § 9 Nr. 7 kündigen, wenn ein Fehler zwar innerhalb der 100 Kalendertage auf-

getreten ist, die 30-Tage-Frist aber erst nach dem Zeitraum von 100 Kalendertagen abläuft.

§ 9. Gewährleistung

1. Der Vermieter gewährleistet im Rahmen der vertragsgemäßen Nutzung die ständige Betriebsbereitschaft der im Mietschein aufgeführten Anlage oder Geräte.
Der Mieter hat im Rahmen des Zumutbaren die Maßnahmen zu treffen, die eine Feststellung der Fehler und ihrer Ursachen erleichtern und Wiederholungsläufe abkürzen (z.B. Prüfsummenbildung, Programm-Fixpunktroutinen).
Die Gewährleistung beginnt mit dem Tage nach Erklärung der Betriebsbereitschaft (§ 6 Nr. 4) der Anlage oder Geräte durch den Vermieter.

2. Treten bei vertragsgemäßer Nutzung Mängel an der Anlage oder den Geräten auf, so hat der Vermieter unverzüglich durch Instandsetzung für die Beseitigung der Störungen zu sorgen. Nach Durchführung der Arbeiten hat der Vermieter in den Unterlagen (z.B. im Betriebsbuch) des Mieters anzugeben, daß die Betriebsbereitschaft der Anlage oder Geräte wiederhergestellt wurde; die Angaben sind vom Wartungstechniker zu unterschreiben. Auf Verlangen unterrichtet der Mieter den Vermieter über die vorgesehenen Einsatzzeiten der Anlage oder Geräte.

3. Können wegen der in Nummer 2 genannten Mängel die Anlage oder Geräte nicht oder nicht voll genutzt werden, stellt der Vermieter dem Mieter, sofern im Mietschein vereinbart, unverzüglich eine Ausweichanlage zur Verfügung. Einzelheiten, insbesondere der späteste Zeitpunkt für die Bereitstellung der Anlage, sind im Mietschein festzulegen. Während der Funktionsprüfung wird auf die Bereitstellung einer Ausweichanlage verzichtet, es sei denn, daß Gegenteiliges im Mietschein vereinbart ist. Wird eine Ausweichanlage bereitgestellt, ist bei der Berechnung der Vergütung für deren Benutzung der übliche Preis zugrunde zu legen. Hierbei sind die Kosten abzuziehen, die daraus entstehen, daß der Mieter zur Vorbereitung der programmwirksamen Nutzung der Ausweichanlage zusätzliche Nutzungszeit in Anspruch nehmen mußte. Die Summe aus der so errechneten Vergütung und der dem Mieter entstehenden Kosten für das Bedienungspersonal (Reise- und Aufenthaltskosten) sowie der Kosten für den Transport der erforderlichen Materialien (Datenträgermaterial, Formulare usw.) trägt bis zur Höhe des Mietzinses, der sich bei gleicher Benutzung der Mietanlage ergeben hätte, der Mieter; der darüber hinausgehende Betrag geht zu Lasten des Vermieters.
§ 4 Nr. 1 Satz 3 bis 6 und § 4 Nr. 3 bleiben unberührt. Kann der vorhandene Rechenbedarf des Mieters nicht auf der Ausweichanlage gedeckt werden, so daß nach Inbetriebnahme der gemieteten Anlage oder Geräte Mehrstunden er-

forderlich werden, bleibt diese Rechenzeit bei der Berechnung des Zuschlags für Mehrstunden (§ 4 Nr. 1) außer Ansatz.

4. Für jeden Kalendertag, an dem die Anlage oder Geräte genutzt werden sollten, aber wegen der in Nummer 2 genannten Mängel - beginnend mit dem Zeitpunkt der Störungsmeldung an den Vermieter - mehr als zwölf Stunden nicht genutzt werden können, entfällt die Mietzahlung, sofern der Vermieter für die nicht rechtzeitige Behebung der Mängel einzustehen hat. Einstehen ist nicht auf Verschulden beschränkt, andererseits umfaßt es nicht höhere Gewalt oder andere vom Vermieter nicht beeinflußbare Umstände, es sei denn, daß sie in der Mietsache begründet sind. In diesem Fall verringert sich bei Geräten mit Zählwerk die nach § 4 Nr. 1 der Berechnung von Mehrbenutzungsstunden zugrunde zu legende und durch die Grundmonatsmiete abgegoltene vierteljährliche Nutzungsdauer von 540 Stunden je Ausfalltag um sechs Stunden.
Wird eine Ausweichanlage zum vereinbarten Zeitpunkt nicht bereitgestellt, so zahlt der Vermieter für jeden Kalendertag - beginnend mit dem Tage, an dem die Mietzahlungsverpflichtung entfällt - 1/30 der Grund- bzw. Pauschalmonatsmiete als pauschalierten Schadenersatz. Die Verpflichtung zur Leistung des pauschalierten Schadenersatzes endet mit Ablauf des Tages, an dem die Ausweichanlage nachträglich zur Verfügung gestellt wird bzw. die Anlage oder Geräte wieder betriebsbereit übergeben werden. Kann der Mieter an diesem Tage die Ausweichanlage bzw. die Mietanlage oder die gemieteten Geräte mehr als zwölf Stunden nutzen, endet die Verpflichtung zur Leistung des pauschalierten Schadenersatzes bereits mit Ablauf des Vortages.
Ist eine Ausweichanlage nicht vereinbart, beginnt die Verpflichtung zum pauschalierten Schadenersatz mit dem dritten vorgesehenen Nutzungstag der Anlage oder Geräte nach Wegfall des Mietzinses; sie endet mit Ablauf des Tages, an dem die Anlage oder Geräte wieder betriebsbereit übergeben werden. Kann der Mieter an diesem Tage die Anlage oder Geräte mehr als zwölf Stunden nutzen, endet die Verpflichtung zur Leistung des pauschalierten Schadenersatzes bereits mit Ablauf des Vortages.

5. Wird durch einen der in Nummer 2 genannten Mängel die Nutzung der Anlage oder Geräte nur gemindert, so ist der Mieter berechtigt, den Mietzins um den Teil herabzusetzen, der der sich für ihn ergebenden Gebrauchsminderung entspricht. Pauschalierter Schadenersatz ist in Höhe der Mietzinsminderung zu zahlen.

6. Der Vermieter gewährleistet die einwandfreie Funktion der Grundsoftware nach § 1 sowie der im Mietschein festgelegten übrigen Software, zu deren Lieferung spätestens zusammen mit der Anlage oder den Geräten sich der Vermieter verpflichtet hat. Mängel an dieser Software gelten als Mängel an der Anlage oder den Geräten. Der Gewähr-

leistung unterliegt die letzte vom Mieter übernommene Programmversion. Eine neue Programmversion ist vom Mieter, sobald es ihm zumutbar ist, zu übernehmen, wenn die Programmänderung zur Vermeidung von Ausfällen der Anlage oder Geräte oder zur Behebung von Schutzrechtsverletzungen notwendig ist oder der Fehlerbeseitigung dient; § 17 Nr. 3 Abs. 2 bleibt unberührt. In allen übrigen Fällen kann der Mieter die Übernahme einer neuen Programmversion aus berechtigten Gründen ablehnen.
Im Falle des Absatzes 1 Satz 4 hat der Vermieter Mängel der bisher vom Mieter genutzten Programmversion zu beheben, bis der Mieter eine neue Programmversion übernehmen kann. Übernimmt der Mieter aus den in Absatz 1 Satz 5 genannten Gründen eine neue Programmversion nicht, so ist der Vermieter verpflichtet, Mängel der bisher verwendeten Programmversion während eines Zeitraums von 2 Jahren, beginnend mit dem Zeitpunkt, an dem der Vermieter eine neue Version angeboten hat, zu beseitigen.
Werden Programme des Mieters, zu deren Nutzung die Anlage oder Geräte ausdrücklich beschafft wurden und die im Mietschein aufgeführt sind, von der Anlage oder den Geräten nicht verarbeitet oder führt ihre Verarbeitung zu falschen oder unvollständigen Ergebnissen, obwohl sie auf vergleichbaren Anlagen oder Geräten fehlerfrei verarbeitet werden können, gilt dies als Mangel an der Anlage oder den Geräten.
Die Nummern 2, 4, 5 und 7 bis 9 gelten sinngemäß.
Die Gewährleistung entfällt für vom Mieter geänderte Programme.

7. Werden Mängel während einer Frist von 30 Kalendertagen, gerechnet vom Zeitpunkt der Störungsmeldung an den Vermieter an, nicht so beseitigt, daß die Mietsache vertragsgemäß genutzt werden kann, kann der Mieter den Vertrag fristlos kündigen.
Hat der Vermieter eine Ausweichanlage zur Verfügung gestellt, kann der Mieter den Vertrag nach Ablauf von 30 Ausfalltagen mit einer Frist von 30 Tagen kündigen.
Absatz 1 gilt auch für die Software gemäß Nummer 6 Abs. 3.
Das Recht zur außerordentlichen Kündigung gilt nicht bei Minderung (Nummer 5), vorausgesetzt, daß der Mieter seine Aufgaben im wesentlichen erfüllen kann.

8. Die Zahlungsverpflichtung für den pauschalierten Schadenersatz gemäß den Nummern 4, 5 und 6 ist auf 100 Schadenersatztage beschränkt; im Falle der Nummer 7 und des § 8 Nr. 7 zahlt der Vermieter unabhängig vom Zeitpunkt der Kündigung pauschalierten Schadenersatz für 100 Schadenersatztage.

9. Wiederholt sich eine auf derselben Ursache beruhende Störung innerhalb von acht Nutzungsstunden nach Beendigung der Instandsetzungsarbeiten, so gilt die gesamte Zeit von der Meldung der ersten Störung an als Nutzungsausfall gemäß den Nummern 4 und 5, es sei denn, daß die zwischenzeitlich erzielten Arbeitsergebnisse für den Mieter ein-

wandfrei und ohne besonderen Zeitaufwand erkennbar fehlerfrei und damit voll verwertbar waren.

I. Einleitung

1 Rechtliche Einordnung: § 9 weicht von § 14 VOL/B vollständig ab, so daß § 14 VOL/B auch nicht ergänzend angewendet werden kann. Die eigenständige Regelung ist vor allem deswegen erforderlich, weil die VOL/B Dauerschuldverhältnisse nicht hinreichend berücksichtigt.
Die Herstellerbedingungen sehen Nachbesserung und Minderung der Miete sowie ein Rücktrittsrecht bei erfolgloser/nicht erfolgter Nachbesserung vor, nicht aber pauschalierten Schadensersatz.
§ 9 regelt die Gewährleistung für Sachmängel der Mietsache einschl. der Haftung für Mängelfolgeschäden abschließend (wie der Wortlaut von § 11 Nr. 2 I. 4 deutlich macht: Der AN haftet für "fehlerhafte Ergebnisse" nur nach § 9). Die Einbeziehung der Haftung für Mängelfolgeschäden in die

Gewährleistung entspricht dem Mietrecht. (Zur Abgrenzung zur Haftung nach § 11 s. dort Rz 26).
Die Haftung für Rechtsmängel richtet sich nach §§ 541 i. V.m. 537 ff BGB, die für Mängel bei Nebenleistungen nach § 14 VOL/B (s. dort Rz 2 sowie Rz 9 zu § 11).

1. Überblick über die Rechtsfolgen

2 § 9 lehnt sich an die Gewährleistung des BGB (§§ 536 ff) an, geht aber anders vor. Nach dem BGB wird der Mietzins bei jedem Mangel gekürzt; Schadensersatz ist nur zu zahlen, wenn der AN den Mangel zu vertreten hat (§ 276 BGB bzw. der Fehler schon bei Vertragsschluß vorhanden war). Die BVB machen Mietkürzung wie pauschalierten Schadensersatz *gleichermaßen* davon abhängig, ob der AN auch für die *Nichtbeseitigung* eines Mangels (für den Mangel ohnehin) einzustehen hat. Dabei ist das Einstehen soweit gegenüber § 276 BGB ausgeweitet, daß der AN praktisch stets haftet, es also auf das Vertretenmüssen kaum ankommt.
Der pauschalierte Schadensersatz greift also unter denselben Voraussetzungen wie die Mietkürzung, aber erst später ein (drei Tage gegenüber 12 Stunden).
Die BVB regeln erst einmal die Hardware in Nr. 1 - 5 getrennt von der Software, koppeln dann beide Teile aber in Nr. 6 I und IV wieder zu einem System. Es wird hier von vornherein einheitlich vom System ausgegangen (s. ausführlich GZ 3); die Verweisung in Nr. 6 IV wird also von vornherein mit berücksichtigt.
Die Nutzungseinschränkung und dementsprechend die Sanktionen werden in § 9 nicht auf die einzelne Einheit, sondern auf die gesamte Hardware, nach der hier vertretenen Auslegung auf das gesamte System bezogen (s. dazu GZ 4, insb. Rz 18 ff).

3 Danach ergibt sich beim Auftreten eines Mangels: Der AN ist zur unverzüglichen Beseitigung des Mangels verpflichtet. Kann das System wegen des Mangels nicht genutzt werden, so

- entfällt der Mietzins für jeden Ausfalltag (Nr. 4 I. 1), bei Teilausfall anteilig (Nr. 5).
- ist, falls vereinbart, bei Totalausfall eine Ausweichanlage zur Verfügung zu stellen; der AN trägt die zusätzlichen Kosten (Nr. 3). Stellt er die Ausweichanlage nicht zur Verfügung, so hat er pauschalierten Schadensersatz zu zahlen (Nr. 4 II). Bei Teilausfall wird keine Ausweichanlage zur Verfügung gestellt. Es gilt dann dasselbe wie im folgenden Fall.
- hat der AN, wenn eine Ausweichanlage nicht vereinbart ist, von einem bestimmten Zeitpunkt an pauschalierten Schadensersatz zu zahlen (Nr. 4 III), bei Teilausfall anteilig (Nr. 5).

2. Beginn der Gewährleistung (Nr. 1 III)

4 Die Gewährleistung beginnt mit dem Tag nach Erklärung der Betriebsbereitschaft des Systems, also zusammen mit der

Funktionsprüfung (s. Rz 4 f zu § 8). Es ist davon ausgegangen worden, daß auf die Sanktionen des § 9 während der Funktionsprüfung nicht verzichtet werden kann, weil der AG bei erfolgreicher Durchführung der Funktionsprüfung für diese Zeit rückwirkend Miete zahlen muß und dies nur entsprechend dem Nutzungsumfang tun will.

5 Die Verpflichtung zur Zahlung des Mietzinses hängt damit sowohl von dem Ausgang der Funktionsprüfung als auch von der Gewährleistung ab: Nach § 8 Nr. 6 ist der Mietzins nach erfolgreichem Abschluß der Funktionsprüfung nur für die letzten 30 Tage der Funktionsprüfung zu zahlen; nach § 9 Nr. 4 entfällt die Zahlung des Mietzinses für jeden Tag, an dem das System weniger als 12 Stunden genutzt werden konnte. (Die Voraussetzungen sind voneinander unabhängig; die Bewertung von Ausfällen für die Funktionsprüfung gilt nicht für die Bestimmung der Nutzungseinschränkung, s. auch Rz 3 zu § 2 am Ende). Ein Ausfalltag, für den nach § 9 Nr. 4 kein Mietzins zu zahlen ist, bedeutet zugleich ca. 1/22 = 4,4% Ausfall für die Funktionsprüfung; wenige Ausfalltage können die Funktionsprüfung erheblich verlängern, so daß der Mietzins deswegen für mehrere Tage zusätzlich entfällt:

> Der Ausfall betrage während der Funktionsprüfung täglich durchschnittlich 4%, an 2 Tagen sei das System - z.B. wegen eines Fehlers der Zentraleinheit - vollständig ausgefallen. Für diese beiden Tage ist nach § 9 Nr. 4 kein Mietzins zu zahlen. Nach den ersten 30 Tagen habe sich das System soweit stabilisiert, daß die Ausfallrate an den folgenden Tagen nur durchschnittlich 2% betrage (s. Abb. 8).

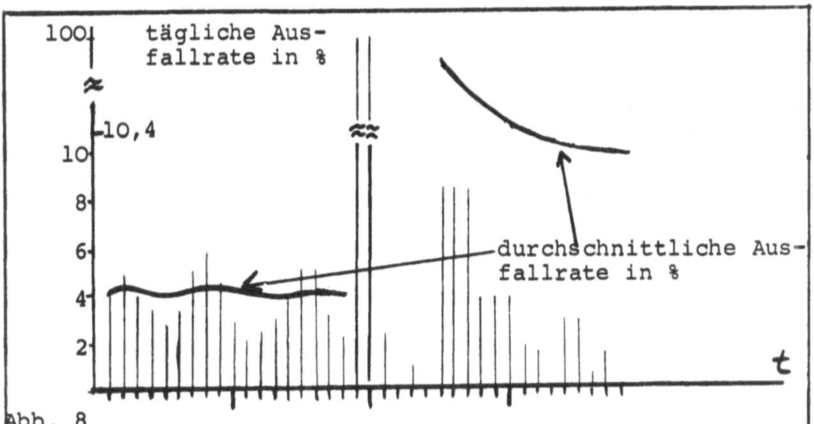

Abb. 8

> Die Ausfallrate beläuft sich nach Ende der ersten 30 Tage auf 10,4%. Jeder weitere Tag vermindert die gesamte Ausfallrate. Aber erst nach 7 Tagen wird die Marke von 10% unterschritten. Für die ersten 6 Tage

der Funktionsprüfung entfällt wegen der Verschlechterung des Gesamtergebnisses durch die 2 Ausfalltage die Verpflichtung zur Zahlung des Mietzinses. Im Ergebnis ist für 6 + 2 = 8 Tage kein Mietzins zu zahlen. (Es wird von einer Pauschalmonatsmiete ausgegangen; zur Situation bei Abrechnung nach Zählerstand s. Rz 24).

II. Pflicht zur unverzüglichen Mängelbeseitigung

6 Der AN gewährleistet die ständige Betriebsbereitschaft des Systems (ähnlich § 536 BGB): Mängel = Störungen der Hardware hat er nach Nr. 2, solche der Software nach Nr. 6 IV unverzüglich zu beseitigen. Zur Beseitigung von Fehlern, die nicht der Gewährleistung unterliegen, s. Rz 11 zu § 18 Nr. 2 II.

1. Mängel

7 Unter den Begriff des Mangels fallen nach dem BGB Fehler sowie das Fehlen *zugesicherter* Eigenschaften (s. dazu Rz 8).
Ein Fehler ist die dem AG ungünstige Abweichung des tatsächlichen Zustands der Mietsache von derjenigen Beschaffenheit, die die Parteien bei Vertragsschluß gemeinsam vorausgesetzt haben und durch die der vertragsgemäße Gebrauch aufgehoben oder gemindert wird. Unwesentliche Fehler unterliegen nicht der Gewährleistung (so auch § 537 I. 2 BGB); denn sie schränken die Betriebsbereitschaft nicht ein (deutlicher in § 9 Nr. 1 I. 2 K).
Fehler sind in erster Linie Störungen, in zweiter das Fehlen von Eigenschaften, auch wenn diese nicht besonders zugesichert sind. Im Bereich der Brauchbarkeit ist jedes Fehlen einer Eigenschaft ein Fehler (s. Palandt-Putzo § 459 Anm. 7); insoweit bedarf es nicht der Rechtsform der zugesicherten Eigenschaft (der es bei wertbildenden Eigenschaften bedarf, z.B. bei der Zusicherung der Echtheit eines Gemäldes). Dementsprechend gehen die BVB-Miete außer in § 17 Nr. 3 nicht auf zugesicherte Eigenschaften ein. Im folgenden wird möglichst nur von Fehlern gesprochen. Bei der Miete von serienmäßigen Geräten wird selten ein besonderer vertragsgemäßer Gebrauch vereinbart; es kommt dann nur darauf an, daß die Spezifikationen erfüllt sind, hilfsweise, daß die Funktionen, die das System nach seiner Konzeption haben müßte, vorhanden sind. (Zu den Schwierigkeiten, Spezifikationen für den vertragsgemäßen Gebrauch festzulegen, insbesondere hinsichtlich der Leistungsfähigkeit s. Rz 21 f zu § 8). Umständlicher Einsatz für den Anwender und sonstige geringe Benutzerfreundlichkeit sind nur im Extremfall Fehler.

8 Fehlen von Eigenschaften: § 9 gilt auch für das Fehlen von Eigenschaften. Die Regelung ist zwar in erster Linie auf die Beseitigung von Störungen abgestellt: "Beseitigung der Störungen ... durch den Wartungstechniker." Ziel ist die Sicherung der Betriebsbereitschaft (Nr. 1), die

durch die Funktionsprüfung festgestellt werden sollte. Die Reaktionszeit (=Zeit, bis den AN Sanktionen treffen) ist auf die Beseitigung von Ausfällen ausgerichtet. Sie reicht fast nie aus, um fehlende oder fehlerhafte Eigenschaften korrekt zu verwirklichen.

§ 9 muß aber auch für diesen Fall gelten, weil die Verwirklichung fehlender Eigenschaften für den AG unverzichtbar ist. Die Worte "Tritt ein Mangel auf" sind zu verstehen als "Zeigt sich, daß eine Eigenschaft fehlt..." Daß auch die Sanktionen gelten, mag wegen der kurzen Reaktionszeit nicht immer angemessen erscheinen. Entscheidend ist aber, daß die Sanktionen den AN nur treffen, wenn und soweit das System für die vorgesehenen Zwecke *nicht genutzt* werden kann. Dies dürfte das Haftungsrisiko ganz erheblich einschränken. Der AN kann sich dadurch absichern, daß er verlangt, daß Eigenschaften, die er nicht standardmäßig anbietet, nur der Funktionsprüfung oder nur der Gewährleistung nach Nr. 2, nicht aber den Sanktionen nach Nr. 4 und 5 unterliegen.

9 Fehler: Die BVB-Miete gehen nicht darauf ein, *welche* Fehler unter die Gewährleistung fallen (anders als § 9 K, s. dort Rz 9). Das Einstehen nach Nr. 4 I. 2 bezieht sich nicht auf die Fehler, sondern auf die Nichtbeseitigung dieser Fehler. Daß es Fehler gibt, die nicht unter die Gewährleistung fallen, verdeutlicht § 18 Nr. 2 II, der die Beseitigung solcher Fehler behandelt.
§ 536 I BGB verlangt die Erhaltung der Betriebsbereitschaft (s. Rz 11), also die Beseitigung sämtlicher Fehler. S. Rz 21 zu § 17 zu den Fehlern, die den Anschluß von Geräten anderer Hersteller einschränken.

Diese Verpflichtung entfällt nur, d.h. Fehler fallen nicht unter die Gewährleistung,
- bei fehlerhafter Instandsetzung durch den AG,
- bei schuldhaften Beschädigungen der Anlage durch den AG (s. Palandt-Putzo § 548 Anm. 1 und 2 b)). § 9 Nr. 2, 1 setzt voraus, daß der AG das System "vertragsgemäß" nutzt. Dazu gehört gem. § 14 Nr. 2 und § 20 insbesondere, die Bedienungsanleitung des AN zu befolgen und keine vertragswidrigen Datenträger zu benutzen.
- bei Beschädigungen, die in die Risikosphäre des AG fallen. Dazu gehören auch Brand, Diebstahl, Wassereinbruch etc. Insoweit ist Verschulden nicht nötig (s. zur Risikosphäre Rz 3 zu § 11). Der AG ist verpflichtet, die Installations- und Aufstellungsvoraussetzungen beizubehalten (so ausdrücklich § 4 Nr. 5 W, s. dort Rz 6).
  Nicht unter die Gewährleistung fallen z.B. Störungen, die durch den Ausfall der Klimaanlage oder durch unzureichende Stromversorgung verursacht worden sind.
  In der Nähe der Anlage hat ein Dritter Arbeiten mit Preßlufthämmern ausführen lassen; dadurch haben sich Wackelkontakte gebildet.

Die Verpflichtung zur Fehlerbeseitigung entfällt also nicht bei höherer Gewalt als Ursache (sofern sie nicht zum Untergang der Mietsache führt, so daß das Mietverhältnis erlischt). Zur Fehlerbeseitigungspflicht in diesen Fällen s. Rz 12 zu § 18, zur Mietzahlung s. Rz 4 zu § 4, zur Pflicht des AN, eine Ausweichanlage zu stellen, Rz 3 (sowie Rz 18 zu § 18 Nr. 6), zum Untergang der Mietsache, den der AG zu vertreten hat, s. Rz 7 zu § 11.
Der AN haftet also für Fehler,
- die bei der Übergabe vorhanden sind,
- die nachträglich durch Altern der Geräte
- oder durch fehlerhafte Instandsetzung
- oder durch unzulängliche Instandhaltung entstanden sind.

Die Frage der *Beweislast* wird im Zusammenhang mit den Rechtsfolgen behandelt (s. Rz 18).

10 Auch nicht reproduzierbare oder intermittierende Fehler unterliegen der Gewährleistung.
Als nicht reproduzierbar werden Fehler bezeichnet, die bei einer *bestimmten* Bedingungskonstellation stets auftreten, wobei die Bedingungskonstellation in einem solchen Maße unbekannt ist, daß sie sich nicht absichtlich wiederholen läßt. Nicht reproduzierbare Hardwarefehler lassen sich z.T. durch Messen ermitteln. Bei der Software kommen nicht reproduzierbare Fehler idR nur bei der Grundsoftware wegen des multiprogramming vor.
Als intermittierend werden diejenigen Hardwarefehler bezeichnet, die nur ab und zu auftreten, wobei sie *keine eindeutige definierbare* Bedingungskonstellation haben. Fehlerauslösend sind Randbedingungen, die sich meist nicht rekonstruieren lassen. Inhaltlich bedeutet dies, daß der Wert eines Bits in bestimmten Fällen in sein Gegenteil verkehrt wird.
Der AN haftet für solche Fehler, *wenn* sie die Nutzbarkeit des Systems beeinträchtigen, d.h. idR erst, wenn die Fehler wiederholt auftreten. Zu den Pflichten des AG bei der Fehlersuche s. Rz 16.
Als sporadisch werden - im Gegensatz zu konstanten Fehlern - solche Fehler bezeichnet, bei denen die betroffene Einheit bis auf die fehlerhafte Funktion weiter genutzt werden kann, der Fehler tritt bei Ansprechen dieser Funktion wieder auf.

2. Unverzügliche Fehlerbeseitigung (Nr. 2, § 14 Nr. 3)

11 Unverzüglich: Es ist nicht konkret festgelegt, wie schnell der AN mit der Fehlerbeseitigung nach der Fehlermeldung (s. dazu Rz 4 zu § 14) zu beginnen hat (s. zur "response time" Rz 2 zu § 8 Nr. 3 II. 1 W und WS 5 Rz 2).
Nr. 2, 1 spricht von "unverzüglich". Dieses Wort ist hier nicht rechtstechnisch gemeint (§ 121 I. 1 BGB: "ohne *schuldhaftes* Zögern"). Es soll nur darauf hinweisen, daß der AN alsbald mit der Fehlerbeseitigung beginnen soll. Sanktionen werden an den verzögerten Beginn nicht geknüpft (anders § 8 Nr. 4 W, s. dort Rz 13). Zu den Zeiten der Wartungsbereitschaft s. Rz 7 zu § 18.

Würde man das Wort "unverzüglich" rechtstechnisch verstehen, so stünde es in Widerspruch zur Sanktion nach Nr. 4: Verzögert der AN den Beginn der Instandsetzung, so daß der Ausfall an einem Tag länger als 12 Stunden dauert, so soll die Mietzahlung nach Nr. 4 bereits dann entfallen, wenn der AN dafür *einzustehen* hat. Einstehen ist nicht auf Verschulden begrenzt. "Unverzüglich" setzt hingegen Verschulden voraus. Bei rechtstechnischer Anwendung des Wortes "unverzüglich" würde der AN seine Fehlerbeseitigungspflicht gar nicht verletzen, wenn ihn an dem verzögerten Beginn der Instandsetzung kein Verschulden treffen würde (z.B. beide Techniker sind krank, die sonst als Kapazität vollständig ausreichen).
Unverzüglich bedeutet hier demnach: "Ohne Zögern, für das der AN einzustehen hat." Dies widerspricht nicht § 121 BGB. Dieser geht von dem Regelfall aus, daß Verschulden zu vertreten ist (vgl. § 276 I BGB). Wie § 285 BGB zeigt, ist Maßstab bei der Verzögerung vertraglicher Pflichten nicht, ob der AN die Verzögerung *verschuldet* hat, sondern ob er sie zu *vertreten* hat. Nach § 9 Nr. 4 I. 2 hat der AN mehr als Verschulden zu vertreten.

12 Das Interesse des AN, Fehler möglichst schnell zu beseitigen, hängt von den drohenden Sanktionen ab, nicht davon, wie schnell der AG das System aus betrieblichen Gründen wieder nutzen muß, bzw. von dem durch den Ausfall drohenden Schaden. Es ist Sache der Praxis, bei weniger dringenden Fällen dem AN entsprechend Zeit zu lassen, damit er in dringenden Fällen umso schneller kommt. Dies gilt insb. dafür, daß Mietausfall nach Nr. 4 für den laufenden Tag nicht mehr droht, wenn das System nach 12.00 Uhr ausfällt.

> Eine von mehreren Magnetbandeinheiten fällt um 7.00 Uhr aus. Der Wartungstechniker erscheint um 14.00 Uhr. Einer von zwei Schnelldruckern fällt um 15.30 Uhr aus. Der Wartungstechniker (der beide Geräte zu reparieren gelernt hat) braucht die Reparatur der Magnetbandeinheit (bei der von 19.00 Uhr an Mietausfall droht) nicht zugunsten der des Schnelldruckers zu unterbrechen.

13 Der AN muß die Betriebszeiten des AG kennen, wenn er Fehler unverzüglich beseitigen soll. Eine entsprechende Informationspflicht seitens des AG sieht Nr. 2, 3 vor. Die Information ist erforderlich, wenn der AN automatisch zu den geplanten Nutzungszeiten zur Wartungsbereitschaft verpflichtet ist. § 18 Nr. 2 I geht davon dem Wortlaut nach aus, wird aber in der Praxis überwiegend dahingehend verstanden, daß der AN nur zu den in MS 11 angegebenen Zeiten zur Wartungsbereitschaft verpflichtet ist (s. dort Rz 7). Dann bedarf es dieser Information nicht.

13a Beseitigung des Fehlers: Der AN führt in der Praxis häufig eine Demonstration durch, um zu zeigen, daß die Betriebsbereitschaft wieder hergestellt ist.

Zur vollständigen Fehlerbeseitigung gehört auch die Berichtigung der Dokumentation zumindest in einem Exemplar der Unterlagen.

14 Aufzeichnung der Ausfallzeiten: Nach § 14 Nr. 3 führt der AG Aufzeichnungen über Betriebs-, Stillstands- und Wartungszeiten. Nach Nr. 2, 2 hat der AN nach Beseitigung des Mangels anzugeben, daß die Betriebsbereitschaft wiederhergestellt wurde (bzw. Eigenschaften geschaffen wurden). Die Angaben über die Wartungszeiten sind gem. § 14 Nr. 3, 2 vom Wartungspersonal des AN zu unterschreiben. Diese Unterschrift beinhaltet die Angabe nach Nr. 2, 2, daß die Betriebsbereitschaft wiederhergestellt wurde. (In § § K ist der Katalog der Angaben weiter gefaßt; s. dort Rz 14). Die Zeiten sind dann gem. § 14 Nr. 3, 3 für die Berechnung der Sanktionen verbindlich.

3. Mitwirkungspflichten des AG (Nr. 1 II, § 14 Nr. 2, 2)

15 Die Mitwirkungspflichten nach Nr. 1 II, die Fehlererkennung zu erleichtern, entspringen der Schadensminderungspflicht des AG. Die Regelung steht in engem Zusammenhang mit § 14 Nr. 2, 2: Nach § 9 hat der AG *vor und nach* dem Auftreten eines Fehlers im Rahmen des Zumutbaren die Maßnahmen zu treffen, die die Feststellung von Fehlern und ihrer Ursachen erleichtern.(Die Regelung spricht zwar von Feststellung der Fehler; dann wären vorbeugende Maßnahmen nicht nötig. Das einzige in Nr. 1 II aufgeführte Beispiel - Prüfsummenbildung - enthält aber eine vorbeugende Maßnahme, so daß auch diese gemeint sein dürften). Nach § 14 hat der AG *beim* Auftreten eines Fehlers die für die Störungsbeseitigung zweckdienlichen Informationen zu geben. Zur Rechtslage bei Verletzung dieser Pflichten s. Rz 21. Der AG wird vor der Fehlermeldung im eigenen Interesse überprüfen, ob es sich überhaupt um einen Fehler des Systems handelt und nicht um einen in einem seiner Programme. Er dürfte verpflichtet sein, dies auf Verlangen des AN anhand der - ordnungsgemäß dokumentierten - eigenen Programme, bei deren Einsatz die Störung auftrat, unabhängig von der Beweislast (s. Rz 18) darzulegen (s. ähnlich bei der Funktionsprüfung Rz 11 zu § 8). Die ordnungsgemäße Dokumentation der Programme des AG dürfte die wesentliche allgemeine *vorbeugende* Maßnahme sein.
Die zweckdienlichste Information ist idR die erneute Herbeiführung der Störung in Gegenwart des Wartungstechnikers, sofern sie nicht ohnehin andauert. Hilfsweise ist die Störung (verbal) zu beschreiben. Daneben sollten je nach Fehler die Konsolprotokolle, die Systemgenerierungsprotokolle, ein Kernspeicherauszug und Auflistungen der z.Z. des Auftretens des Fehlers benutzten Programme zur Verfügung gestellt werden. Es empfiehlt sich, eine Vereinbarung darüber zu treffen, was bei welchem Fehlererscheinungsbild zu tun ist (s. MS 11 Rz 9).

16 Beim erneuten Auftreten von nicht reproduzierbaren Fehlern (s. Rz 10) sind unmittelbar nach der Störung alle

"Umgebungswerte" festzuhalten: alle gerade eingesetzten Programme, die Namen aller am System arbeitenden Personen und die Tätigkeiten, die sie gerade ausführten.
Manchmal werden Fehler in Programmen des AG nicht entdeckt, weil sie bei fast stets gleichem Operating nicht auftreten, sondern nur, wenn ein anderer Operator anders (und zwar korrekt) vorgeht.
Ist ein Fehler eingekreist, so ist der AG auch zu vorbeugenden Maßnahmen verpflichtet. Mit zunehmenden Schwierigkeiten des AN bei der Fehlererkennung nimmt das Maß dessen zu, was der AG seinerseits nach Nr. 1 II zu tun hat, um die Feststellung eines Fehlers und seiner Ursachen zu erleichtern. Allgemeine Aussagen über den Inhalt dieser Mitwirkung sind nicht möglich. Unter Umständen muß der AG das System nach Auftreten einer Störung in seinem Zustand belassen.

16a Die Verpflichtung des AG nach Nr. 1 II, Maßnahmen zu treffen, um Wiederholungsläufe abzukürzen (Beispiel: Programm-Fixpunktroutinen) stammt aus den Herstellerbedingungen. Soweit dort Wiederholungsläufe bei Abrechnung nach Nutzungsstunden als abzugsfähige Rechenzeiten anerkannt werden, soll die Dauer der Wiederholungsläufe durch solche Maßnahmen vermindert werden. In den BVB ist die Abkürzung nur im Zusammenhang mit der Frage erheblich, ob die Ergebnisse, die zwischen der Beseitigung eines Fehlers und seinem erneuten Auftreten erzielt wurden, voll verwertbar sind. Ist dies der Fall, so werden Ausfallzeiten gem. Nr. 9 nicht zu Lasten des AN zusammengezählt. Setzt der AG die erforderlichen Routinen ein, so erhöht dies die Wahrscheinlichkeit, daß Arbeiten vor dem nächsten Ausfall zu Ende geführt, also voll verwertbar, sind.

III. Kürzung des Mietzinses

1. Totalausfall (Nr. 4 I, 6 IV und 9)

17 Unabhängig davon, ob eine Ausweichanlage vereinbart ist oder nicht, entfällt der Mietzins für jeden vorgesehenen Nutzungstag, an dem
- das System von der Fehlermeldung an mehr als 12 Stunden nicht genutzt werden kann, wenn
- der AN für die nicht rechtzeitige Behebung des Fehlers einzustehen hat.

Voraussetzung ist, daß der Fehler der Gewährleistung unterliegt (s. Rz 9).
Die Mietkürzung ist gem. Nr. 4 I. 2 nicht davon abhängig, ob der AN den Fehler zu vertreten hat, sondern davon, ob er für dessen Nichtbehebung einzustehen hat. Der Wortlaut stellt auf die "nicht rechtzeitige Behebung" und nicht auf die "Nichtbehebung" ab. Auf letzteres kommt es aber an. Ein Maß, nach dem die Rechtzeitigkeit zu beurteilen wäre, existiert nicht.

17a Einstehen: Der Begriff geht auf die Rechtsprechung zu § 538 BGB zurück; er bezieht sich auf das *Vorhandensein*

von Fehlern: "Nach dieser Vorschrift kann der Mieter, wenn die Mietsache zur Zeit der Überlassung an ihn mit einem Fehler behaftet ist ... Schadensersatz wegen Nichterfüllung verlangen. Nach ständiger Rechtsprechung ... handelt es sich um einen Fall der Garantiehaftung kraft gesetzlicher Inhaltsbestimmung des Mietvertrages: Der Vermieter hat dafür einzustehen, daß die Mietsache bei Überlassung an den Mieter fehlerfrei, d.h. zum vertragsmäßigen Gebrauch tauglich ist; fehlendes Verschulden entlastet den Vermieter nicht." (BGH, Urteil vom 18.12.1974, NJW 1975, 645, 646; s. auch BGH, Urteil vom 23.9.1975, NJW 1976, 43: Unbedingte Zusage einer Eigenschaft = mehr als Verschuldenshaftung, weniger als Garantie).
§ 9 bezieht dies auf die *Nichtbeseitigung* von Fehlern: Der AN steht nur dann nicht ein, wenn die Nichtbeseitigung durch höhere Gewalt oder andere von ihm nicht beeinflußbare Umstände verursacht ist. Dazu gehört insb., daß er durch den AG bei der Instandsetzung beeinträchtigt wird (s. Rz 21). Der AN haftet aber dann, wenn die Ursache für die *Nichtbeseitigung* in der Mietsache begründet ist (es geht nicht darum, ob der Fehler in der Mietsache begründet ist, s. dazu Rz 9: dies ist ohnehin Voraussetzung). Dies wird als ein vom AN beeinflußbarer Umstand angesehen.
Der AN kann sich also nicht darauf berufen, daß
- sein Wartungspersonal nicht einsatzfähig ist,
- die Ersatzteilbeschaffung besonders schwierig ist oder
- die Fehlererkennung besonders schwierig ist; denn in diesem Fall ist die Ursache für die Nichtbeseitigung in der Mietsache begründet. Es wird vielmehr verlangt, daß jeder Fehler in 12 Stunden beseitigt ist (anderenfalls der Mietzins gekürzt wird) bzw. in 4 Tagen (anderenfalls pauschalierter Schadensersatz zu zahlen ist).

Der AN steht aber nicht für die Nichtbeseitigung an solchen Tagen ein, an denen *keine* Wartungsbereitschaft vereinbart ist, weil insoweit keine Pflicht zur Fehlerbeseitigung besteht. Ist die Wartungsbereitschaft hingegen nicht lang genug, so daß der Fehler erst am folgenden Tag beseitigt werden kann, so soll der AN dieses Risiko tragen (s. Rz 20). Die BVB behandeln diese Fragen nicht, weil sie davon ausgehen, daß für jeden vorgesehenen Nutzungstag Wartungsbereitschaft vereinbart wird (s. Rz 7 zu § 18).

18 <u>Beweislast:</u> Unabhängig von der Beweislast (die sich auf die Haftung des AN bezieht) ist der AG verpflichtet, nach dem Auftreten von Störungen die erforderlichen Unterlagen zu deren Beseitigung zur Verfügung zu stellen (s. Rz 15). Der AG trägt die Beweislast dafür,
- daß es sich um einen Fehler handelt, der unter die Gewährleistung fällt (s. Rz 9), d.h.
  - daß der Fehler in der Mietsache begründet ist; da der AN allein sachkundig ist, die Fehlerursache zu erkennen, ist er auskunftspflichtig (s. GZ 2 Rz 31),
  - daß der Fehler nicht durch vertragswidrige Nutzung entstanden ist. Nach der Rechtsprechung sollte der

Mieter die Beweislast billigerweise tragen, weil er die Mietsache in seiner Obheit oder in seinem Einflußbereich hat (BGH, Urteil vom 14.4.1976, NJW 1976, 1315). Der Wortlaut entspricht dem. In den Fällen, die strittig werden können (z.B. head crash bei Plattenlaufwerken), gibt es kaum Fälle, in denen der Beweis des ersten Anscheins für ordnungsgemäßes oder ordnungswidriges Verhalten gegeben wäre,

- daß an einem vorgesehenen Nutzungstag das System
- mehr als 12 Stunden nicht genutzt werden konnte. Die Zeiten werden (im Betriebsbuch) vom AN gegengezeichnet (s. Rz 14), und
- daß der AN für die Nichtbeseitigung einzustehen hat. Das bedeutet erst einmal nur, daß der AG die Nichtbeseitigung darzulegen hat (Beweis des ersten Anscheins). Beruft sich der AN auf einen Ausnahmefall, so muß er Tatsachen beweisen, daß ein atypischer Geschehensablauf ernsthaft in Betracht kommt. Dem AG obliegt dann der volle Beweis, insb. daß die Ursache für die Nichtbeseitigung in der Mietsache begründet war (s. Rz 17).

Der AN hat die Beseitigung der Störung zu beweisen.

19 Der Mietzins entfällt dem Wortlaut von Nr. 4 I. 1 nach nur für vorgesehene Nutzungstage. Dazu dürften nur planmäßig vorgesehene Tage gehören: Soll wegen eines Ausfalls an einem Donnerstag und Freitag ausnahmsweise am Samstag (dieser oder einer späteren Woche) gearbeitet werden, dürfte es sich nicht um einen vorgesehenen Nutzungstag handeln.
Es spricht von der Systematik her manches dafür, daß der Mietzins für jeden *Kalendertag* bis zur Beseitigung des Fehlers entfallen soll; dies ist aber nicht zwingend genug, um eine zu Lasten des AN abweichende Auslegung zu rechtfertigen (s. GZ 2 Rz 4): Nach Nr. 4 II ist bei Nichtgestellung einer Ausweichanlage pro *Kalendertag* 1/30 des Mietzinses als pauschalierter Schadensersatz zu zahlen. Bei Geräten mit Zählwerk wird der Mietzins scheinbar auch täglich um 1/30 gekürzt (nämlich um 6 Stunden wird die tägliche Nutzungszeit, für die Grundmiete zu zahlen ist, gekürzt; das entspricht bei 540 Mindeststunden 1/90 bezogen auf das Vierteljahr und 1/30 bezogen auf den Monat). Deswegen liegt es nahe, den Ausfall auf Kalendertage zu beziehen, um den Mietzins formal proportional entsprechend der Ausfalldauer zu kürzen. Die Kürzung um 6 Stunden ist aber sachlich angemessen, wenn nicht auf Kalendertage, sondern auf vorgesehene Nutzungstage abgestellt wird (s. Rz 24).

20 Die Ausfallzeit von mehr als 12 Stunden wird nach der Uhrzeit, nicht nach der geplanten Produktionszeit bestimmt. Es ist auch unerheblich, ob und wieviel Nutzungszeit die Zählwerke der Geräte angeben. Die 12 Stunden können sich auch aus einzelnen Unterbrechungen ergeben. Wird die Störung nicht am selben Tag behoben, ist für die Berechnung der Ausfallzeit des nächsten Tages von 0.00 Uhr auszugehen:

> Ein Ausfall von 14.00 bis 10.00 Uhr am folgenden Tag führt selbst dann nicht zur Mietkürzung, wenn das System im 3-Schicht-Betrieb eingesetzt wird.

Die Ausfallzeit beginnt mit der Fehlermeldung (s. zur Fehlermeldung Rz 4 zu § 14). In MS 11 (Nr. 8. 2) wird festgelegt, wann die Meldung an welche Stelle abzugeben ist. Ist für bestimmte Zeiten keine Festlegung erfolgt, so heißt das rechtlich, daß eine Fehlermeldung zu dieser Zeit nicht erfolgen kann und soll.

> In MS 11 ist nur angegeben:"Montags - Freitags 8.00 bis 17.00". Das System fällt um 18.00 Uhr aus. Der Ausfall kann erst am nächsten Tag 8.00 gemeldet werden. Die Mietkürzung greift erst ein, wenn der Ausfall nicht bis um 20.00 Uhr behoben ist.

Auch solche Ausfall*stunden* zählen zu Lasten des AN, an denen er zur Instandsetzung nicht verpflichtet ist (s. Rz 7 zu § 18 zu den Instandsetzungszeiten). Es liegt zwar nahe, anzunehmen, daß der AN für solche Stunden nicht einzustehen hat. Es würden dann aber niemals 12 Stunden Ausfallzeit an einem Tag erreicht werden können, wenn der AN nicht mehr als 12 Stunden zur Instandsetzung verpflichtet ist (wie im Regelfall bei Wartung während der normalen Geschäftszeit). Die Regelung wird für den AN desto stärker entschärft, je weniger Fehlermeldungen außerhalb der normalen Geschäftszeit abgegeben werden können (s. das Beispiel oben). Zu entsprechenden Ausfalltagen s. Rz 17a.

21 Ausfallzeiten zählen in entsprechender Anwendung von § 7 Nr. 2 VOL/B nicht, wenn = solange der AG seine Pflichten nicht erfüllt, d.h.
- nicht die erforderlichen Unterlagen zur Verfügung hat, wenn der Wartungstechniker erscheint (s. auch Rz 15), oder
- das System nicht dann zur Verfügung stellt, wenn der AN es benötigt, also auch nachts (andernfalls würden Nachtstunden automatisch als Ausfallstunden zählen). Dies ist für Instandhaltung in § 18 Nr. 1, 4 geregelt. Der AN braucht dies aber nicht an Tagen zu tun, an denen das System nicht genutzt werden soll, da für diese Tage der Mietzins nicht gekürzt wird (s. Rz 19). Bei Teilausfällen stellen sich besondere Probleme (s. Rz 27 f).

22 <u>Zusammenrechnung von Ausfallzeiten bei wiederholtem Auftreten eines Fehlers:</u> Nach <u>Nr. 9</u> wird, wenn ein Fehler innerhalb von 8 Nutzungsstunden wieder auftritt, die Ausfallzeit von der Meldung der ersten Störung an gerechnet. Der Sache nach handelt es sich um eine besondere Sanktion für schlechte Instandsetzung. Es handelt sich nicht um eine Sanktion für die Beeinträchtigung der Nutzung dadurch, daß ein Gerät zweimal kurz hintereinander ausfällt. Denn es wird nicht auf den Ausfall des Gerätes, sondern auf die Ursache abgestellt: Fällt das Gerät wegen zwei verschiedener Fehler aus, so greift Nr. 9 nicht ein. Es

handelt sich auch nicht um eine Sanktion für intermittierende Fehler (s. Rz 10); denn Voraussetzung ist, daß die Instandsetzung abgeschlossen war.
Als Ursache ist das anzusehen, was der Wartungstechniker im Betriebsbuch angibt. Gibt dieser die Ursache vage an oder kennzeichnet er den Fehler durch den Gegenstand, an dem der Fehler aufgetreten ist, so geht die mangelnde Genauigkeit zu Lasten des AN: Decken sich die Angaben oder umfaßt die eine die andere, so werden die Ausfallzeiten zusammengezogen, z.B. bei den Angaben "Fehler in der Stromversorgung der Zentraleinheit" und "Wackelkontakt". Es wird nicht verkannt, daß der AG die Angaben nur schwer kontrollieren kann. Außerdem ist die erste Angabe nicht verbindlich (anders bei den Ausfallzeiten, s. Rz 14); der AN ist berechtigt, die erste Angabe nachträglich zu präzisieren.
Nr. 9, 2. HS bringt Einschränkungen für das Zusammenziehen, wenn die Nutzung in der Zwischenzeit ersichtlich nicht eingeschränkt worden ist. Dem AG obliegt die Beweislast (s. GZ 2 Rz 30 gegen GZ 2 Rz 29).

23 Die Mietkürzung endet gem. Nr. 4 I. 1 mit dem letzten vorgesehenen Nutzungstag vor dem Tag, an dem die Mietsache wieder mehr als 12 Stunden genutzt werden kann (s. auch Rz 37 und 40).

Übergabe des betriebsbereiten Systems Montag 11.00. Letzte Kürzung für Freitag bei 5-Tage-Betrieb.

24 Höhe der Kürzung bei Abrechnung nach Zählerstand:
Bei Abrechnung nach Zählerstand verringert sich gem. Nr. 4 I. 3 "die nach § 4 Nr. 1 der Berechnung von Mehrbenutzungsstunden zugrundezulegende und durch die Grundmonatsmiete abgegoltene vierteljährliche Nutzungsdauer von 540 Stunden je Ausfalltag um 6 Stunden." Dies ist angemessen, auch wenn die Zähler vom Ausfall an gar keine Nutzungszeit zählen. (Ob die Zähler bei den einzelnen Geräten automatisch abgeschaltet werden oder nicht, hängt von der Technik ab. Solche Zähler, die die Zeit messen, während der ein Gerät unter Strom steht, sollten ggf. bei Systemausfall ausgeschaltet werden, damit sie nicht weiter zählen). Da nach § 4 Nr. 1, 3 monatlich Miete für mindestens 180 Stunden zu zahlen ist (vierteljährlich 540 Stunden), muß auch die Mindeststundenzahl herabgesetzt werden. Die Zahl der zu kürzenden Stunden ist pauschal auf 6 festgelegt worden. Dies scheint bei einem 5 Tage-Betrieb keine proportional angemessene Kürzung zu sein, weil dann bei 22,5 (vierteljährlich 67,5) Nutzungstagen auf jeden Tag 8 Mindeststunden entfallen. (Bei einem vollständigen Ausfall über einen Monat hin würde die Mindeststundenzahl nur um 135 auf 45 gekürzt werden; der AG hätte noch 1/4 Monatsmiete zu zahlen).

Der AG nutzt das System im Einschichtbetrieb arbeitstäglich 8 Stunden und holt die Ausfallstunden nicht nach. Das System sei 4 Tage im Vierteljahr vollständig

> ausgefallen, und zwar so, daß die Zähler an den Ausfalltagen überhaupt keine Zeit gezählt haben. Die Zählerzeit beträgt dann 540 abzüglich 4 x 8 Stunden, also 508 Stunden. Die Mindeststundenzeit von 540 Stunden ist um 4 x 6 Stunden auf 516 zu kürzen. Der AG zahlt für mehr Stunden, als er das System genutzt hat.

IdR ist die Kürzung der Mindeststundenzahl um 6 statt um 8 Stunden aber angemessen. Denn *zum einen* kann das System an den ersten und letzten Ausfalltagen durchschnittlich doch einige Stunden genutzt werden (wovon allerdings ein Teil der abgelaufenen Nutzungszeit umsonst aufgewendet worden ist, nämlich insoweit die unterbrochene Produktion nach Beseitigung des Fehlers wiederholt werden muß).

> Im letzten Beispiel sei das System noch durchschnittlich drei Stunden je Ausfalltag genutzt worden. Der Zählerstand beträgt dann 540 - (8 - 3) . 4 = 520 Stunden. Der AG zahlt nur für 516 Stunden den normalen Stundensatz; für 4 Stunden wird der Mehrschichtzuschlag berechnet.

Zum anderen ist zu berücksichtigen, daß Ausfallstunden bei Geräten/Systemen mit Zählwerk vielfach nachgeholt werden. Nr. 4 I. 3 bestimmt, daß Mehrnutzungsstunden nicht die (rechnerisch herabgesetzte!) Mindestnutzungszeit wieder auffüllen, sondern daß sie nur mit dem Mehrstundenzuschlag vergütet werden. Werden Ausfallstunden nachgeholt, so bedeutet dies, daß die Gesamtnutzungszeit unverändert bleibt, die nachgeholten Stunden aber nur mit dem Zuschlag vergütet werden. Jedes Nachholen begünstigt den AG hinsichtlich der Höhe des effektiv zu zahlenden Mietzinses; (der AG trägt allerdings die zusätzlichen Personalkosten):

> Im letzten Beispiel seien die 4 x 5 Ausfallstunden an drei Sonnabenden nachgeholt worden. Der Zählerstand beträgt dann 540 - (8 - 3) . 4 + 5 . 4 = 540 Stunden. Der Auftraggeber zahlt für 516 Stunden den normalen Stundensatz, für 24 den ermäßigten.

25 <u>Höhe der Kürzung bei Pauschalmonatsmiete:</u> Für solche Geräte bzw. für Programme fehlt eine Regelung. Da der Mietzins anteilig für jeden vorgesehenen Nutzungstag gekürzt werden soll, läßt sich vertreten, den Mietzins durch die Zahl dieser Tage zu teilen. Das würde berücksichtigen, an wievielen Tagen das System pro Woche und damit pro Monat genutzt werden soll. Es dürfte aber richtig sein, entsprechend der Kürzung bei Geräten mit Zählwerk (1/30 je Ausfalltag), unabhängig von der Zahl der Nutzungstage auch hier auf 1/30 abzustellen: An Ausfalltagen kann das Gerät durchschnittlich einige Stunden genutzt werden. Der AG kann Ausfallzeit im Rahmen des zeitlich Möglichen ohne gesonderte Vergütung nachholen. (Dies entfällt bei Nutzung auch an Wochenenden; doch dann wäre der Mietzins ohnehin durch 30 Nutzungstage zu teilen).
Unbegründet ist die Praxis, die Kürzung abzulehnen, wenn

sie auf den 31. eines Monats fällt, weil er den Mietzins nur für 30 Tage berechne. § 4 M berechnet ihn stets für einen Monat, unabhängig von dessen Länge. Der AN wird überhaupt nur dann geringfügig unangemessen behandelt, wenn der AG das System an allen 31 Tagen nutzt; sonst ist 1/30 weniger als der anteilige Mietzins.

2. Nutzungseinschränkung (Nr. 5 und 6 IV)

26 Die Nutzungseinschränkung wird in Nr. 5 i.V.m. Nr. 6 IV ausschließlich auf die Funktionsfähigkeit des Systems, nicht auf die Dauer der Störung bezogen. Ein Totalausfall von 11 Stunden erlaubt keine Mietkürzung nach Nr. 5. Für Nr. 4 ist Voraussetzung, daß der Ausfall mindestens 12 Stunden dauert. Weniger als 12 Stunden Totalausfall schaden noch nicht. In Nr. 5 darf deswegen nicht eine kürzere Dauer Sanktionen begründen. Nr. 4 I. 1 müßte sonst lauten: "Die Mietzahlung entfällt *bereits* bei 12 Stunden Ausfall für diesen Tag vollständig".

27 Der AG muß das System in dem Umfang zur Verfügung stellen, in dem der AN es für die Instandsetzung braucht (s. auch Rz 21). Auch die zur Verfügung gestellten Geräte gelten als ausgefallen (Minderung kann aber erst nach 12 Stunden Nutzungsentzug pro Tag verlangt werden, s. Rz 26).

Die Fehlermeldung erfolgt um 8.00 mit dem Hinweis, daß die Zentraleinheit, die der AN zwischenzeitlich für die Instandsetzung des Gerätes benötigen würde, nicht vor 16.00 Uhr zur Verfügung gestellt werden würde. Der Mietzins wird erst vom nächsten Tag 12.00 an gekürzt.

28 Die Erläuterungen führen zu vollständig ausgefallenen einzelnen Geräten aus: "Führen Ausfall oder Leistungsminderung einzelner Geräte einer EDV-Anlage insofern zu einer Leistungsminderung der Gesamtanlage, als ein Teil der Anwenderprogramme nicht mehr von der Anlage verarbeitet wird (Funktionsminderung), obliegt dem Mieter im Rahmen seiner Schadensminderungspflicht die Prüfung, welche der nicht ausgefallenen Geräte er aufgrund der Programme, die in seiner Betriebsplanung vorgesehen sind und von der Restanlage verarbeitet werden, nutzen kann und wie groß die Nutzungsmöglichkeit dieser Geräte ist." Zur Schadensminderungspflicht gehört auch, Arbeiten, die nicht in der Betriebsplanung vorgesehen sind, aber vorgezogen werden können, durchzuführen.
"Ergibt die Prüfung, daß ein Teil der Anlage genutzt werden kann, zahlt der Mieter für die ausgefallenen und für die für den Mieter nicht nutzbaren Geräte keine Miete, wenn sie mehr als 12 Stunden nicht genutzt werden können. Der Vermieter zahlt für die Nichtnutzbarkeit dieser Geräte auf der Basis des Mietausfalles pauschalierten Schadensersatz. Für die benutzten Geräte zahlt der Mieter entsprechend der tatsächlichen Ausnutzung einen prozentualen Mietanteil; der Vermieter zahlt pauschalierten Schadensersatz auf der Basis des Mietausfalls." D.h. bei Geräten mit Zählwerk sind entsprechend Nr. 4 I. 3 täglich 6 Stun-

den von der Mindestnutzungszeit abzuziehen. Bei Geräten mit Pauschalmonatsmiete ist diese täglich um 1/30 zu kürzen (s. GZ 4 Rz 18).
Der Fall, daß ein Gerät in seiner Nutzbarkeit nur teilweise eingeschränkt wird, kommt nur selten vor ebenso wie der Fall, daß andere Geräte in ihrer Nutzbarkeit funktional herabgesetzt werden. Eher können sie zeitlich nicht voll genutzt werden. Bei Programmen sind hingegen Nutzungseinschränkungen im Verhältnis zu Totalausfällen die Regel.

Bei einem Drucker, der mit verschiedener Zeilendichte schreiben kann, kann wegen eines Fehlers nur noch mit einer Zeilendichte geschrieben werden; Formulare, die auf andere Zeilendichte abgestellt sind, können nicht bedruckt werden.
Bei einer Anlage mit 3 Druckern fallen 2 Drucker vollständig aus. Der AG kann die Anlage praktisch nicht in der vorgesehenen Weise nutzen, vielleicht den Drukker für die wichtigsten Arbeiten einsetzen und die sonstige Peripherie für die Dateipflege nutzen.
Weiteres Beispiel s. GZ 4 Rz 18.

Häufig liegt es so, daß Geräte für die (fast vollständige) Nutzung besonderen Personalaufwand fordern.

Das Einlesen von Lochkarten muß bei einem Kartenleser immer wieder angestoßen werden. Das bedruckte Papier wird nicht wieder automatisch gefaltet und damit gestapelt, sondern ein Bediener muß ständig neben dem Drucker stehen.

29 Die Erläuterungen geben einen Ansatz für die Mietminderung bei teilweiser Nutzungseinschränkung von Geräten vor, der sich nicht im Wege der Auslegung ergibt. Soll der Ansatz gelten, so muß er zwischen den Parteien vereinbart werden.
"Kann eine Nutzungsminderung der benutzten Restanlage nicht unmittelbar und zweifelsfrei bestimmt werden, so ist für die Dauer der Nutzungsminderung der Gesamtanlage die Nutzungszeit der im Rahmen der Schadensminderungspflicht benutzten Geräte festzustellen. Diese Geräte gelten als voll genutzt, wenn je betrieblich vorgesehener Personalschicht die Zentraleinheit 6 und die übrigen Geräte 3 Nutzungsstunden genutzt werden (unterstellte Normalnutzungszeit). Liegen die tatsächlich erreichten Nutzungsstunden je Personalschicht unter dieser Normalnutzungszeit, so ergibt die Differenz zwischen den genannten Zeiten die Leistungsminderung je Gerät in Stunden. Die anteilige Nutzungsminderung, die der Berechnung des Mietausfalls und des pauschalierten Schadensersatzes zugrunde zu legen ist, errechnet sich als Quotient aus der errechneten Leistungsminderung in Stunden und der unterstellten Normalnutzungszeit. Hierfür gilt folgende Berechnungsformel:

$$NM = \frac{(N - T) \times 100}{N}$$

N = Normalnutzungszeit
T = tatsächliche Nutzungszeit
NM = anteilige Nutzungsminderung".

Die Mindestnutzungszeit muß in *jeder* Schicht erreicht werden, weil sonst bei drei Schichten 9 Nutzungsstunden 15 Ausfallstunden gegenüberstehen könnten, ohne daß Ausfall geltend gemacht werden könnte (s. genauer Rz 31). Der Ansatz verstößt dagegen, daß nur Einschränkungen über mindestens 12 Stunden Dauer zur Mietkürzung führen dürfen (s. Abb. 9).

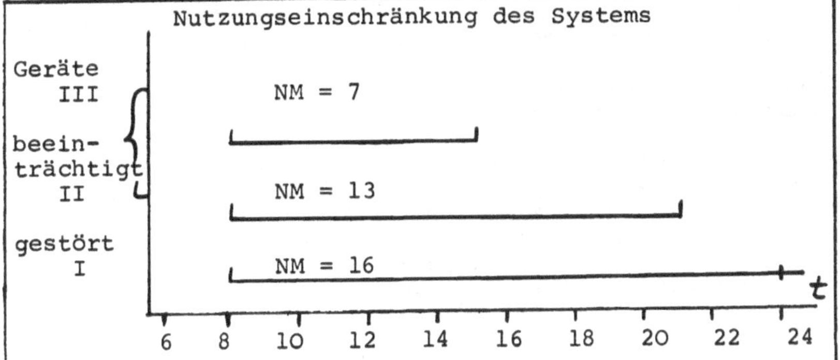

Die vorgesehene Nutzungszeit N betrage 16 Stunden (6.00 - 22.00). Zu kürzen ist richtigerweise neben dem Mietzins für das betroffene Gerät nur der für Gerät II.

Abb. 9

Die Formel für die Berechnung der Nutzungsminderung enthält eine erhebliche Unstetigkeit: Für jede Schicht reichen bereits drei Nutzungsstunden aus, um die Mietkürzung auszuschließen. Das bedeutet bei einer Schichtdauer von 8 Stunden, daß der Mietzins entweder gar nicht oder um mindestens 6/8 gekürzt wird.

Nutzbarkeit in Stunden	7 - 3	2	1	0
Nichtnutzbarkeit	1 - 5	6	7	8
Nutzungseinschränkung	0 → Sprung	6/8	7/8	1

30 Die Erläuterungen führen zur Höhe der Mietkürzung aus: "Der sich hieraus ergebende Mietminderungsbetrag je Gerät errechnet sich für jede Personalschicht je Kalendertag nach folgender Formel:

$$MM = \frac{M}{30} \times \frac{NM}{100}$$

MM = Mietminderung

M = Grundmonatsmiete für die erste Personalschicht bzw. Durchschnitt der Mehrbenutzungsmiete für die zweite bzw. die dritte Personalschicht."

Bei Geräten ohne Zählwerk ist bei Einschichtbetrieb die Pauschalmonatsmiete, bei Zweischichtbetrieb je Schicht die Hälfte der Pauschalmonatsmiete, bei Dreischichtbetrieb je Schicht ein Drittel der Pauschalmonatsmiete in Ansatz zu bringen."

Die Berechnung setzt voraus, daß die Zählwerke bei Geräten mit Zählwerk ständig eingeschaltet waren und damit Nutzungszeit gezählt haben. Andernfalls wäre es unzulässig, den Mietzins zu kürzen, weil für die Ausfallzeit kein Mietzins anfällt. (Bei Totalausfall, wo die Zähler nicht mehr zählen, wird die Mindeststundenzahl gekürzt, s. Rz 24). Werden die Geräte hingegen nur während ihrer Nutzung eingeschaltet, so darf nicht der Mietzins, sondern nur die Mindeststundenzahl gekürzt werden (entsprechend der Kürzung bei Totalausfall, s. Rz 24).

31 Wegen des unzulässigen Ansatzes (s. Rz 29) bleibt nichts übrig, als im Einzelfall die Nutzungseinschränkung *je Tag abzuschätzen, wenn sie nur über 12 Stunden dauert*. Stunden, in denen das System überhaupt nicht genutzt werden soll (Nachtstunden), müssen wie bei Totalausfall mitgezählt werden (s. Rz 20): Diejenigen Geräte, die vor Betriebsende nicht genutzt werden konnten, zählen auch für die Betriebsruhe als ausgefallen.
Für Geräte, die nur eingeschränkt genutzt werden konnten, ist der der Nutzungsminderung entsprechende Teil von 6 Stunden von der Mindeststundenzahl von 540 im Vierteljahr (180 im Monat) abzuziehen (s. Rz 24).
Ein Vorschlag für die Festlegung der Nutzungseinschränkung im Einzelfall findet sich in PT 3 Rz 8 unter 7. 2.

IV. Weitere Gewährleistungsfolgen

1. Stellung einer Ausweichanlage (Nr. 3 und 4 II)

32 Bei den weiteren Gewährleistungsfolgen wird bei *Totalausfall* formal vorrangig von der Verpflichtung des AN ausgegangen, eine Ausweichanlage zur Verfügung zu stellen. Voraussetzung ist nur, daß der Fehler unter die Gewährleistung fällt, nicht auch (wie für die Mietkürzung), daß der AN die Nichtbeseitigung zu vertreten hat. Die Stellung einer Ausweichanlage muß allerdings im Einzelfall vereinbart worden sein (MS 12, Nr. 9). Bei *Teilausfall* ist anteilig pauschalierter Schadensersatz zu zahlen. (s. Rz 41). Nr. 3 zieht die Grenze zwischen Totalausfall und Teilausfall mit den Worten "nicht voll genutzt werden kann" dort, wo die Nutzung des Rests wegen der Nutzungseinschränkung für den AG unzumutbar ist.
Die Regelung entspricht weitestgehend der bei Verzug. Die Erläuterungen verweisen auf die Erläuterungen zu § 7. Zur Zweckmäßigkeit der Vereinbarung einer Ausweichanlage s. Rz 3 f zu § 7.

33 Während der Funktionsprüfung soll gem. Nr. 3 I. 3 im Regelfall auf die Bereitstellung einer Ausweichanlage verzichtet werden. In MS 12 (Nr. 9) ist deswegen die Verpflichtung zur Stellung einer Ausweichanlage während der Funktionsprüfung getrennt von der während der sonstigen Mietzeit ausgewiesen. Die Verpflichtung auch während der Funktionsprüfung kommt immer dann in Betracht, wenn eine Ausweichanlage bereits für den Verzugsfall vereinbart

wird; in diesem Fall ist der AG im Zweifelsfall während der Funktionsprüfung genauso an der Fortführung der Produktion interessiert wie im Falle des Verzugs.

34 Die Stellung einer Ausweichanlage verlangt idR verschiedene Vereinbarungen über die Konfiguration, die einzusetzende Grundsoftware sowie über die Vorbereitung, die Art und den Umfang der Nutzung, worauf Nr. 1 I. 2 und 3 hinweisen (s. dazu Rz 5 zu § 7 und MS 12 Rz 4 f).

35 Die Kostenverteilung in Nr. 3 II - IV entspricht sachlich der in § 7 Nr. 1 II M (s. dort Rz 6 f). Die Verpflichtung des AG zur Mietzahlung bleibt unberührt; der Mietzins wird aber für jeden Ausfalltag gekürzt (s. Rz 17 ff; insoweit kommt es darauf an, ob der AN die Nichtbeseitigung des Fehlers zu vertreten hat).

36 Unterliegt die Störung nicht der Gewährleistung, so ist der AN nach § 18 Nr. 6 verpflichtet, eine - für den Gewährleistungsfall vereinbarte - Ausweichanlage zur Verfügung zu stellen (s. dort Rz 18).

37 Sanktion: Stellt der AN die Ausweichanlage zum vereinbarten Zeitpunkt nicht bereit, zahlt er gemäß Nr. 4 II. 1 für jeden Kalendertag 1/30 der Grund- bzw. Pauschalmonatsmiete als pauschalierten Schadensersatz, bis das System dem AG an einem Tag mehr als 12 Stunden zur Verfügung steht. Auf Verschulden an der Nichtgestellung kommt es nicht an. Die Sanktion beginnt mit dem ersten Tage, an dem die gemietete Anlage mehr als 12 Stunden nicht genutzt werden konnte, und zwar auch dann, wenn der AN die Ausweichanlage erst zu einem späteren Zeitpunkt zur Verfügung stellen brauchte. Die Zahlungspflicht endet gemäß Nr. 4 II. 2 und 3 mit dem Kalendertag vor dem Tag, an dem die Mietsache bzw. die Ausweichanlage mehr als 12 Stunden genutzt werden kann (s. auch Rz 23 und 40).

> Übergabe des betriebsbereiten Systems Montag 11.00. Die Sanktion wird gezahlt einschließlich Sonntag, auch wenn am Wochenende nicht gearbeitet werden sollte.

Auch bei der Stellung einer Ausweichanlage kommt es nur darauf an, ob die Ausweichanlage überhaupt täglich mehr als 12 Stunden zur Verfügung steht, nicht ob sie zu den üblichen Betriebszeiten des AG 12 Stunden zur Verfügung steht (s. Rz 20 f sowie Rz 8 zu § 7 zu nicht ausreichenden Nutzungsmöglichkeiten).

2. Pauschalierter Schadensersatz, wenn keine Ausweichanlage vereinbart ist (Nr. 4 III)

38 Bei Totalausfall zahlt der AN 1/30 der Grund- bzw. Pauschalmonatsmiete für jeden vorgesehenen Nutzungstag vom 4. vorgesehenen Nutzungstag an, an dem die Anlage mehr als 12 Stunden nicht genutzt werden konnte: Nach Nr. 4 III beginnt die Zahlung *mit* dem 3. vorgesehenen Nutzungstag *nach* Wegfall des Mietzinses. Der erste Tag, an dem nach Nr. 4 I keine Miete zu zahlen ist, zählt also nicht

mit. Diese Auslegung entspricht der Berechnung von Fristen im BGB; nach § 187 I BGB wird der 1. Tag nicht mitgerechnet, wenn für den Anfang einer Frist (hier: Zeitraum, nach dessen Ende die Sanktion beginnt), ein Ereignis (hier: Fehlermeldung) maßgebend ist.

39 Abweichungen, die die Sanktion aus sachlichen Gründen früher oder später beginnen lassen, sind als zulässig anzusehen. Eine Abkürzung kommt insbesondere bei Systemen, auf denen zeitkritische Verfahren laufen, in Betracht. Der Beginn kann hinausgeschoben werden, wenn z.B. bestimmte Ersatzteile schwer zu beschaffen sind. Es zeigt sich die Tendenz, daß AG gerade bei kleineren Systemen kürzere Fristen anstreben. Es darf nicht verkannt werden, daß bei solchen Systemen die Kosten für die kurzfristigere Fehlerbeseitigung proportional stärker als bei größeren Systemen steigen.

40 Die Zahlungspflicht <u>endet</u> gem. <u>Nr. 4 III</u> mit dem letzten vorgesehenen Nutzungstag vor dem Tag, an dem die Mietsache wieder mehr als 12 Stunden genutzt werden kann (s. auch Rz 23 und 37).

41 <u>Teilausfall:</u> Es ist vom 4. vorgesehenen Nutzungstag an pauschalierter Schadensersatz in Höhe desjenigen Teils von 1/30 der Grund- bzw. Pauschalmonatsmiete zu zahlen, um den der Mietzins gekürzt wird (s. Rz 26 ff, insb. 31 sowie GZ 4 Rz 15).

3. <u>A.o. Kündigung (Nr. 7)</u>

42 <u>Nr. 7 I</u> räumt dem AG entsprechend § 542 BGB ein a.o. Kündigungsrecht ein (die Wortwahl "fristlos" in Abs. 1 ist nicht korrekt, wie Abs. 4 verdeutlicht; der AG kann eine Auslauffrist setzen). Voraussetzung ist gem. <u>Nr. 7 IV</u>, daß ein Fehler der Hardware oder der Software die Nutzung des Systems 30 Tage wesentlich eingeschränkt hat. Dem AG obliegt nach Abs. 1 die Beweislast; Abs. 4 kehrt sie nicht um, sondern präzisiert die Voraussetzungen. Die Einschränkung in Abs. 4 muß auf die gesamte Frist bezogen werden. Deswegen dürfte die Frist dahingehend auszulegen sein, daß nur vorgesehene Nutzungstage (bzw. wirkliche Nutzungstage bei Nutzungsminderung) zählen. Dafür spricht insb., daß Abs. 2 diese Tage als Ausfalltage und nicht als Kalendertage bezeichnet.
<u>Nr. 7 III</u> (ein Mangel liegt auch vor, wenn die Programme des AG nach § 8 Nr. 2 I d) nicht verarbeitet werden) nimmt die besondere Betonung dieser Systemeigenschaft in § 8 auf (s. Rz 49 sowie Rz 33 zu § 8), wobei sich dies bereits aus Nr. 6 IV ergibt. Die Regelung stellt nicht auf eine angemessene Frist ab, sondern stets auf 30 Tage. Eine Nachfrist (in Kalendertagen!) ist in <u>Nr. 7 II</u> nur vorgesehen, wenn der AN eine Ausweichanlage zur Verfügung gestellt hat (in § 9 Nr. 8 K wird deutlicher ausgedrückt, daß es sich um eine Nachfrist handelt, s. dort Rz 24).

43 Das Kündigungsrecht ist nur gegeben, wenn das *System* im wesentlichen nicht genutzt werden kann; es ist nicht bei Ausfall einer Einheit für diese Einheit gegeben.

4. Sonstige Regelungen zum pauschalierten Schadensersatz (Nr. 8)

44 Nr. 8, 1. HS begrenzt die Zahl der Tage, für die pauschalierter Schadensersatz zu zahlen ist, auf 100 Tage je Fehlerfall (Ausfalltage in Nr. 4 III, Kalendertage in Nr. 4 II), auch wenn der Fehler noch nicht beseitigt ist. Bei mehreren Fehlern im Laufe der Zeit kann die Sanktion also auch für mehr als für 100 Tage zu zahlen sein. Im Falle der a.o. Kündigung nach Nr. 7 zahlt der AN gem. Nr. 8, 2. HS unabhängig vom Zeitpunkt der Kündigung für 100 Tage. Dies rechtfertigt sich daraus, daß die Höhe des Schadens weniger durch die Dauer des Ausfalls als vielmehr durch die Notwendigkeit der Beschaffung eines neuen Systems bestimmt wird.

45 Der Hinweis in Nr. 8, 2. HS auf "den Fall des § 8 Nr. 7" regelt nicht nur den Umfang der Zahlungspflicht, sondern begründet sie auch für den Fall, daß der AG wegen der Erfolglosigkeit der Funktionsprüfung kündigt. Haftungsfragen während der Funktionsprüfung sollen ausschließlich durch § 9 geregelt werden (s. Rz 5 zu § 8).
Wenn der AN wegen Fehler, die zum Scheitern der Funktionsprüfung führen, bereits nach Nr. 4 und 5 pauschalierten Schadensersatz zahlen muß, so sind diese Beträge auf die Zahlung wegen der Kündigung anzurechnen (s. ähnlich zur Mietkürzung Rz 5).

V. Fragen zur Gewährleistung für die Software (Nr. 6)

46 Nr. 6 regelt zwei Komplexe:
- die Gewährleistung für die Software und die Koppelung der Software mit der Hardware für die Berechnung der Sanktionen (Nr. 6 I. 1 und 2, III und IV).
- die Zulässigkeit von Änderungen der Software durch den AN (Nr. 6 I. 3 - 5, II).

Zu Änderungen durch den AG s. Rz 48.

1. Gewährleistungspflicht und Koppelung (Nr. 6 I. 1 und 2, III und IV)

47 Der erste Komplex ist erforderlich, weil das System in Hardware und Software aufgespalten und die Gewährleistung für die Hardware für sich geregelt wird (s. dazu GZ 3). In Nr. 6 wird einerseits die Gewährleistung für die Software geregelt, andererseits in Abs. 1 Satz 2 die Software mit der Hardware wieder zu einer Einheit zusammengefügt und damit die Gewährleistung auf das System bezogen. Im Kommentar ist die Gewährleistung von vornherein auf das System bezogen worden (s. Rz 2). Es kann deswegen weitgehend auf die vorhergehenden Ausführungen verwiesen werden.

Nr. 6 wird z.T. nur als Koppelungsregelung verstanden (s. GZ 3 Rz 12); der Verweis in Abs. 4 Satz 1 läuft dann leer. Die unmittelbare Fehlerbeseitigungspflicht bei Software soll sich nicht aus Nr. 2 I. 1 ergeben, der gem. Abs. 4 Satz 1 entsprechend anzuwenden ist, sondern aus dem zusätzlich geschlossenen Softwareüberlassungsvertrag.

48 Fehlerbeseitigungspflicht: Die Pflicht zur unverzüglichen Fehlerbeseitigung nach Nr. 6 IV. 1 i.V.m. Nr. 2 entspricht weitestgehend der bei Hardwarefehlern (s. Rz 11 ff). Die Fehlerbeseitigungspflicht entfällt nach Nr. 6 V für Programme, die der AG geändert hat. Gemeint sind nur solche Programme, die der AN dem AG überlassen hat, nicht solche des AG nach § 8 Nr. 2 I d). Der AG ist nicht gehindert, die Programme zu ändern; Fehlerbeseitigung kann er aber nur für die nichtgeänderte Fassung verlangen. Wegen der weiten Fassung der Regelung ist der Begriff Programm eng auszulegen (Routine/Modul).
Der Ausschluß ist weiter als in § 17 Nr. 2 gefaßt, wo der AG die Geräte in zumutbarer Weise ändern darf, ohne daß die Gewährleistung entfiele. Soweit Änderungen der Software wegen Änderungen der Hardware erforderlich werden, gilt § 17 Nr. 2 auch für die Software (s. dort Rz 8 f).

49 Verarbeitung der Programme des AG: Nr. 6 III nimmt die besondere Betonung einer Systemeigenschaft in § 8 Nr. 2 I d) auf. Es wird klargestellt, daß es ein Softwarefehler ist, wenn Programme, die vom System verarbeitet werden sollen, nicht verarbeitet werden können und daß dies auch als Ausfall der Hardware gilt, soweit diese deswegen nicht genutzt werden kann (s. zur letzten Einschränkung GZ 3 Rz 15 ff, zur Systemeigenschaft Rz 33 zu § 8).
Als Voraussetzung für den Fehlerbeseitigungsanspruch wird angeführt, daß das Programm auf vergleichbaren Anlagen oder Geräten (richtigerweise: auf vergleichbaren Systemen) fehlerfrei verarbeitet werden kann. Damit dürfte gemeint sein, daß es sich nicht um einen Fehler in dem Programm des AG handeln darf.

50 Zur Beseitigung von Fehlern, die den Betrieb von mixed hardware beeinträchtigen, s. Rz 21 zu § 17.

51 Stellung einer Ausweichanlage: Nr. 6 IV verweist nicht auf Nr. 3; die Stellung einer Ausweichanlage kommt nämlich kaum in Betracht (s. aber auch Rz 11 zu § 7). Es ist dann Schadensersatz zu leisten, wie wenn keine Ausweichanlage vereinbart wäre (s. Rz 38 zu Nr. 4 III).

52 Mietkürzung und pauschalierter Schadensersatz: Formal gesehen wird bei Software Fehlerfreiheit wie bei Hardware verlangt. Die Sanktionen werden genauso wie bei Hardwarefehlern an die Nichtbeseitigung geknüpft. Die Fehlererkennung und -beseitigung dauert hier häufig deutlich län-

ger als bei der Hardware. Die kurzen Fristen können aber hingenommen werden, da die Sanktionen im Regelfall unbedeutend sind (s. GZ 3 Rz 18). Es ist deswegen als zulässig, aber kaum als erforderlich anzusehen, die Fristen bei Softwarefehlern zu verlängern oder die Haftung in anderer Weise abzuschwächen. Unter denselben Voraussetzungen wie bei Hardwaremängeln ist auch hier bei Nutzungseinschränkung der Mietzins zu kürzen und pauschalierter Schadensersatz zu zahlen. Die Sanktionen ergeben sich hinsichtlich der Software aus Nr. 6 IV. 1 i.V.m. Nr. 4 I und III, hinsichtlich der Hardware aus Nr. 6 I. 2 (s. zur Koppelung GZ 3 Rz 15 ff). Der Verweis auf Nr. 4 II ist nicht zutreffend, da diese Regelung nur im Zusammenhang mit der Stellung einer Ausweichanlage gilt.

53 Umfang der Nutzungseinschränkung bei sonstiger Software: Es zählen als Ausfalltage nur vorgesehene Nutzungstage. Soll ein Programm nicht täglich genutzt werden, so ist folgendermaßen zu unterscheiden:
- Die Ergebnisse werden alsbald benötigt; d.h. das Programm soll sobald wie möglich eingesetzt werden: Die Sanktionen greifen für jeden Tag, an dem das System genutzt werden soll.
- Der Produktionslauf kann mit dem nächsten nachgeholt werden, ohne daß dies eine erhebliche Beeinträchtigung wäre: Die Sanktionen greifen erst, wenn auch der nächste oder noch mehr Produktionsläufe verschoben werden müssen und dann zeitkritisch werden.

54 Die Verweise in Nr. 6 IV. 1 auf Nr. 7 bis 9 sind bei den Ausführungen zu diesen Regelungen mitbehandelt worden, indem dort nicht von der Hardware, sondern vom System gesprochen worden ist (s. Rz 42 f zu Nr. 7, Rz 44 f zu Nr. 8 und Rz 22 zu Nr. 9).

2. Änderung der Software auf Wunsch des AN (Nr. 6 I. 3 - 5, II)

55 Die Regelungen behandeln die Frage, inwieweit der AN berechtigt ist, die überlassene Software zu ändern. Der AN will seine Softwareprodukte weiterentwickeln und deswegen neue Versionen herausbringen, will aber aus Gründen der Rationalisierung (und der begrenzten Kapazitäten an Softwarespezialisten) ältere Versionen möglichst wenig warten. Systematisch gesehen gehören die Regelungen zu § 19 (parallel zu Änderungen der Hardware in § 17); unter dem Blickwinkel der Gewährleistung abgefaßt behandeln sie wichtige Fragen nicht (s. Rz 57). Der AG ist in bestimmten Fällen verpflichtet, die neue Version zu übernehmen (Nr. 6 I. 4), sobald es ihm zumutbar ist; der AN muß die eingesetzte Version bis dahin warten (Nr. 6 II. 1). In allen anderen Fällen kann der AG die Übernahme aus berechtigten Gründen ablehnen (Nr. 6 I. 5); der AN muß die eingesetzte Version dann noch zwei Jahre lang warten (Nr. 6 II. 2). § 17 Nr. 1 enthält eine Sonderregelung für

Änderungen der überlassenen Software wegen Änderungen der Hardware: Der AG muß sie zulassen, wenn ihm keine unzumutbaren Nachteile entstehen (s. Rz 4 ff zu § 17 Nr. 1).

Zur zweiten Gruppe, also zu Nr. 6 I. 5, gehört der Fall, daß der AN eine neue Version herausbringt, die neue Gerätetypen unterstützt, ohne daß der AG diese Typen anmietet.

56 Mit "Version" sind alle Änderungen gemeint, die der AN von sich aus anbietet. Auf den Umfang der Änderungen kommt es nicht an. Dazu gehört auch die Korrektur einzelner Fehler, die anderswo aufgetreten sind und die der AN vorbeugend auch an der beim AG eingesetzten Kopie vornehmen will (s. dazu Rz 59). Lehnt der AG dies trotz Zumutbarkeit ab und tritt ein deswegen noch nicht beseitigter Fehler auf, so treffen die Sanktionen den AN erst nach angemessener Frist für die Fehlerbeseitigung (s. ähnlich Rz 21). Ist eine Listenpreisklausel nach § 4 Nr. 5 II b) vereinbart, kann der Auftragnehmer eine höhere Vergütung für die verbesserte Leistung durchsetzen.

58 In den Fällen, die Nr. 6 I. 4 regelt, darf der AN die Spezifikationen soweit ändern, wie dies wegen der erforderlichen Eingriffe unvermeidbar ist. Die damit verbundenen Nachteile hat er entsprechend § 17 Nr. 1, 4 auszugleichen. Denn die Maßnahmen sind aus Gewährleistungsgründen erforderlich. Ausgenommen ist nur die Beeinträchtigung vereinbarter Kompatibilität, was Nr. 6 I. 4, 2. HS klarstellt.
Der AN ist stets verpflichtet, die Unterlagen zu berichtigen (zum Vervielfältigungsrecht des AG s. Rz 5 zu § 5 VOL/B).

59 Der AG kann die Übernahme ablehnen, *bis* sie ihm zumutbar ist (ggf. auch über die Grenze von zwei Jahren, die für die zweite Gruppe gilt, hinaus); es kommt darauf an, ob die Übernahme überhaupt zumutbar ist, und wenn, wann sie zumutbar ist.
Die laufende Übernahme von kleineren Korrekturen (häufig als PTF oder ZAP bezeichnet) kann, auch wenn dieser Fehler beim AG bisher nicht aufgetreten sind und die Korrekturen die Betriebssicherheit eher verringern als erhöhen, grundsätzlich nicht als unzumutbar abgelehnt werden (s. aber auch Rz 65). Der AG kann aber verlangen, daß die einzelnen Änderungen periodisch zusammengefaßt werden. Dient die Änderung der Beseitigung von Schutzrechtsverletzungen, so ist der AG im Falle der Unzumutbarkeit nicht berechtigt, die alte Version weiterzunutzen.
Die Beweislast liegt beim AG (parallel zu Nr. 6 I. 5, s. Rz 62 sowie GZ 2 Rz 30).

60 Sind Umstellungsmaßnahmen des AG erforderlich, ist die Übernahme erst *nach* deren Durchführung zumutbar. Der AG muß sie sobald wie zumutbar durchführen. Der AN ist nicht zur vorherigen Ankündigung verpflichtet; unterläßt er sie,

dann steht dem AG eine angemessene Frist für die Vorbereitung der Umstellung zur Verfügung. Zur Ankündigung gehört die Mitteilung der Änderungen und der vom AG zu treffenden Maßnahmen.

61 In den übrigen Fällen (zweite Gruppe) kann der AG gem. Nr. 6 I. 5 die Änderungen "aus berechtigten Gründen" ablehnen. Die gegenseitigen Interessen müssen also abgewogen werden. Dabei ist zu Lasten des einzelnen AG zu berücksichtigen, daß die Weiterentwicklung idR auch den Anwendern installierter Systeme dient. Auch kann der AN die widersprechenden Interessen durch Unterstützung bei der Umstellung abschwächen. Die Regelung entspricht damit weitestgehend der Sonderregelung in § 17 Nr. 1 (s. Rz 55).
Der AN ist stets verpflichtet, die Unterlagen zu berichtigen (zum Vervielfältigungsrecht des AG s. Rz 5 zu § 5 VOL/B).
Das Interesse des AG, daß die tatsächlich vorhandene Anschlußfähigkeit von Geräten anderer Hersteller nicht beeinträchtigt wird, darf nicht berücksichtigt werden (s. Rz 4 und 20 zu § 17).

62 Der AG kann bei berechtigter Ablehnung die Wartung der eingesetzten Version (nur) für die Dauer von zwei Jahren verlangen.
Der Zeitraum beginnt mit dem Angebot der neuen Version. Dazu gehört die Mitteilung der Änderungen und der vom AG zu treffenden Maßnahmen.
Da die Regelung dem AG ermöglichen soll, die eingesetzte Version eine bestimmte Zeit lang beizubehalten, beginnt der Zeitraum nicht vor der Funktionsprüfung, selbst wenn die neue Version schon vorher angeboten worden ist.
Der AG trägt die Beweislast, daß seine Ablehnung berechtigt ist.

63 Im Regelfall dienen neue Versionen untrennbar sowohl der Fehlerbeseitigung als auch der Weiterentwicklung. Der AG kann sich dann auf die für ihn im Einzelfall günstigere Regelung berufen. Objektiv ist keine Regelung günstiger: Im ersten Fall muß der AG die Änderungen hinnehmen, braucht sich aber weniger Umstellungsaufwand gefallen lassen. Im zweiten Fall kann der AG Änderungen eher ablehnen; die Wartung ist dann aber auf zwei Jahre begrenzt.

2.2 Durchführung der Übernahme

64 Mit der Übernahme der neuen Fassung wird diese Vertragsgegenstand; die Vereinbarung der Übernahme bedarf dementsprechend der Schriftform nach § 25.
Die Durchführung der Übernahme ist nicht geregelt; sie ist deswegen entsprechend § 6 vorzunehmen. Wer die unmittelbaren Kosten trägt, ist offen. Der AG soll nicht mehr als die zumutbaren Kosten tragen. Im Regelfall dürfte dies bedeuten, daß jede Seite ihre Kosten trägt; Maschinenzeiten dürften bei Abrechnung nach Zählerstand entsprechend § 18 Nr. 4 zu Lasten des AN gehen.

Die Erläuterungen (zu § 9 Nr. 7 K) führen aus: "Bei der Einführung einer neuen Version der Grundsoftware ist darauf zu achten, daß der Vermieter die notwendige Installationsunterstützung gibt und soweit dies für die Aufrechterhaltung des Betriebs notwendig ist, die bisherige Version während der Einführungszeit weiterhin einsetzbar ist. Die Gewährleistungsvorschriften gemäß § 9 werden hierdurch nicht berührt."

65 Eine Pflicht des AG, die neue Version zu überprüfen, z.B. durch Parallel- oder Vergleichsläufe, kann nicht angenommen werden, da der AN ausgetestete Versionen anzubieten hat und einzelne Überprüfungen kaum tauglich sind, die Einsatzfähigkeit zu beurteilen. Deswegen können dem AG aus der Schadensminderungspflicht heraus keine Prüfmaßnahmen abverlangt werden. Der AG dürfte aber berechtigt sein, die neue Version einer Funktionsprüfung zu unterziehen. Treten wesentliche oder zahlreiche Fehler auf, kann er die Übernahme ablehnen, bis eine erneute Funktionsprüfung erfolgreich ist.

§ 10. Haftung des Vermieters für die Verletzung von Schutzrechten

1. Der Vermieter steht dafür ein, daß die Mietsache frei von Schutzrechten Dritter (z.B. Patente, Urheberrechte, bekanntgemachte Patentanmeldungen, eingetragene Warenzeichen, Gebrauchsmuster) ist, die ihre Nutzung ausschliessen bzw. einschränken. Das gleiche gilt für nicht bekanntgemachte Patentanmeldungen, von denen der Vermieter Kenntnis hat.

2. Werden nach Vertragsabschluß Verletzungen von Schutzrechten gemäß Nummer 1 geltend gemacht und wird die Nutzung der Mietsache beeinträchtigt oder untersagt, ist der Vermieter verpflichtet, nach seiner Wahl entweder die Mietsache in der Weise zu ändern oder zu ersetzen, daß sie nicht mehr unter die Schutzrechte fällt, gleichwohl aber den vertraglichen Bestimmungen entspricht, oder das Recht zu erwirken, daß der Mieter die Mietsache uneingeschränkt ohne Anlastung von Lizenzgebühren benutzen kann. Ist dies dem Vermieter nicht möglich, gelten die Bestimmungen des § 9 entsprechend. Werden Schutzrechte geltend gemacht, die dem Vermieter bei Vertragsabschluß nicht bekannt sein konnten, entfällt eine Verpflichtung zum Schadenersatz nach § 9.

3. Der Vermieter übernimmt die alleinige Haftung Dritten gegenüber wegen Verletzung von Schutzrechten. Er ist insbesondere verpflichtet, alle Rechtsstreitigkeiten, die sich aus Ansprüchen Dritter gegen den Mieter ergeben, auf eigene Kosten durchzuführen. Dies gilt unter der Voraussetzung, daß die Mietsache vom Mieter vertragsgemäß genutzt wurde. Der Mieter ist verpflichtet, den Vermieter unverzüglich schriftlich zu benachrichtigen, wenn gegen ihn Ansprüche wegen Verletzung von Schutzrechten geltend gemacht werden.

4. Können die Anlage oder Geräte wegen Verletzung von Schutzrechten nicht genutzt werden, ist, wenn im Mietschein vereinbart, eine Ausweichanlage zur Verfügung zu stellen. Die Nummern 1 bis 3 gelten entsprechend.

1 Rechtliche Einordnung: § 10 regelt die Rechtsfolgen von Schutzrechtsverletzungen der Mietsache, also der Hardware und der Software als besonderen Fall von Rechtsmängeln. Einerseits ist der AN zur unverzüglichen Fehlerbeseitigung mit den entsprechenden Sanktionen wie bei § 9 verpflichtet; andererseits muß er den AG im Innenverhältnis freistellen, soweit dieser vom Schutzrechtsinhaber direkt in Anspruch genommen wird.
§ 10 übernimmt § 11 Nr. 2 VOL/B, bezieht darüberhinaus aber auch das Urheberrecht mit ein. § 10 lehnt sich weitgehend an § 8 der Allgemeinen Bedingungen für Beschaffungsverträge des Bundesministers der Verteidigung vom 18. Juli 1965 an, ist aber strenger. In den Herstellerbedingungen wird die Haftung stark eingeschränkt, außerdem behält sich der AN ausdrücklich das alleinige Recht vor, den Rechtsstreit mit dem Dritten zu führen, der eine Rechtsverletzung geltend macht.
Zum Urheberrecht an Programmen s. Rz 4 zu § 6 K.

1. Voraussetzungen

2 Der Begriff der Schutzrechte ist in Nr. 1 weit gefaßt. Hierunter fallen alle absoluten Rechte des westdeutschen Rechts; denn es wird davon ausgegangen, daß die Mietsache in der Bundesrepublik Deutschland betrieben wird (s. § 21 Abs. 1). "Einstehen" bedeutet hier uneingeschränktes Vertretenmüssen des Rechtsmangels, hat also mit dem Einstehen nach § 9 Nr. 4 I. 2 nichts zu tun. Hinsichtlich der Sanktionen wird in Nr. 2. 3 auf Verschulden abgestellt (s. Rz 5).

3 Die Gewährleistungspflichten knüpfen daran an, daß die Nutzung der Mietsache tatsächlich beeinträchtigt oder untersagt wird. Es ist davon ausgegangen worden, daß die Untersagung auch vom AN ausgehen kann, der mit dem Schutzrechtsinhaber in Streit liegt. Mit Beeinträchtigung dürfte die teilweise Untersagung der Nutzung gemeint sein. Dabei kommt es erst einmal nicht darauf an, ob wirklich eine Schutzrechtsverletzung vorliegt (während § 8 ABBV und die Herstellerbedingungen verlangen, daß der AN die Schutzrechtsverletzung entweder anerkannt hat oder diese rechtskräftig festgestellt worden ist). Der AG kann also

die Nutzung bereits dann einstellen, wenn ein Dritter eine Schutzrechtsverletzung geltend macht und der AN ihn nicht freistellt; er ist aber auf Verlangen des AN wegen der Schadensminderungspflicht verpflichtet, die Mietsache weiter zu nutzen. Denn falls sich herausstellt, daß keine Schutzrechtsverletzung vorliegt, war der AN nicht verpflichtet, Maßnahmen zu ergreifen; falls aber eine Schutzrechtsverletzung vorliegt, übernimmt der AN gem. Nr. 3 das Risiko, daß der Dritte Schadensersatz gegen den AG geltend macht.

4 § 10 gilt auch für solche Schutzrechtsverletzungen, die erst durch die Kombination von Geräten oder durch Sonderausführungen entstehen, die der AG so bestellt hat. Der AG hat dann zwar die Schutzrechtsverletzung beeinflußt; die Risikoabwälzung ist aber angemessen, da der AN ausschließlich prüfen soll, ob Schutzrechtsverletzungen vorliegen könnten (dafür auch Daub B § 11 Ez). Anders ist es gem. § 17 Nr. 2 II. 3, wenn der AG das System ändert oder weitere Geräte anschließt (s. dort Rz 19).

2. Rechtsfolgen

5 Nr. 2, 1 verpflichtet den AN dazu, dafür zu sorgen, daß der AG das System baldmöglichst wieder nutzen kann. Nach Nr. 2, 2 gelten die Bestimmungen des § 9 entsprechend von dem Zeitpunkt an, in dem die Nutzung des Systems beeinträchtigt oder untersagt wird. Damit wird auf § 9 Nr. 3 - 8 verwiesen. Der Mietzins ist also für jeden vorgesehenen Nutzungstag zu kürzen, an dem das System weniger als 12 Stunden genutzt werden kann (s. Rz 19 ff zu § 9), bei teilweiser Untersagung anteilig. Ist keine Ausweichanlage vereinbart, ist wie nach § 9 Nr. 4 III pauschalierter Schadensersatz zu zahlen, maximal für 100 Tage (s. dort Rz 38 ff); dies gilt nach Nr. 2, 3 nicht, wenn den AN kein Verschulden daran trifft, daß er das entgegenstehende Schutzrecht nicht kannte. Hat der AN untersagt und stellt sich nachträglich heraus, daß keine Schutzrechtsverletzung vorgelegen hat, so dürfte pauschalierter Schadensersatz nur zu zahlen sein, soweit sich der AN beim Dritten erholen kann. Der AN hat kein Recht, sich vom Vertrag zu lösen (anders § 9 K, s. dort Rz 4).

6 Stellung einer Ausweichanlage: Nr. 4 beinhaltet sachlich nichts anderes, als daß eine Ausweichanlage nur zur Verfügung zu stellen ist, wenn dies in der LB vereinbart ist. Der einschlägige MS 12 (Nr. 9) sieht allerdings kein Feld für eine solche Vereinbarung vor; er muß ggf. ergänzt werden. Formal beinhaltet Nr. 4, daß die Verweisung über Nr. 2, 2 auf § 9 Nr. 3 nur eingeschränkt gilt, nämlich für das Wie der Stellung einer Ausweichanlage (Kosten etc.), nicht für das Ob und für die Sanktionen (s.u.). Die Erläuterungen verweisen auf die Erläuterungen zu § 7 Nr. 1. Einzelheiten über das System brauchen kaum vereinbart zu werden, weil die Wahrscheinlichkeit der Inanspruchnahme der Ausweichanlage zu gering ist. Auch kann

der Typ der Ausweichanlage kaum von vornherein festgelegt werden, da nicht abzusehen ist, ob nicht auch mögliche Ausweichanlagen dieselbe Schutzrechtsverletzung enthalten. Kann der AN kein rechtsmangelfreies System zur Verfügung stellen, zahlt er gem. Nr. 4, 2 i.V.m. Nr. 2, 2 und § 9 Nr. 4 II pauschalierten Schadensersatz (mehr beinhaltet die gesamte Verweisung in Nr. 4, 2 nicht).

7 Vorgehen gegenüber dem Dritten: § 10 enthält keine Regelung, die den AN *berechtigen* würde, gegen den Dritten ausschließlich gerichtlich vorzugehen, soweit dies prozeßrechtlich zulässig ist. Der AN ist aber nach Nr. 3, 2 *verpflichtet*, alle Rechtsstreitigkeiten zu führen. Der AG ist gem. Nr. 3, 4 zur Information verpflichtet. Im übrigen besteht keine ausdrückliche Verpflichtung, den AN zu unterstützen oder nur im Einverständnis mit ihm zu handeln. Dies folgt aber weitgehend aus § 242 BGB. Der AG ist auch aus eigenem Interesse gehalten, dem AN ggf. gem. §§ 72 ff ZPO den Streit zu verkünden.

8 Haftung im Verhältnis zum Dritten: Auch der AG haftet ggf. dem Schutzrechtsinhaber gem. §§ 823, 830, 840 BGB. Im Innenverhältnis haftet aber allein der AN gem. Nr. 3, 1. Die Regelung ist mit Rücksicht auf ein Urteil des BGH formuliert (vom 24.6.1970, NJW 1970, 1594). Die alleinige Haftung soll auch die Verpflichtung umfassen, unberechtigte Ansprüche Dritter vom AG abzuwehren. "Eine Verletzung der Freistellungsverpflichtung führt nicht etwa dazu, daß der Freizustellende auf seine Gefahr zu prüfen hat, ob Ansprüche des Dritten zu Recht bestehen." Der AG ist berechtigt, den Dritten auf Kosten des AN zu befriedigen. Der AN kann sich nicht darauf berufen, daß "der AG nicht zur Zahlung verpflichtet gewesen sei". Der BGH läßt offen, inwieweit dem AG Verschulden geschadet hätte. Die Haftung wird der Höhe nach nicht durch § 11 Nr. 2 I. 3 begrenzt; dies wird in § 10 Nr. 3 I. 1 K klargestellt.

§ 11. Haftung für sonstige Schäden, Versicherung

1. Der Vermieter stellt den Mieter, soweit gesetzlich zulässig, von der Haftung für Verlust und Beschädigung der Anlage oder Geräte frei, mit Ausnahme des Verlusts und der Beschädigung durch Kernreaktion, radioaktive Strahlung oder radioaktive Verseuchung, soweit der Mieter diese Ursachen gesetzlich zu vertreten hat.

2. Der Vermieter haftet für Personen- und Sachschäden, die dem Mieter oder Dritten entstehen, soweit er dafür einzustehen hat (vgl. hierzu § 9 Nr. 4 Abs. 2). Für sonstige Schäden haftet der Vermieter soweit sie durch den Vermieter oder die Mietsache unmittelbar verursacht wurden und den Vermieter ein Verschulden trifft. Die Haftungshöchstsumme je Schadensfall beträgt eine Million DM. Die Haftungsregelung gilt nicht für Verzug, Gewährleistung und

für Schutzrechtsverletzungen, soweit der Schaden dadurch entsteht, daß die Anlage oder Geräte keine oder fehlerhafte Ergebnisse liefern: die Haftung hierfür ist in den §§ 7, 9 und 10 abschließend geregelt.
Der Vermieter haftet nicht für die Wiederbeschaffung von Daten, es sei denn, daß er deren Vernichtung grob fahrlässig oder vorsätzlich verursacht und der Mieter sichergestellt hat, daß diese Daten aus Datenmaterial, das in maschinenlesbarer Form bereitgehalten wird, mit vertretbarem Aufwand rekonstruiert werden können.

3. Der Mieter kann vom Vermieter den Nachweis verlangen, daß diese Ansprüche - soweit sie versicherbar sind - durch eine Versicherung abgedeckt sind.

1 § 11 regelt zwei getrennte Fragen in Nr. 1 bzw. in Nr. 2 und 3.
Die Haftung des AG wird außer in Nr. 1 nicht eingeschränkt.

I. Haftungsausschluß zugunsten des AG (Nr. 1)

2 Nr. 1 ist aus Herstellerbedingungen übernommen worden. Nach dem BGB haftet der AG für Verschlechterungen der Mietsache, sofern sie nicht durch den vertragsgemäßen Gebrauch herbeigeführt werden (§ 548 BGB). Wegen der Abgrenzungs- und Beweisschwierigkeiten (deren Umfang in BGH, Urteil vom 14.4.1976, NJW 1976, 1315 deutlich wird) wird der AG in Nr. 1 von der Haftung für Verlust und Beschädigung der Mietsache freigestellt, soweit dies gesetzlich zulässig ist. Die Freistellung gilt auch für den Verlust (= die Entwendung) von Programmen. Die Freistellung ist praktisch unbegrenzt, da nur die Haftung für vorsätzliche Schädigungen der gesetzlichen Vertreter des AG gem. § 276 II BGB nicht ausgeschlossen ist.
Nicht ausgeschlossen wird die Haftung für radioaktive Schäden, soweit der AG diese Ursachen "gesetzlich zu vertreten hat", d.h. die Schäden durch eine von ihm betriebene Kernkraftanlage verursacht werden (§§ 25 ff Atomgesetz).

3 Der Haftungsausschluß gilt auch für Schäden, die durch Verstöße gegen die Bedienungsanleitung entstehen.
Der Haftungsausschluß dürfte nicht für Schäden gelten, die im Zusammenhang mit Einwirkungen erfolgen, die zwar zulässig sind, aber in den Risikobereich des AG fallen sollen, nämlich bei Änderungen und Erweiterungen gem. § 17 und bei der Umsetzung gem. § 21. Auch in bestimmten Fällen der Überlassung des Systems an einen Dritten ist die Haftung nicht ausgeschlossen (s. Rz 3 zu § 16).
Im übrigen führen die Erläuterungen aus: "Die Haftungsfreistellung des Mieters für Verlust und Beschädigung der Anlage oder Geräte setzt den Einsatz des EDV-Gerätes unter normalen Bedingungen voraus. Bei außergewöhnlichen Anwendungen (z.B. Einsatz des EDV-Gerätes auf Kraftfahrzeugen, Schiffen, in Flugzeugen usw.) können besondere auf den Einzelfall abgestellte Haftungsbestimmungen zwischen Mieter und Vermieter vereinbart werden."

4 Der Haftungsausschluß gilt über das Ende der Mietzeit hinaus bis zum Rücktransport der Hardware gem. § 21.

5 Der Haftungsausschluß gilt zugleich zugunsten der Erfüllungsgehilfen des AG.

6 Hat ein Dritter (z.B. der Lieferant anderer Geräte) den Schaden verursacht, so dürfte der AG verpflichtet sein, seine Ersatzansprüche gegen den Dritten an den AN abzutreten (s. Wolter, Die Haftung für Mangelschäden nach § 463, 2 BGB innerhalb einer Käuferkette, NJW 1975, 622, 623; vorsichtig BGH, Urteil vom 15.1.1975, NJW 1975, 970, 972).

7 Zur Instandsetzungspflicht des AN s. Rz 11 zu § 18. Zur Mietzahlungspflicht während der Nichtnutzbarkeit des Systems s. Rz 4 und 12 zu § 4.
Bei vollständigem Untergang entfällt die Pflicht zur Zahlung des Mietzinses. § 324 I BGB greift nicht ein, da der Haftungsausschluß anderenfalls bedeutungslos werden würde. Der AN braucht keine neue Anlage zu liefern, so daß der Vertrag endet. Der AN dürfte aber berechtigt sein, Ersatzeinheiten zu liefern, so daß das Mietverhältnis mit diesen Einheiten fortgesetzt wird.
Beim Untergang von Teilen der Mietsache ist der AN zur Ergänzung der Mietsache verpflichtet, wenn sie während der Mietzeit möglich ist und die Opfergrenze nicht überschritten wird (Palandt-Putzo § 536 Anm. 5 b); letzteres ist bei Seriengeräten nicht anzunehmen.

II. Sonstige Haftung des AN (Nr. 2 und 3)

1. Einleitung

8 Rechtliche Einordnung: Nr. 2 regelt die Haftung des AN, soweit sie nicht unter Verzug (§ 7) oder Gewährleistung (§§ 9 und 10) fällt. Gesondert geregelt ist außerdem die Haftung für zugesicherte Kompatibilität bei mixed hard-

ware (s. Rz 25 zu § 17), für Beratung über die Installations- und Aufstellungsvoraussetzungen (s. Rz 11 zu § 6 Nr. 2) und für Beratung bei der Einsatzvorbereitung (s. Rz 6 zu § 13 Nr. 2).

9 Als Anwendungsbereich bleibt für § 11 übrig: Die Haftung für Verzug bei Nebenleistungen, für die Verletzung von Nebenpflichten (positive Vertragsverletzung) und für unerlaubte Handlungen nach §§ 823 ff BGB (die stets eine positive Vertragsverletzung darstellen). Die Regelungen sind derart weit formuliert, daß angenommen werden muß, daß § 11 die Haftung für diesen Bereich abschließend regeln soll (s. GZ 2 Rz 16 f). Die VOB/B enthält hingegen keine so weitgefaßten Haftungsregelungen; sie regelt die Leistungsstörungen nicht abschließend (s. BGH, Urteil vom 11.12.1975, NJW 1976, 517 f).
Die Gewährleistung für Nebenleistungen dürfte sich hingegen nach § 14 VOL/B richten; denn entsprechend dem Sinn der Gewährleistung müssen Nachbesserung und Wandlung/Minderung, nicht aber Schadensersatz im Vordergrund stehen. Schadensersatz - als letztes Mittel nach § 14 VOL/B - kann aber nur im Rahmen von § 11 verlangt werden (s. auch Rz 7 zu § 14 VOL/B).

10 Es hätte ausgereicht, die Haftung der Höhe nach zu begrenzen, anstatt eigene Voraussetzungen aufzustellen. Haftungsnormen sind im bürgerlichen Recht wie folgt aufgebaut:
- Ein Recht wird verletzt (z.B. das auf körperliche Unversehrtheit oder ein Anspruch auf Schulung).
- Aus der Schädigung entsteht ein Schaden, der unmittelbar (Körperschaden) oder mittelbar (Verdienstausfall) sein kann.
- Der Schädigende muß die Schädigung zu vertreten haben, d.h. idR sie verschuldet haben (nicht den Schaden).

§ 11 Nr. 2 unterscheidet nicht zwischen Rechtsverletzung (Schädigung) und Schaden, hingegen - anscheinend - zwischen unmittelbarer und mittelbarer Verursachung, worauf es im Haftungsrecht für das Vorliegen einer Rechtsverletzung grundsätzlich nicht ankommt (s. Palandt-Heinrichs Vorbemerkung zu § 249 Anm. 5 d) aa). § 11 Nr. 2 trifft dem Anschein nach folgende Regelungen (s. Abb. 10):

	Unmittelbarer Schaden		Mittelbarer Schaden	
	Person/Sache	sonstiges Recht	Person/Sache	sonstiges Recht
unmittelbare Verursachung	Satz 1	Satz 2 bei Verschulden	Satz 2 (?) bei Verschulden	Satz 2 (?)
mittelbare Verursachung	Satz 1	keine Haftung	keine Haftung	keine Haftung

Abb. 10

Die Haftung soll strenger als in den Herstellerbedingungen, aber nicht so streng wie im BGB sein. Dies soll anscheinend durch die Bildung von zwei Bereichen erreicht werden (s. Rz 18):
- unmittelbare Schäden an Körper und Eigentum mit weitgehender Haftung (Verschulden nicht nötig)
- sonstige Schäden mit begrenzter Haftung (unmittelbare Verursachung und Verschulden nötig).

Die Aufteilung läßt sich nicht halten (s. Rz 11 ff). Korrigiert lautet das Schema wie in Abb. 11.

	Schädigung von Personen/Sachen	Schädigung sonstiger Rechte
unmittelbarer Schaden	Satz 1	Satz 2
mittelbarer Schaden	Satz 1, aber nicht Folgeschäden bei Produktionsausfall	Satz 2, aber nur soweit in engem Zusammenhang mit Schädigung

Abb. 11

Die Haftung wird außerdem der Höhe nach begrenzt, um das Risiko überschaubar zu machen (s. Einleitung Rz 3 am Ende).

2. <u>Haftung für Personen- und Sachschäden (Nr. 2 I. 1)</u>

11 Nr. 2 I. 1 behandelt die Schäden, bei denen dem AN am weitesten zuzumuten ist, Schadensersatz zu leisten, nämlich Personen- und Sachschäden. Die Haftung für die Verletzung sonstiger absoluter Rechte im Sinne von § 823 I BGB richtet sich nach Satz 2.
Die Begriffe Personen- und Sachschaden stammen nicht aus dem Schadensrecht des BGB, sondern aus dem Haftpflichtrecht (z.B. § 7 StVG), entsprechen aber den Begriffen des BGB hinsichtlich des verletzten Rechts (Körper bzw. Gesundheit oder Eigentum) und hinsichtlich des Umfangs des zu ersetzenden Schadens (s. Jagusch, Straßenverkehrsrecht, 21. Aufl. 1974, § 7 StVG Rz 26).

12 <u>Schädigung:</u> Nr. 2 I. 1 stellt auf den Schaden ab, "der dem Auftraggeber oder einem Dritten entsteht", setzt also eine Schädigung eines Rechtsguts (Körper bzw. Gesundheit oder Eigentum) voraus. Diese Schädigung muß durch den AN oder durch einen seiner Erfüllungsgehilfen erfolgen. Ob die Schädigung unmittelbar oder mittelbar verursacht ist, ist unerheblich.

Unmittelbare Verursachung: Ein brennendes Gerät des AN setzt Sachen des AG in Brand.
Mittelbare Verursachung: Papiervorräte werden beim Löschen unbrauchbar.

13 Einstehen: Der AN haftet, soweit er für die *Schädigung einzustehen* hat (s. zu dem Begriff Rz 17a zu § 9). Dies beinhaltet praktisch keine Einschränkung der Haftung: Bei höherer Gewalt fehlt es bereits an der (zurechenbaren) Verursachung, so daß der AN ohnehin nicht haftet. An der Ursächlichkeit fehlt es auch bei "nicht von ihm beeinflußbaren Umständen, es sei denn, daß sie in der Mietsache begründet sind" (im letzten Fall ist die Mietsache ursächlich). Es handelt sich fast um eine reine Verursachungshaftung. Mehr als Verursachung ist dann für die Haftung Voraussetzung, wenn in Betracht kommt, daß der AG den Schaden durch die Art des Einsatzes der Mietsache verursacht hat. Dann kommt es darauf an, ob die Schadensursache in der Mietsache "begründet" ist, d.h. dort ihre sachlich tiefste Ursache hat. Der AG trägt die Beweislast.

> Plattenstapel des AG werden beschädigt (Oberflächenbeschädigung der magnetisierten Schicht). Der AG setzt auch Plattenstapel ein, die er von anderen Herstellern bezogen hat. Es spricht alles dafür, daß die Plattenstapel durch den Betrieb beschädigt worden sind. Kann der AN aber beweisen, daß dann, wenn (bei anderen Systemen) nur von ihm verkaufte Plattenstapel eingesetzt werden, Beschädigungen signifikant niedriger sind, hat er den Beweis des ersten Anscheins zerstört. Der AG vermag kaum den vollen Beweis zu führen, daß es doch an den Plattenlaufwerken des AN liegt.

14 Umfang der Ersatzpflicht: Zu ersetzen ist bei einer Schädigung von Personen oder Sachen nach bürgerlichem Recht nicht nur der unmittelbare, sondern auch der mittelbare/ sonstige Schaden (s. Rz 11 und Palandt-Thomas, § 823 Anm. 12a). Daraus, daß Satz 2 die "sonstigen Schäden" regelt, könnte der Schluß gezogen werden, daß die mittelbaren Schäden Satz 2 unterliegen sollen. Als "sonstige Schäden" sind in Satz 2 aber Verletzungen sonstiger Rechte zu verstehen (s. Rz 16).
Dies weist darauf hin, daß davon ausgegangen worden ist, daß die Ersatzpflicht für mittelbare Schäden eingeschränkt werden sollte (s. Rz 10 und 18 f). Der AN soll grundsätzlich nicht das Betriebsrisiko des Rechenzentrums tragen, wie insb. die Einschränkung der Ersatzpflicht in §§ 7 und 9 zeigt. Die Haftung muß entsprechend § 9 begrenzt werden. Sonst würde die Einschränkung in § 9 durch § 11 aufgehoben werden (s. BGH, Urteil vom 24.4.1975, NJW 1976, 1316).
Werden Geräte des AG beschädigt, so daß dieser sie nicht nutzen kann, beschränkt sich der Schadensersatz auf die Instandsetzungskosten (unmittelbarer Schaden) und auf den Betrag, den der AG im Falle der Anmietung solcher Geräte an Mietzins zu zahlen hätte (mittelbarer Schaden).
Nr. 2 I. 3 begrenzt die Haftung der Höhe nach auf DM 1 Mio je Schadensfall. Dies gilt auch zugunsten der Mitarbeiter des AN, die dem AG aus unerlaubter Handlung haften.

15 Rechte Dritter: Der AN haftet dem AG (?) auch für Perso-

nen- und Sachschäden Dritter. Dritter ist, wer sich im Gefahrenbereich der Mietsache aufhält bzw. wessen Sachen sich dort befinden, und zwar in einer Weise, die dem AG Sorgfalts- und Schutzpflichten gegenüber diesen Personen bzw. Sachen auferlegt. Gemeint sind in erster Linie die Bediensteten des AG sowie Personen, die die Mietsache gem. § 16 nutzen sowie deren Sachen und von anderen AN gemietete Geräte.
Diese weitgefaßte Regelung (reine Verursachungshaftung, s. Rz 13) kann nicht als haftungsbegründend zugunsten Dritter verstanden werden, sondern nur als Regelung zugunsten des AG. Sie regelt das Innenverhältnis zwischen den Parteien für den Fall, daß beide gegenüber einem Dritten ersatzpflichtig sind. Dann soll allein der AN haften (s. auch Braun-Schwab § 11 Anm. 2). Es handelt sich um den Ersatz sonstiger Schäden.

> Ein Bediensteter des AG ist wegen einer Verletzung durch einen elektrischen Schlag vorübergehend arbeitsunfähig. Der AN hat dem AG die Kosten für die Lohnfortzahlung zu ersetzen.

3. Haftung für sonstige Schädigungen (Nr. 2 I. 2)

16 Nr. 2 I. 2 spricht zwar von sonstigen *Schäden*, meint aber sonstige *Schädigungen*, d.h. die Verletzung anderer Rechte des AG, insb. Pflichten des AN. Dies ergibt sich vor allem aus der Parallelität zu Satz 1: Dort wird verkürzt von Personen- oder Sachschaden gesprochen, womit der aus der Verletzung eines dieser Rechtsgüter entstandene Schaden gemeint ist (s. Rz 11 f). Die in Satz 2 ebenso verkürzte Formulierung muß ebenso aufgelöst werden: Gemeint ist der aus der Verletzung sonstiger Rechte entstandene Schaden. Die Verletzung eines (hier: sonstigen) Rechts wird ebenso wie in Satz 1 vorausgesetzt. Die Auslegung ergibt sich auch daraus, daß eine Regelung allein für sonstige = mittelbare Schäden so gut wie sinnlos wäre (s. die folgende Rz: Die Schäden müßten unmittelbar verursacht sein, was nur schwer vorstellbar ist). Es würde dann eine Regelung für die unmittelbaren Schäden fehlen. Das Verschulden wäre - entgegen dem bürgerlichen Recht (s. Rz 21) - auf den Schaden, nicht auf die Schädigung zu beziehen.

17 Schädigung: Löst man die Formulierung auf, so fragt sich, ob sich die in Satz 2 vorausgesetzte unmittelbare Verursachung auf die Schädigung oder auf den Schaden bezieht. Eine unmittelbare Verletzung zu fordern, dürfte keinen Sinn haben. In Betracht kommt:

- die Verletzung sonstiger absoluter Rechte i.S. von § 823 I BGB (die beiden wichtigsten absoluten Rechte sind bereits in Satz 1 behandelt! Übrig bleibt die Beeinträchtigung des Besitzes gemieteter Geräte durch Beschädigung). Hier geht das bürgerliche Recht davon aus, daß es nicht auf Unmittelbarkeit oder Mittelbarkeit ankommt (s. Rz 10); denn dies ist zufällig und rechtfertigt nicht eine unterschiedliche Behandlung (s. das Beispiel

in Rz 12).
- die Verletzung vertraglicher Pflichten; hier fehlt es am körperlichen Substrat, das unmittelbar oder mittelbar verletzt werden könnte. Es ist vielmehr zu fragen, ob das Verhalten des AN als Rechtsverletzung zu bewerten ist. Abgesehen davon geht es weitgehend um Unterlassungen (Verzug; Erfüllung von Sorgfaltspflichten).

Der AN schickt nicht wie vereinbart eine Lehrkraft zum AG.

18 Die Unmittelbarkeit auf den Schaden zu beziehen, ist hingegen eine in bestimmten Bereichen angewendete Methode der Haftungseinschränkung (Palandt-Heinrichs Vorbemerkung zu § 249 Anm. 2 f), insb. in der VOL/B (§ 9 Nr. 2, Satz 6 und 7, § 10 Nr. 2, 2, § 14 Nr. 3 e). Die Schadensersatzpflicht sollte begrenzt werden. Wegen der angeblichen Abgrenzungsschwierigkeiten sollte aber nicht nach unmittelbarem und mittelbarem Schaden unterschieden werden. Diese Schwierigkeiten bestehen z.B. bei der Abgrenzung von Mangelschäden und Mangelfolgeschäden wegen der Verjährungsvorschriften (s. dazu Todt, Die Schadensersatzansprüche des Käufers, Mieters und Werkbestellers aus Sachmängeln, Dissertation Heidelberg 1970, S. 73 ff; s. zum Stand der Diskussion BGH, Urteil vom 10.6.1976, NJW 1976, 1502 f). Dort führt ein in der *Leistung* enthaltener Mangel zu weiteren Schäden.

Ein AN benutzt zum Einebnen eines Hausgrundstückes mit Schwamm infizierten Bauschutt (s. RG, Urteil vom 5.4.1938, JW 38, 1646 Nr. 7); der Schwamm greift auf das Haus über. Hier entsteht der Schaden am Eigentum, also an einem anderen, und zwar absoluten Recht.

Um den Abgrenzungsschwierigkeiten zu entgehen, wurde versucht, eine andere Einschränkung zu finden. Es kann aber wegen der bereits angeführten Argumente nicht angenommen werden, daß sie in der Begrenzung der Haftung auf unmittelbare Schädigungshandlungen liegt (s. Rz 16 am Ende, Rz 17 am Anfang: Vertragspflichten werden nicht physisch verletzt).

19 Die Begrenzung der Haftung, die durch die Forderung nach Unmittelbarkeit zum Ausdruck gekommen ist, muß also doch mit dem Schaden in Verbindung gebracht werden . Dies kann idR nicht durch die Unterscheidung von unmittelbaren Schäden und mittelbaren Schäden geschehen. Denn der unmittelbare Schaden ist ein Schaden am Rechtsgut selber. Bei einer Pflichtverletzung entsteht der Schaden aber nicht am Recht. (Nur in den Fällen der Verletzung eines absoluten Rechts kann so unterschieden werden; diese fallen hier aber im wesentlichen unter Satz 1).
Bei der Verletzung von vertraglichen Pflichten ist die Unmittelbarkeit so zu verstehen, daß diejenigen Schäden zu ersetzen sind, die mit der Pflichtverletzung in engem Zusammenhang stehen (s. auch die einschränkende Auslegung

zu Satz 1 in Rz 14).

Der AN kommt mit der Schulung von Mitarbeitern für die Systembedienung in Verzug (und zwar nach der Abnahme, weil der AG sonst die Abnahme verweigern könnte); dem AG droht, daß er das System nicht vollständig nutzen kann. Läßt er sein Personal anderswo schulen oder beschäftigt er vorübergehend andere Systembediener, so sind die ihm entstehenden Kosten der "unmittelbare" Schaden. (Der Schaden wäre auch nach § 286 I i.V.m. II bzw. § 326 I i.V.m. II BGB zu ersetzen). Soweit der AG das System anfangs noch nicht voll nutzen kann, entsteht ihm auch der Schaden, daß er teilweise nutzlos den Mietzins zu zahlen hat. Auch dieser dürfte noch in unmittelbarem Zusammenhang stehen, nicht aber mehr der Schaden, der darin liegt, daß der AG Rechnungen erst später hinausschicken kann und dadurch einen Zinsverlust erleidet.

Die Abgrenzung lehnt sich an die Rechtssprechung des BGH zu unmittelbaren und mittelbaren Schäden im Werkvertragsrecht an (s. dazu Todt aaO S. 90 ff, 119 ff sowie Laufs/Schwenger, Der Schadensersatzanspruch des Bestellers beim Werkvertrag, NJW 1970, 1817, 1819). Es kommt nicht auf die Ursächlichkeit an; ob stets ein besonderes Ereignis notwendig ist, kann dahingestellt bleiben. Ausschlaggebend ist nicht die Ursächlichkeit, sondern "ein 'lokales', d. h. am Leistungsobjekt orientiertes, ... als 'Art des Schadens' bezeichnetes Merkmal" (BGH, Urteil vom 10.6.1976, NJW 1976, 1502).

20 Nr. 2 I. 3 begrenzt die Haftung der Höhe nach auf DM 1 Mio je Schadensfall.

21 Das Verschulden muß sich auf die Verursachung der Rechtsverletzung beziehen, nicht auf den Schaden. Der Wortlaut macht dies zwar nicht deutlich; dies entspricht aber dem bürgerlichen Recht (s. Palandt-Heinrichs, § 276 Anm. 2). Die Beweislast liegt beim AG. Soweit es um Ursachen geht, die im Einflußbereich des AN liegen, braucht der AG nur die Verursachung zu beweisen. Der AN muß sich entlasten, daß ihn kein Verschulden trifft (s. Palandt-Heinrichs, § 282 Anm. 1).

22 Die Verjährungsfrist beträgt 30 Jahre; die kurze Verjährungsfrist nach § 558 BGB greift hier nicht ein.

4. Haftung für vernichtete Daten (Nr. 2 II)

23 Ohne die Sonderregelung in Nr. 2 II würde der AN für vernichtete Datenträger nach Nr. 2 I. 1 haften (unmittelbarer Schaden: Wert der Datenträger; mittelbarer Schaden: Kosten der Wiederbeschaffung). Die Haftungseinschränkung ist aus Herstellerbedingungen übernommen worden. Sie

rechtfertigt sich daraus, daß der AG aus eigenem Interesse heraus Datensicherung betreiben muß. Dies wird gegenüber dem AN zu Schadensminderungspflicht, die ihren Niederschlag in dieser Regelung findet.

24 Die Regelung stellt (entsprechend dem Aufbau von Haftungsnormen, s. Rz 10) auf die schuldhaft verursachte Vernichtung von Daten ab. Der AN haftet nur, wenn er mindestens grob fahrlässig gehandelt hat und der AG die erforderlichen Sicherungsmaßnahmen getroffen hat, daß die Daten mit vertretbarem Aufwand wiederhergestellt werden können. Die Beweislast wird dem AG ausdrücklich durch die Worte "es sei denn, daß" auferlegt.
Aus den Voraussetzungen ergibt sich zugleich, daß der AN nur in Höhe des vertretbaren Aufwands haftet. Ergänzend gilt die Höchstgrenze gem. Nr. 2 I. 3.

25 Vernichtet der AN die Datenträger, die der Datensicherung selber dienen, so richtet sich die Ersatzpflicht nach Nr. 1 I. 1. Dies sollte bei einem ordentlichen Rechenzentrumsbetrieb kaum vorkommen (Ausnahme: Die Daten werden bei der Rekonstruktion zerstört). IdR dürfte der AG dies grob fahrlässig verschuldet haben, so daß er den Schaden überwiegend oder vollständig selber tragen muß.

5. Das Verhältnis von § 11 zu §§ 7, 9 und 10 (Nr. 2 I. 4)

26 Die Gewährleistung ist gem. Nr. 2 I. 4 in § 9 für mittelbare Schäden nur insoweit abschließend geregelt, als sie dadurch verursacht sind, daß das System keine oder fehlerhafte Ergebnisse liefert. (Im Mietrecht fallen Mangelfolgeschäden unter Gewährleistung und nicht unter positive Vertragsverletzung).
§ 9 enthält aber keine abschließende Regelung für den Fall, daß die Mietsache andere Sachen beschädigt. Verursacht z.B. die Mietsache einen Brand, der Sachen des AG vernichtet sowie den Betrieb des Rechenzentrums für eine bestimmte Zeit stillegt, so soll der AN nach § 11 Nr. 2 haften. (Satz 2 spricht von "durch die Mietsache verursachte Schäden"; im konkreten Fall richtet sich die Haftung allerdings nach Satz 1, s. dazu Rz 14).

27 Das Verhältnis zu § 10: Jede Nutzungsbeeinträchtigung in Folge einer Schutzrechtsverletzung führt dazu, daß das System keine Ergebnisse liefert (bei Schutzrechtsverletzungen durch einzelne Programme oder einzelne Geräte: nur bestimmte Ergebnisse nicht liefert). Da sich die Sanktionen aus § 9 ergeben, ist die Haftung damit abschließend geregelt. § 11 Nr. 2 greift nicht mehr ein. Abschließend geregelt ist außerdem die Haftung im Innenverhältnis (s. dort Rz 8). Insoweit kommt es nicht darauf an, ob das System Ergebnisse liefert oder nicht.

28 Das Verhältnis zu § 7: Jeder Verzug bei der Übergabe des Systems führt dazu, daß das System keine Ergebnisse liefert bzw. bei Teilverzug nur einen Teil. Nur der Verzug bei der Erbringung von Nebenleistungen fällt unter § 11 (Beispiel s. Rz 17).

6. Versicherung (Nr. 3)

29 Die Versicherungspflicht nach § 11 Nr. 1, 2 VOL/B entfällt (s. dort Rz 2). Die Risiken sind nicht alle versicherbar, nämlich insoweit nicht, als der AN nach Nr. 2 für vorsätzlich herbeigeführte Schäden und für ordnungsgemäße Vertragserfüllung haftet (Verzug bei Nebenleistungen).
Soll der AN den Nachweis erbringen, so ist dies in MS 16 (Anhang Nr. 3) festzulegen.

30 Die Aufzählung der möglichen Versicherungen bei Braun-Schwab (§ 11 Anm. 7) hat mehr etwas damit zu tun, wie der AG sich - insb. als Eigentümer von Systemen - gegen Schäden versichern kann, als damit, wie der AN eine Versicherung schließen kann.

§ 12. Behinderung und Unterbrechung der Leistung

1. Soweit der Vermieter seine vertraglichen Leistungen infolge Arbeitskampf, höherer Gewalt, Krieg oder Aufruhr nicht erbringen kann, treten für ihn keine nachteiligen Rechtsfolgen ein. Das gilt nicht, wenn die Behinderung oder Unterbrechung durch einen Arbeitskampf verursacht werden, den der Vermieter durch rechtswidrige Handlungen verschuldet hat.
Tritt die Behinderung der Unterbrechung aus den in Absatz 1 genannten Gründen bei Vor- oder Unterlieferern ein, so gilt Absatz 1 nur, wenn die Leistung der Vor- oder Unterlieferer von Teilen oder Ersatzteilen hierdurch länger als zwanzig Kalendertage und die Leistung der Unterlieferer von Geräten hierdurch länger als zehn Tage verzögert wird.

2. Sieht sich der Vermieter in der ordnungsgemäßen Durchführung der übernommenen Leistungen behindert, so hat er dies dem Mieter unverzüglich anzuzeigen. Sobald zu übersehen ist, zu welchem Zeitpunkt die Leistung wieder aufgenommen werden kann, ist dies dem Mieter mitzuteilen.

3. Sobald die Ursache der Behinderung oder Unterbrechung wegfällt, hat der Vermieter unter schriftlicher Mitteilung an den Mieter die Leistungen ohne besondere Aufforderung unverzüglich wieder aufzunehmen.

4. Die Nummern 1 bis 3 gelten entsprechend für die ver-

traglichen Leistungen des Mieters.

1 Rechtliche Einordnung: § 12 übernimmt weitgehend § 7 VOL/B, wobei die Frage in den Vordergrund gestellt wird, bei welchen Ursachen die Vertragsparteien Leistungsstörungen nicht zu vertreten brauchen. Rechtsfolge ist dann nach Nr. 1 I, daß überhaupt keine rechtlichen Nachteile eintreten. Auch bei langer Lieferverzögerung hat der AG z.B. kein Kündigungsrecht (wie dies § 6 VOB/B vorsieht). Soweit der AG den AN an der Erbringung der Leistung behindert, gilt § 7 VOL/B ergänzend (s. dort Rz 3).

2 Nr. 1 I zählt auf, was alles unter höhere Gewalt fällt, d.h., was für *jeden*, der die Rolle des AN innehat, ein unabwendbarer Umstand ist (bzw. nach Soergel-Mühl § 701 (16): "betriebsfremdes ... Ereignis, das nicht voraussehbar und nicht abwendbar ist", während der Zufall bei Soergel-Schmidt § 287 (2) bestimmt wird als "jede Schadensursache, die nicht vom Schuldner oder Gläubiger in zu vertretender Weise gesetzt wurde"). Daß der AN für solche Umstände nicht haftet, ist für die Nichtbeseitigung von Störungen bei den BVB-Miete bereits in der Definition des Einstehens in § 9 Nr. 4 I. 2 enthalten (s. dort Rz 17). Die Gegenleistung entfällt, wenn der AN die Leistung nicht nachholen kann (s. zum Mietzins Rz 4 und 12 zu § 4).

3 Bestimmte Fälle höherer Gewalt, die den AN nur mittelbar treffen, befreien ihn nur dann gem. Nr. 1 II von der Haftung, wenn sie eine bestimmte Mindestverzögerung bewirken (nicht: Mindestdauer haben). Der AN soll ein hinreichend großes Lager unterhalten, so daß er Verzögerungen bei der Lieferung von (Ersatz)Teilen bis zu zwanzig Tagen, bei der Lieferung von Geräten bis zu 10 Tagen überbrücken kann (die letzte Alternative ist bei § 10 W als überflüssig fortgelassen worden). Bei (Ersatz)Teilen wird also eine größere Lagerhaltung erwartet. Die Erläuterungen führen in diesem Zusammenhang aus: "Ersatzteillager des Vermieters, die eine eigene Rechtsform haben, gelten nicht als Vor- oder Unterlieferer im Sinne des § 12 Nr. 1 Absatz 3, wenn sie mit dem Vermieter eine wirtschaftliche Einheit bilden."
Bedient sich der AN eines Erfüllungsgehilfen für eine Dienstleistung im Sinne von § 631 II BGB (z.B. eines Spediteurs), so braucht die Verzögerung keine dieser Mindestfristen zu erreichen.

4 Nr. 2 verpflichtet den AN, den AG von solchen Störungen zu benachrichtigen. § 12 K bzw. § 10 W sieht nicht nur in Nr. 3, sondern auch in Nr. 2 Schriftform vor. Unterläßt er dies, so greift Nr. 1 dennoch ein; der AN haftet aber wegen positiver Vertragsverletzung gem. § 11 Nr. 2 I. 2 für den aus der Unterlassung entstandenen Schaden.

§ 7 VOL/B strebt eine möglichst frühe Benachrichtigung an, indem der AN bereits zur Benachrichtigung verpflichtet wird, wenn er auch nur glaubt, behindert zu werden. Ob Nr. 2 wirklich präziser ist, kann dahingestellt bleiben.

5 Nr. 3 verpflichtet den AN, ohne weiteres so bald wie möglich die Leistung wiederaufzunehmen (nach Einschränkungen: mit vollem Einsatz fortzufahren) und den AG davon schriftlich zu benachrichtigen. Es dürfte darüber hinaus oft sinnvoll sein, eine Vereinbarung über die Auswirkung der Störung auf die Vertragserfüllung zu treffen, z.B. einen neuen Liefertermin festzulegen.

6 Nach Nr. 4 gelten die Regelungen in Nr. 1 - 3 entsprechend für Behinderungen des AG bei der Erbringung seiner Mitwirkungs- und Zahlungspflichten.

§ 13. Personalausbildung, Einsatzvorbereitung

1. Der Vermieter ist verpflichtet, auf Anforderung des Mieters in angemessenem Umfang das zur Programmerstellung und Maschinenbedienung notwendige geeignete Personal auszubilden und das hierzu notwendige Material einschließlich der Literatur über Grundsoftware in deutscher Sprache, bei Übersetzungen auf Verlangen auch im Originaltext, zu überlassen.
Soweit nichts abweichendes vereinbart ist, erfolgt die Ausbildung in den Ausbildungskursen des Vermieters.

2. Der Vermieter berät den Mieter bei der Einsatzvorbereitung (z.B. Systemanalyse, Organisation, Programmierung und Programmtest) und während der Anlaufphase in angemessenem Umfang durch entsprechend qualifiziertes Personal. Er haftet nicht für ein bestimmtes Ergebnis.

3. Der Vermieter stellt dem Mieter rechtzeitig vor dem Anlieferungstermin auf einer geeigneten Anlage ausreichende Testzeiten zur Verfügung.

4. Die beiderseitigen Leistungen sind im Mietschein oder in einem gesonderten Vertrag zu vereinbaren.

1 § 13 verpflichtet den AN, EDV-spezifische Nebenleistungen zu erbringen. Soweit die Leistungen erst nach der Installation zu erbringen sind, besteht gem. Nr. 1 eine Abschlußpflicht.

2 Schulung (Nr. 1): Die Ausbildungspflicht besteht während der gesamten Dauer des Mietverhältnisses (bei Kauf für 5 Jahre). Der AN wird zur Schulung nur "in angemessenem Umfang" verpflichtet. Dabei kann er sich gegen zu starke Inanspruchnahme dadurch schützen, daß er nach Nr. 4 eine Vergütung verlangt. Will er die Ausbildung grundsätzlich

kostenlos erbringen, so muß er seine Verpflichtung begrenzen.
Nr. 1 gilt für die Schulung im Zusammenhang mit der Installation und für die Nachschulung während der Mietzeit. Im ersten Fall können konkrete Vereinbarungen in der LB getroffen werden (s. MS 6 Rz 1). Können bei langen Lieferzeiten noch nicht alle Einzelheiten abgesehen werden, sollten wenigstens der Umfang der Ausbildung und die Anzahl der Lehrgangsteilnehmer festgelegt werden; außerdem sollte klargestellt werden, daß die Ausbildung bis zum frühesten Lieferzeitpunkt oder bis zum Zeitpunkt der Übergabe abgeschlossen sein muß. Dies gilt insbesondere dann, wenn ausgebildetes Personal für das Bedienen des Systems noch nicht vorhanden ist. Denn es besteht sonst keine Pflicht zur rechtzeitigen Ausbildung. Der AN haftet für die Ausbildung nach § 11 Nr. 2 I. Für die Nachschulung dürfte es nur in besonderen Fällen sinnvoll sein, die Abschlußpflicht in der LB zu konkretisieren (s. MS 6).

3 Die Auszubildenden müssen für die Tätigkeiten, die sie später ausüben sollen, "geeignet" sein. Dem AN wird das Recht eingeräumt, die Eignung zu überprüfen und ggf. die Ausbildung nicht geeigneter Personen abzulehnen.

4 Unterlagen: Nr. 1 I. 2. Alternative konkretisiert § 4 Nr. 2 VOL/B (s. dort Rz 3). Dasjenige Material ist stets in deutscher Sprache - bei Übersetzungen auf Verlangen auch im Originaltext - zu überlassen, das "hierzu", also zur Ausbildung dient. Dazu gehören auch diejenigen Unterlagen über sonstige Software, die für die Ausbildung für die Programmerstellung erforderlich sind. Die Erwähnung der Literatur über Grundsoftware ist überflüssig; denn soweit es um Schulung über sie geht, sind die *entsprechenden* Unterlagen zu überlassen. Die Überlassung des für den *Betrieb* erforderlichen Materials richtet sich parallel nach § 14 Nr. 1 (s. dort Rz 2). § 13 besagt nichts dazu, ob der AN bei Miete Eigentum an den Unterlagen erlangt. S. dazu Rz 5 zu § 5 Nr. 3 VOL/B.

5 Beratung bei der Einsatzvorbereitung (Nr. 2): Es geht hier um die Beratung bei der Vorbereitung der Nutzung des Systems für die Anwendungsprogramme, also um alles, was nicht zur Beratung über die Installations- und Aufstellungsvoraussetzungen gehört (s. Rz 11 zu § 6 Nr. 2). Der Übergang ist fließend (s. MS 7).
Es kann aber auch die Durchführung dieser Tätigkeiten bzw. die Beteiligung an ihnen vereinbart werden.

6 Der Ausschluß der Haftung für ein bestimmtes Ergebnis (s. ähnlich § 676 BGB) soll Streitigkeiten verhindern, bei denen die Beweisführung schwierig sein dürfte. Die AN könnten sich bei drohender Haftung auch veranlaßt sehen, ihre Beratungstätigkeit einzuschränken.

7 Testzeiten (Nr. 3): S. dazu MS 8. Die Stellung von Testzeiten *nach* der Übergabe ist in § 4 Nr. 1, 6 geregelt.

8 Vergütung (Nr. 4): Wenn von beiderseitigen Leistungen gesprochen wird, bedeutet dies, daß der AN für *jede* Nebenleistung eine gesonderte Vergütung verlangen kann (s. MS 6, Nr. 5, Sp. 9; 7, Nr. 6. 1, Sp. 5; 8 Nr. 6. 2 oben). Werden Preise in der LB angegeben, so gelten sie gem. § 4 Nr. 5 I für die Dauer des Vertrags (s. dort Rz 28 zum Preisvorbehalt).

§ 14. Einweisung des Personals, Bedienung der Anlage

1. Der Vermieter weist das Bedienungspersonal rechtzeitig ein und stellt gleichzeitig die notwendigen Bedienungsanweisungen in angemessenem Umfang in deutscher Sprache, bei Übersetzungen auf Verlangen auch im Originaltext, zur Verfügung.

2. Der Mieter ist verpflichtet, die Anlage oder Geräte entsprechend der Bedienungsanweisung des Vermieters zu benutzen. Auftretende Mängel sind dem Vermieter unter Angabe der für die Störungsbeseitigung zweckdienlichen Informationen unverzüglich zu melden.

3. Über die Betriebs-, Stillstands- und Wartungszeiten der Anlage oder Geräte führt der Mieter Aufzeichnungen (z.B. ein Betriebsbuch). Die Angaben über die Wartungszeiten sind vom Wartungspersonal des Vermieters zu unterschreiben. Bei Ansprüchen aus Gewährleistung sind die unterschriebenen Zeitangaben in diesen Aufzeichnungen für beide Seiten verbindlich.

1 § 14 regelt einige EDV-spezifische Fragen. Nr. 1 gehört systematisch gesehen zu § 13; Nr. 2 ist eng mit § 9 Nr. 1 II, Nr. 3 mit § 9 Nr. 4 verknüpft.

2 Einweisung in die Systembedienung (Nr. 1): Die Ausbildung der Systembediener (Operatoren) ist in § 13 Nr. 1 geregelt. Hier geht es nur um die Einweisung von an anderen Systemen ausgebildeten Operatoren in die besondere Funktionsweise dieses Systems (Einweisung in die Benutzerschnittstelle). Sie hat rechtzeitig zu erfolgen. Eine gesonderte Vergütung ist nicht vorgesehen.
Soweit Festlegungen nötig sind, können sie in MS 6 (Nr. 5) getroffen werden (s. MS 6 Rz 2).
Die Unterlagen sind auch hier stets in Deutsch zur Verfügung zu stellen. § 14 besagt nichts dazu, ob der AN bei Miete Eigentum an den Unterlagen erlangt. S. dazu Rz 5 zu § 5 Nr. 3 VOL/B.

3 Die Beachtung der Bedienungsanweisung ist gem. Nr. 2, 1 Voraussetzung für die Gewährleistung gem. § 9 Nr. 2, 1 (s. dort Rz 9; zur Beseitigung von Störungen, die durch Verletzung der Bedienungsanweisung entstanden sind, s. Rz 11 zu § 18).

4 Fehlermeldung: Nr. 2, 2 ersetzt § 545 I. 1 BGB. Mit der Fehlermeldung beginnt die Ausfallzeit (s. Rz 20 zu § 9), sofern der AG die zweckdienlichen Informationen im Augenblick der Anforderung durch den AN zur Verfügung stellt. Bestimmte Informationen sind bereits mit der Fehlermeldung zu übermitteln, andere erst für den Wartungstechniker zur Verfügung zu halten. S. zu den Informationen Rz 15 zu § 9. IdR empfiehlt es sich, eine Vereinbarung darüber zu schließen (s. MS 11 Rz 9).
Zur unverzüglichen Meldung s. Rz 14 zu § 8. Bei Geräten mit Zählwerk soll die Stillstandszeit zwischen Auftreten der Störung und Fehlermeldung, während der die Zähler keine Zeit zählen, zugunsten des AN kurz bleiben.

5 Aufzeichnungen über Einsatzzeiten (Nr. 3): Die Form, in der die Aufzeichnungen gemacht werden, ist beliebig; es können auch Formulare verwendet werden, die gleichzeitig der Fehlermeldung dienen (s. MS 11 Rz 9). Die für die Gewährleistung maßgeblichen Zeiten ergeben sich aus den folgenden Zeitpunkten:
- Fehlermeldung, mit der die Ausfallzeit beginnt; der Wortlaut stellt zwar auf das Auftreten der Störung ab; darauf kommt es aber für die Gewährleistung nicht an, bzw.
- Zurverfügungstellen von Geräten für die Instandsetzung anderer Geräte (s. Rz 27 zu § 9),
- Wiederinbetriebnahme nach Beseitigung der Störung.

Der Beginn und das Ende der täglichen Nutzung, das *Auftreten* von Störungen und die Zeiten für Instandhaltung brauchen nicht festgehalten zu werden, soweit es um die Gewährleistung und die Höhe des Mietzinses geht. Diese Angaben können für Kontroll- und Planungszwecke beider Seiten nützlich sein. Der AG ist nach Nr. 3, 1 verpflichtet, solche Aufzeichnungen auf Wunsch des AN vorzunehmen. Dieselben Pflichten ergeben sich weitgehend aus § 18 Nr. 3 (s. dort Rz 15).

6 Nr. 3, 2 sieht eine Unterschrift des AN für die "Wartungszeiten", also für die in Rz 5 angegebenen Zeitpunkte vor; (die Zeiten ergeben sich aus den Zeitpunkten). Diese Zeiten sind nach Nr. 3, 3 für Ansprüche aus Gewährleistung verbindlich. Auch die Zeiten für Instandhaltung sind, falls sie aufgezeichnet werden (s. Rz 5), zu unterschreiben, weil sie gemäß den Begriffsbestimmungen unter die Wartungszeiten fallen. Es ist nicht zu sehen, wozu dies dienen soll. Die Verpflichtung wird weitgehend in § 18 Nr. 3 wiederholt (s. dort Rz 15). Der AN bevollmächtigt sein Wartungspersonal insoweit zur Abgabe von Wissenserklärungen.
Soweit *sonstige Angaben* in diesem Zusammenhang gemacht und damit unterschrieben werden (Umfang der Nutzungsminderung, Art des Fehlers, s. Rz 22 zu § 9), sind diese nicht verbindlich.

§ 15. Zutritt zu der Anlage

Für Instandsetzungsarbeiten hat der Mieter dem Vermieter unverzüglich und ohne unzumutbare Auflagen Zutritt zu der Anlage oder den Geräten zu gewähren; die Sicherheitsauflagen sind in § 23 geregelt.
Für alle sonstigen Tätigkeiten des Vermieters an der Anlage oder den Geräten wird der Zutritt durch besondere Vereinbarung geregelt.

1 § 15 setzt die Verpflichtung des AG voraus, dem AN das System in dem Umfang zur Verfügung zu stellen, in dem er dieses für Instandhaltung (s. § 18 Nr. 1, 4) oder Instandsetzung benötigt. § 9 setzt dies seinerseits voraus: Die Ausfallzeit beginnt erst zu laufen, wenn der AG die benötigten Geräte zur Verfügung stellt (s. dort Rz 27).

2 Abs. 1 stellt für Instandsetzungsarbeiten klar, daß der AG dem AN ohne unzumutbare Auflagen Zugang zu gewähren hat. Unberührt bleibt, daß der AN das einzuhalten hat, was gem. § 23 an Sicherheitsvorkehrungen im Einzelfall vereinbart ist (s. dort Rz 2 f). Die Auflagen im Sinne von Abs. 1 sind also anderer, und zwar organisatorischer Natur. Sie können einseitig getroffen werden. Soweit der AN in unzumutbarer Weise an der Arbeit gehindert wird, rechnet die Stillstandszeit nicht als Ausfallzeit (s. Rz 1 am Ende).

3 Unter Abs. 2 fallen:
- die Instandhaltung, für die ein Zeitplan gem. § 18 Nr. 1, 4 vereinbart werden muß (s. MS 10 Rz 5),
- die Vornahme technischer Änderungen nach § 17 Nr. 1 (s. dort Rz 3 f) bzw. § 9 Nr. 6 I. 4 (s. dort Rz 64),
- das Ablesen der Zählerstände bei Geräten mit Zählwerk.

Die Vereinbarung kann zugleich die Sicherheitsauflagen gem. § 23 enthalten.

§ 16. Gebrauchsüberlassung

1. Der Mieter ist berechtigt, die Mietsache anderen Stellen des Bundes, der Länder, der Gemeinden und Gemeindeverbände und kommunalen Zweckverbänden sowie sonstigen juristischen Personen des öffentlichen Rechts zur Benutzung zu überlassen.

2. Die Benutzung der Anlage oder Geräte durch Dritte, die nicht unter Nummer 1 fallen, ist im Rahmen eines vorübergehenden Kapazitätsausgleichs einschließlich der Bereitstellung als Ausweichanlage zulässig; sie ist vom Mieter dem Vermieter anzuzeigen. Eine weitergehende Gebrauchsüberlassung bedarf der Zustimmung des Vermieters.

3. In den Fällen der Nummern 1 und 2 gewährleistet der Mieter, daß nur geschultes Personal eingesetzt wird und der Benutzer die Verpflichtungen, die vertragsgemäß mit dem Betrieb der Anlage oder Geräte verbunden sind, erfüllt und daß dem Vermieter keine über den Rahmen dieser Vertragsbedingungen hinausgehende Verpflichtung entsteht.

4. Im Rahmen seiner betrieblichen Möglichkeiten stellt der Mieter dem Vermieter jeweils nach Vereinbarung auf der Anlage Rechenzeit zur Verfügung.

1 § 16 behandelt die Gebrauchsüberlassung des Systems, nicht nur der Anlage. (In Nr. 1 wird von Mietsache, in Nr. 2 nur von Anlage gesprochen). Wie sich aus Nr. 3 ergibt, ist die Gebrauchsüberlassung mehr als der Einsatz des Systems für Zwecke anderer; sie liegt erst dann vor, wenn der Dritte selber das Bedienungspersonal stellt. Der Einsatz der Mietsache für Zwecke Dritter wird also vertragsrechtlich nicht eingeschränkt, so lange nur der Auftraggeber die Anlage selber bedient. Die Koppelung von Systemen verschiedener AN durch mehrere AG fällt also noch nicht unter § 16, da die Mietsache nicht physisch gefährdet wird.
Die Gebrauchsüberlassung unterscheidet sich von der Untermiete dadurch, daß bei dieser *ein Teil* einem anderen zum alleinigen, selbständigen Mietgebrauch überlassen wird (Soergel-Mezger § 549 (3)). Auch Untermiete ist möglich (z.B. bei Datenendgeräten innerhalb von Datenfernverarbeitungsnetzen).
§ 549 I BGB verlangt sowohl für die Gebrauchsüberlassung als auch für die Untermiete die Erlaubnis des Vermieters. Diese Erlaubnis erteilt der AN in Nr. 1 und 2 in einem bestimmten Umfang von vornherein. Die (nicht regelmäßige) Überlassung an Dritte ist gem. Nr. 2, 1, 2. HS anzuzeigen.

2 Als Mieter wird in Nr. 1 nicht die juristische Person verstanden, zu der die anmietende Behörde gehört, sondern nur diese Behörde (Stelle) selber. Anderenfalls wäre es überflüssig, dem Mieter das Recht einzuräumen, die Mietsache anderen Stellen derselben Körperschaft zu überlassen.
Der Kreis derjenigen Stellen, denen der AG die Mietsache gem. Nr. 1 zur Benutzung überlassen darf, entspricht dem Kreis, der auch in § 2 I VO PR Nr. 30/53 aufgeführt ist, (und soll dies auch tun). Wie sich aus Absatz 2 dieser Vorschrift ergibt, fallen darunter auch Wirtschaftsbetriebe von juristischen Personen des öffentlichen Rechts, selbst wenn diese Betriebe mit ihren Lieferungen und Leistungen im Wettbewerb mit privaten Unternehmen stehen. Damit wird bewußt über den Kreis derjenigen hinausgegangen, die die BVB anwenden sollen (s. dazu Rz 12 zu § 1).

3 Haftung des AG: Der AG haftet dem AN gem. § 549 BGB für alle schuldhaften Handlungen der anderen Stelle oder des

Dritten im Rahmen des Mietverhältnisses (Palandt-Putzo § 549 Anm. 4). § 549 III stellt klar, daß dies auch dann gilt, wenn der AN seine Zustimmung erteilt hat. Nr. 3 geht insoweit darüber hinaus, daß der AG "gewährleistet", daß die andere Stelle oder der Dritte nur geschultes Personal einsetzen und die Mietsache so behandeln, wie sie nach dem Mietvertrag zu behandeln ist. Für die erste Alternative dürfte dies bedeuten, daß der AG unabhängig davon haftet, ob das fremde Personal einen Schaden schuldhaft verursacht hat, wenn das Personal nicht hinreichend geschult war.
Für die zweite Alternative dürfte dies heißen, daß der Mieter uneingeschränkt für Schäden haftet, die durch Verletzungen der Bedienungsanleitung entstehen. Der Haftungsausschluß zugunsten des AG in § 11 Nr. 1 soll also nicht gelten (s. dort Rz 3).
Die letzten Worte von Nr. 3 dürften keine Haftungsregelung beinhalten, sondern eine Voraussetzung dafür, daß der AG das System überhaupt einem anderen überlassen darf. Eine u.U. erforderliche Umsetzung der Anlage richtet sich nach § 21.

4 Vorübergehende Überlassung an den AN (Nr. 4): Dazu gehört auch, daß der AG das System einem vom AN benannten Dritten als Ausweichanlage zur Verfügung stellt. Insoweit bedarf es Regelungen nach §§ 15 und 23 sowie über die Vergütung. Die Formulierung läßt es offen, ob der AG, der AN oder der Dritte das Bedienungspersonal stellt.

§ 17. Erweiterung und Änderung der Anlage

1. Nimmt der Vermieter Änderungen an den von ihm vertriebenen Anlagen oder Geräten vor, so hat er den Mieter rechtzeitig zu unterrichten, soweit die Anlage oder Geräte des Mieters hiervon betroffen werden. Entstehen dem Mieter durch derartige Änderungen keine unzumutbaren Nachteile, hat er diese Änderungen zuzulassen. Der Vermieter führt in diesem Falle diese Änderung und ggf. hierdurch notwendige Änderungen an der von ihm vertraglich zur Verfügung gestellten Software ohne Berechnung durch. Werden durch die Änderung der Mietsache auch Änderungen an der Software des Mieters notwendig, kann der Mieter die Änderung der Mietsache ablehnen, es sei denn, daß der Vermieter auf Verlangen des Mieters diese Software-Änderung ohne Berechnung vornimmt oder dem Mieter die Änderungskosten erstattet.

2. Der Mieter ist berechtigt, an der Anlage oder den Geräten Anbauten oder Änderungen vorzunehmen oder Geräte anderer Hersteller anzuschließen. Voraussetzung hierfür ist, daß der eigentliche Verwendungszweck, die Sicherheit und ordnungsgemäße Arbeitsweise sowie die Wartung der Anlage

oder Geräte oder die Durchführung einer vom Vermieter geplanten Änderung an einem Gerät nicht beeinträchtigt bzw. wesentlich erschwert werden. Die Durchführung dieser Maßnahme bedarf der vorherigen Anzeige an den Vermieter. Schließt der Mieter an die Anlage oder Geräte des Vermieters Geräte anderer Hersteller an, so erstreckt sich die Gewährleistungspflicht des Vermieters bis zur Schnittstelle seiner Anlage oder Geräte. Der Vermieter ist verpflichtet, die für den Anschluß der Geräte anderer Hersteller notwendigen Geräte oder Geräteteile dem Mieter zu vermieten, soweit diese allgemein verfügbar sind.
Sind nach Auffassung des Vermieters die Voraussetzungen für die Durchführung der angezeigten Änderungen oder Anbauten bzw. den Anschluß der Fremdgeräte nicht gegeben, so ist der Vermieter verpflichtet, den Mieter hierauf schriftlich hinzuweisen. Der Vermieter übernimmt jedoch keine Gewähr dafür, daß die Voraussetzungen für die geplanten Maßnahmen gegeben sind, und zwar auch dann nicht, wenn eine entsprechende Prüfung durch ihn erfolgt ist. Für Schutzrechtsverletzungen, die durch derartige Maßnahmen des Mieters entstehen, haftet der Mieter. Ungeachtet dessen ist der Vermieter verpflichtet, den Mieter zu unterrichten, wenn ihm bekannt ist, daß durch die Anbauten oder Änderungen oder den Anschluß der Fremdgeräte Schutzrechte Dritter verletzt werden oder verletzt werden könnten

3. Sollen die Anlagen oder Geräte vereinbarungsgemäß im Zusammenwirken mit anderen EDV-Anlagen oder -Geräten genutzt werden, so gewährleistet der Vermieter der anzuschließenden Geräte, daß diese anschlußkompatibel sind und daß die von ihm gelieferte Software auch im Zusammenwirken mit den Geräten, die vereinbarungsgemäß an die Geräte des Vermieters angeschlossen werden, ordnungsgemäß arbeitet. Für alle Nachteile, die dem Mieter dadurch entstehen, daß die genannten Voraussetzungen nicht gegeben sind, haftet der Vermieter dieser Geräte im Rahmen der Vertragsbedingungen. Dies gilt auch für Schäden oder Mängel, die durch diese Geräte an den Geräten verursacht werden, an die sie angeschlossen sind und für Schutzrechtsverletzungen.
Änderungen, die der Vermieter nachträglich an seinen Geräten vornimmt, dürfen die Anschlußkompatibilität nicht beeinträchtigen; ebenso darf durch Änderungen an der Anlage oder den Geräten oder durch Änderungen an der gelieferten Software deren Funktionsfähigkeit auch in bezug auf die angeschlossenen Fremdgeräte nicht beeinträchtigt werden.

4. Werden an die Anlage oder Geräte des Vermieters Geräte anderer Hersteller angeschlossen, so ist der Vermieter verpflichtet, sich auf Verlangen des Mieters im Rahmen des Zumutbaren an der Eingrenzung der Fehler zu beteiligen, die sich aus dem Zusammenwirken der Geräte ergeben können. Stellt sich hierbei heraus, daß der Fehler von den Geräten verursacht wurde, die an die Geräte

des Vermieters angeschlossen wurden, ist der Vermieter berechtigt, eine Vergütung für seine Leistungen bei der Fehlereingrenzung zu verlangen.

5. Beeinflussen Änderungen oder Anbauten die Wartungsleistungen derart, daß eine Neufestsetzung des Mietpreises erforderlich ist, teilt dies der Vermieter dem Mieter unverzüglich nach Erhalt der Mitteilung über die vom Mieter beabsichtigten Maßnahmen mit.
Kann der Vermieter vor Durchführung der Änderungen oder Anbauten den Mehrpreis nicht ermitteln und führt der Mieter die Änderungen dennoch durch, stellt der Vermieter dem Mieter seine üblichen Preise, bezogen auf den Mehraufwand, in Rechnung.

6. Auf Verlangen des Vermieters stellt der Mieter bei Rückgabe der Mietsache deren ursprünglichen Zustand wieder her. Dasselbe gilt, wenn sich nach der Durchführung von Anbauten oder Änderungen oder dem Anschluß von Fremdgeräten herausstellt, daß die Voraussetzungen gemäß Nummer 2 nicht gegeben waren.

I. Einleitung

1 Nr. 1 behandelt Änderungen der Hardware und dadurch bedingter Änderungen der Grundsoftware durch den AN; die Herstellerbedingungen sehen das Recht zu Änderungen vor, sofern sie es nicht für selbstverständlich halten.
Nr. 2 bis 6 behandeln Änderungen und den Anschluß von Geräten anderer Hersteller durch den AG. Die Herstellerbedingungen sehen z.T. die Genehmigung durch den AN vor, die dieser nur bei Unzumutbarkeit ablehnen darf.

2 Will der AG die Bestellung *vor* der Lieferung ändern, so kann er dies in bestimmtem Umfang nach § 3 Nr. 1 VOL/B tun (s. dort Rz 4). Der AG hat keinen Anspruch darauf, Geräte nach der Übergabe auszuwechseln. Er muß sich dies ggf. einzelvertraglich vorbehalten (Beispiel MS 16 Rz 12)

Zum Anschluß weiterer Geräte desselben AN s. Rz 4 zu § 2.

II. Änderungen der installierten Geräte bei Fabrikationsänderungen (Nr. 1)

3 Übernahme auf Wunsch des AN: Nr. 1 regelt den Fall, daß der AN Änderungen, die er an dem Typ eines Gerätes vorgenommen hat, auch bei den installierten Geräten vornehmen will. Er hat gem. Satz 3 unter den Voraussetzungen der Sätze 2 und 4 einen Anspruch darauf, dies auf seine Kosten zu tun. Die Kostenregelung gilt auch dann, wenn die Änderungen primär dem Komfort des Anwenders dienen.
Zur Änderung gehört auch die Berichtigung der Unterlagen (zum Vervielfältigungsrecht s. Rz 5 zu § 5 VOL/B).
Zu Änderungen vor der Anlieferung s. Rz 10 zu § 6.
Die Übertragung der Änderungen kann aus Gründen der Gewährleistung sinnvoll sein, sei es um die Betriebssicherheit zu erhöhen oder ein einheitliches technisches Niveau aller Anlagen oder der Software und damit eine einfachere Durchführung der Wartung zu erreichen.
Der AN ist berechtigt und verpflichtet, die Grundsoftware und die übrige von ihm gelieferte Software der geänderten Hardware anzupassen. Dieses Recht besteht unabhängig von § 9 Nr. 6 I (s. dort Rz 55).
Nach Nr. 1, 1 muß der AN den AG rechtzeitig unterrichten, soweit bei diesem installierte Geräte davon betroffen sind, damit dieser feststellen kann, ob die Voraussetzungen für die Übernahme vorliegen.

4 Voraussetzung ist nach Nr. 1, 2, daß dem AG keine unzumutbaren Nachteile entstehen. Dabei darf nicht berücksichtigt werden, ob dadurch tatsächlich bestehende Kompatibilität beeinträchtigt wird (s. Rz 20). Zu den Nachteilen gehören auch Kosten oder Ausgaben (die in § 16 Nr. 1 II. 2 K bzw. § 12 Nr. 1 II W ausdrücklich genannt werden).
Nach Nr. 1, 4 kann der AG die Änderung ablehnen, wenn auch nur geringe Änderungen der von ihm eingesetzten Software erforderlich werden. Hier kommt es nicht wie in Satz 2 auf die Zumutbarkeit an. Der AN kann diesen Ablehnungsgrund dadurch ausräumen, daß er die Software auf seine Kosten ändert bzw. vom AG verlangt, daß dieser die Software gegen Kostenerstattung ändert. Die zweite Alternative ist deswegen erforderlich, weil der AN die Software idR nicht kennt und damit einen höheren Aufwand als der AG haben könnte (sofern die Änderungen nicht programmunterstützt vorgenommen werden).
Der AN trägt die Beweislast, weil er die Änderung verlangt. Der AG ist zur Darlegung entgegenstehender Gründe verpflichtet (s. GZ 2 Rz 31).

5 Nr. 1, 2 beinhaltet auch, daß die Durchführung der Umstellung selber nicht unzumutbar sein darf. Der AN hat Änderungen der von ihm gelieferten Software soweit wie möglich vorzubereiten, so daß sie beim AG zugleich mit der Änderung der Hardware vorgenommen werden können.

Auch Änderungen an der Software des AG müssen vorher erledigt werden (s. Rz 6). Im übrigen greift § 9 ein, soweit das System wegen oder nach Änderungen nicht genutzt werden kann.

6 Die Übertragung von Änderungen auf Wunsch des AG ist nicht geregelt (anders § 16 Nr. 1 III K, s. dort Rz 5 sowie § 19 hinsichtlich der Änderungen bei Software). Der AG dürfte einen Anspruch auf Übertragung der Änderungen haben, soweit der AN diese allgemein anbietet, ggf. gegen gesonderte Vergütung (so daß der AN zur Durchführung ohnehin bereit sein dürfte).

III. Änderungen/Anschluß "fremder" Geräte durch den AG (Nr. 2 - 6)

7 Nr. 2 - 6 regeln Maßnahmen, die der AG durchführt. (Es kommt vor, daß ein AN als Systemführer auch Geräte anderer Hersteller installiert).
Es wird zwar nur von Maßnahmen an der Hardware gesprochen, teilweise sind aber auch Maßnahmen an der Grundsoftware gemeint. Geregelt sind:

- das Recht des AG, Maßnahmen vorzunehmen:
  - Voraussetzungen (Nr. 2 I. 2)
  - Anzeigepflicht (Nr. 2 I. 3)
- Unterstützung durch den AN:
  - Beratungspflicht (Nr. 2 II)
  - Lieferung der erforderlichen Hardware (Nr. 2 I. 5)
  - Eine Verpflichtung, Maßnahmen durchzuführen, besteht grundsätzlich nicht.
- Verhältnis während der Vertragsdauer:
  - Besteht Kompatibilität, ohne daß diese vereinbart ist, so ist der AN nicht gehindert, diese durch Maßnahmen nach Nr. 1 zu beeinträchtigen.
  - Vereinbarte Kompatibilität (Nr. 3)
  - Auswirkungen auf die Gewährleistung
    - Schnittstelle (Nr. 2 I. 4)
    - Beteiligung an der Fehlersuche (Nr. 4)
    - Erhöhung des Mietzinses wegen erhöhter Wartungsleistungen (Nr. 5)
- Beendigung des Mietverhältnisses (Nr. 6).

1. Das Recht zu Änderungen/Anschlüssen (Nr. 2 I)

8 Nr. 2 I. 1 i.V.m. Nr. 6 betont den Grundsatz, der auch im BGB gilt, daß der AG die Mietsache mit Einrichtungen versehen darf, allerdings nicht umgestalten darf, wenn er nur bei Beendigung des Mietverhältnisses den ursprünglichen Zustand wiederherstellt (Nr. 2 I. 2 enthält Einschränkungen). Dies befreit den AG davon, bei Erweiterungen der Anlage auf Produkte desselben Herstellers festgelegt zu sein. Angesichts der Komplexität von EDV-Anlagen und der Schwierigkeit, den ursprünglichen Zustand wiederherzustellen, kann bei Mietverträgen davon ausgegangen werden, daß *Änderungen* nur ausnahmsweise vorkommen.

Der *Anschluß* von Geräten anderer Hersteller, sei es zur Ergänzung des Systems oder - bei Einsatz funktional ähnlicher Geräte - als u.U. kostengünstige Alternative (mixed hardware), ist hingegen verbreitet. Die Regelungen gehen von der letzten Konstellation aus: Die Pflichten sollen die Lieferanten der "anzuschließenden Geräte" treffen; dabei wird vom Wortlaut her nicht deutlich, daß auch der Lieferant der Zentraleinheit zu etwas verpflichtet werden soll (s. Rz 22).
Eine Beschränkung des Anschlusses an die vom AN vorgegebenen Benutzerschnittstellen ist als zulässig anzusehen.

9 Das Recht, die Grundsoftware und die sonstige Software zu ändern, wird als selbstverständlich nicht erwähnt. Nach § 9 Nr. 6 V wird die Gewährleistung für geänderte Software eingeschränkt (s. dort Rz 48). Für Änderungen der Grundsoftware wegen Änderungen der Hardware dürfte nicht § 9 Nr. 6 V, sondern § 17 Nr. 2 entsprechend gelten. Denn sonst wäre das Recht zu Maßnahmen hinsichtlich der Hardware wesentlich eingeschränkt. § 17 enthält selber hinreichende Regelungen zum Schutze des AN (s. Rz 31).

10 Nr. 2 I. 1 unterscheidet zwischen Änderungen, Anbauten und dem Anschluß von Geräten anderer Hersteller. Der Anschluß unterscheidet sich von Änderungen dadurch, daß er ohne Eingriff in die Substanz der Hardware erfolgt, an die die weiteren Geräte angeschlossen werden. Als Änderungen der Hardware kommt z.B. in Betracht: der Austausch von Bauelementen, der Austausch von Lüftern, der Umbau einer starren Seitenvorschubsteuerung in eine variable. Der Begriff Anbau wird in der Praxis meist als Anbau von Teilen verstanden, der idR über vorgesehene Schnittstellen erfolgt. Sofern kein Eingriff in die Substanz erfolgt, ist er wie der Anschluß von Geräten zu behandeln. Der Übergang vom Anbau eines Teils zum Anschluß eines Gerätes ist ohnehin fließend: Formularführung für Drucker, Erweiterung des Kernspeichers, Erweiterung eines Terminals um einen Lochstreifenleser/Stanzer. § 16 Nr. 2 K verzichtet auf den Begriff Anbau (s. dort Rz 7).
Nr. 2 - 6 behandeln Änderungen und Anschlüsse weitgehend gleich. Hinsichtlich der Wartung verlangen sie bei Änderungen vom AN mehr als bei Anschlüssen. Dabei darf nicht verkannt werden, daß die Rechtsprechung gerade bei geänderten Geräten Bedenken gegen eine weitgehende Wartungsverpflichtung hat: " ..., daß auch der hochspezialisierte Fachmann für die Wartung eines Gerätes, welches nicht demjenigen entspricht, das er üblicherweise zu warten hat, 'Zeit und Erfahrung' braucht. Außerdem ist zu berücksichtigen, daß derartige Veränderungen die Funktionsfähigkeit des ursprünglich in Verkehr gebrachten Gerätes mit der Folge beeinträchtigen können, daß der Ruf der gelieferten Waren aufs Spiel gesetzt wird und leicht Fehlleistungen bei der Wartung auftreten. Der Beklagten muß deshalb ein berechtigtes Interesse daran zugestanden werden, den Wartungsdienst nur an unveränderten Geräten vorzunehmen und Veränderungen nicht dadurch zu unterstützen, daß sie

zur Wartung derart veränderter Geräte verpflichtet wird ..." (BGH, Urteil vom 19.9.1974, NJW 1974, 2236 im Zusammenhang mit der Frage, ob der AN nach § 26 II Gesetz gegen Wettbewerbsbeschränkungen zur Wartung verpflichtet sei).

11 Voraussetzungen (Nr. 2 I. 2): Die Worte "nicht beeinträchtigt bzw. wesentlich erschwert werden" sind mißverständlich. Die erste Alternative dürfte dasselbe wie die zweite beinhalten. Möglicherweise ist wegen der Verwendung des Wortes "sowie" gemeint: " der ..... Verwendungszweck ... und die ordnungsgemäße Arbeitsweise nicht beeinträchtigt sowie die Wartung ... nicht wesentlich erschwert werden."
Es kann nicht angenommen werden, daß die Beeinträchtigung eine geringere Belastung des AN ausdrücken soll als die wesentliche Erschwerung. Denn würde eine Beeinträchtigung ausreichen, so käme es auf eine wesentliche Erschwerung nicht mehr an. Die zweite Alternative wäre überflüssig; das Recht des AG wäre wenig wert.
Die Regelung darf auch nicht dahingehend verstanden werden, daß die zweite Alternative eine geringere Belastung ausdrücken soll, d.h. den AN in dem Fall zum Widerspruch berechtigen soll, daß die erste Alternative nicht erfüllt ist. Die erste Alternative müßte dann strenger lauten, z. B. wie folgt: "Voraussetzung ist, daß .... nicht *ausgeschlossen* bzw. wesentlich erschwert werden." Für diese Auslegung zu Lasten des AN findet sich kein Anhaltspunkt im Text (s. GZ 2 Rz 4).
Der AG ist beweispflichtig; der AN ist zur Darlegung der entgegenstehenden Gründe verpflichtet (s. GZ 2 Rz 31).

12 Sind die Voraussetzungen gegeben, so bedarf die Durchführung der Maßnahme gem. Nr. 2 I. 3 nur der vorherigen *Anzeige* an den AN. Eine Genehmigung ist hingegen erforderlich, wenn die Änderungen die Wartungsleistungen erheblich beeinflussen. Dem Wortlaut von Nr. 5 I nach kann der AN zwar nur einen höheren Mietzins verlangen. Wenn er nach Nr. 6, 2 aber die Beseitigung der Maßnahmen verlangen kann, so bedeutet dies rechtlich, daß die Maßnahmen der Genehmigung bedürfen. Der AN erteilt sie stillschweigend, wenn er einen höheren Mietzins verlangt.
Der AG darf die Maßnahmen insoweit durch Dritte durchführen lassen, wie § 23 Nr. 1 II und in entsprechender Anwendung § 18 Nr. 2 K nicht entgegenstehen.

13 Fremdgeräte können bereits während der Funktionsprüfung angeschlossen werden, so weit die Funktionsprüfung dadurch nicht erschwert wird (s. Rz 16 zu § 8 und PT 2 Rz 23). Ist mixed hardware vereinbart (Nr. 3), kann kaum darauf verzichtet werden. Änderungen dürften die Funktionsprüfung idR erschweren.

14 Mit dem Recht, Geräte anderer Hersteller anzuschließen, erhält der AG auch das Recht, die Grundsoftware zur Nutzung der Fremdgeräte einzusetzen (s. aber Rz 16). In

§ 6 Nr. 2 K ist dies ausdrücklich geregelt, weil dort die Grenzen der Nutzungsrechte des AG festgelegt werden sollen (s. dort Rz 5 f). Dies gilt auch für solche Teile, die er *nur* für den Betrieb der angeschlossenen Fremdgeräte benötigt. Das Ergebnis mag unangemessen erscheinen, wenn die Kosten für die Entwicklung der Grundsoftware nicht voll im Preis der Grundsoftware einkalkuliert werden, sondern z.T. durch den Mietzins für die Hardware gedeckt werden sollen. Der Lieferant der Grundsoftware erhält dann nicht die erwarteten Einnahmen, weil er nicht die Geräte mitliefern kann, die die Entwicklungskosten der Grundsoftware anteilig tragen sollen. Der Lieferant der angeschlossenen Fremdgeräte erspart sich hingegen die Kosten für die Entwicklung der Software und schafft sich dadurch einen Wettbewerbsvorteil. Das Ergebnis kann aber deswegen hingenommen werden, weil es sich aus der Vertriebspolitik der Lieferanten der Grundsoftware ergibt.

2. Unterstützung durch den AN (Nr. 2 I. 5, II)

15 Eine Verpflichtung des AN, die für den Anschluß von Fremdgeräten notwendigen Informationen hinsichtlich Hardwareschnittstellen und Steuerungsfunktionen der Grundsoftware für die Fremdgeräte zu geben, ist nicht aufgenommen worden. Eine solche Regelung hätte die Verpflichtung des AN auf das Zumutbare beschränken müssen; das wäre nur schwer konkretisierbar. Es ist kaum erforderlich, diese Lücke einzelvertraglich zu schließen, weil die Rechtsfragen in den USA weitgehend geklärt sind und die Hersteller von mixed hardware dort die nötigen Informationen erhalten.
Soweit der AN bereit ist, den AG durch Personaleinsatz zu unterstützen, kann er dafür entsprechend Nr. 2 I. 5 eine Vergütung verlangen.

16 Nach Nr. 2 I. 5 ist der AN verpflichtet, diejenige Hardware zu liefern, die den Anschluß von mixed hardware ermöglicht, soweit solche Geräte oder Teile allgemein verfügbar sind. Die Regelung spricht zwar nur von Vermieten; der AN kann aber u.U. auch den Abschluß eines Kaufvertrags verlangen. Die Regelung bezieht sich nur auf Hardware, muß aber auch für die Überlassung solcher Software gelten, die für das Zusammenwirken erforderlich ist, d.h. nur für Interfaces (Schnittstellenprogramme), nicht aber für die Software zum Betrieb solcher Geräte.

> Der AG kann nicht nachträglich die Lieferung der Grundsoftware für solche peripheren Geräte verlangen, die er vom Lieferanten der Zentraleinheit nicht bezogen hat.

Falls der AG die Dokumentation der Grundsoftware für deren Änderung benötigt, dürfte der AN zur Überlassung entsprechend § 18 Nr. 2 K verpflichtet sein (s. dort Rz 3).

17 Die Verpflichtung nach § 3 VOL/B, die Leistung auf Ver-

langen des AG *vor* der Auslieferung zu ergänzen, dürfte nur im Rahmen der Nr. 2 I. 5 auf Herstellen der tatsächlichen Kompatibilität gehen (s. dazu Rz 20).

18 Offen ist, inwieweit der AN verpflichtet ist, Diagnostikprogramme zur Verfügung zu stellen, damit der AG den Anschluß von Fremdgeräten austesten kann. Nr. 2 I. 4, wonach die Gewährleistungspflicht bis zur Schnittstelle reicht, gibt keine Antwort. (Danach muß der Lieferant der Zentraleinheit nur nachweisen, daß die Steuerungsfunktionen seiner Grundsoftware an der Schnittstelle in Ordnung sind). Der AG kann sich hier dadurch absichern, daß er die Lieferung dieser Diagnostikprogramme in für ihn einsetzbarer Form als Bestandteil des Systems in der LB vereinbart.
Der Widerstand der Lieferanten von Zentraleinheiten beruht im wesentlichen darauf, daß sie die Kosten für solche Programme tragen und in ihres Erachtens unzumutbarer Weise den Einsatz von mixed hardware fördern müßten.

19 Beratungspflicht (Nr. 2 II): Die Verpflichtung des AN, den AG zu beraten, ist beschränkt, weil es für den AN unzumutbar ist, Geräte anderer Hersteller, die in der Regel Konkurrenzprodukte sind, zu begutachten. Unter Umständen müßte er darauf hinweisen, daß durch Änderung seiner Geräte oder der Fremdgeräte der Anschluß ermöglicht werden kann. Der AN ist nur verpflichtet, auf eigene Bedenken hinzuweisen, wofür er keine Gewähr übernimmt. Angesichts dieser Einschränkungen braucht er auch keine Gründe anzugeben. Er ist nach Nr. 2 II. 4 nur verpflichtet, auf mögliche Schutzrechtsverletzungen hinzuweisen. Der AG haftet ihm für tatsächlich verursachte Schutzrechtsverletzungen (s. auch Rz 4 zu § 10).

3. Kompatibilität ohne Vereinbarung

20 Sind die technischen Voraussetzungen dafür gegeben, daß Fremdgeräte angeschlossen werden können, so ist der Lieferant der Zentraleinheit, nach allgemeinem Verständnis der Regelungen ohne besondere Vereinbarung gem. Nr. 3 nicht gehindert, diese Voraussetzungen zu ändern und damit die Kompatibilität aufzuheben. Dies gilt sowohl für Änderungen der Hardware als auch der Grundsoftware.
Es ist davon ausgegangen worden und ist so zugunsten des AN zu verstehen (s. GZ 2 Rz 4), daß der Lieferant der Zentraleinheit nicht dadurch an solchen Änderungen gehindert wird, daß sie nach Nr. 1, 2 unzumutbar wären. Denn nach Nr. 2 I. 2 ist Voraussetzung für den Anschluß von Fremdgeräten, daß "die Durchführung einer vom Vermieter (= Lieferanten der Zentraleinheit) geplanten Änderung an einem Gerät nicht beeinträchtigt" werden darf. Das Recht des AN zu Änderungen hat Vorrang (im Interesse der Weiterentwicklung der Technik). Dementsprechend sind solche Änderungen für den AG stets zumutbar. Er soll nach Nr. 3 nur dann gebunden sein, die Kompatibilität aufrechtzuerhalten, wenn dies besonders vereinbart ist.

In § 9 Nr. 6 I. 4 wird im 2. HS klargestellt, daß der AN die Kompatibilität bei Änderungen der Software in den dort angeführten Fällen nur dann nicht beeinträchtigen darf, wenn eine Vereinbarung nach Nr. 3 geschlossen ist.

21 Fehlerbeseitigungspflicht des Lieferanten der Zentraleinheit: Der AN, der die Zentraleinheit und die Grundsoftware geliefert hat, ist auch zur Beseitigung solcher Fehler verpflichtet, die die Nutzung angeschlossener Geräte des AG oder anderer AN beeinträchtigen. Dies gilt für die Grundsoftware auch dann, wenn der AG entsprechende Geräte des AN nicht angemietet hat. (Anderenfalls könnte der AG den Fehler an einem Gerät dieses AN demonstrieren). Die Haftung für die Nichtnutzbarkeit von Geräten gem. § 9 Nr. 6 I. 2 erstreckt sich aber nur auf von diesem AN gemietete Geräte.
Die Fehlerbeseitigungspflicht rechtfertigt sich daraus, daß der AN die vereinbarten Spezifikationen nicht einhält. Der Anschluß von Geräten anderer Hersteller ist aber vertraglich vorausgesetzter Gebrauch, der ebensowenig eingeschränkt werden darf wie der Anschluß von Geräten dieses AN. Aus diesem Grunde ist der AN auch zur Beseitigung solcher Fehler verpflichtet, die den Betrieb entsprechender von ihm gelieferter Geräte *nicht* beeinträchtigen würden.

> Es ist eine bestimmte Impulstoleranz bei der Übertragung von Signalen von der Zentraleinheit vorgesehen. Die Impulstoleranz der peripheren Geräte des Lieferanten der ZE ist so groß, daß sie auch unzulässige Impulse in bestimmtem Umfang anerkennt. Die Geräte von anderen Lieferanten können so ausgestaltet sein, daß sie Impulse außerhalb der bestimmten Toleranz nicht annehmen. Der Lieferant der Zentraleinheit ist dann zur Korrektur verpflichtet.

Treten die Fehler bereits bei der Installation der anderen Geräte auf, ist es schwierig, 12 Stunden Nutzungsminderung je Tag zu erreichen, um über die Kürzung des Mietzinses Druck auf diesen AN auszuüben.

4. Vereinbarte Kompatibilität (Nr. 3)

22 Nr. 3 regelt die Rechtsfolgen, wenn vereinbart worden ist, daß die Geräte dieses AN mit Geräten (oder Zentraleinheiten bei Rechnerkoppelung) anderer Hersteller zusammenwirken sollen. Nr. 3 spricht zwar nur von Hardware, meint aber das Zusammenwirken von Hardware über die Grundsoftware (s. Rz 26). Der AN gewährleistet, daß seine Geräte anschlußkompatibel sind (Abs. 1) und von seiner Seite her auch bleiben (Abs. 2). Er ist nur verpflichtet, den Status quo aufrechtzuerhalten. Er braucht die Kompatibilität hingegen nicht wiederherzustellen, wenn ein Lieferant anderer Geräte, der keine Vereinbarung nach Nr. 3 eingegangen ist, die Kompatibilität durch Maßnahmen nach § 17 Nr. 1 seinerseits aufhebt. Es ist deswegen rechtlich ge-

sehen erforderlich, daß sich alle Lieferanten zur Aufrechterhaltung der Kompatibilität verpflichten.

23 Der Lieferant der Zentraleinheit ist an einer solchen Verpflichtung nur ausnahmsweise interessiert. IdR kann nur mit dem Lieferanten der mixed hardware eine Vereinbarung erreicht werden.
In der Praxis schadet dieser Mangel selten, weil einerseits die Lieferanten der Zentraleinheiten vorhandene Kompatibilität nicht ohne weiteres aufheben und andererseits die Lieferanten von mixed hardware aus geschäftspolitischem Interesse bereit sind, mehr als ihre Pflicht zu tun, nämlich bei Beeinträchtigung der Kompatibilität durch den Lieferanten der Zentraleinheit die Kompatibilität wiederherzustellen. Sie müssen für weitere Lieferungen ohnehin Kompatibilität schaffen.
Vorsichtshalber sollte der Lieferant der Zentraleinheit in abgeschwächter Form verpflichtet werden, z.B. entsprechend Nr. 1, 2 die Kompatibilität nicht in einer für den AG unzumutbaren Weise zu beeinträchtigen oder eine bestimmte Ankündigunsfrist einzuhalten.

24 Die <u>Erläuterungen</u> zu § 16 K unterscheiden folgende Fallgruppen, wobei die zweite den Regelfall bildet (s. Rz 8):

- "Es steht von vornherein fest, daß die Gesamtanlage als mixed hardware genutzt werden soll. In diesem Falle sind die entsprechenden Vereinbarungen sowohl mit dem Verkäufer (Lieferanten) der Zentraleinheit als auch mit dem Verkäufer (Lieferanten) der Fremdperipherie zu treffen, so daß beide gemäß § 16 Nr. 3 (§ 17 Nr. 3) haften." Damit sind alle AN an die vorhandenen Schnittstellen gebunden. Sie können die Schnittstellen nur gemeinsam ändern. Zur Realisierbarkeit s. Rz 23.
- "An eine vorhandene Zentraleinheit soll nachträglich Fremdperipherie angeschlossen werden. Die entsprechenden Vereinbarungen über mixed hardware sind mit dem Verkäufer (Lieferanten) der Fremdperipherie zu treffen, der damit die Haftung gemäß § 16 Nr. 3 (§ 17 Nr. 3) übernimmt." Optimal wäre, mit beiden Lieferanten eine Vereinbarung nach Nr. 3 zu treffen. Lehnt der Lieferant der Zentraleinheit dies ab, so sollte der Lieferant der mixed hardware vertraglich über Ziffer 3 hinaus verpflichtet werden, im Rahmen des Zumutbaren, ggf. gegen Vergütung, die Kompatibilität wiederherzustellen, wenn sie durch Maßnahmen des Lieferanten der Zentraleinheit beeinträchtigt worden ist.
- "Eine Zentraleinheit wird gekauft (beschafft), damit sie im Zusammenwirken mit einer bereits vorhandenen Fremdperipherie genutzt werden soll. In diesem Fall sind die entsprechenden Vereinbarungen mit dem Verkäufer (Lieferanten) der Zentraleinheit zu treffen; die Haftung gem. § 16 Nr. 3 (§ 17 Nr. 3) obliegt in diesem Fall dem Verkäufer (Lieferanten) der Zentraleinheit." Es ist genauso erforderlich, eine solche Vereinbarung mit dem Lieferanten der Peripherie zu treffen (s. letzte Fallgruppe).

25 <u>Sanktionen:</u> Nach <u>Nr. 3 I. 2</u> haftet der AN "im Rahmen der Vertragsbedingungen" für alle Nachteile, die dem AG dadurch entstehen, daß die Kompatibilität gestört ist. Dies beinhaltet keinen Verweis auf § 9; denn danach hätte der AN nur pauschalierten Schadensersatz bezogen auf die *von ihm gelieferten Geräte* zu zahlen. Dafür hätte es nicht der Nr. 3 bedurft. Bemessungsgrundlage für den Schadensersatz soll der Mietzins des gesamten Systems sein; wer eine Vereinbarung nach Nr. 3 trifft, soll insoweit für die Betriebsbereitschaft des gesamten Systems einstehen, als seine Geräte die Betriebsbereitschaft beeinträchtigen. § 11 Nr. 2 eignet sich nicht als Anspruchsgrundlage, weil es um Gewährleistung geht (s. auch dort Rz 9). Die Haftung würde dann vom Verschulden abhängen.
Es muß deswegen angenommen werden, daß Anspruchsvoraussetzungen und Rechtsfolgen in Satz 2 selber geregelt sind: Der AN haftet für alle Nachteile, aber nur im Rahmen der Vertragsbedingungen; d.h. daß Schadensersatz nur in der Höhe zu leisten ist, die im Rahmen der anderen Regelungen liegt. Danach ergeben sich aus Satz 2 und 3 folgende Sanktionen:
- für die Beeinträchtigung der Betriebsbereitschaft der von diesem AN vermieteten Geräte: Der Mietzins entfällt entsprechend § 9 Nr. 4 und 5 (s. dort Rz 17 ff); pauschalierter Schadensersatz ist nicht automatisch entsprechend § 9 zu zahlen.
- für die Beeinträchtigung der Nutzung fremder Geräte: Der AN hat dem AG den Mietzins zu ersetzen, den dieser Dritten zu zahlen hat, sowie die in Rz 31 behandelten Aufwendungen.
- für Schäden an anderen Geräten: Der AN ist verpflichtet, den AG von Ansprüchen Dritter freizustellen. (Dies ergibt sich bereits aus § 11 Nr. 2, s. dort Rz 15). Die Haftungsgrenze in § 11 Nr. 2 I. 3 gilt entsprechend.
- für Schutzrechtsverletzungen: Der AN haftet nach § 10, also i.V.m. § 9 auch für die Nichtnutzbarkeit der nicht von ihm gelieferten Geräte.

Der AN haftet auch bei Nichtnutzbarkeit für den dadurch entstandenen *mittelbaren* Schaden. Mangels Pauschalierung ist aber nur der konkrete Schaden zu ersetzen. Da er aber nur im Rahmen der Vertragsbedingungen haftet, hat er höchstens den Betrag zu zahlen, den er als pauschalierten Schadensersatz nach § 9 Nr. 4 III schulden würde, wenn er alle Geräte selber vermietet hätte. (Ist der AG Eigentümer, so ist ein fiktiver Mietzins als Obergrenze zugrundezulegen). Denn der Ersatz des mittelbaren Schadens soll in den BVB begrenzt sein (s. auch Rz 14 und 19 zu § 11 sowie § 9 Nr. 8, 3 K, wo die Ersatzpflicht auch in Höhe des pauschalierten Schadensersatzes begrenzt wird, s. Rz 25). Würde man Satz 1 als Verweis auf § 9 ansehen, so würde gemäß § 9 Nr. 4 und 5 der Mietzins für die Geräte dieses AN zu kürzen und pauschalierter Schadensersatz zu zahlen sein. Die Sätze 2 und 3 würden nur für die mittelbaren Schäden gelten. Der einzige Unterschied zu der hier vertretenen Auslegung läge darin, daß pauschalierter Schadensersatz zu zahlen wäre, soweit es um die Nichtnutzung der Geräte dieses AN geht.

26 Inhalt der Kompatibilität: Die Vereinbarung über Kompatibilität kann sachlich verschieden weit reichen. Insbesondere ist zu berücksichtigen, daß es sich bei den anzuschließenden Geräten nicht immer um ein Produkt handelt, das auch der Lieferant der bereits vorhandenen Geräte anbietet.
Gegenstand der Vereinbarung ist grundsätzlich, daß die physikalische Schnittstelle und die logische Schnittstelle der betroffenen Geräte einander entsprechen:
- die mechanische Verbindung - mittels Stecker oder Klemmleiste - paßt,
- die Steckerbelegung ist gleich, Signalhöhe, -folge und - länge sind aufeinander abgestimmt; damit ist die Signalbedeutung festgelegt.

Das Zusammenwirken muß nicht immer durch einen physikalischen Anschluß erfolgen. Es kommt auch vor, daß die Geräte nur im Produktionsprozeß gemeinsam eingesetzt werden, ohne miteinander verbunden zu sein.

> Die eine Anlage bereitet die Druckausgabe vor; die Ergebnisse werden von einer anderen Anlage, z.B. einem Zeichentisch oder einem Off-line-Drucker, ausgegeben. Gegenstand der Vereinbarung ist hier, daß die Datenträger kompatibel sind und daß der Code und die Steuerzeichen verstanden werden.

Gegenstand der Vereinbarung kann weiterhin das Zusammenwirken der Geräte sein (s. Beispiele in MS 16 Rz 6).
- Die Geräte sollen zusammenarbeiten. Die Grundsoftware des übergeordneten Gerätes, idR der Zentraleinheit, soll den Betrieb der anderen Geräte unterstützen. Unter Umständen muß sich der AN der anzuschließenden Geräte verpflichten, die Grundsoftware des übergeordneten Gerätes zu ergänzen oder zu ändern. Soweit in Nr. 3 I. 1 von Software gesprochen wird, wird nicht klar, ob die des Lieferanten der Zentraleinheit oder die des Lieferanten der mixed hardware gemeint ist.
- Das anzuschließende Gerät arbeitet wie ein entsprechendes Gerät des Herstellers, an dessen Zentraleinheit es angeschlossen werden soll.

Die identische Bedienung (Schnittstelle zum Operating) wird in der Praxis nicht als Gegenstand der Kompatibilität verlangt. U.U. wird vereinbart, daß das anzuschliessende Gerät genauso schnell arbeitet wie das entsprechende Gerät. Dies ist nicht Gegenstand der Kompatibilität, sondern einer zusätzlichen Eigenschaft. In bestimmten Fällen ist es auch erforderlich, daß die Verarbeitungsschritte in einer bestimmten Reihenfolge ablaufen (z.T. als Portabilität bezeichnet).

27 Die Ausführungen zeigen, daß es im Einzelfall präziser Abmachungen bedarf. In der LB ist dafür kein Feld vorgesehen. Die Angaben werden in der Praxis z.T. unter MS (KS)

3 (Nr. 2 Sonstige Leistungen) gemacht, weil es um Eigenschaften des Systems geht, die sonst auf MS (KS) 1 und 2 aufgeteilt werden müßten. Angaben über die physikalische Schnittstelle werden vom Lieferanten der mixed hardware z.T. auf MS (KS) 5 (Nr. 4 Installations- und Aufstellungsvoraussetzungen) gemacht. Häufig werden die Vereinbarungen als "Ergänzung" getroffen.
Ist eine Vereinbarung getroffen, so ist damit zugleich weitgehend festgelegt, was der AG an technischen Voraussetzungen analog zu den Installations- und Aufstellungsvoraussetzungen zu schaffen hat (s. Rz 13 zu § 6).
U.U. ergeben sich bestimmte technische Einschränkungen, daß z.B. Verbindungsleitungen eine vorgegebene Länge nicht überschreiten dürfen.

28 Bei der Koppelung von Systemen muß festgelegt werden, in welchem Verhältnis die beiden Zentraleinheiten stehen, z. B.
- ob eine Zentraleinheit übergeordnet sein soll,
- welche selbständig an die andere Anforderungen stellen darf, d.h. wie das Kommunikationsverhalten aussieht.

5. Auswirkungen auf die Gewährleistung (Nr. 2 I. 4, Nr. 4 - 5)

29 Änderungen: Dazu gehört auch ein Teil der Anbauten (s. Rz 10). Diese Maßnahmen können die Gewährleistung erschweren, so daß der AN sie untersagen kann (s. Rz 12). Er kann unter den Voraussetzungen der Nr. 5 I auch eine Erhöhung des Mietzinses verlangen. Nr. 5 I spricht allgemein von Wartungsleistungen; es dürften in erster Linie Erschwerungen der vorbeugenden Wartung (Instandhaltung) gemeint sein (§ 16 Nr. 2 V K beschränkt die Regelung darauf, s. dort Rz 11). Soweit die Instandsetzung dauerhaft erschwert wird, dürfte der AN berechtigt sein, Ersatz seiner Mehraufwendungen zu verlangen (s. Rz 11 zu § 16 K). Die Sanktionen nach § 9 Nr. 4 greifen nicht ein, solange der AN die Nichtbeseitigung eines Fehlers wegen der Erschwerung der Fehlererkennung nicht zu vertreten hat (s. Rz 17 zu § 9). Soweit einzelne Instandsetzungsmaßnahmen erforderlich werden (insb. unmittelbar nach der Änderung), kann der AG Ersatz der dadurch entstandenen Kosten verlangen.

30 Anschlüsse: Dazu gehört auch ein Teil der Anbauten (s. Rz 10). Wie Nr. 2 I. 4 und Nr. 5 zeigen, wird davon ausgegangen, daß Anschlüssen fremder Geräte die Gewährleistung nicht erheblich erschweren (anders § 16 Nr. 2 V K, s. dort Rz 11). Nach Nr. 2 I. 4 endet die Gewährleistung eines jeden AN an der Schnittstelle seiner Geräte (s. zum Begriff Rz 26). Wird die Gewährleistung ausnahmsweise erheblich erschwert, kann der AN gem. Nr. 6 den Anschluß untersagen (s. Rz 11); er kann dann seine Zustimmung auch von einer Vergütung entsprechend Nr. 5 abhängig machen (s. Rz 29).

31 Auf die Mitwirkung eines jeden AN bei der Fehlersuche kann häufig nicht verzichtet werden.

Fehler lassen sich oft leichter oder praktisch überhaupt nur bei einem Systemtest ermitteln. Ein Systemtest erleichtert bei Datenfernübertragung zu erkennen, daß der Fehler in keinem der Geräte bzw. der Software, sondern in einer Postleitung steckt.

Nr. 4, 1 verpflichtet deswegen jeden AN zur Mitwirkung bei der Fehlereingrenzung. Diejenigen AN, deren Einheiten nicht betroffen sind, können nach Nr. 4, 2 Ersatz ihrer Aufwendungen verlangen. Derjenige, dessen Gerät fehlerhaft ist, ist im Rahmen der Nr. 3 zur Erstattung dieser Kosten verpflichtet; er ist es nicht nach § 9, wenn Kompatibilität nicht vereinbart ist.
Inwieweit der AN Testprogramme auch für die fremden Geräte einsetzen muß, ist offen (s. auch Rz 18).

§ 18. Wartung

1. Der Vermieter ist verpflichtet, die erforderlichen Instandhaltungsarbeiten regelmäßig durchzuführen. Die Kosten hierfür sind durch den Mietzins abgegolten, soweit die Instandhaltungsarbeiten während der im Mietschein vereinbarten normalen Wartungszeiten des Vermieters durchgeführt werden. Für Instandhaltungsarbeiten, die auf Verlangen des Mieters zu anderen Zeiten durchgeführt werden, kann ein prozentualer Zuschlag auf 1/180 des Wartungskostenanteils der Grund- bzw. Pauschalmonatsmiete je Wartungsstunde vereinbart werden; der Zuschlagsatz ist im Mietschein festzulegen. Der Mieter stellt dem Vermieter die Anlagen oder Geräte für die Durchführung der erforderlichen Instandhaltungsarbeiten zur Verfügung. Die Arbeiten werden nach einem zu vereinbarenden Zeitplan durchgeführt.

2. Für Instandsetzungsarbeiten aus Gewährleistung, die auf Verlangen des Mieters an Samstagen oder Sonn- und Feiertagen, für die der Mieter die Nutzung der Anlage oder Geräte nicht vorgesehen hat, durchgeführt werden, kann ein prozentualer Zuschlag auf 1/180 des Wartungskostenanteils der Grund- bzw. Pauschalmonatsmiete je Wartungsstunde vereinbart werden; der Zuschlagsatz ist im Mietschein festzulegen.
Der Vermieter hat auch die Instandsetzungsarbeiten, zu denen er nicht nach § 9 und § 11 verpflichtet ist, unverzüglich durchzuführen; hierfür kann er eine Vergütung verlangen.

3. Nach Durchführung der Wartungsarbeiten hat der Wartungstechniker in den Unterlagen (z.B. im Betriebsbuch) des Mieters (§ 14 Nr. 3) anzugeben, daß die Betriebsbe-

reitschaft der Anlage oder Geräte wieder hergestellt wurde; die Angaben sind vom Wartungstechniker zu unterschreiben.

4. Wird im Rahmen der Wartung von den Zählern an den Geräten Betriebszeit ermittelt, so bleibt diese Zeit bei der Mietberechnung außer Ansatz. Die Zählerstände sind in den Unterlagen (z.B. im Betriebsbuch) des Mieters (§ 14 Nr. 3) zu vermerken und vom Wartungstechniker zu unterschreiben. Entsprechendes gilt für die Instandsetzungsarbeiten, die im Rahmen der §§ 9 und 11 durchgeführt werden.

5. Um behördliche Genehmigungen für Arbeiten an Sonn- und Feiertagen wird der Vermieter mit Unterstützung des Mieters nachsuchen.

6. Ist auf Grund der §§ 7, 9 und 10 eine Ausweichanlage vereinbart, kann der Mieter diese gegen besondere Vergütung auch dann benutzen, wenn die gemietete Anlage oder die gemieteten Geräte aus anderen Gründen ausfallen.

1 Einleitung: § 18 regelt zum einen die Instandhaltung (vorbeugende Wartung, s. Begriffsbestimmungen); zum anderen ergänzt er die Instandsetzung, d.h. die Pflicht zur Fehlerbeseitigung nach § 9 Nr. 2. Vorbeugende Wartung gibt es im eigentliche Sinne nur für Hardware, im übertragenen Sinne auch für Software (s. MS 10 Rz 11).
Den Zutritt zur Anlage für Instandsetzungs- bzw. Instandhaltungsarbeiten regeln §§ 15 bzw. 23 (s. dort Rz 1 bzw. 1). Nr. 1, 4 verpflichtet den AG, die Anlage für die Instandhaltung zur Verfügung zu stellen. Die Überlassung von Raum, z.B. für das Aufbewahren von Hilfsmaterial, regelt § 6 Nr. 5 (s. dort Rz 18).

I. Instandhaltung (Nr. 1)

2 Die Regelung ist - verglichen mit den BVB-Wartung - kurz. Es ist davon ausgegangen worden, daß der AN ohnehin Interesse an sorgfältiger Wartung hat. Anderenfalls erhöht sich das Ausfallrisiko (Zunahme intermittierender Fehler,

s. Rz 10 zu § 9; Verschlechterung mechanischer Funktionen) und damit die Kosten für Instandsetzung. Der AG kann also davon ausgehen, daß die vorbeugende Wartung ordnungsgemäß erfolgt. Die entsprechende Pflicht wird zur Sicherheit in Nr. 1, 1 angeführt.
Zum Inhalt der Instandhaltungspflicht s. MS 10 Rz 2.

3 Zeitplan für Instandhaltung: Nr. 1, 1 sieht vor, daß die Arbeiten regelmäßig durchgeführt werden. Der Rhythmus soll in MS 10 angegeben werden (s. MS 10 Rz 5). Daraus soll gem. Nr. 1, 5 ein Zeitplan abgeleitet werden, der dem AG ermöglicht, Stillstandszeiten einzuplanen. Die Parteien können den Zeitplan nur gemeinsam ändern (anders § 5 Nr. 6 W, s. dort Rz 7, 10). Die Termine können aber auch von Fall zu Fall festgelegt werden.

4 Die Vergütung für Instandhaltung ist grundsätzlich gem. Nr. 1, 2 durch den Mietzins abgegolten. Eine Vergütung für besonders lange Wege zwischen dem Wartungsstützpunkt des AN und dem Aufstellungsort ist nicht vorgesehen (s. Einleitung Rz 3; sie wurde aber in den Herstellerverhandlungen zumindest für Instandhaltung außerhalb der normalen Geschäftszeit als zulässig angesehen).

5 Umfang der Wartungsbereitschaft: Es kann dahingestellt bleiben, ob der AN gem. Nr. 1 verpflichtet ist, Instandhaltungsarbeiten außerhalb seiner normalen Geschäftszeiten durchzuführen. Maßgeblich ist, ob er sich in MS 10 dazu einzelvertraglich verpflichtet hat (s. MS 10 Rz 8). Ist dies nicht der Fall, so kann der AG nicht während des Mietverhältnisses Instandhaltung außerhalb der normalen Geschäftszeiten verlangen (deutlicher § 5 Nr. 6 W, s. dort Rz 7). Das kann er auch nicht nach Nr. 1, 3 tun: Die Worte "auf Verlangen" in Nr. 1, 3 bedeuten nur, daß der AN eine gesonderte Vergütung nur fordern kann, wenn der AG den Einsatz verlangt hat (so auch § 5 Nr. 9 sowie § 7 Nr. 2 und 3 II W; in § 7 wird der AN ausdrücklich verpflichtet, solche Leistungen überhaupt zu erbringen). Der AN kann also keinen Zuschlag verlangen, wenn er von sich aus Instandhaltungsarbeiten erst nach dem Ende seiner normalen Geschäftszeit abschließt.

6 Vergütung für Instandhaltung zu ungünstigen Zeiten: Der Zuschlag gem. Nr. 1, 3 wird für tatsächlich angefallene Stunden gezahlt, nicht als Pauschale für die Ausdehnung der Wartungsbereitschaft. Mit dem Zuschlag soll nur der Mehraufwand des AN abgedeckt werden, der dadurch entsteht, daß er sein Personal nicht während der normalen Arbeitszeit einsetzt; es soll nicht der volle Stundensatz vergütet werden.
Der Zuschlag soll auf den Wartungskostenanteil des Mietzinses für die Anlage bezogen werden. Üblicherweise wird der Zuschlag hingegen auf Stundensätze bezogen. Bei jeder Änderung der Anlage (s. Rz 4 zu § 2) ändert sich der Wartungskostenanteil. Außerdem schwanken der Wartungskostenanteil und damit der Zuschlag entsprechend der Größe der

Anlage um Zehnerpotenzen:

> Der AN hat einen Mehraufwand von DM 30,-- je Arbeitsstunde. Bei einem Wartungskostenanteil von DM 18.000,- führt dies zu einem Zuschlag von 30%. Bei Erweiterung der Anlage um ein Gerät mit DM 900,-- Wartungskostenanteil muß der Zuschlag auf 28,57% berichtigt werden. Bei einer kleinen Anlage führt ein Wartungskostenanteil von DM 1.800,-- zu einem Zuschlag von 300% (!).

Der Zuschlag sollte deswegen auf Stundensätze bezogen werden. Es bietet sich an, dazu die Stundensätze nach MS 11 (Nr. 8.2) Spalte 3 zu nehmen, wo der AG den vollen Stundensatz zu zahlen hat. Damit sind die Zuschläge zugleich einem sachgerechten Preisvorbehalt unterworfen (s. auch MS 10 Rz 10).

II. <u>Ergänzende Regelungen zur Instandsetzung (Nr. 2)</u>

1. <u>Zeitlicher Umfang und gesonderte Vergütung (Nr. 2 I)</u>

7 <u>Umfang der Wartungsbereitschaft:</u> Die Pflicht zur unverzüglichen Fehlerbeseitigung, d.h. zur Instandsetzung, ergibt sich aus § 9 Nr. 2 (s. dort Rz 11). Zu welchen Zeiten der AN nach einer Störungsmeldung zu kommen hat, d.h. wartungsbereit zu sein verpflichtet ist, ist nicht geklärt. § 9 überläßt die Entscheidung über den zeitlichen Umfang des Einsatzes letztlich dem AN, indem die Sanktionen an die Nichtbeseitigung des Fehlers innerhalb einer bestimmten Zeit geknüpft werden (s. dort Rz 17).
Nr. 2 I geht dem Wortlaut nach davon aus, daß der AN zu allen Zeiten wartungsbereit zu sein hat, für die der AG das System üblicherweise nutzen will, und zwar ohne gesonderte Vergütung (s. auch Rz 13 zu § 9 Nr. 2, 3). Denn es soll nur über Wartungsbereitschaft und Vergütung *zu den Zeiten* verhandelt werden, für die die Systemnutzung *nicht* vorgesehen ist, und auch das nur an bestimmten Tagen; der AN kann diese Belastung durch den Zuschlag für Mehrbenutzung gem. § 4 Nr. 1, 4 bei Geräten mit Zählwerk finanziell ausgleichen (s. dort Rz 4).

8 Nr. 2 I wird aber in der Praxis überwiegend dahingehend verstanden, daß der AN nur dann außerhalb seiner normalen Geschäftszeiten zur Instandsetzung verpflichtet ist, wenn dies einzelvertraglich vereinbart ist. Die Hersteller beziehen üblicherweise die Mehrkosten für die Ausdehnung der Wartungsbereitschaft nicht in den Zuschlag für die Mehrbenutzung ein. Sie verpflichten sich auch nicht, Wartungsbereitschaft immer in dem Umfang aufrechtzuerhalten, wie es der AG entsprechend seinen Einsatzbedürfnissen wünscht, sondern sie treffen eindeutige Abmachungen. Bisher hat kein AN seinen Zuschlag entsprechend berichtigt. Der Text braucht auch nicht in diesem Sinne verstanden zu werden, weil MS 11 nahelegt, daß das gewollt ist, was üblicherweise gewollt ist: MS 11 wiederholt zwar sehr kleingedruckt den Text von Nr. 2 I im Kopf von Spalte 4. Im

übrigen gibt er aber in Spalte 2 in Verbindung mit Spalte 4 vor, daß Zuschläge auch für Zeiten vereinbart werden können, für die Nr. 2 I dies nicht vorsieht: Es kann ein Zuschlag für montags - freitags außerhalb der normalen Geschäftszeiten vorgesehen werden; Nr. 2 I bezieht sich ausdrücklich nicht auf diese Tage. Spalte 4 erweckt insg. den Anschein, daß dort der Umfang der Wartungsbereitschaft und die gesonderte Vergütung festgelegt werden sollen.

9 Die Regelung gilt auch für die Beseitigung von Softwarefehlern; Vereinbarungen über die Beseitigung von Softwarefehlern *außerhalb* der üblichen Wartungszeiten dürften aber kaum getroffen werden.

10 Die Vergütung für Instandsetzung zu ungünstigen Zeiten wird für tatsächlich geleistete Stunden gezahlt, nicht als Pauschale für die Ausdehnung der Wartungsbereitschaft. Mit dem Zuschlag soll nur der Mehraufwand des AN abgedeckt werden, der dadurch entsteht, daß er sein Personal nicht während der normalen Geschäftszeiten einsetzt. Zur Berechnung des Zuschlags, der auf den Wartungskostenanteil des Mietzinses bezogen wird, s. Rz 6 sowie MS 11 Rz 7.

10a Wenn der AN ohne Verpflichtung außerhalb seiner normalen Geschäftszeiten tätig wird, kann er seine dafür üblichen Stundensätze verlangen, soweit nichts anderes vereinbart ist. Decken diese Stundensätze mehr als die Mehrkosten ab, so kann der AN sie trotzdem verlangen, weil sie üblich sind.

2. Instandsetzung, zu der der AN nicht aus Gewährleistung verpflichtet ist (Nr. 2 II)

11 Der AN ist nach § 9 Nr. 2 nicht zur Beseitigung solcher Fehler verpflichtet, die der AG verschuldet hat oder die in dessen Risikosphäre fallen (s. dort Rz 9). Deswegen verpflichtet Nr. 2 II ihn dazu. Der AG hat den AN bei der Fehlererkennung wie bei Störungen, die unter die Gewährleistung fallen, zu unterstützen. Vielfach zeigt sich ohnehin erst durch die Diagnose, daß es sich um eine Störung außerhalb der Gewährleistung handelt.
Hierfür kann der AN eine Vergütung verlangen; "es sei denn", wie der Text richtig zu lesen ist, "daß der AN den AG von der Haftung gem. § 11 Nr. 1 freigestellt hat." (Es gibt keine Instandsetzungsarbeiten, zu denen der AN nach § 11 Nr. 1 verpflichtet ist oder nicht). § 11 beinhaltet eine Haftungsfreistellung dahingehend, daß der AN die Kosten für die Beseitigung solcher Störungen selber trägt. Die Vergütung kann also nur verlangt werden für Störungen, die nicht unter die Haftungsfreistellung gem. § 11 Nr. 1 fallen, also nur für solche, für die die Haftung nicht ausgeschlossen werden kann oder die in die Risikosphäre des AG fallen (s. Rz 2 zu § 11). Auch Ersatzteile sind zu vergüten. Zur Berechnung der Vergütung s. ergän-

zend Rz 3 ff zu § 16 VOL/B.

12 Da die Pflicht zur Zahlung des Mietzinses nicht entfällt (Rz 4 zu § 4), ist der AN verpflichtet, die Störung unverzüglich zu beseitigen. Kommt der AN in Verzug, entfällt der Mietzins gem. § 11 Nr. 2 I. 2.

13 Wird der AN zur Instandsetzung gerufen, ohne daß ein Fehler vorliegt, so kann er entsprechend §§ 17 Nr. 4, 2 und 18 Nr. 2 II eine Vergütung verlangen, z.B. bei Bedienungsfehlern, Fehlern in Programmen des AG.

14 Beweislast: Will der AG die Instandsetzung nicht vergüten, so muß er beweisen:
- daß es sich überhaupt um einen Fehler handelt (sonst gilt Rz 13). Er braucht nicht zu beweisen, daß der Fehler unter die Gewährleistung fällt, wenn er keine Sanktionen gem. § 9 geltend machen will (s. dort Rz 18). Denn der AN ist auf jeden Fall zur Instandsetzung verpflichtet. Dieser trägt die Beweislast dafür, daß der Fehler nicht unter die Gewährleistung fällt.
- daß die Haftung gem. § 11 Nr. 1 ausgeschlossen ist (worauf es in Nr. 2 II ankommt, s. Rz 11).

III. Sonstige Regelungen zur Instandhaltung und Instandsetzung (Nr. 3 - 6)

15 Angaben über Wiederherstellung der Betriebsbereitschaft (Nr. 3): Diese Pflicht ergibt sich bereits aus § 14 Nr. 3 (s. dort Rz 5 f).

16 Neutralisierung von Einschaltzeit während der Wartung (Nr. 4): Bei Abrechnung nach Zählerstand (s. Rz 4 zu § 4 Nr. 1) soll für die Zeit, die während der Instandhaltung oder Instandsetzung gezählt wird, kein Mietzins gezahlt werden. Die Zeiten sind gem. Nr. 4, 2 im Betriebsbuch festzuhalten, so daß sie später vom Zählerstand abgezogen werden können.
Bei Instandsetzungsarbeiten, für die der AN eine Vergütung verlangen kann, ist der Mietzins auch für die von den Zählern ermittelte Zeit zu zahlen, wie sich bei korrekter Auslegung des Hinweises in Nr. 4, 3 auf § 11 ergibt (s. Rz 11).

17 Arbeitszeitverlängerung durch das Gewerbeaufsichtsamt (Nr. 5): Nach §§ 105 ff Gewerbeordnung bedürfen Arbeiten an Sonn- und Feiertagen der Genehmigung durch das Gewerbeaufsichtsamt.
Der AN ist im Verhältnis zum AG nach § 5 Nr. 2 VOL/B verpflichtet, für die Einholung der Genehmigung zu sorgen. Nr. 5 konkretisiert dies und verpflichtet zugleich den AG, den AN zu unterstützen.
Der AG dürfte auch verpflichtet sein, den AN bei der Einholung von Genehmigungen für die Verlängerung der täglichen Arbeitszeit bei Wartungsbereitschaft gem. § 8 Arbeitszeitordnung zu unterstützen.

18 Inanspruchnahme einer Ausweichanlage in besonderen Fällen (Nr. 6): Ist die Stellung einer Ausweichanlage während der Mietzeit nach § 9 vereinbart, so ist der AN verpflichtet, die Ausweichanlage auch dann zur Verfügung zu stellen, wenn der Fehler nicht unter die Gewährleistung fällt. Der AN erhält eine gesonderte Vergütung.
Ist die Stellung einer Ausweichanlage nach § 7 vereinbart, so bedeutet Nr. 6, daß der AG sie auch dann in Anspruch nehmen kann, wenn er die Installations- und Aufstellungsvoraussetzungen gem. § 6 Nr. 3 nicht rechtzeitig schafft, so daß die Mietsache nicht zum vereinbarten spätesten Termin übergeben werden kann (s. Rz 25 zu § 7). Der AN erhält eine gesonderte Vergütung.
Die Anführung von § 10 ist unverständlich; denn die Verpflichtung zur Stellung einer Ausweichanlage während der Mietzeit ist bereits abgedeckt, wenn die Ausweichanlage für den Fall der Gewährleistung vereinbart ist. Die Anführung hat nur Sinn

- wenn die Stellung einer Ausweichanlage *nicht* nach § 9, sondern *nur* nach § 10 vereinbart ist (was rein theoretisch ist) oder
- wenn die Ausweichanlage nur dann wegen sonstiger Störungen zur Verfügung gestellt werden soll, wenn die Stellung einer Ausweichanlage *sowohl* auf Grund von § 9 *als auch* von § 10 vereinbart ist. Das kann nicht angenommen werden; denn da § 7 parallel angeführt ist, wäre dann Voraussetzung, daß die Ausweichanlage nach allen drei Paragraphen vereinbart sein müßte. Dies würde die Anwendbarkeit von Nr. 6 unbegründet einschränken.

§ 19. Ergänzung der Software

1. Der Vermieter unterrichtet den Mieter über seine vorhandene Grundsoftware sowie über eigene Neuentwicklungen der für die Anlagenkonfiguration des Mieters geeigneten Grundsoftware und bietet ihm diese zur Benutzung an, soweit sie allgemein verfügbar sind.

2. Verbesserungen oder Änderungen der dem Mieter überlassenen Grundsoftware sind unverzüglich nach Erprobung dem Mieter auf Verlangen ohne Berechnung zur Verfügung zu stellen.

3. Im übrigen unterrichtet der Vermieter den Mieter ständig über die von ihm entwickelte Software, soweit sie allgemein verfügbar und für den Mieter nach dessen Aufgabenbereich von Bedeutung sein kann.

1 § 19 enthält ergänzende Regelungen über die Weiterentwicklung der Software, die in etwa parallel zu § 17 Nr. 1 stehen (s. dort Rz 6). Hier geht es um Ergänzungen/Verbesserungen, die der <u>AG</u> von sich aus übernehmen will. Der <u>AN</u> kann den Einsatz geänderter Software i.S. von Nr.

2 seinerseits nach § 9 Nr. 6 I insb. wegen der Gewährleistung für Software und nach § 17 Nr. 1 wegen des Einsatzes weiterentwickelter Hardware verlangen (s. Rz 55 ff bzw. Rz 3 am Ende).

2 Information: Der AN ist nach Nr. 1 und 2 zur Information über seine vorhandene Grundsoftware sowie eigene Neuentwicklungen der für die Anlagenkonfiguration des AG geeigneten Grundsoftware einschließlich Änderungen und Verbesserungen des Typs von Grundsoftware, den der Auftraggeber einsetzt, verpflichtet. Mit der Einschränkung auf *eigene* Neuentwicklungen soll verdeutlicht werden, daß Konkurrenzprodukte nicht gemeint sind. Eine allgemeine Information reicht; bei Rückfragen muß der AN genauere Informationen geben.
Nr. 3 verpflichtet den AN, für seine sonstigen Softwareprodukte zu werben.

3 Überlassungspflicht: Der AN ist auch zur Überlassung verpflichtet
- bei der neu entwickelten Grundsoftware: wenn sie allgemein von ihm angeboten wird (Nr. 1),
- bei der geänderten/verbesserten Grundsoftware: sobald sie erprobt ist, so daß der AN technisch in der Lage ist, die Gewährleistung für die neue Fassung zu übernehmen (Nr. 2). Sie muß also idR in Deutschland erprobt sein. Überwiegend verlangt der AN die Übernahme von sich aus gem. § 9 Nr. 6 (s. dort Rz 55).

Eine Überlassungspflicht für sonstige Software ist nicht aufgenommen worden (s. GZ 2 Rz 13).
Übernimmt der AG Neuentwicklungen, Verbesserungen oder Änderungen, so werden sie neuer Vertragsgegenstand. Die LB muß geändert werden (§ 25: Schriftform). Zur Durchführung einer Funktionsprüfung s. Rz 65 zu § 9.

4 Vergütung: Neuentwickelte Grundsoftware kann gegen Vergütung angeboten werden, während Verbesserungen oder Änderungen nach Nr. 2 ohne gesonderte Vergütung zur Verfügung zu stellen sind. Eine Abgrenzung ist kaum möglich. Letztlich kommt es darauf an, wie der AN die Maßnahme bezeichnet. Der AN kann auch im zweiten Fall die Vergütung erhöhen, wenn der Mietzins einem Listenpreisvorbehalt unterliegt (s. Rz 22 zu § 4 Nr. 5 II b).

5 Gibt der AN eine Maßnahme als *Neuentwicklung* aus, so ist dies keine *neue Version* im Sinne von § 9 Nr. 6 I. Der AG braucht sie also nicht übernehmen, ohne daß die Gewährleistung für die alte Fassung beeinträchtigt werden würde (s. Rz 55 zu § 9).
Verbesserte oder *geänderte* Grundsoftware ist hingegen eine neue Version nach § 9 Nr. 6 I: Der AN kann sie anbieten und den AG damit - beschränkt - zur Übernahme zwingen (s. auch Rz 63 zu § 9).

6 Die Installationskosten gehen zu Lasten des AG: Bei Nr. 1 liegt eine neue Leistung vor. Verbesserungen oder Änderungen gem. Nr. 2 sind nur "zur Verfügung zu stellen". Verdrahtete Software fällt hinsichtlich der Kostenregelung nicht unter Nr. 2 (s. zum Begriff GZ 3 Rz 5).

§ 20. Datenträger, Zubehör

Die vom Mieter verwendeten Datenträger und Zubehörteile müssen den üblichen Richtlinien und Fachnormen entsprechen. Der Vermieter berät den Mieter in allen im Zusammenhang mit der Beschaffung von Datenträgern, Zubehör und Arbeitsmitteln auftretenden Fragen; er stellt ihm hierbei seine Spezifikationen zur Verfügung. Die Spezifikationen des Vermieters sind für den Mieter insoweit verbindlich, als allgemeingültige Richtlinien und Fachnormen noch nicht vorliegen oder aus maschinenspezifischen Gründen ein Abweichen von diesen Richtlinien und Fachnormen notwendig ist.

1 § 20 schneidet eine Reihe von Punkten zum Thema Datenträger an.

2 Die Sätze 1 und 2 setzen voraus, daß der AG selber für Datenträger, Arbeitsmittel und Zubehör zu sorgen hat.

3 Satz 2 verpflichtet den AN zur Beratung über alle in diesem Zusammenhang auftretenden Fragen. Diese Beratungspflicht dürfte in angemessenem Umfang ohne gesonderte Vergütung und ohne Haftung bestehen (s. Rz 11 zu § 6).

4 Im übrigen sollen die Sätze 1 und 3 dem Bedürfnis nach Normung in Ergänzung zu § 2 I c) Nachdruck verleihen (s. dort Rz 8).
Ansatzpunkt ist, daß das System den allgemeingültigen technischen Richtlinien und Fachnormen (s. Rz 7 zu § 2) entsprechen soll, d.h. daß es seinerseits normgerechte Datenträger (und Zubehörteile) verlangt. Maßgeblich ist, was in der LB vereinbart ist (s. Rz 6 zu § 2). Die allgemeingültigen Normen können dort abbedungen werden (s. Rz 7 zu § 2). Macht der AN keine Angaben, so ist das idR dahingehend zu verstehen, daß der AN sich an solche Normen hält. Ist dem AG aber das Gegenteil bekannt, so gelten die tatsächlich vom AN angewandten Spezifikationen als vereinbart.
Die Erläuterungen (zu § 20 K) führen aus: "Es bedarf der Klärung in den Vertragsverhandlungen, ob und inwieweit von allgemein angewandten Normen und Richtlinien abgewichen werden soll. Die entsprechenden Festlegungen sind in der Leistungsbeschreibung zu treffen."
§ 20 kann nicht weiter reichen, als den AG zu verpflich-

ten, sich seinerseits an die vertraglich vereinbarten Vorgaben zu halten, also

- soweit Datenträger bestimmte Normen einhalten sollen, nur entsprechende Datenträger zu verwenden (Satz 1) oder
- soweit der AN andere Vorgaben im Vertrag durchgesetzt hat, Datenträger entsprechend diesen Vorgaben zu verwenden (Satz 3).

Dabei soll der AN grundsätzlich normgerechte Datenträger *vorsehen;* Satz 3 wiederholt insoweit § 2 I c). Maßgeblich ist aber der Vertrag.

5 Satz 2, 2. HS soll klären, in welchem Umfang der AN zur Information verpflichtet ist. Diese Regelung besagt nichts darüber, inwieweit der AN Normen einzuhalten hat. Dafür gilt der Vertrag. Es geht nicht um "seine Spezifikationen" (=des AN), sondern um die vom AN angegebenen und in den Vertrag aufgenommenen Spezifikationen.

6 Verstößt der AG gegen seine Verpflichtung, so hat der AN einen Unterlassungsanspruch. Durch normwidrige Datenträger verursachte Schäden an den Geräten trägt der AN selber, soweit § 11 Nr. 1 den AG von der Haftung freistellt (s. dort Rz 2). Die Beseitigung dadurch verursachter Fehler richtet sich nicht nach § 9, sondern nach § 18 (s. dort Rz 9 bzw. Rz 11).

§ 21. Umsetzungen, Rückgabe, Rücktransport der Anlage

1. Eine örtliche Verlagerung von Geräten innerhalb der Bundesrepublik einschließlich Berlin (West) ist zulässig. Soweit die Verlagerung nach Bauart und Konstruktion der Geräte ohne technischen Aufwand und ohne Mitwirkung des Vermieters durchgeführt werden kann, bedarf sie lediglich der Anzeige an den Vermieter; der Mieter trägt die aus der örtlichen Verlagerung sich ergebenden Risiken.
Ist die Mitwirkung des Vermieters erforderlich, hat der Vermieter den Abbau, die Verpackung, den Transport und die Wiederinstallation gegen Vergütung durchzuführen. Der Mieter ist nicht berechtigt, die Umsetzung durch Dritte durchführen zu lassen.
Beeinflußt die Umsetzung von Geräten die Wartungsleistungen derart, daß eine Neufestsetzung des Mietzinses erforderlich wird, teilt dies der Vermieter dem Mieter unverzüglich nach Erhalt der Mitteilung über die beabsichtigte Umsetzung mit. § 17 Nr. 5 Abs. 2 gilt entsprechend.

2. Nach Beendigung des Mietvertrags übernimmt der Vermieter den Abbau, die Verpackung und den Rücktransport der Anlage oder Geräte. Die Kosten hierfür sind bei einer Mietzeit von mindestens vier Jahren durch den Mietzins abgegolten. Bei einer kürzeren Mietzeit trägt der Mieter die Kosten für den Abtransport der Anlage bis zu einem Ort innerhalb der Bundesrepublik, der bei Vertragsabschluß im Mietschein festzulegen ist.

1 § 21 regelt die Zulässigkeit von örtlichen Verlagerungen und die sich daraus ergebenden Rechtsfragen sowie die Rückgabe der Mietsache nach der Beendigung des Mietvertrages. § 21 K stellt klar, daß darunter auch Umsetzungen innerhalb des Rechenzentrums fallen.

1. Örtliche Verlagerung (Nr. 1)

2 Die Zulässigkeit der örtlichen Verlagerung ist gem. Nr. 1 I. 1 auf die Bundesrepublik einschließlich Berlin (West) wegen der Embargo-Bestimmungen beschränkt, denen die AN unterliegen (s. Rz 3 zu § 6 K). Die örtliche Verlagerung bedarf in keinem Falle der Zustimmung des AN. Dies gilt bis zur Grenze des Zumutbaren auch dann, wenn der AN am neuen Einsatzort nicht auf Wartung eingerichtet ist. Vertritt der AN für einen Hersteller nur ein beschränktes Gebiet, so dürfte er berechtigt sein, den Vertrag auf den am neuen Einsatzort ansässigen Vertreter zu übertragen. Soweit die Umsetzung nach Bauart und Konstruktion der Geräte ohne technischen Aufwand *und* ohne Mitwirkung des AN durchgeführt werden kann, bedarf sie nach Nr. 1 I. 2 nur der Anzeige. Anderenfalls ist der AN zur Mitwirkung berechtigt und verpflichtet (Nr. I II, s. Rz 4). Auch in dem Fall, daß die Verlagerung technischen Aufwand, nicht aber die Mitwirkung des AN erfordert, dürfte der AN als Eigentümer der Anlage einen Anspruch auf Mitwirkung haben.

3 Durchführung durch den AG: Dieser darf sich gem. Nr. 1 II. 2 nicht eines Dritten bedienen, sondern muß die Arbeiten selber durchführen. Dies gilt nicht für den Transport, weil auch der AN dafür einen Transporteur in Anspruch nehmen darf.
Wird die Anlage *während* des Transports beschädigt, so haftet der AG. Die Haftungsfreistellung nach § 11 Nr. 1 gilt gem. Nr. 1 I. 2, 2.HS hier nicht. Zu Erhöhungen der Störanfälligkeit s. Rz 5. (Führt der AN den Transport durch, soll er dieses Risiko tragen. Die Regelung braucht nicht auch auf die spätere Beeinflussung der Wartung bezogen werden, da diese hinreichend geregelt ist, s. Rz 5).

4 Durchführung durch den AN: Ist die Mitwirkung des AN erforderlich, so ergibt sich daraus die Sorgfaltspflicht des AG, den AN die Umsetzung durchführen zu lassen. Nr. 1 II. 1 enthält eine entsprechende Abschlußpflicht des AN für sämtliche erforderliche Tätigkeiten. Für den Transport darf sich der AN eines Spediteurs bedienen. Der AN erhält eine Vergütung zu seinen üblichen Preisen (s. Rz 28 zu § 4).
Der AN trägt das Risiko von Beschädigungen und Erhöhungen der Störanfälligkeit durch den Transport. Nr. 1 II. 2, 2.HS bezieht sich nur auf die Fälle, in denen der AG die

Verlagerung selber vornimmt.

5 Auswirkungen auf die Wartung: Der AN kann unter den Voraussetzungen der Nr. 1 III. 1 eine Neufestsetzung (=Erhöhung) des Mietzinses verlangen. Gemeint sind sowohl Auswirkungen auf die Instandhaltung als auch auf die Instandsetzung. Die Wartungsleistungen können einerseits durch den Transport erhöht werden (höhere Störanfälligkeit), andererseits durch den neuen Ort: U.U. hat der AN längere Wegstrecken, muß besondere Vorkehrungen hinsichtlich der Zurverfügungstellung von entsprechend ausgebildeten Technikern oder hinsichtlich der Vorhaltung von Ersatzteilen treffen.
Können die Mehrkosten nicht von vornherein angegeben werden, so kann der AN sie auf Nachweis abrechnen, wie der Verweis in Nr. 1 III. 2 auf § 17 Nr. 5 II besagt. Eine nachträgliche Pauschalierung sollte angestrebt werden, sobald der AN den Mehraufwand nachträglich kalkulieren kann.

6 Die Übernahme der Wartung kann eine Anlaufzeit erfordern; der AN hat nach Treu und Glauben einen Anspruch auf die Einräumung einer Anlaufzeit. Die Anzeigepflicht nach Nr. 1 ermöglicht es dem AN, sich darauf einzustellen.

2. Rückgabe (Nr. 2)

7 Nr. 2, 1 verpflichtet abweichend von § 556 I BGB (s. Palandt-Putzo § 556 Anm. 1a) nicht den AG, die Mietsache nach Beendigung des Mietverhältnisses zurückzubringen, sondern den AN, sie zurückzuholen. Der AN hat sämtliche Maßnahmen durchzuführen. Hierfür kann er eine Vergütung nach seinen üblichen Preisen verlangen. Ausgenommen sind nur die Kosten für den Transport bei einer Mietzeit von mindestens 4 Jahren (nicht aber die Kosten des Haustransports; denn eine dem § 6 Nr. 4 II entsprechende Regelung fehlt).
Damit die Kosten für den Rücktransport kalkulierbar und die Angebote damit besser vergleichbar werden, ist der Zielort für den Rücktransport anzugeben (MS 14, Nr. 13). Es dürfte bei langer Vertragsdauer schwierig sein, den Zielort für den Abtransport bereits bei Vertragsschluß festzulegen. Die Angabe alternativer Zielorte ist als zulässig anzusehen.

8 Der AN ist zum unverzüglichen Abtransport verpflichtet, weil der AG den Raum im Zweifel anderweitig benötigt. Der AN haftet insoweit nach § 11 Nr. 2 I. 2.

9 Der AG hat gem. § 17 Nr. 6, 1 Änderungen und Anbauten zu beseitigen.
Der AG haftet gem. § 548 BGB für Verschlechterungen der Mietsache über den vertragsgemäßen Gebrauch hinaus; die Haftung ist aber weitestgehend gem. § 11 Nr. 1 abbedungen (s. dort Rz 2).

§ 22. Kaufrecht des Mieters

Der Mieter kann jederzeit - bei Verträgen mit einer Mindesmietzeit von fünf Jahren bis zum Ablauf von 36 Monaten nach Beginn der Mietzahlungsverpflichtung - die Umwandlung des Mietvertrags in einen Kaufvertrag verlangen. Der Vermieter ist verpflichtet, auf den zu vereinbarenden Kaufpreis den bereits gezahlten Mietzins prozentual anzurechnen; die Höhe des Prozentsatzes ist im Mietschein zu vereinbaren. Im Mietschein wird ferner festgelegt, wieviel Prozent des Kaufpreises der Vermieter in jedem Fall bei Umwandlung des Mietvertrags in einen Kaufvertrag verlangen kann.
Einem derartigen Kaufvertrag werden die Besonderen Bedingungen für den Kauf von EDV-Anlagen und -Geräten zugrunde gelegt. Soweit in den Besonderen Bedingungen für den Kauf von EDV-Anlagen und -Geräten Fristen enthalten sind, die sich auf den Beginn des Vertrags oder auf die Betriebsbereitschaft beziehen, gelten die entsprechenden Daten des Mietvertrags.

1 § 22 räumt dem AG das Recht ein, vom AN den Abschluß eines Kaufvertrags über die Mietsache unter Anrechnung eines Teils der gezahlten Miete zu verlangen. Auch dies wird als Optionsrecht bezeichnet (Palandt-Heinrichs Einführung vor § 145 Anm. 4 c). Die Regelung bezieht sich auf die Mietsache, also auf Hardware und Software. MS 14 (Nr. 11) spricht von der Anrechnung des Mietzinses. Allerdings enthält nur MS 1 (Nr. 1.1) eine Spalte für die Angaben der Optionspreise für die Hardware; eine entsprechende Spalte in MS 2 und 15 (Nr. 1.2 und 14) fehlt (s. auch MS 14 Rz 2).
Zur Ausgestaltung des Kaufvertrags s. PT 6.

2 Festlegung des Restkaufpreises: Es ist festzulegen, wie hoch der Kaufpreis im Falle der Umwandlung des Mietvertrags in einen Kaufvertrag ist, zu welchem Prozentsatz der bereits gezahlte Mietzins anzurechnen ist und welchen Prozentsatz der AG mindestens noch zu zahlen hat.
Um die Vergleichbarkeit der Angebote zu erhöhen, sollen die Angaben bereits bei Vertragsschluß verbindlich festgelegt werden. Dies soll in den Worten "zu vereinbarenden Kaufpreis" seinen Ausdruck finden. Die Worte können sich aber auch auf die Zukunft beziehen (ähnlich "Vergütung zu den jeweiligen Preisen" des AN, s. Rz 28 zu § 4). MS 1 sieht aber vor, daß die Kaufpreise bereits in der LB angegeben werden. Die frühzeitige Festlegung soll es dem AG ermöglichen, einen korrekten Haushaltsansatz zu machen, wenn er die Option ausüben will (s. aber auch im folgenden).

3 Preisvorbehalt: Das Auslegungsproblem in Rz 2 wird wesentlich dadurch entschärft, daß Preisvorbehalte für den Kaufpreis als zulässig anzusehen sind. Denn die Lage ist ähn-

lich wie bei der Miete. Auch dort sind Preisvorbehalte zulässig, die sich nicht nur auf die Wartungskosten beziehen, die stark steigen können, sondern auch auf andere Kosten, deren Entwicklung der AN z.T. selber in der Hand hat (z.B. nachträglicher Einbau technischer Verbesserungen; s. Rz 18 zu § 4).
Der Haushaltsansatz ist zwar nicht für die gesamte Vertragsdauer fest; dies ist er aber auch nicht bei einem Mietzinsvorbehalt. Der AG, der die Option ausüben will, kann seinen Haushaltsansatz dadurch absichern, daß er sich den Kaufpreis für die Zeit der Haushaltsaufstellung vom AN verbindlich angeben läßt.

4 Anrechnung des gezahlten Mietzinses: Abs. 1 Satz 2 bezieht sich auf den Mietzins einschließlich Wartungskostenanteil (s. auch MS 14 Rz 1), sofern nichts anderes vereinbart ist. Zum Mietzins gehören gem. § 4 Nr. 1 ggf. auch Mehrbenutzungszuschläge (s. dort Rz 4). Deren anteilige Anrechnung ist angemessen: Sie werden sowohl für die erhöhte Abnutzung als auch für die erhöhten Kosten der Wartung gezahlt. Ist der Mietzins gem. § 9 Nr. 4 und 5 gekürzt worden, wird nur der tatsächlich gezahlte Betrag, nicht aber der ungekürzte Mietzins angerechnet. (Soweit der Mietzins gegen pauschalierten Schadensersatz des AN verrechnet wurde, ist er hingegen anzurechnen; insoweit ist er rechtlich gesehen gezahlt worden).
Wenn Preisvorteile nach § 3 Nr. 2 II eingeräumt worden sind, braucht der AG keine Ablösebeträge wegen vorzeitiger Beendigung der Mietzeit zu zahlen; dafür werden ihm auch nur die ermäßigten Mietzahlungen angerechnet.
Die Differenz zwischen Nettomiete (Mietzins abzüglich Wartungskostenanteil) und anzurechnendem Mietzins deckt die Kapitalkosten (Verzinsung des ausstehenden Kapitals, Amortisation der Investition), den Verwaltungsaufwand für das Mietverhältnis und das Investitionsrisiko ab: Der AG kann das System kündigen, sei es wegen technologischer Sprünge, wegen Verbesserung des Preis-Leistungsverhältnisses oder nach Aufdecken von Fehleinschätzungen, z. B. mangelnde Eignung des Systems für die Anforderungen des AG, Kapazitätsbedarf. Der AN trägt das Risiko der weiteren Verwendung der Anlage; selbst wenn dies möglich ist, führt dies zu Kosten, z.B. für Überholung, erneute Installation.

5 Zeitliche Begrenzung des Optionsrechts: Das Optionsrecht wird bei einer Mindestmietzeit von 5 Jahren aus steuerrechtlichen Gründen auf die ersten 36 Monate begrenzt. Wäre es nicht begrenzt und würden sich Mindestmietzeit und betriebsgewöhnliche Nutzungsdauer decken - was bei 5 Jahren in etwa der Fall ist -, so würde die Gefahr bestehen, daß Mietverträge mit Kaufoption steuerrechtlich wie Leasingverträge behandelt werden; dies gilt insb. dann, wenn die Restzahlung der Höhe nach eher eine Anerkennungszahlung ist (Bundesminister der Finanzen, Regelung betreffend die ertragsteuerliche Behandlung von Leasing-Verträgen über bewegliche Wirtschaftsgüter, Bun-

dessteuerblatt 1971 I, 264). Aus diesem Grunde ist in § 22 stets eine Restzahlung vorgesehen. Längere Mindestmietzeiten kommen kaum vor; die Begrenzung würde ebenfalls gelten.

6 Übertragbarkeit der Option: Die Option kann einer anderen Stelle der öffentlichen Verwaltung abgetreten werden. Eine Abtretung der sonstigen Ansprüche aus Mietvertrag ist nicht nötig, weil der Mietvertrag mit Ausübung der Option endet. Wird die Option ausgeübt und zugleich das System auf eine andere Stelle derselben juristischen Person übertragen, die dann den Kaufvertrag, insb. aber den erforderlichen Wartungsvertrag abschließt, so liegt keine Übertragung der Option vor.
Ohne Zustimmung des AN bleibt der AG Schuldner aus dem Kaufvertrag neben dem Käufer. Der Dritte kann gem. § 18 Nr. 1 K den Abschluß eines Wartungsvertrags verlangen. Der AG bleibt ohne Zustimmung des AN auch hier Schuldner neben dem Käufer.

7 Ausgestaltung des Kaufvertrags (II): Der Vertrag ist zu den BVB-Kauf abzuschließen. Muster sind in PT 6 angeführt. Für die Anlieferung und die Betriebsbereitschaft gelten die Termine des Mietvertrags, soweit das System noch nicht übergeben worden ist. § 23 K enthält weitere Regelungen über den Inhalt des Kaufvertrags, wenn das System bei Ausübung der Option bereits übergeben ist (s. dort Rz 1 f).

§ 23. Geheimhaltung, Sicherheit

1. Der Vermieter hat mit der gebotenen Sorgfalt darauf hinzuwirken, daß alle Personen, die von ihm mit der Bearbeitung oder Erfüllung dieses Vertrages betraut sind, die hierbei erlangten Informationen, soweit sie nicht offenkundig sind, nicht an Dritte weitergeben oder sonst verwerten.
Der Mieter ist verpflichtet, alle im Rahmen des Vertragsverhältnisses erlangten Kenntnisse von Fabrikations- oder Geschäftsgeheimnissen vertraulich zu behandeln; eine weitergehende Verpflichtung ist im Mietschein festzulegen. Unberührt hiervon bleibt der Erfahrungsaustausch zwischen den öffentlichen Auftraggebern.

2. Dem Vermieter können über die Verpflichtungen der Nummer 1 hinaus Sicherheitsauflagen gemacht werden, wenn dies insbesondere aus Gründen der Geheimhaltung oder der öffentlichen Sicherheit erforderlich ist. Einzelheiten sind im Mietschein oder in einem gesonderten Vertrag zu vereinbaren.

1 § 23 regelt Geheimhaltungspflichten und Sicherheitsauflagen. Der Zutritt zur Anlage ist in § 15 geregelt.

2 Verpflichtungen des AN: Nr. 1 I soll ein vollständiges Geheimhaltungsgebot und Verwertungsverbot für alle Informationen, soweit sie nicht offenkundig sind, enthalten. Damit sind alle Informationen gemeint, die sich aus dem Dienstbetrieb des AG ergeben, also die Informationen, die auch Mitarbeiter des AG geheimzuhalten haben (Amtsgeheimnis). Weiterhin sind damit die Programme des AG gemeint. Nr. 1 I dürfte nicht für EDV-Wissen gelten, das die Mitarbeiter des AN bei der Durchführung des Auftrags erhalten (Ideen, Konzeptionen oder know-how).
Die Erläuterungen führen hierzu aus: "Soweit der Auftragnehmer über die gegenseitige Verwendung von Ideen, Konzeptionen, know-how oder Techniken, die gemeinsam durch Personal des Auftragnehmers und Auftraggebers bei der Durchführung des Vertrags entwickelt wurden, von § 22 Nr. 1 Satz 1 abweichende Regelungen verlangt, ist sicherzustellen, daß Vereinbarungen darüber nicht gegen gesetzliche oder verwaltungsinterne Bestimmungen über den Schutz von Arbeitnehmererfindungen verstoßen."
Die Verpflichtung des AN geht auch dahin, alle Personen, deren er sich bedient, sorgfältig auszuwählen, sie zur Einhaltung der Sicherheitsmaßnahmen zu verpflichten und sie zu überwachen. Soweit diese Personen die Geheimhaltung durchbrechen, haftet der AN nicht nach § 11 Nr. 2 I. 2 i. V.m. § 278 BGB.

3 Die Erläuterungen führen zu Nr. 2 aus: "Ob und inwieweit über die in § 22 Nr. 1 genannten Verpflichtungen hinaus dem Auftragnehmer Sicherheitsauflagen gemacht werden müssen oder Geheimhaltungsvorschriften erforderlich sind, bedarf einer Klärung im Einzelfall."

4 Insbesondere ist § 1 Verpflichtungsgesetz vom 2. März 1974 (BGBl I 469, 547) zu beachten. "(1) Auf die gewissenhafte Erfüllung seiner Obliegenheiten *soll* verpflichtet werden, wer, ohne Amtsträger (§ 11 Abs. 1 Nr. 2 des Strafgesetzbuches) zu sein, 1. bei einer Behörde oder bei einer sonstigen Stelle, die Aufgaben der öffentlichen Verwaltung wahrnimmt, beschäftigt oder *für sie tätig* ist ...." (Hervorhebung durch den Verf.)
§ 1 gilt auch für Mitarbeiter des AN, die beim AG tätig werden. Es ist vertraglich sicherzustellen, daß sich die Mitarbeiter verpflichten lassen (s. MS 16 Rz 11).
Durch eine solche Verpflichtung werden die Mitarbeiter sonstigen Amtsträgern, insbesondere Beamten, insoweit gleichgestellt, daß sie bei Verletzung bestimmter Straftatbestände *so schwer* wie diese bestraft werden. Keiner der Straftatbestände *begründet* die Strafbarkeit. Die wichtigsten Straftatbestände sind Verwahrungsbruch (hier: von Datenträgern, die sich in öffentlicher Verwahrung befinden, § 133 III StGB) und Verletzung von Privatgeheimnissen gem. § 203 I StGB; zu den Privatgeheimnissen gehören gem. § 203 II. 2 auch personenbezogene Daten, die für Aufgaben der öffentlichen Verwaltung erfaßt worden sind. Verpflichtet werden sollen (wie die jeweiligen Erlasse ausführen) diejenigen Mitarbeiter des AN, die die ge-

schützten Rechtsgüter bei ihrer Tätigkeit verletzen können.
Es wird in der Praxis als zulässig angesehen, daß der AG einen Mitarbeiter des AN ermächtigt, die anderen Mitarbeiter zu belehren und zu verpflichten.

5 Verpflichtungen des AG: Dieser ist gem. Nr. 1 II. 1 verpflichtet, Fabrikations- und Geschäftsgeheimnisse vertraulich zu behandeln. Programme hat er insoweit vertraulich zu behandeln, als sie dem Urheberrecht unterliegen (s. auch Rz 4 zu § 6 K) oder dies vereinbart ist. Die Weitergabe der Programme ist bei den BVB-Miete stillschweigend, bei den BVB-Kauf ausdrücklich nach § 6 Nr. 2 ausgeschlossen (außer zusammen mit der Anlage).
Weitergehende Verpflichtungen bedürfen der Vereinbarung (Nr. I II. 1, 2.HS). Nr. 1 II. 2 muß richtig heißen: "*Im übrigen* bleibt der Erfahrungsaustausch zwischen den öffentlichen Auftraggebern unberührt."

§ 24. Erfüllungsort, Gerichtsstand

Erfüllungsort ist der im Mietschein angegebene Aufstellungsort.
Für Rechtsstreitigkeiten ist ausschließlich das Gericht zuständig, in dessen Bezirk diejenige Stelle des Mieters ihren Sitz hat, die für die Prozeßvertretung zuständig ist.

1 Erfüllungsort: § 24, 1 stellt klar, daß der Aufstellungsort auch Erfüllungsort (Leistungsort) gem. § 269 BGB für den AN ist (s. Rz 1 zu § 6). Bei Umsetzungen gem. § 21 kann sich der Erfüllungsort ändern. Der Aufstellungsort wird in MS (KS) 4 (Nr. 3.2) als Leistungsort angegeben. Er soll in MS 16 (KS) 15/WS 8) noch einmal als Erfüllungsort aufgeführt werden. Es schadet nicht, wenn die Angaben voneinander abweichen; denn die Vereinbarung eines Erfüllungsorts hat hier keine Bedeutung, weil der Gerichtsstand nicht über den Erfüllungsort, sondern ausschließlich nach Abs. 2 bestimmt wird.
Zum Erfüllungsort für den AG s. Rz 4 zu § 5.
Wird die Hardware nicht am Sitz der auftraggebenden Stelle aufgestellt, so ist der AN berechtigt, sämtliche Erklärungen am Aufstellungsort abzugeben (z.B. die Erklärung der Betriebsbereitschaft), sofern nichts anderes vereinbart ist.

2 Gerichtsstand: Abs. 2 übernimmt § 19 Nr. 1 VOL/B. In MS 16 (KS 15/WS 8) soll dieser Ort angegeben werden. Diese Angabe geht vor, wenn sie sich nicht mit dem Gerichtsstand nach Abs. 2 deckt (das kann z.B. vorkommen, wenn der AN das Formular ausfüllt und seinen Gerichtsstand einsetzt). Gerichtsstandsvereinbarungen sind gem. § 38 I ZPO nur wirksam, wenn der AN Vollkaufmann und der AG

ebenfalls Vollkaufmann oder juristische Person des öffentlichen Rechts oder öffentlich-rechtlichen Sondervermögens ist.

3 Welche Stelle für die Prozeßvertretung des AG zuständig ist, ergibt sich aus dem Verwaltungsrecht (Übersicht bei Baumbach-Lauterbach, Zivilprozeßordnung, § 18 Anm. 2. Es geht hier nur um Streitigkeiten i.S.v. § 18 ZPO).

§ 25. Schriftform

Der Mietvertrag, seine Änderungen und Ergänzungen bedürfen der Schriftform; Ergänzungen und Änderungen müssen als solche ausdrücklich gekennzeichnet sein.

1 § 25 unterwirft den Vertrag der Schriftform.
Gem. §§ 126 f BGB wird die Schriftform erfüllt:
- durch eine Vertragsurkunde, die von beiden Seiten unterzeichnet wird; bei mehreren gleichlautenden Vertragsurkunden reicht es aus, wenn jede Seite die für die andere Seite bestimmte Urkunde unterzeichnet.
- Briefwechsel; dabei können die Erklärungen auch telegraphisch oder über Fernschreiber abgegeben werden.

2 Mündliche Nebenabreden bei Vertragsschluß: § 25 enthält keine Klausel, daß Nebenabreden nicht getroffen seien bzw. nur bei schriftlicher Bestätigung wirksam seien, sondern nur eine formularmäßige Schriftformklausel. Damit fehlt der Warneffekt, "daß der Vertragsinhalt auf das schriftlich Fixierte beschränkt wird" (Schmidt-Salzer, Das Gesetz zur Regelung des Rechts der Allgemeinen Geschäftsbedingungen, NJW 1977, 129 ff, 135). § 4 AGB-Gesetz, wonach individuelle Vertragsabreden (auch mündliche !) Vorrang vor AGB haben, verlangt, Schriftformklauseln eng auszulegen: "Würde tatsächlich einer nur formularmäßig von einer Partei in den Vertrag eingeführten Schriftformklausel die Wirkung zugesprochen, daß dadurch nur mündlich getroffene und als solche vorbehaltlich der Schriftformklausel wirksame Abreden unwirksam werden bzw. bleiben, würden die AGB mittels der Schriftformklausel zu einer Umgestaltung des Individualvertrages führen. Aufgrund des in § 4 AGB-Gesetz anerkannten Vorrangs der Individualvereinbarungen vor den AGB kann dieses Ergebnis aber nicht richtig sein. Also muß die nur formularmäßige Schriftformklausel gegenüber mündlich getroffenen Vereinbarungen unwirksam sein. Behauptet der Kunde das Zustandekommen einer entsprechenden allerdings nicht in den individuell formulierten schriftlichen Vertragstext hereingenommenen mündlichen Abrede, ist dies gegebenenfalls ein schlüssiger Parteivortrag und ist Beweis zu erheben." (Schmidt-Salzer aaO).

3 Spätere Änderungen und Ergänzungen müssen ausdrücklich

als solche gekennzeichnet sein. Dies ist insbesondere bei Briefwechsel zu beachten. Dies heißt zugleich, daß sämtliche Vereinbarungen und nicht nur die wesentlichen der Schriftform bedürfen.

4 Der Formzwang kann jederzeit formlos aufgehoben werden. Stillschweigende Aufhebung ist anzunehmen, wenn beide Seiten eine mündliche Vereinbarung wollen; das gilt auch dann, wenn die Beteiligten dabei gar nicht an die Schriftform gedacht haben (Palandt-Heinrichs § 125 Anm. 2 a). Die Beweislast trägt derjenige, der sich auf die formwidrige Vereinbarung und damit auf die Aufhebung des Formzwangs beruft.
In Betracht kommen mündliche Vereinbarungen auf Betriebsebene sowie schriftliche Vereinbarungen, die die Vertragsänderung nicht ausdrücklich als solche kennzeichnen.

5 Erklärungen im Rahmen der Vertragsdurchführung sind keine Änderungen oder Ergänzungen und bedürfen deswegen der Schriftform nur, soweit dies vereinbart ist, z.B. die Erklärung der Betriebsbereitschaft gem. § 6 Nr. 4 I M bzw. § 5 Nr. 4 I. 2 K, nicht aber Fehlermeldungen gem. § 14 Abs. 2 M/K bzw. § 4 Nr. 6 W.

Kommentar BVB-Kauf

§ 1. Sachlicher Geltungsbereich

Die nachstehenden Bestimmungen gelten für den Kauf von EDV-Anlagen und -Geräten, für die Grundsoftware, für die Wartung während der Gewährleistungsfrist und für andere vereinbarte Leistungen.

1. Einleitung

1 § 1 gibt - in Anlehnung an § 1 VOL/B - den Vertragstyp an, der geregelt wird. § 1 enthält allerdings keine materielle Regelung, sondern eine Anweisung an den öffentlichen AG, die BVB bei Beschaffungen dieser Art anzuwenden (s. ähnlich zur VOL/B Daub B § 1 Ez 1).
§ 1 VOL/B wird durch § 1 K nicht verdrängt; die VOL/B wird über § 2 I d) einbezogen.
Das Kaufrecht des BGB (§§ 433 ff) wird weitgehend abbedungen, da die BVB darauf angelegt sind, die vertraglichen Beziehungen möglichst weitgehend zu regeln (s. GZ 2 Rz 16).

2 Zum Geltungsanspruch der BVB als Regelbedingungen s. Rz 2 zu § 1 M und GZ 2 Rz 24 ff.

3 Einbeziehung der Grundsoftware: Die BVB gelten "für den Kauf von EDV-Anlagen" und "für Grundsoftware" (s. zum Begriff GZ 3 Rz 4). § 1 sagt nichts darüber aus, welche rechtliche Leistungspflicht für die Grundsoftware gilt. "Kauf" hätte als Einräumung eines umfassenden Verfügungsrechts verstanden werden können und wäre dann zu weit gewesen; "Lizenz" hätte die Frage, ob überhaupt Urheberrechte bestehen, präjudiziert; "Zurverfügungstellen" hätte auf ein Vollzugsgeschäft statt auf ein Verpflichtungsgeschäft schließen lassen. Dementsprechend hätte sich angeboten, von "Überlassung" zu sprechen. In diesem Sinne werden dem AG in § 6 Nr. 2 Nutzungsrechte eingeräumt (s. dort Rz 4 ff).
Zu anderen vereinbarten Leistungen s. Rz 5 zu § 1 M.

4 Daß die Wartung während der Gewährleistungspflicht einbezogen ist, bedeutet, daß der AN auch zur vorbeugenden Wartung (Instandhaltung) verpflichtet wird; die Pflicht zur Instandsetzung ergibt sich aus der Gewährleistung. Die vorbeugende Wartung ist einbezogen worden, um nur mit einem Vertrag und nicht auch mit einem zusätzlichen Wartungsvertrag arbeiten zu müssen. Dementsprechend sind

eine Reihe von Regelungen über die vorbeugende Wartung in die BVB aufgenommen worden. Der Wartungsvertrag braucht erst für die Zeit nach der Gewährleistung abgeschlossen werden.
Darüber hinaus enthalten die BVB-Kauf nachwirkende Vertragspflichten des AN für die Zeit nach der Gewährleistung, um die weitere Wartung sicherzustellen, insb. für den Fall, daß ein anderer AN als der Verkäufer die Wartung durchführt und auf Leistungen des Verkäufers angewiesen ist (z.B. auf Ersatzteile, s. zur Wartung durch Dritte Rz 6 zu § 1 W).

2. Sachlicher Geltungsbereich

5 S. Rz 7 ff zu § 1 M zu den Punkten:
- Abgrenzung von EDV-Geräten
- EDV als Teil eines Gesamtprojekts
- Einzelfertigungen
- Besonderer Einsatzbereich.

Die dazugehörenden Erläuterungen entsprechen denen zu § 1 M weitgehend; Abweichungen sind dort bei der Kommentierung berücksichtigt.

6 Kleine Geräte: Problematisch ist die Anwendbarkeit der BVB-Kauf bei kleineren und kleinsten Geräten, um die es hier - im Gegensatz zur Miete - vielfach geht (s. dazu Köhler, Bürocomputer: Begriffe, Einteilung, Terminologie, Bürotechnik 1975, 126 ff, sowie Göhring, Überblick über Architektur und Leistung von Kleinrechnern, ÖVD 1974, 469 ff). Einerseits verlieren die EDV-spezifischen, d.h. Universalanlagen-spezifischen Regelungen immer mehr an Sinn; andererseits sind die Risiken und Nebenleistungen immer weniger im Preis einkalkuliert. Auch wird nicht eindeutig klar, welche Nebenleistungen der AN überhaupt zu erbringen hat. Für kleinere Geräte passen bestimmte Regelungen kaum oder gar nicht; z.B.
- die Stellung einer Ausweichanlage (hier könnte bei Bedarf die Stellung eines Ersatzgerätes vereinbart werden)
- die Funktionsprüfung (auf die aber verzichtet werden kann)
- die schnelle Nachbesserung, und zwar vor Ort
- die Schulungsverpflichtung über 5 Jahre
- die Instandhaltung (wegen der Robustheit der Geräte)
- die Regelungen über Erweiterungen und Änderungen
- die Umsetzung durch den AN.

Der Wunsch der AN, von den BVB abzuweichen, entspringt insb. daraus, daß unklar ist, inwieweit die nicht oder nur beschränkt passenden Regelungen dennoch gelten, und daß die Gewährleistung z.T. nicht der Praxis der AN entspricht (s. GZ 1 Rz 7).
Bei kleinsten Geräten bleibt ein fast normaler Kaufvertrag mit Nachbesserungsanspruch und Sanktionen übrig. Hier reicht der in vielen Verwaltungen übliche Auftragsschein aus. Im Grenzbereich ist danach zu entscheiden, ob es einfacher ist, die AGB des AN den Wünschen des AG nach ausgewogenen Bedingungen oder die BVB dem Vertragsgegen-

stand anzupassen; dabei ist zu berücksichtigen, ob sich die Anwendung der BVB auf den Kaufpreis auswirkt.

3. Persönlicher Geltungsbereich

7 S. Rz 11 f zu § 1 M.

§ 2. Art und Umfang der Leistungen

Art und Umfang der beiderseitigen Leistungen werden durch die vertraglichen Abmachungen geregelt.
Maßgebend dafür sind:
a) Leistungsbeschreibung (Kaufschein einschließlich Ergänzungen und Änderungen gemäß § 25),
b) nachstehende Bedingungen einschließlich der Begriffsbestimmungen (Anhang),
c) allgemein angewandte technische Richtlinien und Fachnormen,
d) die Allgemeinen Bedingungen für die Ausführung von Leistungen (VOL/B).
Bei Unstimmigkeiten gelten die vertraglichen Abmachungen in der vorstehenden Reihenfolge.

1 § 2 entspricht § 2 M bis auf zwei Punkte, die dort bei der Kommentierung berücksichtigt sind; s. dort Rz 1 ff.

2 Der Begriff Kaufschein wird in Abs. 2 a) als LB verstanden, während üblicherweise damit besondere Einkaufsberechtigungen im Handel bezeichnet werden, z.B. in § 6 Gesetz gegen unlauteren Wettbewerb.

§ 3. Preis

1. Der Kaufpreis ist das Entgelt für alle vertraglichen Leistungen, soweit nichts anderes vereinbart ist.

2. Der Kaufpreis und die Vergütung für Nebenleistungen (Vergütung für die Vorhaltung bzw. die Nutzung einer Ausweichanlage, für Personalausbildung, Beratung und Testzeiten - soweit diese Leistungen nicht durch den Kaufpreis abgegolten sind - sowie Wartungsleistungen nach § 17 Nr. 1 Satz 2) sind in der Leistungsbeschreibung aufzugliedern.

3. Der vereinbarte Kaufpreis und die Vergütung für Nebenleistungen sind feste Preise, es sei denn, daß in der Leistungsbeschreibung ein Preisvorbehalt vereinbart ist. Für den Fall, daß für den Preisvorbehalt keine anderweitige Regelung vereinbart ist, gilt folgendes:
a) Der Kaufpreis kann bis zum vereinbarten Anlieferungstermin geändert werden, wenn sich nach Angebotsabgabe

der Ecklohn für die Metallindustrie durch Änderungen der Tarife, oder bei einem tariflosen Zustand durch Änderungen von orts- und gewerbeüblichen Betriebsvereinbarungen ändert und wenn die Frist zwischen Angebotsabgabe und der Preisänderung mehr als 6 Monate beträgt. Änderungen des Ecklohns auf Grund von Tarifverträgen oder orts- und gewerbeüblichen Betriebsvereinbarungen, die bereits bei Angebotsabgabe abgeschlossen waren, bleiben unberücksichtigt. Der Auftragnehmer hat in der Leistungsbeschreibung anzugeben, um wieviel Prozent sich der Kaufpreis ändert bei einer Änderung des oben angeführten Ecklohns um 1 Dpf/ Stunde. Bei einer Preiserhöhung trägt der Auftragnehmer von dem so errechneten Mehrbetrag 10% als Selbstbeteiligung, mindestens jedoch 0,5% des Kaufpreises. Bei einer Preissenkung ist der Auftragnehmer berechtigt, 10% des so errechneten Minderbetrages, mindestens jedoch 0,5% des Kaufpreises einzubehalten.
Der Preisvorbehalt bezieht sich nur auf den Teil der Leistung, der durch die Änderung der maßgeblichen Kostenfaktoren betroffen wird. Zur Feststellung des Leistungsumfanges wird, wenn der Auftragnehmer den Wert der bis zum Tage der Änderung des maßgebenden Lohnes erbrachten Leistung nicht nachweist, ein lieferzeitproportionaler Fertigungsablauf unterstellt. Danach ergibt sich der Fertigungsstand am Änderungsstichtag aus dem Verhältnis von abgelaufener Lieferzeit zu vertraglicher Gesamtlieferzeit. Ein neu festgesetzter Kaufpreis darf jedoch die unter gleichartigen Voraussetzungen von anderen Käufern allgemein und stetig geforderten und erzielten Kaufpreise nicht überschreiten.
b) Handelt es sich bei dem Kaufpreis ganz oder teilweise um einen nachgewiesenen Listenpreis und ist nicht eine Regelung nach a) vereinbart, so wird bei einer Erhöhung der Listenpreise bis zum vereinbarten Anlieferungstermin der Mehrbetrag entrichtet, wenn der Auftragnehmer nachweist, daß die Preisliste der Koordinierungs- und Beratungsstelle der Bundesregierung für die EDV beim Bundesminister des Innern vorliegt und daß er den erhöhten Kaufpreis als Listenpreis von anderen Käufern allgemein und stetig fordert und erzielt und daß die Frist zwischen Angebotsabgabe und Listenpreiserhöhung mehr als 6 Monate beträgt. Sind gemäß § 4 Nr. 2 Vorauszahlungen vereinbart worden, bezieht sich der Preisvorbehalt auf den um die geleisteten Zahlungen geminderten Kaufpreis.
Erhöhungen sind wenigstens 3 Monate vor ihrem Inkrafttreten dem Auftraggeber schriftlich anzukündigen. Geht die Ankündigung dem Auftraggeber verspätet zu, wird die beabsichtigte Erhöhung nicht vor Ablauf dieser Frist, gerechnet vom Tage des Zugangs der Ankündigung beim Auftraggeber an, wirksam.
Wird die Preiserhöhung bis 3 Monate vor Lieferung oder innerhalb der ersten 8 Monate nach Vertragsabschluß vorgenommen, steht dem Auftraggeber innerhalb einer Frist von einem Kalendermonat nach Zugang der Ankündigung durch den Auftragnehmer ein Rücktrittsrecht für die Geräte zu, die von der Preiserhöhung betroffen sind, wenn Verein-

barungen über den neuen Preis nicht zustande kommen. Das Rücktrittsrecht erstreckt sich auch auf solche Geräte, deren Nutzung durch die Rückgabe der von der Preiserhöhung betroffenen Geräte dem Auftraggeber nicht mehr möglich oder für ihn nicht wirtschaftlich sinnvoll ist; dieses Rücktrittsrecht ist jedoch ausgeschlossen, wenn die von der Preiserhöhung betroffenen Geräte einen verhältnismäßig geringen Teil des Auftragswertes darstellen.
Ermäßigen sich bis zum Zeitpunkt der Anlieferung die für gleichartige Leistungen durch den Auftragnehmer von anderen Auftraggebern allgemein geforderten Preise, so gelten diese für den Auftraggeber.
c) Die Vergütung für Nebenleistungen kann 6 Monate nach Angebotsabgabe erhöht werden, wenn der Auftragnehmer nachweist, daß die erhöhte Vergütung von anderen Käufern allgemein und stetig gefordert und erzielt wird. Ermäßigt sich die für gleichartige Leistungen durch den Auftragnehmer von anderen Auftraggebern allgemein und stetig geforderte Vergütung, so gilt diese für den Auftraggeber vom Zeitpunkt ihres Inkrafttretens an.

4. Eine Preisänderung auf Grund einer Änderung der Umsatzsteuer ist ausgeschlossen, es sei denn, daß ein Preisvorbehalt für die Umsatzsteuer vereinbart ist. In diesem Fall kann die Umsatzsteuer mit dem am Tage des Entstehens der Steuerschuld geltenden Steuersatz (§ 13 Umsatzsteuergesetz) in Rechnung gestellt werden. Ist der Steuersatz in der Zeit zwischen Angebotsabgabe und Entstehen der Steuerschuld durch Gesetz geändert worden und sind in diesem Zusammenhang durch die Änderungen anderer Steuern Minderbelastungen eingetreten, so sind diese bei der Berechnung des neuen Preises zu berücksichtigen. Wird aus Anlaß der Änderung des Umsatzsteuergesetzes eine gesetzliche Regelung für die Abwicklung bestehender Verträge getroffen, so tritt anstelle dieser vertraglichen Regelung die gesetzliche.

I. Kaufpreis und Nebenleistungen (Nr. 1 und 2)

1 Der Kaufpreis ist das Entgelt für die Kaufsache, also für die Hardware und die Software (Nr. 1); die Leistungen werden in der LB im einzelnen aufgeführt (Nr. 2).
Zu Skonti und Rabatten s. Rz 3 zu § 3 VOL/B.

2 Angesichts der zahlreichen Regelungen, die sich mit der gesonderten Vergütung befassen, muß Nr. 1 in folgenden Zusammenhang gestellt werden:
- Regelungen können sich darauf beziehen, was zum normalen Lieferumfang (gleich ob als Haupt- oder als Nebenleistung) gehört und deswegen nicht gesondert vergütet werden soll. Die BVB gehen z.T. als selbstverständlich von der Einbeziehung bestimmter Nebenleistungen aus (z. B. § 14 Nr. 1 für die Einweisung des Personals); z.T. weisen sie ausdrücklich darauf hin (z.B. § 5 Nr. 2 für die Installationsberatung). Solche Leistungen brauchen nur bis zu einem gewissen Grad einbezogen zu sein (z. B. § 5 Nr. 2); darüber hinaus sollen sie gesondert vergütet werden. Die Unbestimmtheit zeigt sich deutlich in § 3 Nr. 2: "Soweit diese Leistungen nicht durch den Kaufpreis abgegolten sind."
- Regelungen können den Grundsatz von Nr. 1 aufnehmen, daß Leistungen einbezogen sind, soweit nichts anderes vereinbart ist (z.B. die Instandhaltung während der Gewährleistungsfrist nach § 17 Nr. 1 I).
- Einige Regelungen lassen die Frage der gesonderten Vergütung offen und sehen (gesonderte) Vereinbarungen vor, insbesondere bei künftigen Leistungen: "Einzelheiten werden gesondert vereinbart" (z.B. § 13 Nr. 1, Nr. 2, Nr. 3, § 16 Nr. 2 VI, § 19 Nr. 2).
- Einige Regelungen sehen eine Leistungspflicht oder eine Abschlußpflicht vor, wobei die Leistung gesondert vergütet werden soll, z.B. § 17 Nr. 2.

Zweifelsfragen sollten möglichst durch eine genaue LB ausgeschlossen werden; einige Nebenleistungen sollen aber dort gar nicht geregelt werden (z.B. Leistungen gemäß § 5 Nr. 2).

II. Preisvorbehalte (Nr. 3 und 4)

3 Die Erläuterungen führen aus: "Bei der Vereinbarung von Preisvorbehalten sind die Grundsätze zur Anwendung von Preisvorbehalten bei öffentlichen Aufträgen, veröffentlicht mit Rundschreiben des ehemaligen Bundesministers für Wirtschaft und Finanzen vom 2. Mai 1973 - W/I B 1 - 240061 - W/I B 3 - 241922 - zu beachten" (s. Rz 15 zu § 4 M).
"Hiernach ist von der Vereinbarung von Preisvorbehalten abzusehen, wenn der Zeitraum zwischen der Angebotsabgabe und der vereinbarten Lieferung nicht mindestens 10 Monate beträgt. Ist das mit der Vereinbarung von festen Preisen verbundene Wagnis für den Auftragnehmer im Einzelfall besonders hoch, so darf ausnahmsweise von der zeitlichen Begrenzung (10 Monatsfrist zwischen Angebotsabgabe und Lieferung) abgesehen werden. Dies gilt jedoch nicht, wenn der Zeitraum zwischen der Angebotsabgabe und dem Zeitpunkt der vereinbarten Lieferung weniger als sechs Monate beträgt. Die BVB-Kauf lassen für die inhaltliche Ausgestaltung von Preisvorbehalten nach Nummer 3 verschiedene Möglichkeiten zu. Für den Fall, daß keine anderweitigen Regelungen vereinbart werden, gilt zunächst die Regelung

gemäß Nr. 3 Abs. 2 a).
Handelt es sich bei dem Kaufpreis um einen nachgewiesenen Listenpreis, so kann abweichend von der Regelung nach Nr. 3 Abs. 2 a) ein Preisvorbehalt nach Nr. 3 Abs. 2 b) vereinbart werden. Für Nebenleistungen gilt, sofern keine anderen Absprachen getroffen werden, die Regelung nach Nr. 3 Abs. 2 c).
Die notwendigen Vereinbarungen sind in Ziffer 9 des Kaufscheins zu treffen.
Ist ein Preisvorbehalt nach Nr. 3 Abs. 2 b) vereinbart und macht der Auftragnehmer eine Preiserhöhung geltend, ist auch zu prüfen, ob die Preisliste der Koordinierungs- und Beratungsstelle der Bundesregierung für die EDV in der Bundesverwaltung vorliegt.
Preisvorbehalte nach Nummer 4 für die Umsatzsteuer können ebenfalls nur unter den in Absatz 1 und 2 genannten Voraussetzungen vereinbart werden."
Zu § 3 Währungsgesetz s. Rz 17 zu § 4 M.

1. <u>Lohnkostenklausel (Nr. 3 II a)</u>

4 Die Klausel nach a) stellt auf die Kostenentwicklung vor der Lieferung ab (s. Rz 18 zu § 4 M; dort gilt sie nur für den Wartungskostenanteil während der Miete).
In der Klausel wird auf den Ecklohn für die Metallindustrie abgestellt; der einschlägige Tarifvertrag sollte in der LB angegeben werden. Die Klausel ist mit Rücksicht auf § 3 Währungsgesetz in beide Richtungen, also nach oben und nach unten, anzuwenden. Sie enthält keine Mindestgrenze für die Zulässigkeit der Änderung; dafür enthält sie eine Selbstbeteiligung sowie eine Mindestbeteiligung, um Bagatellfälle auszuschalten.
Die Klausel ist genehmigungspflichtig (s. Rz 19 zu § 4 M), weil sie die Erhöhung pauschal von *einem* Vergleichswert abhängig macht. Ob sie genehmigungsfähig ist, hängt davon ab, ob der Ecklohn für die Metallindustrie wesentlich die Produktionskosten beeinflußt. Dies dürfte nur im Einzelfall entschieden werden können.

5 Die Mindestfrist zwischen Angebotsabgabe und Preisänderung beträgt 6 Monate. Der AN kann, will er innerhalb von 6 Monaten den Preis erhöhen, dies in seinem Angebot angeben. Dies ist auch nach § 4 IV PR 30/53 ggf. zulässig.
Abs. 1 Satz 2 läßt Änderungen des Ecklohns nur dann unberücksichtigt, wenn die entsprechenden Tarifverträge bereits bei Angebotsabgabe abgeschlossen waren. Daraus ist zu folgern, daß Änderungen, die nach Angebotsabgabe, aber vor Ablauf von 6 Monaten nach der Angebotsabgabe erfolgen, nach Ablauf der 6 Monate geltend gemacht werden können. Allerdings gilt dies nach Abs. 2 nur für den dann noch nicht gefertigten Teil der Leistung.
Der AG hat kein Rücktrittsrecht, da dies bei einer reinen Kostenklausel für den AN nicht zumutbar ist.
<u>Abs. 2</u> nimmt I. 2 b) der Grundsätze des Bundesministers für Wirtschaft und Finanzen auf.
Zu <u>Abs. 3</u> s. Rz 16 zu § 4 M.

2. Listenpreisklausel (Nr. 3 II b)

6 Die Klausel entspricht weitgehend § 5 Nr. 4 II b) M (s. dort Rz 22 ff zu § 4). Zeitliche Voraussetzung ist hier, daß die Frist zwischen Vertragsschluß (!) und Listenpreiserhöhung mehr als 6 Monate beträgt (in allen anderen Vorbehaltsregelungen wird auf das *Angebot* des AN abgestellt). Fällt die erste Listenpreiserhöhung in die Frist, die zweite aber nicht, so wird mit der zweiten die erste Erhöhung nachgeholt.
Abs. 1 Satz 1 stellt klar, daß die Listenpreisklausel soweit gilt, wie Bestandteile des (einheitlichen) Kaufpreises Listenpreise sind.
Vorauszahlungen sollen den Herstellungsaufwand entsprechend dem Produktionsfortgang decken. *Soweit* Vorauszahlungen bereits geleistet sind, wird deswegen eine Preiserhöhung für unangemessen betrachtet und durch Abs. 2 ausgeschlossen.
Die Ankündigungsfrist von 3 Monaten gem. Abs. 3 ist erforderlich, damit der AG auf die Preiserhöhungen reagieren kann. Die Frist ist keine Ausschlußfrist, sondern schiebt nur die Wirksamkeit der Preiserhöhung auf, so daß mindestens 3 Monate Überlegungsfrist zur Verfügung stehen.
Zu Abs. 5 s. Rz 16 zu § 4 M.

7 Abs. 4 räumt dem AG ein Rücktrittsrecht ein,
- wenn die Preiserhöhung innerhalb der ersten 8 Monate nach Vertragsschluß erfolgt. Der Preisvorbehalt wird zu Lasten des AN eingeschränkt, weil dieser in diesem Fall anständigerweise auf die Erhöhung hätte hinweisen müssen.
- wenn die Preiserhöhung "bis drei Monate vor Lieferung erfolgt". Es dürfte gemeint sein: "in den letzten drei Monaten vor Lieferung." Die Leistung ist dann fast fertig; und es ist kaum angemessen, eine Listenpreiserhöhung, die auf zukunftsgerichteten geschäftspolitischen Überlegungen des AN beruht, uneingeschränkt auf alte Verträge durchschlagen zu lassen.

Für den Ausschluß des Rücktrittsrechts *in* den letzten drei Monaten, also für die wortwörtliche Auslegung läßt sich anführen, daß in den letzten drei Monaten die Gefahr bestehen kann, daß der AG sein Rücktrittsrecht weniger wegen der Preiserhöhung ausnutzt als um von einem Vertrag, der ihm zwischenzeitlich nicht mehr recht ist, fortzukommen. Für die hier vertretene Auffassung spricht, daß die Regelung sich darauf bezieht, wann ein Rücktrittsrecht besteht, und nicht, wann es ausgeschlossen ist. Bei wortwörtlicher Auslegung würde die zweite Alternative die erste wesentlich aus den Angeln heben, weil sie das Rücktrittsrecht bei langen Lieferzeiten über acht Monate hinaus ausdehnen würde, nämlich bis zu drei Monaten vor Lieferung.

3. Klausel für Nebenleistungen (Nr. 3 II c)

8 Die Preisklausel für Nebenleistungen ist gegenüber der in § 4 M vereinfacht, indem auf die Ankündigungsfrist ver-

zichtet worden ist; der AN kann eine Erhöhung seiner Preise ohnehin dadurch erreichen, daß er die Preise für Nebenleistungen nicht in die LB aufnimmt (s. Rz 28 zu § 4 M). § 3 Nr. 2 enthält eine Anweisung nur dafür, die Vergütung derjenigen Nebenleistungen festzulegen, deren Erbringung bereits vereinbart wurde.
Die einzige Einschränkung für eine Preiserhöhung besteht darin, daß sie frühestens sechs Monate nach Angebotsabgabe (!) vorgenommen werden kann. Weitere Erhöhungen unterliegen keinen Einschränkungen (im Gegensatz zu den BVB-Miete, s. Rz 28 zu § 4 M).

4. Klausel für Mehrwertsteuer (Nr. 4)

9 Zur Notwendigkeit einer solchen Klausel s. Rz 30 zu § 4 M.

§ 4. Zahlungen

1. Der Auftraggeber wird alle Rechnungen unverzüglich nach Eingang prüfen, feststellen und den Betrag zahlen. Ist eine Abnahme nach § 8 vorgesehen, erfolgt die Zahlung - ausgenommen bei Vorauszahlungen - jedoch nicht vor der Abnahmeerklärung.
Dies gilt auch für vereinbarte Teilleistungen.

2. Vorauszahlungen können nur bis zur Höhe von 50% des Kaufpreises vereinbart werden; Voraussetzung hierfür ist, daß Sicherheit durch selbstschuldnerische Bankbürgschaft oder eine gleichwertige Sicherheit gestellt wird.

3. Muß der Auftragnehmer eine unverzinsliche Vorauszahlung aus von ihm zu vertretenden Gründen ganz oder teilweise zurückzahlen, so ist der zurückzuzahlende Betrag vom Tage der Leistung der Vorauszahlung bis zu ihrer Rückzahlung mit 2% über dem Diskontsatz der Deutschen Bundesbank zu verzinsen.
Für Verzugszeiten (§ 7) und für den über 30 Tage hinausgehenden Zeitraum der Funktionsprüfung (§ 8), soweit die Verzögerung vom Auftragnehmer zu vertreten ist, sind unverzinsliche Vorauszahlungen in gleicher Weise zu verzinsen. Gerät der Auftragnehmer mit einem Teil der Leistung, für die unverzinsliche Vorauszahlungen geleistet wurden, in Verzug, so sind diese anteilmäßig für die nichtgelieferten Geräte und die Geräte, deren Nutzung durch die nichtgelieferten Geräte dem Auftraggeber nicht möglich oder für ihn nicht wirtschaftlich sinnvoll ist (§ 7 Nr. 3), in gleicher Weise zu verzinsen.
Entsprechendes gilt, wenn die Anlage oder Geräte nicht genutzt werden können, weil der Auftragnehmer mit der Lieferung der Grundsoftware oder der übrigen Software gemäß § 7 Nr. 2 in Verzug gerät.

1. Zahlungen (Nr. 1)

1 Die Regelungen modifizieren § 17 VOL/B, ohne diesen vollständig auszuschließen (s. dort Rz 2 f).

2 Nr. 1 I. 1 entspricht § 5 Nr. 2 M. S. dort Rz 3 f zu Fälligkeit und Verzug. Daß die Abnahmeprüfung ggf. vorher durchgeführt sein muß, ergibt sich bereits daraus, daß die Rechnung andernfalls nicht als sachlich richtig festgestellt werden kann. Der AG ist nach § 8 Nr. 1 verpflichtet, die Abnahme unverzüglich zu erklären (s. dort Rz 2). Vor der Abnahme ist nur bei Verzug des AG nach § 7 Nr. 6 zu zahlen.
Nr. 1 II stellt klar, daß dies auch für *vereinbarte* Teilleistungen gilt, bei denen die Funktionsprüfung in Stufen durchgeführt wird (s. Rz 39 f zu § 8 M), also nicht, wenn die Funktionsprüfung wegen Verzugs des AN gem. § 8 Nr. 3 II in Stufen durchgeführt wird.

2. Vorauszahlungen (Nr. 2 und 3)

3 Nr. 2, 1. HS enthält in der Begrenzung eine Anweisung an den öffentlichen AG. Eine sachliche Berechtigung für diese Grenzziehung und damit eine Abweichung vom Haushaltsrecht ist nicht zu sehen. Werden im Einzelfall höhere Vorauszahlungen vereinbart, so ist das wirksam.
§ 56 I Bundeshaushaltsordnung schränkt allgemein die Vereinbarung von Vorauszahlungen ein: "Vor Empfang der Gegenleistung dürfen Leistungen des Bundes nur vereinbart oder bewirkt werden, wenn dies allgemein üblich oder durch besondere Umstände gerechtfertigt ist." Hohe Vorauszahlungen sind in vielen Herstellerbedingungen vorgesehen. Zu den besonderen Umständen gehört insb. die Einräumung von Preisvorteilen. Die Erläuterungen führen zur Frage der Vereinbarung von Vorauszahlungen aus: "Unverzinsliche Vorauszahlungen sind nur dann zu vereinbaren, wenn sie vom Auftragnehmer generell - also nicht nur von öffentlichen Auftraggebern - gefordert werden und somit davon ausgegangen werden kann, daß sie bei der Preiskalkulation berücksichtigt sind. In allen anderen Fällen muß eine sachliche Notwendigkeit für die Vorauszahlung nachgewiesen sein. Die Vereinbarung einer Ausweichanlage für den Fall des Verzugs (§ 7) oder im Rahmen der Gewährleistung (§ 9) kann als sachlicher Grund für die Leistung von Vorauszahlungen gelten."
Abschlagszahlungen sind soweit wie möglich vorzuziehen (s. Rz 5 zu § 17 VOL/B).

4 Nr. 2, 2. HS über Sicherheitsleistung wird durch § 18 VOL/B ergänzt (s. dort Rz 2). Die Sicherheitsleistung ist bei Ausschreibungen wegen der Gleichbehandlung

der Anbieter von allen AN zu verlangen. Der Begriff der gleichwertigen Sicherheit ist offen; Konzernbürgschaften dürften wegen der Ungleichmäßigkeit der Belastung ausgeschlossen sein.

5 Nr. 3 besagt nichts darüber, *ob* Vorauszahlungen zu verzinsen sind. Nr. 3 dient der Gleichbehandlung von AN, die unverzinsliche Vorauszahlungen erhalten haben, mit solchen AN, die keine oder verzinsliche erhalten haben. Erstere sollen nicht Vorauszahlungen unentgeltlich genutzt haben dürfen, wenn sie diese (wegen Vertragsverletzungen) zurückzahlen müssen. Der pauschalierte Schadensersatz nach §§ 7 und 9 soll dies nicht mit abgelten, weil erstere AN dann bevorzugt werden würden.
Ist der AG haushaltsrechtlich an einen anderen als den in den BVB-Kauf festgelegten Zinssatz gebunden, so ist dies zu vereinbaren.

6 Bei Teilverzug sind die Vorauszahlungen nach Nr. 3 II. 2 und III anteilmäßig für die nicht gelieferten Einheiten und die Einheiten, deren Nutzung durch die nicht gelieferten Einheiten dem AG nicht möglich oder für ihn nicht wirtschaftlich sinnvoll ist (§ 7 Nr. 3), in gleicher Weise zu verzinsen.
Der Wortlaut geht einerseits nicht auf den in § 7 Nr. 3 II behandelten Fall ein, daß gelieferte Einheiten wirtschaftlich nur eingeschränkt genutzt werden können, verweist aber andererseits auf § 7 Nr. 3 insgesamt. Das dürfte bedeuten, daß die Verweisung auf § 7 Nr. 3 voll gelten soll, also die gelieferten Geräte mit dem Wert ihrer Nutzung bei der Berechnung angesetzt werden sollen.

§ 5. Anlieferung, Aufstellung und Betriebsbereitschaft

1. Ort und Zeitpunkt der Anlieferung sowie der Zeitpunkt der Betriebsbereitschaft (Nummer 4) sind in der Leistungsbeschreibung anzugeben. Können infolge langer Lieferfristen bei Vertragsabschluß verbindliche Termine nicht angegeben werden, so ist zunächst ein frühester und ein spätester Anlieferungstermin zu vereinbaren; das gleiche gilt für den Zeitpunkt der Betriebsbereitschaft. Spätestens 8 Monate vor dem vereinbarten frühesten Termin sind der Anlieferungstermin sowie der Zeitpunkt der Betriebsbereitschaft endgültig zu vereinbaren.

2. Rechtzeitig, spätestens bei Vertragsabschluß, gibt der Auftragnehmer dem Auftraggeber die Installations- und Aufstellungsvoraussetzungen schriftlich verbindlich bekannt. Auf Verlangen berät er den Auftraggeber ohne besondere Berechnung bei der Durchführung der notwendigen Maßnahmen in angemessenem und für ihn zumutbaren Umfang.

3. Der Auftraggeber verpflichtet sich, bis zum Anlieferungstermin die Installations- und Aufstellungsvoraus-

setzungen gemäß Nummer 2 zu schaffen. Auf Verlangen teilt er dem Auftragnehmer rechtzeitig vor Ablauf des Anlieferungstermins mit, daß die Installations- und Aufstellungsvoraussetzungen erfüllt sind.

4. Der Auftragnehmer liefert die Anlage oder Geräte bis in die Aufstellungsräume des Auftraggebers und versetzt sie in betriebsbereiten Zustand. Die Betriebsbereitschaft weist er anhand seiner Prüfprogramme nach; die Betriebsbereitschaft ist dem Auftraggeber schriftlich mitzuteilen. Auf Verlangen hat der Auftragnehmer dem Auftraggeber die Unterlagen über durchgeführte erfolgreiche Prüfungen der Anlage oder Geräte in einer für Käufer nachprüfbaren Form zur Verfügung zu stellen.
Soweit die Kosten für den Transport der Anlage oder Geräte vom Hof des Auftraggebers bis in die Aufstellungsräume nicht durch den Kaufpreis abgegolten werden, sind diese in der Leistungsbeschreibung anzugeben. Ist dies in Ausnahmefällen nicht möglich, werden diese Kosten zusammen mit der Zahlung des Kaufpreises gegen Nachweis erstattet.

5. Auf Verlangen stellt der Auftraggeber dem Auftragnehmer für die Zeit der Aufstellung und Inbetriebsetzung der Anlage oder Geräte sowie während der Gewährleistungsfrist den notwendigen Raum zum Aufbewahren von Geräten, Werkzeugen, Ersatzteilen usw. sowie ggf. für das Aufstellungs- bzw. Wartungspersonal zur Verfügung.

6. Der Auftragnehmer übergibt die Grundsoftware und die übrige vereinbarte Software funktionsbereit auf dem vereinbarten Datenträger.

1 § 5 entspricht weitgehend § 6 M. Die Nummern 1 (Ort und Zeitpunkt der Anlieferung), 2 und 3 (Installations- und Aufstellungsvoraussetzungen) sind identisch (s. dort Rz 1 ff).
Dabei reicht die unentgeltliche Beratung "im angemessenen und zumutbaren Umfang" gem. Nr. 2, 2 weniger weit als bei der Miete, wo der AN als Eigentümer der Anlage ein Interesse an deren Erhaltung hat.

2 Anlieferung und Herstellen der Betriebsbereitschaft:
Nr. 4 I. 1 unterscheidet sich nur dem Wortlaut nach von Nr. 4 I. 1 M: Hier "liefert" der AN die Anlage an, dort "übernimmt" er "die Anlieferung". Damit soll klargestellt werden, daß der AN die volle Verantwortung für die Anlieferung hat.
Nr. 4 II und III entsprechen der Nr. 4 II und III BVB-Miete, wobei die Reihenfolge der Absätze aus Gründen der Systematik umgekehrt worden ist. Nr. 5 enthält dieselben Verpflichtungen wie die BVB-Miete, aber zeitlich begrenzt auf die Gewährleistungsfrist (s. dort Rz 18).
Die Betriebsbereitschaft ist nicht nur mitzuteilen, sondern gemäß Nr. 4 I. 2 auch anhand der Prüfprogramme des

AN nachzuweisen (s. Rz 19 zu § 6 M, daß das auch dort sinnvoll ist). Beim Kauf kommt ihm wegen des Gefahrübergangs, der nach § 6 Nr. 1 I an den Zugang der Erklärung der Betriebsbereitschaft anknüpft, besondere Bedeutung zu. Es wäre für den AN nicht zumutbar, den Gefahrübergang auf den Zeitpunkt des Eigentumsübergangs (erfolgreiche Abnahmeprüfung) hinauszuschieben. Der Übergabetest soll dem AG Gewißheit darüber verschaffen, daß die gelieferte Anlage grundsätzlich ordnungsgemäß arbeitet. Es ist dann für ihn zumutbar, den Schaden zu tragen, wenn die Anlage zufällig untergeht (s. Rz 2 zu § 6).

3 Die Regelung über die Transportkosten in Nr. 4 III entspricht der in Nr. 4 II BVB-Miete (s. dort Rz 21 ff): Die Kosten für den Transport *bis zum Hof* sollen durch die Hauptvergütung abgegolten werden. Bei der Miete ist dies damit begründet, daß die Angebote nur dann vergleichbar sind, wenn praktisch alle Leistungen auf Monatsbasis berechnet werden. Deswegen sollen die einmaligen Transportkosten umgelegt werden. Beim Kauf liegt sowieso eine einmalige Zahlung vor; die Transportkosten können in tatsächlicher Höhe zu dem Preis ab Werk hinzugerechnet werden, ohne die Vergleichbarkeit der Angebote zu beeinträchtigen.
Ebenso ist es als zulässig anzusehen, einen (prozentualen) Zuschlag zum (Listen)Preis vorzusehen, wenn dieser die Transportkosten nicht enthält.
Die Installationskosten sollen ebenfalls durch den Kaufpreis abgegolten sein (s. Rz 21 und 23 zu § 6 M). Sie können ebenso wie die Transportkosten gesondert ausgewiesen werden, ohne die Vergleichbarkeit der Angebote zu beeinträchtigen.

4 Bei § 6 M ist die Pflicht zur Einführung der Grundsoftware und der sonstigen Software in den Worten enthalten, daß der AN die "Anlage", d.h. das System in betriebsbereitem Zustand zu übergeben hat (s. dort Rz 17). Da der AG beim Kauf ausdrücklich bestimmte Nutzungsrechte an der Software erlangt (die in § 6 Nr. 2 behandelt werden), ist auch eine Regelung für die Übergabe dieser Software aufgenommen worden.
Nach Nr. 6 übergibt der AN die Software funktionsbereit auf dem vereinbarten Datenträger. Funktionsbereit bedeutet ablaufbereit mit allen vereinbarten Funktionen. Unklar ist, inwieweit der AN die Software auf die Anlage einführt. Bei BVB-Miete wurde dies in § 6 Nr. 4 als Teil der Herbeiführung der Betriebsbereitschaft angesehen. Dies ist auch hier anzunehmen. Dem steht nicht entgegen, daß Nr. 6 ausdrücklich nur von der Übergabe auf dem vereinbarten Datenträger spricht. Mit diesem Datenträger ist aber nicht zwingend derjenige gemeint, der für den Transport zum AG dient. Es kann auch derjenige sein, auf dem die Systembibliotheken mit den Programmen eingerichtet worden sind, wenn - wie sehr häufig - die Programme überspielt werden. Selbst wenn der erste von zwei Datenträgern

gemeint ist, steht dem nicht entgegen, daß der AN noch weitere Pflichten hat, nämlich die in der Generierungsanweisung enthaltenen Tätigkeiten selber durchzuführen. Daß der AN die Grundsoftware generiert, ist üblich und anzuraten, insb. um zu vermeiden, daß Generierungsfehler während der Funktionsprüfung auftreten.

§ 6. Eigentums- und Gefahrübergang, Nutzungsrechte an der Software

1. Die Gefahr geht mit Zugang der Erklärung der Betriebsbereitschaft (§ 5 Nr. 4 Abs. 1) auf den Auftraggeber über. Das Eigentum an der Anlage oder den Geräten geht mit der Abnahme auf den Auftraggeber über, soweit im Einzelfall nichts anderes vereinbart ist.

2. Der Auftragnehmer räumt dem Auftraggeber nicht ausschließlich und unwiderruflich die Rechte zur vollen Nutzung der im Kaufschein angegebenen Software auf der im Kaufschein angegebenen Anlage bzw. den im Kaufschein angegebenen Geräten sowie den hieran angeschlossenen Geräten anderer Hersteller ein.
Der Auftraggeber verpflichtet sich, die erhaltene Software mit den Rechten nach Absatz 1 Dritten nur weiterzugeben, soweit dies für den Betrieb der Anlage oder Geräte notwendig ist, und hierbei dem Dritten die gleichen Verpflichtungen weiterzugeben, die ihm insoweit selbst auferlegt sind.

1. <u>Erwerb des Eigentums an der Hardware (Nr. 1)</u>

1 Das Eigentum geht im Normalfall gem. <u>Nr. 1 II</u> mit dem Zugang der Erklärung der Betriebsbereitschaft auf den AG über. Zum Eigentumsübergang bei Finanzierung s. PT 4 Rz 4. Etwas anderes kann dahingehend vereinbart werden, daß das Eigentum erst mit der (vollen) Bezahlung der Kaufsache übergeht. Die <u>Erläuterungen</u> führen hierzu aus: "Bei Bund, Ländern, Gemeinden und Gemeindeverbänden können abweichende Vereinbarungen ... aus haushaltsrechtlichen Gründen nicht getroffen werden." Richtig ist haushaltsrechtlich, daß Rechnungen erst bezahlt werden dürfen, wenn die Kaufsache vereinnahmt (Vereinnahmungsvermerk auf der Rechnung) und die Rechnung sächlich richtig gezeichnet worden ist. Dem steht nicht entgegen, daß das Eigentum erst mit Zahlung übergeht.

2 Mit der <u>Gefahr</u> ist in <u>Nr. 1 I</u> die Risikotragung des zufälligen Untergangs gemeint. § 446 I BGB läßt das Risiko mit der Übergabe auf den AG übergehen. Dieser Zeitpunkt

wird in Nr. 1 I zu Lasten des AN auf den Zugang der Erklärung der Betriebsbereitschaft verschoben. Dies dürfte mit Treu und Glauben vereinbar sein; denn bis dahin ist der AN mit der Installation befaßt; erst durch die Erklärung der Betriebsbereitschaft erlangt der AG die volle Sachgewalt, die den Gefahrübergang rechtfertigt (vgl. dazu Heinze, Inhaltskontrolle Allgemeiner Einkaufsbedingungen, NJW 1973, 2182 f).

3 Bei der Veräußerung ist die Auslandsliste nach dem AWG und die Kriegswaffenliste zu berücksichtigen.

2. <u>Nutzungsrechte an der Software (Nr. 2)</u>

4 Die Software kann als nichtkörperlicher Gegenstand nicht übereignet werden (dies kann nur mit den Datenträgern geschehen), sondern nur zur Nutzung überlassen werden (s. auch Rz 3 zu § 1). Die Frage, inwieweit gesetzliche Schutzrechte an Programmen bestehen, ist offen (s. für viele Gert Kolle, Der Rechtsschutz von Computerprogrammen aus nationaler und internationaler Sicht, GRUR 1973, 611 ff, 1974, 7 ff). Die Frage kann hier dahingestellt bleiben, weil dem AG ein schuldrechtliches Nutzungsrecht an den Programmen in Anlehnung an das Urheberrecht eingeräumt wird: Der AG darf die Programme auf der gekauften Anlage zeitlich und sachlich uneingeschränkt nutzen.
Der Wortlaut der Nr. 2 I ist nicht klar; das Wort "nicht" bezieht sich nur auf das Wort "ausschließlich" und nicht auch auf das Wort "unwiderruflich". Das Recht, die Programme zu ändern und damit zu bearbeiten, wird in § 9 Nr. 7 IV und § 16 Nr. 2 vorausgesetzt.

5 Das Nutzungsrecht an den Programmen ist anlagengebunden: es soll das Schicksal der Anlage teilen. Dabei muß auf das Schicksal des Hauptspeichers abgestellt werden; bei einer Teilung und Ergänzung der Anlage dürfen die Programme nicht auf beiden (neu entstandenen) Anlagen eingesetzt werden. Das Ende des ersten Absatzes zeigt deutlich, daß die Nutzung streng auf eine Anlage bezogen ist; soweit nämlich Geräte anderer Hersteller angeschlossen werden, dürfen die Programme auch für deren Betrieb genutzt werden (s. Rz 14 zu § 17 M).
Aus der Anlagengebundenheit folgt, daß die Nutzungsrechte mit dem Untergang der Anlage erlöschen. Dabei ist auf den Untergang des Hauptspeichers abzustellen, es sei denn, daß die Peripherie wertmäßig überwiegt.
Weiterhin folgt daraus das Recht, die Programme zusammen mit der Anlage weiterzugeben, soweit dies für den Betrieb der Anlage oder Geräte notwendig ist. Dieses Recht ist in Abs. 1 nicht ausdrücklich aufgeführt; es ergibt sich daraus, daß es in Abs. 2 eingeschränkt wird, damit also vorausgesetzt wird.

6 Die Einschränkung auf die Nutzung der Programme auf einer bestimmten Anlage soll die Kalkulation des AN sichern. Andernfalls könnte z.B. ein Betriebssystem auf nachge-

bauten Anlagen anderer Hersteller eingesetzt werden; neue Versionen könnten auch auf früher erworbenen Anlagen eingesetzt werden, ohne daß dafür eine gesonderte Vergütung gezahlt werden würde.
Diese Anlagengebundenheit ist für die Grundsoftware und für die systemnahe Software sinnvoll. Für sonstige Software dürfte die Beschränkung idR unangebracht sein. Denn der AG will idR den Preis dafür zahlen, daß er die Programme unabhängig von dem derzeit gekauften System so lange nutzt, wie dies überhaupt, also auch auf kompatiblen Nachfolgesystemen, sinnvoll ist.

7 <u>Haftung bei unberechtigter Nutzung durch den AG:</u> Setzt der AG die Programme ohne besondere Vereinbarung auf einem anderen System ein, so haftet er bei Verschulden aus positiver Vertragsverletzung. Der Schadensersatzanspruch des AN geht idR auf die Vergütung, die für die Einräumung eines entsprechenden Nutzungsrechts zu zahlen gewesen wäre. (Dabei kann strittig werden, auf welchen Zeitraum dieses Nutzungsrecht zu beziehen ist). Soweit die Programme urheberrechtlich geschützt sind, haftet der AG auch aus § 97 Urheberrechtsgesetz.

8 <u>Haftung bei unberechtigter Nutzung durch Dritte:</u> Soweit Dritte in den Besitz der Programme gelangen, kommt die Haftung des AG aus der Verletzung von Vertragspflichten in Betracht. Der AG haftet auf Schadensersatz (entgangener Gewinn), wenn er oder ein Mitarbeiter, der für den Einsatz der Programme als Erfüllungsgehilfe des AG verantwortlich ist, die Programme (vorsätzlich) weitergibt. Schutzpflichten des AG, der Entwendung der Programme vorzubeugen, bestehen nicht. Der AG haftet also bei Entwendung von Programmen grundsätzlich nicht.

§ 7. Verzug

1. Kommt der Auftragnehmer mit der betriebsbereiten Übergabe der Anlage oder Geräte in Verzug, teilt er insbesondere aus von ihm zu vertretenden Gründen die Betriebsbereitschaft nicht zu dem nach § 5 Nr. 1 maßgeblichen Zeitpunkt mit, so stellt er dem Auftraggeber, sofern in der Leistungsbeschreibung vereinbart, eine Ausweichanlage zur Verfügung. Einzelheiten, insbesondere der späteste Zeitpunkt für die Bereitstellung der Ausweichanlage, sind in der Leistungsbeschreibung festzulegen.
Die dem Auftraggeber durch die Benutzung der Ausweichanlage entstehenden zusätzlichen Kosten (Kosten für die Benutzung der Ausweichanlage, Reise- und Aufenthaltskosten für das Bedienungspersonal, Kosten für den Transport der erforderlichen Materialien wie Datenträger, Formulare usw.) trägt der Auftragnehmer.
Stellt der Auftragnehmer die Ausweichanlage nicht zum vereinbarten Zeitpunkt zur Verfügung, so hat er von diesem Zeitpunkt an pauschalierten Schadenersatz zu leisten.

Die Höhe des pauschalierten Schadenersatzes beträgt für jeden Verzugstag 1/1500 des in der Leistungsbeschreibung festgelegten Kaufpreises. Die Verpflichtung zur Leistung des pauschalierten Schadenersatzes endet mit Ablauf des Tages, an dem die Ausweichanlage nachträglich zur Verfügung gestellt oder die Betriebsbereitschaft der Anlage oder Geräte dem Auftraggeber mitgeteilt wird.
Kann der Auftraggeber an diesem Tag die Ausweichanlage bzw. die gekaufte Anlage mehr als 12 Stunden nutzen, endet die Verpflichtung zur Leistung des pauschalierten Schadenersatzes bereits mit Ablauf des Vortages.
Ist eine Ausweichanlage nicht vereinbart und überschreitet der Verzug 30 Kalendertage, ist für jeden Tag des Verzugs 1/1500 des in der Leistungsbeschreibung festgelegten Kaufpreises als pauschalierter Schadenersatz an den Auftraggeber zu zahlen.

2. Verzug bei der Übergabe der funktionsbereiten Grundsoftware nach § 1 oder der in der Leistungsbeschreibung festgelegten übrigen Software, zu deren Lieferung spätestens zusammen mit der Anlage oder den Geräten sich der Auftragnehmer verpflichtet hat, gilt als Verzug bei der betriebsbereiten Übergabe der Anlage oder Geräte, zu deren Nutzung diese Software bestimmt ist.

3. Gerät der Auftragnehmer mit der betriebsbereiten Übergabe eines Teils der Anlage oder Geräte in Verzug und ist für den Auftraggeber die Nutzung der gelieferten Geräte wirtschaftlich sinnvoll, so hat der Auftragnehmer pauschalierten Schadenersatz nach Nummer 1, bezogen auf den Kaufpreis für die nichtgelieferten Geräte, zu leisten.
Falls der Auftraggeber sich darauf beruft, daß die Benutzung der gelieferten Geräte für ihn wirtschaftlich nicht sinnvoll ist, hat er die Gründe dem Auftragnehmer mitzuteilen.
Wird durch den Verzug die Nutzung bereits gelieferter Geräte gemindert, so ist unbeschadet der Regelung nach Absatz 1 für diese Geräte pauschalierter Schadenersatz zu leisten; die Höhe des pauschalierten Schadenersatzes richtet sich nach der Gebrauchsminderung der gelieferten Geräte. Eine unerhebliche Minderung bleibt außer Betracht.
Die vorstehenden Bestimmungen gelten sinngemäß auch, wenn der Auftragnehmer mit einem Teil der Software gemäß Nr. 2 in Verzug gerät.

4. Kündigt der Auftragnehmer dem Auftraggeber vor dem vereinbarten Liefertermin schriftlich an, daß er um mehr als 100 Kalendertage in Verzug kommen wird, so hat er die voraussichtliche Verzugsdauer mitzuteilen. Der Auftraggeber kann innerhalb einer Frist von 90 Kalendertagen nach Zugang der Ankündigung vom Vertrag ganz oder für einen Teil der Leistungen zurücktreten. Hat der Auftraggeber dieses Rücktrittsrecht nicht ausgeübt, so lebt es wieder auf, wenn der Auftragnehmer die mitgeteilte Ver-

zugsfrist überschreitet.
Kommt der Auftragnehmer ohne Ankündigung in Verzug, kann der Auftraggeber dem Auftragnehmer eine angemessene Nachfrist mit der Erklärung setzen, daß er nach Ablauf dieser Frist vom Vertrag ganz oder teilweise zurücktreten wird.

5. Die Zahlungsverpflichtung des Auftagnehmers nach Nummer 1, 2 und 3 ist auf 100 Verzugstage beschränkt; im Falle des Rücktritts gemäß Nummer 4 zahlt der Auftragnehmer unabhängig vom Zeitpunkt des Rücktritts pauschalierten Schadenersatz für 100 Verzugstage.

6. Kommt der Auftraggeber mit seiner Verpflichtung nach § 5 Nummer 3 in Verzug, werden 90% des Kaufpreises 30 Tage nach der vereinbarten Betriebsbereitschaft fällig. Überschreitet der Verzug des Auftraggebers 100 Kalendertage, so ist der Auftragnehmer berechtigt, die Zahlung des restlichen Kaufpreises zu verlangen. Die Zahlung erfolgt unter dem Vorbehalt einer erfolgreichen Abnahme nach § 8.
Darüber hinaus steht ihm Ersatz der durch diese Verzögerung nachweislich entstandenen notwendigen Kosten zu. An Stelle der Kostenerstattung gegen Nachweis der entstandenen Aufwendungen kann eine pauschalierte Kostenerstattung vereinbart werden.

1 § 7 entspricht weitgehend § 7 M. Statt von Überlassung wird hier von Übergabe (als Teil des Übereignungsvorgangs der Kaufsache) gesprochen.
Zur Frage, wann der AN in Verzug kommt, s. Rz 2 zu § 7 M.

2 Die Verpflichtung zur Stellung einer Ausweichanlage in Nr. 1 I entspricht § 7 Nr. 1 I M (s. dort Rz 2 ff). Die Erläuterungen stimmen mit denen zu § 7 Nr. 1 M überein, wobei der letzte Absatz (Vereinbarung mehrerer Ausweichanlagen) fallengelassen worden ist.
Nr. 1 II entspricht sachlich § 7 Nr. 1 II M; die Berechnung der zusätzlichen Kosten ist hier aber einfacher (da der Kaufpreis - im Gegensatz zum Mietzins - nicht in Ansatz gebracht wird, auch nicht anteilig wegen der Einsparungen des AG hinsichtlich Abnutzung und Wartung).
Nr. 1 III und IV entsprechen § 7 Nr. 1 III M, wobei statt auf 1/30 der monatlichen Miete auf 1/1500 des Kaufpreises abgestellt wird (s. zur Umrechnung Gz 4 Rz 13).

3 Nr. 1 V entspricht § 7 Nr. 1 IV M, wobei der pauschalierte Schadensersatz auf den Kaufpreis abgestellt wird.

4 Nr. 2 entspricht § 7 Nr. 2 M, wobei betont wird, daß die Grundsoftware funktionsbereit übergeben werden muß. Dies entspricht der deutlicheren Betonung der Grundsoftware in § 5 Nr. 6 K im Verhältnis zu den BVB-Miete (s. Rz 17 zu § 6 M und Rz 4 zu § 5).

5 Nr. 3 entspricht sachlich § 7 Nr. 3 M; die Erläuterungen

sind identisch (s. dort Rz 12 ff). Sanktion ist hier allein die Zahlung des pauschalierten Schadensersatzes. Der Kaufpreis wird nicht anteilig für die gelieferten Geräte gezahlt, sondern insgesamt erst nach Lieferung und Abnahme, weil es sich nicht um eine *vereinbarte* Teilleistung handelt (s. Rz 2 zu § 4 Nr. 1 II). Schadensersatz ist in der Höhe zu zahlen, in der Geräte nicht genutzt werden können. Dabei wird nicht wie bei den BVB-Miete auf die Zumutbarkeit der Nutzung abgestellt, sondern darauf, ob die Nutzung für den AG wirtschaftlich sinnvoll ist. Abs. 2 spricht präziser von dem Verzug bei der Lieferung von Geräten und nicht wie die BVB-Miete von der Nichtlieferung.

6 Nr. 4 ist gegenüber den BVB-Miete dahingehend modifiziert, daß der AN früher Klarheit darüber haben soll, ob der AG zurücktritt (wenn auch Abs. 1 dem AN wegen der langen Überlegungsfrist für den AG nur wenig nützen dürfte). Der AN hat nach Nr. 4 I die Möglichkeit, bereits vor dem vereinbarten Liefertermin seine Lieferschwierigkeiten *mitzuteilen*, wenn er befürchtet, mehr als 100 Kalendertage in Verzug zu kommen. Er hat dann die voraussichtliche Verzugsdauer mitzuteilen. Beträgt diese Angabe weniger als 100 Tage, so handelt es sich nicht um eine Ankündigung nach Nr. 4 I; es ist dann nach Nr. 4 II vorzugehen, sobald der AN tatsächlich in Verzug kommt.
Kündigt der AG den Vertrag nicht innerhalb von 90 Tagen nach Zugang der Ankündigung, so gilt die mitgeteilte Verzugsdauer als Nachfrist. Der AN bleibt im Verzug, so daß er die Sanktionen zu zahlen hat. Mit Ablauf der Nachfrist lebt das Rücktrittsrecht wieder auf. Der AG braucht also nicht eine (weitere) Nachfrist entsprechend Nr. 4 II setzen, sondern kann ohne weiteres vom Vertrag zurücktreten. Nr. 4 II geht von dem Fall aus, daß der AN ohne Ankündigung i.S.v. Abs. 1 in Verzug kommt. Entsprechend § 326 I BGB kann der AG dann eine angemessene Nachfrist setzen und nach deren fruchtlosem Ablauf vom Vertrag zurücktreten.

7 Nr. 5 entspricht § 7 Nr. 5 M (s. dort Rz 18). Die angemessene Nachfrist bei einem Rücktritt nach Nr. 4 II kann kürzer als 100 Tage sein. Dennoch ist auch in diesem Falle pauschalierter Schadensersatz für 100 Tage zu zahlen.

8 Der Annahmeverzug des AG ist nicht geregelt (s. Rz 20 ff zu § 7 M).
Nr. 6, der einen besonderen Fall des Verzugs des AG behandelt, entspricht in den Voraussetzungen § 7 Nr. 6 M (s. dort Rz 23). Die Zahlung des Kaufpreises ist folgendermaßen geregelt: Entsprechend der Freigrenze in § 7 Nr. 1 V für den AN hat auch der AG eine Freigrenze von 30 Tagen, bezogen auf den Termin der vereinbarten Betriebsbereitschaft. Danach werden 90% des Kaufpreises fällig. Es kommt nicht auf die Dauer des Verzugs, sondern auf die dadurch verursachte Verzögerung der Herstellung der Betriebsbereitschaft an. (In § 7 Nr. 6 M beginnt die 30-

Tage-Frist mit dem Überschreiten des Termins für die Herstellung der Voraussetzungen; der Mietzins wird nur für die Tage der Verschiebung der Betriebsbereitschaft gezahlt, s. dort Rz 24).

Vereinbarter Termin für die Herstellung der Voraussetzungen:	2.1.
Vereinbarter Termin für die Anlieferung:	10.1.
Vereinbarter Termin für die Betriebsbereitschaft:	10.2.
Tatsächliche Herstellung der Voraussetzungen:	**20.2.**
a) Betriebsbereitschaft gemeldet: Zahlung erst nach Abnahme, da nur 15 Tage Verspätung	**25.2.**
b) Betriebsbereitschaft gemeldet: 90% des Kaufpreises werden bereits am 10.3. fällig.	**20.3.**

Die restlichen 10% des Kaufpreises werden erst nach 100 Tagen fällig, damit die Installation und die Abnahme möglichst noch vorher durchgeführt werden können. Beide Zahlungen erfolgen unter Vorbehalt der Abnahme.
Der AN, der die Stellung einer Ausweichanlage vereinbart hat, wird nicht wie nach § 7 Nr. 6 II M bevorzugt (s. dort Rz 24).

9 Der AN kann nach Nr. 6 II. 1 unabhängig von der Dauer der Verzögerung Erstattung der ihm durch sie entstandenen Kosten verlangen (s. zu den Kosten Rz 22 zu § 7 M).
Nr. 6 II. 1 ist keine Anspruchsgrundlage für den Zinsverlust durch die verzögerte Kaufpreiszahlung; insoweit ist Abs. 1 abschließend. Im übrigen gilt § 10 Nr. 1 VOL/B (s. dort Rz 2).
Wegen der Schwierigkeiten, die Kosten, insbesondere die Risiken nachzuweisen, kann die Erstattung der Aufwendungen pauschaliert werden. Dabei sollte wie beim Auftragnehmerverzug eine Freigrenze vereinbart werden.

10 Der AG ist im Falle seines Verzugs nicht nach § 7 Nr. 1 berechtigt, die Ausweichanlage zu nutzen, wohl aber unter anderen Bedingungen nach § 17 Nr. 5 (s. Rz 25 zu § 7 M).

§ 8. Abnahme

1. Entspricht die Leistung des Auftragnehmers den Vereinbarungen, erklärt der Auftraggeber unverzüglich nach erfolgreicher Funktionsprüfung (Leistungs- und Zuverlässigkeitsprüfung) schriftlich die Abnahme. Zum Zweck der Funktionsprüfung stellt der Auftragnehmer dem Auftraggeber mit der Mitteilung der Betriebsbereitschaft die Anlage oder Geräte zur Verfügung. Die Funktionsprüfung beginnt am ersten Werktag nach Zugang der Mitteilung über die Betriebsbereitschaft. Für die Funktionsprüfung dürfen (außer in den Fällen der Nummer 2 c) nur solche Programme ver-

wendet werden, die auf vergleichbaren Anlagen erfolgreich geprüft sind. Welche Anlagen vergleichbar sind, bestimmen Auftragnehmer und Auftraggeber im gegenseitigen Einvernehmen.
Der Auftraggeber ist verpflichtet, den Auftragnehmer unverzüglich zu unterrichten, wenn während der Funktionsprüfung Mängel auftreten.

2. Die Funktionsprüfung ist erfolgreich durchgeführt, wenn im Rahmen der vertragsgemäßen Nutzung an 30 aufeinander folgenden Kalendertagen
a) die Anlage oder Geräte und die Grundsoftware nach § 1 die Leistungen erbringen, die den in der Leistungsbeschreibung festgelegten Spezifikationen und zugesicherten Eigenschaften entsprechen,
b) die vom Auftragnehmer zu vertretene Ausfallzeit bei einer Nutzungszeit von mindestens 100 Stunden nicht mehr als 10% der Summe der Nutzungszeit und der Ausfallzeit beträgt,
c) die in der Leistungsbeschreibung festgelegte übrige Software, zu deren Lieferung spätestens zusammen mit der Anlage oder den Geräten der Auftragnehmer sich verpflichtet hat, den dort festgelegten Spezifikationen und zugesicherten Eigenschaften entspricht und
d) von der Anlage oder den Geräten und der Grundsoftware nach § 1 die bei Vertragsabschluß vorhandenen, ablauffähigen Programme des Auftraggebers verarbeitet werden, zu deren Nutzung die Anlage oder Geräte ausdrücklich beschafft wurden und die in der Leistungsbeschreibung aufgeführt sind.
Für die 30 aufeinander folgenden Kalendertage gelten Ausfalltage, die nicht vom Auftragnehmer zu vertreten sind, nicht als Unterbrechung der Funktionsprüfung. Die Funktionsprüfung verlängert sich auf Verlangen des Auftraggebers um die Zahl dieser Tage, es sei denn, daß der Auftraggeber die Unterbrechung zu vertreten hat.

3. Sind für einzelne Geräte einer Anlage in der Leistungsbeschreibung unterschiedliche Anlieferungstermine vereinbart, so beschränkt sich die Funktionsprüfung jeweils auf die unter die Teillieferung fallenden Geräte. Die Funktionsprüfung der gesamten Anlage nach Abschluß der Teillieferungen bezieht sich auf das Zusammenwirken aller Geräte. Die Einzelheiten der Gesamtprüfung werden gesondert vereinbart.
Die vorstehenden Bestimmungen finden auch Anwendung im Falle des § 7 Nr. 3.

4. Führt die Funktionsprüfung nur deshalb nicht zum Erfolg, weil innerhalb der Prüfperiode gemäß Nummer 2 aus vom Auftraggeber zu vertretenden Gründen keine 100 Nutzungsstunden für die Anlage oder Geräte erreicht werden, gelten Anlage oder Geräte als abgenommen.

5. Der Auftraggeber wird im Einvernehmen mit dem Auftrag-

nehmer auf die Durchführung einer Funktionsprüfung schriftlich verzichten, wenn eine sachliche Notwendigkeit für eine Prüfung nicht besteht.

6. Kann die Funktionsprüfung aus vom Auftragnehmer zu vertretenden Gründen nicht innerhalb von 100 Kalendertagen - gerechnet vom Zeitpunkt der Meldung der Betriebsbereitschaft an - erfolgreich abgeschlossen werden, kann der Auftraggeber vom Vertrag zurücktreten. § 9 Nr. 8 findet insoweit keine Anwendung.

1 Die Regelung entspricht weitgehend § 8 M; s. dort allgemein Rz 1 ff. Soweit der AG Kaufmann ist, wird § 377 HGB ausgeschlossen. Die Funktionsprüfung und die Abnahme sind hier Voraussetzung für die Zahlung des Kaufpreises (s. Rz 2 f zu § 8 M). Auch hier beginnt die Gewährleistung gem. § 9 Nr. 1 III mit der Funktionsprüfung.

2 Nr. 1 entspricht § 8 Nr. 1 M. S. dort zu den Bedingungen für die Durchführung der Funktionsprüfung:
- Rz 6 ff zu Beginn und täglicher Dauer
- Rz 9 ff zu Art der Nutzung, insb. ablauffähige Programme
- Rz 13 ff zu Fehlermeldung
- Rz 16 zum Anschluß von Geräten anderer Hersteller.

3 Die Beurteilung der Funktionsprüfung gem. Nr. 2 I erfolgt wie bei den BVB-Miete, s. dort Rz 17 ff.
In Nr. 2 I a) wird präziser als in den BVB-Miete darauf abgestellt, daß (nur) die in der Leistungsbeschreibung festgelegten Spezifikationen und (dort) zugesicherten Eigenschaften Prüfungsgegenstand sind (s. dort Rz 21).
In Nr. 2 I c) wird präziser als in den BVB-Miete angegeben, was Prüfungsgegenstand ist (s. dort Rz 31).

4 Die sonstigen Regelungen unterscheiden sich teilweise wegen der unterschiedlichen Natur des Beschaffungsverhältnisses.
Neutrale Tage: Der AG kann eine Verlängerung um neutrale Tage gem. Nr. 2 II nur verlangen, wenn er die Verzögerung überhaupt nicht zu vertreten hat; (bei § 8 M kann er es auch bei leichter Fahrlässigkeit, s. dort Rz 35 f). Die Regelungen über den Ersatz der durch die Verlängerung entstehenden Kosten ist nicht übernommen worden. Bei § 8 M geht es um den Mietzins, hier nur um den Zinsverlust wegen der späteren Zahlung des Kaufpreises.
Gesamtfunktionsprüfung: Es wird in Nr. 3 klargestellt, daß sich diese Prüfung nur auf das Zusammenwirken der Geräte bezieht (s. Rz 39 f zu § 8 M).
Nr. 4 entspricht § 8 Nr. 4 M (s. dort Rz 37 f).
Nr. 5 entspricht § 8 Nr. 5 M (s. dort Rz 41 ff), wobei der AG *angewiesen* wird, auf eine nicht erforderliche Funktionsprüfung zu verzichten.
Nr. 6 entspricht § 8 Nr. 7 M (s. dort Rz 46 f), wobei hier entsprechend dem Vertragsverhältnis ein Rücktrittsrecht eingeräumt wird. Dieses leitet sich aus positiver Ver-

tragsverletzung, nicht aus §§ 325 f BGB ab (BGH, Urteil vom 10.1.1974, NJW 1974, 551, 552).

§ 9. Gewährleistung

1. Der Auftragnehmer gewährleistet für die Dauer der Gewährleistungsfrist, daß seine vertraglichen Leistungen die in der Leistungsbeschreibung zugesicherten Eigenschaften haben und nicht mit Fehlern behaftet sind, die den Wert oder die Tauglichkeit zu dem nach dem Vertrag vorausgesetzten Gebrauch aufheben oder mindern. Eine unerhebliche Minderung des Wertes oder der Tauglichkeit bleibt außer Betracht. Die Gewährleistung erstreckt sich nicht auf die Mängel, die auf äußeren vom Auftragnehmer nicht beeinflußbaren Umständen beruhen.
Der Auftraggeber hat im Rahmen des Zumutbaren die Maßnahmen zu treffen, die eine Feststellung der Fehler und ihrer Ursachen erleichtern und Wiederholungsläufe abkürzen (z.B. Prüfsummenbildung, Programm-Fixpunktroutinen).
Die Gewährleistung beginnt mit dem Tag nach Erklärung der Betriebsbereitschaft (§ 5 Nr. 4) und endet frühestens 9 Monate nach der Abnahme; sie verlängert sich um die Zahl der Kalendertage, an denen die Anlage oder Geräte infolge Mängel, die unter die Gewährleistung fallen, mehr als 12 Stunden nicht genutzt werden konnten.
Sind für einzelne Geräte einer Anlage in der Leistungsbeschreibung unterschiedliche Anlieferungstermine vereinbart, so gilt für das Zusammenwirken der Geräte eine gesonderte Gewährleistungsfrist. Sie endet nach Ablauf der Gewährleistungsfrist für das zuletzt gelieferte Gerät. Einzelheiten werden gesondert vereinbart.

2. Treten während der Gewährleistungsfrist an der Anlage oder den Geräten bei vertragsgemäßer Nutzung Mängel auf, die unter die Gewährleistung fallen, so hat der Auftragnehmer unverzüglich durch Instandsetzung für die Beseitigung der Störung zu sorgen. Nach Durchführung der Arbeiten werden in den Unterlagen (z.B. im Betriebsbuch) des Auftraggebers folgende Angaben gemacht:
- *Tag und Uhrzeit der Störungsmeldung,*
- *Tag und Uhrzeit der Wiederherstellung der Betriebsbereitschaft,*
- *Beschreibung der Störung, insbesondere Darstellung der Ursache.*

Die Angaben sind vom Wartungspersonal zu unterschreiben.
Für Instandsetzungsarbeiten, die außerhalb der Zeit montags bis freitags von 7-18 Uhr oder an Feiertagen durchgeführt werden, kann in der Leistungsbeschreibung eine gesonderte Vergütung für den Mehraufwand vereinbart werden.
Auf Verlangen unterrichtet der Auftraggeber den Auftragnehmer über die vorgesehenen Einsatzzeiten der Anlage oder Geräte.

3. Können wegen Mängel, die unter die Gewährleistung fallen, die Anlage oder Geräte nicht oder nicht voll genutzt werden, stellt der Auftragnehmer dem Auftraggeber, sofern in der Leistungsbeschreibung vereinbart, unverzüglich eine Ausweichanlage zur Verfügung. Einzelheiten, insbesondere der späteste Zeitpunkt für die Bereitstellung der Ausweichanlage, sind in der Leistungsbeschreibung festzulegen. Während der Funktionsprüfung wird auf die Bereitstellung einer Ausweichanlage verzichtet, es sei denn, daß Gegenteiliges in der Leistungsbeschreibung vereinbart ist.
Bei Gestellung einer Ausweichanlage trägt der Auftragnehmer die durch die Benutzung der Ausweichanlage entstehenden zusätzlichen Kosten (Kosten für die Benutzung der Ausweichanlage, Reise- und Aufenthaltskosten für das Bedienungspersonal, Kosten für den Transport der erforderlichen Materialien wie Datenträger, Formulare usw.).
Im Falle des § 7 Nr. 6 endet die Verpflichtung des Auftragnehmers zur Bereitstellung einer Ausweichanlage 9 Monate nach dem ursprünglich für die Betriebsbereitschaft vereinbarten Zeitpunkt.
Wird eine Ausweichanlage nicht zum vereinbarten Zeitpunkt bereitgestellt, leistet der Auftragnehmer für jeden Kalendertag, an dem die Anlage oder Geräte genutzt werden sollten, aber wegen Mängel, die unter die Gewährleistung fallen, vom Zeitpunkt der Störungsmeldung an mehr als 12 Stunden nicht genutzt werden konnten, 1/1500 des Kaufpreises als pauschalierten Schadenersatz.

4. Ist eine Ausweichanlage nicht vereinbart, beginnt die Verpflichtung zum pauschalierten Schadenersatz nach Nr. 3 Abs. 4 mit dem dritten vorgesehenen Nutzungstag, an dem die Anlage oder Geräte mehr als 12 Stunden nicht genutzt werden können.

5. Die Verpflichtung zur Leistung des pauschalierten Schadenersatzes endet mit Ablauf des Tages, an dem die Ausweichanlage nachträglich zur Verfügung gestellt oder die gekaufte Anlage bzw. die gekauften Geräte wieder betriebsbereit übergeben werden. Kann der Auftraggeber an diesem Tag die Ausweichanlage bzw. die gekaufte Anlage oder die gekauften Geräte mehr als 12 Stunden nutzen, so endet die Verpflichtung zur Leistung des pauschalierten Schadenersatzes bereits mit Ablauf des Vortages.

6. Wird durch Mängel, die unter die Gewährleistung fallen, die Nutzung der Anlage oder Geräte nur gemindert, so ist der Auftraggeber berechtigt, pauschalierten Schadenersatz in einer der Gebrauchsminderung entsprechenden Höhe zu verlangen; für die Berechnung gilt Nummer 4 entsprechend.

7. Der Auftragnehmer gewährleistet die einwandfreie Funktion der Grundsoftware nach § 1 sowie der in der Leistungsbeschreibung festgelegten übrigen Software, zu deren Lieferung spätestens zusammen mit der Anlage oder den Geräten sich der Auftragnehmer verpflichtet hat. Mängel

an dieser Software gelten als Mängel an der Anlage oder den Geräten. Der Gewährleistung unterliegt die letzte vom Auftraggeber übernommene Programmversion. Eine neue Programmversion ist vom Auftraggeber, sobald es ihm zumutbar ist, zu übernehmen, wenn die Programmänderung zur Vermeidung von Ausfällen der Anlage oder Geräte oder zur Behebung von Schutzrechtsverletzungen notwendig ist oder der Fehlerbeseitigung dient; § 16 Nr. 3 bleibt unberührt. Übernimmt der Auftraggeber eine neue Programmversion berechtigterweise nicht, ist der Auftragnehmer verpflichtet, Mängel der bisher verwendeten Programmversion zu beseitigen.
Werden Programme des Auftraggebers, zu deren Nutzung die Anlage oder Geräte ausdrücklich beschafft wurden und die in der Leistungsbeschreibung aufgeführt sind, von der Anlage oder den Geräten nicht verarbeitet oder führt ihre Verarbeitung zu falschen oder unvollständigen Ergebnissen, obwohl sie auf vergleichbaren Anlagen oder Geräten fehlerfrei verarbeitet werden können, gilt dies als Mangel an der Anlage oder den Geräten.
Die Nummern 1 bis 6 und 8 bis 11 gelten sinngemäß.
Die Gewährleistung entfällt für vom Auftraggeber geänderte Programme, es sei denn, daß ein Mangel erkennbar nicht auf die Änderung zurückzuführen ist.

8. Werden während einer Frist von 30 Kalendertagen, gerechnet vom Zeitpunkt der Störungsmeldung an den Auftragnehmer, Mängel nicht so beseitigt, daß die Kaufsache vertragsgemäß genutzt werden kann, kann der Auftraggeber vom Vertrag zurücktreten. Hat der Auftragnehmer eine Ausweichanlage zur Verfügung gestellt, kann der Auftraggeber erst nach Ablauf einer Nachfrist von 30 Tagen vom Vertrag zurücktreten. Kosten für die Benutzung einer Ausweichanlage können vom Auftragnehmer nur insoweit geltend gemacht werden, als sie den Höchstbetrag des pauschalierten Schadenersatzes überschreiten.

9. Die Zahlungsverpflichtung für den pauschalierten Schadenersatz gemäß Nummer 3 bis 7 ist auf 100 Schadenersatztage beschränkt; im Falle der Nummer 8 und des § 8 Nr. 6 zahlt der Auftragnehmer unabhängig vom Zeitpunkt des Rücktritts Schadenersatz für 100 Schadenersatztage.

10. Gewährleistungsansprüche können auch nach Ablauf der Gewährleistungsfrist geltend gemacht werden, wenn die entsprechenden Mängel vor Ablauf der Gewährleistungsfrist dem Auftragnehmer gemeldet worden sind.

11. Wiederholt sich eine auf derselben Ursache beruhende Störung innerhalb von 8 Nutzungsstunden nach Beendigung der Instandsetzungsarbeiten, so gilt die gesamte Zeit von der Meldung der ersten Störung an als Nutzungsausfall nach Nummer 3, 4 und 6, es sei denn, daß die zwischenzeitlich erzielten Arbeitsergebnisse für den Auftraggeber einwandfrei und ohne besonderen Zeitaufwand erkennbar fehlerfrei und damit voll verwertbar waren.

1 Rechtliche Einordnung: § 9 ist im Grundsatz § 14 VOL/B und damit §§ 459 bzw. 651 BGB nachgebildet. Er unterscheidet sich aber insoweit wesentlich davon, als die Gewährleistung sich nicht nur auf die Mängel erstreckt, die zum Zeitpunkt der Übergabe vorhanden sind, sondern auch auf alle, die während der Gewährleistungsfrist entstehen (s. Rz 10). In den Rechtsfolgen geht § 9 über § 14 VOL/B insofern hinaus, als die Schadensersatzpflicht (wegen Nichtbeseitigung eines Mangels) nur leichte Fahrlässigkeit, und nicht wie bei § 14 Nr. 3 e) VOL/B grobe Fahrlässigkeit voraussetzt (s. GZ 4 Rz 2). Damit beinhaltet die Gewährleistungsverpflichtung im Prinzip dasselbe wie die Gewährleistung der ständigen Betriebsbereitschaft nach § 9 M, beschränkt auf die Gewährleistungsfrist (s. dort Rz 6 ff).

2 Wie bei den BVB-Miete ist dementsprechend die Instandhaltung in den Vertrag einbezogen (s. Rz 7 und 10, zur Ausgestaltung der Instandhaltung und zu ihrer Vergütung s. § 17).
Zur Pauschalierung des Schadensersatzes s. GZ 4.
Zur Aufspaltung des Systems in Hardware und Software und zur Koppelung s. Rz 2 zu § 9 M und GZ 3.

I. Beginn und Dauer der Gewährleistung (Nr. 1 III und Nr. 10)

3 Die Gewährleistung beginnt nach Nr. 1 III mit dem Tag nach Erklärung der Betriebsbereitschaft (s. Rz 4 zu § 9 M).

4 Die Gewährleistungsfrist endet frühestens 9 Monate nach der Abnahme, d.h. daß der Zeitraum der Funktionsprüfung nach § 8 zu den neun Monaten hinzuzuzählen ist.

Die Dauer der Gewährleistungsfrist bedarf also der Vereinbarung. Ein Feld dafür ist in der LB nicht vorgesehen. Die Angabe kann in KS 10 (Nr. 7.2) ganz oben erfolgen (s. KS 10 Rz 1). Unterbleibt diese Vereinbarung, so beträgt die Gewährleistungsfrist neun Monate von der Abnahme an gerechnet. Mit Abnahme dürfte der Tag nach erfolgreichem Abschluß der Funktionsprüfung gemäß § 8 Nr. 2 I gemeint sein, nicht erst der Tag, an dem die Abnahmeerklärung des AG dem AN zugeht (s. parallel dazu § 8 Nr. 6 I M); es wäre nicht gerechtfertigt, den Beginn der Gewährleistungsfrist davon abhängig zu machen, wie schnell der AN die Abnahmeerklärung abgibt.

5 Die Gewährleistung verlängert sich gemäß Nr. 1 III. 2.HS um die Ausfalltage; diese Regelung ist bereits in § 8 Nr. 2 II. 2 M angelegt. Die Regelung sagt nichts darüber aus, ob die Verlängerung auf das System oder auf jedes einzelne Gerät bezogen wird. Im zweiten Fall würde die Gewährleistung für verschiedene Geräte mit großer Wahrscheinlichkeit an verschiedenen Tagen enden (und die Wartung beginnen). Es kann nicht angenommen werden, daß ein solches Nebeneinander gewollt ist. Deswegen dürfte sich die Gewährleistung einheitlich für das System verlängern. Dementsprechend dürfen nur Tage mit Systemausfall gezählt werden. Die Regelung erwähnt zwar auch Geräte; doch dürfte dieses Wort schematisch aufgenommen worden sein, da immer von "Anlage oder Geräten" gesprochen wird.

6 Nach Nr. 10 hat der AN Fehler auch nach Ablauf der Gewährleistungsfrist zu beseitigen, wenn sie ihm vor Ablauf gemeldet worden sind. Es kommt nicht darauf an, daß der AN die Fehler anerkannt hat.

7 Die Gewährleistung wird nicht nach Betriebsstunden und damit nach dem Nutzungsumfang bestimmt. Der AN ist aber berechtigt, den Umfang der voraussichtlichen Nutzung bei der Höhe der Vergütung für die Instandhaltung zu berücksichtigen (s. dazu Rz 2 zu § 17 und KS 10 Rz 6).

8 Nr. 1 IV sieht bei unterschiedlichen Anlieferungsterminen eine gesonderte Gewährleistungsfrist für das Zusammenwirken der Geräte vor. Diese läuft zusammen mit der Gewährleistungsfrist für das zuletzt gelieferte Gerät (sie endet *mit* und nicht, wie es im Text heißt, *nach* Ablauf der Gewährleistungsfrist für dieses Gerät). Damit ist sichergestellt, daß die Gewährleistungsfrist auch für solche Fehler hinreichend lang ist, die sich aus dem Zusammenwirken der Geräte ergeben.

II. Pflicht zur unverzüglichen Mängelbeseitigung

1. Mängel (Nr. 1 I)

9 Nr. 1 I. 1 unterscheidet zwar zwischen zugesicherten Eigenschaften (die vorhanden sein müssen) und Fehlern (die nicht vorhanden sein dürfen, zum Begriff s. Rz 7 zu

§ 9 M), knüpft an das Fehlen zugesicherter Eigenschaften aber keine schärferen Rechtsfolgen, wie es §§ 459 bzw. 463 BGB tun. Es kommt also nicht darauf an, ob Eigenschaften nur vereinbart oder besonders zugesichert sind (s. Rz 8 zu § 9 M, außer in § 16 Nr. 3). Das Fehlen nur vereinbarter Eigenschaften fällt unter Fehler. Es wird deswegen im folgenden möglichst von Fehlern gesprochen.
Die Gewährleistung erstreckt sich nicht auf Fehler, die auf äußeren, vom AN nicht beeinflußbaren Umständen beruhen. Die Beweislast dafür, daß es sich um einen Gewährleistungsfall handelt, liegt beim AG. Die Beweislastverteilung entspricht der in § 9 M (s. dort Rz 9 und 18). Unerhebliche Fehler bleiben gemäß Nr. 1 I. 2 außer Betracht (s. auch Rz 7 zu § 9 M).

10 Die Gewährleistung erstreckt sich auf alle Mängel, die *während* der Gewährleistungsfrist auftreten. Sie brauchen - im Gegensatz zu § 453 BGB - nicht im Zeitpunkt des Gefahrübergangs zumindest im Keime vorhanden sein (vgl. Palandt-Putzo § 459 Anm. 6). Auch solche Fehler, die vom AN durch mangelhafte Instandhaltung oder Instandsetzung verursacht worden sind, fallen - ausschließlich - unter die Gewährleistung. Es besteht nur *eine* vertragliche Anspruchsgrundlage (s. parallel Rz 9 zu § 9 M).

2. Unverzügliche Fehlerbeseitigung (Nr. 1 II und Nr. 2 § 14 Nr. 3, § 17 Nr. 3)

11 Die Verpflichtung zur unverzüglichen Fehlerbeseitigung nach Nr. 2 I. 1 entspricht § 9 Nr. 2 M (s. dort Rz 11 ff; die Einschränkung "bei vertragsmäßiger Nutzung" ist hier nicht erforderlich, da Fehler, die durch ordnungswidrige Benutzung entstanden sind, nicht unter die Gewährleistung fallen, s. Rz 9).
Zur Beseitigung von Fehlern, die nicht unter die Gewährleistung fallen, s. Rz 7 zu § 17.
"Unverzüglich" ist hier im Sinne von § 121 BGB zu verstehen. Eine konkrete Vorgabe, wie schnell der AN mit der Beseitigung des Fehlers anzufangen hat, ist nicht aufgenommen worden (s. auch Rz 3 zu § 7 Nr. 2, 1 W).

12 Wartungsbereitschaft: Zu welchen Zeiten der AN zur Instandsetzung verpflichtet ist, soll in KS 11 vereinbart werden. Nr. 2 II bezieht sich nur auf die Vergütung für Arbeiten außerhalb der Zeit montags-freitags von 7.00 bis 19.00 Uhr. KS 11 (Nr. 7.3) ist zu entnehmen, daß der AN nur zu den Zeiten zur Instandsetzung verpflichtet ist, die dort vermerkt sind (s. MS 11 Rz 3 und Rz 7 zu § 18 M). Ist im Einzelfall nichts vereinbart, so dürfte Wartungsbereitschaft für die Zeiten vereinbart sein, für die in Nr. 2 II nicht vorgesehen ist, daß ein Zuschlag vereinbart werden kann.
Die Informationspflicht nach Nr. 2 III entspricht § 9 Nr. 2, 3 M. Sie ist hier aber kaum nötig, weil die Zeiten für die Instandsetzungsbereitschaft eindeutig geregelt sind (s. auch die folgende Rz).

13 Nach Nr. 2 II kann für Instandsetzungsarbeiten, die außerhalb der Zeit montags - freitags von 7.00 - 18.00 Uhr oder an Feiertagen durchgeführt werden, eine Vergütung für den Mehraufwand vereinbart werden. Im Gegensatz zu § 18 Nr. 2 I M wird hier nicht auf einen prozentualen Zuschlag abgestellt, weil es keine laufende Zahlung gibt, auf die dieser Zuschlag bezogen werden könnte. Damit werden die Anwendungsschwierigkeiten von § 18 Nr. 2 I M vermieden (s. dort Rz 6 und 10). Die Sonnabende sind als Feiertage anzusehen. Die Zeit von 7.00 - 18.00 wird als normale Geschäftszeit angesetzt. Dies dürfte sich in der Praxis kaum durchsetzen lassen.

14 Aufzeichnungen über Ausfallzeiten: Die Angaben, die gemäß Nr. 2 I. 2 in den Unterlagen nach der Fehlerbeseitigung einzutragen sind, sind gegenüber den BVB-Miete erweitert (s. dort Rz 14): auch die Störung ist zu beschreiben und die Ursache darzustellen (so auch § 4 Nr. 3 W). Tag und Uhrzeit der Störungsmeldung sind anzugeben. Es besteht keine Verpflichtung anzugeben, welche Teile ausgewechselt worden sind. Soweit solche Angaben gemacht werden, dürfte der AG verpflichtet sein, sie vertraulich zu behandeln. Der passivische Wortlaut läßt offen, wer diese Angaben vornimmt. § 14 Nr. 3 und § 17 Nr. 3 wiederholen zusammen den Inhalt von Nr. 2 I. 2 und 3: Nach § 14 Nr. 3 hat der *AG* die Zeiten von Störungsmeldungen einzutragen; nach § 17 Nr. 3 hat der *AN* die Zeiten für die Wiederherstellung einzutragen. Zu ergänzen ist, daß der AN wegen seiner fachlichen Kompetenz die Störung gemäß § 9 Nr. 2 zu beschreiben haben dürfte. Er hat auch alles nach § 9 und zugleich nach §§ 14 bzw. 17 zu unterschreiben. Die Angaben über die Ausfallzeiten sind gem. § 14 Nr. 2, 3 für beide Seiten verbindlich. Bei den BVB-Wartung dürfte dasselbe gelten.

3. Mitwirkungspflichten des AG (Nr. 1 II, § 14 Nr. 2)

15 Die Mitwirkungspflichten des AG entsprechen denen nach § 9 Nr. 1 II und § 14 Nr. 2, 2 M (s. dort Rz 15 f zu § 9).

III. Weitere Gewährleistungsfolgen

1. Stellung einer Ausweichanlage (Nr. 3)

16 Die Verpflichtung zur Stellung einer Ausweichanlage gem. Nr. 3 entspricht § 9 Nr. 3 M (s. dort Rz 30 ff). Die Erläuterungen verweisen auf die Erläuterungen zu § 7 Nr. 1 K, die denen zu § 7 Nr. 1 M entsprechen; dabei ist nur der letzte Absatz über die Vereinbarung mehrerer Ausweichanlagen während der Gewährleistungsfrist gestrichen worden (s. dort Rz 3 ff).
Für die Vorhaltung einer Ausweichanlage während der Gewährleistungsfrist kann eine Vergütung vereinbart werden, wie es in KS 12 (Nr. 8 unten) vorgesehen ist. Diese Vergütung wird in den BVB nur in § 3 Nr. 2 in der Klammer erwähnt.

17 Nr. 3 III schränkt die Verpflichtung des AN zur Stellung einer Ausweichanlage ein, wenn der AG den Beginn der Gewährleistung verzögert hat, weil er die Installations- und Aufstellungsvoraussetzungen nicht rechtzeitig geschaffen hat. Die Regelung geht davon aus, daß sich der AN nur darauf einrichten muß, die Ausweichanlage während der für die Gewährleistung vorgesehenen Zeiten vorzuhalten. Verzögert sich der Beginn der Gewährleistung, so soll dadurch nicht das Ende der Verpflichtung zur Vorhaltung der Ausweichanlage verschoben werden. Der AN ist nach Ablauf dieser Frist nur noch zur Fehlerbeseitigung ohne Sanktion verpflichtet.
Der Wortlaut stellt auf die *Mindest*gewährleistungsfrist von 9 Monaten ab und berücksichtigt nicht, daß diese Frist außerdem die Funktionsprüfung umfaßt. Richtigerweise muß es heißen: Die Verpflichtung endet mit dem vertraglich vorgesehenen Ende der Gewährleistungsfrist.

18 Kostentragung: Der AN hat dem AG gem. Nr. 3 II die Kosten zu ersetzen, die ihm wegen der Benutzung der Ausweichanlage zusätzlich entstehen (s. Rz 6 f zu § 7 und Rz 35 zu § 9 M; die Kostenverteilung kann deswegen einfacher als in den BVB-Miete geregelt werden, weil hier nicht gegen eine laufende Zahlung verrechnet werden muß).

19 Die Sanktion bei Nichtgestellung der Ausweichanlage ist in Nr. 3 IV ähnlich wie in § 9 Nr. 4 M geregelt. Pauschalierter Schadensersatz ist zu zahlen für jeden vorgesehenen Nutzungstag (s. Rz 19 zu § 9 M, wo allerdings auf Kalendertage abgestellt wird), an dem das eigene System mehr als 12 Stunden nicht genutzt werden kann (s. Rz 20 f zu § 9 M).
Auf Verschulden an der Nichtgestellung der Ausweichanlage kommt es nicht an. Zu zeitlich nicht ausreichender Überlassung der Ausweichanlage s. Rz 8 zu § 7 M.

2. Pauschalierter Schadensersatz, wenn keine Ausweichanlage vereinbart ist (Nr. 4 bis 6, 11)

20 Totalausfall: Nr. 4 und 5 entsprechen § 9 Nr. 4 III M (s. dort Rz 38 ff i.V.m 17 ff): Pauschalierter Schadensersatz ist vom dritten vorgesehenen Nutzungstag an für jeden weiteren vorgesehenen Nutzungstag, an dem das System mehr als 12 Stunden nicht genutzt werden konnte, zu zahlen. Im Gegensatz zu § 9 M beginnt die Schadensersatzpflicht hier mit dem dritten Ausfalltag, und nicht mit dem dritten Tag nach Ausfall (s. dort Rz 38).

21 Die Erläuterungen führen aus: "Schadenersatz kann nicht geltend gemacht werden, wenn der Auftragnehmer durch einen vorübergehenden Austausch von fehlerhaften Geräten gegen funktionsfähige Geräte die uneingeschränkte Nutzung der Anlage oder Geräte ermöglicht."

22 Nutzungseinschränkung: Nr. 6 entspricht § 9 Nr. 5 M (s. dort Rz 26 ff). Die Erläuterungen entsprechen weitgehend

denen zu § 9 Nr. 5 M: Sie bringen einige Verbesserungen und stellen klar, daß der Ansatz für die Berechnung der Nutzungsminderung nur gilt, wenn er vereinbart ist. Zu den Bedenken wegen der Erläuterungen s. Rz 28 ff zu § 9 M. "Führen Ausfall oder Leistungsminderung einzelner Geräte einer Anlage insofern zu einer Leistungsminderung der Gesamtanlage, als ein Teil der Anwenderprogramme nicht mehr von der Anlage verarbeitet wird (Funktionsminderung) obliegt dem Auftraggeber im Rahmen seiner Schadenminderungspflicht die Prüfung, welche der nichtausgefallenen Geräte er aufgrund der Programme, die in seiner Betriebsplanung vorgesehen sind und von der Restanlage verarbeitet werden, nutzen kann und wie groß die Nutzungsmöglichkeit dieser Geräte ist.
Ergibt die Prüfung, daß ein Teil der Anlage genutzt werden kann, zahlt der Auftragnehmer für die ausgefallenen und für die vom Auftraggeber nicht nutzbaren Geräte pauschalierten Schadenersatz, wenn sie mehr als 12 Stunden nicht genutzt werden können. Für die benutzbaren Geräte zahlt der Auftragnehmer entsprechend der tatsächlichen Ausnutzung einen prozentual geminderten pauschalierten Schadenersatz.

23 Erfahrungsgemäß kann bei einem Teilausfall in größeren Systemen eine Nutzungsminderung nicht immer unmittelbar und zweifelsfrei bestimmt werden. Daher empfiehlt es sich, bei Vertragsabschluß für derartige Fälle eindeutige Regelungen zu vereinbaren. Nachfolgendes Berechnungsschema kann hierfür als Beispiel dienen:

Für die Dauer der Nutzungsminderung der Gesamtanlage ist die Nutzungszeit der im Rahmen der Schadenminderungspflicht benutzten Geräte festzustellen und einer unterstellten Normalnutzungszeit gegenüberzustellen. Hierbei gelten die Geräte als normal genutzt, wenn je betrieblich vorgesehener Personalschicht die Zentraleinheit sechs und jedes übrige Gerät drei Nutzungsstunden genutzt wird. Liegen die tatsächlich erreichten Nutzungsstunden je Personalschicht unter dieser Normalnutzungszeit, so ergibt die Differenz zwischen den genannten Zeiten die Leistungsminderung je Gerät in Stunden. Die anteilige Nutzungsminderung, die der Berechnung des pauschalierten Schadenersatzes zugrunde zu legen ist, errechnet sich als Quotient aus der errechneten Leistungsminderung in Stunden und der unterstellten Normalnutzungszeit. Hierfür gilt folgende Berechnungsformel:

$$NM = \frac{(N - T) \cdot 100}{N}$$

N = Normalnutzungszeit
T = tatsächliche Nutzungszeit
NM = anteilige Nutzungsminderung

Führen der Ausfall oder die Leistungsminderung einzel-

ner Geräte nicht zu einer Funktionsminderung der Gesamtanlage sondern lediglich zu verringerter Arbeitsgeschwindigkeit, so errechnet sich der Schadenersatz nach der technisch meßbaren Leistungsminderung der einzelnen Geräte.
Führen Mängel an der Grundsoftware und der übrigen Software, zu deren Überlassung sich der Auftragnehmer verpflichtet hat, dazu, daß die Anlage oder Geräte nicht mehr voll genutzt werden können, wird die Nutzungsminderung der Hardware bzw. der Schadenersatz in gleicher Weise berechnet.
Bei einer Anlage, die als Mixed-Hardware betrieben wird, kann bei einer Leistungsminderung an der Gesamtanlage infolge Hardware- oder Softwaremängel Schadenersatz nur für die unter den Kaufvertrag fallenden Geräte geltend gemacht werden. Für die Berechnung der Nutzungsminderung sowie des Schadenersatzes gelten vorstehende Ausführungen entsprechend. Unberührt hiervon bleibt die Haftung gemäß § 16 Nr. 3."

3. Rücktritt und sonstige Regelungen zum pauschalierten Schadensersatz (Nr. 8 und 9)

24 Nr. 8 entspricht sachlich weitestgehend § 9 Nr. 7 M (s. dort Rz 42 f), wobei hier entsprechend dem Vertragstyp ein Rücktrittsrecht eingeräumt wird. Es wird hier einheitlich auf Kalendertage abgestellt. Die Einschränkung in § 9 Nr. 7 IV M (nur schwere Fehler berechtigen zum Rücktritt) fehlt hier; sie ist *insoweit* in Nr. 8, 1 enthalten, daß unwesentliche Fehler gemäß Nr. 1 I. 2 nicht unter die Gewährleistung fallen und damit nicht die "vertragsmäßige" Nutzung beeinträchtigen. § 9 Nr. 7 III M ist nicht übernommen worden, da die Regelung nicht erforderlich ist (s. dort Rz 42 sowie Rz 33 zu § 8 M).
Nr. 8, 3 gehört systematisch zu Nr. 9 (s. nächste Rz).

25 Nr. 9 entspricht § 9 Nr. 8 M (s. dort Rz 44 f). In dem Fall, daß der AN eine Ausweichanlage zur Verfügung gestellt hat, soll er finanziell nicht schlechter gestellt werden als ein AN, der gar nicht erst eine Ausweichanlage vereinbart hat oder sie trotz Vereinbarung nicht zur Verfügung gestellt hat. Der AN soll gem. Nr. 8, 3 nur den Teil von seinen Kosten für die Stellung der Ausweichanlage und von den Kosten, die er dem AG gemäß Nr. 3 II erstatten soll, tragen, der dem pauschalierten Schadensersatz entspricht.

IV. Fragen zur Gewährleistung für die Software (Nr. 7)

26 Nr. 7 entspricht weitgehend § 9 Nr. 6 M (s. dort Rz 46 ff). Es wird ebenso vollständig auf die Gewährleistung für Hardware verwiesen.

27 Die Gewährleistungsverpflichtung und die Koppelung gemäß Nr. 7 I. 1 und 2 entsprechen § 9 Nr. 6 I. 1 und 2 M (s. dort Rz 47 f).

Nr. 7 II behandelt Fehler bei der Verarbeitung von Programmen im Sinne von § 8 Nr. 2 I d) ebenso wie § 9 Nr. 6 III (s. dort Rz 49).
Nr. 7 IV schränkt die Gewährleistung für vom AG geänderte Programme nicht ganz so stark wie § 9 Nr. 6 V M ein (s. dort Rz 48 am Ende).

28 Änderungen der Software auf Wunsch des AG: Nr. 7 I. 3 - 5 behandelt nur solche Änderungen, die im Grunde größere Gewährleistungsmaßnahmen sind, nicht aber solche, die der Weiterentwicklung dienen (s. Rz 55 ff zu § 9 M). Letztere sind in § 19 Nr. 2 geregelt (s. dort Rz 3). Nr. 7 I. 3 - 5 entspricht § 9 Nr. 6 I. 3 und 4, II. 1 M (s. dort Rz 57 - 60, 64 f).

§ 10. Haftung des Auftragnehmers für die Verletzung von Schutzrechten

1. Der Auftragnehmer steht dafür ein, daß die Kaufsache im Bereich der Bundesrepublik Deutschland einschließlich Berlin (West) frei von Schutzrechten Dritter (z.B. Patente, Urheberrechte, bekanntgemachte Patentanmeldungen, eingetragene Warenzeichen, Gebrauchsmuster) ist, die ihre Nutzung ausschließen bzw. einschränken. Das gleiche gilt für nicht bekanntgemachte Patentanmeldungen, von denen der Auftragnehmer Kenntnis hat.

2. Werden nach Vertragsabschluß Verletzungen von Schutzrechten gemäß Nr. 1 geltend gemacht und wird die Nutzung der Kaufsache beeinträchtigt oder untersagt, ist der Auftragnehmer verpflichtet, nach seiner Wahl entweder die Kaufsache in der Weise zu ändern oder zu ersetzen, daß sie nicht mehr unter die Schutzrechte fällt, gleichwohl aber den vertraglichen Bedingungen entspricht, oder das Recht zu erwirken, daß der Auftraggeber die Kaufsache uneingeschränkt ohne Anlastung von Lizenzgebühren benutzen kann. Beweist der Auftragnehmer, daß ihm dies nicht möglich oder wegen der Auswirkungen auf seine Wirtschaftslage nicht zumutbar ist, kann auch der Auftragnehmer vom Vertrag zurücktreten, es sei denn, daß sich der Auftraggeber auf eigene Kosten mit dem Schutzrechtsinhaber einigt. Im übrigen gelten die Bestimmungen des § 9 entsprechend auch nach Ablauf der Gewährleistungsfrist. Werden Schutzrechte geltend gemacht, die dem Auftragnehmer bei Vertragsabschluß nicht bekannt sein konnten, entfällt eine Verpflichtung zum Schadenersatz nach § 9.

3. Der Auftragnehmer übernimmt die alleinige und in der Höhe unbegrenzte Haftung Dritten gegenüber wegen Verletzung von Schutzrechten, soweit diese nicht durch Maßnahmen des Auftraggebers verursacht wurde. Er ist insbesondere verpflichtet, alle Rechtsstreitigkeiten, die sich aus Ansprüchen Dritter gegen den Auftraggeber ergeben, auf eigene Kosten durchzuführen.

Der Auftraggeber ist verpflichtet, den Auftragnehmer unverzüglich schriftlich zu benachrichtigen, wenn gegen ihn Ansprüche wegen Verletzung von Schutzrechten geltend gemacht werden, und bei Auseinandersetzungen mit Dritten im Einvernehmen mit dem Auftragnehmer zu handeln; Nr. 2 Abs. 2 Satz 1 letzter Halbsatz bleibt unberührt.

4. Können die Anlage oder Geräte wegen Verletzung von Schutzrechten nicht genutzt werden, stellt der Auftragnehmer dem Auftraggeber auf Verlangen kostenlos eine Ausweichanlage in zumutbarer Entfernung zur Verfügung, es sei denn, daß dies einen unverhältnismäßig großen Aufwand erfordert.

1 Die Regelung entspricht weitestgehend § 10 M (s. dort allgemein Rz 1). Die Haftung ist nicht auf die Gewährleistungsfrist beschränkt.

2 Nr. 1 entspricht § 10 Nr. 1 M. Dabei wird klargestellt, daß der Bereich, in dem Schutzrechte die Nutzung nicht beeinträchtigen dürfen, die Bundesrepublik Deutschland einschließlich Berlin (West) ist (s. Rz 2 zu § 10 M).

3 Nr. 3 I. 2. HS stellt klar, daß die Haftung entfällt, wenn die Schutzrechtsverletzung durch den AG verursacht ist (s. Rz 4 zu § 10 M).
Nr. 2 (Beseitigung der Schutzrechtsverletzung und weitere Rechtsfolgen) entspricht weitestgehend § 10 Nr. 2 M (s. dort Rz 3 f).
Der Verweis auf § 9 hinsichtlich der weiteren Rechtsfolgen bezieht sich auf § 9 Nr. 4 - 9 (s. Rz 5 zu § 10 M). (Die Einleitung "Im übrigen" ist ohne Bedeutung).
Ob eine Ausweichanlage zur Verfügung zu stellen ist, richtet sich nicht nach § 9 Nr. 3, sondern nach § 10 Nr. 4. Voraussetzung dafür ist - anders als in den §§ 7 und 9 - *nicht*, daß die Stellung in der LB vereinbart ist (so aber in § 10 M, s. dort Rz 6), sondern daß sie für den AG in zumutbarer Entfernung bei einem für den AN vertretbaren Aufwand möglich ist. Dies dürfte idR deswegen nicht möglich sein, weil als Ausweichanlage vor allem der gleiche Typ oder eine andere Anlage innerhalb der Familie in Betracht kommen, diese aber mit großer Wahrscheinlichkeit selber wegen der Schutzrechtsverletzung nicht genutzt werden können.
Entfällt die Stellung einer Ausweichanlage, so hat der AN gem. Nr. 2 II. 2 i.V.m. § 9 Nr. 4 pauschalierten Schadensersatz zu zahlen. Es kann nicht angenommen werden, daß bei Unzumutbarkeit mit der Verpflichtung zur Stellung einer Ausweichanlage auch die Pflicht zur Zahlung pauschalierten Schadensersatzes entfallen soll. Denn dann würde die Haftung praktisch immer entfallen, weil die Stellung einer Ausweichanlage kaum in Betracht kommt (s. oben).
Stellt der AN trotz bestehender Verpflichtung keine Ausweichanlage zur Verfügung, zahlt er pauschalierten Scha-

densersatz gem. Nr. 2 II. 2 i.V.m. § 9 Nr. 3 IV.

4 Nr. 2 II. 1 räumt *auch* dem AN unter bestimmten Umständen ein Rücktrittsrecht ein. (Der AG kann nach § 9 Nr. 8 zurücktreten). Es ist davon ausgegangen worden, daß dieses die Verhandlungsposition des AG mit dem Schutzrechtsinhaber stärken würde; denn dieser müsse damit rechnen, daß der AN sehr hohen Forderungen mit dem Rücktritt von den Verträgen ausweiche, über die er die mit Schutzrechtsverletzungen behafteten Systeme verkauft habe.
Die Regelung hätte konsequenterweise darauf abstellen müssen, daß dem AN der Erwerb eines Nutzungsrechts für den AG "wirtschaftlich nicht zumutbar" ist. Sie stellt hingegen auf die Wirtschafts*lage* des AN ab; danach können auch unangemessen hohe Forderungen des Schutzrechtsinhabers zwar an und für sich wirtschaftlich unzumutbar, für diesen AN aber zumutbar sein.

5 Nr. 3 I (Haftung gegenüber Dritten) entspricht weitestgehend § 10 Nr. 3 M (s. dort Rz 8). Abs. 1 Satz 1 ist zur Klarstellung um die Worte "in der Höhe unbegrenzt" ergänzt worden.
Wegen der geringeren Einwirkungsmöglichkeiten, die der AN beim Verkauf hat, wird der AG in Nr. 3 II über § 9 M (s. dort Rz 7) hinaus verpflichtet, bei Auseinandersetzungen mit Dritten im Einvernehmen mit dem AN zu handeln; dies gilt nicht für den Fall, daß sich der AG auf eigene Kosten mit dem Schutzrechtsinhaber einigt.

§ 11. Haftung für sonstige Schäden, Versicherung

1. Der Auftragnehmer haftet für Personen- und Sachschäden, die dem Auftraggeber entstehen, soweit er sie zu vertreten hat. Für sonstige Schäden haftet der Auftragnehmer, soweit sie durch den Auftragnehmer oder die Kaufsache unmittelbar verursacht wurden und der Auftragnehmer sie zu vertreten hat. Die Haftungshöchstsumme je Schadensfall beträgt bei Personen- und Sachschäden 2 Millionen DM, bei sonstigen Schäden 1 Million DM. Die Haftungsregelung gilt nicht für Verzug, Gewährleistung und für Schutzrechtsverletzungen, soweit der Schaden dadurch entsteht, daß die Anlage oder Geräte keine oder fehlerhafte Ergebnisse liefern; die Haftung hierfür ist in den §§ 7, 9 und 10 abschließend geregelt.
Der Auftragnehmer haftet nicht für die Wiederbeschaffung von Daten, es sei denn, daß er deren Vernichtung grobfahrlässig oder vorsätzlich verursacht und der Auftraggeber sichergestellt hat, daß diese Daten aus Datenmaterial, das in maschinenlesbarer Form bereitgehalten wird, mit vertretbarem Aufwand rekonstruiert werden können.

2. Der Auftraggeber kann vom Auftragnehmer den Nachweis verlangen, daß diese Ansprüche - soweit sie zu angemessenen Bedingungen bei einem im Inland zum Geschäftsbetrieb zugelassenen Versicherer versicherbar sind - durch eine Versicherung abgedeckt sind.

1 § 11 entspricht weitgehend § 11 Nr. 2 und 3 M. Ein § 11 Nr. 1 M entsprechender Haftungsausschluß für Beschädigungen der Mietsache durch den AG entfällt beim Kauf. Andersherum kommt hier die Haftung des AN für Beschädigungen der Kaufsache in Betracht (s. Rz 9).
Der AG haftet nach § 10 VOL/B und nach dem BGB uneingeschränkt.

2 Sonstige Haftung des AN: Nr. 1 entspricht weitestgehend § 11 Nr. 2 M, wobei die Haftung für Personen- und Sachschäden engeren Voraussetzungen unterliegt (Verschulden nötig), dafür aber die Haftungshöchstbeträge erhöht sind. Zur rechtlichen Einordnung und zum Anwendungsbereich s. Rz 8 f zu § 11 M.

3 Haftung für Personen- und Sachschäden (Nr. 1 I. 1): Voraussetzung ist die *schuldhafte* Verletzung körperlicher Unversehrtheit oder des Eigentums. Die Haftung umfaßt auch den mittelbaren Schaden, aber nur insoweit, wie er dadurch entstanden ist, daß das Rechenzentrum nicht genutzt werden kann (s. Rz 14 zu § 11 M). Zur Beschädigung und Vernichtung der Kaufsache s. Rz 9.

4 Gegenüber § 11 M ist nicht aufgenommen worden, daß auch Schäden Dritter ersetzt werden müssen. In § 11 M ist damit gemeint, daß der AN im Innenverhältnis allein haftet, wenn beide zusammen einem Dritten haften (s. dort Rz 15). Soweit es hier um *Personenschaden* geht, ist die Regelung in gleichem Sinne zu verstehen: Da der AG selber gar nicht verletzt werden kann (juristische Person), kann die Regelung über Körperschäden nur auf die Mitarbeiter des AG abzielen. Die Schäden müssen aber dem AG (!) entstehen, d.h. wohl: finanziell ihn treffen. Nr. 1 I. 1 dürfte insoweit ebenfalls nur die Haftung im Innenverhältnis regeln, nicht aber die Haftung gegenüber den Dritten begründen. Die Regelung muß eng ausgelegt werden: Andere Personen (z.B. das Wartungspersonal anderer AN) dürften nicht gemeint sein.
Der *Sachschaden* eines Dritten, für den auch der AG ersatzpflichtig ist, fällt unter Nr. 1 I. 2: Er ist also im Verhältnis des Verschuldens der beiden Seiten im Innenverhältnis aufzuteilen.

5 Die Haftung wird in Nr. 1 I. 3 je Schadensfall auf 2 Millionen DM begrenzt.
Die Haftung ist zeitlich nicht auf die Gewährleistungsfrist begrenzt.

6 Haftung für sonstige Schädigungen: Nr. 1 I. 2 entspricht § 11 Nr. 2 I. 2 M (s. dort Rz 16 ff). Nr. 1 I. 3 begrenzt die Haftung auf 1 Million DM je Schadensfall.

7 Haftung für vernichtete Daten: Nr. 1 II entspricht § 11 Nr. 2 II M (s. dort Rz 23 ff).

8 Das Verhältnis zu §§ 7, 9 und 10 (Nr. 1 I. 4): Die Abgrenzung soll wie in § 11 Nr. 2 I. 4 M erfolgen (s. dort Rz 26 ff). Dabei ist zu beachten, daß bei Kauf die Haftung für Mängelfolgeschäden nicht unter Gewährleistung, sondern unter positive Vertragsverletzung fällt (BGH, Urteil vom 24.11.1969, NJW 1970, 421 ff, 423). Es ist aber davon auszugehen, daß die Gewährleistung nach § 9 auch die Mangelfolgeschäden umfassen soll.

9 Beschädigt der AN die Kaufsache, so ist er nach § 9 zur Instandsetzung verpflichtet.
Wird die Anlage oder eine einzelne Einheit insgesamt vernichtet, so fällt dies nicht unter § 9, weil eine Instandsetzung nicht möglich ist, sondern unter § 11.

10 Versicherung: Nr. 2 entspricht § 11 Nr. 3 M (s. dort Rz 29); dabei wird die Versicherungspflicht weitergehend eingeschränkt, nämlich daß eine Versicherung zu angemessenen Bedingungen möglich sein muß.

§ 12. Behinderung und Unterbrechung der Leistung

1. Soweit der Auftragnehmer seine vertraglichen Leistungen infolge Arbeitskampf, höherer Gewalt, Krieg, Aufruhr oder anderer für den Auftragnehmer unabwendbarer Umstände nicht erbringen kann, treten für ihn keine nachteiligen Rechtsfolgen ein.
Das gilt nicht, wenn die Behinderung oder Unterbrechung durch einen Arbeitskampf verursacht wird, den der Auftragnehmer durch rechtswidrige Handlungen verschuldet hat. Tritt die Behinderung oder Unterbrechung aus den in Absatz 1 genannten Gründen bei Vor- oder Unterlieferern ein, so gilt Absatz 1 nur, wenn die Leistung der Vor- oder Unterlieferer von Teilen oder Ersatzteilen hierdurch länger als 20 Kalendertage und die Leistung der Unterlieferer von Geräten hierdurch länger als 10 Tage verzögert wird.

2. Sieht sich der Auftragnehmer in der ordnungsgemäßen Durchführung der übernommenen Leistungen behindert, so hat er dies dem Auftraggeber unverzüglich schriftlich anzuzeigen. Sobald zu übersehen ist, zu welchem Zeitpunkt die Leistung wieder aufgenommen werden kann, ist dies dem Auftraggeber schriftlich mitzuteilen.

3. Sobald die Ursache der Behinderung oder Unterbrechung wegfällt, hat der Auftragnehmer unter schriftlicher Mitteilung an den Auftraggeber die Leistungen ohne besondere Aufforderung unverzüglich wieder aufzunehmen.

4. Die Nummern 1 bis 3 gelten entsprechend für die vertraglichen Leistungen des Auftraggebers.

1 § 12 entspricht § 12 M bis auf zwei Punkte, die dort bei der Kommentierung berücksichtigt sind; s. dort Rz 1 ff. Die Erläuterungen zu Nr. 1 entsprechen denen zu § 12 Nr. 1 M.

2 Die BVB-Kauf (-Wartung) stellen bei der Haftung nicht auf Einstehen, sondern auf Verschulden ab. Dementsprechend muß in Nr. 1 I klargestellt werden, daß die Haftung auch bei anderen für den AN unabwendbaren Umständen entfällt. Arbeitskampf, höhere Gewalt, Krieg und Aufruhr sind Umstände, die sogar für *jeden*, der die Rolle des AN innehat, unabwendbar sind.

3 Auch die Mitteilung nach Nr. 2 ist schriftlich vorzunehmen.

§ 13. Personalausbildung, Einsatzvorbereitung

Der Auftragnehmer ist verpflichtet, auf Anforderung des Auftraggebers für einen Zeitraum von 5 Jahren nach Anlieferung der Anlage oder Geräte in angemessenem Umfang das zur Programmerstellung und Maschinenbedienung notwendige geeignete Personal auszubilden und das hierzu notwendige Material einschließlich der Literatur über Grundsoftware in deutscher Sprache, bei Übersetzungen auf Verlagen auch im Originaltext, zu überlassen. Soweit nichts abweichendes vereinbart ist, erfolgt die Ausbildung in den Ausbildungskursen des Auftragnehmers.

2. Der Auftragnehmer berät den Auftraggeber bei der Einsatzvorbereitung (Systemanalyse, Organisation, Programmierung und Programmtest) und während der Anlaufphase in angemessenem Umfang durch entsprechend qualifiziertes Personal und überläßt ihm das entsprechende Informationsmaterial in deutscher Sprache, bei Übersetzungen auf Verlangen auch im Originaltext. Er haftet nicht für ein bestimmtes Ergebnis.

3. Der Auftragnehmer stellt dem Auftraggeber rechtzeitig vor dem Anlieferungstermin auf einer geeigneten Anlage ausreichende Testzeiten zur Verfügung.

4. Die beiderseitigen Leistungen sind in der Leistungsbeschreibung oder in einem gesonderten Vertrag zu vereinbaren.

1 § 13 entspricht weitestgehend § 13 M (s. dort Rz 1).

2 Schulung: Nr. 1 entspricht § 13 Nr. 1 M (s. dort Rz 2 f); dabei wird die Ausbildungsverpflichtung auf 5 Jahre, beginnend mit der Anlieferung, begrenzt (s. zu diesem Zeitpunkt Rz 2 zu § 3 M).

3 Beratung bei der Einsatzvorbereitung: Nr. 2 entspricht

§ 13 Nr. 2 M; dabei wird der AN verpflichtet, dem AG auch das entsprechende Informationsmaterial zur Verfügung zu stellen.

4 Testzeit Nr. 3: S. MS 8. Testzeit *nach* Installation (s. Rz 7 zu § 13 Nr. 3 M) gibt es bei Kauf nicht.

5 Nr. 4 entspricht § 13 Nr. 4 M (s. dort Rz 1 und 8).

§ 14. Einweisung des Personals, Bedienung der Anlage

1. Der Auftragnehmer weist das Bedienungspersonal rechtzeitig ein und stellt gleichzeitig die notwendigen Bedienungsanweisungen in angemessenem Umfang in deutscher Sprache, bei Übersetzungen auf Verlangen auch im Originaltext, zur Verfügung.
Der Auftraggeber ist verpflichtet, die Anlage oder Geräte während der Gewährleistungszeit entsprechend der Bedienungsanweisung des Auftragnehmers zu benutzen.

2. Während der Gewährleistungsfrist auftretende Mängel sind dem Auftragnehmer unter Angabe der für die Störungsbeseitigung zweckdienlichen Informationen unverzüglich zu melden.

3. Über die Betriebs-, Stillstands- und Wartungszeiten der Anlagen oder Geräte und den Zeitpunkt der Störungsmeldung führt der Auftraggeber während der Gewährleistungsfrist Aufzeichnungen (z.B. ein Betriebsbuch). Die Angaben über den Zeitpunkt der Störungsmeldung und die Wartungszeiten sind vom Wartungspersonal des Auftragnehmers zu unterschreiben. Bei Ansprüchen aus Gewährleistung sind die unterschriebenen Zeitangaben in diesen Aufzeichnungen für beide Seiten verbindlich.

1 § 14 entspricht weitestgehend § 14 M; dabei sind die Verpflichtungen des AG in Nr. 1 und 2 entsprechend dem Vertragsverhältnis auf die Gewährleistungszeit begrenzt.

2 Nr. 1 und 2 unterscheiden sich von § 14 Nr. 1 und 2 M nur durch die Gliederung (s. dort Rz 2 - 4).

3 Nr. 3 entspricht § 14 Nr. 3 M (s. dort Rz 5 f), wobei klargestellt wird, daß auch der Zeitpunkt der *Störungsmeldung* festzuhalten und vom Wartungspersonal des AN zu unterschreiben ist (weil die Sanktionen an diesen Zeitpunkt anknüpfen).
Die Eintragungen sind bereits in § 9 Nr. 2 II geregelt (s. dort Rz 14) und werden in § 17 Nr. 3 weitgehend wiederholt (s. dort Rz 8).

§ 15. Zutritt zu der Anlage

Für Instandsetzungsarbeiten aus Gewährleistung hat der Auftraggeber dem Auftragnehmer unverzüglich und ohne unzumutbare Auflagen Zutritt zu der Anlage oder den Geräten zu gewähren; die Sicherheitsauflagen sind in § 22 geregelt. Für alle sonstigen Tätigkeiten des Auftragnehmers im Rahmen des Kaufvertrags wird der Zutritt durch besondere Vereinbarung geregelt.

1 § 15 entspricht § 15 M, wobei die Geltung auf die Gewährleistungsfrist beschränkt wird.

§ 16. Erweiterung und Änderung der Anlage

1. Nimmt der Auftragnehmer allgemein Änderungen an von ihm aufgestellten Anlage- oder Gerätetypen vor, so hat er den Auftraggeber rechtzeitig zu unterrichten, soweit die Anlage oder Geräte des Auftraggebers zu diesem Typ gehören.
Hält der Auftragnehmer während der Gewährleistungsfrist die Durchführung der Änderungen an der Anlage oder den Geräten des Auftraggebers erforderlich, hat der Auftraggeber sie zuzulassen, soweit ihm hierdurch keine Ausgaben oder keine unzumutbaren Nachteile entstehen. Änderungen an der vom Auftragnehmer vertraglich übergebenen Software, die durch diese Änderungen an der Anlage oder den Geräten notwendig werden, hat der Auftragnehmer ebenfalls ohne Berechnung durchzuführen.
Änderungen gemäß Absatz 1, die der Auftraggeber verlangt, führt der Auftragnehmer - soweit technisch möglich - durch; Einzelheiten werden gesondert vereinbart.

2. Beabsichtigt der Auftraggeber, während der Gewährleistungsfrist Änderungen an der Anlage oder den Geräten oder der Grundsoftware vorzunehmen oder Geräte anderer Hersteller anzuschließen, zeigt er dies dem Auftragnehmer rechtzeitig an.
Ist der Auftragnehmer der Auffassung, daß er durch die Änderungen oder durch den Anschluß von Geräten in der Erfüllung seiner vertraglichen Verpflichtungen beeinträchtigt ist, weist er den Auftraggeber hierauf schriftlich hin.
Führt der Auftraggeber Änderungen im Einvernehmen mit dem Auftragnehmer durch, so wird hiervon die Gewährleistungsverpflichtung des Auftragnehmers für seine vertraglichen Leistungen nicht berührt; andernfalls erlischt die Gewährleistung des Auftragnehmers, es sei denn, daß ein Mangel erkennbar nicht auf die Änderung zurückzuführen ist. Schließt der Auftraggeber an die Anlage oder die Geräte, die vom Auftragnehmer geliefert wurden, Geräte anderer Hersteller an, so erstreckt sich die Gewährleistungs-

pflicht des Auftragnehmers bis zur Schnittstelle der von ihm gelieferten Anlage oder Geräte.
Beeinflussen die Änderungen oder der Anschluß von Geräten die Instandhaltungsarbeiten nach § 17 Nr. 1 wesentlich, so ist auf Verlangen des Auftragnehmers eine Vereinbarung nach § 17 Nr. 1 Abs. 1 Satz 2 zu treffen.
Der Auftragnehmer ist verpflichtet, die für den Anschluß der Geräte anderer Hersteller notwendigen Geräte oder Geräteteile dem Auftraggeber zu vermieten oder zu verkaufen, soweit diese allgemein verfügbar sind.
Der Auftragnehmer ist verpflichtet, den Auftraggeber zu unterrichten, wenn ihm bekannt ist, daß durch die Änderungen oder den Anschluß der Geräte Schutzrechte Dritter verletzt werden.

3. Sollen die Anlage oder Geräte vereinbarungsgemäß im Zusammenwirken mit in der Leistungsbeschreibung aufgeführten Anlagen oder Geräten anderer Hersteller genutzt werden, so gewährleistet der Auftragnehmer, daß seine Geräte anschlußkompatibel sind und daß die von ihm gelieferte Software auch im Zusammenwirken mit den Geräten, die vereinbarungsgemäß an die Geräte des Auftragnehmers angeschlossen werden, ordnungsgemäß arbeitet. Für alle Nachteile, die dem Auftraggeber dadurch entstehen, daß die genannten Voraussetzungen nicht gegeben sind, haftet der Auftragnehmer im Rahmen der Vertragsbedingungen. Dies gilt auch für Schäden oder Mängel, die durch diese Geräte an den Geräten verursacht werden, an die sie angeschlossen sind, und für Schutzrechtsverletzungen.
Änderungen nach Nummer 1, die der Auftragnehmer nach Lieferung an den Geräten des Auftraggebers vornimmt, dürfen die Anschlußkompatibilität nach Absatz 1 nicht beeinträchtigen; ebenso darf durch diese Änderungen oder durch Änderungen an der gelieferten Software deren Funktionsfähigkeit auch in bezug auf die angeschlossenen Fremdgeräte nicht beeinträchtigt werden.
Einzelheiten können gesondert vereinbart werden.

4. Der Auftragnehmer ist in den Fällen der Nummer 2 und 3 während der Gewährleistungsfrist verpflichtet, sich auf Verlangen des Auftraggebers im Rahmen des Zumutbaren an der Eingrenzung der Fehler zu beteiligen, die sich aus dem Zusammenwirken der Geräte ergeben können. Stellt sich hierbei heraus, daß der Fehler von den Geräten verursacht wurde, die an die vom Auftragnehmer gelieferten Geräte angeschlossen sind, ist der Auftragnehmer berechtigt, eine Vergütung für seine Leistungen bei der Fehlereingrenzung zu verlangen.

1 § 16 entspricht weitgehend § 17 M. Dabei ist der Wortlaut zum Teil präziser gefaßt; außerdem war zu berücksichtigen, daß bei Kauf der AG Eigentümer der Anlage ist.

I. Änderungen der installierten Geräte bei Fabrikationsänderungen (Nr. 1)

2 Nr. 1 behandelt wie § 17 Nr. 1 M Fabrikationsänderungen an dem Typ eines Gerätes, das beim AG installiert ist. Es wird nicht nur der Fall behandelt, daß der AN die Änderungen auf die Geräte des AG übertragen will, sondern auch der Fall, daß der AG dies wünscht (s. Rz 6 zu § 17 M). Der Wortlaut von Nr. 1 I. 1 ("allgemeine Änderung") verdeutlicht, daß es sich um eine Fabrikationsänderung und nicht um die Änderung von Geräten handelt, die bereits bei anderen Anwendern installiert sind. Da in § 17 M die Formulierung "soweit Geräte des Mieters hiervon betroffen werden" mehrdeutig ist, heißt es hier: "Soweit Geräte zu diesem Typ gehören." Die Geräte müssen vom AN selber "aufgestellt" sein, d.h. von ihm erworben sein. Bei § 12 Nr. 1 I W wird darauf abgestellt, daß sie von ihm gewartet werden.
Die Informationspflicht besteht unabhängig von der Gewährleistungsfrist so lange, wie der AN Fabrikationsänderungen vornimmt.

3 Übernahme auf Wunsch des AN: Nach Nr. I. 2 ist der AN berechtigt, während der Gewährleistungszeit diese Änderungen auch bei den beim AG installierten Geräten vorzunehmen, sofern er es für erforderlich hält. Es besteht keine Einschränkung, daß der AN dies nur aus Gründen der Gewährleistung aus dem Kaufvertrag vornehmen darf. Änderungen sind also auch im Hinblick auf die Wartung aufgrund eines künftigen Wartungsvertrags zulässig (s. Rz 3 zu § 17 M). Die Änderungen müssen aber für den AG zumutbar sein (s. Rz 4).
Der AG hat die Änderungen zuzulassen, sofern nicht Weigerungsgründe vorliegen. Der AN trägt die Beweislast, weil er die Übertragung der Änderungen verlangt. Der AG ist zur Darlegung entgegenstehender Gründe verpflichtet (s. GZ 3 Rz 30).
Ob erforderliche Änderungen der Grundsoftware unter § 16 Nr. 1 fallen (parallel zu § 17 M, s. dort Rz 3) oder unter § 19 Nr. 2 I. 2, kann dahingestellt bleiben; § 19 enthält dieselben Voraussetzungen wie § 16 (s. Rz 3 zu § 19).

4 Weigerungsgründe sind Ausgaben oder unzumutbare Nachteile. Der Begriff Ausgaben ist enger als die Begriffe Kosten oder Aufwand: Der AG soll nur solche finanziellen Belastungen geltend machen können, die zu im Haushalt nicht vorgesehenen Zahlungen führen, die also nicht mit den vorhandenen Mitteln gedeckt werden können. Der Begriff Ausgaben wird also nicht im betriebswirtschaftlichen Sinne verwandt (jeder Güterverzehr, der auch zu Zahlungen führt). Denn der Einsatz von Programmierern des AG würde Ausgaben im betriebswirtschaftlichen Sinne darstellen.

Die Voraussetzungen dürfen nicht durch das Wort "oder" miteinander verbunden werden, weil sie negativ formuliert sind: Der AG müßte sonst Änderungen zulassen, sobald eine der beiden Voraussetzungen (keine Kosten bzw. keine unzumutbaren Nachteile) erfüllt ist. Er müßte die Änderungen also zulassen, wenn er keine Ausgaben hat (Voraussetzung ist erfüllt!), selbst wenn er unzumutbare Nachteile erleidet. In § 19 Nr. 2 I. 2 K sowie in § 12 Nr. 1 II W sind die Voraussetzungen richtigerweise mit "und" verbunden. Kosten, die nicht zu Ausgaben führen, müssen so erheblich sein, daß sie einen unzumutbaren Nachteil darstellen. Dies gilt insb. für den Fall, daß der AG wegen der Änderungen der Grundsoftware seine Software - mit seinem Personal und unter Einsatz von Maschinenzeiten - ändern muß. Während nach § 17 Nr. 1, 4 M der AN stets die Kosten für die Änderung der Software zu tragen hat (s. dort Rz 6), muß der AG hier seine Programme im Rahmen des Zumutbaren selber ändern. Der AN soll nicht mit Änderungen belastet werden, wenn diese durchzuführen dem AG zumutbar ist; denn der Aufwand des AN wäre wegen der Einarbeitung in fremde Programme idR erheblich größer, sofern nicht programmunterstützt umgestellt wird. Es ist für den AG allerdings unzumutbar, die vom AN *gelieferten* Programme zu ändern. Zu Änderungen, die den Anschluß von mixed hardware beeinträchtigen, s. Rz 9.

5 Übernahme auf Wunsch des AG: Nach Nr. 1 III kann der AG seinerseits - gegen Vergütung - zeitlich unbegrenzt verlangen, daß Fabrikationsänderungen auch auf seine Geräte übertragen werden. Diese Verpflichtung besteht idR auch nach § 12 Nr. 1 III W.
Die Verpflichtung besteht nur im Rahmen des technisch Möglichen. Damit soll in erster Linie berücksichtigt werden, daß Änderungen u.U. aufeinander aufbauen, der AG also dann nur alle Änderungen zusammen verlangen kann. Der AN muß auch in der Lage sein, frühere Änderungen, auf die der AG verzichtet hat, nachzuholen. (Der AN kann über die Höhe der Vergütung steuern, wie lange er bereit ist, einzelne Änderungen vorzunehmen.)

II. Änderungen/Anschluß "fremder" Geräte durch den AG (Nr. 2 - 4)

6 Nr. 2 - 4 regeln in Anlehnung an § 17 Nr. 2 - 6 M das Recht des AG,die Geräte zu ändern bzw. Geräte anderer Hersteller anzuschließen. Die Regelungen gelten in erster Linie für die Gewährleistungsfrist, z.T. aber auch darüberhinaus:

- Das Recht, diese Maßnahmen zu treffen, wird in Nr. 2 I vorausgesetzt.
- Anzeigepflicht (Nr. 2 I)
- Unterstützung durch den AN
  - Beratungspflicht (Nr. 2 II und VII)
  - Lieferung erforderlicher Hardware (Nr. 2 VI)
- Verhältnis nach Änderung

- vereinbarte Kompatibilität (Nr. 3)
- Auswirkung auf die Gewährleistung:
  - Schnittstelle (Nr. 2 IV)
  - Instandsetzung (Nr. 2 III), insbesondere Beteiligung an der Fehlersuche (Nr. 4)
  - Instandhaltung und Vergütung (Nr. 2 V).

7 Das Recht zu Änderungen/Anschlüssen: Der AG ist als Eigentümer uneingeschränkt berechtigt, die Geräte zu ändern oder Geräte anderer Hersteller anzuschließen. § 16 K unterscheidet nicht mehr zwischen Änderungen und Anbauten. Trifft der AG diese Maßnahmen bereits während der Gewährleistungsfrist, so ist er nach Nr. 2 I verpflichtet, sie dem AN rechtzeitig anzuzeigen.

8 Unterstützung durch den AN: Die Beratungspflicht beschränkt sich hier auf Hinweispflichten:
- Nimmt der AN an, daß die Gewährleistung für ihn erschwert wird, soll er nach Nr. 1 II darauf hinweisen.
- Die Hinweispflicht auf mögliche Schutzrechtsverletzungen gilt gem. Nr. 1 VII nur für Verletzungen, die dem AN bekannt sind (anders als in § 17 Nr. 2 II. 4 M).

Will der AG Geräte anderer Hersteller anschließen, so ist der AN nach Nr. 1 VI verpflichtet, die für den Anschluß erforderlichen Einheiten zu liefern (Hardware oder Software, s. Rz 16 zu § 17 Nr. 2 I. 5 M; die Wortwahl "zu vermieten oder zu verkaufen" ist hier präziser).

9 Tatsächlich vorhandene Kompatibilität: Besteht Kompatibilität für den Einsatz von mixed hardware, ohne daß dies nach Nr. 3 vereinbart ist, so darf der AN diese Kompatibilität höchstens aus wartungstechnischen Gründen beeinträchtigen. Andere Gründe sind in aller Regel für den AG unzumutbar: Der AN würde den AG nur deswegen belasten, damit er für den Rest der Gewährleistungsfrist seine Wartungspflichten leichter erfüllen kann, weil alle Einheiten auf einem einheitlichen technischen Niveau stehen. Diese Erleichterung selber kann nicht als wartungstechnischer Grund angesehen werden, weil dann jede Änderung durch diesen Grund gedeckt wäre (anders § 17 M, s. dort Rz 20). Wartungstechnische Gründe liegen also nur vor, wenn die Änderung unmittelbar der Verbesserung der Wartung dient. Diese Gründe sind deswegen zu berücksichtigen, weil der AN nach § 18 zum Abschluß eines Wartungsvertrags auf 5 Jahre verpflichtet ist.

10 Vereinbarte Kompatibilität (Nr. 3): Die Regelungen entsprechen denen in § 17 Nr. 3 M mit einigen Präzisierungen (s. dort Rz 22 ff). Nr. 3 I enthält gegenüber § 17 Nr. 3 I M sprachliche Präzisierungen: Es wird klargestellt, daß die Geräte, mit denen die zu beschaffenden Geräte zusammenarbeiten sollen, in der LB aufgeführt werden müssen. Die Art des Zusammenwirkens muß ohnehin beschrieben werden; Nr. 3 III weist darauf hin (s. Rz 26 zu § 17 M). Wegen der Eigentumsverhältnisse heißt es nicht Anlagen des AN, sondern vom AN gelieferte Anlagen.

In Nr. 3 II soll durch die Aufnahme der Worte "nach Nr. 1" klargestellt werden, daß nur solche Fabrikationsänderungen gemeint sind, die der AN nachträglich auf die installierten Anlagen des AG übertragen will. Andere Änderungen der Hardware sind unzulässig. Es wird auch verdeutlicht, von welchem AN Hardware und Software kommen. "Fremdgeräte" sind Geräte, die der AG von einem anderen AN als dem bezogen hat oder beziehen will, mit dem er jetzt einen Vertrag schließt.

11 Gewährleistung bei Änderungen: Stimmt der AN Änderungen zu, so wird gem. Nr. 2 III die Gewährleistung nach § 9 (Instandsetzungspflicht unter Sanktionen) nicht berührt. Andernfalls wird sie auf diejenigen Mängel beschränkt, die erkennbar nicht auf die Änderung zurückzuführen sind (parallel zu § 9 Nr. 7 IV). Die Pflicht zur Fehlerbeseitigung besteht aber auch dann nur im Rahmen des Zumutbaren, d.h. insoweit, als der AN nicht in die Fremdteile eingreifen muß. Hat der AG auch die Grundsoftware geändert, so kann er den Nachweis, daß der Mangel nicht auf die Änderung zurückzuführen ist, meist dadurch führen, daß er die unveränderte Version der Grundsoftware einsetzt.
Unterliegen Fehler nicht der Gewährleistung, so dürfte der AN dennoch zu ihrer Beseitigung gemäß § 17 Nr. 2 verpflichtet sein. Die Sanktionen nach § 9 gelten dann nicht; der AN dürfte berechtigt sein, eine Vergütung seines Mehraufwands zu verlangen. Bei Wartung dürfte der AG einen entsprechenden Anspruch gegen Vergütung nach § 5 Nr. 2 haben.
Erschweren sich die Instandhaltungsarbeiten wesentlich, kann der AN einen finanziellen Ausgleich gem. Nr. 2 V verlangen (ähnlich § 17 Nr. 5 I M). Der Hinweis auf § 17 Nr. 1 I. 2 soll darauf hinweisen, daß der Zuschlag möglichst pauschaliert werden soll.

12 Gewährleistung bei Anschlüssen: Nr. 2 IV über die Schnittstelle für die Gewährleistung und Nr. 4 über die Mitwirkung des AN bei der Fehlersuche entsprechen § 17 Nr. 2 I. 4 bzw. Nr. 4 M (s. dort Rz 31 bzw. 32). Erhöht sich der Instandhaltungsaufwand, so kann der AN nach Nr. 2 V eine höhere Vergütung (s. letzte Rz) verlangen (was in § 17 Nr. 2 I. 4 bzw. Nr. 5 M bei Anschlüssen nicht vorgesehen ist).

§ 17. Wartung während der Gewährleistungsfrist

1. Der Auftragnehmer ist verpflichtet, während der Gewährleistungsfrist die erforderlichen Instandhaltungsarbeiten regelmäßig durchzuführen. Die Vergütung hierfür ist, soweit sie nicht im Kaufpreis enthalten ist, in der Leistungsbeschreibung zu vereinbaren.
Der Auftraggeber stellt dem Auftragnehmer die Anlage oder Geräte für die Durchführung der erforderlichen Instandhaltungsarbeiten zur Verfügung. Die Arbeiten werden nach einem zu vereinbarenden Zeitplan durchgeführt.

2. Der Auftragnehmer hat während der Gewährleistungsfrist auch die Instandsetzungsarbeiten, zu denen er nicht nach § 9 und § 11 verpflichtet ist, unverzüglich durchzuführen; hierfür kann er eine Vergütung verlangen.

3. Nach Durchführung der Wartungsarbeiten hat das Wartungspersonal des Auftragnehmers in den Unterlagen (z.B. im Betriebsbuch) des Auftraggebers (§ 14 Nr. 3) anzugeben, daß die Betriebsbereitschaft der Anlage oder Geräte wieder hergestellt wurde; die Angaben sind vom Wartungspersonal zu unterschreiben.

4. Um behördliche Genehmigungen für Arbeiten an Sonn- und Feiertagen wird der Auftragnehmer mit Unterstützung des Auftraggebers nachsuchen.

5. Ist auf Grund der §§ 7, 9 und 10 eine Ausweichanlage vereinbart, kann der Auftraggeber während der Gewährleistungsfrist diese gegen besondere Vergütung auch dann benutzen, wenn die gekaufte Anlage oder die gekauften Geräte aus anderen Gründen nicht genutzt werden können. Die Nutzungszeiten bedürfen der Vereinbarung.

1 § 17 entspricht weitgehend § 18 M, beschränkt auf die Gewährleistungsfrist.

1. Instandhaltung (Nr. 1)

2 Einleitung: Die Verpflichtung zur Instandhaltung ist in den Kaufvertrag einbezogen worden, damit während der Gewährleistungsfrist eine einheitliche Wartungsverpflichtung besteht: Der AG braucht sich nur auf einen Vertrag zu berufen; eine Lücke oder eine Konkurrenz zwischen einem Kaufvertrag und einem Wartungsvertrag besteht nicht. Wirtschaftlich gesehen wird der AN dadurch nicht schlechter gestellt, da er nach Nr. 1 I. 2 eine gesonderte Vergütung verlangen kann, mit der er die Kosten für die Instandhaltung abdecken kann, soweit diese nicht bereits in dem Kaufpreis einkalkuliert sind. Diese Vergütung soll preisrechtlich gesehen nicht diejenigen zusätzlichen Kosten einbeziehen, die sich aus der Ausgestaltung der Instandsetzung in § 9 ergeben können (Mehraufwand und Risiko, Sanktionen zahlen zu müssen). Dafür müßte ein gesonderter Zuschlag erhoben werden. Wegen des komplementären Verhältnisses von Instandsetzung und Instandhaltung (s. Rz 2 zu § 18 M) ist es aber als zulässig anzusehen, die Kosten in diesem Zuschlag zusammenzufassen.

3 Die Pflicht zur Instandhaltung in Nr. 1 I. 1 entspricht der in § 18 Nr. 1, 1 M (s. MS 10 Rz 2). Der AN hat hier

dasselbe Interesse an einer gründlichen Instandhaltung wie bei der Miete, wenn sich ein Wartungsvertrag an den Kaufvertrag anschließt. Da davon ausgegangen werden kann, kann die Regelung über die Instandhaltung auch hier kurzgehalten werden (s. Rz 2 zu § 18 M).

4 Instandhaltungszeiten und Vergütung: § 17 enthält keine Aussage, zu welchen Zeiten der AN zur Instandhaltung verpflichtet ist und inwieweit Arbeiten zu ungünstigen Zeiten gesondert zu vergüten sind. Eine § 18 Nr. 1, 3 M entsprechende Regelung ist nicht aufgenommen worden; die Fragen sollen einzelvertraglich geregelt werden. KS 10 (Nr. 7.2) enthält in Anlehnung an WS 2 einige Vorgaben, nämlich die pauschale Vergütung von Arbeiten zu ungünstigen Zeiten anstatt der Vergütung tatsächlich geleisteter Stunden und ggf. einen Zuschlag für Mehrbenutzung bei Geräten mit Zählwerk. Andere Vereinbarungen sind als zulässig anzusehen.

5 Nr. 1 II. 1 verpflichtet den AG, die Anlage für die Instandhaltung zur Verfügung zu stellen (ebenso § 18 Nr. 1, 4 M; s. auch Rz 1 zu § 15 M).
Nr. 1 II. 2 (Zeitplan) entspricht § 18 Nr. 1, 5 M (s. dort Rz 3).

2. Ergänzende Regelungen zu Instandhaltung und Instandsetzung (Nr. 2 - 5)

6 Instandsetzung zu ungünstigen Zeiten: Eine § 18 Nr. 2 I M entsprechende Regelung über die Vergütung für Instandsetzungsarbeiten zu ungünstigen Zeiten ist in § 9 Nr. 2 II aufgenommen (s. dort Rz 13).

7 Instandsetzung, zu der der AN nicht aus Gewährleistung verpflichtet ist: Nr. 2 entspricht § 18 Nr. 2 II M dem Wortlaut, nicht aber der Bedeutung nach, weil hier der AG Eigentümer der Anlage ist. Der AN ist auch hier zur Instandsetzung verpflichtet, wenn die Störungen nicht unter die Gewährleistung gem. § 9 fallen. Hierfür kann er eine Vergütung verlangen, d.h. für Personal- und Materialaufwand.
Diese Vergütung erhält er hier auch idR. Denn der Verweis auf § 11 dürfte hier eine andere Bedeutung haben als in § 18 Nr. 2 II M. Dort bezieht er sich auf § 11 Nr. 1 M (die Vergütung entfällt, soweit der AG von der Haftung für die Beschädigung der Mietsache freigestellt ist, also praktisch stets, s. Rz 11 zu § 18 M). Hier gibt es in § 11 keine § 11 Nr. 1 M entsprechende Regelung. Der AG trägt als Eigentümer das Risiko von Beschädigungen.
Der Verweis dürfte sich auf § 11 Nr. 1 K beziehen, der § 11 Nr. 2 M entspricht: Der AN soll gem. § 11 Nr. 1 zur Instandsetzung verpflichtet sein, wenn er die Anlage des AG beschädigt (s. Rz 1 zu § 11; die Haftung für solche Beschädigungen fällt allerdings gem. § 11 Nr. 2 I. 4 unter § 9, so daß sich die Instandsetzung nach § 9 richtet, s. Rz 9 zu § 11).

8 Nr. 3 (Angaben über die Wiederherstellung der Betriebsbereitschaft) entspricht § 18 Nr. 3 M; dabei wird nicht vom Wartungstechniker, sondern vom Wartungspersonal gesprochen (s. dort Rz 15). Die Angaben sind bereits nach § 14 Nr. 3 zu machen (s. dort Rz 3).

9 Nr. 4 (Arbeitszeitverlängerungen durch das Gewerbeaufsichtsamt) entspricht § 18 Nr. 5 M (s. dort Rz 17).

10 Nr. 5, 1 (Stellung einer Ausweichanlage) entspricht § 18 Nr. 6 M; dabei wird davon gesprochen, daß die Geräte nicht benutzt werden können, während § 18 M von Ausfall spricht (s. dort Rz 18). Die Anführung von § 10 ist hier auch deswegen unklar, weil in § 10 eine einzelvertragliche Vereinbarung über die Stellung einer Ausweichanlage gar nicht vorgesehen ist (s. dort Rz 3).
Nr. 5, 2 soll darauf hinweisen, daß hier Vereinbarungen erforderlich sind.

§ 18. Wartung nach Ablauf der Gewährleistungsfrist

1. Der Auftragnehmer ist auf Verlangen des Auftraggebers verpflichtet, die Anlage oder Geräte auch nach Ablauf der Gewährleistung zu warten. Hierüber ist auf der Grundlage der für die öffentlichen Auftraggeber maßgebenden "Besonderen Vertragsbedingungen für die Wartung von EDV-Anlagen und -Geräten" ein gesonderter Wartungsvertrag zu schliessen. Das Verlangen ist vom Auftraggeber dem Auftragnehmer rechtzeitig, spätestens 3 Monate vor dem beabsichtigten Wartungsbeginn, schriftlich mitzuteilen.
Wurden die Anlage oder Geräte nicht ständig vom Auftragnehmer gewartet, so überprüft der Auftragnehmer im Einvernehmen mit dem Auftraggeber die Anlage oder Geräte. Die Kosten dieser Überprüfung sind dem Auftraggeber vor Beginn der Arbeiten schriftlich verbindlich bekanntzugeben und werden dem Auftraggeber gesondert in Rechnung gestellt. Nach dem Ergebnis der Überprüfung teilt der Auftragnehmer schriftlich mit, auf Grund welcher Überholungsarbeiten und für welche Mindestdauer er die Wartung nach den "Besonderen Vertragsbedingungen für die Wartung von EDV-Anlagen und -Geräten" zu übernehmen bereit ist. Einzelheiten der Überholung, insbesondere die Kosten, werden auf Grund eines Kostenvoranschlages gesondert vereinbart.

2. Macht der Auftraggeber von der Möglichkeit der Wartung durch den Auftragnehmer keinen Gebrauch, kann der Auftraggeber verlangen, daß ihm der Auftragnehmer unverzüglich nach Aufforderung das für die Wartung notwendige Material (z.B. Wartungsanleitung, Anlagenbeschreibung, Testprogramme, Ersatzteillisten, Ersatzteile usw.) zur Verfügung stellt. Die Weitergabe dieses Materials an Dritte (Wartungsunternehmen) bedarf der Zustimmung durch den Auftragnehmer. Einzelheiten über das zur Verfügung zu stellende Material und ggf. die Preise sind gesondert zu vereinbaren.

3. Der Auftragnehmer hält das für die Wartung notwendige Material für die Dauer von 7 Jahren nach der Abnahme der Anlage oder Geräte bereit, soweit im Einzelfall nichts anderes vereinbart ist.

1. Pflicht des AN, einen Wartungsvertrag zu schließen (Nr. 1)

1 Nr. 1 I enthält eine Abschlußpflicht für den AN zu einem Wartungsvertrag für die *Hardware* auf der Grundlage der BVB-Wartung. Dadurch erhält der AG die Sicherheit, daß die Betriebsbereitschaft für weitere fünf Jahre im Rahmen des technisch Möglichen sichergestellt wird. Eine solche Abschlußpflicht wird vom BGH desto eher gem. § 26 II Gesetz gegen Wettbewerbsbeschränkungen angenommen, je technisch hochentwickelter ein Produkt ist und je spezialisierter Fachleute für die Wartung sein müssen (Urteil vom 19.9.1974, NJW 1974, 2236).
Eine entsprechende Regelung für die Wartung der *Software* fehlt. Dem Grunde nach besteht sie nach § 26 II Gesetz gegen Wettbewerbsbeschränkungen, aber nur für Wartung, nicht für Weiterentwicklung. Zur einzelvertraglichen Absicherung des AG s. KS 15 Rz 6.

2 Nr. 1 II behandelt den Fall, daß der AN (der Verkäufer) derzeit nicht zur Wartung der Geräte verpflichtet ist. Er ist zwar verpflichtet, die Wartung wieder zu übernehmen; sein Risiko wird jedoch dadurch gemildert, daß er das Recht hat, die Anlage zuerst zu überprüfen und ggf. zu überholen; er kann auch verlangen, daß die Mindestdauer der Wartung verringert wird.

2. Nachwirkende Pflichten des AN (Nr. 2 und 3)

3 Lieferung von Wartungsmaterial außerhalb eines Wartungsvertrages (Nr. 2): Der AN ist verpflichtet, dem AG, der die Geräte selber oder durch Dritte warten lassen will, das erforderliche Material zur Verfügung zu stellen. Die Weitergabe des Materials an Dritte unterliegt mit Rücksicht auf Betriebsgeheimnisse der Zustimmung des AN. Dieser darf sie nur wegen eines Betriebsgeheimnisses verweigern. Anderenfalls würde die Regelung dem AG weniger geben, als er bzw. das Wartungsunternehmen ohnehin verlangen kann. Die Verpflichtung des Herstellers aus § 26 II Gesetz gegen Wettbewerbsbeschränkungen, an Wartungsunternehmen Ersatzteile zu liefern, die wirtschaftlich gesehen nur er liefern kann, wird von der Rechtsprechung bejaht, soweit nicht im Einzelfall etwas dagegensteht: "Es darf dabei nicht unberücksichtigt bleiben, daß es

sich hier im Zuge des zunehmenden Gebrauchs von technischen Geräten, die einer laufenden fachkundigen Wartung bedürfen, um einen Geschäftsverkehr handelt, der noch in der Entwicklung begriffen ist, und daß die Wahrung der wettbewerblichen Belange auch die Einbeziehung der Vorstellungen der Besitzer solcher Geräte gebietet, die die Dienstleistungen in Anspruch nehmen und die auf sie angewiesen sind. Diese Bedarfsträger können davon ausgehen, daß sie für den erforderlichen Wartungsdienst nicht nur auf ein Unternehmen angewiesen sind, sondern auch eine ihnen zuverlässig erscheinende Werkstätte in Anspruch nehmen können, die bei dieser Dienstleistung nicht durch die Vorenthaltung der erforderlichen Ersatzteile gehemmt ist." (BGH, Urteil vom 26.10.1972, NJW 1973, 280; s. auch Urteil vom 22.10.1973, NJW 1974, 141).

4 Vorhaltung von Wartungsmaterial (Nr. 3): Unabhängig davon, wer die Wartung durchführt, ist der AN verpflichtet, das für die Wartung notwendige Material eine bestimmte Zeit lang vorzuhalten. Die Dauer von sieben Jahren ist auf die durchschnittliche Lebenserwartung der Geräte abgestellt; dies entspricht dem Urteil des AG München vom 6.5.1970 (NJW 1970, 1852): "Allgemein besteht nach § 433 BGB i.V.m. § 242 BGB eine Verpflichtung des Herstellers, und zwar auch ohne besondere Nebenabrede, dem Käufer auf Verlangen auch späterhin notwendige, von anderer Seite nicht zu beschaffende Ersatzteile oder Betriebsstoffe gegen entsprechende Bezahlung zu liefern (vgl. Staudinger, 11. Aufl., § 242 BGB, A 966); die Dauer dieser Nebenverpflichtung wird man auf die gewöhnliche Betriebsdauer des jeweiligen Gegenstandes erstrecken müssen." Das Urteil läßt offen, inwieweit auch derjenige Verkäufer verpflichtet ist, der die Geräte nicht selber hergestellt hat. Die BVB verpflichten ihn ebenso.

5 Im Einzelfall können Einschränkungen oder Verlängerungen vereinbart werden. Insb. deswegen, weil elektronische Bauteile idR von anderen Herstellern bezogen werden, streben einige AN Einschränkungen an (s. KS 15 Rz 4).

§ 19. Ergänzung der Software

1. Der Auftragnehmer unterrichtet den Auftraggeber über seine vorhandene Grundsoftware, sowie über eigene Neuentwicklungen der für die Anlagenkonfiguration des Auftraggebers geeigneten Grundsoftware und bietet ihm diese zur Benutzung an, soweit sie allgemein verfügbar sind.

2. Verbesserungen oder Änderungen der dem Auftraggeber überlassenen Grundsoftware - einschließlich Informationsmaterial - sind unverzüglich nach Erprobung dem Auftraggeber auf Verlangen zur Verfügung zu stellen. Hält der Auftragnehmer während der Gewährleistungsfrist die Übernahme der geänderten Programme aus Gründen, die nicht in

der Gewährleistung liegen, für erforderlich, hat der Auftraggeber diese Programme zu übernehmen, soweit ihm hierdurch keine Ausgaben und keine unzumutbaren Nachteile entstehen.
Einzelheiten werden ggf. gesondert vereinbart.

3. Im übrigen unterrichtet der Auftragnehmer den Auftraggeber ständig über die von ihm entwickelte Software, soweit sie allgemein verfügbar ist und für den Auftraggeber nach dessen Aufgabenbereich von Bedeutung sein kann.

1 § 19 entspricht weitgehend § 19 M. Die Pflichten des AN sind nicht auf die Gewährleistungsfrist begrenzt (vgl. § 16 Nr. 1).

2 Neuentwicklungen/Verbesserungen/Änderungen der Grundsoftware: Nr. 1 und Nr. 2 I. 1 entsprechen § 19 Nr. 1 und 2 M (s. dort Rz 2 ff); dabei wird darauf hingewiesen, daß auch Informationsmaterial zur Verfügung zu stellen ist. Die Frage der Vergütung bleibt offen; sie wird nach Nr. 2 II bei Bedarf besonders geregelt, und zwar entweder bereits in der LB oder im Einzelfall vor der Übernahme.

3 Pflicht zur Übernahme geänderter Grundsoftware: Nr. 2 I. 2 entspricht dem Auffangtatbestand in § 9 Nr. 6 I. 5 M (s. dort Rz 55 und 61). Die Regelung ergänzt § 16 Nr. 1, wo der AG nur verpflichtet wird, Änderungen der Hardware hinzunehmen. Ob dadurch erforderliche Änderungen der Grundsoftware unter § 19 Nr. 2 oder § 16 Nr. 1 fallen, kann dahingestellt bleiben, da die Voraussetzungen gleich sind (s. dort Rz 3).
Bei den Voraussetzungen wird nicht auf Kosten, sondern auf Ausgaben für den AG abgestellt (s. zum Begriff Rz 4 zu § 16).

4 Nr. 3 verpflichtet den AN entsprechend § 19 Nr. 3 M, für seine sonstigen Softwareprodukte zu werben.

§ 20. Datenträger, Zubehör

Während der Gewährleistungsfrist müssen die vom Auftraggeber verwendeten Datenträger und Zubehörteile den allgemein angewandten Richtlinien und Fachnormen entsprechen. Der Auftragnehmer berät den Auftraggeber in allen im Zusammenhang mit der Beschaffung von Datenträgern, Zubehör und Arbeitsmitteln auftretenden Fragen; er stellt ihm hierbei seine Spezifikationen zur Verfügung. Die Spezifikationen des Auftragnehmers sind für den Auftraggeber insoweit verbindlich, als allgemein angewandte Richtlinien oder Fachnormen noch nicht vorliegen oder aus maschinenspezifischen Gründen ein Abweichen von diesen Richtlinien und Fachnormen notwendig ist.

§ 20 entspricht § 20 M, beschränkt auf die Gewährleistungsfrist; dabei wird in Anlehnung an § 2 I c) in den Sätzen 1 und 3 einheitlich von "allgemein angewandten" Richtlinien gesprochen (statt von "üblichen" bzw. "allgemein gültigen" wie in § 20 M, s. dazu Rz 3 zu § 2).

§ 21. Umsetzungen, Abbau der Anlage

1. Soweit vom Auftraggeber während der Gewährleistungsfrist Umsetzungen der Anlage oder Geräte vom ursprünglichen Standort an einen anderen Standort innerhalb der Bundesrepublik Deutschland einschließlich Berlin (West) gewünscht werden und die Installations- und Aufstellungsvoraussetzungen am neuen Standort gegeben sind, hat der Auftragnehmer die Umsetzung durchzuführen. Einzelheiten werden gesondert vereinbart.

2. Der Auftraggeber trägt die aus der Umsetzung sich ergebenden Risiken.
Der Auftragnehmer hat den Auftraggeber auf mögliche Gewährleistungsrisiken hinzuweisen. Beeinflußt die Umsetzung die Gewährleistungsverpflichtungen des Auftragnehmers, so kann er verlangen, daß über die Gewährleistung eine neue Vereinbarung getroffen wird.

3. Soweit sich nach den §§ 7, 9 und 10 eine Rücknahme ergibt, übernimmt der Auftragnehmer den Abbau, die Verpackung und den Rücktransport der Anlage oder Geräte auf seine Kosten. Die Anlage oder Geräte sind spätestens 14 Tage nach Aufforderung vom Auftragnehmer oder dessen Beauftragten abzuholen.

1 § 21 entspricht teilweise § 21 M. Es wird hier zur Verdeutlichung statt von örtlicher Verlagerung von Umsetzung gesprochen, um auch Umstellungen innerhalb eines Rechenzentrums zu erfassen.

2 Umsetzungen: Nr. 1 behandelt Umsetzungen der Geräte während der Gewährleistungsfrist. Solche Fälle treten kaum auf und können dann durch besondere Vereinbarungen geregelt werden. Dementsprechend enthält Nr. 1 nur eine Abschlußpflicht für den AN. Der AN kann verlangen, in jedem Fall eingeschaltet zu werden, um die Umsetzung durchzuführen (s. auch Rz 2 zu § 21 M).
Nr. 2 II behandelt die Auswirkungen der Umsetzung auf die Gewährleistung in Anlehnung an § 21 Nr. 1 III M. Dabei steht nicht nur ein finanzieller Ausgleich zur Disposition, sondern auch die Einschränkung der Gewährleistungspflichten.
Nr. 2 I bürdet nicht wie die gleichlautende Regelung in § 21 Nr. 1 I. 2, 2.HS M dem AG die *Transportrisiken* auf (s. dort Rz 3), sondern leitet nur Nr. 2 II ein, daß der AG die *Gewährleistungsrisiken* trägt.

3 Kosten der Rückgabe im Falle des Rücktritts: Nr. 3 stellt klar, daß in allen Fällen, in denen der AG vom Kaufvertrag zurücktritt, der AN die Geräte auf seine Kosten abzuholen hat. Dies entspricht § 346 BGB (Palandt-Heinrichs § 346 Anm. 2). Dem AN wird ausdrücklich eine zeitliche Bindung auferlegt, damit der AG wieder über seine Räume verfügen kann.

§ 22. Geheimhaltung, Sicherheit

1. Der Auftragnehmer hat mit der gebotenen Sorgfalt darauf hinzuwirken, daß alle Personen, die von ihm mit der Bearbeitung oder Erfüllung dieses Vertrages betraut sind, die gesetzlichen Bestimmungen über Datenschutz beachten und die aus dem Bereich des Auftraggebers erlangten Informationen, soweit sie nicht offenkundig sind, nicht an Dritte weitergeben oder sonst verwerten.
Der Auftraggeber ist verpflichtet, alle im Rahmen des Vertragsverhältnisses erlangten Kenntnisse von Fabrikations- oder Geschäftsgeheimnissen vertraulich zu behandeln; unberührt hiervon bleibt der Erfahrungsaustausch zwischen den öffentlichen Auftraggebern.

2. Über Verpflichtung der Nummer 1 hinaus können weitere Sicherheitsvereinbarungen in der Leistungsbeschreibung oder in einem besonderen Vertrag getroffen werden.

1 § 22 entspricht weitgehend § 23 M.

2 Die Verpflichtungen des AN sind in Nr. 1 dahingehend erweitert, daß seine Mitarbeiter auch die gesetzlichen Bestimmungen über Datenschutz zu beachten haben (s. Rz 3 zu § 23 M).

3 Nr. 2 bestimmt einheitlich, daß für beide Seiten weitere Verpflichtungen bezüglich Geheimhaltung und Sicherheit festgelegt werden können (während dies in § 23 M für den AG in Nr. 1 II. 1, 2.HS geregelt ist).

§ 23. Kauf einer Mietanlage

Übt der Auftraggeber ein ihm eingeräumtes Kaufrecht gem. Mietvertrag für bereits installierte Anlagen oder Geräte aus, wird die Mietzeit, gerechnet von der gemeldeten Betriebsbereitschaft an, auf die Gewährleistungsfrist angerechnet. Die Funktionsprüfung gemäß § 8 gilt als erbracht, wenn die Anlage vom Auftraggeber abgenommen wurde oder von ihm mindestens 3 Monate genutzt wurde.

1 § 23 bestimmt den Inhalt eines Kaufvertrags, wenn der AG eine Kaufoption für eine installierte gemietete Anlage ausübt. Dabei ist es gleich, ob die Option aufgrund eines Vertrags nach den BVB-Miete oder nach anderen Bedingungen eingeräumt ist. § 22 M räumt dem AG eine Kaufoption ein. Beispiele für den Kaufvertrag s. PT 6.

2 Die Gewährleistungsfrist für den Kaufvertrag wird gem. Satz 1 von der gemeldeten Betriebsbereitschaft an gerechnet. Bei den BVB-Miete beginnen Gewährleistung und Mietzeit mit der Erklärung der Betriebsbereitschaft (s. Rz 4 zu § 9 M).
Die Funktionsprüfung gilt gem. Satz 2 als erbracht, wenn die Anlage überhaupt einmal abgenommen, d.h. einer Prüfung unterzogen worden ist oder mindestens eine angemessene Zeit, nämlich 3 Monate, genutzt worden ist.

§ 24. Erfüllungsort, Gerichtsstand, Abtretung

1. Erfüllungsort ist der in der Leistungsbeschreibung angegebene Aufstellungsort.

2. Für Rechtsstreitigkeiten ist ausschließlich das Gericht zuständig, in dessen Bezirk diejenige Stelle des Auftraggebers ihren Sitz hat, die für die Prozeßvertretung zuständig ist.

3. Die Abtretung von Forderungen des Auftragnehmers aus dem Vertrag bedarf der Zustimmung des Auftraggebers.

1 Nr. 1 und 2 entsprechen § 24 M (s. dort Rz 1 ff).

2 Der Zustimmungsvorbehalt nach Nr. 3 für Abtretungen soll die öffentliche Verwaltung entlasten.

§ 25. Schriftform

Der Kaufvertrag, seine Ergänzungen und Änderungen bedürfen der Schriftform, Ergänzungen und Änderungen müssen als solche ausdrücklich gekennzeichnet sein.

1 § 25 entspricht § 25 M (s. dort Rz 1 ff).

Kommentar BVB-Wartung

§ 1. Sachlicher Geltungsbereich

Die nachstehenden Bedingungen gelten für die Wartung von EDV-Anlagen und -Geräten und andere vereinbarte Leistungen.

1. Einleitung

1 § 1 gibt - in Anlehnung an § 1 VOL/B - den Vertragstyp an, der geregelt wird. § 1 enthält allerdings keine materielle Regelung, sondern eine Anweisung an den öffentlichen AG, die BVB bei Vertragsverhältnissen dieser Art zugrundezulegen (s. ähnlich zur VOL/B Daub B § 1 Ez 1).
§ 1 VOL/B wird durch § 1 W nicht verdrängt; die VOL/B wird über § 2 I d) W einbezogen.
Der Begriff Wartung ist aus den Herstellerbedingungen übernommen worden. In der öffentlichen Verwaltung werden auch andere Begriffe verwendet wie z.B. Materialerhaltung oder Unterhaltung.

2 Zum Geltungsanspruch der BVB als Regelbedingungen s. Rz 2 zu § 1 M und GZ 2 Rz 24 ff. Die Erläuterungen zu § 1 führen einen wartungsspezifischen "besonders gelagerten Ausnahmefall" an, bei dem Abweichungen zulässig sein können: "Ein solcher Fall kann auch vorliegen, wenn sich die Wartung nicht unmittelbar an die Gewährleistung anschließt; auf § 18 Nr. 1 Abs. 2 der Besonderen Vertragsbedingungen für den Kauf von EDV-Anlagen und -Geräten (BVB-Kauf) wird hingewiesen" (s. dort Rz 2 sowie WS 1 Rz 9).

3 Das den BVB-Wartung zugrundeliegende Konzept erschließt sich weniger aus § 1 oder aus § 4, wo der Begriff Wartung in üblicher Weise erläutert wird als die Durchführung der zur Erhaltung der Betriebsbereitschaft notwendigen Arbeiten, also einschl. der Wiederherstellung der Betriebsbereitschaft bei Störungen. Entscheidend ist, daß § 8 Sanktionen im Falle des Mißerfolgs androht. Der Wartungsvertrag ist also nicht - wie üblich - ein Dienstleistungsvertrag, nach dem Tätigkeiten geschuldet werden, sondern weitgehend ein Werkvertrag: die Betriebsbereitschaft wird als Erfolg geschuldet. Der Wartungsvertrag soll die Betriebsbereitschaft möglichst genauso sicherstellen wie die Regelungen über die Gewährleistung beim Kauf und bei der Miete (s. GZ 2 Rz 32 f).

4 Andere vereinbarte Leistungen treten bei diesen BVB in den Hintergrund (s. auch Rz 1 zu § 5).

5 Gegenstand der Wartung ist nur die Hardware (s. GZ 3 Rz 2). Angesichts der Anlehnung an die Hardwarebeschaffungsverträge (s. GZ 2 Rz 11) finden sich aber Regelungen, die sich auch auf die Software beziehen. Z.B. können Änderungen der Hardware durch den Wartungsunternehmer Änderungen der Grundsoftware oder auch der sonstigen Software erforderlich machen. Nach § 12 Nr. 1 II dürfen dem AG durch Änderungen der Hardware "- auch hinsichtlich der Software - keine Ausgaben ... entstehen." Die Frage, ob der AN ggf. die Grundsoftware ändern darf (s. Rz 55 zu § 9 M), wird hier nicht gestellt. Sie soll im Wartungs- oder Pflegevertrag für die Software geregelt werden.
Solange es noch keine BVB für die Wartung/Pflege von Programmen gibt, muß ein Wartungs-/Pflegevertrag bei Bedarf zu den AGB des AN geschlossen werden.

6 Herstellerneutralität: Die BVB-Wartung sollen auch den Fall abdecken, daß ein anderer AN als der Verkäufer der Hardware die Wartung übernimmt. Insb. deswegen ist die Wartung/Pflege der Grundsoftware ausgeklammert (s. Rz 5). Soweit der AG noch Leistungen braucht, die idR nur der Verkäufer erbringen kann, wird ihre Erbringung bereits im Kaufvertrag geregelt (s. Rz 4 zu § 1 K, z.B. die Vorhaltung und Lieferung von Ersatzteilen, s. Rz 3 f zu § 18 Nr. 2 und 3 K).
Der (reine) Wartungsunternehmer kann vom AG verlangen, daß er sich so verhält, wie es der Verkäufer als technisch sinnvoll vorsieht; so ist der AG nach § 4 Nr. 5 verpflichtet, die Anlage entsprechend den technischen Betriebsbedingungen sowie der Bedienungsanweisung des Verkäufers = Herstellers zu benutzen (s. dort Rz 6).
Zur Überlassung von Unterlagen des Verkäufers über das System an den AN s. Rz 2 zu § 4 VOL/B und Rz 3 zu § 18 Nr. 2 K.

2. Grundzüge des Wartungsvertrags

7 Die BVB-Wartung folgen bei der Festlegung der Wartungsleistungen und der Vergütung den üblichen Herstellerbedingungen für größere Systeme, wenn sie die Gewährleistung auch verschärfen (s. Rz 3).
Üblich ist die volle Wartung (Instandhaltung und Instandsetzung) als Grundpaket zu einer Grundpauschale. Überlegungen, getrennte Pauschalen für Instandhaltungsarbeiten, für Instandsetzungsarbeiten sowie für Materialaufwand (u. U. gesondert für Verschleißteile) vorzusehen, wurden fallengelassen. Im Interesse der Pauschalierung von Zahlungen (s. Einleitung Rz 3) wurden auch keine Regelungen über Generalüberholungen aufgenommen, die auf Zeit- und Materialbasis abzurechnen gewesen wären (s. Rz 16 zu § 5).

8 Zeitlicher Umfang der Wartungsbereitschaft: Die Grundpauschale deckt idR die Wartung nur während der normalen

Geschäftszeiten des AN ab. Für die Verlängerung der Wartungsbereitschaft wird in den Herstellerbedingungen - soweit überhaupt angeboten - eine zusätzliche Vergütung verlangt, z.B:

- Es wird eine Grundgebühr für die Verlängerung der Wartungsbereitschaft gezahlt; tatsächlich in Anspruch genommene Stunden werden gesondert vergütet.
- Nur tatsächlich in Anspruch genommene Stunden werden vergütet.
- Es wird nur ein pauschaler Zuschlag gezahlt.

§ 5 Nr. 3 sieht die letzte Form vor (s. dort Rz 2 am Ende).

9 Der Umfang der Nutzung und damit der Abnutzung kann die Kosten so sehr beeinflussen, daß Herstellerbedingungen z. T. Zuschläge bei täglicher Nutzung über 8 Stunden hinaus vorsehen. § 5 BVB nimmt dies auf (s. dort Rz 3 f).

10 Instandhaltung: Der Inhalt der Instandhaltungspflichten unterscheidet sich in den verschiedenen Herstellerbedingungen kaum. Die Instandhaltung wird üblicherweise während der normalen Geschäftszeiten des AN durchgeführt; Instandhaltung außerhalb dieser Zeiten wird gesondert vereinbart und führt idR zu einem Zuschlag. Die BVB verbinden dies mit dem Zuschlag für die Verlängerung der Wartungsbereitschaft (s. Rz 6 zu § 5).

11 Sonstige Faktoren: Die Herstellerbedingungen unterscheiden sich darin, inwieweit sich der AN verpflichtet, die Geräte dem technischen Fortschritt anzupassen. S. Rz 1 ff zu § 12.
Die Herstellerbedingungen machen die Höhe der Vergütung z.T. von der Entfernung des Aufstellungsorts zum nächsten Wartungsstützpunkt abhängig (Wegekosten); die BVB sehen das nicht vor.
Die Herstellerbedingungen sehen zusätzliche Leistungen im Einzelfall, u.U. gegen gesonderte Vergütung, vor, z.B. erhöhte Ersatzteilhaltung oder die Verpflichtung, mit der Instandsetzung innerhalb einer bestimmten Zeit nach Störungsmeldung zu beginnen (s. dazu Rz 3 zu § 7). Die BVB verlangen von vornherein eine hohe Ersatzteilhaltung (s. Rz 4 zu § 4).

12 Instandsetzung durch den AG oder durch Dritte: Die BVB-Wartung schränken dies - anders als in Herstellerbedingungen üblich - nicht ausdrücklich ein. Nach § 8 Nr. 6, kann der AG unter bestimmten Voraussetzungen einen anderen Wartungsunternehmer auf Kosten des AN heranziehen (s. dort Rz 18). Aus dieser Sonderregelung (Kostenerstattung!) darf kein Schluß auf die allgemeine Zulässigkeit oder auf die Unzulässigkeit in anderen Fällen gezogen werden. Die Frage dürfte heute noch keine große praktische Bedeutung haben. Es ist als zulässig anzusehen, wenn der AN Arbeiten an den Geräten durch andere ausschließen will.

3. Sachlicher Geltungsbereich

13 S. Rz 7 ff zu § 1 M zu den Punkten
- Abgrenzung von EDV-Geräten
- EDV als Teil eines Gesamtprojekts
- Einzelfertigungen
- Besonderer Einsatzbereich.

Die amtlichen Erläuterungen zu § 1 stimmen weitestgehend mit denen zu § 1 K und weitgehend mit denen von § 1 M überein. Die Unterschiede sind bei der Kommentierung von § 1 M berücksichtigt.
Zur Anwendbarkeit der BVB-Wartung bei kleinen Geräten s. Rz 6 zu § 1 K.

4. Persönlicher Geltungsbereich

14 S. Rz 11 f zu § 1 M.

5. Wartung durch zwei Unternehmer

15 Hersteller kleinerer Geräte bedienen sich z.T. selbständiger Kundendienstingenieure oder des Kundendienstnetzes von Unternehmen, die ihre Produkte vertreiben, um leichtere Arbeiten durchführen zu lassen, insb. die Instandhaltung und erste Maßnahmen zur Instandsetzung. Oder ein Unternehmen, das fremde Produkte vertreibt, erbringt die Wartungsleistungen im Normalfall; bei schwierigeren Instandsetzungsarbeiten u.a.m. schaltet es den Hersteller ein.
IdR schließt der AG den Wartungsvertrag nur mit einem Unternehmen. Diesem wird eingeräumt, sich eines anderen als Erfüllungsgehilfen zu bedienen. Z.B. kann die Pflicht nach § 4 Nr. 2, 2, stets ausreichend Ersatzteile vorzuhalten, durch die Lagerhaltung bei einem Dritten erfüllt werden. Der AG sollte der Klarheit und Einfachheit wegen nur mit einem verantwortlichen Vertragspartner arbeiten.

§ 2. Art und Umfang der Leistungen

Art und Umfang der beiderseitigen Leistungen werden durch die vertraglichen Abmachungen geregelt.
Maßgebend dafür sind:
a) Leistungsbeschreibung (Wartungsschein einschließlich Ergänzungen und Änderungen gemäß § 16),
b) nachstehende Bedingungen einschließlich Begriffsbestimmungen (Anhang),
c) allgemein angewandte technische Richtlinien und Fachnormen,
d) die Allgemeinen Bedingungen für die Ausführung von Leistungen (VOL/B).
Bei Unstimmigkeiten gelten die vertraglichen Abmachungen in der vorstehenden Reihenfolge.

1 § 2 entspricht § 2 K und damit § 2 M bis auf zwei Punkte, die dort bei der Kommentierung berücksichtigt sind. Die

amtlichen Erläuterungen entsprechen denen zu § 2 M.

§ 3. Mindestdauer der Leistungsverpflichtung, Kündigung

1. Der Beginn der Leistungsverpflichtung wird in der Leistungsbeschreibung festgelegt. Der Vertrag kann mit einer sechsmonatigen Frist vom Auftraggeber oder Auftragnehmer durch eingeschriebenen Brief gekündigt werden. Abweichende Kündigungsfristen können vereinbart werden. Eine Kündigung des Auftraggebers ist frühestens zum Ende des dritten Jahres nach dem Beginn der Leistungsverpflichtung für die zu wartende Anlage oder das zu wartende Gerät zulässig, eine Kündigung durch den Auftragnehmer frühestens zum Ende des fünften Jahres. Der Auftragnehmer kann jedoch vom Ende des dritten Jahres an eine Änderung der Vergütung nach § 5 Nr. 10 Abs. 2 verlangen.
Wird eine Anlage, für die bereits ein Wartungsvertrag mit dem Auftraggeber besteht, durch Geräte ergänzt, so kann die Dauer der Leistungsverpflichtung für diese Geräte derjenigen der Anlage angepaßt werden.

2. Setzt der Auftraggeber die in der Leistungsbeschreibung aufgeführten Anlage oder Geräte dauernd außer Betrieb, kann die Wartung für diese Anlage oder Geräte vom Auftraggeber auch vor Ablauf der jeweiligen Mindestdauer der Leistungsverpflichtung mit einer Frist von 3 Monaten zum Monatsende gekündigt werden.

1. Dauer der Leistungsverpflichtung (Nr. 1)

1 Mindestdauer: Nr. 1 I geht von einem auf unbestimmte Zeit abgeschlossenen Vertrag aus. Die Wartungsverpflichtung beträgt für den AN gem. Satz 3 mindestens 5 Jahre. Damit soll die Betriebsbereitschaft während der durchschnittlichen technischen Lebensdauer neuer Geräte sichergestellt werden (5 Jahre + mindestens 10 Monate Gewährleistung aus Kauf). Der AG kann hingegen gem. Satz 3 bereits zum Ende des dritten Jahres kündigen.

2 Einschränkung der Mindestdauer: Schließt sich die Wartung nicht an die Gewährleistung aus einem Kaufvertrag über neue Geräte an, so kann es nach den Erläuterungen zu § 1 gerechtfertigt sein, eine kürzere Mindestzeit zu vereinbaren (s. dort Rz 2; als Richtschnur kann genommen werden: Mindestzeit = 70 Monate abzüglich bisheriger Betriebszeit in Monaten).
Ist der Kaufvertrag durch die Ausübung einer Option aus

einem Mietvertrag zustandegekommen (s. Rz 1 zu § 23 K), kann nach den Erläuterungen "bei Abschluß des Wartungsvertrages mit dem Verkäufer die Mindestdauer der Wartungsverpflichtung gekürzt werden, höchstens jedoch um die bisherige Mietzeit abzüglich der Gewährleistungsfrist nach BVB-Kauf" (wie oben, wo von der üblichen Gewährleistungsfrist von 10 Monaten ausgegangen wurde).

3 Die Mindestdauer wird für den AN dadurch wirtschaftlich entschärft, daß er vom Ende des dritten Jahres an eine Änderung (sprich Erhöhung) der Vergütung verlangen kann, wenn er maschinenbedingte Mehrkosten glaubhaft macht, worauf Nr. 1 I. 5 hinweist (s. Rz 14 zu § 5 Nr. 10 II). Die üblichen Kostensteigerungen kann der AN durch einen Preisvorbehalt nach § 5 Nr. 10 III ausgleichen (s. dort Rz 20 ff).
Wenn der AN Mehrkosten wegen des Alters geltend machen kann, müssen auch Vereinbarungen über eine besondere Überholung zulässig sein (s. dazu Rz 16 zu § 5 und Beispiele in WS 1 Rz 8).

4 Der Beginn der Leistungsverpflichtung wird gem. Nr. 1 I. 1 in WS 1 (Nr. 1 Sp. 3) angegeben. Er schließt sich im Regelfall an das Ende der Gewährleistung aus dem (BVB-) Kaufvertrag an (Beispiele s. WS 1 Rz 5). Zur Erstinspektion, wenn dies nicht der Fall ist, s. WS 1 Rz 9.

5 Kündigung: In Nr. 1 I. 2 ist eine regelmäßige Kündigungsfrist von 6 Monaten vorgesehen (erstmals zum Ende der Mindestdauer). Nr. 1 I. 3 läßt es unbenommen, kürzere oder längere Kündigungsfristen zu vereinbaren. Die lange Regelkündigungsfrist berücksichtigt, daß der AG idR erhebliche Zeit braucht, um auf eine Kündigung durch den AN hin die erforderlichen Maßnahmen zu treffen.
Die Erläuterungen führen aus: "Die Kündigung ist auch für einzelne Geräte möglich."
Daß die Kündigung mit eingeschriebenem Brief erfolgen soll, ist trotz des Wortlauts nicht Wirksamkeitsvoraussetzung, sondern eine Anweisung, um Beweisschwierigkeiten vorzubeugen.

6 Ein a.o. Kündigungsrecht wegen Leistungsstörungen findet sich (nur) in § 8 Nr. 6. Zu a.o. Kündigungsrechten nach § 9 VOL/B für den AG bzw. § 10 VOL/B für den AN s. Rz 3, 7 zu § 9 bzw. Rz 3 zu § 10 VOL/B.

2. Besonderes Kündigungsrecht innerhalb der Mindestdauer (Nr. 2)

7 Nr. 2 sieht ein besondere Kündigungsrecht des AG innerhalb der Mindestlaufzeit von drei Jahren für die Geräte vor, die er dauernd außer Betrieb setzt. Nr. 2 ändert §§ 323 f BGB zugunsten des AN ab: Es ist nicht erforderlich, daß die Geräte unbrauchbar geworden sind, so daß die Wartung unmöglich wäre; Verschulden schadet dem AG nicht.

3. <u>Zerstörung von Geräten</u>

8 S. Rz 2 zu § 9 zu dem Fall, daß der AN die Zerstörung zu vertreten hat.

9 Hat keine Vertragspartei die Zerstörung zu vertreten, so erlischt das Wartungsverhältnis insoweit gem. § 323 I BGB für die Zukunft.
Hat der AG die Zerstörung zu vertreten, so ist er gem. § 324 I BGB weiterhin zur Zahlung der Wartungsvergütung verpflichtet. Der AN muß sich jedoch dasjenige anrechnen lassen, was er infolge der Befreiung von der Wartungsverpflichtung erspart oder durch anderweitige Verwendung seiner Kapazität erwirbt oder zu erwerben böswillig unterläßt. Der AG hat nicht nur Verschulden zu vertreten, sondern alle Ursachen, die seinem Gefahrenkreis zuzurechnen sind (Palandt-Heinrichs § 324 Anm. 2 c).

§ 4. Leistungen des Auftragnehmers und des Auftraggebers

1. Der Auftragnehmer hat die zur Erhaltung der Betriebsbereitschaft notwendige Instandhaltung und Instandsetzung der in der Leistungsbeschreibung aufgeführten Anlage oder Geräte durchzuführen.

2. Der Auftragnehmer führt die Wartung mit Personal durch, das mit der zu wartenden Anlage oder den zu wartenden Geräten vertraut ist. Er hat geeignetes Personal sowie Ersatzteile, Werkzeuge, Meßgeräte und andere Hilfsmittel jederzeit in ausreichendem Umfang zur Verfügung zu halten.

3. Nach Durchführung der Wartungsarbeiten werden in den Unterlagen (z.B. Betriebsbuch) des Auftraggebers folgende Angaben gemacht:
- Tag und Stunde des Wartungsbeginns,
- Typ/Modell/Nummer des gewarteten Geräts,
- Dauer der Wartungsleistung.
Bei Instandsetzungsarbeiten zusätzlich:
- Tag und Uhrzeit der Störungsmeldung,
- Tag und Uhrzeit der Wiederherstellung der Betriebsbereitschaft,
- Beschreibung der Störung, insbesondere Darstellung der Störungsursache.
Die Angaben sind vom Wartungspersonal zu unterschreiben.

4. Der Auftragnehmer berät den Auftraggeber über Verbesserungensmöglichkeiten in bezug auf den Betrieb der Anlage oder der Geräte.

5. Der Auftraggeber ist verpflichtet, die Anlage oder Geräte entsprechend den technischen Betriebsbedingungen (z. B. Klimatisierung) sowie der Bedienungsanweisung des Herstellers zu benutzen.
Die vom Auftraggeber verwendeten Datenträger und Zubehör-

teile müssen den üblichen Richtlinien und Fachnormen entsprechen. Spezifikationen des Herstellers der Anlage sind für den Auftraggeber insofern verbindlich, als allgemein angewandte Richtlinien und Fachnormen noch nicht vorliegen oder aus maschinenspezifischen Gründen ein Abweichen von diesen Richtlinien und Fachnormen notwendig ist.

6. Auftretende Mängel sind dem Auftragnehmer unter Angabe der für die Störungsbeseitigung zweckdienlichen Informationen unverzüglich zu melden.

7. Auf Verlangen stellt der Auftraggeber dem Auftragnehmer den notwendigen Raum zum Aufbewahren von Geräten, Werkzeugen, Ersatzteilen usw. sowie ggf. für das Wartungspersonal zur Verfügung; dies gilt auch für Strom, Wasser und Telefonverbindungen, soweit dies für die Erfüllung der Wartungsleistungen erforderlich ist.

8. Zur Erlangung eventuell notwendig werdender behördlicher Genehmigungen für die Erbringung der Wartungsleistungen durch den Auftragnehmer wird der Auftraggeber den Auftragnehmer unterstützen.

9. Der Auftraggeber hat im Rahmen des Zumutbaren die Maßnahmen zu treffen, die eine Feststellung der Fehler und ihrer Ursachen erleichtern und Wiederholungsläufe abzukürzen (z.B. Prüfsummenbildung, Programm-Fixpunktroutinen).

I. Inhalt der Wartungsverpflichtung (Nr. 1 und 2)

1 Gegenstand des Vertrages ist nicht nur die Durchführung von Tätigkeiten, sondern die Erhaltung der Betriebsbereitschaft als Erfolg. Der BVB-Wartungsvertrag ist weitgehend ein Werkvertrag (s. Rz 3 zu § 1).

2 S. zur Instandhaltung MS 10 Rz 2. Zur Instandhaltung gehören trotz des Wortlauts von § 5 Nr. 1 III nicht diejenigen Nebenleistungen, die nicht pauschal vergütet werden (z.B. die Lieferung von Papier). Nach dem Wortlaut würden diese Leistungen (also die Pflicht und damit auch das Recht, zu liefern) zur Wartung gehören; sie wären nur gesondert zu vergüten. Dies dürfte nicht gemeint sein; deswegen müssen diese Leistungen bereits aus der Wartungsverpflichtung herausgenommen werden. Auch Nr. 5 II geht davon aus, daß der AG sich dieses Material selber beschafft.

3 Instandsetzung ist nach den Begriffsbestimmungen "die Be-

seitigung von Störungen an der Anlage oder den Geräten durch Reparatur und/oder Ersatz". Die Pflicht zur Instandsetzung gilt für *alle* Störungen. Folgende fallen aber nicht unter das Wartunsrisiko, d.h. die Instandsetzung ist gesondert zu vergüten (s. Rz 17 zu § 5) und die Gewährleistung ist eingeschränkt (s. Rz 15 zu § 8), weil der AG die Ursache zu vertreten hat:
- Nichtbeachtung der Bedienungsanweisung (s. Rz 6)
- Verwendung vertragswidriger Datenträger (s. Rz 7)
- Nichteinhaltung der Installations- und Aufstellungsvoraussetzungen (s. Rz 6)
- Risikobehaftete Handlungen wie Änderungen und Umsetzungen (s. Rz 9 zu § 12 und Rz 4 zu § 13)
- Einwirkungen aus der Risikosphäre des AG wie Brand, Wassereinbruch
- Sonstiger Zufall oder höhere Gewalt (s. Rz 9 zu § 9 M).

Das Risiko von Störungen durch starke Abnutzung trägt der AN (s. zum finanziellen Ausgleich Rz 3 zu § 5 Nr. 2). Dies ist davon abzugrenzen, daß ein - üblicherweise unbedeutender - Fehler sich auf das ganze Gerät auswirken kann (z.B. eine schwelende Schaltung, die andere Bauteile unbrauchbar macht). Soweit solche Schäden an anderen Teilen nicht durch vorbeugende Wartung = Instandhaltung (unter angemessenem Aufwand) vermieden werden können, dürften sie nicht unter das durch die Pauschale abgedeckte Wartungsrisiko fallen; vielmehr trägt der AG den Schaden als Eigentümer der Geräte.

4 Die Sanktion knüpft gem. § 8 Nr. 2 und 3 daran an, daß der AN die Nichtbeseitigung der Störung zu vertreten hat (vgl. Rz 17 zu § 9 M).
Nr. 2 legt deswegen fest, welche internen Maßnahmen der AN zu treffen hat, um die erfolgreiche Wartung sicherzustellen. Verletzt er diese Pflichten und wird die Störung deswegen nicht beseitigt, so hat er die Nichtbeseitigung gem. § 8 zu vertreten.
Ähnlich wie bei einer Gattungsschuld nach § 279 BGB hat der AN die "Gattung" der benötigten Hilfsmittel, nämlich Personal und Sachen, stets zur Verfügung zu halten (aber nur innerhalb der Zeiten, für die Wartungsbereitschaft vereinbart ist). Notwendige Ersatzteile braucht er allerdings nur unverzüglich zur Verfügung zu stellen. Damit soll zwar verlangt werden, daß der AN sämtliche Ersatzteile vorrätig hat, nicht aber, daß er diese auch beim nächstgelegenen Wartungsstützpunkt vorrätig hat.
Geeignet i.S.v. Satz 2 ist das Personal, das mit den Geräten vertraut ist (Satz 1). Das heißt bei Instandsetzung nicht, daß gleich zu Anfang ein Wartungstechniker kommen muß, der mit dem gestörten Gerät umfassend vertraut ist. Die Arbeitsteilung in der Form, daß der zuerst kommende Wartungstechniker u.U. schwierige Fehler nur erkennen, aber nicht beseitigen kann, sondern dafür einen Spezialisten ruft, wird nicht eingeschränkt. Nur das Personal insgesamt muß mit dem Gerät vertraut sein.

II. Beiderseitige Nebenpflichten (Nr. 3 - 9)

5 Die Beratungspflicht des AN (Nr. 4) ist nicht auf ein bestimmtes Ergebnis gerichtet, so daß der AN grundsätzlich nicht für die Beratung haftet (s. ähnlich Rz 11 zu § 6 und Rz 5 zu § 14 M). Die Beratungspflicht erstreckt sich nur auf die Geräte, die seiner *Wartung unterliegen*, also nicht auf Geräte, die er nicht warten braucht.

6 Ordnungsgemäße Nutzung durch den AG (Nr. 5): Der AG ist gem. Nr. 5 I verpflichtet, die Bedienungsanweisung des Herstellers (s. Rz 6 zu § 1) zu beachten (vgl. § 14 Nr. 2, 1 M). Der AN dürfte berechtigt sein, diese nachträglich im Rahmen des Zumutbaren zu ändern. Zu Störungen, die durch schuldhafte Verstöße gegen die Bedienungsanweisung verursacht sind, s. Rz 3. Das Risiko bei schuldlosen Verstößen des AG dürfte der AN tragen; denn dann liegt die Ursache im Zweifel an den Geräten oder an der Bedienungsanweisung. Beides muß sich der AN, der die Wartung übernommen hat, zurechnen lassen. Es wird in Nr. 5 I ausdrücklich erwähnt, daß der AG die Installations- und Aufstellungsvoraussetzungen gem. § 5 Nr. 3 K (nicht nur zu schaffen, sondern) auch beizubehalten hat. Bei Verstößen dürften die Kosten für Instandsetzung auch dann gem. § 5 Nr. 2 zu ersetzen sein, wenn den AG kein Verschulden trifft (s. Rz 9 zu § 9 M).

7 Datenträger und Zubehörteile: Nr. 5 II entspricht § 20 Satz 1 und 3 M (s. dort Rz 4); § 20, 2 M über die Beratungspflicht ist hier nicht aufgenommen. Die Kosten für die Beseitigung von Störungen, die durch normwidrige Datenträger verursacht sind, dürften auch dann gem. § 5 Nr. 2 zu ersetzen sein, wenn den AG kein Verschulden trifft (s. Rz 6).

8 Bereitstellung von Hilfsmitteln durch den AG (Nr. 7): Der AG hat die aufgezählten Hilfsmittel auf Verlangen des AN im notwendigen Umfang zur Verfügung zu stellen. Die Angaben in WS 6 (Nr. 5) sind also nur bei Vertragsbeginn verbindlich, nicht für die gesamte Vertragsdauer.

9 Arbeitszeitverlängerungen durch das Gewerbeaufsichtsamt: Nr. 8 entspricht § 18 Nr. 5 M (s. dort Rz 17).

10 Die Mitwirkungspflichten des AG bei der Beseitigung von Störungen (Nr. 6 und 9) entsprechen denen in § 14 Nr. 2, 2 bzw. § 9 Nr. 1 II M (s. dort Rz 4 bzw. 15 ff).

11 Eintragungen im Betriebsbuch (Nr. 3): Die Regelung gilt sowohl für Instandhaltung als auch für Instandsetzung. (In § 9 Nr. 2, 2, § 14 Nr. 3 und § 18 Nr. 3 M bzw. § 9 Nr. 2, § 14 Nr. 3 und § 17 Nr. 3 K finden sich Überschneidungen). Die Angabe des Beginns der Instandsetzung ist hier erforderlich, weil die Sanktion vom rechtzeitigen Beginn abhängt (s. Rz 14 zu § 8 Nr. 3 II).

Zur Frage, wer die Eintragungen vorzunehmen hat, s. Rz 14 zu § 9 K.

12 Die Unterschrift gem. dem letzten Satz von Nr. 3 legt die Ausfallzeiten für die Berechnung der Sanktion verbindlich fest (auch wenn eine § 14 Nr. 3, 3 M entsprechende Regelung hier nicht aufgenommen worden ist).

§ 5. Vergütung

1. Die in § 4 genannten Leistungen des Auftragnehmers werden durch eine monatliche Grundpauschale abgegolten. Die Grundpauschale gilt bei einer Nutzungsdauer von 180 Stunden je Monat für eine Wartungsleistung von 8 Stunden montags bis freitags in der Zeit zwischen 7 und 18 Uhr. Leistungen für die Behebung von Ausfällen, die durch äußere vom Auftragnehmer nicht beeinflußbare Umstände verursacht sind, werden nach dem Zeit- und Materialaufwand des Auftragnehmers und den hierfür jeweils geltenden Preisen vergütet, es sei denn, daß etwas anderes vereinbart ist. Nicht unter die Grundpauschale fallen die Kosten für Verbrauchsmaterial (z.B. Farbbänder, Filzwalzen, Papier), Datenträger, Neulackieren und äußere Reinigung sowie die Vergütung für die Vorhaltung und Nutzung einer Ausweichanlage (§ 8 Nr. 2).

2. Werden bei Geräten mit Zählwerk im Monat mehr als 180 Stunden ermittelt, kann vereinbart werden, daß für jede Mehrstunde ein Betrag gezahlt wird, der aus einem in der Leistungsbeschreibung festzulegenden Prozentsatz aus 1/180 der Grundpauschale errechnet wird. Bei Geräten ohne Zählwerk kann für die Mehrbenutzung ein monatlicher Zuschlag zur Grundpauschale erhoben werden.

3. Sind die Leistungen innerhalb 8 zusammenhängender Stunden ganz oder teilweise außerhalb der Zeit montags bis freitags von 7 bis 18 Uhr zu erbringen, kann ein prozentualer Zuschlag auf die Grundpauschale in der Leistungsbeschreibung vereinbart werden.

4. Sind die Leistungen montags bis freitags innerhalb mehr als 8 zusammenhängender Stunden zu erbringen, kann für jeweils 2 zusätzliche Stunden ein prozentualer Zuschlag auf die monatliche Grundpauschale in der Leistungsbeschreibung vereinbart werden.

5. Sind die Leistungen auch an Samstagen und/oder Sonn- und/oder Feiertagen zu erbringen, können hierfür ebenfalls prozentuale Zuschläge auf die Grundpauschale in der Leistungsbeschreibung vereinbart werden.

6. Der Auftraggeber kann vom Auftragnehmer - soweit nichts anderes vereinbart - mit einer Frist von einem Monat zum Monatsbeginn verlangen, daß die Wartungsleistungen an-

statt im gewählten Wartungszeitraum fortlaufend in einer anderen Zeit ausgeführt zu werden, soweit diese im Rahmen der festgelegten Wartungszeiten liegt (Nr. 2.1 des Wartungsscheins).

7. Die Wartungsvergütung (Grundpauschale und Zuschläge für zusätzliche Wartungszeiten) ist von dem Tag an zu entrichten, der in der Leistungsbeschreibung als Beginn der Leistungsverpflichtung festgelegt ist.

8. Für laufende pauschal abzugeltende Wartungsleistungen, die während eines Kalendermonats beginnen oder enden, zahlt der Auftraggeber je Kalendertag 1/30 der monatlichen Wartungsvergütung nach Nummer 1 bis 5.

9. Für Instandsetzungsarbeiten, die auf Verlangen des Auftraggebers ausnahmsweise außerhalb des gewählten Wartungszeitraums (Wartungsschein Nr. 2.1) ausgeführt werden, wird eine besondere Vergütung als Ersatz für die personellen Mehraufwendungen geleistet.

10. Die vereinbarte Wartungsvergütung gilt mindestens für die Dauer von 3 Jahren nach Leistungsbeginn, die Vergütung für Nebenleistungen für die Dauer des Vertrages, es sei denn, daß ein Preisvorbehalt vereinbart ist.
Nach Ablauf der in § 3 Nr. 1 genannten Dreijahresfrist kann der Auftragnehmer verlangen, wenn er maschinenbedingte Mehrkosten glaubhaft macht, daß die Wartungsvergütung angemessen erhöht wird. Kommt eine Vereinbarung über die Erhöhung nicht zustande, so führt der Auftragnehmer die Wartung gegen eine Vergütung nach Aufwand an Zeit und Material durch.
Ist ein Preisvorbehalt vereinbart, so gilt, falls keine anderweitige Regelung vorgesehen ist, folgendes:
a) Die Grundpauschale kann geändert werden, wenn sich nach Angebotsabgabe der Ecklohn für die Metallindustrie durch Änderung der Tarife oder bei einem tariflosen Zustand durch Änderungen von orts- und gewerbeüblichen Betriebsvereinbarungen ändert. Änderungen des Ecklohns auf Grund von Tarifverträgen oder orts- und gewerbeüblichen Vereinbarungen, die bereits bei Angebotsabgabe abgeschlossen waren, bleiben unberücksichtigt. Der Auftragnehmer hat in der Leistungsbeschreibung anzugeben, um wieviel Prozent sich die Grundpauschale ändert bei einer Änderung des o.a. Ecklohns um 1 Dpf/Stunde. Bei einer Preiserhöhung trägt der Auftragnehmer von dem so errechneten Mehrbetrag 10% als Selbstbeteiligung , mindestens jedoch 0,5% der Grundpauschale. Bei einer Preissenkung ist der Auftragnehmer berechtigt, 10% des so errechneten Minderbetrages, mindestens jedoch 0,5% der Grundpauschale, einzuhalten. Eine neu festgesetzte Grundpauschale darf jedoch die unter gleichartigen Voraussetzungen von anderen Auftraggebern allgemein und stetig geforderte und erzielte Grundpauschale nicht überschreiten.
b) Handelt es sich bei der Grundpauschale um einen nachgewiesenen Listenpreis und ist nicht eine Regelung nach a)

vereinbart, so wird bei einer Erhöhung der Listenpreise der Mehrbetrag entrichtet, wenn der Auftragnehmer nachweist, daß die Preisliste der Koordinierungs- und Beratungsstelle der Bundesregierung für die EDV beim Bundesminister des Innern vorliegt und daß er die erhöhte Grundpauschale als Listenpreis von anderen Auftraggebern allgemein und stetig fordert und erzielt. Eine Erhöhung der Grundpauschale tritt frühestens 10 Monate nach Angebotsabgabe in Kraft. Weitere Erhöhungen können nur gefordert werden, wenn die vorherigen Preise jeweils mindestens 10 Monate beibehalten worden sind.
Erhöhungen sind wenigstens 3 Monate vor ihrem Inkrafttreten dem Auftraggeber schriftlich anzukündigen. Geht die Ankündigung dem Auftraggeber verspätet zu, wird die beabsichtigte Erhöhung nicht vor Ablauf dieser Frist, gerechnet vom Tage des Zugangs der Ankündigung beim Auftraggeber an, wirksam.
Bei einer Erhöhung kann der Auftraggeber innerhalb einer Frist von einem Kalendermonat nach Zugang der Ankündigung durch den Auftragnehmer den Wartungsvertrag für die Geräte kündigen, die von der Erhöhung betroffen sind, wenn Vereinbarungen über den neuen Preis nicht zustande kommen. Das Kündigungsrecht erstreckt sich auch auf die Geräte, deren Nutzung durch die Kündigung des Wartungsvertrages für die von der Preiserhöhung betroffenen Geräte dem Auftraggeber nicht mehr möglich oder für ihn nicht wirtschaftlich sinnvoll ist.
Ermäßigen sich die für gleichartige Leistungen von anderen Auftraggebern allgemein und stetig geforderten Wartungsvergütungen, so gelten diese vom Zeitpunkt ihres Inkrafttretens an.
c) Die Vergütung für Nebenleistungen kann 10 Monate nach Angebotsabgabe erhöht werden, wenn der Auftragnehmer nachweist, daß die erhöhte Vergütung von anderen Auftraggebern allgemein und stetig gefordert und erzielt wird. Weitere Erhöhungen können nur gefordert werden, wenn die vorherigen Preise mindestens 10 Monate beibehalten worden sind.
Ermäßigt sich die für gleichartige Leistungen von anderen Auftraggebern allgemein und stetig geforderte Vergütung, so gilt diese für den Auftraggeber vom Zeitpunkt ihres Inkrafttretens an.

11. Eine Preisänderung auf Grund einer Änderung der Umsatzsteuer ist ausgeschlossen, es sei denn, daß ein Preisvorbehalt für die Umsatzsteuer vereinbart ist. In diesem Fall kann die Umsatzsteuer mit dem am Tage des Entstehens der Steuerschuld geltenden Steuersatz (§ 13 Umsatzsteuergesetz) in Rechnung gestellt werden.
Ist der Steuersatz in der Zeit zwischen Angebotsabgabe und Entstehen der Steuerschuld durch Gesetz geändert worden und sind in diesem Zusammenhang durch die Änderung anderer Steuern Minderbelastungen eingetreten, so sind diese bei der Berechnung des neuen Preises zu berücksichtigen. Wird aus Anlaß der Änderung des Umsatzsteuergesetzes eine gesetzliche Regelung für die Abwicklung be-

stehender Verträge getroffen, so tritt an Stelle dieser vertraglichen Regelung die gesetzliche.

I. Wartung gegen pauschale Vergütung

1 Die BVB-Wartung gehen von einer pauschalen monatlichen Vergütung der in § 4 Nr. 1 vorgesehenen Instandhaltung und Instandsetzung für jedes einzelne Gerät aus. Nur die Beseitigung von Störungen, die nicht unter das Wartungsrisiko fallen, ist gem. Nr. 1 II nicht abgedeckt (s. Rz 17 sowie Rz 3 zu § 4).
Mit der Grundpauschale sind alle Leistungen abgegolten, soweit nichts anderes im Wartungsschein oder in den BVB vorgesehen ist (s. Rz 2 zu § 3 VOL/B).
Zu Skonti und Rabatten s. Rz 3 zu § 3 VOL/B.
Zu den in Nr. 1 III angesprochenen Leistungen s. Rz 2 zu § 4.
Gesondert vergütet werden folgende Nebenleistungen:
- Änderungen der Geräte auf Wunsch des AG (s. Rz 3 zu § 12 Nr. 1 III);
- Umsetzungen der Geräte (s. Rz 2 zu § 13);
- Das Vorhalten einer Ausweichanlage (s. Rz 5 f zu § 8).

2 Das Grundpaket (s. Rz 7 f zu § 1) deckt gem. Nr. 1 bei einer monatlichen Nutzungsdauer des Geräts von 180 Stunden die Wartung innerhalb einer Bereitschaftszeit von 8 Stunden an Arbeitstagen ab, wobei diese Stunden zwischen 7.00 und 18.00 Uhr liegen müssen.

1. Nutzungsumfang der Geräte (Nr. 2)

3 Geräte mit Zählwerk: Die Grundpauschale nach Nr. 1 I deckt monatlich 180 Nutzungsstunden ab. Für darüberhinausgehende Nutzungsstunden *kann* nach Nr. 2, 1 ein Zuschlag für jede Mehrstunde vereinbart werden.
Der Zuschlag ist dann als Prozentsatz von 1/180 der Grundpauschale in WS 2 (Nr. 2.1) anzugeben. Der Zuschlag kann auch degressiv gestaffelt sein. Er soll nur die zusätzliche Abnutzung der Geräte abdecken. Die parallele Ausdehnung der Wartungszeiten erfolgt unabhängig davon nach Bedarf (s. Rz 6).
Es muß als zulässig angesehen werden, statt von 180 Stunden von einer höheren Zahl auszugehen, wenn der AN sich darauf eingestellt hat (s. auch Rz 5 zu § 4 M).
Die Vergütung ist gem. § 324 I BGB auch bei Ausfällen zu zahlen, die der AG zu vertreten hat (s. zu diesen Ausfällen Rz 3 zu § 4). Da die Geräte keine Nutzung anzeigen, ist eine fiktive Nutzungszeit zum Zählerstand hinzuzurechnen (s. dazu Rz 4 zu § 4 M).

4 Geräte ohne Zählwerk finden sich in der mittleren Datentechnik und bei peripheren Geräten (zur Messung der Nutzungszeit über das Zählwerk eines vorgelagerten Geräts s. Rz 3 zu § 4 M). Wegen der hier oft hohen mechanischen Nutzung kann die Zahlung von Mehrbenutzungszuschlägen nicht ausgeschlossen werden (was in § 4 M angestrebt wird, s. dort Rz 2). Andererseits werden die Geräte nur selten in einem vollen Mehrschichtbetrieb eingesetzt. Die Zuschläge sind in der Regel gering. Es würde sich kaum lohnen, jedes Gerät mit einem Zählwerk zu versehen, weil der Verwaltungsaufwand für das Ablesen und das Abrechnen unverhältnismäßig groß wäre.
Die Erläuterungen führen zu der Frage, wie der Mehrbenutzungszuschlag berechnet werden kann, aus: "Bei Geräten ohne Zählwerk bietet sich an, den zu vereinbarenden monatlichen Zuschlag zur Grundpauschale für die Mehrbenutzung über 180 Nutzungsstunden hinaus daran auszurichten, welche Nutzungszeit der Geräte erwartet wird. Dabei kann die Zahl der Personalschichten herangezogen werden. Eine regelmäßige Aufzeichnung der Nutzungsstunden als Berechnungsgrundlage für den Zuschlag ist wegen des damit verbundenen Verwaltungsaufwandes abzulehnen. Bei wesentlichen Änderungen der Nutzung ist der Zuschlag anzupassen (s. WS 2 Rz 10).

2. Verlängerung der Wartungsbereitschaft (Nr. 4 bis 6, 9)

5 Die Grundpauschale umfaßt die Wartungsbereitschaft für 8 Stunden an Arbeitstagen, wobei diese Stunden zwischen 7.00 und 18.00 Uhr liegen müssen. Es muß als zulässig angesehen werden, die Wartungsbereitschaft auf 8 Stunden innerhalb der normalen Geschäftszeiten des AN zu beschränken, wenn dies ausreicht und aus Kostengründen vorteilhaft ist.
Nr. 4 sieht Zuschläge für die Verlängerung der Wartungs-

bereitschaft um jeweils 2 Stunden an normalen Arbeitstagen, Nr. 5 für die an anderen Tagen vor. Die Wartungsbereitschaft kann formal gesehen für jedes Gerät unabhängig ausgedehnt werden (s. WS 2 Rz 2).

6 Die Verlängerung der Wartungsbereitschaft gilt für die gesamte Wartung, also sowohl für Instandhaltung als auch für Instandsetzung. Der AG ist an einer Erweiterung des Grundpakets in aller Regel nur wegen der Instandsetzung interessiert. Mit der Erweiterung verpflichtet er aber den AN zugleich, zu diesen Zeiten auf Verlangen auch Instandhaltungsarbeiten durchzuführen. Dabei dürfte häufig nicht daran gedacht sein, daß Instandhaltungsarbeiten tatsächlich außerhalb der normalen Geschäftszeiten durchgeführt werden würden (es sei denn, daß die Instandhaltungsarbeiten nur einen geringen Umfang haben und sinnvollerweise an eine Instandsetzung angehängt werden, die außerhalb der normalen Geschäftszeiten erforderlich ist).
Es muß deswegen ggf. als zulässig angesehen werden, die Ausdehnung auf die Instandsetzung zu beschränken, wenn der AN sonst wegen der gleichzeitigen Ausdehnung der Instandhaltungszeiten höhere Zuschläge verlangen würde (s. GZ 2 Rz 25). Beispiel WS 2 Rz 15.

7 Der AN gibt an, in welchem Umfang und zu welchen Zuschlägen er über das Grundpaket hinauszugehen bereit ist. Der AG wählt innerhalb dieses angebotenen Rahmens einen Wartungszeitraum aus, der in WS 2 (Nr. 2.1) festgelegt wird (s. WS 2 Rz 6).
Der AG ist gem. Nr. 6 "- soweit nichts anderes vereinbart -" berechtigt, den gewählten Wartungszeitraum innerhalb des angebotenen Rahmens sowohl hinsichtlich der täglichen Dauer als auch hinsichtlich der Lage zu ändern. Änderungen können mit einer Frist von einem Monat zum Monatsbeginn erfolgen. Die Parenthese bezieht sich dem Wortlaut nach nicht nur auf die Ankündigungsfrist, sondern auch auf das Recht des AG, den Wartungszeitraum zu ändern; beides kann also eingeschränkt werden. Unter den "festgelegten Wartungszeiten" ist der angebotene Rahmen zu verstehen (in § 7 Nr. 1 ist hingegen mit "festgelegten Zeiten" der gewählte Wartungszeitraum gemeint, s. dort Rz 1). Der Zuschlag, den der AG tatsächlich zu zahlen hat, ergibt sich aus dem gewählten bzw. geänderten Wartungszeitraum. Er wird in WS 3 (Nr. 2.2) angegeben und ggf. geändert.

8 Innerhalb des gewählten Wartungszeitraums werden - soweit sinnvoll - Termine vereinbart, zu denen die Instandhaltung durchgeführt wird (s. Rz 1 zu § 7 Nr. 1).

3. Verschiebung der Wartungsbereitschaft (Nr. 3 und 5)

9 Nr. 3 sieht einen Zuschlag vor, wenn die achtstündige Mindestwartungsbereitschaft an normalen Arbeitstagen teilweise oder ganz außerhalb der Zeit von 7.00 bis 18.00 Uhr liegt; Nr. 5 regelt dies für die anderen Tage.

10 Der AN bietet die Verschiebung in Stufen an, innerhalb deren der AG den Zeitpunkt der Wartungsbereitschaft wählt. Der AG ist gem. Nr. 6 berechtigt, auch die Lage des gewählten Wartungszeitraums innerhalb des vom AN angebotenen Rahmens zu ändern (s. Rz 7 am Ende).

4. Ausdehnung der Leistungen im Einzelfall (Nr. 9)

11 Nach § 7 Nr. 2 ist der AN verpflichtet, Instandsetzungsarbeiten auch außerhalb des gewählten Wartungszeitraums im Rahmen des Zumutbaren durchzuführen (s. dort Rz 5 f). Dafür werden ihm seine personellen Mehraufwendungen gem. § 5 Nr. 9 ersetzt. Die Erläuterungen führen aus: "Es können nur die Kosten erstattet werden, die nicht von der Wartungsvergütung gedeckt sind." (s. MS 11 Rz 7).

5. Beginn der Zahlungsverpflichtung und Änderungen in der Höhe (Nr. 7 und 8)

12 Nach Nr. 7 beginnt die Vergütungspflicht mit dem in WS 1 angegebenen Termin. Dieser kann nur dann kalendermäßig festgelegt werden, wenn der Beginn der Wartung nicht mehr von einem ungewissen Zeitpunkt aus dem BVB-Kaufvertrag (Installation oder Funktionsprüfung) abhängig ist (s. WS 1 Rz 5).

13 Nr. 8 regelt - entsprechend § 4 Nr. 4 I M - , daß laufende Zahlungsverpflichtungen, die während eines Kalendermonats beginnen oder enden, anteilig auf der Basis eines 30-Tagemonats zu zahlen sind.

II. Erhöhung der Wartungsvergütung wegen maschinenbedingter Mehrkosten (Nr. 10 II. 1)

14 Nr. 10 II regelt trotz seiner Stellung innerhalb der Nr. 10 nicht einen Preisvorbehalt, sondern den Anspruch des AN auf Erhöhung der Wartungsvergütung wegen erhöhter Leistung (maschinenbedingte Mehrkosten = von den Geräten herkommende Mehrkosten). Die Regelung soll das Risiko der 5-jährigen Wartungsverpflichtung (s. Rz 1 zu § 3) mildern, wenn sich der Wartungsaufwand wegen der besonderen Inanspruchnahme der Geräte beim AG oder wegen äußerer Einflüsse (z.B. Erschütterungen) erhöht. Maschinenbedingte Mehrkosten können aber auch bei einem Gerät entstehen, das ein "Ausreißer" ist (der AN, der zugleich Hersteller ist, dürfte sich nicht nur aus geschäftspolitischen Gründen kaum auf diese Regelung berufen, sondern auch deswegen, weil dieses Risiko grundsätzlich in der Pauschale einkalkuliert ist).

15 Erhöhung der Wartungsvergütung: Die Erläuterungen führen aus: "Bei Preisvereinbarungen nach Nr. 10 Abs. 2 sollte zunächst eine Neufestsetzung der Wartungsvergütung auf der Grundlage des § 5 Nr. 1 bis 5 (Grundpauschale und prozentuale Zuschläge) angestrebt werden." Zur Wartung auf Zeit- und Materialbasis s. Rz 19.

16 Der AN kann die Durchführung einer Generalüberholung anbieten, wenn er maschinenbedingte Mehrkosten glaubhaft machen kann, und zwar mit dem Ziel, daß er die Wartung anschließend gegen pauschale Vergütung durchführt (s. auch Rz 3 zu § 3). Es würde hingegen der Pauschalierung der Vergütung nicht entsprechen, die Durchführung von vornherein innerhalb der Mindestwartungsdauer zu vereinbaren (s. aber auch Beispiel in WS 1 Rz 9).

III. Wartung auf Zeit- und Materialbasis

1. Instandsetzungen, die nicht durch die Pauschale abgedeckt sind (Nr. 5 II)

17 Nr. 5 II definiert einen Kreis von Störungen, die vom AN gem. § 4 Nr. 1 beseitigt werden müssen (s. dort Rz 3), ohne daß dies durch die Pauschale abgedeckt wäre. Die Regelung ist entsprechend in dem Fall anzuwenden, daß der AN wegen einer Störung gerufen worden ist, ohne daß ein Fehler vorgelegen hat (s. auch Rz 13 zu § 18 M). Die Stundensätze werden in WS 5 (Nr. 3.2) angegeben. Die Vergütung für Material richtet sich nach den üblichen Preisen des AN. Zur Berechnung der Vergütung s. ergänzend Rz 3 ff zu § 16 VOL/B.
Die Beweislast liegt beim AN, wenn er die gesonderte Vergütung verlangt (s. aber Rz 16 zu § 8 zur Beweislast des AG, der pauschalierten Schadensersatz verlangt).

18 Vergütung: Die Erläuterungen führen aus: "Die Vergütung nach Nr. 1 Abs. 2 kann entweder bei Vertragsabschluß im Wartungsschein (Ziffer 3.2, Spalte 3) oder - soweit zweckmäßig - im Einzelfall vereinbart werden." (S. WS 5 Rz 5).

2. Keine Einigung über Pauschale (Nr. 10 II. 2)

19 Zu den Voraussetzungen s. Rz 15.
In diesem Falle muß der Vertrag weitgehend geändert werden:
- Der Zeitraum der Wartungsbereitschaft für Instandhaltung und Instandsetzung muß überprüft werden.
- Die Zuschläge für Leistungen außerhalb der normalen Geschäftszeiten müssen festgelegt werden.
- Die Sanktionen aus Gewährleistung bedürfen einer neuen Bezugsgröße, da es keine monatliche Pauschale mehr gibt. Fraglich ist, ob die Gewährleistung nicht auf die ordnungsgemäße Durchführung der Arbeiten beschränkt werden muß.
- Es muß festgelegt werden, wie Wegezeiten und Wartungsmaterial vergütet werden.

IV. Preisvorbehalte (Nr. 10 I, III und Nr. 11)

20 Die Regelungen sind an § 4 Nr. 5 M angelehnt, weil beides Dauerschuldverhältnisse sind (s. dort Rz 18 ff), übernehmen aber die Änderungen in § 3 Nr. 3 K. S. zu den Vor-

behalten allgemein Rz 15 ff zu § 4 M. Die Erläuterungen führen aus: "Bei der Vereinbarung von Preisvorbehalten sind die Grundsätze zur Anwendung von Preisvorbehalten bei öffentlichen Aufträgen, veröffentlicht mit Rundschreiben des Bundesministers für Wirtschaft und Finanzen vom 2. Mai 1972 - W/I B 1 - 24 00 61 - W/I B 3 - 24 19 22 - (Bundesanzeiger Nr. 88/1972) zu beachten. Die BVB-Wartung lassen für die inhaltliche Ausgestaltung von Preisvorbehalten nach Nummer 10 verschiedene Möglichkeiten zu. Für den Fall, daß keine anderweitigen Regelungen vereinbart werden, gilt zunächst die Regelung gemäß Nr. 10 Abs. 3 a). Handelt es sich bei der Wartungsvergütung um einen nachgewiesenen Listenpreis, so kann abweichend von der Regelung nach Nr. 10 Abs. 3 a) ein Preisvorbehalt nach Nr. 10 Absatz 3 b) vereinbart werden. Für Nebenleistungen gilt, sofern keine anderen Absprachen getroffen werden, die Regelung nach Nr. 10 Abs. 3 c). Die notwendigen Vereinbarungen sind in Ziffer 7 des Wartungsscheins zu treffen. Ist ein Preisvorbehalt nach Nr. 10 Abs. 3 b) vereinbart und macht der Auftragnehmer eine Preiserhöhung geltend, ist auch zu prüfen, ob die neue Preisliste der Koordinierungs- und Beratungsstelle der Bundesregierung für die EDV in der Bundesverwaltung beim Bundesminister des Innern vorliegt."

21 Lohnkostenklausel (Nr. 10 III a): Das Ausmaß der Grundpauschale wird gem. Satz 3 in WS 7 (Nr. 7) festgelegt. Da die Zuschläge prozentual berechnet werden, unterliegen sie denselben Änderungen. Die Klausel ist für Änderungen in beide Richtungen offen. Sie enthält wie bei § 3 K eine Selbstbeteiligung und eine Mindestbeteiligung. Ein Mindestzeitraum zwischen Angebotsabgabe und Erhöhung der Grundpauschale ist nicht vorgesehen.
Zur Genehmigung von Lohnkostenklauseln nach § 3 Währungsgesetz s. Rz 19 zu § 4 M. Diese Klausel ist genehmigungspflichtig; sie ist genehmigungsfähig, wenn die Lohnkosten mehr als 50% der Gesamtkosten ausmachen und wenn der Ecklohn der Metallindustrie, auf den abgestellt wird, repräsentativ für die Kosten des AN ist. Dies dürfte kaum der Fall sein. Es müßte auf den Lohn der üblicherweise eingesetzten Wartungstechniker (idR Angestellte) abgestellt werden (s. Muster in WS 7 Rz 6).

22 Die Listenpreisklausel (Nr. 10 III b) entspricht weitgehend der in § 4 Nr. 5 M. S. dort Rz 22 f zu den Voraussetzungen für Erhöhungen gem. Abs. 1 Satz 1.
Der zeitliche Mindestabstand von 10 Monaten zwischen Angebotsabgabe und Inkrafttreten ist in Abs. 1 Satz 2 nicht als Voraussetzung formuliert (wie in § 4 M, s. dort Rz 24), sondern als Rechtsfolge (Anlaufhemmung): Auch eine vorher angenommene Erhöhung tritt nach 10 Monaten in Kraft. Weitere Erhöhungen sind gem. Abs. 1 Satz 3 jeweils nach Ablauf von 10 Monaten zulässig. Dies beinhaltet nicht eine Anlaufhemmung, sondern ist Wirksamkeitsvoraussetzung: Wird die Frist nicht eingehalten, so wird die Erhöhung auch nicht nach 10 Monaten wirksam. Die darauffolgende

Erhöhung dürfte auch die erste Erhöhung nachholen, wenn mindestens 2 x 10 Monate verstrichen sind.

23 Abs. 2 enthält eine Ankündigungsfrist wie § 4 M; zusätzlich wird klargestellt, daß eine verspätete Ankündigung nicht unwirksam ist, sondern erst nach Ablauf von 3 Monaten wirksam wird (Anlaufhemmung). Nach Abs. 3 kann der AG seinerseits die Geräte in bestimmtem Umfang kündigen (Waffengleichheit). Voraussetzung ist, daß eine Einigung über einen niedrigeren Preis nicht zustandegekommen ist. Die Klausel fällt damit nicht unter § 3 II Währungsgesetz.

24 Preissenkungen (Abs. 4): Die Regelung entspricht § 4 Nr. 5 VI M (s. dort Rz 16).

25 Klausel für Nebenleistungen (Nr. 10 III c): Voraussetzung für eine Erhöhung ist, daß der neue Preis ein Marktpreis ist (s. Rz 23 zu § 4 M).
Die Frist von 10 Monaten in Abs. 1 Satz 1 dürfte folgendermaßen zu verstehen sein:
- Handelt es sich nicht um laufende Nebenleistungen, werden nur Erhöhungen wirksam, die später als 10 Monate nach Angebotsabgabe (gemeint ist das Angebot über den Wartungsvertrag, nicht das über die Erbringung einzelner Nebenleistungen, falls sie gesondert vereinbart werden; s. zum Begriff Rz 21 zu § 4 M) vorgenommen werden (Wirksamkeitsvoraussetzung).
- Handelt es sich um laufende Nebenleistungen, können Erhöhungen schon vorher vorgenommen werden; sie treten aber erst nach 10 Monaten in Kraft (Anlaufhemmung).

Zu Preissenkungen (Abs. 2) s. Rz 16 zu § 4 Nr. 5 VI M.

26 Klausel für Mehrwertsteuer (Nr. 11): Die Regelung entspricht § 3 Nr. 4 K (s. Rz 30 zu § 4 M).

§ 6. Zahlungen

1. Der Auftragnehmer wird
a) die monatliche Wartungsvergütung vierteljährlich zum Ersten des zweiten Vierteljahresmonats,
b) die Vergütung für andere Leistungen nach Leistungserbringung
in Rechnung stellen.

2. Der Auftraggeber wird alle Rechnungen unverzüglich nach Eingang prüfen, feststellen und den Betrag zahlen.

1 § 6 entspricht § 6 M bis auf zwei Punkte (s. dort Rz 1 ff):
- Pauschale Zuschläge zur Grundmonatsvergütung sind zusammen mit dieser zu zahlen.
- Die Alternative b), wonach "die über die Grund- bzw. Pauschalmonatsmieten hinausgehenden Zuschläge für Mehrstunden vierteljährlich nachträglich ... in Rechnung

(zu) stellen" sind, ist hier fortgelassen worden. Sie ist aber auch hier erforderlich, weil die Höhe des Mehrbenutzungszuschlags nach § 5 Nr. 2 für den zweiten und dritten Monat des Vierteljahres erst nach der Rechnungsstellung gem. a) feststeht und erst dann bezahlt werden kann.

2 Nach § 5 Nr. 6 kann der AN - soweit nichts anderes vereinbart - mit einer Frist von einem Monat eine Änderung der Wartungsleistungen verlangen und damit eine Änderung der Wartungsvergütung im laufenden Vierteljahr bewirken. Der AN kann die Änderung entweder schon von vornherein bei der Rechnungstellung berücksichtigen oder bei Änderungen im laufenden Vierteljahr zum 3. Monat eine geänderte Rechnung nachreichen.

§ 7. Wartungszeiten

1. Für die Durchführung der Instandhaltungsarbeiten wird im Rahmen der nach § 5 im Wartungsschein festgelegten Zeiten ein Zeitplan vereinbart, der an geänderte betriebliche Belange der Vertragsparteien oder an technische Erfordernisse anzupassen ist.

2. Instandsetzungsarbeiten werden während der nach § 5 im Wartungsschein festgelegten Zeiten unverzüglich durchgeführt. Auch außerhalb dieser Zeiten führt der Auftragnehmer auf Verlangen des Auftraggebers im Rahmen des Zumutbaren Instandsetzungsarbeiten durch (siehe auch § 5 Nr. 9).

3. Als Instandsetzung innerhalb der nach § 5 im Wartungsschein festgelegten Zeiten gelten auch Tätigkeiten des Auftragnehmers an der Anlage oder den Geräten außerhalb dieser Zeiten, wenn sie während der festgelegten Zeiten hätten begonnen werden können.
Der Auftragnehmer ist auf Verlangen verpflichtet, begonnene Instandsetzungsarbeiten auch über den gewählten Wartungszeitraum hinaus im Rahmen des Zumutbaren weiterzuführen, wobei für die erste Stunde eine Vergütung nach § 5 Nr. 9 nicht gefordert werden kann.
Instandsetzungen, die wegen Wiederholung derselben Störungsursache innerhalb eines Zeitraumes von 8 Stunden notwendig werden, sind auf Verlangen ebenfalls über den gewählten Wartungszeitraum hinaus im Rahmen des Zumutbaren weiterzuführen, wobei für die ersten 2 Stunden eine Vergütung nach § 5 Nr. 9 nicht gefordert werden kann.
Der Auftraggeber stellt dem Auftragnehmer die Anlage oder Geräte für die Durchführung der erforderlichen Wartungsarbeiten zur Verfügung.

1. Zeitplan für Instandhaltung (Nr. 1)

1 Festlegung des Terminplans: Innerhalb des nach § 5 gewählten Wartungszeitraums (s. dort Rz 7) soll gem. Nr. 1 ein Zeitplan vereinbart werden, zu welchen Zeiten der AN die Instandhaltung tatsächlich durchführt. Dieser Zeitplan soll möglichst bereits zum Zeitpunkt des Vertragsschlusses im WS 4 (Nr. 3.1) angegeben werden. Andernfalls sind die notwendigen Absprachen gem. WS 4 sobald wie möglich zu treffen. Der Zeitplan soll den Rhythmus sowie die Dauer der Arbeiten angeben. "Innerhalb des Zeitplans können die einzelnen Termine von Fall zu Fall vereinbart werden." Er kann auch bereits bestimmte Termine enthalten. Das Wartungskonzept des AN kann auch vorsehen, daß die Instandhaltung teilweise oder ganz im Zusammenhang mit Instandsetzungsarbeiten - sei es für diese Geräte oder für andere - durchgeführt wird.

2 Änderungen des Terminplans: Jeder Vertragspartner kann gem. Nr. 1 fordern, daß der Zeitplan *innerhalb* des gewählten Wartungszeitraums an geänderte betriebliche Belange oder an technische Erfordernisse anzupassen ist (es dürfte gemeint sein: an geänderte technische Erfordernisse).

> Für den AG kann ein Grund darin liegen, daß er aufgrund eines geänderten Produktionsprofils die Geräte zu den bisherigen Stunden nicht mehr zur Verfügung stellen kann. Der AN kann geltend machen, daß er die Auslastung seiner Techniker verbessern will oder daß er aufgrund der stärkeren Inanspruchnahme der Geräte durch den AG diese häufiger warten muß.

Zur Änderung des gewählten Wartungszeitraums durch den AG s. Rz 7 zu § 5.

2. Instandsetzung (Nr. 2 und 3)

3 Unverzüglicher Beginn: Nr. 2, 1 stellt heraus, daß der AN Instandsetzungsarbeiten *unverzüglich* durchzuführen hat, aber nur innerhalb des nach § 5 gewählten Wartungszeitraums. Unverzüglich heißt: "innerhalb der in WS 5 (Nr. 3.2) angegebenen Zahl von Stunden nach Störungsmeldung" (s. dort Rz 2). Gemeint ist, daß der Wartungstechniker beim AG bis zu diesem Zeitpunkt erschienen sein muß. Diese Regelung über die response time = Reaktionszeit ist aus Herstellerbedingungen übernommen worden.
Ist keine Stundenzahl festgelegt worden, so läßt sich keine Aussage machen, was unverzüglich bedeutet: Da der

AN nach § 4 Nr. 2 (s. dort Rz 4) stets Wartungspersonal zur Verfügung haben muß, müßte er sofort einen Wartungstechniker auf den Weg schicken. Daß die Regelung aber nicht so streng gemeint ist, wird daraus ersichtlich, daß in WS 5 gerade die Angabe einer Zahl von Stunden vorgesehen ist: Dem AN soll eine wirtschaftlich sinnvolle Reaktionszeit eingeräumt werden. Daraus ist zu folgern: Fehlt die Angabe, so entfällt die Sanktion für den verzögerten Beginn. Denn § 8 Nr. 3 II. 1 knüpft nicht daran an, daß der AN nicht unverzüglich kommt, sondern daran, daß er nicht "innerhalb der in der Leistungsbeschreibung festgelegten Zeit" kommt. § 8 Nr. 3 I greift ein, sobald der AN die Instandsetzung begonnen hat; anderenfalls droht die Sanktion erst nach sieben Tagen.

4 Nach Nr. 2, 1 sind die Arbeiten *durchzuführen*; d.h. zu beginnen und nicht ungerechtfertigt zu unterbrechen (§ 8 Nr. 3 II). Es heißt zwar nicht, daß Störungen unverzüglich zu *beheben* sind; letztlich kommt es wegen der Sanktionen aber darauf an (s. Rz 3 zu § 1).

5 Instandsetzung außerhalb des gewählten Wartungszeitraums (Nr. 2, 2 und Nr. 3, 2): Der AN ist auch außerhalb des gewählten Wartungszeitraums verpflichtet, gem. Nr. 2, 2 mit Instandsetzungsarbeiten zu beginnen und gem. Nr. 3, 2 innerhalb des gewählten Wartungszeitraums begonnene Arbeiten nicht abzubrechen sondern fortzusetzen. (Durchführen ist in Nr. 2, 2 nur als Beginnen zu verstehen, weil sonst Nr. 3, 2 insoweit überflüssig wäre, als es um das Weiterführen geht). Da die Verpflichtung nur im Rahmen des Zumutbaren besteht, kommt es nicht darauf an, ob die Zeiten, zu denen die Instandsetzung gewünscht wird, innerhalb des vom AN angebotenen Rahmen liegen oder nicht (s. Rz 7 zu § 5). Allerdings dürfte ein Beginn außerhalb des angebotenen Rahmens idR unzumutbar sein, insb. wenn der AN überhaupt nicht Wartungsbereitschaft für die in Frage stehende Zeit anbietet. Bei der Frage, ob die Fortsetzung der Instandsetzung zumutbar ist, ist zum einen auf die voraussichtliche Dauer der Arbeiten abzustellen; zum anderen darauf, wie lange die eingesetzten Wartungstechniker nach der Arbeitszeitordnung tätig werden dürfen.

6 Verletzt der AN seine Verpflichtung nach Nr. 2, 2, so dürfte dies keine Sanktion gem. § 8 Nr. 3 II nach sich ziehen (s. dort Rz 13): § 8 Nr. 3 II. 1 stellt in der *ersten* Alternative nur auf den *gewählten Wartungszeitraum* ab. Dieser Zeitraum wird durch § 7 Nr. 2, 2 *nicht* ausgedehnt. Es ließe sich zwar bei der *zweiten* Alternative sagen, daß eine ungerechtfertigte Unterbrechung vorliegt, wenn die Fortführung der Arbeiten zumutbar gewesen wäre. Die beiden Alternativen würden zu unterschiedlichen Ergebnissen führen. Es kann aber nicht angenommen werden, daß das gewollt ist.

7 Die Mehraufwendungen werden gem. § 5 Nr. 9 vergütet (s. dort Rz 11). Der Anspruch entsteht nur, wenn der AG das

besondere Tätigwerden *verlangt*. Es entsteht also nicht, wenn der AN eine begonnene Instandsetzung beenden will und der AG damit (nur) einverstanden ist.
Nach Nr. 3 I erhält der AN keine Vergütung für Instandsetzung außerhalb des gewählten Wartungszeitraums, soweit (was mit "wenn" gemeint ist) er die Instandsetzung bereits während des vereinbarten Wartungszeitraums hätte beginnen und durchführen können. Maßgeblich ist dafür der späteste Zeitpunkt, zu dem der AN die Instandsetzung hätte beginnen müssen (s. zur Reaktionszeit Rz 3).

Es seien vier Stunden (Reaktionszeit) vereinbart. Der Wartungszeitraum reiche bis 18.00 Uhr. Die Fehlermeldung erfolgt um 13.00 Uhr. Der Wartungstechniker kommt erst um 18.30 Uhr und benötigt eine Stunde. Wäre er innerhalb von vier Stunden gekommen, hätte er die Instandsetzung innerhalb des gewählten Wartungszeitraums durchgeführt. Der AN hat also keinen Anspruch auf Vergütung der Mehraufwendungen.

8 Der AN erhält gem. Nr. 3 II auch keine Vergütung für die erste Stunde, in der er während des gewählten Wartungszeitraums begonnene Arbeiten fortführt. Die Vergütung für diese eine Stunde entfällt auch dann, wenn die Arbeiten den gewählten Wartungszeitraum insgesamt um mehr als eine Stunde überschreiten.
Nach Nr. 3 III kann der AN für die ersten zwei Stunden keine Vergütung nach § 5 Nr. 9 verlangen, wenn die Instandsetzung wegen Wiederholung derselben Störungsursache innerhalb eines Zeitraums von 8 Stunden notwendig ist. Es ist davon ausgegangen worden, daß bei solchen Störungen im Zweifel der AN die erste Instandsetzung nicht hinreichend ordentlich durchgeführt hat (s. auch Rz 12 zu § 8 Nr. 5).

3. Zurverfügungstellen der Geräte ("Nr. 4" = Nr. 3 IV)

9 Nr. 3 IV hat mit den übrigen Absätzen der Nr. 3 nichts zu tun; die Bezeichnung der Regelung als Nr. 4 ist anscheinend im Druck übersehen worden. Die Regelung soll klarstellen, daß der AN verlangen kann, daß er die Geräte uneingeschränkt für seine Wartungsarbeiten zur Verfügung hat (s. Rz 27 zu § 9 und Rz 1 zu § 15 M). Unabhängig davon regelt § 11 den Zutritt zum Aufstellungsort.

§ 8. Gewährleistung

1. Der Auftragnehmer gewährleistet die vertragsgemäße Erbringung der Leistungen aus diesem Vertrag, insbesondere aus den §§ 4 und 7.

2. Werden Mängel nicht so beseitigt, daß die Anlage oder Geräte genutzt werden können, stellt der Auftragnehmer dem Auftraggeber - sofern in der Leistungsbeschreibung ver-

einbart - unverzüglich eine Ausweichanlage zur Verfügung. Einzelheiten über die Bereitstellung der Ausweichanlage, insbesondere der späteste Zeitpunkt für die Bereitstellung, sind in der Leistungsbeschreibung festzulegen. Ist der Mangel durch äußere vom Auftragnehmer nicht beeinflußbare Umstände verursacht, wird der Zeitpunkt im Einzelfall vereinbart. Benutzt der Auftraggeber die Ausweichanlage, trägt er die hierdurch entstehenden Kosten. Wird eine Ausweichanlage zum vereinbarten Zeitpunkt nicht bereitgestellt, zahlt der Auftragnehmer für jeden Kalendertag, an dem die Anlage oder Geräte genutzt werden sollten, aber wegen der nicht beseitigten Mängel - beginnend mit dem Zeitpunkt der Störungsmeldung - mehr als 12 Stunden nicht genutzt werden können, 5/30 der monatlichen Wartungsvergütung für die durch die Ausweichanlage zu ersetzende Anlage oder Geräte als pauschalierten Schadenersatz. Die Verpflichtung zur Leistung des pauschalierten Schadenersatzes endet mit Ablauf des Tages, an dem die Ausweichanlage nachträglich zur Verfügung gestellt wird oder die Anlage oder Geräte wieder betriebsbereit übergeben werden. Kann der Auftraggeber an diesem Tag die Ausweichanlage bzw. die zu wartende Anlage oder die Geräte mehr als 12 Stunden nutzen, endet die Verpflichtung zur Leistung des pauschalierten Schadenersatzes bereits mit Ablauf des Vortages.

3. Ist eine Ausweichanlage nicht vereinbart und können die Anlage oder Geräte wegen Ausfalls nicht genutzt werden, leistet der Auftragnehmer vom siebten Ausfalltag an pauschalierten Schadenersatz in Höhe von 5/30 der monatlichen Wartungsvergütung je Ausfalltag. Ausfalltag im Sinne dieser Vorschrift ist jeder vorgesehene Nutzungstag, an dem die Anlage oder Geräte mehr als 12 Stunden nicht genutzt werden können. Die Zahlung von Schadenersatz entfällt, wenn Ausfälle durch äußere vom Auftragnehmer nicht beeinflußbare Umstände verursacht sind und die Überschreitung der Instandsetzungsfrist vom Auftragnehmer nicht zu vertreten ist.
Die Zahlungsverpflichtung beginnt mit dem ersten Ausfalltag, wenn der Auftragnehmer innerhalb der in der Leistungsbeschreibung festgelegten Zeit nicht mit der Fehlerbeseitigung beginnt oder eine begonnene Fehlerbeseitigung ungerechtfertigt unterbricht. Dieselbe Rechtsfolge tritt ein, wenn der Auftragnehmer geeignetes Personal nicht in ausreichender Zahl einsetzt oder notwendige Ersatzteile bei Bedarf nicht unverzüglich zur Verfügung stellt.
Die Zahlungsverpflichtung endet mit Ablauf des Tages, an dem die Anlage oder Geräte wieder betriebsbereit übergeben werden. Kann der Auftraggeber an diesem Tag die Anlage oder Geräte mehr als 12 Stunden nutzen, endet die Verpflichtung zur Leistung des pauschalierten Schadenersatzes bereits mit Ablauf des Vortages.

4. Wird die Nutzung der Anlage oder Geräte nur gemindert, zahlt der Auftragnehmer pauschalierten Schadenersatz nach Nummer 3 in der Höhe, die der sich für den Auftraggeber

ergebenden Nutzungsminderung entspricht.

5. Wiederholt sich eine auf derselben Ursache beruhende Störung innerhalb von 8 Nutzungsstunden nach Beendigung der Instandsetzungsarbeiten, so gilt die gesamte Zeit von der Meldung der ersten Störung an als Nutzungsausfall nach Nummer 3 und 4, es sei denn, daß die zwischenzeitlich erzielten Arbeitsergebnisse für den Auftraggeber einwandfrei und ohne besonderen Zeitaufwand erkennbar fehlerfrei und damit voll verwertbar waren.

6. Werden Störungen während einer Frist von 30 Kalendertagen, gerechnet vom Zeitpunkt der Störungsmeldung an, nicht so behoben, daß die Anlage oder Geräte wie vorgesehen genutzt werden können, kann der Auftraggeber nach vorheriger schriftlicher Mitteilung an den Auftragnehmer einen anderen Wartungsunternehmer hinzuziehen. Hat der Auftragnehmer die Nichtbeseitigung der Störung zu vertreten, geht die Beauftragung des anderen Wartungsunternehmers zu seinen Lasten. In diesem Fall steht dem Auftraggeber das Recht zur fristlosen Kündigung zu. Stellen sich nach der Kündigung noch Mängel heraus, die auf Wartungsfehler des Auftragnehmers zurückzuführen sind, geht deren Beseitigung zu dessen Lasten.

7. Die Zahlungsverpflichtung für den pauschalierten Schadenersatz nach Nummer 2, 3, 4 und 5 ist auf 100 Schadenersatztage beschränkt; unberührt hiervon bleibt die Kostenregelung für die Hinzuziehung des anderen Wartungsunternehmers und die Beseitigung von Wartungsfehlern nach Nummer 6.

1 Einordnung: § 8 regelt die Rechtsfolge, wenn Störungen nicht unverzüglich beseitigt werden. § 8 entspricht dabei weitestgehend § 9 Nr. 3 - 6, 8 - 11 K, der sich wiederum an § 9 M anlehnt. Die Pflicht zur Fehlerbeseitigung selber ist in §§ 4 und 7 enthalten (bei den BVB-Kauf beginnt die Gewährleistungsregelung damit).
§ 8 sieht als Sanktion nur pauschalierten Schadensersatz (wie § 9 K) vor, nicht erst Kürzung der Wartungsvergütung (wie § 9 M, wo es gleichfalls um ein Dauerschuldverhältnis geht, für den Mietzins). Zur Pauschalierung des Schadensersatzes s. GZ 3, insb. Rz 15 zur Höhe.

1. Gegenstand der Gewährleistung (Nr. 1)

2 Der AN gewährleistet gem. Nr. 1 die vertragsgemäße Erbringung der Leistungen aus diesem Vertrag, insbesondere

aus den §§ 4 und 7. Was er neben §§ 4 und 7 mit den Rechtsfolgen des § 8 gewährleisten soll, ist nicht ersichtlich. Genau genommen gewährleistet er nur die unverzügliche Instandsetzung, wie es in § 7 Nr. 2, 1 verlangt wird. Bei den BVB-Miete und - Kauf beinhaltet die Gewährleistung die Pflicht zur Fehlerbeseitigung *und* die Sanktionierung ihrer ordnungsgemäßen Erfüllung. Hier braucht nur noch die Erfüllung sanktioniert werden; der - formalen - Übereinstimmung wegen wird auf die Pflicht zur Fehlerbeseitigung noch einmal hingewiesen.

3 Fehler: § 8 spricht von Mängeln (Oberbegriff zu Fehlern und dem Fehlen zugesicherter Eigenschaften, s. Rz 9 zu § 9 M). Da es bei der Wartung keine Zusicherungen von Eigenschaften gibt, wird im folgenden von Fehlern gesprochen: Das ist alles, was die Betriebsbereitschaft beeinträchtigt (wie sich aus § 4 Nr. 1 i.V.m. der Begriffsbestimmung der Instandsetzung ergibt) oder beeinträchtigen kann. Die Beseitigung von Fehlern, die nicht unter das Wartungsrisiko fallen (s. Rz 3 zu § 4), wird nur unter eine eingeschränkte Gewährleistung gestellt (s. Rz 15). Die Gewährleistung entfällt bei Änderungen durch den AG u.U. vollständig (s. Rz 9 zu § 12).

4 Der AN haftet nicht für die Beseitigung von Konstruktionsfehlern, weil dies nicht zur Wiederherstellung der Betriebsbereitschaft gehört. Der AG kann die Beseitigung nur insoweit verlangen, als der AN als Hersteller den Konstruktionsfehler bei dem Gerätetyp beseitigt (s. Rz 6 § 12 Nr. 1).

2. Stellung einer Ausweichanlage (Nr. 2)

5 Nr. 2 entspricht weitestgehend § 9 Nr. 3 K und damit weitgehend § 9 Nr. 3 M (nicht hinsichtlich der Kostentragung): Es kann vereinbart werden, daß bei Totalausfall der Anlage über 12 Stunden an einem vorgesehenen Nutzungstag eine Ausweichanlage zur Verfügung zu stellen ist. Für diese Vorhaltung kann eine gesonderte Vergütung vereinbart werden (s. WS 6 Rz 4).

6 Zur Zweckmäßigkeit der Vereinbarung einer Ausweichanlage s. Rz 3 f zu § 7 M. Die Erläuterungen zu § 8 Nr. 2 entsprechen weitgehend denen zu § 7 Nr. 1 M; dabei ist der letzte Absatz über die Vereinbarung mehrerer Ausweichanlagen gestrichen worden. Wegen der Kosten soll die Notwendigkeit einer Vereinbarung besonders geprüft werden:
"Im Rahmen der Gewährleistung hat der Auftragnehmer bei Ausfall der zu wartenden Anlage eine Ausweichanlage zur Verfügung zu stellen, wenn im Wartungsschein entsprechende Vereinbarungen getroffen sind. Hierdurch soll sichergestellt werden, daß der Auftraggeber seine Aufgaben auch bei Ausfall der zu wartenden Anlage termingerecht und kontinuierlich erledigen kann.
Bevor eine Ausweichanlage vereinbart wird, ist demnach zu prüfen, ob von der Aufgabenstellung her die Notwendig-

keit für das Bereithalten von Ausweichkapazität besteht. Wird dies bejaht, so ist weiter zu prüfen, ob nicht durch verwaltungsinterne Absprachen im Wege der gegenseitigen Amtshilfe die notwendige Ausweichkapazität sichergestellt werden kann. Hierbei ist ein strengerer Maßstab anzulegen, insbesondere dann, wenn der Auftragnehmer für die Vorhaltung der Ausweichanlage eine Vergütung als Zuschlag zur Wartungsvergütung erhebt.
Nur wenn ein verwaltungsinterner Kapazitätsausgleich nicht möglich oder zumutbar ist, sollte mit dem Auftragnehmer die Bereitstellung einer Ausweichanlage vereinbart werden. Im Wartungsschein ist insbesondere die Anlagenkonfiguration der Ausweichanlage umfassend und zweifelsfrei anzugeben."

7 Nr. 2 I. 2 weist darauf hin, daß die Stellung einer Ausweichanlage idR verschiedene Vereinbarungen über die Konfiguration, hier insbesondere auch über die einzusetzende Grundsoftware (mit der der AN auf Grund des Wartungsvertrags sonst nicht befaßt ist) sowie über die Vorbereitung, die Art und den Umfang der Nutzung verlangt (s. dazu Rz 5 zu § 7 M).
Der Zeitpunkt der Bereitstellung wird im WS 6 angegeben (s. WS 6 Rz 2). Im Fall eingeschränkter Gewährleistung (s. Rz 15) wird der Zeitpunkt im Einzelfall gem. Nr. 2 I. 3 vereinbart. (Diese Regelung entspricht sachlich § 18 Nr. 6 M).

8 Kosten (Nr. 2 I. 4): Der AG trägt sämtliche Kosten, die ihm oder dem AN durch die Nutzung der Ausweichanlage entstehen. Der AN wird also durch die Stellung einer Ausweichanlage finanziell nicht belastet.

9 Die Sanktion wegen Nichtgestellung ist in Nr. 2 II wie in § 9 Nr. 4 M geregelt (s. dort Rz 37). Zur Höhe der Sanktion s. GZ 3 Rz 14. Zur Beweislast s. Rz 16 am Anfang.

3. Pauschalierter Schadensersatz, wenn keine Ausweichanlage vereinbart ist (Nr. 3 - 5)

10 Bei Totalausfall zahlt der AN pauschalierten Schadensersatz für jeden vorgesehenen Nutzungstag, an dem die Anlage mehr als 12 Stunden nicht genutzt werden kann (s. dazu Rz 20 f zu § 9 M), und zwar
- vom ersten vorgesehenen Nutzungstag an, wenn er die Nichtbeseitigung zu vertreten hat (Nr. 3 II), ggf. rückwirkend,
- vom siebenten vorgesehenen Nutzungstag an auch dann, wenn er die Nichtbeseitigung nicht zu vertreten hat (Nr. 3 I).

11 Vorgesehene Nutzungstage: S. Rz 19 zu § 9 M. Es dürfte richtig sein, auch solche vorgesehenen Nutzungstage, an denen der AN nicht zur Wartung verpflichtet ist, mitzuzählen. Es besteht dann zwar keine Wartungsverpflichtung, die sanktioniert werden sollte; darauf kommt es aber

letztlich nicht an, weil die Regelung auf den Erfolg abgestellt ist. (Dies wird auch bei der Ausdehnung der Wartungsbereitschaft deutlich: Der Umfang der Wartungsverpflichtung wirkt sich tatsächlich erheblich auf die Dauer der Instandsetzung aus, rechtlich ist dies dennoch ohne Einfluß auf die 7-Tage-Frist). Der AN hat die Nichtbeseitigung nicht im Sinne von Nr. 3 II zu vertreten, wenn er an diesen Tagen nichts tut.

12 Zusammenrechnung von Ausfallzeiten bei wiederholtem Auftreten eines Fehlers (Nr. 5): S. Rz 22 zu § 9 M.

13 Vertretenmüssen: Nr. 3 II bestimmt, was der AN zu vertreten hat:
- Er muß die Fehlerbeseitigung innerhalb der in WS 6 (s. dort Rz 2) festgelegten Zeit beginnen (Satz 1, 1. Alternative).
- Er muß ausreichend viel Personal auf einmal einsetzen, so daß der Fehler so schnell wie technisch möglich behoben werden kann (Satz 2, 1. Alternative).
- Er darf die Fehlerbeseitigung nicht ungerechtfertigt unterbrechen; d.h. während der vereinbarten Wartungsbereitschaft dann nicht, wenn er noch etwas Sinnvolles für die Wiederherstellung der Betriebsbereitschaft tun könnte (Satz 1, 2. Alternative).
- Er muß notwendige Ersatzteile bei Bedarf unverzüglich zur Verfügung stellen (Satz 2, 2. Alternative).

14 Die Regelung enthält keinen ausdrücklichen Hinweis darauf, inwieweit die Haftung Verschulden voraussetzt. Es dürfte anzunehmen sein (s. GZ 2 Rz 4), daß der AN nur Verschulden vertreten muß, soweit nicht in § 4 Nr. 2 etwas anderes bestimmt ist. Nach § 4 Nr. 2 ist der AN verpflichtet, stets ausreichend Personal und Material zur Verfügung zu *halten* (s. dort Rz 4). Soweit die Verletzung einer der in Nr. 3 II aufgeführten Pflichten darauf beruht, daß der AN nicht genügend Personal und Material zur Verfügung hat, so daß er es nicht zur Verfügung *stellen* kann, ist Verschulden nicht nötig.

Der AN hat drei Techniker am Wartungsstützpunkt.
a) Alle sind anderswo im Einsatz. Keiner kann rechtzeitig kommen. Die Sanktion ist zu zahlen, weil nicht genügend Techniker zur Verfügung stehen.
b) Einer fährt alsbald in Richtung des neuen Einsatzortes, gerät aber in eine nicht vermeidbare Stauung, so daß er nicht rechtzeitig kommt. Die Sanktion ist mangels Verschulden nicht zu zahlen.
Der AN beginnt rechtzeitig. Am zweiten Tag stellt sich heraus, daß ein übliches Ersatzteil nicht vorhanden ist und erst in vier Tagen geliefert werden kann. Die Sanktion ist vom ersten Tag zu zahlen, weil nicht genügend Ersatzteile zur Verfügung stehen.

15 Eingeschränkte Gewährleistung (Nr. 3 I. 3): Die Sanktion entfällt auch über den sechsten vorgesehenen Nutzungstag hinaus, wenn der Fehler durch einen vom AN nicht beeinflußbaren Umstand (s. Rz 3 zu § 4) verursacht ist. Sie entfällt so lange, *bis* der AN die Nichtbeseitigung des Fehlers zu *vertreten* hat. Zu vertreten hat er Verschulden und das Vorhalten von Personal und Material gem. § 4 Nr. 2 in ausreichendem Maße, allerdings erst vom siebenten Tag an: Denn Satz 3 baut auf Satz 1 auf; Satz 1 sieht aber für die ersten sechs Tage keine Sanktion vor.
Sobald der AN die Nichtbeseitigung zu vertreten hat, ist die Sanktion von diesem Tage an zu zahlen, nicht rückwirkend. Denn die rückwirkende Zahlung ist nur in Nr. 3 II vorgesehen. Nr. 3 II bezieht sich aber nur auf Nr. 3 I. 1, also auf den Normalfall, daß der Fehler uneingeschränkt unter die Gewährleistung fällt. Es dürfte unbillig und deswegen unzulässig sein, Abs. 2 auch auf den Sonderfall der eingeschränkten Gewährleistung anzuwenden. (Abs. 2 könnte höchstens entsprechend vom 7. Tag an angewendet werden).

> Der AN findet den Fehler am 9. Tag. Das benötigte übliche Ersatzteil fehlt und kann erst am 12. Tag eingebaut werden: Die Sanktion ist für drei Tage zu zahlen.
> Der AN findet den Fehler am 4. Tag. Das benötigte übliche Ersatzteil fehlt und kann erst am 12. Tag eingebaut werden: Die Sanktion ist nur für 6 Tage zu zahlen.

Auch § 18 M bzw. § 17 K schränken die Haftung ein (s. Rz 12 bzw. 18).

16 Beweislast: Unabhängig von der Beweislast ist der AG verpflichtet, nach dem Auftreten von Störungen die erforderlichen Unterlagen zu deren Beseitigung zur Verfügung zu stellen (§ 4 Nr. 6 und 9; s. Rz 15 zu § 9 M).
Der AG trägt die Beweislast dafür,
- daß es sich um einen Fehler handelt, der den Sanktionen unterliegt.
- daß die Geräte sieben vorgesehene Nutzungstage täglich mehr als 12 Stunden nicht genutzt werden konnten. Die maßgeblichen Zeitpunkte werden (im Betriebsbuch) vom AN gegengezeichnet (s. Rz 12 zu § 4 Nr. 3 II).
- zusätzlich, wenn er die Sanktion bereits vom ersten vorgesehenen Nutzungstag an verlangt, daß die Voraussetzungen eines der Fälle von Nr. 3 II vorliegen. Dabei kommt dem AG entgegen, daß in zwei Fällen Verschulden des AN nicht erforderlich ist (s. Rz 12).

Bei eingeschränkter Gewährleistung trägt der AN vom siebenten vorgesehenen Nutzungstag an die Beweislast dafür, daß er die Nichtbeseitigung (von diesem Tage an) nicht zu vertreten hat.

17 Nutzungseinschränkung: Nr. 6 entspricht § 9 Nr. 6 K und damit sachlich § 9 Nr. 5 M. S. dort Rz 26 ff. Die Erläuterungen entsprechen denen zu § 9 Nr. 6 K; sie enthalten einige Verbesserungen gegenüber denen zu § 9 Nr. 5 M und stellen klar, daß der Ansatz für die Berechnung der Nutzungseinschränkung nur gilt, wenn er vereinbart ist. Die letzten beiden Absätze der Erläuterungen zu § 9 Nr. 6 K sind fortgelassen (bezüglich Software und mixed hardware). S. zu den Erläuterungen Rz 28 ff zu § 9 M.

4. Sonstige Regelungen (Nr. 6 und 7)

18 Das Recht, einen anderen Wartungsunternehmer hinzuzuziehen: Nr. 6 nimmt § 14 Nr. 3 a) VOL/B auf. Nr. 6, 1 umschreibt die erforderliche Schwere der Störung gegenüber den BVB-Miete und -Kauf in einer dritten Weise (s. Rz 42 zu § 9 Nr. 6 bzw. Rz 24 zu § 9 Nr. 7), dürfte aber ebenso meinen, daß die Nutzung wesentlich eingeschränkt sein muß. Die Ankündigung gemäß Nr. 6, 2 kann bereits während der Frist von 30 Kalendertagen erfolgen. Der AN hat die Kosten, die dem AG aus der Hinzuziehung des anderen Wartungsunternehmers entstehen, zu ersetzen, wenn er nicht nur den Fehler, sondern auch dessen Nichtbeseitigung zu vertreten hat. Dies richtet sich nach Nr. 3 II. (Es kommt nicht darauf an, ob diese Pflicht unter voller oder unter beschränkter Gewährleistung steht).

Handelt es sich um einen Fehler, den der AN zwar nach § 4 Nr. 1 beseitigen muß, dessen Nichtbeseitigung innerhalb der 30 Tage er aber wegen der besonderen Eigenart der Störung nicht zu vertreten hat (s. dort Rz 3), so ist er nicht zur Kostenerstattung verpflichtet.

19 A.o. Kündigung: Hat der AN die Nichtbeseitigung zu vertreten, kann der AG den Wartungsvertrag gem. Nr. 6, 3 aus wichtigem Grund kündigen (nicht nur fristlos; der AG kann eine Auslauffrist setzen). Dies gilt für diejenigen Geräte, die im wesentlichen nicht genutzt werden konnten (Nr. 6, 1).
Nr. 6, 4 durchbricht das Prinzip, den Schadensersatz zu pauschalieren (s. § 9 Nr. 1, 4), sondern sieht den Ersatz des tatsächlichen unmittelbaren Schadens vor.

20 Begrenzung der Sanktion: Nr. 7 begrenzt die Zahl der Tage, für die pauschalierter Schadensersatz zu zahlen ist, auf 100 Tage je Fehlerfall (Ausfalltage in Nr. 2 II und Nr. 3 I). Der Hinweis auf Nr. 5 ist überflüssig (es wird in § 9 M/K auch nicht auf die entsprechende Nummer 9 bzw. 11 verwiesen).
Kündigt der AG nach Nr. 6, 3, so ist nicht stets für 100 Tage, sondern nur für die tatsächliche Zahl an Ausfalltagen Schadensersatz zu zahlen (anders § 9 Nr. 8 M bzw. § 9 Nr. 9 K); dafür trägt der AN gem. Nr. 7, 2. HS außerdem die Ersatzleistungen gem. Nr. 6.

§ 9. Haftung für sonstige Schäden, Versicherung

1. Der Auftragnehmer haftet für Personen- und Sachschäden, die dem Auftraggeber entstehen, soweit er sie zu vertreten hat. Für sonstige Schäden haftet der Auftragnehmer nur, soweit sie durch ihn oder die Anlage oder Geräte unmittelbar verursacht wurden und der Auftragnehmer sie zu vertreten hat. Die Haftungshöchstsumme je Schadensfall beträgt bei Personen- und Sachschäden 2 Millionen DM, bei sonstigen Schäden 1 Million DM. Die Haftungsregelung gilt nicht für die Schäden, die dadurch entstehen, daß die Anlage oder Geräte keine oder fehlerhafte Ergebnisse liefern; die Haftung hierfür ist in § 8 (Gewährleistung) abschließend geregelt.
Der Auftragnehmer haftet nicht für die Wiederbeschaffung von Daten, es sei denn, daß er deren Vernichtung grob fahrlässig oder vorsätzlich verursacht und der Auftraggeber sichergestellt hat, daß diese Daten aus Datenmaterial, das in maschinenlesbarer Form bereitgehalten wird, mit vertretbarem Aufwand rekonstruiert werden können.

2. Der Auftraggeber kann vom Auftragnehmer den Nachweis verlangen, daß diese Ansprüche - soweit sie zu angemessenen Bedingungen bei einem im Inland zum Geschäftsbetrieb zugelassenen Versicherer versicherbar sind - durch eine Versicherung abgedeckt sind.

1 § 9 entspricht vollständig § 11 K; dabei braucht in Nr. 1 I. 4 nur die Konkurrenz zur Haftung aus Gewährleistung geklärt zu werden; denn Verzug und Haftung für Schutzrechtsverletzungen entfallen bei der Wartung (theoretisch nicht bei Änderungen durch den AN gem. § 12 Nr. 1). S. Rz 1 ff zu § 11 K.

2 Hat der AN die Zerstörung von Geräten zu vertreten (= verschuldet), ist er gem. Nr. 1 I. 1 zum Schadensersatz verpflichtet. Dieser geht gem. § 249, 1 BGB in erster Linie auf Wiederherstellung des ursprünglichen Zustands (Ersatzbeschaffung). Bei gebrauchten Seriengeräten geht er idR aber auf Entschädigung in Geld (Palandt-Heinrichs § 251 Anm. 1 a). Beschafft der AG kein Ersatzgerät, so erlischt der Wartungsvertrag wegen des Fortfalls des zu wartenden Geräts mit Wirkung für die Zukunft. Eine Verpflichtung zur Ersatzbeschaffung dürfte nicht bestehen. Im Falle der Ersatzbeschaffung dürfte der Wartungsvertrag bis zur Inbetriebnahme des neuen Geräts ruhen (für die Vergütung ist § 537 I. 1 BGB analog anzuwenden). Denn daß die Sanktion nach § 9 Nr. 3 bis dahin zu zahlen ist, dürfte nicht gewollt sein.

§ 10. Behinderung und Unterbrechung der Leistung

1. Soweit der Auftragnehmer seine vertraglichen Leistungen infolge Arbeitskampf, höherer Gewalt, Krieg, Aufruhr oder anderer für den Auftragnehmer unabwendbarer Umstände nicht erbringen kann, treten für ihn keine nachteiligen Rechtsfolgen ein.
Das gilt nicht, wenn die Behinderung oder Unterbrechung durch einen Arbeitskampf verursacht wird, den der Auftragnehmer durch rechtswidrige Handlungen verschuldet hat.
Tritt die Behinderung oder Unterbrechung aus den in Absatz 1 genannten Gründen bei Vor- oder Unterlieferern ein, so gilt Absatz 1 nur, wenn deren Leistung hierdurch länger als 20 Kalendertage verzögert wird.

2. Sieht sich der Auftragnehmer in der ordnungsgemäßen Durchführung der übernommenen Leistung behindert, so hat er dies dem Auftraggeber unverzüglich schriftlich anzuzeigen. Sobald zu übersehen ist, zu welchem Zeitpunkt die Leistung wieder aufgenommen werden kann, ist dies dem Auftraggeber schriftlich mitzuteilen.

3. Sobald die Ursache der Behinderung oder Unterbrechung wegfällt, hat der Auftragnehmer unter schriftlicher Mitteilung an den Auftraggeber die Leistungen ohne besondere Aufforderung unverzüglich wieder aufzunehmen.

4. Nummer 1 bis 3 gelten entsprechend für die vertraglichen Leistungen des Auftraggebers.

1 § 10 entspricht § 12 K bis auf eine Auslassung; s. dort Rz 1 ff.

2 Ausgelassen ist die Klausel aus § 12 Nr. 1 III K, die sich mit der Lieferverzögerung von Unterlieferern von Geräten befaßt, weil es hier nicht um Lieferung geht.

§ 11. Zutritt zu der Anlage

Für Instandsetzungsarbeiten hat der Auftraggeber dem Auftragnehmer unverzüglich und ohne unzumutbare Auflagen Zutritt zu der Anlage oder den Geräten zu gewähren; die Sicherheitsauflagen sind in § 14 geregelt.
Für alle sonstigen Tätigkeiten des Auftragnehmers im Rahmen des Wartungsvertrages wird der Zutritt durch besondere Vereinbarung geregelt.

1 § 11 entspricht § 15 M (s. dort Rz 1 ff).

§ 12. Erweiterung und Änderung der Anlage oder Geräte

1. Nimmt der Auftragnehmer allgemein Änderungen an von ihm gewarteten Anlage- oder Gerätetypen vor, so hat er den Auftraggeber rechtzeitig zu unterrichten, soweit die Anlage oder Geräte des Auftraggebers zu diesen Typen gehören.
Hält der Auftragnehmer aus wartungstechnischen Gründen die Durchführung der Änderung an der Anlage oder den Geräten des Auftraggebers für erforderlich, hat sie der Auftraggeber zuzulassen, soweit ihm hierdurch - auch hinsichtlich der Software - keine Ausgaben und keine unzumutbaren Nachteile entstehen.
Änderungen gemäß Absatz 1, die der Auftraggeber verlangt, führt der Auftragnehmer - soweit technisch möglich - durch; Einzelheiten werden gesondert vereinbart.

2. Beabsichtigt der Auftraggeber, Änderungen an der Anlage oder den Geräten oder der Grundsoftware vorzunehmen oder Geräte anzuschließen, die nicht vom Auftragnehmer gewartet werden, zeigt er dies dem Auftragnehmer an.
Führt der Auftraggeber Änderungen im Einvernehmen mit dem Auftragnehmer durch, so werden hiervon die Verpflichtungen des Auftragnehmers für seine vertraglichen Leistungen nicht berührt; andernfalls erlischt die Gewährleistung des Auftragnehmers, es sei denn, daß ein Mangel erkennbar nicht auf die Änderung zurückzuführen ist.
Schließt der Auftraggeber an die vom Auftragnehmer gewartete Anlage oder Geräte andere Geräte an, so erstreckt sich die Verpflichtung des Auftragnehmers für seine vertraglichen Leistungen bis zur Schnittstelle der von ihm gewarteten Anlage oder Geräte.

3. Werden an die vom Auftragnehmer gewartete Anlage oder Geräte nicht von ihm gewartete Geräte angeschlossen, so ist der Auftragnehmer verpflichtet, sich auf Verlangen des Auftraggebers im Rahmen des Zumutbaren an der Eingrenzung der Fehler zu beteiligen, die sich aus dem Zusammenwirken der Geräte ergeben können. Stellt sich hierbei heraus, daß die Fehler von den von ihm nicht gewarteten Geräten verursacht sind, ist der Auftragnehmer berechtigt, eine Vergütung für seine Leistungen bei der Fehlereingrenzung zu verlangen.

4. Beeinflussen die Änderungen und Anschlüsse die Wartungsleistungen derart, daß eine Neufestsetzung der Wartungsvergütung erforderlich ist, teilt dies der Auftragnehmer dem Auftraggeber unverzüglich mit. Kann der Auftragnehmer vor der Durchführung der Änderungen den Mehrpreis nicht ermitteln und führt der Auftraggeber die Änderungen dennoch durch, stellt der Auftragnehmer dem Auftraggeber seine üblichen Preise bezogen auf den Mehraufwand in Rechnung.

1 § 12 entspricht weitestgehend § 16 K und damit weitgehend § 17 M: Die Regelungen enthalten dieselben Präzisierungen wie § 16 K und stellen ebenso darauf ab, daß der AG Eigentümer der Geräte ist. Aus § 16 K sind die kaufspezifischen Regelungen über zugesicherte Kompatibilität nicht übernommen worden (s. Rz 4).

1. Änderungen der installierten Geräte nach Fabrikationsänderungen (Nr. 1)

2 Nr. 1 entspricht weitgehend § 16 Nr. 1 K. S. allgemein dort Rz 2.

3 Änderungen auf Wunsch des AN: Nach Nr. 1 II ist der AN berechtigt, diese Änderungen auch bei den beim AG installierten Geräten vorzunehmen, sofern er dies aus wartungstechnischen Gründen für erforderlich hält. Die Regelung unterscheidet sich nur dem Wortlaut, aber nicht der Sache nach von § 16 Nr. 1 II K (s. dort Rz 3).

4 Voraussetzung für die Zulässigkeit der Maßnahmen ist, daß dem AG "hierdurch - auch hinsichtlich der Software - keine Ausgaben und keine unzumutbaren Nachteile entstehen". S. dazu Rz 4 zu § 16 Nr. 1 II. 1 K (dort sind die Voraussetzungen fälschlicherweise durch ein "oder" verbunden). Es kann für den AG zumutbar sein, wenn vorhandene Kompatibilität zu Geräten, die nicht von diesem AN gewartet werden, beeinträchtigt wird. Es kann aber zu Ausgaben führen, wenn nämlich der Lieferant der angeschlossenen Geräte die Kompatibilität seinerseits nicht rechtzeitig wiederherstellen kann oder will. Es kann also rein tatsächlich davon ausgegangen werden, daß der AN kaum je berechtigt ist, Kompatibilität zu beeinträchtigen. Regelungen über die Zusicherung des AN, die Kompatibilität nicht zu beeinträchtigen (vgl. § 17 Nr. 3 II M bzw. § 16 Nr. 3 II K), sind deswegen nicht aufgenommen worden. Dies bedeutet für Störungen bei mixed hardware, daß die Sanktion sich immer nur an den Geräten ausrichtet, die von diesem AN gewartet werden (s. dazu Rz 25 zu § 17 M).

5 Der AN wird hier nicht unmittelbar verpflichtet, Softwareänderungen, die durch die Hardwareänderungen erforderlich werden, vorzunehmen. Die Änderungen der Hardware dürfen nur nicht zu Ausgaben oder unzumutbaren Nachteilen für den AG, etwa wegen Änderungen der Software, führen. Der AN kann solche Hindernisse ausräumen, indem er sich bereiterklärt, die Software selber zu ändern oder die Kosten dem AG zu ersetzen.

6 Übernahme auf Wunsch des AG (Nr. 1 III): Der AG kann eben-

so wie nach § 16 Nr. 1 III K verlangen, daß der AN diese Änderungen auf seine Geräte überträgt (s. dort Rz 5). Soweit sich der Wartungsvertrag an einen Kaufvertrag mit dem AN anschließt, ergibt sich der Anspruch aus beiden Verträgen.

2. Änderungen/Anschluß "fremder" Geräte durch den AG (Nr. 2 - 4)

7 Nr. 2 - 4 regeln in Anlehnung an § 16 Nr. 2 und 4 K und § 17 Nr. 2, 4 und 5 M das Recht des AG, die Geräte zu ändern bzw. Geräte anzuschließen, für die dieser AN nicht die Wartung übernimmt:
- Das Recht, diese Maßnahmen zu treffen, wird in Nr. 2 I vorausgesetzt, da der AG Eigentümer der Geräte ist.
- Anzeigepflicht des AG (Nr. 2 I).
- Unterstützung durch den AN ist in diesem Zusammenhang nicht vorgesehen (s. aber Rz 5 zu § 4).
- Auswirkung auf die Gewährleistung (Nr. 2 II und III. 3 und 4).

8 Der AG ist gem. Nr. 2 I - wie nach § 16 Nr. 2 I K - verpflichtet, den AN auf die beabsichtigten Maßnahmen hinzuweisen. Eine § 16 Nr. 2 II und VII K entsprechende Informationspflicht des AN, daß er sich durch die Maßnahmen in der Erfüllung seiner vertraglichen Verpflichtungen beeinträchtigt sieht bzw. daß er Schutzrechtsverletzungen befürchtet, ist nicht aufgenommen worden, dürfte sich aber für den ersten Fall von selber verstehen (s. auch Rz 10).

9 Auswirkungen von Änderungen auf die Wartungsverpflichtung: Nach Nr. 2 II entfällt ggf. nur die Gewährleistung, d.h. gem. § 8 die Sanktion, aber nicht die Pflicht zur Instandsetzung. Diese Pflicht dürfte sich aber auch auf das für den AN Zumutbare beschränken (s. Rz 1 zu § 16 Nr. 2 III K. Dort ist mit Gewährleistung Instandsetzungspflicht und Sanktion gemeint; beides entfällt. Über § 17 Nr. 2 K wird aber diese Pflicht wieder eingeführt). Die Kosten dürften gem. § 5 Nr. 1 II zu ersetzen sein.

10 Der AN ist nicht berechtigt, den Maßnahmen zu widersprechen, selbst wenn sie die Durchführung seiner Verpflichtungen dadurch erschweren. Nr. 4 sieht nur vor, daß der AN eine Neufestsetzung der Wartungsvergütung verlangen kann. Der AN muß unverzüglich mitteilen, daß seine Wartungsleistungen so stark beeinflußt werden. Dies kann sich vor oder nach Durchführung der Maßnahmen ergeben. Kann der AN keinen pauschalen Mehrpreis vor Durchführung der Änderungen ermitteln, kann er den Mehraufwand auch auf Zeit- und Materialbasis in Rechnung stellen. Er kann in diesen Fällen aber auch noch später die Neufestsetzung der pauschalen Wartungsvergütung verlangen.

11 Auswirkungen von Anschlüssen auf die Wartungsverpflichtungen: Nr. 2 III über die Schnittstelle entspricht § 16

Nr. 2 IV K und damit § 17 Nr. 2 I. 4 M (s. dort Rz 31). Nr. 3 über die Verpflichtung des AN, sich an der Fehlersuche zu beteiligen, entspricht § 16 Nr. 4 K und damit § 17 Nr. 4 M (s. dort Rz 32). Erhöht sich der Instandhaltungsaufwand, so kann der AN gem. Nr. 4 nicht widersprechen, aber eine höhere Vergütung verlangen (ähnlich § 16 Nr. 2 IV K).

§ 13. Umsetzungen

1. Bei einer Umsetzung der Anlage oder Geräte innerhalb der Bundesrepublik Deutschland einschließlich Berlin (West) bzw. des in der Leistungsbeschreibung festgelegten Wartungsbereiches des Auftragnehmers ist der Auftragnehmer verpflichtet, die Wartung weiter durchzuführen. Die Umsetzung ist dem Auftragnehmer rechtzeitig vorher anzuzeigen.

2. Der Auftraggeber trägt die aus der Umsetzung sich ergebenden Risiken.
Der Auftragnehmer hat den Auftraggeber auf mögliche Gewährleistungsrisiken hinzuweisen. Beeinflußt die Umsetzung die Gewährleistungsverpflichtungen des Auftragnehmers, so kann er verlangen, daß über die Gewährleistung eine neue Vereinbarung getroffen wird.

3. Beeinflußt die Umsetzung von Geräten die Wartungsleistungen derart, daß eine Neufestsetzung der Wartungsvergütung erforderlich wird, teilt dies der Auftragnehmer dem Auftraggeber unverzüglich mit. Auf Verlangen des Auftragnehmers muß eine neue Vereinbarung getroffen werden.

4. Auf Verlangen des Auftraggebers führt der Auftragnehmer die Umsetzung der Anlage oder Geräte durch. Einzelheiten werden gesondert vereinbart.

1 § 13 entspricht teilweise § 21 K/M. Es wird hier wie bei § 21 K von Umsetzung gesprochen, um auch Umstellungen innerhalb eines Rechenzentrums zu erfassen. Der AG ist als Eigentümer berechtigt, seine Geräte umzusetzen.

2 Informationspflichten: Der AG ist nach Nr. 1, 2 verpflichtet, die Umsetzung rechtzeitig vorher anzuzeigen, gleich wer sie durchführt (s. dazu Rz 6 zu § 21 M). Der AN ist nach Nr. 2 II. 1 verpflichtet, auf mögliche "Gewährleistungsrisiken" hinzuweisen (s. dazu Rz 4).

3 Durchführung: Der AN ist gem. Nr. 4, 1 verpflichtet, auf Verlangen die Umsetzung innerhalb der Bundesrepublik Deutschland einschließlich Berlin (West) bzw. des in WS 7 (Nr. 6) festgelegten Wartungsbereiches (Nr. 1) durchzuführen (s. dazu Rz 4 zu § 21 M). Einzelheiten werden gem. Nr. 4, 2 gesondert vereinbart. Der AG ist berechtigt, die

Umsetzung selber durchzuführen.

4 Auswirkungen auf die Wartungsverpflichtungen: Der AN bleibt nach Nr. 1 zur Wartung verpflichtet. Nach Nr. 2 II und Nr. 3 kann der AN - entsprechend § 21 Nr. 2 II K - eine Anpassung der Wartungsvergütung und der "Gewährleistung" verlangen, soweit die Umsetzung seine Verpflichtungen beeinflußt. In § 21 Nr. 2 II K ist mit Gewährleistungspflicht die Wartungspflicht unter Sanktion gemeint (s. dort Rz 2). Hier bedeutet Gewährleistung in § 8 nur, daß den AN Sanktionen treffen, wenn er seiner Instandsetzungspflicht nach § 7 nicht hinreichend nachkommt. Es dürfte hier aber dasselbe wie in § 21 K gemeint sein (wörtliche Übernahme der Regelung). Das Wort Gewährleistung dürfte in Nr. 2 II durch das Wort Wartung zu ersetzen sein: "Der AN hat den AG auf mögliche Wartungsrisiken hinzuweisen. Beeinflußt die Umsetzung die Wartungsleistungen des AN, so kann er verlangen, daß über die Wartung eine neue Vereinbarung getroffen wird." (Nr. 3 ist dann überflüssig).

§ 14. Geheimhaltung, Sicherheit

1. Der Auftragnehmer hat mit der gebotenen Sorgfalt darauf hinzuwirken, daß alle Personen, die von ihm mit der Bearbeitung oder Erfüllung dieses Vertrages betraut sind, die gesetzlichen Bestimmungen über Datenschutz beachten und die aus dem Bereich des Auftraggebers erlangten Informationen, soweit sie nicht offenkundig sind, nicht an Dritte weitergeben oder sonst verwerten.
Der Auftraggeber ist verpflichtet, alle im Rahmen des Vertragsverhältnisses erlangten Kenntnisse von Fabrikations- oder Geschäftsgeheimnissen vertraulich zu behandeln; unberührt hiervon bleibt der Erfahrungsaustausch zwischen den öffentlichen Auftraggebern.

2. Über die Verpflichtung der Nummer 1 hinaus können weitere Sicherheitsvereinbarungen im Wartungsschein oder in einem besonderen Vertrag getroffen werden.

1 § 14 entspricht § 22 K (s. dort Rz 1 ff). Die Erläuterungen zu Nr. 2 entsprechen denen zu § 22 Nr. 2 K.

§ 15. Erfüllungsort, Gerichtsstand

Erfüllungsort ist der im Wartungsschein angegebene Aufstellungsort der zu wartenden Anlage oder Geräte.
Für Rechtsstreitigkeiten ist ausschließlich das Gericht zuständig, in dessen Bezirk diejenige Stelle des Auftraggebers ihren Sitz hat, die für die Prozeßvertretung zuständig ist.

1 § 15 entspricht § 24 M bzw. § 24 Nr. 1 und 2 K; eine Regelung wie in § 24 Nr. 3 K über die Abtretung von Forderungen ist nicht aufgenommen worden. S. Rz 1 ff zu § 24 M.

§ 16. Schriftform

Der Vertrag, seine Ergänzungen und Änderungen bedürfen der Schriftform; Ergänzungen und Änderungen müssen als solche ausdrücklich gekennzeichnet sein.

1 § 16 entspricht § 25 M (s. dort Rz 1 f) bzw. K.

Kommentar Amtliche Begriffsbestimmungen und sonstige EDV-technische Begriffe

1 Alle BVB zusammengefaßt enthalten folgende amtlichen Begriffsbestimmungen als Anhang zu den BVB (Texte in Klammern am Ende vom Verfasser):

Anlage:	Zentraleinheit(en) einschl. angeschlossener und zugeordneter Geräte. (S. ergänzend unter "Geräte")
Ausfallzeit:	Die Zeit, in der die Anlage oder Geräte keine oder fehlerhafte Leistungen erbringen.(S. auch "Neutrale Zeit" unter Rz 2)
Ausweichanlage:	Eine der Konfigurationen des Anwenders entsprechende Anlage, die für die Programme des Anwenders geeignet ist. (Im Zweifelsfall gehört dazu auch die Grundsoftware und die systemnahe Software)
Betriebsbereitschaft:	Uneingeschränkte Einsatzfähigkeit der Anlage oder Geräte
Geräte:	Zentraleinheit oder die an die Zentraleinheit unmittelbar oder mittelbar angeschlossenen oder der Anlage zugeordneten Maschinen. (Mit "mittelbar angeschlossen" ist der Anschluß über eine Postleitung gemeint.)
Grundsoftware:	Programme (einschl. fest verdrahteter Programme), die zum Betrieb einer festverlegten Anlagenkonfiguration Voraussetzung sind, insb. die zur Steuerung, Überwachung, Wartung und Diagnose der einzelnen Systemelemente (Zentraleinheit, Arbeitsspeicher, Anschlußgeräte) sowie die zur Verwaltung und Kontrolle der Programmabläufe erforderlichen Organisationsprogramme eines Betriebssystems. (S. dazu GZ 1 Rz 4)
Instandhaltung:	Alle vorbeugenden zur Aufrechterhaltung der Betriebsbereitschaft der Anlage oder Geräte erforderlichen Leistungen.
Instandsetzung:	Beseitigung von Störungen an der Anlage oder den Geräten durch Reparatur und/oder Ersatz.
Kaufsache:	Die gem. Leistungsbeschreibung vom AN zu liefernde Anlage oder Geräte und die zu liefernde Software.

Mietsache:	Die gem. Mietschein vom Vermieter zu liefernde Anlage oder Geräte und Software
Nutzungsdauer/ -stunden/ -zeit:	Die Zeit, während der die Anlage oder Geräte programmwirksam - ausgenommen Programmläufe für Wartungszwecke - eingesetzt sind.
Rechenzentrum:	Eine oder eine Mehrzahl von EDV-Anlagen oder -Geräten, die eine organisatorische Einheit bilden und ein und derselben unmittelbaren Leitung unterstehen. (Ein örtlicher Zusammenhang ist nicht nötig, s. Rz 7 zu § 4 M.)
Wartung:	Leistungen zur Instandhaltung und Instandsetzung der EDV-Anlage oder -Geräte.
Wartungszeiten:	Tag, Uhrzeit und Dauer der Instandhaltungs- oder Instandsetzungsarbeiten. (Unter diesem Begriff wird in den BVB-Miete/-Kauf die Zeit der Wartungsbereitschaft verstanden,so z.B. § 18 Nr. 1, 2 M; diese wird in §§ 5 und 7 W als "gewählter Wartungszeitraum" bezeichnet).

2 Im übrigen werden im Kommentar folgende EDV-technischen Begriffe wiederholt verwendet:

- Einheit:	Oberbegriff für Geräte und Programme
- Hardware:	Oberbegriff für Zentraleinheit (die auch ein Gerät ist) und sonstige Geräte sowie Anbauten, Zusatzeinrichtungen usw; wird verwendet, um den Gegensatz zur Software oder zum System aus Hardware und Software zu betonen.
- Kompatibilität:	Die Eigenschaft von Geräten, ohne besondere Anpassungsmaßnahmen mit anderen zusammenzuwirken, die nicht von vornherein dazu bestimmt sind (s. Rz 26 zu § 17 M).
- Neutrale Zeit:	s. Rz 25 zu § 8 M.
- Programme:	Eine zur Lösung einer Aufgabe vollständige, in beliebiger Sprache abgefaßte Arbeitsvorschrift, die im gegebenen Zusammenhang wie auch im Sinne der benutzten Sprache abgeschlossen ist, zusammen mit allen erforderlichen Sprachelementen einschl. Daten (entspr. DIN 44300 Nr. 40).

- **Release:** Bezeichnung des technischen Standes von Programmen, u.U. auf 2. Ebene verwendet (z.B.: Programm A, Version 2, Release 1).

- **Software:** Oberbegriff für die verschiedenen Programmtypen (s. GZ 3 Rz 3 ff); wird verwendet, um den Gegensatz zur Hardware zu betonen.

- **Sonstige Software:** Oberbegriff für systemnahe Software und anwendungsbezogene Software in den BVB (s. GZ 3 Rz 6 f).

- **Störung:** Jede Nutzungsbeeinträchtigung des Systems aus der Sicht des Anwenders, die ihn zur Fehlermeldung veranlaßt. Es handelt sich entweder um einen Fehler des Systems (gleich wer ihn zu vertreten hat) oder um einen Bedienungsfehler, den der AG selber ohne Eingriff ins System beheben könnte.

- **System:** Oberbegriff für Mietsache und Kaufsache

- **System im engeren Sinne:** Hardware und diejenige Software, die für die Nutzung der Hardware technisch gesehen unabdingbar ist.

- **Systemnahe Software:** s. GZ 3 Rz 6.

- **Verfahren:** Menge von Programmen, die eine bestimmte Aufgabe abdecken.

- **Version:** Bezeichnung des technischen Standes von Geräten oder Programmen.

- **Wartungsbereitschaft:** Zeit, innerhalb deren der AN verpflichtet ist, Wartungsarbeiten durchzuführen. Die Wartungsbereitschaft kann für Instandhaltung und/oder Instandsetzung vereinbart sein.

Praktischer Teil 1: Ausfüllen der Leistungsbeschreibungen

Einleitung

1. Vertragsschluß

1 Der Vertrag bedarf gem. § 25 M/K bzw. § 16 W der Schriftform. Zu mündlichen Nebenabreden s. Rz 2 zu § 25 M.
Die Form des Vertragsschlusses hängt davon ab, in welcher Weise das Vergabeverfahren gem. der VOL/A durchgeführt worden ist (s. dazu PT 7). Danach ist es denkbar, daß der AN bei einer öffentlichen oder beschränkten Ausschreibung ein Angebot (bestehend aus Angebotsschreiben und LB) abgegeben hat, das der AG durch ein Zuschlagsschreiben gem. § 27 VOL/A annehmen kann (s. ähnlich zum Vertragsschluß durch Briefwechsel Rz 5).
In aller Regel ist es aber nötig, eine besondere Vertragsurkunde gem. § 28 VOL/A aufzustellen. Diese besteht aus einem Vorspann (idR ein Deckblatt) und der LB in ihrer endgültigen Fassung samt Anhang. Zum Vertragsschluß durch Briefwechsel s. Rz 5.
IdR werden die Unterschriften an das Ende des Vorspanns (Deckblatts) gesetzt (s. auch Rz 8 am Ende).

2 Vorspann/Deckblatt: Das Deckblatt enthält die Aussage, was für ein Vertrag geschlossen werden soll und bezieht die BVB in den Vertrag ein (s. GZ 2 Rz 1). § 2 M/K/W beziehen ihrerseits die VOL/B ein.
Es empfiehlt sich idR nicht, dasjenige Formular zu nehmen, das der AN sonst verwendet, wenn er den Vertrag zu seinen AGB schließt. Es reicht dann meistens nicht aus, die AGB des AN abzubedingen und die BVB zu vereinbaren; denn meistens enthält das Formular noch weitere Vereinbarungen oder Raum für notwendige Ergänzungen, die auf die AGB des AN zugeschnitten sind.
Der AG sollte das Deckblatt nicht vor dem AN unterschreiben. (Tut er das, so gibt er rechtlich gesehen das Angebot zum Vertragsschluß ab. Was der AN vorher dem AG vorgelegt hat, ist ein Angebot im kaufmännischen Sinne, rechtlich die Aufforderung zu einem Angebot). Es hat sich in der Praxis gezeigt, daß die Unterschrift des AN dann u.U. mit einer Auftragsbestätigung verbunden wird, die von dem Angebot des AG abweicht, sei es hinsichtlich der LB oder durch Änderungen der BVB. In diesem Fall erklären die AN zugleich, daß sie auf eine Antwort verzichten (d.h. auf den Zugang der Annahmeerklärung des AG, die nach § 150 II BGB erforderlich ist, wenn der AN das An-

.....Vertrag

Der/Die ...
als Mieter/Auftraggeber
und

die Firma ...
als Vermieter/Auftragnehmer
schließen unter der Auftragsnummer ...1) einen Vertrag über ...2) zu den "Besonderen Vertragsbedingungen für .. von EDV-Anlagen und -Geräten, Stand ... 3), nach Maßgabe der beigefügten ... Miet(Kauf/Wartungs)scheine sowie ... Anlagen dazu.
Dieser Vertrag ist der ... Nachtrag zum Vertrag Nr. ... vom ...4), der diesen ergänzt, soweit dieser keine Festlegungen enthält.

Das System soll .....5)

Ort, Datum	Ort, Datum
Vermieter/Auftragnehmer	Mieter, Auftraggeber

Abb. 12 a

gebot mit Änderungen angenommen hat). Der Vertrag kommt dann stillschweigend durch eine interne Maßnahme des AG nach § 151 BGB in der vom AN gewünschten Form zustande. Die widerspruchslose Hinnahme einer die BVB modifizierenden Auftragsbestätigung wird zwar nicht als stillschweigende Annahmeerklärung des AG behandelt, *wenn* der AN damit rechnen muß, daß der AG auf der Anwendung seiner Vertragsbedingungen besteht (BGH, Urteil vom 26.9.1973, NJW 1973, 2106, 2107). Der AG muß dann aber konsequent in jedem Fall entweder widersprechen oder Abweichungen ausdrücklich bestätigen. Die widerspruchslose Hinnahme enthält dann eine Annahme der Änderungen, wenn der AN seinerseits stets auf bestimmten Änderungen der BVB besteht, so daß der AG gar nicht mit der uneingeschränkten Anwendung seiner Bedingungen rechnen darf.

3 Das Deckblatt kann damit wie in Abb. 12 a aussehen.
Zu 1) Die Angabe einer Auftragsnummer empfiehlt sich zum einen wegen der Identifizierung der einzelnen Formulare (bei denen eine solche Angabe vorgesehen ist), zum anderen, um bei Nachträgen auf diesen Vertrag Bezug nehmen zu können (s. Rz 4 zu § 2 M über das Verhältnis von Systemen und einzelnen Bestellungen).
Zu 2) Art des Vertragsverhältnisses (Miete/Kauf/Wartung) und fakultativ kurze Bezeichnung des Systems.
Zu 3) Fakultativ: Angabe, wo die BVB veröffentlicht sind (und zwar diejenige Veröffentlichung, die diesen AG zur Anwendung der BVB verpflichtet). Die Angabe ist nicht erforderlich, so lange die BVB bundesweit einheitlich er-

lassen sind. (Bei einer ungewollten Abweichung der BVB von der Fassung, wie sie von dem zuständigen Ressort des Bundes erlassen worden sind, dürfte die von diesem Ressort veröffentlichte Fassung gelten, da Abweichungen nicht gewollt sind und vom AN nicht erwartet werden. (Nach § 3 AGB-Gesetz werden überraschende Klauseln nicht Vertragsbestandteil; hier dürfte aber die Fassung gelten, die beide Parteien erwarten. Ein Beispiel für eine ungewollte Abweichung findet sich im Hessischen Staatsanzeiger Nr. 7/1975, S. 265 ff: In § 7 K ist als pauschalierter Schadensersatz 1/500 statt 1/1500 angegeben; dies wurde später berichtigt).
Zu 4) fakultativ: bei Nachtrag Zuordnung der Bestellung zum System (s. Rz 4 zu § 2 M).
Zu 5) Beschreibung des Systems (s. Rz 7).

V e r t r a g

zwischen der Bundesrepublik Deutschland,
vertreten durch den ...
....,
dieser vertreten durch ...
....,
- Mieter und Auftraggeber -
und der Firma
....,
vertreten durch ...
....,
- Vermieter und Auftragnehmer -

wird unter der Auftragsnummer ....
des Auftraggebers folgender Vertrag über die Miete einer EDV-Anlage/von EDV-Geräten geschlossen:

§ 1

Leistungen der Vertragsparteien

Vermieter und Mieter verpflichten sich, die in der Leistungsbeschreibung (Mietschein) - Anlage 1 - aufgeführten Leistungen zu erbringen.

§ 2

Weitere Vereinbarungen

(Hier sind ggf. die Sachverhalte vertraglich festzulegen, die in den Besonderen Vertragsbedingungen für die Miete von EDV-Anlagen bzw. im Mietschein nicht angesprochen sind, deren Regelung aber notwendig ist.)

§ 3

Zahlungsbedingungen

Ergänzend zu § 5 der Besonderen Vertragsbedingungen für die Miete von EDV-Anlagen und -Geräten vereinbaren die Vertragsparteien folgende Zahlungsbedingungen:

1. Zahlungen des Mieters aufgrund dieses Vertrages werden auf das Konto Nr. .... des Vermieters bei der .... in .... geleistet.

2. Zahlungen werden unbeschadet des § 15 VOL/B nur nach Vorlage folgender Unterlagen geleistet:

   a) spezifizierte Rechnung in .... facher Ausfertigung
   b) ....
   c) ....

3. Maßgebend für den Zahlungszeitpunkt ist der Zugang des Überweisungsauftrags an das unter 1. aufgeführte Zahlungsinstitut.

§ 4

Sonstige Vereinbarungen

1. Ergänzend zu diesem Vertrag gelten die "Besonderen Vertragsbedingungen für die Miete von EDV-Anlagen und -Geräten" vom 1. Januar 1973 (Anlage 2)

2. Allgemeine Geschäftsbedingungen des Vermieters sind ausgeschlossen.

3. Die Anlagen 1 und 2 sind Bestandteil des Vertrages

................, den ....

.... (Rechtsverbindliche Unterschrift des Mieters)	.... (Rechtsverbindliche Unterschrift des Vermieters)

Abb. 12 b

4 Die KBSt hat ein Muster als Vorspann für den Mietvertrag entwickelt (s. Abb. 12 b). Dazu ist anzumerken:
Zu § 2: Hier sollen Vereinbarungen aufgeführt werden, die in den BVB oder in der LB nicht angesprochen werden. MS 16 sieht vor, daß Ergänzungen dort aufgeführt werden (zumindest solche der LB).
Zu § 4: Die BVB brauchen, nachdem sie an zahlreichen Stellen veröffentlicht sind und sich - zumindest fast - alle

Anbieter mit ihnen bekannt gemacht haben, nur noch ausnahmsweise beigefügt werden. Der Ausschluß der AGB des AN dient der Sicherheit, falls später Leistungen vereinbart werden, für die eine Abschlußpflicht nach den BVB besteht.

5 Briefwechsel: Verträge können auch durch Angebot im Schreiben des AN und Annahme im Schreiben des AG geschlossen werden (§ 127 BGB). Angebot und Annahme können dann wie in Abb. 13 abgefaßt sein. Zu den Ziffern s. die Anmerkungen zu Rz 3.

"An (AG) (Ort, Datum)

Übersenden wir Ihnen ein Angebot über ... 2) gemäß der beiliegenden Leistungsbeschreibung unter der Auftragsnummer ... 1).
Die Preise verstehen sich ohne/einschl. Mehrwertsteuer.
Das Angebot erfolgt zu den BVB für ... 3).
Dieses ist der ... 4) Nachtrag zum Vertrag Nr. .... vom ..., der ergänzend gilt.
Das Angebot ist ... Tage gültig.

(Unterschrift)"

"An (AN) (Ort, Datum)

Wir nehmen Ihr Angebot an.

(Unterschrift)"

Abb. 13

2. Allgemeines zu den Formularen

6 Die Leistungsbeschreibung enthält eine in erster Linie technische Beschreibung der Leistung. S. zur LB grundsätzlich GZ 2 Rz 23 und zur Beschreibung der Leistung Rz 3 f zu § 2 M.
Zur Verbindlichkeit der inhaltlichen Vorgaben in den Formularen s. GZ 2 Rz 23a. Formale Änderungen können hilfreich sein, z.B. Mietschein 1 quer zu drucken (10 Spalten!).
Soweit einzelne Punkte in den Formularen nicht angesprochen werden, können sie in MS 16/KS 15/WS 8 unter "Ergänzungen und Änderungen" im Anhang zur LB aufgenommen werden, z.B. Angaben über die Vereinbarung von mixed hardware nach § 17 Nr. 3 M bzw. § 16 Nr. 3 K.

7 Gesamtbeschreibung der Leistung: Der Systemgedanke ("Das Ganze ist mehr als seine Teile") kommt bei Miet- und Kaufverträgen wegen der Aufspaltung der Beschreibung der Leistung auf viele einzelne Formulare nicht immer hin-

reichend zum Ausdruck. Eine Gesamtbeschreibung bildet bei Angeboten von Herstellern typischerweise deren ersten Teil. Sie kann und sollte ggf. im Vorspann/Deckblatt (s. Rz 3) aufgenommen werden.
Eine solche Gesamtbeschreibung kann z.B. Aufschluß über das Zusammenwirken der einzelnen Einheiten geben oder den AG absichern, daß die Bestellung seine Vorgaben EDV-mäßig vollständig abdeckt: "Das System enthält sämtliche Hardware und Software, die zur automatisierten Erledigung der Aufgabe ... erforderlich sind, wie sie im Pflichtenheft des AG vom ... beschrieben ist (ausgenommen ... . Diese Einheiten werden vom AG gestellt)."
Fehlt dann ein Interface oder ein Kabel, so geht das zu Lasten des AN.

8 Die einzelnen Formulare enthalten
- sowohl eine fortlaufende Numerierung rechts unten mit der Angabe, zu welchem Typ von LB das Formular gehört (MS/KS/WS)
- als auch eine logische Numerierung oben nach den Feldern für die Angabe der Vertragspartner. Die Angabe von Paragraphen im Zusammenhang mit der logischen Numerierung ist nur beispielhaft.

Ein Punkt der logischen Numerierung kann sich mit Unterpunkten über mehr als ein Formular erstrecken; ein Formular kann aber auch mehrere Punkte der logischen Numerierung enthalten. Die Numerierungen können verwechselt werden, da sie fast parallel laufen.
Formulare können mehrfach verwendet werden; Ergänzungen zu einem Formular können unmittelbar nach ihm eingefügt und mit durchnumeriert oder als Anlage zur LB beigefügt werden. (In den Formularen wird wiederholt darauf hingewiesen, daß auf Beiblätter oder auf Unterlagen (des AN) verwiesen werden kann. S. auch die Erläuterungen zu § 2 M; dort Rz 3). Formulare, die im Einzelfall nicht benötigt werden, können fortgelassen werden. Die Numerierung der Seiten der LB (rechts oben) kann in allen Fällen darauf hinweisen, daß die LB formal in Ordnung ist.
Es ist nicht ausdrücklich vorgesehen, daß alle Seiten (und Anlagen) unterschrieben, paraphiert oder zu einer Urkunde fest verbunden werden. Das Feld für die Angabe der Vertragspartner (s. Rz 9) bietet Raum für die Paraphierung.

9 Der Kopf eines jeden Formulars enthält Platz für die Angabe der Auftragsnummer bzw. der Nummer des Nachtrags (Muster Abb. 14).
Diese Angaben sollten auch auf dem Deckblatt zur Identifizierung des Vertrags gemacht werden (s. Rz 3).
Auf Nachträge wird zweifach Bezug genommen: Einerseits soll die Nummer desjenigen Vertrags angegeben werden, auf den sich der Nachtrag bezieht; andererseits soll der Vertrag noch einmal bezeichnet werden durch die Worte "in der Fassung vom ... " Sofern hier ein Datum angegeben wird, sollte es das des letzten Nachtrags sein. Denn dieser bestimmt die vor dem jetzigen Nachtrag geltende Fas-

sung des Vertrags.
Das Feld für die Angabe der Vertragspartner wird auf jedem Formular wiederholt. Da diese Angaben bereits auf dem Deckblatt stehen, reicht eine Kurzbezeichnung der Vertragspartner zur Identifizierung der LB aus.

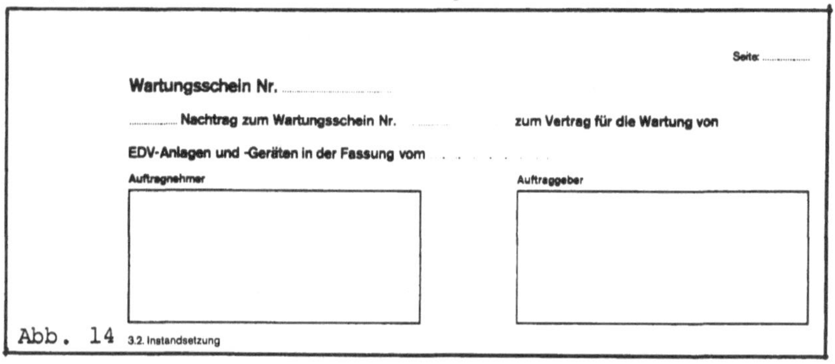
Seite: ....

Wartungsschein Nr. ....

.... Nachtrag zum Wartungsschein Nr. .... zum Vertrag für die Wartung von

EDV-Anlagen und -Geräten in der Fassung vom ....

Auftragnehmer | Auftraggeber

3.2. Instandsetzung

Abb. 14

10 In der Praxis werden die LB wegen der technischen Beschreibung weitgehend vom AN ausgefüllt. Der AG sollte sich absichern, daß auch alle während der Verhandlungen getroffenen Vereinbarungen aufgeführt sind. Auf frühere Angebote, Schreiben des AG u.a.m. kann Bezug genommen werden. Zu mündlichen Nebenabreden s. Rz 2 zu § 25 M.

11 Die Formulare weisen nicht auf die Behandlung der Mehrwertsteuer hin. Nach den BVB ist sie Bestandteil der Vergütung; fehlt ein Hinweis, so ist die Mehrwertsteuer in den angegebenen Preisen enthalten (s. Rz 30 zu § 4 M). Dies führt in der Praxis zu Schwierigkeiten, da die AN beim Ausfüllen der LB die Preise vielfach ohne Mehrwertsteuer verstehen.

3. Nachträge

12 Nachträge enthalten oft nur wenige Angaben:
- Geräte und Termine für die Lieferung, Mindestmietzeit
- ggf. zusätzliche Grundsoftware, Testzeiten.

Im übrigen wird auf den ursprünglichen Vertrag verwiesen. Es brauchen dann nur die entsprechenden Formulare ausgefüllt zu werden (s. Rz 8).
Zum Vorgehen, wenn der ursprüngliche Vertrag nicht zu den BVB geschlossen worden ist, s. PT 5.

13 Kommt es häufiger zu Nachträgen, so kann die Übersichtlichkeit leiden, insb. dann, wenn der AG mehrere ähnliche Systeme einsetzt. Dies gilt insb. bei Mietverträgen, wo Geräte eher ausgewechselt werden (s. Abb. 15).
Es empfiehlt sich dann, MS 1 für jedes Gerät oder für jeden Gerätetyp je System einmal auszufüllen (s. Abb. 16). Beim Austausch von Geräten brauchen dann nur die Formulare ausgetauscht zu werden. Die Seiten sollten dann entweder überhaupt nicht oder je Mietschein fortlaufend numeriert werden. Dann empfiehlt sich die Paraphierung (s.

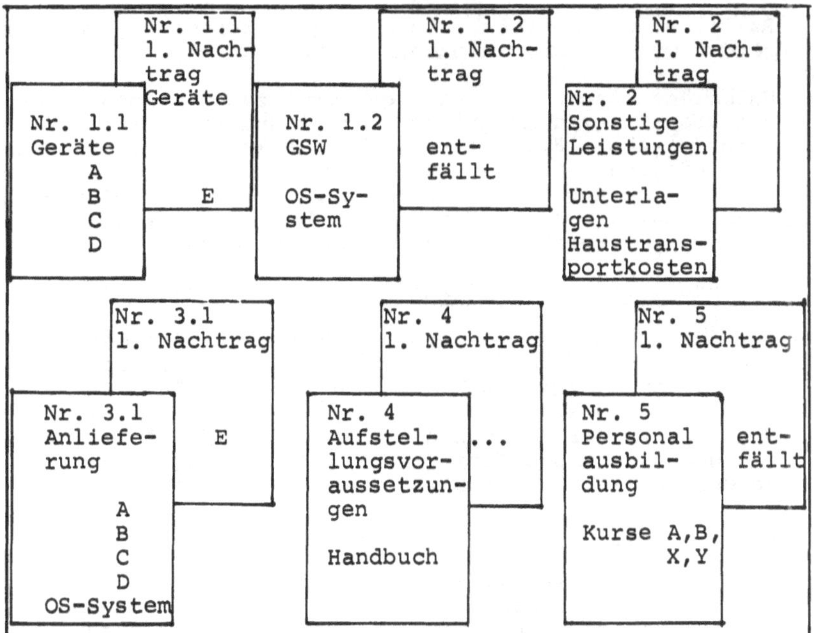

Weitere Beschaffungen:

2. Nachtrag:
   Abmietung von C:
   entweder Nr. 1.1 neu = nur noch A, B, D
   oder in Nr. 1. 1 Kündigung vermerken und Kündigungsschreiben beifügen

3. Nachtrag:
   Anmietung von 2 X F für 2 Systeme:
   getrennte Formulare je System verwenden!

Abb. 15

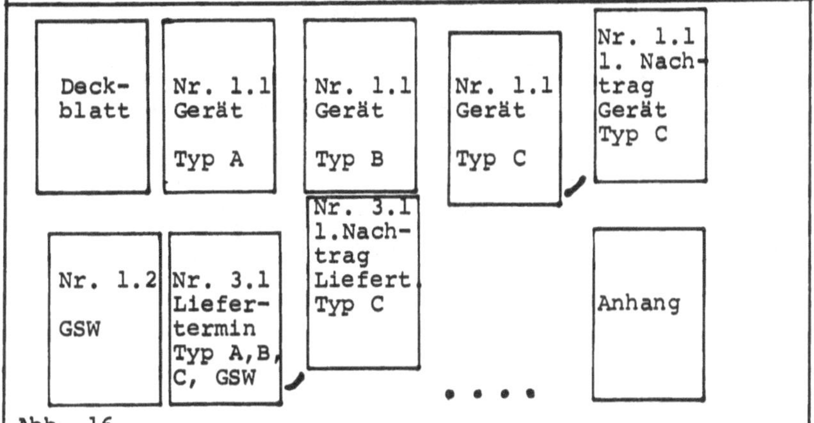

Abb. 16

Rz 8). Außerdem müssen diejenigen Mietscheine jeweils zugefügt werden, die im Nachtrag benötigt werden.

14 Nachträge können noch stärker vereinfacht werden, indem ein "Nachtragsformular" für Geräte und Software eingeführt wird (s. Abb. 17). Dieses enthält alle üblichen einheitenabhängigen Angaben. Damit wird der Vertrag einem Rahmenabkommen angenähert (s. dazu PT 3). Die Kündigung von Einheiten, die ausgetauscht werden sollen, kann unter "Sonstige Vereinbarungen" aufgenommen werden.

4. Änderungen und Ergänzungen

15 Bei der Leistungsbeschreibung: *Änderungen* des Textes eines Formulars werden in der Praxis meist im Formular selber vorgenommen, z.B. im Kopf einer Spalte (s. Beispiel WS 2 Rz 15).
Ergänzungen der LB können in MS 16/KS 15/WS 8 oder im Zusammenhang mit dem Formular, bei dem die Ergänzung erforderlich ist (s. Rz 8), vorgenommen werden.

16 Bei den BVB: *Änderungen* der BVB sind aus sachlichen Gründen zulässig (s. GZ 2 Rz 24 ff und Rz 2 zu § 1 M). Sie können in MS 16/KS 15/WS 8 festgehalten werden.
Änderungswünsche des AN sollten mit Vorsicht behandelt werden: Sie sollten eindeutig formuliert und durch den Einzelfall motiviert sein. Änderungen werden in der Praxis oft dadurch eingeführt, daß der AN die Formulare ausfüllt, wobei Änderungen manchmal gleich eingedruckt werden. Manchmal wird der Wortlaut einer Regelung der BVB leicht abgeändert wiederholt, ohne daß die materiellen Auswirkungen ohne weiteres zu durchschauen wären.

> Nach § 5 Nr. 4 I K liefert der AN die Anlage bis in die Aufstellungsräume. Daraus wird gemacht: "Der Auftragnehmer liefert die Anlage frei Hof und veranlaßt den Transport in die Aufstellungsräume. Die Kosten für den Haustransport trägt der AG."
> Der zweite Satz bedarf aber nicht der Einleitung durch den ersten, wonach der AN nur etwas "veranlaßt". Was heißt das, wenn Mitarbeiter des AG - freiwillig - helfen und dabei ein Gerät beschädigen? Worin unterscheidet sich das "Veranlassen" davon, daß der AN die Anlieferung "übernimmt", wie es § 6 Nr. 4 M vorsieht.

Zum Teil enthalten diese vorformulierten Ergänzungen nur die Zusammenfassung von Texten mehrerer Formulare, die stets den gleichen Inhalt haben. Es spricht oft weniger gegen diese Zusammenfassung als gegen ihren Inhalt (s. PT. 3, s. aber auch zur Funktion der LB als Checkliste GZ 2 Rz 23).

17 Typische Änderungen und Ergänzungen der LB oder der BVB werden im folgenden möglichst bei dem Formular abgehandelt, in dessen Zusammenhang sie sich stellen.

Mietschein Nr.   zum Vertrag für die Anmietung von

EDV-Anlagen und -Geräten vom

Vermieter	Mieter

Dieser Mietschein ergänzt die Leistungsbeschreibung zum Mietvertrag vom ....

Typ/Modell oder Programm- bezeichnung	a) Bezeichnung b) Leistung c) technische Beschreibung d) ggf Maschinen-nummer	Mindestmietzeit in Monaten	Monatsmiete mit Angabe der Berechnungsart a) Grundmonatsmiete (180 Std.) b) % Zuschlag zu a) für jede Mehrstunde c) Pauschalmonatsmiete	Zeitpunkt der Anlieferung ggf a) frühester b) spätester	Zeitpunkt der Betriebs-bereitschaft ggf. a) frühester b) spätester

Wartungskostenanteil in % aus a) oder c) Kaufpreis bei Abschluß des Mietvertrages Zahl der Stunden gem. § 4 Nr. 1 Satz 6 bei Software Angabe des Datenträgers bei Geräten Testzeit in Stunden, ggf. Vergütung	
Sonstige zusätzliche Vereinbarungen	

Ort, Datum

Unterschrift Auftraggeber

Ort, Datum

Unterschrift Auftragnehmer

Abb. 17

Die einzelnen Mietscheine

Die Formulare des Kaufscheins werden mitbehandelt, soweit sie mit den Mietscheinen übereinstimmen. §§ beziehen sich in diesen Fällen auf die BVB-Miete und auf die BVB-Kauf; soweit die §§ in den BVB-Kauf anders eingeteilt werden, werden sie eingeklammert angegeben.

Mietschein 1

Nr. 1 Geräte, Grundsoftware

1 Geräte und Grundsoftware werden hier als besondere Einheit, als System im engeren Sinne angesehen (s. zum weitgefaßten Begriff des Systems GZ 3 Rz 25). Zum Verhältnis von Bestellung und System s. Rz 4 zu § 2. Die Überlassung von Unterlagen kann hier, sollte aber in MS 3 geregelt werden (zusammen mit den Unterlagen für die Grundsoftware, s. dort Rz 1 a).

Nr. 1.1 Geräte

2 Unter Gerät wird alles verstanden, was unter Hardware fällt, gleich ob es ein selbständiges Gerät, ein Teil oder ein Zusatz ist. Zur Firmware s. GZ 3 Rz 5.
Kleinere Teile oder Zusätze werden manchmal nur verkauft. In diesem Fall ist in Spalte 6 das Wort "Kaufpreis" voranzustellen; Spalte 7 bleibt leer (oder hier wird das Wort Kaufpreis eingetragen). Beispiel 1.

3 Spalte 1: Auf die laufende Nummer wird in anderen Formularen Bezug genommen.

4 Spalte 2: Die Anzahl wirkt sich auf die Angabe des Mietzinses in Spalte 6 aus. Dort bezieht sich die Angabe auf das einzelne Gerät (weil der Mehrbenutzungszuschlag darauf bezogen wird). Bei mehreren Geräten unter einer Nummer sollte dann in Spalte 6 entweder das Wort "zusammen" oder das Wort "je" zur Klarstellung vorangesetzt werden. Gleichartige Geräte sollten dann nicht zusammengefaßt werden, wenn für sie in MS 11 unterschiedliche Wartungsbereitschaft für Instandsetzung vereinbart wird.

5 Spalte 4:
a) Bezeichnung: entsprechend der technischen Funktion.
b) und c) Die Leistung ist ein Teil der technischen Beschreibung; ein hervorstechendes Merkmal wird oft zur Verdeutlichung der Bezeichnung hinzugefügt: "Zeilendrucker 36000 Zeilen/Stunde". Nicht nur für c), sondern auch für b) können ggf. Erläuterungen auf besonderem Beiblatt erfolgen. S. dazu die amtlichen Erläuterungen zu § 2 (s. dort Rz 3). Diese weisen auch darauf hin, Maßstäbe für die Zuverlässigkeit bei der Funktionsprüfung festzulegen (s. Rz 24, 27 ff zu § 8).
Bei Geräten für die Datenfernübertragung sollte die FTZ-Nummer (Fernmeldetechnische Zulassungsnummer der Deutschen

1. Geräte, Grundsoftware (§§ 1, 2, 3, 4 und 22)

1.1. Geräte

Lfd. Nr.	Anzahl	Typ/Modell	a) Bezeichnung b) Leistung c) technische Beschreibung (ggf. Erläuterungen auf besonderem Beiblatt d) ggf. Maschinennummer	Mindestmietzeit (in Monaten)	Monatsmiete a) Grundmonatsmiete (180 Std.) b) %-Zuschlag für Mehrstunden c) Pauschalmonatsmiete	Berechnungsart lfd. Sp. 6	Wartungskostenanteil in % aus a) oder c) gemäß Spalte 6	Kaufpreis bei Abschluß des Mietvertrags (für Kaufoption)	Zahl der Nutzungsstunden, die im 1.Vj. bei der Berechnung von Mehrstunden außer Ansatz bleiben
1	2	3	4	5	6	7	8	9	10
		<u>Beispiel 1</u>							
		Die Grundmonatsmiete wird für 182 Stunden Nutzung gezahlt.							
1	2	CX 4711	Drucker mit Steuereinheit, 36ooo Zeilen/Stunde nominal, s. Beiblatt 1	12	je 3ooo bis 36o Std. 15 % je Std., darüber hinaus 5 % je Std.	a) b)	18 %	1oo.ooo,-	*)
		*) je Monat 1oo Stunden, es ist jedoch mindestens die Grundmonatsmiete zu zahlen.							
2	2	CX 4712	Vorschubführung zu 1		je 28o,- Kaufpreis				
		<u>Beispiel 2</u>							
1	1	CY 4711	Plotter mit Steuereinheit und Bandgerät, s. Beiblatt 1	12	1.6oo,- bei Einschichtnutzung 1.8oo,- bei Zweischichtnutzung	b)	26 %	55.ooo,-	
		<u>Beispiel 3</u>							
3	1	CS 4713 Die Nutzungszeit wird für dieses Gerät über den Zähler der Zentraleinheit gemessen	Drucker	12	a) 1.3oo,- b) bis 36o Std. je Std. 15 % darüber hinaus 5 % je Std.		22 %	4o.ooo,-	MS 1

Bundespost) angegeben werden, damit der AG sicher sein kann, daß das Gerät bereits zugelassen ist und damit bei der Beantragung der Übertragungsleitung keine Rückfragen hins. dieser Nummer nötig sind. Hilfsweise sollte kalendermäßig bestimmt werden, bis wann der AN die Nummer mitzuteilen hat, anderenfalls der AG vom Vertrag zurückzutreten berechtigt ist. Sonst können erhebliche Schwierigkeiten entstehen, die im günstigsten Fall durch eine vom AG gegen gesonderte Gebühr eingeholte Einzelzulassung gelöst werden können.

d) <u>ggf. Maschinennummer:</u> Diese dürfte bei Vertragsschluß kaum bekannt sein. Bei mehreren Geräten gleichen Typs wären mehrere Nummern einzutragen.

6 <u>Spalte 5:</u> Die Mindestmietzeit beträgt gem. § 3 Nr. 1 ein Jahr. Abkürzungen sind zulässig (s. Rz 1 zu § 3). Bei längeren Mindestmietzeiten werden häufig zusätzliche Vereinbarungen getroffen, insb. hinsichtlich der Rückzahlung von Preisvorteilen bei vorzeitiger Kündigung. S. dazu Rz 4 zu § 3. Beispiele Rz 7 ff zu MS 14.

7 Spalten 6 und 7: Der Mietzins wird auf den Monat bezogen, wenn er auch gem. § 4 Nr. 1 ggf. vierteljährlich verrechnet und gem. § 5 vierteljährlich gezahlt wird. Spalte 6 unterscheidet entsprechend § 4 zwischen Geräten mit Zählwerk und solchen ohne Zählwerk (s. dort Rz 4 und 12):

- Bei Geräten *mit* Zählwerk werden die Grundmonatsmiete unter a), Zuschläge für die Benutzung des Geräts über 180 Stunden/Monat hinaus ggf. unter c) angeführt. Der Zuschlag wird je Stunde angegeben. Er braucht nicht einheitlich zu sein, sondern kann auch nach dem Umfang der Mehrbenutzung abgestuft sein (= abnehmen): Beispiel 1. Wird kein Zuschlag verlangt, so braucht unter b) nichts angegeben werden; der Klarheit wegen sollte eine Null eingesetzt werden (oder in Sp. 7: "a=c").
- Bei Geräten *ohne* Zählwerk ist die Pauschalmonatsmiete unter b) anzugeben. Zuschläge für Mehrschichtnutzung sind nicht vorgesehen, aber zulässig (s. Rz 12 zu § 4). Beispiel 2.
  Die Berechnungsart wird in der Praxis oft nicht hinter die Angabe der Vergütung, sondern in Spalte 6 vor sie gesetzt, um die Verständlichkeit zu erhöhen. Beispiel 3.

8 Spalte 8: Auf den Wartungskostenanteil wird abgestellt:

- bei der Lohnkostenklausel nach § 4 Nr. 5 II a), die nur die Erhöhung dieses Anteils des Mietzinses vorsieht (s. dort Rz 18 ff),
- bei den Zuschlägen für Instandhaltung nach § 18 Nr. 1,3 (s. dort Rz 10) und
- bei der Kaufoption nach § 22, *wenn* der gezahlte Mietzins ohne den Wartungskostenanteil angerechnet werden soll (s. dort Rz 4).

Der Betrag kann auch in DM angegeben und bei Bedarf umgerechnet werden. Dies empfiehlt sich bei längerfristigen Mietverträgen, wenn der AN ein Angebot mit verschiedenen Mindestmietzeiten und dementsprechend verschiedenen Mietzinssätzen abgibt; denn der Betrag für die Wartung soll im Zweifel davon unabhängig und stets gleich sein.

9 Spalte 9: Der Kaufpreis soll bereits bei Vertragsschluß verbindlich angegeben werden. Zur Zulässigkeit von Preisvorbehalten s. Rz 3 zu § 22.
Beispiel für einen Preisvorbehalt in Anlehnung an die Listenpreisklausel nach § 4 Nr. 5 II b): "Der AN kann die in MS 1 (Nr. 1. 1, Sp. 9) angegebenen Kaufpreise erhöhen, wenn die neuen Preise Listenpreise sind und als Listenpreise von anderen Käufern stetig gefordert und erzielt werden. Eine Erhöhung ist frühestens 12 Monate nach Angebotsabgabe zulässig. Weitere Erhöhungen können nur geltend gemacht werden, wenn die vorherigen Preise jeweils 12 Monate beibehalten worden sind.
Erhöhungen sind wenigstens 3 Monate vor ihrem Inkrafttreten dem AG schriftlich anzukündigen. Sie bleiben unwirksam, wenn der AG sein Optionsrecht ausübt, ohne von einer bereits vorgenommenen Erhöhung benachrichtigt worden zu sein.
Senkt der AN den Listenpreis, so gilt die Senkung auch

zugunsten des AG.
Der AN ist auf Verlangen verpflichtet, einen für die Dauer von ... Monaten verbindlichen Kaufpreis unverzüglich anzugeben."
Der letzte Absatz dient der Absicherung des AG für die Dauer der Aufstellung des Haushaltsplans, wenn er beabsichtigt, die Option auszuüben.

10 Spalte 10: Gem. § 4 Nr. 1, 6 wird hier festgelegt, ob und in welchem Umfang im ersten Vierteljahr bei der Berechnung des Mietzinses Mehrstunden außer Ansatz bleiben (bzw. bei Geräten ohne Zählwerk keine pauschalierten Zuschläge gezahlt werden), z.B. als Nachinstallationstestzeit oder als Zeit für die Umstellung von Verfahren auf das neue System (s. Rz 11 zu § 4). Der Umfang kann auch auf andere Weise als nur durch eine Stundenzahl angegeben werden. Beispiel 1.

Mietschein 2 (Kaufschein 2)

Nr. 1.2 Grundsoftware

1 Wird die Grundsoftware in diesem Formular ohne Einschränkungen aufgeführt, so wird sie über diesen Vertrag beschafft und ist Teil der Mietsache. Es ist möglich
- einen zusätzlichen Vertrag (einschl. der LB für die Grundsoftware!) abzuschließen und die Grundsoftware hier nur wegen der Koppelung aufzuführen oder
- die Grundsoftware voll in der LB aufzunehmen, aber zusätzlich BVB für deren Überlassung zu vereinbaren,

wenn beides auch nicht anzuraten ist; s. GZ 3 Rz 1 ff, insb. 12.

2 Zur Einordnung der Firmware s. GZ 3 Rz 5. Soweit sie hardwaremäßig realisiert ist, sollte sie unter MS 1 aufgeführt werden.
Zur Abgrenzung von Grundsoftware und systemnaher Software s. GZ 3 Rz 27 f. Da die Rechtsfolgen grundsätzlich gleich sind (s. GZ 3 Rz 13), kommt es nicht darauf an, wo die Programme aufgeführt werden. Nach den Erläuterungen zu § 1 sollte der Einteilung des AN gefolgt werden (s. GZ 3 Rz 27). Die Überlassung von Unterlagen kann hier, sollte aber in MS 3 geregelt werden (zusammen mit den Unterlagen für die Hardware, s. dort Rz 1 a).

3 Nach § 6 (§ 5 K) obliegt dem AN nicht nur die Anlieferung, sondern auch die Einführung der Programme insoweit, daß das System betriebsbereit ist (s. Rz 16 zu § 6). Darüber hinausgehende Wünsche des AG bedürfen der Vereinbarung (unter MS 3).

4 Nur für Miete: Es ist keine MS 1 Sp. 10 entsprechende Spalte für die Angabe des Kaufpreises vorgesehen. Soweit der AG Interesse an der Ausübung der Kaufoption hat, sollten die Preise angegeben werden. Außerdem sollte die Verpflichtung des AN gem. § 18 K, auf Verlangen des AG einen

1.2. Grundsoftware

Lfd. Nr.	Programmbezeichnung	Anzahl der Ausfertigungen	Beschreibung (ggf. Erläuterungen auf besonderem Blatt)	Datenträger	Vergütung DM
1	2	3	4	5	6
	Beispiel 1				
1	OS 4711 Version 2.2	1	s. Systembeschreibung: "Das OS 4711"	Magnetband	monatlich DM 4oo,- Kaufpreis Magnetband DM 3o,-
	Beispiel 2				
1	OS 4712 Stand 1. 7. 77 Die notwendigen Programmroutinen zur Zuverlässigkeit, Verfügbarkeit und Wartbarkeit der Geräte des AN sind Bestandteile der Grundsoftware.	2	s. Systembeschreibung "Das OS 4712" MS 2	AN führt ein und erstellt Sicherheitskopien auf einem Magnetband des AG	monatlich 4oo,- 2oo,- 6oo,- Kaufpreis für 1. Ausfertigung DM 12.ooo,- für 2. Ausf. DM 6.ooo,-

Wartungsvertrag abzuschließen, auf die Software ausgedehnt werden. Beispiel 2. S. auch KS 15 Rz 6.

5 Spalte 1: Auf die laufende Nummer wird in späteren Formularen Bezug genommen. In der Praxis wird das Betriebssystem vielfach als ein Paket behandelt, also nur mit einer laufenden Nummer versehen.

6 Spalte 2: entspricht MS/KS 1 Sp. 3 (Typ/Modell) und Sp. 4 (Bezeichnung). Zusätzlich sollte der genaue Stand der Fassung der Grundsoftware angegeben werden (s. Rz 55 ff zu § 9 nr. 6 I).

7 Spalte 3: Mit der Anzahl der Ausfertigungen ist gemeint, auf wieviel Anlagen die Grundsoftware eingeführt werden soll und genutzt werden darf. Es reicht die Anlieferung *einer* Kopie, wenn ein Betriebssystem mehrfach eingeführt werden soll.

8 Spalte 4: entspricht MS/KS Sp. 4 b) und c); s. dort Rz 5

9 Spalte 5: Die Art des Datenträgers braucht nur angegeben werden, wenn der AG ihn behalten und vergüten soll; denn der AN hat ein *betriebsbereites* System zu übergeben (s. Rz 17 zu § 6).
Der Datenträger braucht nicht näher spezifiziert zu werden, da es sich von alleine versteht, daß er von dem System als Eingabe verarbeitet wird.

10 Spalte 6: Die Vergütung für Programme und ggf. Datenträger

umfaßt die Mehrwertsteuer, sofern nichts anderes vereinbart wird (s. Rz 30 zu § 4). Die Vergütung versteht sich bei Miete im Zweifel je Monat und nicht als einmalige Zahlung.
Werden mehrere Ausfertigungen (zusammen mit mehreren Zentraleinheiten) beschafft, so ist klarzustellen, ob die Vergütung für jede Ausfertigung zu zahlen ist oder nicht. Die Frage eines Mengenrabatts sollte dann angesprochen werden. Beispiel 2.
Nur für Miete: Falls eine Vergütung für den Datenträger zu zahlen ist, stellt sie idR einen Kaufpreis dar. Dies sollte durch die Angabe "Kaufpreis" klargestellt werden. Beispiel 1.

Mietschein 3 (Kaufschein 3)

Nr. 2 Sonstige Leistungen

1 Gedacht ist hier, wie der Verweis auf § 6 Nr. 4 zeigt, an die Erstattung der Kosten für den Haustransport und an besondere Leistungen im Zusammenhang mit der Herbeiführung der Betriebsbereitschaft; diese können, brauchen aber nicht durch den Mietzins/Kaufpreis abgegolten sein:

2. Sonstige Leistungen (§ 6 Nr. 4)

Lfd. Nr.	Leistung	DM	Lfd. Nr.	Leistung	DM
1	2	3	1	2	3
				Übertrag:	
	Beispiel 1			**Beispiel 2**	
	Einführungshandbuch Hardware 1o-fach; je DM 2o,-	2oo,-		Die Kosten des Spediteurs für den Haustransport trägt der AG. Der AN wird einen Kostenvoranschlag 4 Wochen vor Lieferung beibringen/ Der Kostenvoranschlag liegt bei.	
	Systemhandbuch OS 4711 3-fach	-			
	für OS 4711 je 1o-fach	zusammen			
	- Einführungshandbuch	2oo,-			
	- Benutzerhandbuch	2oo,-			
	- Bedienungshandbuch (mit Messages)	3oo,-			
	Der AG ist berechtigt, die Unterlagen für die Nutzung des Systems durch seine Mitarbeiter zu vervielfältigen. Dabei hat er auf das Copyright hinzuweisen.	-			
	Für Tranport und Installation 1 % des Kaufpreises der Hardware einmalig.	1.ooo,-		Gesamtbetrag:	
				MS 3	

1a - Unterlagen für die Nutzung von Hardware und Software, es sei denn, daß diese in MS 1, 2 oder 6 erfaßt sind. Der AG sollte sich bei Bedarf ein Recht zur Vervielfältigung einräumen lassen (s. auch Rz 5 zu § 5 VOL/B).

Beispiel 1.

1b - Die Transportkosten bis zum Hof sollen durch den Mietzins/Kaufpreis abgegolten sein. Manchmal wird ihre Erstattung verlangt; auch bei Miete wird dabei z. T. auf einen *Anteil am üblichen Kaufpreis* für die Hardware abgestellt. Dies ist als zulässig anzusehen (s. Rz 21 zu § 6). Beispiel 1.

1c - Die Kosten für den Haustransport (vom Hof bis in die Aufstellungsräume) können erstattet werden. Nach § 6 Nr. 4 II sollen die Kosten möglichst der Höhe nach angegeben werden (s. dort Rz 22). Ein Kostenvoranschlag lohnt nur bei größerem Umfang der Lieferung. Beispiel 2: Es wird ein Spediteur in Anspruch genommen.

1d - Die Kosten für die Installation sollen durch den Mietzins/Kaufpreis abgegolten sein (s. Rz 23 zu § 6 bzw. Rz 3 zu § 5 K). Für die Erstattung gilt dasselbe wie für die Transportkosten bis zum Hof (s. Rz 1 b).
Die Installation kann auch besondere Leistungen beinhalten, z.B. Montage von Teilen oder die Einbeziehung von Geräten anderer Hersteller (AN als Systemführer, s. Rz 7 zu § 17).
Als besondere Leistung kann auch die Optimierung des Betriebssystems entsprechend den Einsatzbedürfnissen des AG vereinbart werden (s. auch Rz 17 zu § 6).

1e - Festlegung dessen, was zur Beratung bei der Schaffung von Installations- und Aufstellungsvoraussetzungen gehört. Soweit dies nicht über den angemessenen und für den AN zumutbaren Umfang hinausgeht, wird dies gem. § 6 Nr. 3, 2 (§ 5 Nr. 3, 2 K) nicht gesondert vergütet.

1f - Entwicklung von Grundsoftware, soweit dies überhaupt bei den BVB-Miete/-Kauf in Betracht kommt (s. GZ 3 Rz 33) *und* diese Teile nicht in MS/KS 2 als *überlassene* Software aufgeführt werden.

1g - Bei Kauf kommen dauerhafte Maßnahmen an der Hardware vor, z.B. das Fädeln von Programmen des AG.

2 Vergütung: Es handelt sich im Zweifel um eine einmalige Vergütung einschl. Mehrwertsteuer (s. Rz 30 zu § 4).

Mietschein 4 (Kaufschein 4)

Nr. 3 Anlieferung

Nr. 3.1 Zeitpunkt der Anlieferung und der Betriebsbereitschaft

1 Fester Zeitpunkt: § 6 Nr. 1 (§ 5 Nr. 1 K) sieht einen festen Zeitpunkt (für die Anlieferung und) für die Erklärung der Betriebsbereitschaft vor. Dieser kann kalendermäßig (Beispiel 1) oder relativ zu einem bestimmten Er-

eignis (Beispiel 2) bestimmt sein. Rechtlich gesehen handelt es sich um den spätesten Termin (s. Rz 2 zu § 3), so daß der AN auch in bestimmtem Umfang früher liefern darf (s. Rz 4 zu § 6). Es kann dann der Klarheit wegen auch ein kurzer Zeitraum für die Anlieferung mit einem eindeutigen Endtermin für die Erklärung der Betriebsbereitschaft vereinbart werden (Beispiel 3).

Die Beispiele gehen vom Vertragsschluß am 2. 1. 1977 aus.

3. Anlieferung (§ 6)

3.1. Zeitpunkt der Anlieferung und der Betriebsbereitschaft

Gegenstand Lfd. Nr. Hardware	Lfd. Nr. Grundsoftware	Zeitpunkt der Anlieferung ggf. a) frühester b) spätester	Zeitpunkt der Betriebsbereitschaft ggf. a) frühester b) spätester	Gegenstand Lfd. Nr. Hardware	Lfd. Nr. Grundsoftware	Zeitpunkt der Anlieferung ggf. a) frühester b) spätester	Zeitpunkt der Betriebsbereitschaft ggf. a) frühester b) spätester
1	2	3	4	1	2	3	4
Beispiel 1				**Beispiel 6**			
alle	alle	b) 3. 3. 77	b) 1o. 3. 77	1-3	-	a) 16. 4. 77 b) 3o. 6. 77	drei Tage nach Anlieferung
Beispiel 2							
alle	alle	b) 2 Monate nach Eingang des Auftrags	b) zwei Wochen später			Der AN verpflichtet sich, die Installation außerhalb der Zeit von 9.oo - 16.oo Uhr durchzuführen.	
Beispiel 3							
alle	alle	6/77	b) 3o. 6.				
Beispiel 4				**Beispiel 7**			
alle	alle	a) 1. 7. 78 b) 1. 4. 79	a) 15. 7. 78 b) 15. 4. 79	1-2	-	15.4. fest	a) 16. 4. b) 3o. 4.
Die endgültigen Termine werden entsprechend den Liefermöglichkeiten und dem Baufortschritt des Rechenzentrums vereinbart.				**Beispiel 8**			
				alle	alle	Voraussichtlich 1o Wochen nach Eingang des Auftrags.	b) 12 Wochen nach Eingang des Auftrags
Beispiel 5							
alle	alle	a) 31. 5. 77 b) 3o. 6. 77	vierzehn Tage später				
		Die endgültigen Termine werden spätestens am 3o. 4. festgelegt.					
3.2. Aufstellungsort (Anschrift):				3.3. Lage der Aufstellungsräume (z. B. Stockwerk usw.):			MS 4

2 <u>Zeitspanne bei langer Lieferzeit gem. § 6 Nr. 1 Satz 2 und 3 (§ 5 Nr. 1 S. 2 und 3 K)</u>: Wenn zuerst ein frühester und ein spätester Termin (jeweils für Anlieferung und Erklärung der Betriebsbereitschaft) vereinbart wurde, sind bei der Festlegung des endgültigen Termins in erster Linie die Interessen des AN zu berücksichtigen (s. Rz 5 zu § 6). Soweit der AG seine Interessen gleichrangig berücksichtigt wissen will (z.B. Baumaßnahmen, Terminierung der

Umstellung der Produktion), muß er dies bereits im Formular ausdrücken (Beispiel Nr. 4).

3 Zeitspanne bei kurzen Lieferfristen: Auch bei kürzeren Lieferzeiten, als sie § 6 Nr. 1 Satz 2 und 3 (§ 5 Nr. 1 Satz 2 und 3 K) voraussetzen, können entsprechend diesen Regelungen erst nur früheste und späteste Termine (jeweils für Anlieferung und Erklärung der Betriebsbereitschaft) vereinbart werden (s. Rz 2 zu § 6). Die endgültige Festlegung des Termins kann dann nicht - wie in § 6 Nr. 1 vorgesehen - 8 Monate vor dem frühesten Lieferzeitpunkt erfolgen, sondern erst später. Auch dieser Termin muß vereinbart werden, soweit dafür ein Bedürfnis besteht; Beispiel 5. Statt des frühesten Termins kann auch ein voraussichtlicher Termin, verbunden mit einem spätesten Termin, vereinbart werden. Der AN darf dann soweit für den AG zumutbar zu jedem Zeitpunkt liefern; der endgültige Liefertermin braucht nicht vereinbart werden, da ein spätester festliegt. Beispiel 8.

4 Spalte 1 und 2 nehmen Bezug auf MS (KS) 1 Sp. 1 bzw. MS (KS) 2 Sp. 1. Die laufenden Nummern können zusammengefaßt werden, soweit zu Spalten 3 und 4 die gleichen Angaben gemacht werden.
Spalten 3 und 4: Soweit in einer Spalte nur ein Termin angegeben wird, handelt es sich um einen festen Termin (s. Rz 1).

5 Beispiel 6: Die Termine für Anlieferung und Betriebsbereitschaft können auch unterschiedlich bestimmt werden. Der AG wünscht, daß die Betriebsbereitschaft sehr schnell und außerhalb der Hauptarbeitszeit herbeigeführt wird, weil er bei Erweiterungen einer Anlage den laufenden Betrieb möglichst wenig beeinträchtigen will; dabei kommt es ihm weniger darauf an, wann die Erweiterung durchgeführt wird.

6 Beispiel 7 Installation von mixed hardware: Der AG kann daran interessiert sein, den physischen Anschluß wegen der Störung des laufenden Betriebes an einem bestimmten Tag herbeiführen zu lassen; das Austesten der Betriebsbereitschaft kann längere Zeit in Anspruch nehmen, ohne daß dies den laufenden Betrieb stören muß. Zur Festlegung der Testzeit s. Beispiel 6 und MS 5 Rz 2.

Nr. 3.2 Aufstellungsort

Nr. 3.3 Lage der Aufstellungsräume

7 S. Rz 1 zu § 6.
Von der Lage der Aufstellungsräume kann auch die Aufstellungsanordnung der Geräte abhängen, z.B. wegen des Höchstabstands zwischen bestimmten Geräten, wegen der Verteilung der stärksten Wärmequellen. Die Konfiguration sollte nicht nur als logische Anordnung der Geräte und ihrer Verbindungen festgelegt werden, sondern auch physisch in

einen Plan der Aufstellungsräume eingezeichnet werden (möglichst der Sicherheit wegen *vor* Vertragsschluß). S. auch Rz 11 zu § 6.

Mietschein 5 (Kaufschein 5) Abgebildet S. 468

Nr. 4 Installations- und Aufstellungsvoraussetzungen beim Mieter (AG)

1 Sämtliche Voraussetzungen werden unter der alles umfassenden Nr. 4.1 eingetragen. Das Feld zwischen Nr. 4 und 4.1 ist in KS 5 als nicht erforderlich fortgelassen worden.

2 Unter Nr. 4 (bei BVB-Kauf unter Nr. 4.1) können systemtechnische Voraussetzungen festgelegt werden, wenn die zu liefernde Hard- und Software mit bereits installierter oder gleichzeitig von einem anderen AN zu liefernden Hard- und Software zusammenwirken soll (s. Rz 16 zu § 6). Dann sollte auch festgelegt werden, in welchem Umfang dem AN die andere Hard- und Software für die Installation zur Verfügung steht. Die letzteren Festlegungen sind auch erforderlich, wenn die Anlage um Geräte von demselben AN erweitert werden soll.
Beispiel 1: Es sollen eine neue Steuereinheit sowie mehrere Bildschirme geliefert und installiert werden, letztere in verschiedenen Räumen. Die systemtechnische Seite wird unter Nr. 4, die Installations- und Aufstellungsvoraussetzungen werden unter Nr. 4.1 abgehandelt (bei Kauf alles unter Nr. 4.1).

Nr. 4.1 Bauliche, elektrotechnische, klimatische und ähnliche Erfordernisse

3 Bei den Installations- und Aufstellungsvoraussetzungen im eigentlichen Sinne geht es um die Voraussetzungen für den Betrieb überhaupt und um die Bedingungen für den sicheren und schonenden Einsatz der Hardware (s. Rz 9 zu § 6):

3a - hinsichtlich baulicher Erfordernisse: Tragfähigkeit und antistatische Eigenschaften des Bodens; Vorrichtungen für die Verkabelung.

3b - hinsichtlich elektrotechnischer Erfordernisse: Spannung und Frequenz des Stroms; zulässige Schwankungen; Erdung; Kabelverlegung; Anschlüsse; Notstromversorgung, soweit für das System nötig ("fail soft" bei Stromausfall).

3c - hinsichtlich klimatischer Erfordernisse: Feuchtigkeit und Temperatur der Luft, einschl. Luftbewegung und Filterung für Staubfreiheit (DIN 1946).

3d - hinsichtlich des Feuerschutzes: Vorbeugende Maßnahmen, Einrichtungen zum Löschen.

3e Das BMI hat Merkblätter herausgegeben über

- Sicherstellung konstanter unterbrechungsfreier Stromversorgung für EDV-Anlagen, Stand 1. Oktober 1976 und
- Klimatisierung von DV-Räumen und Nebenräumen, Vorläufiges Merkblatt, Stand 1. August 1976.

Diese enthalten Vorschläge zum sachgemäßen Vorgehen.

4 Üblicherweise wird bei größeren Anlagen auf das entsprechende Handbuch des AN verwiesen. Dann ist klarzustellen, daß die gegenwärtige, bei Vertragsschluß übergebene und nicht die bei der Anlieferung geltende Fassung gemeint ist (s. Rz 10 zu § 6). Beispiel 2.

Nr. 4.2 Spätester Termin für die Fertigstellung

5 Dieser Termin kann erst dann kalendermäßig bestimmt werden, wenn der endgültige Liefertermin festliegt. Dieser Termin sollte deswegen relativ zum Liefertermin bestimmt werden; in manchen Fällen, z.B. wenn bei Vertragsschluß vorläufig eine Zeitspanne vereinbart worden ist (s. MS 4 Rz 2) *muß* dies so erfolgen.

Beispiele:
- "14 Tage vor dem Liefertermin nach MS (KS) 4".
- "14 Tage vor dem frühesten Liefertermin nach MS(KS) 4".
- "14 Tage vor dem voraussichtlichen Liefertermin nach MS (KS) 4".

6 Wird keine Angabe gemacht, ist der Termin der Anlieferung der späteste Zeitpunkt für die Fertigstellung. Dieser Termin kann einigermaßen unbestimmt sein (der AN darf in bestimmtem Umfang schon vorher liefern; s. Rz 4 f zu § 6. Ist *nur ein* Termin angegeben, so ist dieser der späteste Termin für die Lieferung. Der AN muß sich wegen des Verzichts auf die Terminbestimmung für die Fertigstellung damit begnügen, erst liefern zu können, wenn die Voraussetzungen gegeben sind (s. auch Rz 7 zu § 6). Ist neben dem festen, d.h. spätesten Termin ein frühester oder ein voraussichtlicher Liefertermin vereinbart, so hat der AG die Voraussetzungen bis zu diesem früheren Zeitpunkt zu schaffen.

Nr. 4.3 Bereitstellung eines Raums ....

7 Ggf. kann auch die Bereitstellung eines Schranks vereinbart werden. Es sollte klargestellt werden, inwieweit die Bereitstellung für die Mietzeit insgesamt gilt (s. Rz 18 zu § 6), d.h. der AN Raum auch für die Wartung benötigt, Beispiel 2.

Mietschein 6 (Kaufschein 6)

Nr. 5 Personalausbildung

1 Der AN ist gem. § 13 Nr. 1 während der gesamten Dauer des Mietverhältnisses zur Ausbildung verpflichtet (bzw. gem. § 13 Nr. 1 K für die Dauer von 5 Jahren).

Bei den Festlegungen im Zusammenhang mit dem Vertragsschluß sind konkrete Angaben nur für die Ausbildung derjenigen Mitarbeiter des AG erforderlich, die das System nach der Übergabe nutzen sollen. Insoweit sollten die Termine sichergestellt werden.

5. Personalausbildung (§ 13)

Ausbildung zur

☐ Maschinenbedienung ☐ Programmierung ☐ Organisation und Systemanalyse ☐ Sonstige Ausbildung

Lfd. Nr.	Art der Ausbildung a) Maschinenbedienung b) Programmierung c) Org. u. Syst. Analyse d) Sonstige Ausbildung	Anzahl der Auszubildenden ohne Berechnung	gegen Vergütung	Ausbildungsprogramm	Ausbildungsdauer (Tage)	Voraussichtlicher Termin	Ausbildungsort	Ausbildungskosten (bei Vertragsabschluß) pro Teilnehmer/Tag DM
1	2	3	4	5	6	7	8	9
	Beispiel 1							
1	a,b,c	1o	-	Einführung in OS 4711	5	Terminplan liegt bei	Schulungszentrum des AN	-
	Die ersten 5 Plätze sind bis zum 16. 4. zur Verfügung zu stellen.							
2	b	-		OS 4711 für Fortgeschrittene	5	die nächsten Termine: 14.-18.3 18.-22.4 23.-27.5	Schulungszentrum des AN	je Teilnehmer 4oo,- für den Kurs
	Weitere Ausbildung nach Vereinbarung.							
	Beispiel 2							
1	a	-	6	Einweisung in OS 4711	3	13.-15.4	beim AG	7oo,-/Tag für die Lehrkraft einschl. Spesen
	Beispiel 3							
	Der Schulungsplan des AN liegt bei. Der AN wird Mitarbeiter des AG in den Kursen, die ohne gesonderte Vergütung angeboten werden, während des Mietverhältnisses in angemessenem Umfang ausbilden.							
			Die Preise verstehen sich zuzüglich MWSt.					MS 6

Auch für die spätere Schulung sollte festgelegt werden, inwieweit diese ohne gesonderte Vergütung erfolgt und, wenn der AG an bestimmten Kursen interessiert ist, welche Kurse weiterhin angeboten werden. Beispiel 3 oder wie folgt:

"Der AN ist auf die Dauer des Mietverhältnisses (auf die Dauer von 5 Jahren) für die in MS (KS) 1 aufgeführten Geräte bereit, in seinen Ausbildungskursen Personal des AG in angemessenem Umfang unentgeltlich in der Bedienung und/oder der Programmierung der Geräte zu unterweisen und das Lehr- und Lernmaterial zu stellen. Die Reise- und Aufenthaltskosten trägt der AG.

Weitere Ausbildung wird zu den beim AN zum Zeitpunkt der Leistungserbringung üblichen Preisen berechnet, die der jeweils gültigen Preisliste zu entnehmen sind".

2 Die Einweisung des Personals für die Maschinenbedienung nach § 14 Nr. 1 fällt nicht unter die Schulung; sie kann aber Teil des Schulungsprogramms sein, insb. bei kleineren Systemen. Aus diesem Grunde und um den Umfang der Einweisung klarzustellen, sollte auch die Einweisung in diesem Formular festgelegt werden.

3 Eine Vereinbarung über die Überlassung von Schulungsunterlagen und Dokumentationsmaterial, das im Rahmen der Schulung benötigt wird, dürfte kaum notwendig sein, kann aber hier erfolgen. Unterlagen für die Benutzung des Systems sollten in MS (KS) 3 erfaßt werden (s. dort Rz la).

4 Die Angaben in der <u>ersten Zeile</u> dürften nur als Hinweis gemeint sein. Sie werden in Spalte 2 wiederholt. Das Ankreuzen dürfte nicht die Bedeutung haben, daß die Schulungspflicht des AN auf die angekreuzten Bereiche beschränkt wird.

5 <u>Spalte 2:</u> Die Einordnung der Kurse dürfte nur als Hinweis gemeint sein. Viele können nicht eindeutig zugeordnet werden, da sie der Ausbildung von Mitarbeitern mit verschiedener Funktion dienen. Ggf. kann der betreffende Buchstabe angegeben werden.

6 <u>Spalten 3 und 4:</u> Die Anzahl ist verbindlich, soweit die Ausbildung in Kursen des AN vorgesehen ist. Soweit der AN einen Kurs nur für den AG - dann auch meist bei ihm - durchführt, ist die Zahl idR nur als Richtgröße für sinnvolle Gruppenarbeit zu verstehen; verbindlich ist sie hinsichtlich der Anzahl der Kopien, die von jeder Unterlage zur Verfügung zu stellen sind. Beispiel 2. Die Anzahl der Teilnehmer braucht bei Kursen gegen gesonderte Vergütung nicht angegeben zu werden, wenn die Vergütung je Teilnehmer ausgewiesen wird, Beispiel 1. Die Anzahl kann aber auch bereits festgelegt werden.

7 <u>Spalte 7:</u> Wenn die Ausbildung Voraussetzung für die Nutzung des Systems ist, sollte nicht nur ein voraussichtlicher, sondern entweder nur ein verbindlicher oder ein voraussichtlicher und ein spätester Termin vereinbart werden.

8 <u>Spalte 9:</u> Es ist zu beachten, daß die Ausbildungskosten nicht auf den Kurs, sondern auf den Tag abgestellt sind. Sie umfassen im Zweifel nur den Unterricht und das Lehrgangsmaterial, nicht aber Unterkunft und Verpflegung; die Mehrwertsteuer ist im Zweifel im Preis enthalten (s. Rz 30 zu § 4).
Wenn eine Lehrkraft gestellt wird, insbesondere wenn die Ausbildung beim AG stattfindet (Angabe in Spalte 8), sollte auf die Vergütung der *Lehrkraft* pro Tag abgestellt werden. Im Zweifel sind Reise- und Verpflegungskosten mit abgegolten; dies sollte eindeutig geklärt werden. Zu Preiserhöhungen s. Rz 8 zu § 13.

Mietschein 7 (Kaufschein 7)

Nr. 6 Einsatzvorbereitung

Nr. 6.1 Beratung

1 Der Umfang der Beratung gem. § 13 Nr. 2 soll festgelegt werden, insbesondere soweit sie ohne gesonderte Vergütung erfolgt.

6. Einsatzvorbereitung (§ 13)
6.1. Beratung

Lfd. Nr.	Art der Beratung	Zeitplan	Beratung ohne Berechnung (in Std.)	Bei Beratung gegen Vergütung Vergütungssatz pro Stunde (bei Vertragsabschluß DM
1	2	3	4	5
	Beispiel 1 Der AN stellt einen Mitarbeiter mit mindestens 2-jähriger Praxis in .... (Sprache) zur Verfügung. Dieser wird auf der Grundlage der vorhandenen Vorgabe einen Programmodulplan erstellen und anschließend den AG bei der Programmierung beraten. 4 Reisen sind einbegriffen.	zwischen 1. 3. und 1. 6.	4 Wochen	weitere Beratung auf Wunsch 7oo,- pro Manntag zuzüglich Spesen laut Spesenliste (s. Anlage).
	Beispiel 2 Der AN wird den AG ohne gesonderte Vergütung in der Zeit vom 1. 3. bis zum 1. 6. bei der Umstellung der vorhandenen Programme unterstützen. Der AN unterweist den AG in der Handhabung der Umstellungshilfen. Der AN wird alle vom AG manuell vorgenommenen Umstellungen überprüfen. Dem AG obliegt die Umstellung der Dateien. Diese Programme fallen unter § 8 Nr. 2 I d). Insoweit findet eine gesonderte Funktionsprüfung statt.			

MS 7

Die Beratung kann sich auf alles erstrecken, was nicht zur Beratung über die Installations- und Aufstellungsvoraussetzungen gehört, z.B.:
- Belegfluß, Material- und Personalbewegung außerhalb des Systembereichs
- Organisation der Datenerfassung
- Organisation und Durchführung der Verfahrensorganisation
- Organisation und Durchführung der Programmierung.

Die Unterstützung kann in allgemeiner Form z.B. wie folgt formuliert werden: "Der AN stellt dem AG unentgeltlich für max. ... Mann-Wochen Fachkräfte zur Verfügung, die das Personal des AG bei der Einsatzvorbereitung unterstützen. Diese Vereinbarung bezieht sich auf die mit dem MS 1 vermieteten Geräte und endet spätestens bei Beendigung des Mietverhältnisses für diese Geräte" (nur bei Mietverträgen). "Soweit der AG weitere Mann-Wochen benötigt, werden ihm diese entgeltlich zu den üblichen Sätzen und

Bedingungen des AN zur Verfügung gestellt."

2 Es kann hier auch die *Durchführung* dieser Tätigkeit bzw. die Beteiligung an ihnen geregelt werden.

Beispiel 1: Der AG will ein kleineres System für eine bestimmte Anwendung einsetzen. Seine Mitarbeiter sollen zwar das Verfahren programmieren, sie sollen aber wegen der besonderen Programmiersprache, die dieses System verlangt, stark unterstützt werden.

Beispiel 2: Der AG will von einem System auf ein anderes umsteigen. Die vorhandenen Programme sollen auf dem neuen System umgestellt werden. Der AG will die Ablauffähigkeit in einer gesonderten Funktionsprüfung überprüfen.

3 Die Spalten 3 - 5 brauchen nicht ausgefüllt zu werden, wenn die angesprochenen Punkte bereits bei der Art der Beratung in Spalte 2 abgehandelt worden sind. Beispiel 2. Die Vergütung wird in Sp. 5 auf die Mannstunde bezogen. Wird sie einzelvertraglich auf den Manntag oder die Mannwoche bezogen (was in der Praxis häufig ist), so bezieht die Angabe sich im Zweifel auf eine tägliche Arbeitszeit von 8 Stunden bzw. auf eine wöchentliche von 40. Sie umfaßt im Zweifel die Spesen und die Mehrwertsteuer (s. Rz 30 zu § 4).

Mietschein 8 (Kaufschein 8)

Nr. 6.2 Testzeit

1 Nr. 6.2 bezieht sich nur auf die Testzeit des AG vor der Installation. Zur Testzeit nach der Installation (nur bei Mietverträgen) s. MS 1 Rz 10. Zur Inanspruchnahme des beim AG installierten Systems durch den AN bei der Erweiterung der Anlage s. MS 5 Rz 2.

6.2. Testzeiten Beispiel 1

Std.	Bei Vertragsabschluß gültiger Vergütungssatz pro Stunde	Anlagenkonfiguration für den Test
Vereinbarte Testzeit 4o davon ohne Berechnung 2o	4oo DM	**Alle Hard- und Software des bestellten Systems**

Die Anlage steht zur Verfügung in (Anschrift)

Besondere Vereinbarungen (Benutzungszeiten u. ä.)

Testzeit = Einschaltzeit, wenn der AG das System alleine nutzen will. Sonst wird die CPU-Zeit gemessen und nach der folgenden Formel in Testzeit umgerechnet:.... .

Soweit der AG weitere Teststunden benötigt, werden ihm diese entgeltlich zu den üblichen Sätzen und Bedingungen des AN zur Verfügung gestellt.

MS 8

2 Testzeit: Es ist festzulegen (weiter unten im Formular),

wie die Teststunden gemessen werden. Steht dem AG das System uneingeschränkt zur Verfügung, dürfte die Einschaltzeit als Testzeit anzusehen sein. Muß sich der AG das System mit anderen Benutzern teilen, bedarf es eines Maßstabs. Die Belegzeit für die Programme der AG hängt idR stark von den Prioritäten und den Anforderungen der anderen Benutzer ab, so daß sie als Maßstab ungeeignet ist. Beispiel 1.

3 Der Vergütungssatz bezieht sich auf das gesamte System. U.U. ist eine Aufspaltung sinnvoll, z.B. wenn der AG einzelne Einheiten zu unterschiedlichen Zeiten testen will. Auch der Vergütungssatz für Geräte, die für den Test benötigt werden, aber nicht bestellt sind, sollte angegeben werden. Dies kann erforderlich sein,
- weil entsprechende Geräte beim AG bereits vorhanden sind und beim Betrieb zugeschaltet werden sollen oder
- weil entsprechende Geräte erst später beschafft werden sollen.

Wird der Vergütungssatz angegeben, so enthält dies zugleich die Verpflichtung des AN, solche Geräte zur Verfügung zu stellen.

4 Zur Anlagenkonfiguration für den Test gehört nicht nur die Hardware, sondern auch die Software in dem Umfang, wie der AG sie austesten will. Es sollte klargestellt werden, wer die Software generiert/installiert und inwieweit der AN den AG während des Testens in systemtechnischen Fragen unterstützt.

5 Ort: In einzelnen Fällen wird das System beim AG zur Verfügung gestellt (s. Rz 7).

6 Besondere Vereinbarungen beziehen sich im wesentlichen auf Ergänzungen der bereits angesprochenen Punkte, s. aber auch Rz 7.
Ggf. sollte festgelegt werden, inwieweit der AN dem AG bei der *Vorbereitung* des Tests unterstützt, z.B.
- bei der Planung
- bei der Umstellung von Programmen des AG, falls dies erforderlich ist.

Dies kann auch in MS (KS) 7 festgelegt werden.

7 In einzelnen Fällen, hauptsächlich bei kleineren Systemen stellt der AN das System beim AG zur Verfügung, insb. dann, wenn anwendungsbezogene Programme erst erstellt werden müssen. Die Testzeit muß dann ziemlich lang sein. Häufig verlangt der AN dann die üblichen Wartungskosten als Entgelt.

Mietschein 9

Nr. 7 Gebrauchsüberlassung

1 Hier sind nur diejenigen Dritten aufzuführen, deren selbständige Nutzung des Systems der Zustimmung des AN gem.

§ 16 Nr. 2 Satz 2 bedarf (s. dort Rz 1 f).

Mietschein 9

7. Gebrauchsüberlassung (§ 16 Nr. 2 letzter Satz)

Der Mieter ist berechtigt, den nachfolgend aufgeführten Institutionen die Mietsache zur Benutzung zu überlassen:

Lfd. Nr.	Institution (Name)	Ort (Anschrift)
1	2	3
		MS 9

Mietschein 10 (Kaufschein 9)

Nr. 8 (Nr. 7) Wartung (während der Gewährleistungsfrist)

Nr. 8.1 (Nr. 7.1) Instandhaltung (für Kauf nur Spalten 1 - 5)

1 Instandhaltung im üblichen Sinne erfolgt nur an der Hardware. Zur vorbeugenden Vermeidung von Ausfällen der Software s. Rz 11.

2 Zur Instandhaltung gehört:
- Reinigen, Filterwechsel, Schmieren von Lagern an mechanischen Teilen u.a.m.
- Überprüfung und Neueinstellung mechanischer und elektrischer Justagen,
- Auswechseln von Teilen, die dem Verschleiß unterliegen, entsprechend vorgegebenem Plan oder Zustand der Teile.
- Überprüfung elektronischer Teile, ob ihre Sollwerte noch voll im gültigen Bereich liegen oder sich den Grenzen dieses Bereichs nähern, sowie Nachregelung oder Austausch.

Der Umfang des Einsatzes von Diagnostikmethoden beeinflußt die Zuverlässigkeit des Systems wesentlich. Bei vorgegebener Verpflichtung des AN, die Betriebsbereitschaft sicherzustellen, entscheidet er über den Umfang der Instandhaltung unter Kostengesichtspunkten (Mehrkosten für Instandhaltung gegen Einsparungen bei Instandsetzung - bei Kaufverträgen wegen der sich anschließenden Wartung; s. auch Rz 2 zu § 18).

3 Die Angaben über den *Zeitplan* und die *Termine* dienen dem AG für die Einsatzplanung des Systems. Angaben über den *Umfang* der Arbeiten sollen dem AG ermöglichen zu überprüfen, ob die Arbeiten ordnungsgemäß durchgeführt werden.

4 Spalte 1: Die Instandhaltungsarbeiten sollen für jeden Gerätetyp nach MS (KS) 1 Sp. 1 angegeben werden. Mehrere *Geräte eines Typs* haben in aller Regel denselben Instandhaltungsrhythmus und können deswegen zusammengefaßt werden. Dabei ergibt sich weitgehend ein einheitlicher Zeitplan. Mehrere *Gerätetypen* können aber nicht zusammengefaßt werden, weil die Wartungsarbeiten je Gerätetyp ver-

8. Wartung (§ 18)
8.1. Instandhaltung

1) Kann ein Zeitplan für die Durchführung der Instandhaltungsarbeiten bei Vertragsabschluß noch nicht festgelegt werden, sind die notwendigen Absprachen zwischen Mieter und Vermieter sobald wie möglich zu treffen.

Lfd. Nr. der Geräte gemäß 1.1. Sp. 1	Zeitplan für die Durchführung der Arbeiten (innerhalb des Zeitplans können die einzelnen Termine von Fall zu Fall vereinbart werden) 1)	Dauer der Instandhaltungsarbeiten in Minuten je Gerät	Umfang der Instandhaltungsarbeiten: Geräteteile	Umfang der Instandhaltungsarbeiten: auszuführende Arbeiten	Prozentualer Zuschlag auf 1/180 des Wartungskostenanteils der Grund- bzw. Pauschalmonatsmiete je Stunde für Instandhaltungsarbeiten außerhalb der normalen Geschäftszeit des Vermieters (montags – freitags von 8.00 Uhr bis 17.00 Uhr)
1	2	3	4	5	6
	Beispiel 1				*) montags – freitags von / bis Uhr / %
1	im Rahmen einer Instandsetzung, mindestens alle 4 Monate		Tape Deck	1. Geschw. prüfen, evtl. justieren 2. Bandstation reinigen	
		6o	Bildschirm	prüfen und evtl. nachstellen (Intensität und Buchstabencharakter)	samstags von / bis Uhr / %
			Memory	Speicherströme prüffen und evtl. nachstellen	sonn- und feiertags von / bis Uhr / %
			Gesamtanlage	äußerlich reinigen, Test	
2	alle 4 Monate	6o	Druckkopf und alle mech. Teile	auf Verschleiß prüfen, reinigen	
			Papiertransport	Kupplungen reinigen, evtl. nachstellen	
			Gesamtmaschine	Papierstaub entfernen (spez. Fotodioden reinigen, Test)	

*) Für Wartungsarbeiten außerhalb der Normalarbeitszeit ggf. Sondervereinbarung.

1	2	3	4	5	6
	Beispiel 2				*) montags – freitags von / bis Uhr / %
	Der AG kann Einsicht in die Wartungsanweisung des AN nehmen.				17.00 / 19.00 / 0
					6.00 / 8.00 / 2o; 19.00 / 22.00 / 2o
	Alle Wartungsmaßnahmen werden terminlich abgestimmt. Geplante Maßnahmen sind spätestens am Donnerstag für die folgende Woche anzumelden.				samstags von / bis Uhr / % 8.00 / 14.00 / 35
					*)
	*) Der Zuschlag bezieht sich auf den im MS 11 Spalte 3 unter a) angegebenen Stundensatz.				sonn- und feiertags von / bis Uhr / %
	MS 10				-- / --

schieden sind. Die Zusammenfassung ist allerdings möglich, wenn in Spalten 4 und 5 nur auf die Arbeitsanweisung des AN verwiesen wird, also für alle Geräte ein einheitlicher Text gilt. Beispiel 2.

5 Spalte 2: Der Zeitplan soll den Rhythmus angeben, noch nicht Termine festlegen. Die Anmerkung 1 im Formular ganz oben bezieht sich auf diesen Zeitplan: Kann er bei Vertragsschluß noch nicht angegeben werden, so ist er sobald wie möglich festzulegen. *Innerhalb* des so festgelegten Schemas werden die einzelnen Termine von Fall zu Fall - außerhalb des Formulars - "vereinbart", d.h. (fern)mündlich abgesprochen. (Die Anmerkung 1 steht in MS 10 nicht innerhalb der Klammer, bezieht sich also nicht auf die Absprache der konkreten Termine. Dies wird in KS 9 deutlicher).
Der Umfang der Instandhaltungsarbeiten kann vom Umfang der Nutzung der Hardware abhängen; insoweit kann sich auch der Rhythmus nachträglich ändern.
Der Rhythmus braucht in der Praxis nicht starr zu sein. Bei kleineren Anlagen wird die Instandhaltung oft mit der Instandsetzung verbunden, wenn der AN deretwegen zur Anlage kommen muß; ansonsten erfolgt sie in Höchstabständen, Beispiel 1. Bei größeren Anlagen wird die Instandhaltung der elektronischen Teile stark auf der laufenden Messung von Qualität und noch vorhandener Redundanz von Funktionen aufgebaut; die Termine für die Instandhaltung werden entsprechend den Ergebnissen dieser Diagnose angesetzt.

6 Spalte 3: Die Dauer soll dem AG einerseits einen Hinweis auf seine Zeitplanung geben; andererseits soll sie etwas über die Gründlichkeit der Instandhaltung aussagen. Für die Zeitplanung reicht es aus, wenn der AN die Zeit angibt, die er jeweils für die Anlage überhaupt oder für einzelne Geräte (Gruppen) benötigt.

7 Spalten 4 und 5: Schon für kleine Anlagen reicht der vorgesehene Raum nicht aus. Beispiel 1. Es empfiehlt sich deswegen, auf die Arbeitsanweisungen des AN für seine Wartungstechniker zu verweisen, Beispiel 2. Dies ermöglicht auch, ggf. tatsächlich die Qualität der Instandhaltung zu kontrollieren (s. Rz 3).
Der AN ist berechtigt, die Arbeiten aus technischen Gründen zu ändern.

8 Spalte 6: (nur für Mietverträge) Im Kopf sind die normalen Geschäftszeiten (=Zeiten für die Durchführung von Instandhaltungsarbeiten) des AN einzutragen.
Für die Bereitschaft des AN, Instandhaltungsarbeiten außerhalb seiner normalen Geschäftszeiten durchzuführen, kann ein Zuschlag auf 1/180 des Wartungskostenanteils des Mietzinses für die Anlage vereinbart werden, der die Mehrkosten decken soll (s. Rz 5 f zu § 18). Die Zuschläge werden nur dann fällig, wenn die Instandhaltung auf Wunsch des AG außerhalb der normalen Geschäftszeit begonnen oder fortgesetzt werden; (es reicht nicht aus, daß der AG mit

der Fortsetzung nur einverstanden ist). Die Angabe eines Zuschlags beinhaltet zugleich die Bereitschaftserklärung des AN, außerhalb seiner normalen Geschäftszeiten tätig zu werden. Soweit er dazu ohne Zuschlag bereit ist, sollten die Zeiten angegeben und eine Null als Zuschlag eingesetzt werden. (Dies kann an Arbeitstagen auch durch die Ausdehnung der normalen Geschäftszeit erreicht werden). Andernfalls sollten Striche gemacht werden. Beispiel 2. Die Zuschläge können nicht nur nach Tagen abgestuft werden, sondern innerhalb der Tage auch nach verschiedenen Zeiten. Die Zuschläge können für die einzelnen Geräte nach der Qualifikation des für die Instandhaltung eingesetzten Wartungstechnikers abgestuft sein. Dabei können jeweils Geräte mit gleichen Zuschlagssätzen zusammengefaßt werden.

9 Kommt die Instandhaltung außerhalb der normalen Geschäftszeiten nur ausnahmsweise in Betracht, so reicht es insbesondere wegen der Personaleinsatzplanung des AN aus, im Einzelfall entsprechende Vereinbarungen zu treffen. Es ist für den AN schwierig, sich zur Instandhaltung außerhalb seiner normalen Arbeitszeiten zu verpflichten, wenn er die tatsächliche Inanspruchnahme nicht abschätzen kann.

10 Zu beachten ist, daß sich der Zuschlag auf 1/180 des Wartungskostenanteils des Mietzinses für die Anlage bezieht und nicht auf die Vergütung für eine Arbeitsstunde während der normalen Geschäftszeiten (worauf Zuschläge üblicherweise bezogen werden). Dieser Stundensatz eignet sich besser (s. Rz 6 zu § 18). Da er in MS 11 Sp. 3 ohnehin angegeben wird, kann auf ihn Bezug genommen werden. Beispiel 2. Dieser Stundensatz kann einem Preisvorbehalt unterworfen werden (s. Rz 28 zu § 4).
In der Praxis wird z.T. folgendermaßen vorgegangen: Es wird angegeben, zu welchen Zeiten der AN zur Instandhaltung bereit ist. Dazu wird vereinbart: "Die Verrechnung erfolgt zu den beim AN zum Zeitpunkt der Leistungserbringung üblichen Preisen, die der jeweils gültigen Preisliste zu entnehmen sind."
Es ist bei der Höhe dieser Stundensätze darauf zu achten, daß sie nur die zusätzlichen Kosten decken sollen.

11 Vorbeugende Maßnahmen bei Software: Der AG ist weitgehend zur Übernahme von Korrekturen von Fehlern verpflichtet, auch wenn diese bei ihm noch nicht aufgetreten sind (s. Rz 59 zu § 9). Solche Korrekturen führen häufig zu Störungen (Aktualisierung bisher latenter Fehler; die Korrektur deckt den erkannten Fehlerfall ab, schafft aber anderswo neue). Deswegen sollte sich der AG absichern: "Sämtliche Änderungen sind ... Tage vorher anzukündigen. Die alte Fassung muß ... Tage lang noch jederzeit wiedereingesetzt werden können. Änderungen sind nur freitagnachmittags zulässig" (so daß der AG an den Wochenenden testen kann, ob die Korrekturen Störungen verursachen).

Mietschein 11 (Kaufschein 11)

Nr. 8.2 (Nr. 7.3) Instandsetzung

1 Der Aufbau des Formulars erschließt sich aus Spalte 2: Von den Zeiten hängt es ab, an wen die Störungsmeldung zu richten ist. Spalte 4 gibt an, zu welchen Zeiten Wartungsbereitschaft mit oder ohne gesonderte Vergütung vereinbart ist. Spalte 3 behandelt den Sonderfall, daß der AG die Instandsetzung insgesamt gesondert vergüten muß. Der Zuschlag in Spalte 4 wird in der Praxis häufig auf Spalte 3 bezogen, obwohl er mit den dort angegebenen Stundensätzen nichts zu tun hat.
Zu den Informationen des AG bei der Fehlermeldung und danach s. Rz 9.

8.2. Instandsetzung

Störungsmeldungen sind zu richten an: (Anschrift, Fernsprecher)	bei Instandsetzungen a) während der normalen Geschäftszeit des Vermieters b) außerhalb der normalen Geschäftszeit des Vermieters	Vergütungssatz pro Arbeitsstunde, soweit die Kosten vom Mieter zu tragen sind DM	Prozentualer Zuschlag auf 1/180 des Wartungskostenanteils der Grund- bzw. Pauschalmonatsmiete je Stunde für Instandsetzung aus Gewährleistung an Samstagen, Sonn- und Feiertagen für die der Mieter die Nutzung der Anlage nicht vorgesehen hat
1	2	3	4
Beispiel 1 und 3 **CS-Computer GmbH** **Wartungsstützpunkt** **Tel. ....**	a) montags - freitags von (Uhr) bis (Uhr) 7.oo 18.oo	8o,-	**Beisp. 1** / **Beisp. 3**
Die Zuschläge in Spalte 4 beziehen sich auf den in Spalte 3 unter a) angegebenen Stundensatz.	b) montags - freitags von (Uhr) bis (Uhr) o.oo 7.oo 18.oo 24.oo	1oo,-	25 % / I 25 % II 3o % II 33 %
Beispiel 3 **Es gehören zu** **- Klasse III CS 4711-1/-2** **CS 4712** **- Klasse II alle CS 47- ..** **- Klasse I alle übrigen Geräte**	b) samstags von (Uhr) bis (Uhr) o.oo 24.oo	-	5o % / I 5o % II 6o % III 65 %
	b) sonn- u. feiertags von (Uhr) bis (Uhr) 8.oo 18.oo	-	1oo % / I 1oo % II 12o % III 13o %

Beispiel 2

Telefonbereitschaft muß .... Stunden vorher angefordert werden. Dabei wird die Rufnummer des Wartungstechnikers mitgeteilt. Die Kosten für die telefonische Bereitschaft betragen DM ..../Stunde (Bereithaltungskosten), zusätzlich je in Anspruch genommener Stunde DM .....; Wegezeit ist Arbeitszeit.

Die Preise verstehen sich zuzüglich Mehrwertsteuer. (MS 11)

2 Spalte 1: An wen Störungsmeldungen zu richten sind, kann davon abhängen, ob der AN zum Zeitpunkt der Meldung auch zur Durchführung von Instandsetzungsarbeiten verpflichtet ist oder nicht. Im zweiten Fall bedeutet die Angabe nur, daß Meldungen dort abgegeben werden können, so daß sie dem

AN zu Beginn der Wartungsbereitschaft vorliegen. Im ersten Fall kann auch eine bestimmte Adresse für Meldungen außerhalb der normalen Geschäftszeiten angegeben werden, von der aus der Bereitschaftsdienst ggf. informiert wird. Es kann auch vereinbart werden, daß die Adresse des Wartungstechnikers, der Bereitschaftsdienst hat, vorher beim AN erfragt wird, Beispiel 2. Zu beachten ist auch, daß sich die Aufgliederung der Zeiten in Spalte 2 nicht mit der in Spalte 4 deckt. Zur Vergütung s. Rz 6 bzw. KS 11 Rz 2. Das Formular geht von dem Regelfall aus, daß Rufbereitschaft vereinbart wird. Es können hier aber auch Festlegungen über Anwesenheitsbereitschaft getroffen werden.

3 Umfang der Wartungsbereitschaft: § 18 Nr. 2 (§ 9 Nr. 2 II K) überläßt es der Vereinbarung im einzelnen Vertrag, wann der AN zur Instandsetzung verpflichtet ist (s. dort Rz 7 bzw. Rz 12). Wird nichts vereinbart, so ist der AN bei Miete montags - freitags während seiner normalen Geschäftszeiten, bei Kauf montags - freitags von 7.00 - 18.00 Uhr ohne gesonderte Vergütung zur Instandsetzung verpflichtet. Dies dürfte zugleich beinhalten, daß der AN außerhalb dieser Zeiten nur bei besonderer Vereinbarung zur Wartungsbereitschaft verpflichtet ist.
Die Angaben in Spalte 4 regeln damit zugleich die Frage der Wartungsbereitschaft und die der gesonderten Vergütung:
- Eine Null beinhaltet die Wartungsbereitschaft ohne gesonderte Vergütung.
- Ein Strich beinhaltet, daß keine Wartungsbereitschaft vereinbart wird. In diesem Sinne ist auch das Fehlen einer Angabe zu verstehen. Beispiel 1.

Nur für Kauf: Die Zeit von 7.00 - 18.00 Uhr geht idR über die normale Geschäftszeit hinaus. Für die Differenz soll keine gesonderte Vergütung gezahlt werden. Es ist als zulässig anzusehen, die Wartungsbereitschaft zur Vermeidung von Kosten ggf. auf die normalen Geschäftszeiten des AN zu begrenzen.

Beispiel: "Wartungsbereitschaft außerhalb der normalen Geschäftszeiten bedarf der gesonderten Vereinbarung".

Beispiel: In der Praxis ist eine abgeschwächte Verpflichtung bei *Miet*verträgen verbreitet: "Der AN bemüht sich, auf Wunsch des AG auch außerhalb seiner normalen Geschäftszeit (außer an Sonn- und Feiertagen) dringende Instandsetzungsarbeiten durchzuführen; insoweit erfolgt keine gesonderte Vergütung".

4 Spalte 2: Die Zeiten außerhalb der normalen Geschäftszeit können weiter unterteilt werden. Die normalen Geschäftszeiten brauchen sich nicht mit denen für Instandhaltung (s.MS 10 Rz 8) zu decken.

5 Spalte 3: Zu den Fällen, in denen die Instandsetzung gesondert vergütet wird, s. Rz 11 zu § 18. Hier werden die

Vergütungssätze in Abhängigkeit von der Zeit der Instandsetzung angegeben. Diese können nach der Art des betroffenen Geräts abgestuft sein (Qualifikation des Wartungstechnikers; Umfang der Hilfsmittel).
Es muß dann angegeben werden:

- die unter die einzelnen Stufen fallenden Geräte. Der AN kann sich ggf. das Recht zu Umstufungen vorbehalten.
- die Sätze je Stufe für jeden Zeitraum.

Beispiel 3 übernimmt die Spalten 1 - 3 von Beispiel 1. Die Striche bei samstags, sonn- und feiertags bedeuten, daß der AN an diesen Tagen keine solchen Arbeiten durchführt.
Der Preisvorbehalt nach § 4 Nr. 5 II c) ist hier wegen der Ankündigungspflicht im Verhältnis zur Häufigkeit solcher Instandsetzungsarbeiten unwirtschaftlich. Die Ankündigungspflicht sollte deswegen abbedungen werden (s. Rz 28 zu § 4). Sofern die Stundensätze nicht als Basis für die Zuschläge in Spalte 4 benötigt werden (s. Rz 7), können sie bei folgender Formulierung fortgelassen werden: "Es gelten die jeweiligen Listenpreise, die auf Wunsch mitgeteilt werden."
Die Erläuterungen zu § 17 Nr. 2 *K* führen mit Rücksicht auf die beschränkte Dauer der Instandsetzungspflicht aus: "Die Vergütung kann entweder bei Vertragsabschluß im Kaufschein (Ziffer 7.3 Spalte 3) oder - soweit zweckmäßig - im Einzelfall vereinbart werden."
Die Vergütung von Ersatzteilen richtet sich nach den üblichen Preisen des AN. Eine entsprechende Klausel braucht nicht besonders aufgenommen zu werden (s. GZ 2 Rz 18).

6 Spalte 4: Der Zuschlag wird nicht pauschal für die Ausdehnung der Wartungsbereitschaft gezahlt (s. Rz 8 zu § 1 und Rz 5 f zu § 5 W), sondern nur für die tatsächlich in Anspruch genommenen Stunden. In der Praxis wird manchmal eine Grundvergütung für die Bereithaltung eines Wartungstechnikers verlangt, Beispiel 2. Der Zuschlag kann entsprechend Spalte 2 b) gestaffelt werden. Für die Instandsetzung montags - freitags von 7.00 - 18.00 Uhr soll bei Kauf kein Zuschlag vereinbart werden (s. auch Rz 13 zu § 9 K). Wird eine Grundvergütung vereinbart, so sollte geprüft werden, ob die Ausdehnung der Wartungsbereitschaft für alle Geräte erforderlich ist, z.B. für Terminals.

7 Der Zuschlag wird bei Miete auf 1/180 des Wartungskostenanteils und nicht auf den Stundensatz für Instandsetzung während der normalen Geschäftszeiten bezogen (s. MS 10 Rz 10, wo vorgeschlagen wird, den Zuschlag auf diesen Stundensatz abzustellen). Wird der Stundensatz in Spalte 3 unter a) als Basis vereinbart, so ist darauf zu achten, daß dieser Satz in Spalte 3 unter b) bereits mit Zuschlägen in Abhängigkeit von den Einsatzzeiten versehen wird. Die Zuschläge in Spalte 4 sollten deswegen ausdrücklich nur auf den Satz nach Spalte 3 unter a) bezogen werden. Beispiel 1. In der Praxis wird z.T. folgendermaßen vorgegangen: Es wird angegeben, zu welchen Zeiten der AN wartungsbereit ist. Dazu wird vereinbart: "Die Verrech-

nung erfolgt zu den beim AN zum Zeitpunkt der Leistungserbringung üblichen Preisen, die der jeweils gültigen Preisliste zu entnehmen sind". Es ist bei der Höhe dieser Stundensätze darauf zu achten, daß sie nur die zusätzlichen Kosten decken sollen. Sie sollten nicht so hoch wie die Stundensätze in Spalte 3 sein, sondern jeweils eher der Differenz zwischen den Sätzen in Spalte 3 unter b) zu dem in Spalte 3 unter a) entsprechen.

8 Der <u>Zuschlag</u> soll auch bei <u>Kauf</u> nur die Mehrkosten decken, die wegen der Durchführung der Instandsetzung zu ungünstigen Zeiten entstehen (s. Rz 13 zu § 9 K). Die Vergütungssätze werden hier in DM angegeben; sie können einem Preisvorbehalt nach § 3 Nr. 3 II c) K unterworfen werden (Mehrwertsteuer s. Rz 30 zu § 4).
Der Zuschlag kann auch für Samstage vereinbart werden; das Wort Samstag fehlt im Kopf von KS 11 Sp. 4.

9 <u>Informationen des AG bei der Fehlermeldung und danach:</u> Zu den Mitwirkungspflichten des AG s. Rz 15 ff zu § 9.
Es sollte festgelegt werden,
- in welcher Form der AG den Fehler zu beschreiben hat und
- welche Unterlagen er dem AN zu beschaffen hat.

Für Störungsmeldungen verwenden AN größerer Systeme häufig standardisierte Formulare. Diese zählen zugleich auf, was der AG im einzelnen Fall entsprechend seiner (vorläufigen) Einstufung der Störung an Unterlagen zu beschaffen hat. Insgesamt ist damit alles bestimmt, was der AG überhaupt zur Verfügung zu stellen verpflichtet sein kann.

10 <u>Formular über Störungsmeldungen:</u> Es empfiehlt sich für den AG, das Standardformular des AN nicht ohne Überprüfung der eigenen Interessen einzuführen:
- Der AG kann die Formulare zugleich dazu nutzen, Grundlagen über die Betriebssicherheit des Systems zu gewinnen.
- Der AG kann auf dem Formular festhalten, ob die Nutzbarkeit von anderen Geräten eingeschränkt ist, um Unterlagen für die Minderung gem. § 9 Nr. 5 (Nr. 6) zu erhalten.

Die Standardisierung (und damit Einfachheit und Schnelligkeit der Fehlerbeseitigung) wird nicht beeinträchtigt, wenn das Formular auch Felder für diese Zwecke enthält.
Das Formular kann zugleich auch anstelle des Betriebsbuchs für das Festhalten von Ausfallzeiten nach § 14 Nr. 3 (§ 9 Nr. 2) verwendet werden. Das Betriebsbuch wird dadurch wesentlich entlastet. Es ist dann ein Durchschreibsatz mit zwei Durchschriften erforderlich:
- Original und erste Durchschrift an AN als Fehlermeldung;
- 2. Durchschrift für den AG zur Kontrolle.

Der AN gibt die erste Durchschrift mit der Angabe über den Zeitpunkt der Wiederherstellung der Betriebsbereitschaft, bei Kauf auch mit der Angabe der Fehlerursache versehen und unterschrieben (§ 14 Nr. 3) zurück.

S T O E R U N G S M E L D U N G

RELEASE:

NR.:
SYSTEM:
DATUM:

INDIKATION:	I/O-FEHLER	JOB-FEHLER	SYS	MAN	WAIT	TEST	LOAD	ROT-LICHT
	( )	( )	( )	( )	( )	( )	( )	( )

INFORMATIONEN:

TYPE: ____

ADRESSE: ____

PHYS.ADR.(PLATTE): ____

STANDORT: ____

SEREP:

EREP: ____

KONSOLBLATT: ____

SYSUDUMP: ____

SYSABEND-DUMP: ____

PSW / LOOP: ____

ST,DP,DG,DC,DM 0-300: ____

STANDALONE DUMP: ____

DATUM: . .   UHRZEIT: AUSSTELLER:

FEHLERBESCHREIBUNG:

AUSFALLGRAD: ( ) VOLLSTAENDIG   ( ) TEILWEISE   ( ) KEIN AUSFALL

FEHLER:
( ) KONSTANT
( ) INTERM.
( ) REPRODUZIERBAR
( ) RE-IPL NOTWENDIG
( ) PGM-PRODUKT RESTART
( ) JOB-RESTART

WDHLG.-ZEIT: ____
PGM.-PRODUKT: ____
JOB-NAME: ____

WEITERGEGEBEN UEBER:

AN: NAME: DATUM: UHRZEIT:

BEHOBEN: NAME: DATUM: UHRZEIT:

KOMMENTAR:

FEHLERURSACHE: *)

02	_._	HARDWARE
03	_._	SOFTWARE
04	_._	TERMINAL
05	_._	BEDIENUNG
06	_._	ANWENDER-SOFTWARE
07	_._	UNGEKLAERT
08	_._	TYPE
09	_._	ADRESSE
10	_._	TERMINAL **)
11	_._	AUSFALLZEIT IN STD.
12	_._	AUSFALLZEIT TP IN STD.
13	_._	
14	_._	WIEDERH.-ZEIT IN STD

*) 01=KONSTANTER AUSFALL
02=INTERMITT. AUSFALL

**) 01=STEUEREINHEIT LOKAL
02=STEUEREINH. REMOTE
03=BILDSCHIRM
04=DRUCKER
05=MODEM
06=KNOTEN
07=POSTLEITUNG

Abb. 18

.1 Im Beispiel in Abb. 18 bedeuten:
- Indikation: Einstufung der Störung durch den AG.
- Informationen: Die waagerechten Striche geben an, in welchen Fällen was an Information anzugeben oder hinzuzufügen ist.
- Fehlerursache: Interne Statistik des AG, die zugleich die Berechnung der Mietzinskürzung und des pauschalierten Schadensersatzes ermöglicht oder in schwierigeren Fällen (bei teilweiser Nutzungseinschränkung) vorbereitet.

Mietschein 12 (Kaufschein 12)

Nr. 9 (Nr. 8) Gestellung einer Ausweichanlage

1 Ob eine Ausweichanlage bei Leistungsstörungen zur Verfügung zu stellen ist, richtet sich danach, ob dies in diesem Formular vereinbart ist oder nicht.

2 Die Stellung einer Ausweichanlage (idR eines Systems) kann getrennt für den Verzug, für den Ausfall während der Funktionsprüfung und für den Ausfall während der normalen Mietzeit vereinbart werden. Die entsprechenden Felder mit "ja" bzw. "nein" sind anzukreuzen. Die Zeit während der Funktionsprüfung wird deswegen besonders angeführt, weil § 9 Nr. 3 I. 3 M/K davon ausgeht, daß die Ausweichanlage idR während der Funktionsprüfung nicht bereitgestellt wird (s. Rz 33 zu § 9 M).
Außerdem ist jeweils ein Feld vorgesehen, in dem vereinbart wird, wie *schnell* der AN die Anlage/das System zur Verfügung zu stellen hat. Die Frist soll beim Ausfall der Anlage/des Systems nach b) und c) in Stunden angegeben werden. Das heißt nicht, daß nicht auch Fristen vereinbart werden dürften, die üblicherweise in Tagen ausgedrückt werden.

3 Im unteren Teil des Formulars sind Angaben zu der Konfiguration und zum Standort der Anlage vorgesehen. Die Angaben zur Konfiguration beinhalten zugleich eine Aussage darüber, welchen Teil der gemieteten Anlage die Ausweichanlage abdecken soll (alles oder nur eine Konfiguration, die die wichtigsten Verfahren abdeckt; Geräte für die Datenfernverarbeitung dürften kaum ersetzbar sein).
Zur Sicherheit können mehrere Ausweichanlagen festgelegt werden. Die BVB-Kauf sehen nur eine Ausweichanlage vor (s. dort Rz 2 zu § 7 und Rz 16 zu § 9). Es kann sinnvoll sein, für Verzug und Ausfall (während/nach der Funktionsprüfung) verschiedene Konfigurationen vorzusehen.

4 Außerdem sollten Einzelheiten über die Vorbereitung der Nutzung der Ausweichanlage geklärt werden. Dies kann im freien Raum auf dem Formular erfolgen.
Für den Fall des Verzugs sollte, insb. wenn die laufende Produktion sichergestellt werden soll, von vornherein festgelegt werden:
- welches Betriebssystem verwendet werden soll: dasjenige,

9. Gestellung einer Ausweichanlage (§§ 7, 9, 10 und 18)

Die Ausweichanlage ist zur Verfügung zu stellen

		ja	nein
a) bei Lieferverzug nach	.... Verzugstagen	☐	☐
b) bei Ausfall nach	.... Stunden Ausfallzeit	☐	☐
c) bei Ausfall während der Funktionsprüfung nach	.... Stunden Ausfallzeit	☐	☐

Fällt der Zeitpunkt für die Bereitstellung der Ausweichanlage außerhalb der Arbeitszeit des Mieters, ist die Ausweichanlage am nächsten vorgesehenen Nutzungstag der gemieteten Anlage mit Beginn der Arbeitszeit des Mieters zur Verfügung zu stellen.

Als Ausweichanlagen werden bestimmt:

Anlagen-Konfiguration	Ort (Anschrift)
Anlagen-Konfiguration	Ort (Anschrift)
Anlagen-Konfiguration	Ort (Anschrift) MS 12

das auf der zu liefernden Anlage eingesetzt werden soll oder das, das der AG derzeit einsetzt und das für seine anwendungsbezogenen Programme keine Umstellung verlangt,
- daß der AN die Systemgenerierung vornimmt (würde dies der AG tun, so würde dies idR den Aufwand, den der AN zu tragen hat, erhöhen), und zwar so, daß die peripheren Geräte unbeschadet ihres technischen Anschlusses softwaremäßig so genutzt werden können, wie es die Programme des AG erfordern,
- daß die Generierung der Systembibliotheken und die Kernspeicheraufteilung gemäß den Anforderungen des AG erfolgt.
- welche systemnahe Software erforderlich ist.
- wie schnell das System für den AG nutzbar gemacht sein muß.

5 Die Stellung einer Ausweichanlage während der Gewährleistung unterscheidet sich nur insoweit, als der AG u.U. einen Teil seiner Systemgenerierung für die Generierung des Betriebssystems der Ausweichanlage zur Verfügung stellen kann. (Es brauchen u.U. nur die physischen Adressen der peripheren Geräte in den Steuerkarten ausgetauscht zu werden. Teile der Grundsoftware können auch direkt einsetzbar sein. Dies kann auch bei Verzug gelten, wenn es sich um kompatiblen Ersatz handelt). Das vorherige Generieren des Betriebssystems lohnt nur in solchen Fällen, in denen die Fortsetzung der Produktion besonders zeit-

kritisch ist, insb. wenn seine Pflege auf der Ausweichanlage aufwendig ist. Wenn es nach der ersten Inanspruchnahme der Ausweichanlage generiert ist, kann sich die Pflege eher lohnen.

6 Bei Kaufverträgen kann eine Vergütung für die Vorhaltung der Ausweichanlage *während der Gewährleistungsfrist* vereinbart werden.

Mietschein 13

10. Preisvorbehalt (§ 4 Nr. 5)

Es wird ein Preisvorbehalt vereinbart nach:

§ 4 Nr. 5a der Besonderen Vertragsbedingungen

☐ nein ☐ ja

Bei einer Erhöhung des in § 4 Nr. 5 angegebenen Ecklohns um 1 Dpf/Stunde kann der Wartungskostenanteil der Grund- bzw. Pauschalmonatsmiete um höchstens

0,00 .... % erhöht werden.

§ 4 Nr. 5 b der Besonderen Vertragsbedingungen

☐ nein ☐ ja

§ 4 Nr. 5 c der Besonderen Vertragsbedingungen

☐ nein ☐ ja

Wird abweichend von der Regelung nach § 4 Nr. 5a, 5 b oder 5 c ein anderer Preisvorbehalt vereinbart

☐ nein ☐ ja

Ggf. welche Regelung wird vereinbart?

MS 13

Beispiel 1

Eine Änderung der Grund- bez. Pauschalmonatsmiete ist auf den im Mietschein angegebenen Wartungskostenanteil beschränkt. Dieser kann geändert werden, wenn sich nach Angebotsabgabe der Ecklohn für die Metallindustrie durch Änderungen der Tarife oder bei einem tariflosen Zustand durch Änderung von orts- und gewerbeüblichen Betriebsvereinbarungen ändert. Änderungen des Ecklohns auf Grund von Tarifverträgen oder orts- und gewerbeüblichen Betriebsvereinbarungen, die bereits bei Angebotsabgabe abgeschlossen waren, bleiben unberücksichtigt. Der Vermieter hat im Mietschein anzugeben, um wieviel Prozent sich der Wartungskostenanteil der Grund- bzw. Pauschalmonatsmiete ändert, bei einer Änderung des o.a. Ecklohns um 1 Dpf./Stunde. Bei einer Mieterhöhung trägt der Auftragnehmer von dem so errechneten Mehrbetrag 1o % als Selbstbeteiligung, mindestens jedoch o,5 % des Wartungskostenanteils. Bei einer Mietsenkung ist der Auftragnehmer berechtigt, 1o % des so errechneten Minderbetrages, mindestens o,5 % des Wartungskostenanteils einzubehalten. Eine auf Grund der Änderung des Wartungskostenanteils neu festgesetzten Grund- bzw. Pauschalmonatsmiete darf jedoch die unter gleichartigen Voraussetzungen von anderen Mietern allgemein und stetig geforderte und erzielte Grund- bzw. Paschalmonatsmiete nicht überschreiten.

Beispiel 2

Es wird ein Vorbehalt entsprechend § 5 Nr. 11 BVB-Wartung vereinbart.

Nr. 10 Preisvorbehalt

1 Die in § 4 Nr. 5 II vorgeschlagenen Klauseln können durch Ankreuzen der entsprechenden Felder vereinbart werden. Die Vorbehalte nach a) und b) schließen sich gegenseitig aus. § 4 Nr. 5 II enthält nur Vorschläge. Andere Klauseln sind zulässig; sie sind aber selten, weil der Listenpreisvorbehalt einfach zu handhaben ist und weitgehend den geschäftspolitischen Vorstellungen der AN entspricht.

2 Die Lohnkostenklausel nach § 4 Nr. 5 II a) ist wegen Verstoßes gegen das Währungsgesetz nicht genehmigungsfähig. In Rz 19 zu § 4 ist eine genehmigungsfähige Form angegeben.
Das BMI hat eine Fassung, Stand 2.1.1974, vorgeschlagen, die sich an § 3 Nr. 3 K und § 5 Nr. 10 W anlehnt. Beispiel 1. Es empfiehlt sich, anzugeben, welcher Tarifvertrag gemeint ist und wie hoch der Ecklohn zur Zeit des Vertragsschlusses ist. Zur Genehmigungsfähigkeit dieser Fassung s. Rz 4 zu § 3 K.

3 Listenpreisklausel nach § 4 Nr. 5 II b): Der AG braucht sich vor Vertragsschluß nicht davon überzeugen, daß es sich bei den angebotenen Preisen um Listenpreise handelt (s. dazu Rz 23 zu § 4). Zur inoffiziellen Neufassung durch das BMI zur Vermeidung von Auslegungsschwierigkeiten s. Rz 24 zu § 4.

4 Preisvorbehalt nach § 4 Nr. 5 II c): Soweit für besondere Leistungen, die erst im Laufe der Mietzeit erbracht werden, die Preise überhaupt schon bei Vertragsschluß angegeben werden (s. Rz 28 zu § 4), können sie einem Preisvorbehalt unterworfen werden. Die Ankündigungsverpflichtung ist unnötig aufwendig im Verhältnis zu der wahrscheinlichen Häufigkeit der Inanspruchnahme dieser Leistungen. Die Ankündigungspflicht sollte deswegen abbedungen werden.

5 Andere Preisvorbehalte: Ein Preisvorbehalt für die Mehrwertsteuer muß ggf. ausdrücklich vereinbart werden, da die Mehrwertsteuer Preisbestandteil ist (s. Rz 30 zu § 4). Gegen eine solche Klausel bestehen bei einem Dauerschuldverhältnis keine Bedenken. Beispiel 2. Anderc Klauseln kommen kaum vor. Gelegentlich wird die Lohnkostenklausel abgewandelt, z.B. auf einen anderen Tarifvertrag bezogen insb. auf einen für Angestellte, oder auf einen anderen Wert als den Ecklohn. Zur Änderung der Listenpreisklausel bei langer Mietzeit s. Rz 4 zu § 3. Zum Haushaltsvorbehalt s. Rz 5 zu KS 13.
Bei Leasing wird die Klausel u.U. auf die Nettomiete (d. h. auf den Mietzins ohne den Wartungskostenanteil) bezogen, wenn die vertraglichen Beziehungen in einen Überlassungs- und einen Wartungsvertrag aufgespalten werden, wobei der Wartungsvertrag mit einem Vorbehalt für die Wartungsvergütung entsprechend § 4 Nr. 5 II a) versehen werden kann (s. PT 4 Rz 8). Ist der AN auf Verkauf ausge-

richtet (und finanziert den Kaufpreis bei Mietverträgen über eine Finanzierungsgesellschaft mit festen Kapitalkosten), kommt eine Listenpreisklausel beschränkt auf den Wartungskostenanteil in Betracht.

Mietschein 14

Nr. 11 Mietanrechnung beim Kauf der Anlage

1 Alle Angaben beziehen sich im Zweifel auf die einzelnen Einheiten. Angerechnet wird ein Teil des gesamten Mietzinses, also einschl. des Wartungskostenanteils, soweit in diesem Formular nichts anderes vereinbart wird (z. B. Nettomietzins, s. Rz 4 zu § 22). Der anzurechnende Teil kann bei einzelnen Geräten unterschiedlich sein, z.B. wegen des unterschiedlichen Wartungskostenanteils in dem Bruttomietzins. Beispiel 1.
Die Preise können einem Preisvorbehalt unterworfen werden (s. Rz 3 zu § 22 und MS 1 Rz 9 mit Beispiel für die Formulierung einer Listenpreisklausel).

11. Mietanrechnung beim Kauf der Anlage (§ 22)

Beispiel 1

Auf den Kaufpreis gemäß 1.1. werden die gezahlten Mieten zu .... % angerechnet: CS 4711 6o %, alle anderen Geräte 5o %

Mindestkaufpreis 2o % des Kaufpreises gemäß 1.1. Spalte 9.

12. Ablösebeträge bei Kündigung von Geräten innerhalb der Mindestmietzeit (§ 3 Nr. 2 Abs. 2)

Beispiel 2

Der in MS 1 angegebene Mietzins von DM 1.ooo,- gilt für eine Mindestmietzeit von 5 Jahren.

Der Mietzins beträgt bei einer Mindestmietzeit von 3 Jahren 1.1oo,-
bei einer Mindestmietzeit von 1 Jahr 1.2oo,-

Der Preisvorteil ist einschließlich der banküblichen Verzinsung (.... %) zurückzuzahlen.

Beispiel 3

Der AG ist berechtigt, das Mietverhältnis nach Ablauf von einem Jahr ohne weitere Voraussetzungen zu kündigen. Er hat dann für jedes an der Mindestmietzeit fehlende Jahr 3 Monatsmieten als Ablösebetrag zu zahlen; ein angebrochenes Jahr wird als ganzes Jahr behandelt.

Der AG ist berechtigt, das Mietverhältnis ohne Zahlung diese Beträge zu kündigen, wenn er gleichzeitig ein größeres System beschafft. Bei einem weiteren Mietvertrag muß dieser mindesten für den Rest der Mindestmietzeit aus diesem Vertrag geschlossen werden.

13. Rücktransport der Anlage (§ 21)

Nach Beendigung des Mietvertrages übernimmt der Vermieter den Rücktransport der Mietsache
(Rücktransportort)

nach ______________________________ MS 14

Die Kosten für den Rücktransport gehen nur dann zu Lasten des Mieters, wenn die Geräte weniger als 4 Jahre gemietet waren.

2 Die Preise für die Hardware sind in MS 1 Sp. 10 angegeben. Die entsprechende Angabe für das Dauernutzungsrecht an der Grundsoftware und der übrigen Software ist nicht vorgesehen. Erwägt der AG die Ausübung der Kaufoption, so sollten die Preise in einer Anlage zu MS 2 und 15 oder in MS 16 aufgenommen werden (s. auch Rz 3 zu § 22 und MS 16 Rz 12).

3 Zum Mindestkaufpreis s. Rz 5 zu § 22.

4 Werden Geräte ausgetauscht (z.B. Plattenlaufwerke gegen andere mit größerer Speicherkapazität), so sollte ausgehandelt werden, ob auch der für die bisher installierten Geräte gezahlte Mietzins angerechnet wird.

5 Zur Gestaltung des Kaufvertrags nach Ausübung des Optionsrechts s. PT 6.

Nr. 12 <u>Ablösebeträge bei Kündigung von Geräten innerhalb der Mindestmietzeit</u>

6 Der AG ist unter bestimmten Voraussetzungen gem. § 3 Nr. 2 berechtigt, periphere Geräte auch innerhalb ihrer Mindestmietzeit zu kündigen (s. dort Rz 10 f). Er hat dann Preisvorteile zurückzugewähren oder vereinbarte Ablösebeträge zu zahlen. Als Vorteil können auch die banküblichen Zinsen vereinbart werden: Kündigt der AG in Beispiel 2 zum Ende des dritten Jahres, so beträgt sein Vorteil 36 x DM 100,-- = 3.600,-- zuzüglich Zinssatz/Jahr x Zahl der Jahre x 3600/2 (letzteres ist das durchschnittlich gebundene Kapital).
Die Zahlung sollte von vornherein für den Fall ausgeschlossen werden, daß der AG ein größeres System beschafft. Beispiel 3.

7 IdR werden bei längerfristigen Verträgen zugleich auch weitere Vereinbarungen getroffen (s. Rz 4 zu § 3); insbesondere wird dem AG oft ein Kündigungsrecht eingeräumt, das zwar nicht wie in § 3 Nr. 2 an Voraussetzungen geknüpft ist, aber stets zu Ausgleichszahlungen führt, Beispiel 3.

8 Preisvorteile werden in der Praxis auch für <u>Mietverhältnisse auf bestimmte Zeit</u> angeboten, die sich jeweils für eine bestimmte Zeit verlängern, wenn nicht eine Seite binnen einer bestimmten Frist vor Vertragsablauf erklärt, daß sie die Verlängerung des Mietverhältnisses ablehnt. Dasselbe gilt auch für die Vereinbarung von Mindestverlängerungsperioden erst nach Mietbeginn. Ein Beispiel ist in der in Rz 10 dargestellten Ergänzung zum BVB-Mietvertrag enthalten.

9 <u>Nachträgliche Verlängerung der Mindestmietzeit:</u>
Ist der AG nicht von vornherein, sonder erst *später* an der Verlängerung der Mindestmietzeit interessiert, sollte er sich im *Mietvertrag* absichern, daß ihm dies wie ande-

ren AG angeboten wird, und zwar zu den BVB.
Das folgende Beispiel geht davon aus, daß die Verlängerung - wie bisher teilweise üblich - in einer Zusatzvereinbarung geregelt wird:

> "Der AN verpflichtet sich, dem AG die Zusatzvereinbarung anzubieten. Soweit sich diese auf die AGB des AN beziehen, treten die BVB-Miete an deren Stelle. Soweit die Vereinbarung den BVB-Miete widersprechen, gehen die BVB-Miete vor."

Wird *später* die gesonderte Vereinbarung geschlossen, so sollte sie um folgende Sätze ergänzt werden:

> "Soweit in dieser Vereinbarung auf die AGB des AN verwiesen wird, treten an deren Stelle die BVB-Miete. Soweit diese Vereinbarung den BVB-Miete widerspricht, gehen die BVB-Miete vor. Für Preiserhöhungen vor der Installation gilt § 4 Nr. 5 II b) M, für spätere gilt diese Vereinbarung. Wird diese Vereinbarung für Geräte wegen Preiserhöhungen auf Grund dieser Vereinbarung gekündigt, so wird das Mietverhältnis für diese Geräte aus dem Mietvertrag vom .... nicht berührt. Wurde vorher oder gleichzeitig auch der Listenpreis für die normale Miete erhöht, so kann der AG auch den zugrundeliegenden Mietvertrag zusammen mit dieser Vereinbarung für diese Geräte kündigen."

Die letzten Sätze sind erforderlich, wenn der Preisvorbehalt in der Zusatzvereinbarung abweichend von § 4 Nr. 5 vereinbart wird (s. Rz 4 zu § 3). Die Zusatzvereinbarung kann für diese Geräte idR nur unmittelbar nach der Ankündigung der Preiserhöhung gekündigt werden. Deswegen muß geklärt werden, inwieweit der Mietvertrag für diese Geräte selber fortbesteht, etwa damit der AG seinen Betrieb auf die Kündigung vorbereiten kann. Der Mietzins, der auf Grund des Mietvertrags selber bei normaler (kurzer) Kündigungsfrist zu zahlen wäre, braucht weder zu gleicher Zeit noch in derselben Weise wie der ermäßigte erhöht zu werden; deswegen sollte auch ein Kündigungsrecht für das Mietverhältnis selber aufgenommen werden.

10 <u>Verlängerte Mindestmietzeit bei Verträgen mit der Firma IBM:</u> Das BMI hat mit Schreiben vom 2. Juli 1976 an den IMKA und den KoopA nach Absprache mit der Firma IBM vorgeschlagen, die Vereinbarungen über die Verlängerung der Mindestmietzeit gemäß einem vereinbarten Muster in den Mietvertrag aufzunehmen. Dieses Muster ist durch die Änderung der Geschäftspolitik der Firma IBM am 1. April 1977 überholt worden.

Nr. 13 <u>Rücktransport der Anlage</u>

11 S. Rz 7 zu § 21. Der Text im Mietschein wiederholt § 21 Nr. 2, 2 und 3.

Mietschein 15 (Kaufschein 14)

Nr. 14 (Nr. 10) Software (soweit nicht unter 1.2 erfaßt)

1 Der MS (KS) entspricht weitgehend MS (KS) 2. Werden Programme des Types a) und b) hier ohne Einschränkungen aufgeführt, so werden sie auch über diesen Vertrag beschafft; s. zum Abschluß eines zusätzlichen Vertrags für die Überlassung von Software MS 2 Rz 1.

14. Software (soweit nicht unter 1.2. erfaßt) (§§ 1, 2, 7, 8, 9 und 10)

Vom Vermieter zu liefernde systemnahe Software:

Maschinenprogramme, die Anwenderprogramme in die Maschinensprache übersetzen (z. B. Assembler, Compiler) soweit sie nicht in der Grundsoftware enthalten sind, Standardprogramme für häufig wiederkehrende, nicht problembezogene Aufgaben (z. B. Sortier- und Mischprogramme), Standardprogrammgeneratoren (Programmtyp a)

Sonstige vom Vermieter zu liefernde Programme, die vereinbarungsgemäß zur Lösung der der Anlage gestellten Aufgaben unabdingbar sind (Programmtyp b)

Vorhandene ablauffähige Programme des Mieters, zu deren Nutzung die Anlage oder Geräte beschafft wurden (Programmtyp c)

Lfd. Nr.	Pro-gramm-typ a), b), c)	Programm-bezeichnung	Anzahl der Aus-fertigun-gen bei Pro-gramm-typ a) und b)	Beschreibung (ggf. Erläuterungen auf besonderem Beiblatt)	Daten-träger bei Programm-typ a) und b)	Vergü-tung für Programm-typ a) und b) DM	Liefertermin für Programmtyp a) und b)
1	2	3	4	5	6	7	8
Beispiel 1							
1	a)	CS COBOL COMPILER einschließlich Systemhandbuch 3-fach Benutzerhandbuch 2o-fach	1	s. Anlage 1o	Magnet-band	2oo,-/ Monat	wie MS 4 Sp. 2 lfd. Nr. 1
	Die Programm werden auf vom AG zur Verfügung zu stellenden Magnetbänder übergeben. Falls keine Magnetbänder zur Verfügung gestellt werden, erfolgt hierfür eine gesonderte Berechnung zu dem zum Zeitpunkt der Lieferung üblichen Preis des AN.						
Beispiel 2							
2	c)						
	Ablauffähig sind (nach erneutem Umwandeln/Binden und den folgenden Maßnahmen ...) alle Programm, die durch die Compiler ... übersetzt und auf der Anlage ... unter dem Betriebssystem ... eingesetzt worden sind.						MS 15

2 Über die Zweckmäßigkeit und den Umfang der Einbeziehung von sonstiger Software in den Beschaffungsvertrag s. GZ 3 Rz 27 ff. Über die Zweckmäßigkeit, Prüfungsmaßstäbe für die Funktionsprüfung festzulegen s. Rz 32 zu § 8. Es sollte bei Bedarf klargestellt werden, in welchem Umfang der AN die von ihm gelieferten Programme einführt (s. Rz 17 zu § 6 am Ende).

3 Spalte 2 unterscheidet entsprechend § 8 Nr. 2 M/K die systemnahe Software und sonstige vom AN zu liefernde Programme (anwendungsbezogene Software). Zur Abgrenzung s. GZ 3 Rz 6. Die Einordnung ist rechtlich ohne Belang (s. dort Rz 13).
Außerdem sollen die "vorhandenen ablauffähigen Programme"

des AG hier angeführt werden; diese haben mit der Lieferung von Software nichts zu tun, sondern beziehen sich auf die Fähigkeit des zu liefernden Systems, Programme mit bestimmten systemtechnischen Anforderungen zu verarbeiten (s. Rz 11 und 33 zu § 8). Im Zweifel sind so viele Programme vorhanden, daß sie kaum aufgezählt werden können, sondern beschrieben werden müssen. Dies geschieht im Hinblick auf das vergleichbare, d.h. das alte System des AG. Beispiel 2.

4 Spalte 3 und 4: s. MS 2 Rz 6 f.

5 Spalte 5: s. MS 1 Rz 5. Hier sollte auch festgelegt werden, was an Programmdokumentation zu liefern ist. Beispiel 1.

6 Spalte 6: s. MS 2 Rz 9

7 Spalte 7: s. MS 2 Rz 10.

8 Spalte 8: Soweit der AN die Programme einzuführen hat, ist mit Liefertermin der Termin der Betriebsbereitschaft gemeint. Werden für die Hardware und die Grundsoftware jeweils vorläufig früheste und späteste Termine vereinbart (s. MS 4 Rz 2 f), so müssen die Termine hier ebenfalls zuerst als vorläufig bezeichnet werden. IdR reicht es aus, sich auf den Termin für die Betriebsbereitschaft der Grundsoftware zu beziehen, so daß dieser Termin automatisch mit jenem endgültig festgelegt wird.

Mietschein 16 (Kaufschein 15)

Anlage zu den BVB-Miete (BVB-Kauf)

1 Das Formular wird als Anlage zu den BVB bezeichnet, weil es in erster Linie vertragliche Abmachungen und keine Beschreibung der Leistung enthält.

2 Nr. 1: Erfüllungsort ist nach § 24 der Aufstellungsort. Bei an verschiedenen Orten aufgestellten Geräten für Datenfernverarbeitung gibt es mehrere Aufstellungsorte. Der Aufstellungsort wird in MS 4 angegeben. Wird die Hardware nicht am Sitz der auftraggebenden Stelle aufgestellt, so sollte klargestellt werden, wo der AN Erklärungen abzugeben hat, die nicht eindeutig betriebsbezogen sind, also z.B. die Erklärung der Betriebsbereitschaft.

3 Nr. 2: Ausschließlicher Gerichtsstand ist nach § 24 das Gericht, in dessen Bezirk diejenige Stelle des AG ihren Sitz hat, die für die Prozeßvertretung zuständig ist (s. dort Rz 2).

4 Nr. 3 Nachweis einer Versicherung: Nach § 11 Nr. 3 (Nr. 2) kann der AG den Nachweis verlangen, daß der AN eine Versicherung abgeschlossen hat in dem Umfang, in dem er nach § 11 Nr. 2 (Nr. 1) haftet und die Haftung versicherbar ist (s. dort Rz 29). Hier ist anzukreuzen, ob der AN

Anlage zu den Besonderen Vertragsbedingungen

für die Miete von EDV-Anlagen und -Geräten

1. Erfüllungsort (§ 24)

2. Gerichtsstand (§ 24)

3. Nachweis einer Versicherung (§ 11 Nr. 3)

Angaben über die bestehenden Versicherungen

☐ ja ☐ nein

4. Änderungen und Ergänzungen (§ 25)
(ggf. Erläuterungen auf besonderem Beiblatt)

MS 16

den Nachweis erbringen muß oder ob der AG trotz § 11 darauf verzichtet.

5 Nr. 4 Änderungen und Ergänzungen: Es geht hier einerseits um Änderungen und Ergänzungen der BVB. Zu der Zulässigkeit ist bei den einzelnen Regelungen Stellung genommen worden. Andererseits geht es um Änderungen der Formulare und um Ergänzungen der LB. Dazu sind bei den einzelnen Formularen Ausführungen gemacht worden (s. PT 1 Einleitung Rz 15 ff).

Nachzutragen ist noch folgendes:

6 Vereinbarungen gem. § 17 Nr. 3 M (§ 16 Nr. 3 K): Von der Sicherheit und Einfachheit der Vereinbarung her empfiehlt sich für den AG, möglichst auf das Ergebnis abzustellen; dabei sollte die Terminologie desjenigen AN verwendet werden, an dessen Zentraleinheit Geräte angeschlossen werden sollen.

Ersatz von Geräten des Lieferanten der Zentraleinheit: "Das Gerät soll an eine Zentraleinheit ... angeschlossen werden, die unter dem Betriebssystem ... läuft. Es verhält sich unbeschadet seiner zusätzlichen Eigenschaften wie ein Gerät ... (des Herstellers der Zentraleinheit) in allen Funktionen außer in folgenden Punkten: ...". Hierzu gehört auch, daß ein Gerät die Bedingungen einer bestimmten Schnittstelle erfüllt: "Der Bildschirm arbeitet wie ein Teletype" (=Druckstation).

Beispiele für Einschränkungen:
- "Auf dem Bildschirm können keine Kleinbuchstaben abgebildet werden/Der Zeichenvorrat umfaßt nicht Kleinbuchstaben."
- "Folgende nicht genormte Sonderzeichen werden abweichend verschlüsselt wie folgt ..."
- "Das Gerät arbeitet nur in den Übertragungsgeschwindigkeiten ...".

Beispiele für andere Formulierungen:
- "Das Gerät ist steckerkompatibel mit ...", wobei die Grundsoftwarekompatibilität stillschweigend einbezogen ist.
- "Das ... System ist voll softwarekompatibel zu ... System (Gerät des Herstellers der Zentraleinheit).

7 Das anzuschließende System kann weit mehr hard- und softwaremäßige Funktionen haben, verhält sich aber zur Zentraleinheit wie ein bestimmtes *Gerät* des Herstellers. Beispiele:
- "Das X-System ist ein ... (Gerät des Herstellers der Zentraleinheit) kompatibles Peripheriesystem mit zusätzlichen Leistungsmerkmalen."
- "Das X-System verarbeitet die Steuerinformationen des Betriebssystems ... mit denselben Ergebnissen wie ... (Gerät des Herstellers der Zentraleinheit)".

8 In schwierigen Fällen muß beschrieben werden, wie der Informationsaustausch aufgebaut und durchgeführt wird.

9 Vereinbarungen zur Funktionsprüfung: s. dazu PT 2. Bei Vertragsschluß sollte zumindest festgelegt werden
- ob eine Funktionsprüfung durchgeführt wird und wenn ja
- nach welchem Modell die Ausfallrate bei Teilausfällen festgelegt wird.

Im übrigen reicht ein Satz dahingehend aus, daß die Funktionsprüfung nach dem in den Erläuterungen zu § 8 K enthaltenen Modell durchgeführt wird. Es kann aber auch bereits die vollständige Vereinbarung zur Funktionsprüfung, wie in PT 2 vorgeschlagen, getroffen werden.

10 Absicherung gegen Verzug bei der Lieferung von mixed hardware: Wird eine Vereinbarung nach § 17 Nr. 3 (16 Nr. 3 K) geschlossen, so ist bei *Ausfällen* während des Vertragsverhältnisses der Wert des gesamten Systems Grundlage für die Berechnung der Sanktion. Für den Fall des Verzugs sollte dies ebenso vereinbart werden (s. Rz 19 zu § 7), wenn das übrige System allein nicht sinnvoll genutzt werden kann: "Kommt der AN mit der Übergabe der Geräte in Verzug, so berechnet sich der pauschalierte Schadensersatz gem. § 7 Nr. 1 nach dem Mietwert/Kaufpreis des gesamten Systems."Sind die anderen Geräte gemietet: "Der AN hat im Falle des Verzugs dem AG den Betrag zu erstatten, die dieser für die folgenden Geräte seinerseits zu zahlen hat ..." Sind die anderen Geräte gekauft: "Der AN hat im Falle des Verzugs dem AG für jeden Verzugstag 1/1500 des Kaufpreises für die nachfolgenden Geräte zu erstatten ..."

11 Verpflichtungsgesetz: S. Rz 4 zu § 23 zu der Sicherheitsmaßnahme, die Mitarbeiter des AN nach diesem Gesetz im Interesse des Datenschutzes zu verpflichten. Die Vereinbarung, daß der AN dafür einsteht, daß sich seine Mitarbeiter auch verpflichten lassen, könnte wie folgt lauten: "Der AN hat es dem AG zu ermöglichen, alle in Nr. 1 be-

zeichneten Personen gemäß dem Verpflichtungsgesetz vom 2.3.1974 (BGBl. I, S 547) verpflichten zu können. Insbesondere hat er die beteiligten Personen frühzeitig zu benennen. Bei Nichterfüllung dieser Pflicht ist der AG berechtigt, eine angemessene Frist zur Abhilfe zu setzen und bei erfolglosem Ablauf der Frist vom Vertrag zurückzutreten bzw. nach der Abnahme aus wichtigem Grund zu kündigen."

12 Option auf Umtausch von Geräten: Der AG muß sich einzelvertraglich absichern, wenn er plant, Geräte innerhalb der Mindestmietzeit gegen andere, z.B. leistungsstärkere, umzutauschen: "Der AG ist berechtigt, innerhalb/bis zu... (Zeitangabe) das Gerät ... gegen ein Gerät ... umzutauschen; (der monatliche Mietzins für dieses Gerät beträgt DM ...). Die Mindestmietzeit ändert sich dadurch nicht. (Der Kaufpreis im Falle der Ausübung der Kaufoption nach § 22 beträgt DM ...). Die bei einem Umtausch anfallenden Kosten trägt der AG."
Der letzte Satz kann u.U. vermieden werden, z.B. beim Umtausch gegen ein wesentlich teureres Gerät.

Die einzelnen Kaufscheine

Kaufschein 1

Nr. 1 Geräte, Grundsoftware

1 Geräte und Grundsoftware werden hier als besondere Einheit, als System im engeren Sinne angesehen (s. zum weitgefaßten Begriff des Systems GZ 3 Rz 1, 25). Zum Verhältnis von Bestellung und System s. Rz 4 zu § 2 M.
Die Überlassung von Unterlagen kann hier, sollte aber in KS 3 geregelt werden (zusammen mit den Unterlagen für die Grundsoftware, s. MS 3 Rz 1a).

2 Unter Gerät wird alles verstanden, was unter Hardware

1. Geräte, Grundsoftware (§§ 1, 2, 3)
1.1. Geräte

Lfd. Nr.	Anzahl	Typ/Modell	a) Bezeichnung b) Leistung c) technische Beschreibung (ggf. Erläuterungen auf besonderem Beiblatt) d) ggf. Maschinennummer	Preis DM
1	2	3	4	5
	Beispiel 1			
1		CS 4711	Zentraleinheit, s. Anlage 1	70.000,-
2		CS 47-14	Bildschirme, 1920 Zeichen, s. Anlage 2 je 7.200,-	28.800,-
		Die Preise verstehen sich zuzüglich Mehrwertsteuer.		KS 1

fällt, gleich ob es ein selbständiges Gerät, ein Teil oder ein Zusatz ist. Zur Firmware s. GZ 3 Rz 5.

3 Spalte 1: Auf die laufende Nummer wird in anderen Formularen Bezug genommen.

4 Spalte 2: Bei mehreren Geräten ist darauf zu achten, daß in Spalte 5 der Gesamtpreis angegeben werden soll. Dies sollte durch die Angabe des Einzelpreises oder des Wortes "zusammen" in Spalte 4 verdeutlicht werden. Beispiel 1. Gleichartige Geräte sollten dann nicht zusammengefaßt werden, wenn für sie in KS 10 unterschiedliche Wartungsbereitschaft für Instandsetzung vereinbart wird.

5 Spalte 4:
a) Bezeichnung: entsprechend der technischen Funktion.
b) und c): Die Leistung ist Teil der technischen Beschreibung; ein hervorstechendes Merkmal wird oft zur Verdeutlichung der Bezeichnung hinzugefügt: "Zeilendrucker 36000 Zeilen/Stunde". Nicht nur für c), sondern auch für b) können "ggf. Erläuterungen auf besonderem Beiblatt" erfolgen. S. dazu die amtlichen Erläuterungen zu § 2 M (s. dort Rz 3). Diese weisen auch darauf hin, Maßstäbe für die Zuverlässigkeit bei der Funktionsprüfung festzulegen (s. Rz 24, 27 ff zu § 8 M).
Zur FTZ-Nummer s. MS 1 Rz 5.
d) ggf. Maschinennummer: Diese dürfte bei Vertragsschluß kaum bekannt sein. Bei mehreren Geräten gleichen Typs wären mehrere Nummern einzutragen.

6 Spalte 5: Der Preis bezieht sich auf alle Geräte unter der laufenden Nummer, s. Rz 4. Er enthält die Mehrwertsteuer, sofern nichts anderes vereinbart ist (s. Rz 30 zu § 4 M). Es ist zu beachten, daß für die Instandhaltung während der Gewährleistungsfrist gem. § 17 Nr. 1 I. 2 ein Zuschlag zum Kaufpreis vereinbart werden kann (s. dort Rz 2). Der "Kaufpreis" als der Betrag, der nach der Abnahme zu zahlen ist, kann sich dadurch bis zu ca. 8% erhöhen.

Kaufschein 2

Nr. 1.2 Grundsoftware

1 KS 2 entspricht MS 2 bis auf den Kopf von Spalte 6: Hier heißt es Preis, weil es sich stets um eine einmalige Vergütung handelt. S. dort Rz 1 ff.

Kaufschein 3

Nr. 2 Sonstige Leistungen

1 Das Formular entspricht vollständig MS 3; s. dort Rz 1 ff.

Kaufschein 4

Nr. 3 Anlieferung

1 KS 4 entspricht vollständig MS 4; s. dort Rz 1 ff.

Kaufschein 5

Nr. 4 Installations- und Aufstellungsvoraussetzungen beim AG

1 KS 5 entspricht MS 5 bis auf den Punkt, daß dort direkt nach Nr. 4 und vor Nr. 4.1 ein Feld vorgesehen ist, das hier zu Nr. 4.1 geschlagen worden ist. Dies erklärt sich daraus, daß Nr. 4.1 umfassend ist (s. auch dort Rz 1). Die in MS 5 unter Nr. 4 vorgeschlagenen Festlegungen können hier unter Nr. 4.1 getroffen werden. S. dort Rz 1 ff.

Kaufschein 6

Nr. 5 Personalausbildung

1 KS 6 entspricht vollständig MS 6; s. dort Rz 1 ff. Zu berücksichtigen ist, daß die Ausbildungspflicht hier nicht für die Dauer der Installation, sondern gem. § 13 Nr. 1 für die Dauer von 5 Jahren gilt. Bei Kaufverträgen (insbesondere über kleinere Systeme) kann weniger von einer Bereitschaft des AN ausgegangen werden, während dieser Zeit im angemessenen Umfang ohne gesonderte Vergütung Nachschulung zu betreiben.

Kaufschein 7

Nr. 6 Einsatzvorbereitung

Nr. 6.1 Beratung

1 KS 7 entspricht vollständig MS 7; s. dort Rz 1 ff.

Kaufschein 8

Nr. 6.2 Testzeiten

1 Kaufschein 8 entspricht vollständig MS 8; s. dort Rz 1 ff.

Kaufschein 9

Nr. 7 Wartung während der Gewährleistungsfrist

Nr. 7.1 Instandhaltung

1 KS 9 entspricht MS 10 Spalte 1 - 5; s. dort Rz 1 ff.
Die dort in Spalte 6 behandelten Fragen
- zu welchen Zeiten der AN die Instandhaltung durchzuführen bereit sein muß und
- ob er eine gesonderte Vergütung für Instandhaltung zu ungünstigen Zeiten erhält,

werden bei Kauf in KS 10 behandelt.

Kaufschein 1O

Nr. 7.2 Grundpauschale und prozentuale Zuschläge für Instandhaltung

1 Die Dauer der Gewährleistung ist in § 9 Nr. 1 III offen gelassen; sie beträgt mindestens 9 Monate, *gerechnet von der Abnahme an*. Die Dauer sollte in KS 1O festgelegt werden. Beispiel 1. Fehlt eine Angabe, so beträgt die Dauer 9 Monate zuzüglich die Zeit der Funktionsprüfung; wird angegeben: "9 Monate", so ist dies von der Abnahme an zu rechnen. Beispiel 2.

7.2 Grundpauschale und prozentuale Zuschläge für Instandhaltung

Laufende Nummer der Geräte (gemäß Nr. 1.1 Sp. 1)

Beispiel 1 1, 4 Geräte zusammen, Gewährleistungsfrist = 9 Mon.von Abnahme an

Beispiel 2 für alle Geräte zusammen, Gewährleistungsfrist = 9 Mon.

Wartungstage	Grundpauschale bei einer monatlichen Nutzungsdauer von 180 Stunden für Instandhaltungsleistungen innerhalb der Zeit von 7.00 bis 18.00 Uhr	Zuschlag auf die Grundpauschale für Instandhaltungsarbeiten außerhalb der Zeit von 7.00 bis 18.00 Uhr
1	2	3
montags-freitags	Beispiel 1 2.ooo,- Beispiel 2 3.ooo,- DM	Beispiel 1 6.oo - 7.oo o % 16.3o - 22.oo 1o %
samstags	(Zuschlag auf die Grundpauschale) Beispiel 1 7.oo - 14.oo 12 %	%
sonn- und feiertags	(Zuschlag auf die Grundpauschale) ------- %	%

Bei Geräten mit Zählwerk
Zuschlag auf die Grundpauschale bei einer monatlichen Nutzungsdauer von mehr als 180 Stunden je Mehrstunde
./. % von 1/180 der Grundpauschale.

Beispiel 1

Vom Auftraggeber gewählter Wartungszeitraum

montags - freitags
von 6.oo bis 16.3o Uhr

samstags
von 7.oo bis 14.oo Uhr

sonn- und feiertags
von -- bis -- Uhr

Vergütung: 2.24o,- DM

Beispiel 2

Von der Vergütung entfallen auf

CS 4711	1.2oo,-
CS 4712	2oo,-
CS 47-1o 4 à 3oo,-	1.2oo,-
CS 47-16 2 à 2oo,-	4oo,-

Zuzüglich Mehrwertsteuer

KS 1O

2 Die Instandhaltung *kann* gem. § 17 Nr. 1 I. 2 gesondert vergütet werden. Dieser Zuschlag bezieht sich nicht auf einen Monat, sondern auf die gesamte Gewährleistungsfrist. In der Praxis wird in diesen Zuschlag auch einbezogen, was der AN im Verhältnis zu seiner üblichen Kalkulation an Mehrleistung für die *Instandsetzung* zu erbringen hat. Dies ist preisrechtlich unbedenklich (s. GZ 2 Rz 18 und Rz 2 zu § 17). Der AG sollte die Höhe des Zuschlags mit dem

vergleichen, was der AN in seinen AGB an Gewährleistung vorgesehen hat. Dieses läßt sich oft in Geld auf der Grundlage dessen ausdrücken, was der AN bei normaler Wartung für die Dauer seiner Gewährleistung verlangen würde. Ebenso läßt sich der Wert für normale Wartung während der Gewährleistung nach § 9 berechnen. Der Zuschlag sollte diese Differenz decken, aber nicht größer sein.

> Die Gewährleistung betrage 10 Monate im BVB-Kaufvertrag, 3 Monate nach den AGB des AN. Der Zuschlag sollte dann nicht höher sein als die Wartungsvergütung für sieben Monate.

3 Laufende Nummer der Geräte: Das Formular soll für jede laufende Nummer der Geräte gem. KS 1 Sp. 1 ausgefüllt werden. Sind mehrere Geräte unter einer Nummer zusammengefaßt, so bezieht sich die gesonderte Vergütung auf alle Geräte. Dies sollte in der Zeile oben im Formular angegeben werden. Beispiel 1.
Soweit keine oder für verschiedene Gerätetypen gleiche Zuschläge zu der Grundpauschale vorgesehen sind, können die laufenden Nummern zusammengefaßt werden; die Einzelposten können dann rechts unten aufgeschlüsselt werden. Dies empfiehlt sich, wenn alle Geräte einer kleineren Anlage zusammengefaßt werden können. Beispiel 2.

4 Spalte 2: Die Grundpauschale bezieht sich auf die Wartungsbereitschaft nur für Instandhaltung während der Zeit von 7.00 bis 18.00 Uhr. Es ist als zulässig anzusehen, die Wartungsbereitschaft auf die normalen Geschäftszeiten des AN zu begrenzen, wenn die Vergütung dadurch niedriger wird/bleibt (s. ähnlich Rz 6 zu § 5 W), insbesondere an Samstagen, Sonn- und Feiertagen. Beispiel 1.
Die Grundpauschale ist zusammen mit dem Kaufpreis zu zahlen. Sie umfaßt die Mehrwertsteuer, soweit nichts anderes vereinbart ist (s. Rz 30 zu § 4).

5 Spalte 3: Der Zuschlag wird pauschal für die Wartungsbereitschaft, nicht für die tatsächliche Inanspruchnahme des AN gezahlt. Der Zuschlag bezieht sich in allen drei Zeilen auf die Grundpauschale, wie der Text im Spaltenkopf angibt, und nicht auf den jeweiligen Wert in Spalte 2 für diese Zeile. Das praktische Bedürfnis für die Verlängerung der Wartungsbereitschaft nur für die Instandhaltung ist gering. Die Wartungsbereitschaft braucht ggf. im Hinblick auf die Kosten nur soweit ausgedehnt werden, wie dafür ein Bedürfnis besteht. Beispiel 1 geht davon aus, daß die normale Geschäftszeit des AN nur bis 16.30 reicht und dieser für die Verlängerung bis 18.00 Uhr bereits einen Zuschlag verlangen würde.

6 Zuschlag für Mehrbenutzung: Die Grundpauschale deckt ausdrücklich nur eine monatliche Nutzung der Geräte von 180 Stunden ab. Für die darüberhinausgehende Nutzung kann ein gesonderter Zuschlag als Ausgleich für die besondere Inanspruchnahme für die Instandhaltung während der Gewähr-

leistungsfrist vereinbart werden (nicht für die dauerhafte Abnutzung, die der AG als Eigentümer trägt).
Das Formular enthält eine Vorgabe nur für den Zuschlag für Geräte mit Zählwerk. Bei Geräten ohne Zählwerk kann ein pauschaler Zuschlag (für die Gewährleistungsfrist) vereinbart werden.

7 Vom AG gewählter Wartungszeitraum: IdR wird von vornherein im oberen Teil eingetragen, für welche Zeiten Wartungsbereitschaft vereinbart wird und wie hoch die gesonderte Vergütung dafür ist. Es kann aber auch so liegen, daß der AN ein Angebot, in welchem Umfang er zur Verlängerung bereit ist, abgibt. Der AG wählt dann aus, in welchem Umfang er die Instandhaltungszeiten ausdehnen will (Beispiel 1). Das Formular ist insoweit WS 2 nachgebildet, wo der AG die Zeiten später noch ändern kann (s. dort Rz 3). Hier soll die Ausdehnung und die Vergütung bei Vertragsschluß endgültig vereinbart werden. "Montags bis freitags von 7.00 bis 18.00 Uhr" heißt nicht "von Montag 7.00 bis Freitag 18.00" sondern jeweils an diesen Tagen von 7.00 bis 18.00".

Kaufschein 11

Nr. 7.3 Instandsetzung

1 KS 11 entspricht MS 11 bis auf die Art, wie der Zuschlag in Spalte 4 für Instandsetzung zu ungünstigen Zeiten bestimmt wird. S. dort Rz 1 ff, zum Zuschlag Rz 8.

Kaufschein 12

Nr. 8 Gestellung einer Ausweichanlage

1 KS 12 entspricht MS 12 bis auf zwei Punkte:
- Es ist nur *eine* Ausweichanlage vorgesehen (s. MS 12 Rz 3).
- Zusätzlich kann eine Vergütung für die Vorhaltung der Ausweichanlage *während der Gewährleistungsfrist* vereinbart werden.

Kaufschein 13

Nr. 9 Preisvorbehalt

1 Die in § 3 Nr. 3 vorgeschlagenen Klauseln können durch Ankreuzen der entsprechenden Felder vereinbart werden. Die Vorbehalte nach a) und b) schließen sich gegenseitig aus. § 3 Nr. 3 enthält nur Vorschläge. Andere Klauseln sind zulässig; sie sind aber selten, weil einerseits Preisvorbehalte auf die Kaufsache nur ausnahmsweise (nämlich bei sehr langen Lieferzeiten) anerkannt werden (sollten), andererseits die Listenpreisklausel einfach zu behandeln ist und weitgehend den geschäftspolitischen Vorstellungen der AN entspricht.

9. Preisvorbehalt (§ 3 Nr. 3 und 4)

9.1 Es wird ein Preisvorbehalt vereinbart nach
§ 3 Nr. 3 Abs. 2a der Besonderen Vertragsbedingungen

[x] nein [ ] ja

Bei einer Erhöhung des in § 3 Nr. 3 Abs. 2a angegebenen Ecklohns um 1 Dpf/Stunde kann der Kaufpreis um höchstens

0, ...% erhöht werden.

9.2 Es wird ein Preisvorbehalt vereinbart nach
§ 3 Nr. 3 Abs. 2b der Besonderen Vertragsbedingungen

[x] nein [ ] ja

9.3 Es wird ein Preisvorbehalt vereinbart nach
§ 3 Nr. 3 Abs. 2c der Besonderen Vertragsbedingungen

[x] nein [ ] ja

9.4 Es wird abweichend von der Regelung nach § 3 Nr. 3 Abs. 2 a), b) oder c) ein anderer Preisvorbehalt vereinbart

[ ] nein [x] ja

Wenn ja, welche Regelung wird vereinbart?

Beispiel 1

Es wird eine Klausel gem. § 3 Nr. 3 IIa) mit folgender Maßgabe vereinbart: Es wird auf den Tarifsatz ... (Monatsgrundvergütung für technisches Personal mit bestimmter Qualifikation im .... (Tarifvertrag)) abgestellt. Bei Änderungen dieses Satzes um 1 % ändert sich der Kaufpreis entsprechend um ... %.

9.5 Wird ein Preisvorbehalt nach § 3 Nr. 4 für die Umsatzsteuer vereinbart?

[ ] nein [x] ja

KS 13

2 Lohnkostenklausel nach § 3 Nr. 3 II a): Zur Genehmigungsfähigkeit s. Rz 4 zu § 3. Der Text in KS 13 stellt nur auf Erhöhungen ab, muß sich aber aus Rechtsgründen auf Änderungen in beide Richtungen beziehen.
Es empfiehlt sich, anzugeben, welcher Tarifvertrag gemeint ist und wie hoch der Ecklohn zur Zeit des Vertragsschlusses ist.

3 Listenpreisklausel nach § 3 Nr. II b): Der AG braucht sich nicht vor Vertragsschluß davon überzeugen, daß es sich bei den angebotenen Preisen um Listenpreise handelt (s. dazu Rz 23 zu § 4 M).

4 Zur Klausel nach § 3 Nr. 3 II c) s. Rz 8 zu § 3.

5 Andere Preisvorbehalte: Daub (B § 3 Ez 4) schlägt vor, jeglichen Preisvorbehalt um folgende Klausel zu erweitern, um Schwierigkeiten bei der haushaltsmäßigen Abwicklung zu vermeiden: "Ergeben sich durch Preiserhöhungen für den Auftraggeber haushaltsrechtliche Schwierigkeiten, so kann er, ohne in Verzug zu geraten, die Abnahme der Leistung, soweit die ursprüngliche Auftragssumme überschritten wird, bis zur Behebung der haushaltsrechtlichen Schwierigkeiten verschieben."

6 Klausel für Mehrwertsteuer nach § 3 Nr. 4: Zur Notwendigkeit einer solchen Klausel s. Rz 30 zu § 4 M.

Kaufschein 14

Nr. 10 Software (soweit nicht unter 1.2 erfaßt)

1 KS 14 entspricht vollständig MS 15; s. dort Rz 1 ff. Die Vergütung gem. Spalte 7 bezieht sich hier auf eine einmalige Zahlung.

Kaufschein 15

Anlage zu den BVB-Kauf

1 KS 15 Nr. 1 - 4 entspricht MS 16, wobei unter Nr. 3 verdeutlicht wird, daß er Versicherungsnachweis nur vorzulegen ist, wenn er verlangt wird, d.h. das Feld mit "ja" angekreuzt ist. S. MS 16 Rz 1 ff.

1. Erfüllungsort (§ 24)

2. Gerichtsstand (§ 24)

3. Nachweis einer Versicherung (§ 11 Nr. 2)

Es wird ein Versicherungsnachweis verlangt

☐ ja ☐ nein

Wenn ja, Angaben über die bestehenden Versicherungen

4. Änderungen und Ergänzungen (§ 25)

(ggf. Erläuterungen auf besonderem Blatt)

5. Vorauszahlungen (§ 4)

Es werden Vorauszahlungen vereinbart

☐ ja ☐ nein

Die Vorauszahlungen beziehen sich auf den Gesamtkaufpreis von DM .... und sind zu verzinsen mit .... % p.a.

Lfd. Nr.	Fälligkeit	% des Kaufpreises	Betrag DM	Selbstschuldnerische Bürgschaft (Anschrift des Bürgen, Kreditinstitut usw.)
1	2	3	4	5
1				
2				
3				

KS 15

2 Nr. 5 Vorauszahlungen: s. Rz 3 zu § 4 zur Zulässigkeit und zur Höhe, Rz 5 zur Frage der Verzinsung, Rz 4 zur Frage der Erforderlichkeit von Sicherheitsleistungen. Sollen die Vorauszahlungen nicht verzinst werden, sollte beim

Zinssatz eine Null eingetragen werden. Mit Gesamtkaufpreis dürfte der Kaufpreis für die Kaufsache gemeint sein. Was im konkreten Fall darunterfällt, ergibt sich aus der Angabe des Betrags (u.U. einschließlich des Zuschlags gem. § 17 Nr. 1 I. 2; s. KS 10 Rz 2).
Spalte 2: Es kann ein bestimmtes Datum oder ein bestimmtes Ereignis angegeben werden, z.B. die Anlieferung eines Teils der Kaufsache (s. zu Abschlagszahlungen Rz 5 zu § 18 VOL/B).
Spalte 3 und 4: Es reicht aus, eine der beiden Spalten auszufüllen. Mit "Kaufpreis" in Spalte 3 dürfte der in den ersten Zeilen von Nr. 5 unter Gesamtkaufpreis angegebene Betrag gemeint sein.

3 Zu Nr. 4 Änderungen und Ergänzungen s. MS 16 Rz 5.

4 Zu Vereinbarungen gem. § 16 Nr. 3 s. MS 16 Rz 6 ff.
Zu Vereinbarungen zur Funktionsprüfung s. MS 16 Rz 9.
Zur Absicherung gegen Verzug bei der Lieferung von mixed hardware s. MS 16 Rz 10.
Zu Vereinbarungen wegen des Verpflichtungsgesetzes s. MS 16 Rz 11.

5 Ersatzteile: Z.T. wird vom AN ausdrücklich die Regelung gewünscht: "Ausgetauschte Teile werden Eigentum des AN". Z.T. wird vom AN gewünscht, die Verpflichtung gem. § 18 Nr. 3 einzuschränken, Ersatzteile auch dann zur Verfügung zu halten, wenn der AN die Wartung nicht durchführt. Beispiel: "Wartungsteile sind nach Ablauf der Gewährleistungsfrist solange verfügbar, wie der AN noch Miet- oder Wartungsverträge über solche Geräte hat, für die die Teile benötigt werden."
Die folgende Formulierung macht die Verpflichtung praktisch gegenstandslos: "Der AN ist zur Lieferung elektronischer Teile nur so lange verpflichtet, wie diese industriemäßig verfügbar sind."

6 Wartung der Software nach der Gewährleistung: Die Verpflichtung des AN gem. § 18 Nr. 1 zur Wartung nach Ablauf der Gewährleistungsfrist bezieht sich nur auf die Hardware. Der AG sollte eine entsprechende Verpflichtung auch hinsichtlich der Software, zumindest der Grundsoftware und der systemnahen Software anstreben: "Die Verpflichtung gem. § 18 Nr. 1 erstreckt sich auch auf die/folgende vom AN überlassenen Programme .... Maßgeblich sind die BVB für die Pflege von Programmen. Der AN kann den Pflegevertrag nicht vor dem Wartungsvertrag für die Hardware kündigen."

Die einzelnen Wartungsscheine

Wartungsschein 1

Nr. 1 Zu wartende Geräte, Beginn und Mindestdauer der vertraglichen Leistungen (§§ 1, 2, 3, 4)

1 Vertragsgegenstand ist nur die Hardware, nicht auch die verkaufte Software. Der Begriff Wartungssache, der Hardware und Software zusammenfassen würde, ist hier nicht erforderlich.

2 Spalte 1: Auf die laufende Nummer wird in anderen Formularen Bezug genommen.

3 Spalte 2: Gleichartige Geräte sollten nur dann zusammengefaßt werden, wenn für sie in WS 2 die gleiche Wartungsbereitschaft und damit die gleiche Vergütung vereinbart wird.

1. Zu wartende Geräte, Beginn und Mindestdauer der vertraglichen Leistungen (§§ 1, 2, 3, 4)

Lfd. Nr.	Anzahl	Typ/Modell	Wartung: Beginn der Leistungsverpflichtung	Wartung: Mindestdauer der Leistungsverpflichtung	Besondere Kündigungsfrist gemäß § 3 Nr. 1 dritter Satz
1	2	3	4	5	6
1 2 . . .	4	CS 4712	*)		
		*) mit dem Ende der Gewährleistungsfrist aus dem Kaufvertrag vom .... . Der Termin wird nachträglich bestätigt.			

Aufstellungsort (Anschrift)

WS 1

4 Spalte 3: Die Angabe der Gerätenummer ist hier nicht vorgesehen (anders in MS 1 Spalte 4) und dürfte zur Identifizierung auch nur ausnahmsweise nötig sein, z.B. bei unterschiedlichen Wartungsleistungen.

5 Spalte 4: Der Wartungsvertrag soll mit dem Ende der Gewährleistungsfrist aus dem Kaufvertrag beginnen (s. Rz 4 zu § 3). Soll die Wartung erst später wieder vom Verkäufer übernommen werden, können besondere Vereinbarungen erforderlich sein (s. Rz 9).
Bei BVB-Kaufverträgen kann sich das Ende der Gewährleistungsfrist verschieben, und zwar bis zum letzten Tag (s. Rz 5 zu § 9 Nr. 1 III. 2. HS K).
Wird der Wartungsvertrag zusammen mit dem Kaufvertrag geschlossen, so sollte die Formulierung diese Unbestimmtheit berücksichtigen: "mit dem Ende der Gewährleistungsfrist aus dem Kaufvertrag vom ... .Der Termin wird nachträglich bestätigt."
Wird ein fester Termin angegeben, so sollte folgende Formulierung ergänzt werden: "Verlängert sich die Gewährleistungsfrist aus dem Kaufvertrag, so verschiebt sich der Beginn der Leistungsverpflichtung entsprechend."

6 Spalte 5: § 3 Nr. 1 sieht eine Mindestdauer von 5 Jahren für den AN und von drei Jahren für den AG vor. Eine Angabe ist nötig, wenn

- die Mindestdauer erhöht werden soll oder
- die Wartung sich nicht an den Ablauf der Gewährleistungsfrist anschließt (s. Rz 4 zu § 3) und die Mindestdauer verringert werden soll, z.B. bei der Ausübung von Kaufoptionen über Geräte, die schon längere Zeit installiert sind.

Zur Vereinbarung einer Generalüberholung s. Rz 8.

7 Spalte 6: Nach § 3 Nr. 1 I. 2 beträgt die Kündigungsfrist 6 Monate. Satz 3 weist darauf hin, daß abweichende Fristen vereinbart werden können.

8 Generalüberholung: Eine Standardregelung ist nicht in die BVB aufgenommen worden (s. Rz 16 zu § 5). Von vornherein sollte eine Vereinbarung nur vorgesehen werden:
- für einen bestimmten Zeitpunkt nach Ablauf der Mindestwartungsdauer, so daß die Wartung auch danach sichergestellt ist,
- davor nur, wenn der AN anderenfalls eine Regelung nach § 5 Nr. 10 II (maschinenbedingte Mehrkosten) verlangen könnte.

Beispiel: "Nach ... Betriebsstunden, frühestens aber 5 Jahre nach Inbetriebnahme, prüft der AN, ob eine Teil- bzw. Vollüberholung der gesamten Anlage bzw. einzelner Teile notwendig ist. Ist dies der Fall, erhält der AG ein Angebot über die erforderlichen Überholungsarbeiten. Der AN wird den Vertrag kündigen, wenn die empfohlenen Überholungsarbeiten vom AG nicht in Auftrag gegeben werden. Der AN kann die Überholung unter den Voraussetzungen von § 5 Nr. 10 II auch zu einem früheren Zeitpunkt verlangen."

9 Übernahme der Wartung später als nach Ablauf der Gewährleistung aus Kaufvertrag: § 18 Nr. 1 K verpflichtet den Verkäufer, die Wartung auch später noch zu übernehmen, selbst wenn der AG die Geräte inzwischen selber oder durch einen Dritten gewartet hat (s. dort Rz 2). Abweichungen von den BVB-Wartung können dann zulässig sein (s. Rz 2 zu § 1). Zur Herabsetzung der Mindestdauer der Wartung s. Rz 2 zu § 3.

Der AN kann gem. § 18 Nr. 1 II K die Durchführung einer Erstinspektion verlangen; § 18 geht davon aus, daß zuerst eine Vorinspektion erfolgt. Auf Grund der Ergebnisse dieser Vorinspektion wird ein Vertrag über die Überholung und über die Wartung geschlossen.

Wartungsschein 2

Nr. 2 Wartungsvergütung, Wartungszeiten (§ 5)

1 Die Wartungsvergütung richtet sich nach dem Umfang der Wartungsbereitschaft und dem Umfang der Inanspruchnahme der Geräte (s. Rz 2 ff zu § 5).

Die Verlängerung der Wartungsbereitschaft gilt sowohl für die Instandsetzung als auch für die Instandhaltung. Letztere braucht nicht ausgedehnt zu werden, wenn dies nicht erforderlich ist, aber zu höheren Kosten führen würde (s. Rz 6 zu § 5); s. dazu Beispiel 2 (Rz 14).

Nr. 2.1 Grundpauschale und prozentuale Zuschläge

2 Das Formular soll für jede laufende Nummer der Geräte gem. WS 1 Sp. 1 ausgefüllt werden. Sind mehrere Geräte unter einer Nummer zusammengefaßt, so bieten sich zwei Möglichkeiten:

- Die Vergütung wird je Geräte angegeben und in WS 3 mit der Zahl der Geräte multipliziert (Beispiel 1).
- Die Vergütung wird für alle Geräte zusammen angegeben und in WS 3 übernommen (Beispiel 2).

2. Wartungsvergütung, Wartungszeiten (§ 5) Beispiel 1, Fortsetzung in WS 3 Beispiel 1

2.1. Grundpauschale und prozentuale Zuschläge

Laufende Nummer der Geräte (gemäß 1., Spalte 1)

1 (4 Geräte): Angaben je Gerät

WS 2

Wartungstage	Grundpauschale bei einer monatlichen Nutzungsdauer von 180 Stunden für Wartungsleistungen von 7.00 bis 18.00 Uhr während 8 zusammenhängender Stunden	Während 8 zusammenhängender Stunden ganz oder teilweise außerhalb 7.00 bis 18.00 Uhr um 2 Std.	um 4 Std.	um 6 Std.	um 8 Std.	Bei Geräten mit Zählwerk
1	2	3	4	5	6	Zuschlag auf die Grundpauschale bei einer monatlichen Nutzungsdauer von mehr als 180 Stunden je Mehrstunde (§ 5 Nr. 2) Ø % von 1/180 der Grundpauschale.
Montag - Freitag	je Gerät: 2.5oo,- DM	- %	- %	- %	- %	
Samstag	------ %	%	%	%	%	
Sonn- und Feiertag	%	%	%	%	%	

Wartungstage	Während mehr als 8 zusammenhängender Stunden 10 Std.	12 Std.	14 Std.	16 Std.	18 Std.	20 Std.	22 Std.	24 Std.	Vom Auftraggeber gewählter Wartungszeitraum
1	2	3	4	5	6	7	8	9	
Montag - Freitag	3 %	3 %	12 %	12 %	12 %	21 %	21 %	21 %	Montag - Freitag von 7.oo bis 23.oo Uhr
Samstag	-- %	%	%	%	%	%	%	%	Samstag von -- bis -- Uhr
Sonn- und Feiertag	%	%	%	%	%	%	%	%	Sonn- und Feiertag von bis Uhr

In der obersten Zeile "laufende Nummer der Geräte" sollte klargestellt werden, wie vorgegangen wird (s. Beispiel 1 und 2).

Sind die Zuschlagssätze für verschiedene Geräte gleich, so ist dennoch für jeden Gerätetyp ein eigenes Blatt vorgesehen. Zusammenfassungen sind möglich, indem hier die einheitlichen Zuschlagsätze und erst in WS 3 die einzelnen Grundpauschalen angegeben werden.

3 Der AN legt fest, in welchem Umfang er bereit ist,

- die Wartungsbereitschaft außerhalb der normalen Geschäftszeiten durchzuführen (oberer Block, linker Teil)
- die Wartungsbereitschaft zu verlängern (unterer Block, linker Teil).

Der AG wählt den von ihm gewünschten Wartungszeitraum aus (unterer Block, rechter Teil). Innerhalb des angebotenen Rahmens kann er seine Wahl später ändern (s. zum ganzen Rz 7 zu § 5).

4 Oberer Block, Spalte 1: Das Angebot des AN, die Wartungsbereitschaft zu verschieben, wird entsprechend den wahrscheinlichen Wünschen des AG aufgegliedert, so daß die Wartungsbereitschaft an Arbeitstagen, Samstagen und Sonn-/Feiertagen für unterschiedliche Zeiten vereinbart werden kann.

5 Oberer Block, Spalte 2: Das Wort Grundpauschale gilt nur für die erste Zeile (zur Mehrwertsteuer s. Rz 30 zu § 4 M). In den weiteren Zeilen stehen Zuschläge zu ihr. Diese sind voneinander unabhängig.
"Während 8 zusammenhängenden Stunden" bedeutet, daß die Wartungsbereitschaft für 8 Stunden hintereinander angeboten werden soll. Der AG ist berechtigt, diesen 8-Stunden-Block beliebig innerhalb der Zeit zwischen 7.00 und 18.00 Uhr zu legen. Der AN kann aber sein Angebot von vornherein auf seine normalen Geschäftszeiten beschränken. Beispiel 3 (s. Rz 15).

6 Oberer Block, Spalten 3 - 6: Die Wartungsbereitschaft von 8 Stunden kann teilweise oder ganz aus der Zeit von 7.00 bis 18.00 Uhr hinausverlegt werden; die Wartungsbereitschaft wird dadurch nicht verlängert.
Soweit der AN die Verschiebung nicht anbieten will, braucht er keine Angabe zu machen. Der Klarheit wegen sollten die entsprechenden Felder mit einem Strich versehen werden.
Soweit der AN für mehrere Stufen denselben Zuschlag verlangt, sollte er diesen Zuschlag in allen Spalten bis zur höchsten, für die er gilt, angeben.

> Manche AN verlangen einen einheitlichen Zuschlag, wenn überhaupt ein Teil der Wartungsbereitschaft außerhalb der Geschäftszeit liegt, unabhängig von der Größe dieses Teils.

Soweit der AN keinen Zuschlag verlangt, sollte er Nullen in die entsprechenden Felder einsetzen.

7 Es wird nicht darauf abgestellt, für welche Tageszeit die Verschiebung gelten soll. Es spielt allerdings in der Praxis eine Rolle, ob die Wartungsbereitschaft früher als 7.00 Uhr beginnen oder später als 18.00 Uhr enden soll. Der AN kann angeben, für welche Tageszeit die Verschiebung gilt.

8 Es ist nicht eindeutig, worauf sich die prozentualen Zu-

2. Wartungsvergütung, Wartungszeiten (§ 5)
2.1. Grundpauschale und prozentuale Zuschläge
Laufende Nummer der Geräte (gemäß 1., Spalte 1)
1 4 Geräte zusammen

Beispiel 2, Fortsetzung in WS 3 Beispiel 2

WS 2

Wartungstage	Grundpauschale bei einer monatlichen Nutzungsdauer von 180 Stunden für Wartungsleistungen von 7.00 bis 18.00 Uhr während 8 zusammenhängender Stunden	Während 8 zusammenhängender Stunden ganz oder teilweise außerhalb 7.00 bis 18.00 Uhr um 2 Std.	um 4 Std.	um 6 Std.	um 8 Std.
1	2	3	4	5	6
Montag - Freitag	10.000,-- DM	2 %	4 %	6 %	8 %
Samstag	10 %	✱ 4 %	- %	%	%
Sonn- und Feiertag	-------- %	%	%	%	%

Bei Geräten mit Zählwerk

Zuschlag auf die Grundpauschale bei einer monatlichen Nutzungsdauer von mehr als 180 Stunden je Mehrstunde (§ 5 Nr. 2) ø % von 1/180 der Grundpauschale.

Wartungstage	Während mehr als 8 zusammenhängender Stunden 10 Std.	12 Std.	14 Std.	16 Std.	18 Std.	20 Std.	22 Std.	24 Std.
1	2	3	4	5	6	7	8	9
Montag - Freitag	3 %	6 %	9 %	12 %	15 %	18 %	21 %	24 %
Samstag ✱	4 %	8 %	12 %	- %	%	%	%	%
Sonn- und Feiertag	- %	%	%	%	%	%	%	%

Vom Auftraggeber gewählter Wartungszeitraum

	von	bis	
Montag - Freitag	6.00	22.00	Uhr
Samstag	6.00	14.00	Uhr
Sonn- und Feiertag	----	----	Uhr

✱) Der Zuschlag bezieht sich auf die Grundpauschale. Soweit vor 7.00 zuzüglich 2 % je Stunde. Nur Instandsetzung, nicht Instandhaltung.

schläge in den Zeilen 2 und 3 beziehen (s. Abb. 19):
a) allein auf die Grundpauschale in Spalte 2 Zeile 1
b) auf die Grundpauschale einschließlich des in Spalte 2 Zeile 2 bzw. 3 angegebenen Zuschlags
c) allein auf den Zuschlag in Spalte 2 Zeile 2 bzw. 3.
Die Prozentsätze unterscheiden sich bei c) deutlich (Zuschlag auf Zuschlag), während a) und b) sich untereinander nur geringfügig unterscheiden (nämlich um den Zuschlag). Die Bezugsgröße sollte im Wartungsschein angegeben werden. Fehlt sie und scheidet c) von der Größenordnung her aus, so dürfte a) gemeint sein.

9 Oberer Block, rechte Hälfte: Der Zuschlag für Mehrbenutzung ist in § 5 Nr. 2, 1 fakultativ vorgesehen (s. dort Rz 3 f).
Es wird nur der Zuschlag für Geräte mit Zählwerk bei Abrechnung nach Zählerstand behandelt. Der Zuschlag für Geräte ohne Zählwerk gem. § 5 Nr. 2, 2 kann entweder hier (im Zusammenhang mit der Vergütung) oder unter WS 8 festgelegt werden; s. Beispiel MS 1 Rz 7.

Ausschnitt aus WS 2

Sp. 1	Sp. 2	Sp. 3
Montag-Freitag	Grundpauschale 1.000,-- DM	
Samstag	20 %	?

Für die Verlängerung auch an Samstagen verlangt der AN DM 50,--.
Das ergibt
a) 5 %
b) 4,16 %
c) 40 %

Abb. 19

10 Unterer Block, Spalte 1: s. zur Aufgliederung Rz 4.

11 Unterer Block, Spalten 2 - 9: Die Wartungsbereitschaft kann um jeweils 2 Stunden bis auf 24 Stunden ausgedehnt werden. Es spielt dann keine Rolle, inwieweit die Wartungsbereitschaft außerhalb der Zeit von 7.00 bis 18.00 Uhr liegt. Die Zuschläge innerhalb jeder Zeile schließen einander aus; die einzelnen Zeilen sind voneinander unabhängig.
Zur Frage, worauf sich die Zuschläge beziehen, s. Rz 8.
Zum Ausfüllen s. Rz 6.

12 Im unteren Block, rechte Hälfte legt der AG den von ihm gewählten Wartungszeitraum fest (s. Rz 3).

13 Beispiel 1: Der AG will einen Zweischichtbetrieb an Arbeitstagen von 7.00 bis 23.00 Uhr durchführen. Die Wartungsbereitschaft soll entsprechend verlängert werden. Bei der laufenden Nummer 1 von WS 1 handelt es sich um vier gleiche Geräte.
Der AN bietet üblicherweise an:
bis 9 Stunden: Grundpauschale
bis 12 Stunden: 3 %
bis 18 Stunden: 12 %
bis 24 Stunden: 21 %

14 Beispiel 2: Der AG will einen Zweischichtbetrieb an Arbeitstagen von 6.00 bis 22.00 Uhr durchführen, zusätzlich einen Einschichtbetrieb an Samstagen von 6.00 bis 14.00 Uhr. Für letzteres will der AN aber nur zur Instandsetzung verpflichtet sein (s. Rz 6 zu § 5).

15 Beispiel 3: Der AN will die Wartung nur innerhalb seiner normalen Geschäftszeiten durchführen. Die Ausdehnung auf die Zeit von 7.00 bis 18.00 Uhr würde eine erhebliche Um-

stellung verlangen und zu entsprechenden Kosten führen. Er ist bereit, Wartungsbereitschaft für 9 Stunden zu vereinbaren. Im oberen Block, Spalte 2 ist in der ersten Zeile anzugeben: "Wartungsbereitschaft von 8.00 bis 17.00 Uhr für 9 Stunden." In Spalte 2, erste Zeile sollte ein Strich gemacht werden.

Wartungsschein 3

Nr. 2.2 Zusammenstellung der monatlichen Wartungsvergütung entsprechend Ziffer 2.1

1 Die Zusammenstellung gilt nur bis zur ersten Änderung, sei es des Umfangs der Zuschläge, sei es der Zahl der Geräte. Sie kann, braucht aber nicht fortgeschrieben werden.

2.2 Zusammenstellung der monatlichen Wartungsvergütung entsprechend Ziffer 2.1.

Lfd. Nr. der Geräte gemäß 1., Spalte 1	Wartungsvergütung laut Seite	Wartungsvergütung DM	Lfd. Nr. der Geräte gemäß 1.1 Spalte 1	Wartungsvergütung laut Seite	Wartungsvergütung DM
1	2	3	1	2	3
Beispiel 1, Fortsetzung	von WS 2		Beispiel 1	Übertrag	
1, 4 Stück	Seite 2 je DM 2.5oo,- + 12 %	11.2oo,-			
Beispiel 2, Fortsetzung	von WS 2		Beispiel 2		
1 für Mo-Freitag für Samstag	2 + 12 % + 16 % 28 %	12.8oo,-	(1o % für Samstag, 4 % für Verschiebung, 2 % für Zeit vor 7.oo)		
Beispiel 3, Fortsetzung	von WS 2		RZ 2 Abb. 2o		
jeweils plus Zuschlag 1o % gem. WS 2					
1 x 1	2.7oo,- 27o,-	2.97o,-			
2 x 2	4oo,- 4o,-	88o,-			
3 x 4	8oo,- 8o,-	3.52o,-			
4 x 1	4oo,- 4o,-	44o,-			
5 x 1	2oo,- 2o,-	22o,-	WS 3	Gesamtbetrag	

2 Der Gesamtbetrag ist die Bemessungsgrundlage für die Sanktion nach § 8, wenn alle Geräte zum selben System gehören (s. Rz 4 zu § 2 M). Ansonsten hat der Gesamtbetrag keine Funktion.

3 Spalte 1: Es wird nur auf die laufende Nummer aus WS 1 (Geräte gleichen Typs), nicht aber auf die Anzahl der Geräte unter dieser Nummer Bezug genommen. In WS 2 kann bei den einzelnen Nummern die Vergütung entweder für ein Gerät oder für alle Geräte angegeben werden (s. Rz 2 zu WS 2).
- Im ersten Fall muß hier die Zahl der Geräte wiederholt

und mit der Wartungsvergütung gem. WS 2 multipliziert werden (Beispiel 1).
- Im zweiten Fall braucht hier nur die Gesamtvergütung je laufende Nummer aus WS 2 übernommen werden (Beispiel 2).

4 Spalte 2: Es wird die Wartungsvergütung aus WS 2 übernommen. Sie setzt sich aus der Grundpauschale und den Zuschlägen für die Ausdehnung der Wartungsbereitschaft zusammen (oberer Block, rechter Teil). Der gewählte Wartungszeitraum ist dort im unteren Block im rechten Teil angegeben. Außerdem kann der Zuschlag für Mehrbenutzung hinzukommen, wenn diese pauschal vergütet wird (s. Rz 9). Die Vergütung umfaßt die Mehrwertsteuer, sofern nichts anderes angegeben ist (s. Rz 30 zu § 4 M).

Wartungsschein 4

3. Wartung (§§ 4, 5, 7)

1 Zur Wartung gehören Instandhaltung (vorbeugende Wartung) und Instandsetzung.

3.1 Instandhaltung

2 Zur Vereinbarung eines Terminplans s. Rz 1 zu § 7.

3 Das Formular entspricht vollständig MS 10, Sp. 1 - 5, was die Leistung des AN anbelangt (s. dort Rz 2 - 5). Die Vereinbarung von Instandhaltung außerhalb der normalen Geschäftszeiten des AN und der Vergütung dafür wie in MS 10 Sp. 6 erfolgt hier in WS 2 (s. dort Rz 1).

Wartungsschein 5

Nr. 3.2 Instandsetzung

1 WS 5 entspricht weitgehend MS 11, nämlich bis auf die Vergütung für Instandsetzung zu besonderen Zeiten, die hier in WS 2 geregelt ist, und bis auf die zusätzlichen obersten Zeilen.
Der Aufbau des Formulars erschließt sich aus Spalte 2; von den Zeiten hängt es ab, an wen die Störungsmeldung zu richten ist. Wann der AN die Instandsetzung zu beginnen verpflichtet ist, ergibt sich aus WS 2 (unterer Block, rechter Teil).

2 In den obersten Zeilen wird festgelegt, wie schnell der AN mit der Instandsetzung zu beginnen hat, und zwar beim AG, so daß er "unverzüglich" handelt (s. Rz 3 zu § 7 Nr. 2, 1). Beginnt er erst später, so hat er die Sanktion gem. § 8 Nr. 3 vom ersten Ausfalltag an zu zahlen (s. dort Rz 13 f). Beispiele: "Mit der Fehlersuche ist spätestens 4 Stunden nach ... zu beginnen."
"Mit der Fehlersuche ist spätestens am nächsten Tag, wenn die Fehlermeldung bis 14.00 Uhr erfolgt, sonst am übernächsten Tag bis um 12.00 Uhr zu beginnen."

3.2. Instandsetzung
Mit der Fehlerbeseitigung ist spätestens
Stunden nach Störungsmeldung innerhalb des vereinbarten Wartungszeitraums (vgl. § 7 Nr. 2) zu beginnen.

Störungsmeldungen sind zu richten an (Anschrift, Fernsprecher)	Bei Instandsetzungen a) während der normalen Geschäftszeit des Auftragnehmers b) außerhalb der normalen Geschäftszeit des Auftragnehmers	Vergütungssätze je Arbeitsstunde soweit die Kosten nicht unter die Wartungspauschale fallen (§ 5 Nr. 1 Abs. 2) DM
1	2	3
Wartungsstützpunkt, Außenstelle Tel. 333 444	a) Montag - Freitag von 8.oo bis 17.oo Uhr	
Wartungstützpunkt Tel. o4711/444333	b) Montag - Freitag von 6.oo bis 7.oo 17.oo 24.oo Uhr	
	b) Samstag von -- bis -- Uhr	
	b) Sonn- und Feiertag von -- bis -- Uhr	WS 5

Bei der Angabe von Zeiträumen dürfen nur diejenigen Stunden gezählt werden, während der Wartungsbereitschaft vereinbart ist. Sonst wäre die Reaktionszeit unangemessen kurz, wenn die Störung erst gegen Ende der Wartungsbereitschaft gemeldet wird: Im ersten Beispiel müßte der AN am nächsten Tag mit dem Beginn der Wartungsbereitschaft zur Stelle sein, nicht erst sich auf den Weg machen. WS 6, der *alle* Ausfallstunden mitzählt, ist deutlich anders gestaltet (s. dort Rz 2).

3 <u>Spalte 1:</u> An wen Störungsmeldungen zu richten sind, kann davon abhängen, ob der AN zum Zeitpunkt der Meldung auch zur Durchführung von Instandsetzungsarbeiten verpflichtet ist oder nicht. Im zweiten Fall bedeutet die Angabe nur, daß Meldungen dort abgegeben werden können, so daß sie dem AN bei Beginn der Wartungsbereitschaft vorliegen. S. Rz 7 zu Beispiel 1. Im ersten Fall kann auch eine bestimmte Adresse für Meldungen außerhalb der normalen Geschäftszeiten angegeben werden, von der aus der Bereitschaftsdienst ggf. informiert wird.
Das Formular geht von dem Regelfall aus, daß Rufbereitschaft vereinbart wird. Es können hier aber auch Festlegungen über Anwesenheitsbereitschaft getroffen werden.

4 <u>Spalte 2:</u> Der Text im Zeilenkopf geht für die Störungsmeldung von den normalen Geschäftszeiten des AN aus, nicht von denen, auf die das Grundpaket für die Instand-

setzung Bezug nimmt (7.00 bis 18.00 Uhr, s. WS 2 oberer Block, Spalte 2). Beispiel 1 greift dasjenige von WS 2 auf.

5 Spalte 3: Zu den Fällen, in denen die Instandsetzung gesondert vergütet wird, s. Rz 17 zu § 5. Hier werden die Vergütungssätze in Abhängigkeit von der Zeit der Durchführung angegeben. Diese Vergütungssätze können auch nach der Art des Geräts abgestuft sein (Qualifikation des Wartungstechnikers, Umfang der Hilfsmittel). S. dazu Rz 4 zu MS 11.
Für diese Vergütungssätze kann ein Preisvorbehalt gem. § 5 Nr. 10 III c) vereinbart werden (s. dort Rz 25 sowie WS 7 Rz 3).

6 Vergütung der Mehrkosten bei Instandsetzung außerhalb des gewählten Wartungszeitraums: s. Rz 11 zu § 5 Nr. 9. Ein Feld für Angaben ist nicht vorgesehen. Soweit keine Angaben gemacht werden, kann der AN seine üblichen Sätze in Rechnung stellen. Es sollen nur die Mehrkosten vergütet werden. Das kann in WS 5 wie folgt vereinbart werden:
Als Bezugsgröße für die Berechnung der Mehrkosten eignet sich die Differenz zwischen dem Stundensatz für Instandsetzungsarbeiten während der normalen Geschäftszeiten des AN (die Kosten dafür wären ohnehin angefallen!) und denen für Instandsetzung zu besonderen Zeiten, die alle in Spalte 3 angegeben werden (s. Rz 5): "Bei Instandsetzungsarbeiten gem. § 7 Nr. 2, 2 wird der Mehraufwand gem. § 5 Nr. 9 wie folgt vergütet: Der AN erhält für jede Wartungsstunde den in Spalte 3 für Arbeiten außerhalb der normalen Geschäftszeit des AN angegebenen Betrag abzüglich 80% des Stundensatzes für Arbeiten montags - freitags während der normalen Geschäftszeit."
Es wird in diesem Muster nicht der gesamte normale Stundensatz, sondern nur ein Teil, z.B. 80%, abgezogen: Die Differenz ist die Vergütung für die Vorhaltung zusätzlichen Personals für die Abdeckung dieser a.o. Anforderungen.

7 Beispiel 1: Im WS 2 ist Wartungsbereitschaft vereinbart von 7.00 - 21.00 Uhr arbeitstäglich. Der AN hat die nahe beim AG gelegene Außenstelle des Wartungsstützpunkts besetzt von 7.00 - 17.00 Uhr, außerhalb dieser Zeiten wird die Störungsmeldung bei der Hauptstelle abgegeben. An anderen Tagen sollen Fehler nicht gemeldet werden können.

Wartungsschein 6

4. Gestellung einer Ausweichanlage (§ 8)

1 Zur Vereinbarung einer Ausweichanlage s. Rz 5 ff zu § 8.

2 In den ersten Zeilen ist anzugeben,
- ob überhaupt die Stellung einer Ausweichanlage vereinbart ist (Ankreuzen des Feldes) und
- wie schnell der AN die Ausweichanlage nach der Störungs-

meldung bereitzustellen hat.
Es zählen alle Stunden des Tages unabhängig davon, ob für sie Wartungsbereitschaft vereinbart ist oder nicht. Deswegen ist für den Fall eine Regelung aufgenommen worden, daß die Frist außerhalb der Arbeitszeit des AG abläuft. Es können auch längere Fristen vereinbart werden, so daß die Ausweichanlage u.U. erst an einem späteren Tag zur Verfügung zu stellen ist.

4. Gestellung einer Ausweichanlage (§ 8)

Die Ausweichanlage ist zur Verfügung zu stellen bei Ausfall nach

_______ Stunden Ausfallzeit ☐ ja ☐ nein

Liegt der Zeitpunkt für die Bereitstellung der Ausweichanlage außerhalb der Arbeitszeit des Auftraggebers, ist die Ausweichanlage am nächsten vorgesehenen Nutzungstag der Anlage mit Beginn der Arbeitszeit des Auftraggebers zur Verfügung zu stellen.

Als Ausweichanlagen werden bestimmt

Anlagen-Konfiguration	Ort (Anschrift)

Vergütung für die Vorhaltung der Ausweichanlage

☐ nein ☐ ja Die Vergütung beträgt je Monat _____________ DM

5. Bereitstellung eines Raumes für Wartungspersonal, für die Aufbewahrung von Geräten (§ 4 Nr. 7)
(ggf. Erläuterungen auf besonderem Blatt)

☐ ja ☐ nein

WS 6

3 Anlagen-Konfiguration: Es ist als Regelfall nur eine Ausweichanlage vorgesehen, auch wenn der Text von mehreren spricht (s. Rz 7 zu § 8).

4 Vergütung: Die Vergütung bezieht sich nur auf die Verpflichtung des AN, die Ausweichanlage vorzuhalten; die Inanspruchnahme wird gesondert vergütet (s. Rz 9 zu § 8).

5. Bereitstellung eines Raumes für Wartungspersonal, für die Aufbewahrung von Geräten (§4 Nr. 7)

5 S. dazu Rz 8 zu § 4.

Wartungsschein 7

6. Wartungsbereich des AN (§ 13)

1 Der AN ist verpflichtet, die Geräte an jedem Ort innerhalb des angegebenen Wartungsbereichs zu warten; der AG kann entsprechend Umsetzungen der Geräte planen. Ist nichts angegeben, so ist gem. § 13 Nr. 1 die Bundesrepublik Deutschland einschl. Berlin (West) Wartungsbereich.

6. Wartungsbereich des Auftragnehmers (§ 13)

7. Preisvorbehalt (§ 5 Nr. 10 und 11)

7.1. Es wird ein Preisvorbehalt vereinbart nach
§ 5 Nr. 10 Abs. 3 a) der Besonderen Vertragsbedingungen

☐ nein ☐ ja

lohns
Bei einer Erhöhung des in § 5 Nr. 10 Abs. 3 a) angegebenen Ecklöhnen um 1 Pfennig/Stunde kann die Grundpauschale höchstens um 0, ... % erhöht werden. geändert

7.2. Es wird ein Preisvorbehalt vereinbart nach
§ 5 Nr. 10 Abs. 3 b) der Besonderen Vertragsbedingungen

☐ nein ☐ ja

7.3. Es wird ein Preisvorbehalt vereinbart nach
§ 5 Nr. 10 Abs. 3 c) der Besonderen Vertragsbedingungen

☐ nein ☐ ja

7.4. Es wird abweichend von der Regelung nach § 5 Nr. 10 Abs. 3 a), b) oder c) ein anderer Preisvorbehalt vereinbart

☐ nein ☐ ja

Wenn ja, welche Regelung wird vereinbart ?

WS 7

7.5. Es wird ein Preisvorbehalt nach § 5 Nr. 11 für die Umsatzsteuer vereinbart

☐ nein ☐ ja

Reicht der Wartungsbereich über die BRD hinaus, so sollte ggf. auch angegeben werden, welche ausländischen juristischen Personen die Wartung übernehmen würden.

7. <u>Preisvorbehalt (§ 5 Nr. 10 und 11)</u>

2 Die in § 5 Nr. 10 und 11 vorgeschlagenen Klauseln können mit "ja" oder "nein" angekreuzt werden. Die Vorbehalte nach a) und b) schließen sich gegenseitig aus. § 5 enthält nur Vorschläge. Abweichungen sind zulässig, aber selten (s. auch MS 13 Rz 1).

7.1 <u>Preisvorbehalt nach § 5 Nr. 10 III a)</u>

3 Die Klausel ist im Zweifel nicht genehmigungsfähig (s. Rz 21 zu § 5). Es muß auf einen repräsentativen Kostenfaktor abgestellt werden. Dies kann unter 7.4 erfolgen (s. Rz 6). Der Text des Formulars stellt einseitig auf Erhöhungen ab, während die Klausel in § 5 richtigerweise auf Änderungen abstellt (andernfalls wäre sie als Einseitigkeitsklausel nicht genehmigungsfähig, s. Rz 19 zu § 4 M).

7.2 <u>Preisvorbehalt nach § 5 Nr. 10 III b)</u>

4 s. MS 13 Rz 3 zur Listenpreisklausel.

7.3 <u>Preisvorbehalt nach § 5 Nr. 10 III c)</u>

5 Die Klausel bei Nebenleistungen ist nur für die Vergütung gem. § 5 Nr. 2 sowie für die Vorhaltung einer Ausweichan-

lage erheblich (s. WS 5 Rz 5 bzw. WS 6 Rz 4), soweit nicht im Einzelfall zusätzliche Nebenleistungen vereinbart werden.

7.4 Andere Preisvorbehalte

6 In Betracht kommt eine korrigierte Lohnkostenklausel. Beispiel: "Es wird eine Klausel nach § 5 Nr. 10 III a) mit folgender Maßgabe vereinbart: Es wird nicht auf den Ecklohn für die Metallindustrie, sondern auf ... abgestellt. Bei einer Erhöhung dieses Satzes um 1% kann die Grundpauschale höchstens um X% geändert werden."

7.5 Preisvorbehalt nach § 5 Nr. 11

7 S. zum Vorbehalt für die Umsatzsteuer Rz 30 zu § 4 M.

Wartungsschein 8

Anlage zu den BVB-Wartung

1 Der Wartungsschein entspricht MS 16, wobei unter 3. verdeutlicht wird, daß ein Versicherungsnachweis nur vorzulegen ist, wenn er verlangt wird, d.h. das Feld mit "ja" angekreuzt wird. S. dort Rz 1 ff.

2 Ersatzteile: Zur Klarstellung wird vielfach eine Formulierung gewünscht wie: "Ausgetauschte Teile werden Eigentum des AN."

Praktischer Teil 2: Vereinbarungen zur Funktionsprüfung

I. Modelle zur Bestimmung der Ausfallrate

1 Die Erläuterungen schlagen ein Modell für die Bestimmung der Ausfallrate vor (s. Rz 29 zu § 8 M), lassen aber zu,

auch andere Modelle, insb. bei kleineren Systemen, zu vereinbaren. Entsprechend dem Ansatzpunkt, welche Funktionszustände des Systems anerkannt werden, ist zwischen zwei Gruppen von Modellen zu unterscheiden (s. Rz 27 zu § 8 M). Der Beitrag von Krüper und Bröker (Ein System für den Non-Stop-Betrieb, Online 1976, 324 ff) bezieht die Ausfallwahrscheinlichkeit allein auf Ausfälle der Zentraleinheit, so daß der dort vorgetragene Ansatz hier nicht eingebracht werden kann.

2 Ausgeschlossen sind wegen der (einheitlichen) *systembezogenen* Ausfallrate Modelle, die die unterschiedliche Bedeutung der Geräte(typen) bereits bei der Festlegung der zulässigen Ausfallrate berücksichtigen:

> Die Ausfallrate darf z.B. betragen:
> für die Zentraleinheit 2 %
> für externe Speicher 5 %
> für Eingabe/Ausgabegeräte 10 %
> Wird die Ausfallrate für eine Gruppe überschritten, so ist die Funktionsprüfung nicht erfolgreich.

1. <u>Modelle mit nur zwei Funktionszuständen</u>

3 Es gibt nur die Funktionszustände Nutzung und Ausfall. Ein einfaches Modell der ersten Gruppe geht von dem Leitgedanken aus, daß das Arbeitspensum, insb. das Tagespensum, geschafft werden muß. Die Anwendungen des AG werden danach eingeteilt, ob sie
- ständig verfügbar sein müssen,
- als Terminarbeiten stark zeitgebunden sind oder
- weniger zeitgebunden sind.

Dementsprechend werden sie eingeplant. Ausfallzeit beginnt, sobald eine Arbeit wegen eines Ausfalls nicht bis zum letzten zugelassenen Zeitpunkt fertig wird.
So überzeugend der Ansatzpunkt zu sein scheint, so wenig besagt das Modell etwas über die Zuverlässigkeit des Systems. Das Ergebnis hängt zu stark von dem Produktionsprofil und -druck des AG ab. Es ist auch kaum möglich, die benötigte Produktionszeit im vorhinein zu bestimmen.

4 Das folgende Modell geht stärker auf die Konfiguration ein: Die Konfiguration ist - mit gewissen Reserven - auf ein bestimmtes Produktionsprofil des AG ausgerichtet. Bei Ausfällen einzelner Geräte kann der AG das System idR weiterhin nutzen. Es wird für das Produktionsprofil eine bestimmte Minimalkonfiguration festgelegt (die nicht für alle Anwendungen ausreichen muß). Wird die Minimalkonfiguration bei Ausfällen nicht eingehalten, so wird dies als Gesamtausfall gewertet.

> Die Anlage hat unter anderem 10 Magnetbandgeräte und 8 Plattenlaufwerke. Als Minimalkonfiguration können dann z.B. 7 Magnetbänder und 7 Plattenlaufwerke festgelegt werden.

Bedenken gegen dieses Modell bestehen in erster Linie dahingehend, daß es nicht streng genug ist: Die Funktionsprüfung ist erfolgreich, wenn die *Minimalkonfiguration* 90% zur Verfügung gestanden hat, während Prüfungsmaßstab ist, daß das *System insgesamt* 90% der Zeit zur Verfügung steht. Die vom AG für den laufenden Betrieb eingeplante Kapazitätsreserve würde während der Funktionsprüfung dem AN zugute kommen.

5 Es können auch *verschiedene Minimalkonfigurationen* festgelegt werden. Bei Ausfall einzelner Geräte muß dem AG mindestens eine Minimalkonfiguration zur Verfügung stehen (überhaupt oder an bestimmten Produktionstagen eine bestimmte).

Die Konfiguration hat folgende peripheren Geräte:
1 Lochkartenleser
2 Bildschirme
1 Drucker
3 Plattenlaufwerke
3 Magnetbandeinheiten

Minimalkonfiguration 1:
2 Bildschirme
1 Drucker
2 Plattenlaufwerke
2 Magnetbandeinheiten
Fällt der Lochkartenleser aus, wird, soweit nicht vermeidbar, über einen Bildschirm eingegeben.

Minimalkonfiguration 2:
1 Lochkartenleser
1 Bildschirm
3 Plattenlaufwerke
3 Magnetbandeinheiten
Fällt der Drucker aus, können die Ergebnisse zwischengespeichert werden. Dementsprechend muß die übrige Peripherie einsatzbereit sein, damit das System im übrigen sinnvoll genutzt werden kann.

6 Weitere Modelle lassen sich bilden, in dem man den Ansatzpunkt für die Bildung der verschiedenen Modelle der zweiten Gruppe hier für die Festlegung, wann der AG Totalausfall erklären kann, übernimmt (s. Rz 28 zu § 8 M).

2. Modelle mit Gewichtung von Teilausfällen

7 Die Modelle der zweiten Gruppe gehen davon aus, die Ausfallzeiten einzelner Geräte als Teilausfallzeiten des Systems zu werten. Die Schwierigkeit besteht darin, einen Umrechnungsmaßstab zu finden. Der Anteil des Mietwertes/Einzelpreises zu der Gesamtmiete/dem Gesamtpreis taugt nicht, weil er die *Bedeutung der Geräte* für die Nutzung des Systems kaum hinreichend ausdrückt, wenn die Ausfallrate bis zu 10% betragen darf.

Die automatische Wähleinheit eines Großrechners, die

zu bestimmten Zeiten dezentral erfaßte Daten abruft, fällt aus. Das System läßt sich u.U. nur stark eingeschränkt nutzen.

8 Außerdem wird die progressive Nutzungseinschränkung beim Ausfall mehrerer Geräte nicht berücksichtigt. In den Modellen wird deswegen versucht, Ausfälle peripherer Geräte mit einem höheren Wert als dem Miet-/Preisanteil anzusetzen. Die Zentraleinheit erhält als Maßstab den Wert 1 für vollständige Ausfälle.

$$\text{Ausfallzeit der Anlage} = \text{Summe Ausfallzeiten Zentraleinheit} + \text{Ausfallzeit Peripherie}$$

Für den AG reicht der folgende Ansatz nicht aus:

$$\text{Ausfallzeit Peripherie} = \frac{\text{Summe der Ausfallzeiten aller Geräte}}{\text{Anzahl der peripheren Geräte.}}$$

Ausfälle der Peripherie werden auch hier noch nicht hinreichend berücksichtigt, insb. weil alle Geräte gleich behandelt werden.

Der Ausfall von 2 Druckern dürfte die Nutzbarkeit auch der meisten Großsysteme mit zahlreichen weiteren peripheren Geräten erheblich einschränken. Bei z.B. 30 peripheren Geräten würde der Ausfall von 2 Druckern über eine Stunde mit 4 Minuten, also mit 6,6% berechnet werden.

9 Auch der Ansatz reicht nicht aus:

Ausfallzeit Peripherie = Summe Ausfallzeiten aller Geräte, jeweils multipliziert mit ihrem Anteil am gesamten Mietzins/Kaufpreis.

10 Das folgende Modell teilt das System in Funktionsgruppen auf; die Funktionsgruppen bestehen aus Geräten mit ungefähr gleichen Funktionen. Jede *Funktionsgruppe* erhält im Grundsatz den Ausfallfaktor 1. (Vollständiger Ausfall einer Funktionsgruppe = Totalausfall). Jedes *Gerät* erhält einen Bruchteil von 1 als Ausfallfaktor zugeordnet. Der Faktor für die einzelne Komponente innerhalb einer Funktionsgruppe *kann* als reziproker Wert der Menge der Komponenten bestimmt werden (s. Rz 12).
Bei Ausfällen wird die reale Zeit mit den Faktoren der betroffenen Geräte multipliziert und ergibt somit eine gewertete Ausfallzeit.

11 Häufen sich Teilausfälle, sei es innerhalb einer Funktionsgruppe oder über die Funktionsgruppen hin, so wird die Funktionsfähigkeit des Systems von einem bestimmten Punkt an soweit eingeschränkt, daß der AG das System für seine Zwecke nicht mehr sinnvoll nutzen kann. Er muß dann das Recht haben, das System zur Verfügung zu stellen und Gesamtausfall geltend zu machen. Dies läßt sich folgender-

maßen ins Modell einführen: Die Summe der Faktoren der ausgefallenen Geräte darf einen bestimmten Wert nicht überschreiten (kritischer Wert): In diesem Fall liegt keine ausreichende Minimalkonfiguration vor. Das Modell der Erläuterungen schlägt einen kritischen Wert von 20% vor. Dieser Wert muß von den Geräten *einer* Funktionsgruppe, nicht von der Summe der ausgefallenen Geräte erreicht werden. Bestehen einzelne Funktionsgruppen aus wenigen Einheiten (weniger als 4), so ist es kaum möglich, einen für alle Funktionsgruppen angemessenen Wert festzulegen, bei dessen Überschreiten das System zur Verfügung gestellt werden kann.

> Das System möge u.a. 16 Plattenlaufwerke sowie 3 Drucker haben. Der Ausfall von einem Drucker soll nicht ausreichen, Gesamtausfall geltend zu machen. Der kritische Wert müßte dementsprechend auf 34% festgelegt werden. Bilden die Plattenlaufwerke eine Funktionsgruppe, so bedeutet dies, daß erst der Ausfall von 6 Plattenlaufwerken den kritischen Wert übersteigt. Hier muß der AG früher das Recht haben, Gesamtausfall geltend zu machen.

12 Die Ausfallfaktoren für die einzelnen Geräte und für die Funktionsgruppen sollten deswegen mit Rücksicht auf den kritischen Wert festgelegt werden. Dies kann dadurch erreicht werden, daß nicht jede Funktionsgruppe von vornherein den Ausfallfaktor 1 erhält. Es wird vielmehr von dem Funktionswert des einzelnen Gerätes für das System ausgegangen und bestimmt, wieviele Geräte ausfallen dürfen, bis der kritische Wert erreicht ist, bei dem der AG das System zur Verfügung stellen kann. Die Summe der Ausfallfaktoren für die Zahl dieser Geräte muß dem kritischen Wert entsprechen. Der Ausfallfaktor für die Funktionsgruppe ergibt sich dann aus der Addition der Ausfallfaktoren aller zu ihr gehörenden Geräte. Verschiedene Geräte einer Funktionsgruppe können unterschiedliche, an ihrer Bedeutung ausgerichtete Faktoren erhalten, so daß der AG hinreichend schnell, aber nicht zu schnell Gesamtausfall geltend machen kann. Die Summe der Faktoren darf den Wert 1 nicht übersteigen.
Dieser Ansatz erlaubt es, die Gruppen streng nach den Funktionen der Geräte einzuteilen. Andernfalls wird der AN stets auf die Bildung großer Gruppen drängen, so daß Geräte mit relativ verschiedenen Funktionen zusammengefaßt werden. Es fragt sich, was die in dem Modell der Erläuterungen (s. Rz 19) in einer Gruppe zusammengefaßten Lochkartenleser und Schnelldrucker funktional gemein haben.
Bei *mittelgroßen Konfigurationen* kann es einfacher sein, für verschiedene Ausfallkonstellationen von vornherein Ausfallwerte festzulegen. Dies erlaubt zugleich, die progressive Nutzungsminderung in die Ausfallrate eingehen zu lassen (was wichtig wird, wenn der AG nicht Gesamtausfall geltend macht), und zwar über die Funktionsgruppen hinweg, also stärker auf die Anforderungen des AG abgestellt.

Ein System habe u.a. 4 Plattenlaufwerke und 6 Magnetbandgeräte.

Faktor für ein Plattenlaufwerk:	1/4
Faktor für zwei Plattenlaufwerke:	2/3
Faktor für ein Magnetbandgerät:	1/6
Faktor für zwei Magnetbandgeräte:	2/5
Faktor für 1 Plattenlaufwerk und ein Magnetbandgerät:	1/2

usw.

Der AG kann bei einer höheren Ausfallrate als 1/4 Gesamtausfall geltend machen. Der kritische Wert ist mit Rücksicht darauf höher angesetzt worden, daß die Ausfälle von Geräten verschiedener Funktionsgruppen zusammengefaßt werden.

13 Die Erläuterungen zu den BVB-Kauf schlagen vor, eine bestimmte Form dieses Konzepts für die Funktionsprüfung zu vereinbaren. Es wird im Rahmen der Erörterung der Vereinbarung über die Funktionsprüfung dargestellt (s. Rz 19 ff).

II. Die Vereinbarung über die Funktionsprüfung

14 S. einleitend MS 16 Rz 9.
Die Vereinbarung bezieht sich in erster Linie auf die Zuverlässigkeitsprüfung (s. Rz 3 zu § 8 M). Der Gegenstand der Prüfung der Leistungsfähigkeit, d.h. die Spezifikationen sind bereits in der LB enthalten.
Das abgedruckte Muster (s. Abb. 20) einer solchen Vereinbarung geht von dem Modell der amtlichen Erläuterungen über die Berechnung der Ausfallrate aus. Wird ein anderes Modell zugrunde gelegt, ist die Vereinbarung anzupassen.

Vereinbarung zur Funktionsprüfung

I. Rahmenbedingungen

Die Funktionsprüfung wird wie folgt durchgeführt:

1. Der tägliche Zeitraum für ihre Durchführung wird vor ihrem Beginn festgelegt. Ausfälle, die ausserhalb der Funktionsprüfungszeit aufgetreten sind, sind zu Beginn der täglichen Prüfung zu melden und unterliegen von da an der Bewertung. Grundsoftwarefehler werden anhand ablauffähiger Programme wiederholt.

2. Art der Nutzung; ablauffähige Programme (Anforderungen an die Dokumentation der Programme des Auftraggebers):

3. Muß der andere Vertragspartner eingeschaltet werden, so soll dies möglichst über die Ansprechpartner erfolgen. Die Ansprechpartner werden rechtzeitig bestimmt.

Alle für das Ergebnis der Zuverlässigkeitsprüfung erheblichen Daten werden im Tagebuch für die Funktionsprüfung (Anlage) festgehalten und - soweit möglich von den Ansprechpartnern - abgezeichnet.

4. Gegenstand der Zuverlässigkeitsprüfung ist die Miet-/Kaufsache. Als Ausfall der Hardware gilt deswegen auch, wenn und soweit diese wegen Fehler der Software nicht genutzt werden kann.

5. Ausfallzeit beginnt erst dann, wenn folgende Unterlagen zur Fehlererkennung zur Verfügung gestellt sind:

II. Die Berechnung der Ausfallrate

1. Es wird von folgenden Zeiten ausgegangen:

   - Funktionsprüfungszeit: Vorgesehene tägliche Prüfungszeit.
   - bereinigte Prüfungszeit: Funktionsprüfungszeit abzüglich neutraler Zeit.
   - neutrale Zeit: Alle diejenige Zeit, während der Geräte innerhalb der vereinbarten Funktionsprüfungszeit aus Gründen nicht genutzt werden können, die nicht die Funktionsfähigkeit betreffen und deswegen nicht als Ausfallzeiten bewertet werden dürfen (z.B.: vereinbarte Instandhaltungsarbeiten; Nichtnutzbarkeit wegen Ausfalls eines angeschlossenen Geräts, das nicht der Funktionsprüfung unterliegt). Fakultativ: Neutrale Zeit ist auch die Zeit zwischen Auftreten eines Softwarefehlers und seiner Meldung an den Auftragnehmer.
   - Ausfallzeit: Zeit innerhalb der bereinigten Funktionsprüfungszeit, in der das System keine oder fehlerhafte Leistungen erbringt.
   - Nutzungszeit = erfolgreiche Funktionsprüfungszeit: Differenz zwischen bereinigte Funktionsprüfungszeit und Ausfallzeit.

2. Die Anlage wird in Funktionsgruppen aufgeteilt. Folgende Gruppen werden gebildet:

Bezeichnung	zugehörige Geräte	Ausfallfaktor der Geräte

3. Die Ausfallzeit der Anlage ist die Summe der Ausfallzeiten der einzelnen Funktionsgruppen. Die Ausfallzeit der einzelnen Funktionsgruppen er-

rechnet sich aus der Summe der Ausfallzeiten der zu ihr gehörenden Geräte gewichtet mit deren Ausfallfaktoren.
Bei der Ermittlung der Anzahl der Geräte einer Funktionsgruppe werden Steuereinheiten nicht mitgezählt. Ausfallzeiten von Steuereinheiten werden durch die Ausfallzeiten der angeschlossenen Geräte erfaßt. Diese Regelung gilt nicht für DFV-Steuereinheiten.
Der vollständige Ausfall einer Funktionsgruppe wird als Ausfall der Anlage bewertet, d.h. gleichzeitige Ausfallzeiten innerhalb der anderen Funktionsgruppen bleiben außer Ansatz.
Fallen gleichzeitig mindestens zwanzig Prozent der Geräte einer Funktionsgruppe aus und macht der Auftraggeber glaubhaft, daß er die Anlage deshalb nicht wie vorgesehen nutzen kann, so ist er berechtigt, den vollständigen Ausfall der Funktionsgruppe geltend zu machen.
Beträgt der Ausfallfaktor einer Funktionsgruppe weniger als 1, so wird bei vollständigem Ausfall dieser Funktionsgruppe die Ausfallzeit nur mit diesem Faktor gewichtet. Macht der Auftraggeber Gesamtausfall geltend, so gilt die Anlage als vollständig ausgefallen.
Datenendgeräte werden wie folgt behandelt:
Liegt die Ausfallzeit eines einzelnen Gerätes über 10% der Summe aus Ausfallzeiten dieses Gerätes und Nutzungszeit der Anlage, kann der Auftraggeber die Abnahme dieses Gerätes verweigern.

III. Besondere Prüfungsmaßstäbe für die Software

Es wird folgendes vereinbart:

IV. Ergänzungen zu § 8 M/K

Für Miete:
Kann bei Geräten mit Zählwerk der Zählerstand vor dem ersten Tag des erfolgreichen 30-Tages-Zeitraum nicht ermittelt werden, so ist der Zählerstand bei Erklärung der Betriebsbereitschaft maßgeblich.
Verlangt der Auftraggeber, daß die Funktionsprüfung gem. § 9 Nr. 2 II verlängert wird, so wird gem. § 8 Nr. 6 I. 2 bei Geräten mit Zählwerk dem Zählerstand für jeden Verlängerungstag um die geplante Dauer der Funktionsprüfung an diesen Tagen hinzugerechnet.
Sind die Voraussetzungen von § 8 Nr. 7 erfüllt, kann der Auftraggeber auch die Funktionsprüfung angemessen verlängern und erst nach fruchtlosem Ablauf der Verlängerung den Vertrag fristlos kündigen.

Für Kauf:
Sind die Voraussetzungen von § 8 Nr. 7 erfüllt, kann der Auftraggeber auch die Funktionsprüfung angemessen verlängern und erst nach fruchtlosem Ablauf der Verlängerung den Vertrag fristlos kündigen.

Abb. 20

1. Rahmenbedingungen

15 Die Rahmenbedingungen ergeben sich weitgehend aus den Erläuterungen. Da diese den AN nicht binden, müssen sie in die Vereinbarung aufgenommen werden.

16 Zu den Punkten I. des Musters:
- Zu 1: s. Rz 7 f zu § 8 M
- Zu 2: s. Rz 10 ff zu § 8 M
- Zu 3: Die Bestimmungen von Ansprechpartnern dient dem ordnungsgemäßen Ablauf, insb. bei der Funktionsprüfung von größeren Systemen. Diese brauchen nicht ständig anwesend sein. Es wird vorgeschlagen, bei Anlagen mit weniger als 25 Geräten das Formular "Kleine Systeme" (Abb. 21) sonst das Formular "Große Systeme" zu verwenden (Abb. 23). Beim ersten werden Ausfälle fortlaufend, beim zweiten für jeden Tag gesondert notiert.
- Zu 4: s. Rz 23 zu § 8 M.

2. Die Berechnung der Ausfallrate

17 Die Zeiten sind in Rz 25 f zu § 8 M erläutert. Die Erläuterungen führen aus: "Ausfall- und Nutzungszeit werden in Uhrzeit gemessen." Die Zeiten werden anschließend mit dem Ausfallfaktor bzw. dem Nutzungsfaktor (= 1 minus Ausfallfaktor) gewichtet, bevor sie in die Ausfallrate eingehen. Ausfall- und Nutzungszeiten sind gewertete Zeiten, die die Minderung der Nutzungsfähigkeit des Systems in der Zeit angeben.

> Fällt ein Gerät mit dem Ausfallfaktor 0,2 für 5 Stunden aus, so beträgt die Ausfallzeit 5 x 0,2 = 1 Stunde und die Nutzungszeit 4 Stunden.

Die Funktionsprüfungszeit selber darf und muß ebenso als gewertete Zeit angesehen werden: Sie ist die in Uhrzeit gemessene Zeit *bei voller Leistungsfähigkeit des Systems*. Funktionsprüfungszeit, Nutzungszeit und Ausfallzeit haben dann dieselbe Dimension.

18 Es wird z.T. die Forderung erhoben, Funktionsprüfungszeit und Nutzungszeit in Uhrzeit gemessen in die Berechnung der Ausfallrate eingehen zu lassen; denn wenn das System auch nur irgendwie genutzt werde, liege Nutzungszeit vor. Die Nutzungszeit wird dann als Differenz von Funktionsprüfungszeit und System-(=Total-)ausfallzeit bestimmt.

Tagebuch für die Funktionsprüfung "kleine Systeme"

System : ______________________

Auftraggeber : ______________ Seite : __________

Auftragnehmer : ______________

1				2	3			4	5		6	7	8	
Tag	Beginn Uhr	Ende Uhr	Dauer Minuten	Bezeichnung der betroffenen Einheit (Typ / Adresse, Laufwerk)	Unterbrechung Beginn Uhr	Unterbrechung Ende Uhr	Unterbrechung Dauer Minuten	Ursache	Faktor	Hilfsfeld	Neutrale Zeit	Ausfall-Zeit	Unterschrift Auftraggeber	Unterschrift Auftragnehmer

Summe [ ] — Summe [ ] [ ] — Summe

Übertrag von der letzten Seite: + bisherige Gesamtdauer [ ]

= Gesamtdauer [ ]

+ bisherige $\sum$ neutrale Zeit [ ] + bisherige $\sum$ Ausfallzeit [ ]

= $\sum$ neutrale Zeit [ ] = $\sum$ Ausfallzeit = AZ [ ]

Berechnung der Ausfallrate

%. $\sum$ neutrale Zeit [ ]

= $\sum$ bereinigte Funktionsprüfungszeit = NZ + AZ [ ]

Ausfallrate $= \frac{AZ \cdot 100}{NZ + AZ} =$ ______________ = %

Abb. 21

Erläuterungen zum Tagebuch für die Funktionsprüfung "kleine Systeme"

1. Es werden sämtliche Nutzungsunterbrechungen fortlaufend notiert; bei Ende einer Seite werden die Daten (Funktionsprüfungszeit, neutrale Zeit, Ausfallzeit) addiert und übertragen.
   Die Berechnung erfolgt in Minuten, weil dies bei Ausfällen die einfachste Maßeinheit ist.

2. Im Block 1 werden eingetragen der Tag und die Dauer der Funktionsprüfung, berechnet aus Beginn und Ende.
   Im Block 2 sollen die betroffenen Einheiten (ausgefallen oder zur Verfügung gestellt) durch Angabe des Typs und der Hardwareadresse eindeutig gekennzeichnet werden. Bei Softwarefehlern wird das Programm/Modul vermerkt; die dadurch betroffenen Geräte werden angegeben.
   In Block 3 werden Beginn und Ende der Unterbrechung eingetragen und daraus die Dauer der Unterbrechung berechnet.
   In Block 4 wird die Ursache für die Nutzungsunterbrechung angegeben. Dies kann neutrale Zeit oder Ausfallzeit sein; zur Ausfallzeit gehört auch, daß der Auftraggeber das System bei Teilausfall zur Verfügung stellt und Systemausfall geltend macht.
   In Block 5 wird der Faktor für Ausfälle eingetragen. Bei Systemausfällen beträgt er 1, bei Teilausfällen ist er der Vereinbarung über die Funktionsprüfung zu entnehmen.
   In Block 6 wird die neutrale Zeit ausgesondert.
   In Block 7 wird die Ausfallzeit als Produkt aus Unterbrechung und Faktor berechnet. Ereignen sich mehrere Unterbrechungen an einem Tag, so werden sie fortlaufend untereinander unter diesem Tag aufgeführt. Dabei ist bei Überschneidungen zu beachten, daß die Ausfallzeit nicht größer als die Uhrzeit sein darf (maximaler Faktor bei sich überschneidenden Ausfällen = 1).
   Für Anmerkungen und Berechnungen steht das Hilfsfeld zur Verfügung.
   Die Unterschriften in Block 8 sollen möglichst bei der Beendigung der Unterbrechung erfolgen.

3. Beim Abschluß der Funktionsprüfung werden die Summen gebildet. (s. II. 1 der Vereinbarung)

$$\text{Ausfallrate} = \frac{\text{Summe Ausfallzeiten} \times 100}{\text{Summe Ausfallzeiten} + \text{Summe Nutzungszeiten}}$$

4. Für die Berechnung der Verfügbarkeit einzelner Geräte können die Zahlen bei Bedarf aus diesem Tagebuch über die Funktionsprüfung für das System übernommen werden.

Abb. 22

Abb. 23

Tagebuch für die Funktionsprüfung "große Systeme"

System : ______________________

Auftraggeber : ______________________ Seite ______

Auftragnehmer : ______________________

1		2					3	4		5	6	7	
Lfd. Nr.	Bezeichnung der betroffenen Einheit (Typ / Adresse; Laufwerk)	Unterbrechung der Nutzung					Ursache	Ausfall-faktor	Hilfsfeld	Neutrale Zeit Minuten	Ausfall-zeiten Minuten	Unterschrift	
		vereinbart/ gemeldet		beendet/ behoben		Zeit						Auftrag-geber	Auftrag-nehmer
		Std.	Min.	Std.	Min.	Minuten							
									Summe:				

Tägliche Fortschreibung

Tag	
Anfang (Std./Min.)	
Ende (Std./Min.)	

	Dauer der Funktionsprüfung	
%.	neutrale Zeit	
=	bereinigte F.prüfungszeit	
+	Vortrag	
= Σ	bereinigte F.prüfungszeit = NZ + AZ	

+		Vortrag
=		Σ Ausfallzeiten = AZ

Berechnung der Ausfallrate

$$\text{Ausfallrate} = \frac{AZ \cdot 100}{NZ + AZ} = \frac{\qquad}{\qquad} = \quad \%$$

Erläuterungen zum Tagebuch für die Funktionsprüfung "große Systeme"

1. An jedem Prüfungstag wird ein Blatt ausgefüllt.

2. Nutzungsunterbrechungen
   Block 1: Die betroffenen Einheiten sollen durch Angabe des Typs und der Hardware-Adresse eindeutig gekennzeichnet werden.
   Block 2: Alle Nutzungsunterbrechungen, also auch solche, die neutrale Zeit ergeben, werden eingetragen und in Minuten umgerechnet.
   Block 3: Es wird die Ursache für die Nutzungsunterbrechung angegeben. Hierzu gehört auch, daß der Auftraggeber das System bei Teilausfall zur Verfügung stellt und Systemausfall geltend macht.
   Block 4: Es wird der Ausfallfaktor eingetragen. (Für Teilausfälle ist der Faktor in der Vereinbarung über die Funktionsprüfung enthalten; für Systemausfälle beträgt er 1).
   Block 5: Hier wird die neutrale Zeit von Block 2 übernommen.
   Block 6: Die übrige Unterbrechungszeit in Block 2 wird mit dem Ausfallfaktor (Block 4) multipliziert. Sofern sich Ausfälle überschneiden werden, bei denen nicht gleichzeitig Gesamtausfall vorliegt, ist zu beachten, daß die Ausfallzeit nicht größer als die Uhrzeit sein darf (maximaler Faktor bei sich überschneidenden Ausfällen = 1). Das Hilfsfeld steht für Anmerkungen und Berechnungen zur Verfügung.

3. Tägliche Fortschreibung
   Aus Anfang und Ende der Funktionsprüfung wird ihre Dauer für den Tag berechnet. Die Tagessumme für neutrale Zeit (Block 5) wird abgezogen. Zu der so berechneten bereinigten Funktionsprüfungszeit wird der Vortrag (Summe der bereinigten Funktionsprüfungszeit vom Vortag) hinzugezählt. Zur Tagessumme Ausfallzeit wird der Vortrag (Summe Ausfallzeit vom Vortag) hinzugezählt.

4. Berechnung der Ausfallrate
   Die Ausfallrate braucht erst nach 30 Tagen berechnet werden; dies kann aber auch laufend zur Information geschehen.

$$\text{Ausfallrate} = \frac{\text{Summe Ausfallzeiten} \times 100}{\text{Summe Ausfallzeiten} + \text{Summe Nutzungszeiten}}$$

5. Für die Berechnung der Verfügbarkeit einzelner Geräte können Zahlen bei Bedarf aus diesem Protokoll über die Funktionsprüfung für das System übernommen werden.

Abb. 24

Ausfallzeit wäre hingegen nicht nur die Systemausfallzeit, sondern auch die gewertete Ausfallzeit bei Teilausfällen. Dieser Ansatz käme dem AN entgegen, da Ausfallzeiten für Teilausfälle bei der Berechnung der Ausfallrate nur in die Ausfallzeit, nicht aber auch in die Nutzungszeit eingehen würden. Die Nutzungszeit würde sich um soviel vergrößern, wie die Ausfallzeit auf Teilausfällen beruht.

Funktionsprüfungszeit	= 200	Stunden
Systemausfallzeit	= 10	Stunden
Gewertete Teilausfallzeit	= 10,2	Stunden
Nutzungszeit danach	= 190	Stunden
hingegen korrekt	= 179,8	
Ausfallrate danach	$= \frac{20,2}{20,2 + 190} = 9,5\%$	
hingegen korrekt	$= \frac{20,2}{20,2 + 179,8} = 10\ \%$	

Abb. 26

Der entscheidende Einwand gegen diese Berechnung liegt darin, daß Ausfallzeit und Nutzungszeit nicht die gleiche Dimension haben. Es wäre kaum zu verstehen, wenn die Summe aus Nutzungs- und Ausfallzeit die Funktionsprüfungszeit überschreiten würde. Das Modell geht von gewerteter Zeit aus; dies muß auch durchgehalten werden. Abb. 26

19 Aufteilung der Hardware in Funktionsgruppen: Zu dem Konzept der Bildung von Funktionsgruppen s. Rz 10 ff. Beispiel s. Abb. 27. (Abgebildet S. 469)
Die Erläuterungen führen aus: "Zur Bewertung der Ausfallzeiten einzelner Geräte einer Anlage wird die Anlage in Funktionsgruppen aufgeteilt. Die Funktionsgruppen:
1. Zentraleinheit mit den zugehörigen Funktionen wie Hauptspeicher, Kanäle, Stromversorgung und Bedienerstation. Ist die Bedienerstation ein Bildschirm, so kann dieser Bildschirm auch mit anderen Bildschirmen eine Gruppe bilden, insbesondere wenn das Operating über mehrere Bildschirme erfolgt.
2. Ein-/Ausgabegeräte für Stapelverarbeitung (z.B. Kartenleser, Stanzer, Drucker, Streifenleser, Belegleser).
3. Externe Speicher mit Direktzugriff (z.B. Magnetplattenspeicher, Trommelspeicher)
4. Externe Speicher mit sequentiellem Zugriff (z.B. Magnetbandeinheiten).
5. DFV-Steuereinheiten und Datenendgeräte."
Hier kann es insb. angeraten sein, die Ein-/Ausgabegeräte in zwei Funktionsgruppen aufzuteilen. Da die Anzahl der Geräte dieser Funktionsgruppe im Verhältnis zu anderen Funktionsgruppen mit peripheren Geräten idR niedrig ist, muß der Ausfallfaktor dieser Funktionsgruppen u.U. unter den Wert 1 herabgesetzt werden (s. Rz 12). Auch die Funktionsgruppe Zentraleinheit muß u.U. aufgeteilt werden (z. B. wenn mehrere Bedienerstationen vorhanden sind): Nicht jeder Ausfall führt zum Totalausfall.

Bei Multiprozessorsystemen muß dem einzelnen Prozessor ein Ausfallfaktor zugeordnet werden, der berücksichtigt, inwieweit der andere Prozessor noch in der Lage ist, die peripheren Geräte voll zu nutzen (Berücksichtigung der mittelbaren Nutzungseinschränkung). Es sollte entsprechend dem Konzept solcher Systeme vereinbart werden, daß der AG bei Ausfall *eines* Prozessors nicht Gesamtausfall geltend machen darf.

Bezeichnung	zugehörige Geräte	Ausfallfaktor der Geräte	macht zusammen
1) Zentraleinheit mit Konsole		1	1
2) Eingabe:	LK-Leser	1/5	1
	8 Bildschirme	je 1/10	
3) Platten:	8 Laufwerke	je 1/8	1
4) Magnetbänder:	4 Einheiten	je 1/6	4/6
5) Ausgabe:	2 Drucker	je 1/3	5/6
	1 Lochkartenstanzer	1/6	

Abb. 27

Die Erläuterungen fahren fort: "Die Ausfallzeit der Anlage ist die Summe der Ausfallzeiten der einzelnen Funktionsgruppen. Beim Ausfall einzelner Geräte innerhalb der Funktionsgruppen wird die Ausfallzeit der Funktionsgruppe wie folgt berechnet:

Ausfallzeit der Funktionsgruppe =

$$\frac{\text{Summe der Ausfallzeiten der Geräte dieser Funktionsgruppe}}{\text{Anzahl der Geräte dieser Funktionsgruppe}}.$$

Bei Ermittlung der Anzahl der Geräte einer Funktionsgruppe werden Steuereinheiten nicht mitgezählt. Ausfallzeiten von Steuereinheiten werden durch die Ausfallzeiten der angeschlossenen Geräte erfaßt. Diese Regelung gilt nicht für DFV-Steuereinheiten. Bei Datenendgeräten wird im Einzelfall vereinbart, wie deren Ausfallzeiten in die Ausfallzeiten der Anlage eingehen." Es kommt auf die Aufstellung dieser Geräte an, ob der AN die Geräte genauso wie die anderen behandeln und das Risiko auf sich nehmen kann (z.B. Wegezeiten bei entfernter Aufstellung, Kontrolle).
Beispiele für die Berechnung von Ausfallzeiten s. Abb. 28.

20 "Der vollständige Ausfall einer Funktionsgruppe wird als Ausfall der Anlage gewertet." Fallen gleichzeitig Geräte anderer Gruppen aus, gehen diese Ausfälle nicht zugleich

in die Verfügbarkeitsrechnung für das *System* ein, weil sonst der Ausfallfaktor den Wert 1 überschreiten würde. Die Ausfälle gehen aber in die Verfügbarkeitsrechnung für die *einzelnen Geräte* ein.
"Fallen gleichzeitig mindestens 20% der Geräte einer Funktionsgruppe aus und kann die Anlage deshalb nicht wie vorgesehen genutzt werden, so ist der Mieter berechtigt, den vollständigen Ausfall der Funktionsgruppe geltend zu machen." Er ist dann verpflichtet, das System zur Verfügung zu stellen. Es sollte nicht darauf abgestellt werden, daß der AG die Anlage nicht nutzen kann, sondern darauf, daß er das glaubhaft macht.

21 Bei der Umsetzung der Erläuterungen in die Vereinbarung über die Funktionsprüfung ist berücksichtigt worden, daß nicht alle Geräte denselben Ausfallfaktor erhalten müssen (s. Rz 12).

22 Sollen bereits vorhandene Geräte an das System angeschlossen werden, so müssen diese idR - schon weil auf ihren Einsatz bei einem Systemtest oder wegen der Produktionsanforderungen nicht verzichtet werden kann - in die Funktionsprüfung einbezogen werden. Diese Geräte sollten mitgezählt werden, wenn der Ausfallfaktor für das einzelne Gerät einer Gruppe bestimmt wird.

> Werden z.B. bei einem System 2 bereits vorhandene Drucker und 2 neue installiert, so würde die Funktionsprüfung keine sachgerechte Aussage über die Zuverlässigkeit des Systems ergeben, wenn nur die zwei neuen Drucker einbezogen werden würden; denn dann würde jeder Drucker den Ausfallfaktor 0,5 erhalten (falls man nicht zusätzlich den Wert der Funktionsgruppe niedriger als 1 ansetzt).

Fällt ein bereits vorhandenes Gerät aus, so darf die Ausfallzeit nicht in die Zuverlässigkeitsprüfung für neue Geräte einbezogen werden. Es stellt sich aber die Frage, ob bei Ausfall mehrerer, auch neuer Geräte (z.B. bei Ausfall von mindestens 20% der Geräte einer Funktionsgruppe) die Funktionsprüfung sinnvoll weitergeführt werden kann. Es sollte eine Vereinbarung getroffen werden, daß die Funktionsprüfung neutralisiert wird, sobald die Ausfallrate bei Beteiligung von bereits vorhandenen Geräten die kritische Ausfallrate übersteigt. Enthält die Grundsoftware, insoweit sie für den Betrieb bereits vorhandener Geräte eingesetzt wird, einen Fehler und können diese Geräte deswegen nicht genutzt werden, so liegt die Ursache bei einem neuen Teil des Systems: die Ausfallzeiten, die an den bereits vorhandenen Geräten gemessen werden, gehen in die Berechnung der Ausfallrate ein.

23 Bei mixed hardware ist es u.U. erforderlich, die Geräte mehrerer Hersteller gemeinsam zu installieren und einer einheitlichen Funktionsprüfung zu unterwerfen. Dies bedeutet, daß dann mehrere Funktionsprüfungen gleichzeitig

stattfinden müssen. Alle Geräte müssen - parallel zum Funktionstest mit bereits vorhandenen Geräten - bei der Bildung von Funktionsgruppen und Ausfallfaktoren berücksichtigt werden. Fallen Geräte eines AN aus und kann dadurch die Funktionsprüfung hinsichtlich der Geräte eines anderen AN nicht sinnvoll weitergeführt werden, muß diese Zeit - über entsprechende Vereinbarungen - als neutrale Zeit behandelt werden.

24 Durch Software verursachte Ausfälle: In dem Maße, in dem Softwarefehler die Nutzbarkeit der Hardware beeinträchtigen (s. GZ 3 Rz 18 f), gehen sie in die Ausfallrate ein. S. dazu Rz 23 zu § 8 M.
Die Erläuterungen führen aus: "Fehler der Grundsoftware können durch temporäre Korrekturen oder Ausweichlösungen vorläufig behoben werden, soweit die Leistungsfähigkeit der Grundsoftware und die Funktionsfähigkeit der Anlage oder Geräte hierdurch nicht beeinträchtigt werden." Selbstverständlich kann der AN auch Maßnahmen treffen, die die Nutzungseinschränkung nur herabsetzen, aber nicht beseitigen.

3. Besondere Prüfungsmaßstäbe für die Software

25 Spezielle Prüfungsmaßstäbe für die Software können bei Bedarf vereinbart werden (s. Rz 30 zu § 8 M), z.B.:

> "Der mittlere Abstand zwischen Ausfällen muß mindestens .... Nutzungsstunden betragen" (mean time between failure). "Nicht reproduzierbare Fehler dürfen nicht häufiger als .... mal pro Tag/Woche auftreten." "Folgende Funktionen der Grundsoftware sind für den AG besonders wichtig: ... Jeder Ausfall einer dieser Funktionen wird als Totalausfall des Systems für einen Tag gewertet."

4. Ergänzungen zu § 8 M/K

26 Bei Miete: Für die ersten Tage der Funktionsprüfung soll im Falle ihrer Verlängerung über 30 Tage hinaus kein Mietzins gezahlt werden (s. Rz 4 zu § 8 M). Selbst wenn der AG das System in diesen Tagen genutzt hat, braucht er dennoch bei Vereinbarung einer Pauschalmonatsmiete den Mietzins nur für die letzten 30 Tage zu zahlen; (die Ausfälle, die zu einer Verlängerung der Funktionsprüfung geführt haben, können sogar weitgehend innerhalb des 30-Tages-Zeitraums liegen, für den Mietzins zu zahlen ist, s. Rz 5 zu § 9).
Wird der Mietzins nach dem Zählerstand berechnet, so sind bei Geräten mit Zählwerk Stunden ermittelt worden. Diese können nachträglich nur abgezogen werden, wenn die Zählerstände jeden Tag vor Beginn der Funktionsprüfung abgelesen worden sind. Praktisch dürfte dies aber nicht durchführbar sein, so daß die abzuziehenden Stunden nicht bestimmt werden können. Die Bezahlung dieser Stunden dürfte angemessen sein, da die für die einzelnen Geräte gezählten

Zeiten Nutzungszeiten gewesen sind (wenn die Nutzung bei Teilausfällen auch eingeschränkt gewesen sein mag). Die vorgeschlagene Klarstellung in der Mustervereinbarung stellt darauf ab; es bleibt ein Widerspruch dazu, daß bei Vereinbarung einer Pauschalmonatsmiete die Nutzung für diese Tage unentgeltlich erfolgt.

27 Bei Miete: Falls der AG die Funktionsprüfung um neutrale Tage verlängern will (s. Rz 35 zu § 8 Nr. 2 II M), soll er für diese Tage Miete zahlen. Bei Geräten mit Zählwerk ist keine Nutzung gezählt worden, muß also eine entsprechende Zahl von Stunden ergänzt werden. Es wird vorgeschlagen, in der Mustervereinbarung die täglich geplante Dauer der Funktionsprüfung dafür anzusetzen.

28 Bei Kauf und Miete: Wird die Funktionsprüfung nicht innerhalb von 100 Kalendertagen erfolgreich beendet, sollte der AG nicht nur gemäß § 8 Nr. 7 M bzw. § 8 Nr. 6 K das Vertragsverhältnis beenden können. Er sollte auch das Recht haben, eine angemessene Nachfrist zu setzen, nach deren erfolglosen Ablauf er den Vertrag kündigen/von ihm zurücktreten kann (s. Rz 47 zu § 8 M). Dies wird in der Mustervereinbarung klargestellt.

5. Ergänzung der Vereinbarung vor Beginn der Funktionsprüfung

29 Vor Beginn der Funktionsprüfung müssen noch folgende Fragen geklärt werden:
- Wie wird der tägliche Prüfungszeitraum bestimmt?
- Wer ist Ansprechpartner?
- Wie/Wann wird die Instandhaltung (vorbeugende Wartung) durchgeführt?

6. Gesamtfunktionsprüfung

30 Bei Teillieferungen wird die Funktionsprüfung für jede Teillieferung durchgeführt. Am Ende wird das Zusammenwirken in einer Gesamtprüfung festgestellt (s. Rz 38 zu § 8 M).
Beispiel: Es wird eine Zentraleinheit mit Peripherie, einem Vermittlungsrechner und intelligenten Terminals als Einplatz- und Mehrplatzsysteme gekauft. Es enthält:
- die erste Teillieferung: die Zentraleinheit mit einem Teil der Peripherie und dem Vermittlungsrechner in einer Grundstufe mit einem Einplatzterminal.
- die zweite Teillieferung: mehrere Terminals mit einem Datenerfassungsgenerator.
- die dritte Teillieferung: die restliche Peripherie, den Ausbau des Vermittlungsrechners und die restlichen Terminals.

Die Vereinbarung über die Funktionsprüfung könnte, und zwar schon im Kaufvertrag, lauten: "Die Funktionsprüfung wird für die unter die jeweilige Teillieferung fallenden Einheiten mit folgender Maßgabe durchgeführt: Der Vermittlungsrechner wird in der Gesamtprüfung auch auf die

Zuverlässigkeit und insg. auf die Leistungsfähigkeit überprüft. Die TP-Software des Vermittlungsrechners wird in der ersten Stufe nur auf folgende Funktionen überprüft: ... (Bedienung des einen Terminals). Die TP-Software des Vermittlungsrechners wird in der zweiten Stufe auch auf die Unterstützung des Datenerfassungsgenerators und der Mehrplatzterminals überprüft: ... Die Gesamtprüfung wird zugleich mit der Funktionsprüfung für die dritte Teillieferung durchgeführt. Soweit Geräte bereits abgenommen sind, werden sie bei den weiteren Funktionsprüfungen bei der Bildung der Funktionsgruppen mitgezählt. Der AG kann neutrale Zeit geltend machen, wenn eine Funktionsgruppe einschließlich der bereits abgenommenen Geräte zu mehr als 30% ausgefallen ist."

7. Funktionsprüfung bei Erweiterungen/Umrüstungen

31 Auch bei Erweiterungen oder Umrüstungen sollte die Funktionsprüfung soweit sinnvoll durchgeführt werden (s. Rz 41 zu § 8 M). Gegenstand der Maßnahme kann die Hardware und/oder die Grundsoftware sein, letztere ggf. zusammen mit neuer sonstiger Software.
Bei der Festlegung des Maßstabs für die Zuverlässigkeit der Hardware kann entsprechend dem Modell für die normale Funktionsprüfung jede Einheit mit einem Ausfallfaktor versehen werden. Dieser sollte sich an der Gesamtheit der vorhandenen Geräte dieser Funktionsgruppe ausrichten (s. Rz 22). Da die alten Geräte häufiger als die neuen ausfallen, bedarf es vor allem einer Vereinbarung, wie diese Ausfallzeiten als neutrale Zeit festgehalten werden: Bei der Durchführung der Funktionsprüfung dürfte der Aufwand kaum zu rechtfertigen sein, diese Störungen nicht nur in das Betriebsbuch, sondern auch in das Tagebuch für die Funktionsprüfung einzutragen. Es sollten deswegen in dem Tagebuch erst einmal nur die Zeiten für die Funktionsprüfung und die Ausfallzeiten der neuen Geräte aufgeführt werden, d.h. daß die neutrale Zeit erst einmal als Nutzungszeit behandelt wird. Ergibt sich eine Ausfallrate unter 10%, so ist die Funktionsprüfung erfolgreich; auf die neutrale Zeit kommt es nicht mehr an. Anderenfalls ist nachträglich die neutrale Zeit anhand des Betriebsbuchs festzustellen und von der Nutzungszeit abzuziehen. Bleibt die Ausfallrate über 10%, so verlängert sich die Funktionsprüfung. Von da an lohnt es sich, die neutrale Zeit sofort auch in das Tagebuch einzutragen, um das Ende der Funktionsprüfung sofort bestimmen zu können.

32 Erweiterungen der Grundsoftware können nur dann der Funktionsprüfung unterworfen werden, wenn sie eine greifbare Einheit bilden. Anderenfalls, wenn es sich nämlich um Änderungen an verschiedenen Stellen der vorhandenen Grundsoftware handelt, läßt sich kaum feststellen, ob der Fehler bereits in der vorhandenen Grundsoftware enthalten war oder nicht, d.h. für die Funktionsprüfung unerheblich ist oder nicht. Treten Fehler in Routinen der vorhandenen Grundsoftware auf, die bisher nicht angesprochen wor-

den sind, so können die neuen Geräte u.U. nicht oder nur eingeschränkt genutzt werden. Es handelt sich aber nicht um den Ausfall einer unter die Funktionsprüfung fallenden Einheit.
Wird eine neue Version der Grundsoftware eingesetzt (z.B. Übergang auf ein virtuelles Betriebssystem), so ist der AG berechtigt und wegen der Schadensminderungspflicht auch verpflichtet, bei durch die neue Grundsoftware verursachten Ausfällen die alte Grundsoftware einzusetzen. Es muß also vereinbart werden, wie solche Ausfälle bewertet werden, da sie sich nicht in Hardwareausfällen ausdrücken lassen.

Praktischer Teil 3: Rahmenvereinbarungen

1. Zielsetzung und Inhalt

1 Rahmenvereinbarungen dienen der Vereinfachung, und zwar in erster Linie dadurch, daß sie Vereinbarungen festlegen, die bei jeder Bestellung getroffen werden. Zweckmäßigkeit und Inhalt hängen für den AG von den von ihm verfolgten Zielsetzungen ab. Diese können unmittelbar auf die Vereinfachung von Bestellungen oder auch auf die Vereinfachung der LB gehen.
Die Vereinfachung von *Bestellungen* kann sich beziehen
- auf die Vereinfachung von (auch in sich abgeschlossenen) Bestellungen verschiedener Bedarfsträger eines AG, z.B. einmalige Angabe des Gerichtsstandes, der Behandlung der Mehrwertsteuer und/oder
- auf die Vereinfachung von Nachträgen, wo es meist nur um wenige Angaben geht (s. dazu PT 1 Einleitung Rz 12).

Im ersten Fall können die Bedarfsträger zugleich an bestimmte Vorgaben gebunden werden.
Die Vereinfachung der *Leistungsbeschreibung* kann sich beziehen
- auf die einmalige Festlegung von *einheitenbezogenen* Texten der LB, die sich bei jeder Bestellung wiederholen, z.B. über den Zielort beim Rücktransport gemieteter Geräte und/oder
- auf die Festlegung von *rechenzentrumsbezogenen* Punkten, z.B. über Anwesenheitswartung.

Die LB verliert damit ihre Funktion als Checkliste für die einzelne Bestellung (s. GZ 2 Rz 23); dies ist dann vertretbar, wenn bei umfangreichen geschäftlichen Beziehungen vor einer Bestellung ohnehin jeder Punkt von jeder Seite überprüft wird.

2 Eine Rahmenvereinbarung kann dementsprechend folgende Teile umfassen:
- Ein verallgemeinerter Vorspann umfaßt das, was sonst der Vorspann für den einzelnen Vertrag beinhaltet (s. PT 1 Einleitung Rz 2 f).
- Vertragsrechtliche Ergänzungen beziehen sich auf Ergänzungen der BVB oder auf Abweichungen von ihnen.
- Einheitenbezogene Standardvereinbarungen enthalten diejenigen Texte der Formulare, die sich bei praktisch jeder Bestellung wiederholen.
- Rechenzentrumsmäßige Vereinbarungen ergänzen das Rechtsverhältnis um spezifische Fragen aus dem Anwender-Herstellerverhältnis.
- Schließlich muß die rechtliche Behandlung des Rahmenvertrags, insb. hinsichtlich Änderung und Kündigung, geregelt werden.

3 Daraus ergibt sich für die Form der Rahmenvereinbarung:
- Der Vorspann kann in Anlehnung an die übliche Form abgefaßt werden (s. PT 1 Einleitung Rz 3 f).
- Die vertragsrechtlichen Ergänzungen, die sonst im Anhang zur LB (MS 16/KS 15/WS 8 unter 4) angeführt werden, können dort oder im Anschluß an den Vorspann, ggf. auch im Zusammenhang mit den Standardtexten der LB stehen.
- Die sonstigen Vereinbarungen können in die Formulare der LB aufgenommen werden, so daß ein Standard vorliegt, der gilt, sofern die einzelne Bestellung Fragen nicht anspricht. Die sonstigen Vereinbarungen können aber auch ohne Verwendung der Formulare fortlaufend zusammengestellt werden.

2. Beispiele

2.1 Verallgemeinerter Vorspann

4 Die Rahmenvereinbarung kann sich auf allgemeine Fragen der Beschaffung und der Ergänzung der BVB beschränken. Sie könnte wie in Abb. 29 lauten.

5 Vorschläge über die Abfassung von Rabattvereinbarungen können hier nicht gemacht werden, weil sie zu sehr von der Geschäftspolitik der einzelnen AN geprägt sind. Zu einigen Standardergänzungen der BVB s. das nächste Beispiel unter 7.

6 Zu einer Rahmenvereinbarung für die Wartung s. Abb. 30.

2.2 Rahmenvereinbarung mit allgemeiner Leistungsbeschreibung

7 Als Beispiel wird eine Rahmenvereinbarung für die Miete gewählt, weil sich eine solche Vereinbarung am ehesten bei häufigem Austausch von Geräten lohnt.

8 Beispiel auf der Grundlage der Formulare: Der Vorspann

1. Diese Rahmenvereinbarung gilt für alle Miet-, Kauf- und Wartungsverträge, die Stellen des AG mit dem AN schließen. Stellen des AG im Sinne dieser Vereinbarung sind alle Stellen, die im Dienststellenverzeichnis (Anlage) aufgeführt sind. In jedem Vertrag ist auf diese Rahmenvereinbarung zu verweisen.

2. Die Preise werden ohne Mehrwertsteuer angegeben. Diese wird gesondert in Rechnung gestellt. Für alle Mietverträge wird hiermit ein Preisvorbehalt gem. § 5 Nr. 11 BVB-Wartung geschlossen.

   Rechnungen sind stets der bestellenden Stelle in zweifacher Ausfertigung vorzulegen.

3. Rabatt.

4. AGB des AN sind stets ausgeschlossen.

5. Für jeden Vertrag gelten die einschlägigen Besonderen Vertragsbedingungen für die Miete/den Kauf oder die Wartung von EDV-Anlagen und -Geräten mit folgender Maßgabe: .....

6. Änderungen und Ergänzungen dieser Vereinbarung bedürfen einer gesonderten Urkunde.

   Diese Vereinbarung kann mit einer Frist von ..... Monaten zum Monatsende gekündigt werden. Sie bleibt für alle Einheiten, die Gegenstand von Verträgen sind, so lange in Kraft, wie diese Verträge noch wirken.

Abb. 29

entspricht im wesentlichen dem verallgemeinerten Vorspann (s. Rz 4). Die Rahmenvereinbarung enthält zusätzlich eine LB, die die einzelnen Bestellungen ergänzt.
Bei den einzelnen Bestellungen sollte unterschieden werden zwischen der Bestellung
- einer Zentraleinheit, meist i.V.m. einem Betriebssystem, was umfangreichere zusätzliche Vereinbarungen erfordern kann, und
- von Geräten, für die je Gerätetyp idR ein einziges (neu zu schaffendes Formular ausreicht (s. Abb. 17 zu PT 1 Einleitung Rz 14).

Es zeigt sich, daß es keinen großen Unterschied macht, ob wie in diesem Beispiel die Mietscheinformulare verwendet werden oder wie im nächsten Beispiel die Texte zusammengezogen werden.

§ 1 Sachlicher Geltungsbereich
Der Rahmenvertrag gilt für Wartung von EDV-Anlagen und -Geräten. Eine Anlage oder ein Gerät wird durch Unterzeichnung eines Wartungsscheines in die Wartung aufgenommen (Einzelvereinbarung).
Maßgebend für die vertraglichen Abmachungen sind in nachstehender Reihenfolge:
a) Leistungsbeschreibung (Wartungsschein)
b) nachstehende Rahmenbedingungen
c) BVB-Wartung.

§ 2 Mehrwertsteuer (s. Abb. 29 unter 2.)

§ 3 Vertragsdauer und -beendigung
1. Dieser Rahmenvertrag tritt am ... in Kraft.
2. Der Rahmenvertrag ist auf unbestimmte Zeit abgeschlossen. Er kann jeweils mit einer Frist von 3 Monaten zum Jahresende gekündigt werden. Dadurch wird die Fortgeltung der Einzelvereinbarungen nicht beeinträchtigt.

§ 4 Leistungen des AN
§ 4 Abs. 1 der BVB-Wartung wird wie folgt ergänzt:
Die Wartungsleistung enthält auch:
- die Lieferung von benötigten Ersatzteilen
- den Einbau der für die System-Konfiguration der Vertragsanlage notwendigen technischen Änderungen (ECO's = Engineering Change Orders), einschl. des dazu benötigten Materials.

Die Wartungsleistung enthält nicht:
- Arbeiten an elektrischen Anlagen außerhalb der Vertragsanlage sowie Arbeiten an Anbauten oder Zubehör.

Wartungsarbeiten dürfen nur durch Wartungspersonal des AN oder durch vom AN schriftlich anerkanntes Personal durchgeführt werden. Wird gegen diese Regelung trotz schriftlicher Beanstandung des AN wiederum verstoßen, so kann der AN einzelne oder alle Einzelvereinbarungen fristlos kündigen.

§ 5 Rabatt

§ 6 Eigentumsrecht
Alle nicht in die Maschinen eingebauten und beim Kunden gelagerten Ersatzteile sind Eigentum des AN. Ersetzte Teile gehen in das Eigentum des AN über. Sind ersetzte Teile zum Klären der Haftung erforderlich, stellt der AN diese bis zur Klärung des Schadensfalls zur Verfügung.

§ 7 Wartungsraum
Der AG stellt einen geeigneten Schrank zur Aufnahme der für die Wartung benötigten Zeichnungen, Programme, Beschreibung und Ersatzteile in unmittelbarer Nähe der zu wartenden Maschinen zur Verfügung.

Abb. 30

Rahmenvereinbarung
zur Miete von EDV-Anlagen und -Geräten

zwischen
als Auftraggeber (AG)

und
der Fa.
als Auftragnehmer (AN)

1. Sämtliche Einzelvereinbarungen erfolgen auf der Grundlage dieser Rahmenvereinbarung, soweit sie keine Regelungen enthalten.

2. Für die Anmietung von Zentraleinheiten wird eine Leistungsbeschreibung gem. den Mietscheinformularen zu den BVB-Miete erstellt. Für die Anmietung von Geräten werden ein Formular gem. Anhang oder die erforderlichen Mietscheinformulare ausgefüllt.

3. Rabatte ...

4. In den aufgeführten Preisen ist keine Mehrwertsteuer enthalten. Diese wird in der jeweils gesetzlichen Höhe zusätzlich in Rechnung gestellt.

5. Ergänzend zu § 5 BVB-Miete gelten folgende Zahlungsbedingungen: (z.B. Konto des AN)

6. AGB des AN sind ausgeschlossen.

7. Ergänzend gelten die Besonderen Vertragsbedingungen für die Miete von EDV-Anlagen und -Geräten, Stand 1.1.1973 (BVB-Miete) mit folgender Maßgabe:

7.1 Die Funktionsprüfung wird gemäß dem Muster, das in den Erläuterungen zu den Besonderen Vertragsbedingungen für den Kauf von EDV-Anlagen und -Geräten, Stand 1.7.1974, enthalten ist, durchgeführt.

7.2 Die Nutzungsminderung gem. § 9 Nr. 5 BVB-Miete wird wie folgt bestimmt:
Das System wird in dieselben Funktionsgruppen wie bei der Funktionsprüfung aufgeteilt. Als Nutzungsminderung wird jede Nutzungseinschränkung behandelt, die je vorgesehenen Nutzungstag länger als 12 Stunden besteht. Der AG kann Gesamtausfall gelten machen, wenn die Ausfallrate 50% übersteigt. Wird die Nutzung einer nicht unmittelbar betroffenen Einheit eingeschränkt, so kann sich der AG nur dann darauf berufen, wenn er dies innerhalb von 10 Tagen nach Auftreten der Störung unter Angabe der behaupteten prozentualen Einschränkung schriftlich mitteilt.
Der angegebene Umfang der Einschränkung ist verbindlich, wenn der AN dem nicht innerhalb von 10

Tagen seit Zugang der Mitteilung schriftlich widerspricht.

7.3 Der Umfang eines jeden Systems ergibt sich aus dem Konfigurationsplan für das Rechenzentrum (s. unter 8. Allgemeine Leistungsbeschreibung zu MS 5), der bei Bedarf fortgeschrieben wird. Soweit Geräte verschiedenen Zentraleinheiten zugeschaltet werden können, gelten sie bei Ausfall der Zentraleinheit, der sie üblicherweise zugeschaltet sind, zu 20% in ihrer Nutzbarkeit gemindert.

8. Allgemeine Leistungsbeschreibung: s. Anlage 1

9. Änderungen und Ergänzungen dieses Vertrages bedürfen einer von den Vertragspartnern gemeinsam unterzeichneten Urkunde. Soweit in einer einzelnen Bestellung ausdrücklich von diesem Vertrag abgewichen wird, tritt dieser Vertrag zurück.
Dieser Vertrag kann mit einer Frist von sechs Monaten zum Ende eines Kalendervierteljahres gekündigt werden.
Er bleibt für installierte Einheiten (bereits bestellte und/oder gelieferte Einheiten) so lange in Kraft, wie sich für diese Einheiten Verpflichtungen der einen oder der anderen Seite ergeben. Die Kündigung einzelner Einheiten berührt die Wirksamkeit dieses Vertrages nicht.

Ort, Datum Ort, Datum

Unterschrift Unterschrift

Anlage 1

1. **Geräte, Grundsoftware (§§ 1, 2, 3, 4 und 22)**

1.1. Geräte

Lfd. Nr.	Anzahl	Typ/Modell	a) Bezeichnung b) Leistung c) technische Beschreibung (ggf. Erläuterungen auf besonderem Beiblatt d) ggf. Maschinennummer	Mindestmietzeit (in Monaten)	Monatsmiete a) Grundmonatsmiete (180 Std.) b) %-Zuschlag für Mehrstunden c) Pauschalmonatsmiete	Berechnungsart lfd. Sp. 6	Wartungskostenanteil in % aus a) oder c) gemäß Spalte 6	Kaufpreis bei Abschluß des Mietvertrags (für Kaufoption)	Zahl der Nutzungsstunden, die im 1.Vj. bei der Berechnung von Mehrstunden außer Ansatz bleiben
1	2	3	4	5	6	7	8	9	10
		Die Angaben werden bei jeder einzelnen Bestellung gemacht.							

1.2. Grundsoftware

Lfd. Nr.	Programmbezeichnung	Anzahl der Ausfertigungen	Beschreibung (ggf. Erläuterungen auf besonderem Blatt)	Datenträger	Vergütung DM
1	2	3	4	5	6
	Die Angaben werden bei jeder einzelnen Bestellung gemacht.				

2. Sonstige Leistungen (z. B. § 5 Nr. 4)

Leistung	DM
1	2
Übertrag:	
Die Unterlagen über die Hardware und die Software werden in angemessenem Umfang ohne gesonderte Vergütung zur Verfügung gestellt. Der AG ist berechtigt, die Unterlagen für die Nutzung des Systems durch seine Mitarbeiter zu vervielfältigen. Dabei hat er auf das Copyright hinzuweisen.	
Die Kosten des Spediteurs für den Haustransport trägt der AG. Der AN wird Kostenvoranschläge 4 Wochen vor Lieferung beibringen, wenn die Kosten voraussichtlich DM ... übersteigen.	

3. Anlieferung (§ 6)

3.1. Zeitpunkt der Anlieferung und der Betriebsbereitschaft

Gegenstand Lfd. Nr. Hardware	Gegenstand Lfd. Nr. Grundsoftware	Zeitpunkt der Anlieferung ggf. a) frühester b) spätester	Zeitpunkt der Betriebsbereitschaft ggf. a) frühester b) spätester	Gegenstand Lfd. Nr. Hardware	Gegenstand Lfd. Nr. Grundsoftware	Zeitpunkt der Anlieferung ggf. a) frühester b) spätester	Zeitpunkt der Betriebsbereitschaft ggf. a) frühester b) spätester
1	2	3	4	1	2	3	4
	Die Angaben werden bei jeder einzelnen Bestellung gemacht.						

3.2. Aufstellungsort (Anschrift):	3.3. Lage der Aufstellungsräume (z. B. Stockwerk usw.):

4. Installations- und Aufstellungsvoraussetzungen beim Mieter (§ 6 Nr. 2, 3 und 5)

Es gilt das Installationshandbuch des AN jeweils in der Fassung des Zeitpunkts der Bestellung.

AN und AG werden den Konfigurationsplan für das Rechenzentrum vor jeder Bestellung gemeinsam überarbeiten.

4.2. Spätester Termin für die Fertigstellung

jeweils 14 Tage vor Anlieferung

4.3. Bereitstellung eines Raumes für Wartungspersonal, für die Aufbewahrung von Geräten u. ä. (ggf. Erläuterungen auf besonderem Beiblatt)

[X] ja [ ] nein Dem AN steht ein Raum für 2 Techniker und ein Raum für Material zur Verfügung.

5. Personalausbildung (§ 13)

Ausbildung zur

[ ] Maschinenbedienung [ ] Programmierung [ ] Organisation und Systemanalyse [ ] Sonstige Ausbildung

Der AN ist auf die Dauer des Mietverhältnisses für die in MS 1 aufgeführten Geräte bereit, in seinen Ausbildungskursen Personal des AG in angemessenem Umfang unentgeltlich in der Bedienung und/oder der Programmierung der Geräte zu unterweisen und das Lehr- und Lernmaterial zu stellen. Die Reise- und Aufenthaltskosten trägt der AG.

Weitere Ausbildung wird zu den beim AN zum Zeitpunkt der Leistungserbringung üblichen Preisen berechnet, die der jeweils gültigen Preisliste zu entnehmen sind.

6. Einsatzvorbereitung (§ 13)

6.1. Beratung

Lfd. Nr.	Art der Beratung	Zeitplan	Beratung ohne Berechnung (in Std.)	Bei Beratung gegen Vergütung Vergütungssatz pro Stunde (bei Vertragsabschluß DM
1	2	3	4	5
	Der AN berät den AG in angemessenem Umfang ohne gesonderte Vergütung in den Bereichen: Systemplanung, Installationsplanung, Rechenzentrumsorganisation, Belegung der Hardware, Nutzung der Systemfunktionen, Auswahl und Installation der Grundsoftware, Einsatz von Programmiersprachen, Umstellungsmethoden, Übernahme von Anwendungen. Einzelheiten (Art, Umfang, ggf. Vergütung) werden unter Berücksichtigung der jeweiligen Installationserfordernisse gesondert vereinbart.			

6.2. Testzeiten

Vereinbarte Testzeit .... Std. davon ohne Berechnung	Bei Vertragsabschluß gültiger Vergütungssatz pro Stunde DM	Anlagenkonfiguration für den Test
Die Anlage steht zur Verfügung in (Anschrift)		
Besondere Vereinbarungen (Benutzungszeiten u. ä.) Umfang und ggf. Vergütung der Testzeit werden bei der einzelnen Bestellung vereinbart. Soweit der AG weitere Testzeit benötigt, wird ihm diese zu den üblichen Vergütungssätzen und Bedingungen (Anlage ...) des AN zur Verfügung gestellt.		

8. Wartung (§ 18)

8.1. Instandhaltung

1) Kann ein Zeitplan für die Durchführung der Instandhaltungsarbeiten bei Vertragsabschluß noch nicht festgelegt werden, sind die notwendigen Absprachen zwischen Mieter und Vermieter sobald wie möglich zu treffen.

Lfd. Nr. der Geräte gemäß 1.1. Sp. 1	Zeitplan für die Durchführung der Arbeiten (innerhalb des Zeitplans können die einzelnen Termine von Fall zu Fall vereinbart werden) 1)	Dauer der Instandhaltungsarbeiten in Minuten je Gerät	Umfang der Instandhaltungsarbeiten: Geräteteile	Umfang der Instandhaltungsarbeiten: auszuführende Arbeiten	Prozentualer Zuschlag auf 1/180 des Wartungskostenanteils der Grund- bzw. Pauschalmonatsmiete je Stunde für Instandhaltungsarbeiten außerhalb der normalen Geschäftszeit des Vermieters (montags – freitags von .... Uhr bis .... Uhr)
1	2	3	4	5	6
	Der AG kann Einsicht in die Wartungsanweisung des AN nehmen. Alle Wartungsmaßnahmen werden rechtzeitig terminlich abgestimmt. Instandhaltungsarbeiten außerhalb der Zeit montags - freitags 7.oo - 16.3o Uhr werden nach Absprache durchgeführt. Die Vergütung richtet sich nach den jeweils geltenden Stundensätzen des AN. Die Preisliste (Anlage ...) wird bei Änderungen dem AG übersandt. Fehlerkorrekturen an der Software sind ... Tage anzukündigen. Die alte Fassung muß noch.... Tage jederzeit eingesetzt werden können.				montags – freitags von / bis Uhr / % samstags von / bis Uhr / % sonn- und feiertags von / bis Uhr / %

8.2. Instandsetzung

<table>
<tr><th>Störungsmeldungen sind zu richten an:
(Anschrift, Fernsprecher)</th><th>bei Instandsetzungen
a) während der normalen Geschäftszeit des Vermieters
b) außerhalb der normalen Geschäftszeit des Vermieters</th><th>Vergütungssatz pro Arbeitsstunde, soweit die Kosten vom Mieter zu tragen sind
DM</th><th>Prozentualer Zuschlag auf 1/180 des Wartungskostenanteils der Grund- bzw. Pauschalmonatsmiete je Stunde für Instandsetzung aus Gewährleistung an Samstagen, Sonn- und Feiertagen für die der Mieter die Nutzung der Anlage nicht vorgesehen hat</th></tr>
<tr><td>1</td><td>2</td><td>3</td><td>4</td></tr>
<tr><td rowspan="2">Servicezentrum
Tel. 47114711</td><td>a) montags - freitags
von (Uhr) bis (Uhr)
s. Spalte 1</td><td rowspan="4">Es gelten die üblichen Stundensätze des AN (s. MS 10)

Teile werden zu den üblichen Preisen vergütet.</td><td rowspan="4">An Sonn- und Feiertagen Instandsetzung nach vorhergehender Absprache
%</td></tr>
<tr><td>b) montags - freitags
von (Uhr) bis (Uhr)
s. Spalte 1</td></tr>
<tr><td rowspan="2">Der AN wird in der Zeit montags - freitags von 8.oo - 16.oo Uhr ständig einen Wartungstechniker beim AG bereithalten. Der AN unterhält einen Notdienst für die Beseitigung von Hardwarestörungen an Werktagen außerhalb der o.a. Zeit ohne gesonderte Vergütung.</td><td>b) samstags
von (Uhr) bis (Uhr)
s. Spalte 1</td></tr>
<tr><td>b) sonn- u. feiertags
von (Uhr) bis (Uhr)
s. Spalte 1</td></tr>
</table>

10. Preisvorbehalt (§ 4 Nr. 5)

Es wird ein Preisvorbehalt vereinbart nach:

§ 4 Nr. 5 a der Besonderen Vertragsbedingungen

☐ nein ☐ ja

Bei einer Erhöhung des in § 4 Nr. 5 angegebenen Ecklohns um 1 Dpf/Stunde kann der Wartungskostenanteil der Grund- bzw. Pauschalmonatsmiete um höchstens

0,00 .... % erhöht werden.

§ 4 Nr. 5 b der Besonderen Vertragsbedingungen

☐ nein ☒ ja für alle Einzelvereinbarungen

§ 4 Nr. 5 c der Besonderen Vertragsbedingungen

☐ nein ☒ ja für alle Einzelvereinbarungen

Wird abweichend von der Regelung nach § 4 Nr. 5a, 5b oder 5c ein anderer Preisvorbehalt vereinbart

☐ nein ☒ ja

Ggf. welche Regelung wird vereinbart?

für alle Einzelvereinbarungen Preisvorbehalt auf die Mehrwertsteuer gem. § 3 Nr. 11 BVB-Wartung

11. Mietanrechnung beim Kauf der Anlage (§ 22)

Soweit nichts anderes in der jeweiligen Bestellung angegeben:

Auf den Kaufpreis gemäß 1.1. werden die gezahlten Mieten zu ......55...... % angerechnet.

Mindestkaufpreis ......15...... % des Kaufpreises gemäß 1.1. Spalte 9.

(zum Preisvorbehalt s. Rz 4 zu § 22)

14. Software (soweit nicht unter 1.2. erfaßt) (§§ 1, 2, 7, 8, 9 und 10)

Vom Vermieter zu liefernde systemnahe Software:

Vorhandene ablauffähige Programme des Mieters, zu deren Nutzung die Anlage oder Geräte beschafft wurden (Programmtyp c)

Lfd. Nr.	Programmtyp a), b), c)	Programmbezeichnung	Anzahl der Ausfertigungen bei Programmtyp a) und b)	Beschreibung (ggf. Erläuterungen auf besonderem Beiblatt)	Datenträger bei Programmtyp a) und b)	Vergütung für Programmtyp a) und b) DM	Liefertermin für Programmtyp a) und b)
1	2	3	4	5	6	7	8

(Vereinbarungen über die Überlassung von Bibliotheksprogrammen des AN ohne gesonderte Vergütung)

(Vereinbarung über Programme vom Typ c)

Der AG trifft Vorsorge, daß die ihm überlassenen Programme und die dazugehörenden Unterlagen auch in einer von ihm bearbeiteten erweiterten oder geänderten Fassung ohne schriftliche Zustimmung des AN Dritten nicht bekannt werden.

Anlage zu den Besonderen Vertragsbedingungen

für die Miete von EDV-Anlagen und -Geräten

4. Änderungen und Ergänzungen (§ 25)
(ggf. Erläuterungen auf besonderem Beiblatt)

Der AG und der AN erstellen für den Übergang von der installierten Fassung (Release) der Grundsoftware zu einer neuen Fassung gemeinsam einen Plan für die Übergangszeit, der auch bei teilweisem oder vollständigem Ausfall der neuen Fassung, soweit notwendig, jederzeit die Benutzung der vorher installierten Fassung ermöglicht. Der AG wird die neue Fassung der Grundsoftware unter seinen Betriebsbedingungen erproben.

Zu MS 2 und 15:
Die Programme werden auf vom AG zur Verfügung zu stellenden Magnetbändern übergeben. Falls keine Magnetbänder zur Verfügung gestellt werden, erfolgt hierfür eine gesonderte Berechnung zu den zum Zeitpunkt der Lieferung üblichen Preisen des AN.

Abb. 31

9 Zu den einzelnen Punkten der allgemeinen Leistungsbeschreibung: S. zu den Texten der einzelnen Formulare jeweils in PT 1 unter demselben Formular sowie unter der folgenden Rz:

		Rz
- Zu MS 4	Unterlagen Haustransport	1 a
- Zu MS 5 Nr. 1		4
Nr. 2		5
Nr. 3		7
- Zu MS 6		1
- Zu MS 7		1
- Zu MS 8		2 f
- Zu MS 10	Einsicht in Arbeitsanweisung	7
	Terminabstimmung	5 f
	ungünstige Zeiten	8 ff
	Softwarewartung	11
- Zu MS 11	Wartungsbereitschaft	3
	Spalte 3	5
	Spalte 4	7
- Zu MS 14	Preisvorbehalt s. Rz 4 zu § 22	
	Ablösebeträge	6 ff

10 Rahmenvereinbarung unter Verzicht auf die Formulare: Dieses Beispiel (Abb. 32) greift das vorhergehende Beispiel auf, verzichtet aber darauf, die einzelnen Formulare als Grundlage für die standardmäßig zu behandelnden Punkte der LB zu verwenden. Das Beispiel enthält Auslassungen, die durch die entsprechenden Texte des letzten Beispiels auszufüllen sind.
Es sollte darauf geachtet werden, daß jeder Text eindeutig einem Formular zugeordnet wird (ggf. MS 16/KS 16/WS 8 unter "Änderungen und Ergänzungen").

Praktischer Teil 4: Leasing einschließlich Ratenkauf

1. Einleitung

1 Zielsetzungen: Leasingverträge werden insb. *von Herstellern* vorgeschlagen, die auf Verkauf ausgerichtet sind:

1. Sämtliche Einzelvereinbarungen über die Anmietung von Hardware oder Software werden durch diese Rahmenvereinbarung ergänzt, soweit die Einzelvereinbarungen keine ausdrücklichen Abweichungen enthalten. Die Einzelvereinbarungen werden ausschließlich auf dem in Anlage 1 aufgeführten Formular, ggf. mit Ergänzungen, geschlossen.

2. Für alle Einzelvereinbarungen gilt:
   - Sonstige Leistungen: Unterlagen über die Hardware und die Software werden in angemessenem Umfang ohne gesonderte Vergütung überlassen. Der AG ist berechtigt, die Unterlagen für die Nutzung des Systems durch seine Mitarbeiter zu vervielfältigen. Dabei hat er auf das Copyright hinzuweisen.

     Die Kosten des Spediteurs für den Haustransport trägt der AG. Der AN wird Kostenvoranschläge 4 Wochen vor Lieferung beibringen, wenn die Kosten voraussichtlich DM ... übersteigen.

   - Installations- und Aufstellungsvoraussetzungen: Es gilt das Installationshandbuch des AN jeweils i.d.F. des Zeitpunktes der Bestellung.
     AN und AG werden den Konfigurationsplan für das Rechenzentrum vor jeder Bestellung gemeinsam überarbeiten.

   - Spätester Termin für die Fertigstellung der o.a. Voraussetzungen: jeweils 14 Tage vor Anlieferung.
     ....

3. Rabatte ...

4. Die Preise enthalten keine Mehrwertsteuer. Diese wird zusätzlich in Rechnung gestellt. Es wird ein Preisvorbehalt gem. § 5 Nr. 11 BVB-Wartung vereinbart.
   Zahlungsbedingungen in Ergänzung zu § 5 BVB-Miete:

5. Umstellung alter Verträge: .....

6. AGB des AN sind ausgeschlossen.

7. Die BVB-Miete gelten und werden wie folgt ergänzt:...

8. Gerichtsstand und Erfüllungsort

9. Änderung und Kündigung dieser Rahmenvereinbarung:...

Ort, Datum Unterschrift	Ort, Datum Unterschrift

Abb. 32

Eine - z.T. mit dem Hersteller wirtschaftlich verbundene - Leasinggesellschaft bietet langfristige Mietverträge mit einem Kaufrecht des AG gegen Restzahlung an (zur Einordnung des üblichen Leasingvertrages als Mietvertrag s. OLG Frankfurt, Urteil vom 23.6.1976, NJW 1977, 200 f). Bei eigener Leasinggesellschaft des Herstellers wird dem AG z.T. ein vorzeitiges Kündigungsrecht gegen Zahlung von Ablösebeträgen eingeräumt; die Mietsache kann dann vom Hersteller leichter weiter verwertet werden.
Zu unterscheiden davon ist der Fall, daß sich der AN bei einer Finanzierungsgesellschaft refinanziert oder die Vermietung über eine eigene Gesellschaft abwickelt. Der AG hat dann meist nur einen Partner. U.U. ist es einziges Kennzeichen der Finanzierung für den AG, daß der AN ausdrücklich darauf hinweist, daß er berechtigt ist, die Mietzinsforderungen abzutreten.
Leasing oder Teilzahlungskaufverträge werden *vom AG* der Finanzierung wegen, bei Rechenzentren in Form von Gesellschaften des BGB ggf. auch aus steuerrechtlichen Gründen gewünscht.

2 Der Kreditgeber hat ein besonderes Interesse daran, daß die Hardware in gutem Zustand erhalten wird: Bei Leasing, weil er Eigentümer bleibt, bei Teilzahlung, weil er die Hardware bei Zahlungsstockungen u.U. zurücknehmen muß (was bei Verträgen mit der öffentlichen Hand allerdings kaum erheblich sein dürfte). Der AG wird deswegen verpflichtet, einen Wartungsvertrag zu schließen, idR mit dem Hersteller.

3 Der AG sollte in seinem Interesse darauf achten, nur mit *einem* Vertragspartner zu tun zu haben oder sich wenigstens abzusichern, daß ihm Einwendungen gegenüber der Finanzierungsgesellschaft nicht abgeschnitten werden. Dies ist leichter gegenüber einer Finanzierungsgesellschaft zu erreichen, die wirtschaftlich mit dem Hersteller verbunden ist, als gegenüber einem Finanzierungsinstitut des Kreditgewerbes, das nicht in Schwierigkeiten bei der Vertragsdurchführung hineingezogen werden will.

2. Ratenkauf/Teilfinanzierungsverträge

4 Ratenkauf: Der Kaufpreis wird nicht auf einmal, sondern in Raten bezahlt. Dies verlangt folgende Abweichung von den BVB: "Abweichend von § 4 Nr. 1 K wird der Kaufpreis in Raten gem. Anlage ... gezahlt."
Zugleich wird ein Wartungsvertrag abgeschlossen, der vom AG nicht vor vollständiger Zahlung des Kaufpreises gekündigt werden darf, also u.U. nicht schon nach 3 Jahren, wie es § 3 Nr. 1 I. 4 W im Regelfall vorsieht.
Der AN kann wünschen, daß das Eigentum erst mit der vollständigen Zahlung übergeht. Diese Vorsichtsmaßnahme ist zwar kaum nötig, verstößt aber nicht gegen § 6 Nr. 1 K. Vom AN wird häufig eine Vereinbarung dahingehend gewünscht, daß er dem AG das Risiko des zufälligen Untergangs der Kaufsache gegen gesonderte Vergütung abnimmt (s. auch Rz

2). Dies entspricht nicht dem Grundsatz der öffentlichen Hand Risiken intern auszugleichen und nicht zu versichern.

5 Soweit der AG nicht ins Handelsregister eingetragener Kaufmann ist, greift das Abzahlungsgesetz zu seinem Schutz ein:

- Nach § 1 b Abzahlungsgesetz kann der AG den Kaufvertrag innerhalb von einer Woche nach Vertragsschluß widerrufen. Die Frist beginnt erst mit der schriftlichen Belehrung des AG über sein Widerrufsrecht. Die Belehrung ist vom AG gesondert zu unterschreiben. Der AN wird den AG schriftlich informieren und um Rücksendung des unterzeichneten Schreibens bitten.
- Nach § 1a Abzahlungsgesetz hat der AN den AG über die Finanzierungsbedingungen zu unterrichten. § 1a lautet: "Die auf den Vertragsschluß gerichtete Willenserklärung des Käufers bedarf der schriftlichen Form. Die Urkunde muß insbesondere enthalten
  1. den Barzahlungspreis,
  2. den Teilzahlungspreis,
  3. den Betrag, die Zahl und die Fälligkeit der einzelnen Teilzahlungen,
  4. den effektiven Jahreszins.

  Der Barzahlungspreis ist der Preis, den der Käufer zu entrichten hätte, wenn spätestens bei Übergabe der Sache der Preis in voller Höhe fällig wäre. Der Teilzahlungspreis besteht aus dem Gesamtbetrag von Anzahlung und allen vom Käufer zu entrichtenden Raten einschließlich Zinsen und sonstigen Kosten. Effektiver Jahreszins sind Zinsen und sonstige vom Käufer zu entrichtende Kosten (Differenz zwischen Teilzahlungs- und Barzahlungspreis), ausgedrückt als einheitlicher, auf das Jahr bezogener, Vom-Hundert-Satz vom Barzahlungspreis abzüglich Anzahlung, unter Berücksichtigung der Zahl, der Fälligkeit und des Betrages der Teilzahlungen....."

Dies ergibt folgendes Schema:

Barzahlungspreis netto
zuzüglich MWST
Barzahlungspreis brutto.

Teilzahlungspreis (einschl. Zinsen und der gesamten
./. Baranzahlung MWST)
Finanzierungsbetrag

Monatliche/Vierteljährliche Tilgungsraten für ...
Monate/Quartale
Effektivzins:
Zahlungstermine: .....

Dabei wird idR mindestens die gesamte MWST angezahlt (die vom AN sofort als Vorsteuer von der eigenen MWST-Schuld abgezogen werden kann).

6 Daß eine Finanzierungsgesellschaft eingeschaltet wird,

kommt in diesem Bereich kaum vor.

3. Leasing

7 In den BVB-Miete ist ein Leasingverhältnis zwischen *zwei* Parteien durch die Kaufoption gem. § 22 M vorgezeichnet: Jeder Mietvertrag läßt sich von vornherein auf lange Zeit abschließen; das Optionsrecht kann anfangs eingeschränkt oder auf einen späteren Zeitpunkt verschoben werden.

8 IdR wird aber eine Finanzierungsgesellschaft eingeschaltet. Diese *kauft* die gewünschten Sachen beim Hersteller (AN) und *vermietet* sie an den AG. Die Finanzierungsgesellschaft schließt jede Gewährleistung gegenüber dem AG aus, tritt aber ihre Gewährleistungsansprüche gegenüber den AN an den AG ab (solche auf Wandlung oder Rücktritt vom Kaufvertrag mit der Maßgabe, daß der AG vorher alle ausstehenden Mieten gezahlt hat). Der AG wird verpflichtet, mit dem AN für die Dauer des Mietverhältnisses einen Wartungsvertrag zu schließen. Die Absicherung des AG hängt also sowohl von dem Kaufvertrag zwischen dem AN und der Finanzierungsgesellschaft als auch von dem Wartungsvertrag zwischen dem AN und ihm ab.

9 Die Einbeziehung der BVB ist schwierig: Die Finanzierungsgesellschaft könnte zwar zu den BVB-Kauf die Sache erwerben. Es würde aber kaum Sinn machen, wenn sie einen BVB-Mietvertrag mit dem AG schließen würde; denn sie kann und soll keine Gewährleistungspflichten übernehmen. Zwar könnte sie sich des AN für die Erfüllung ihrer Gewährleistungspflichten bedienen; dies würde aber ein Finanzierungsinstitut des Kreditgewerbes ablehnen.
Handelt es sich hingegen um eine mit dem Hersteller wirtschaftlich verbundene Gesellschaft, so ist folgende Konstruktion einfacher: Der AN verpflichtet sich, im Wartungsvertrag den AG so zu stellen, als ob er mit der Finanzierungsgesellschaft einen BVB-Mietvertrag geschlossen hätte. Der AN erfüllt alle Pflichten außer derjenigen, die Mietsache dem AG zu überlassen. Der AG behält sich gegenüber der Finanzierungsgesellschaft ein Zurückhaltungsrecht und das Recht zu Einwendungen vor, wenn der AN seine Pflichten erheblich verletzt oder der AG sogar kündigt (nämlich den Wartungsvertrag, weil er nicht so wie bei einem Mietvertrag gestellt worden ist).

10 Der Wartungsvertrag könnte wie folgt lauten: "Der AN verpflichtet sich, den AG so zu stellen, als ob er die Mietsache von der ... (Finanzierungsgesellschaft) durch einen BVB-Mietvertrag angemietet hätte. Er wird sämtliche Verpflichtungen erfüllen mit Ausnahme derjenigen, die Mietsache zu überlassen." Es folgt eine LB gemäß den BVB-Mietscheinen.
Der Leasingvertrag könnte u.a. lauten: "Die Finanzierungsgesellschaft vermietet .... an den AG .... für die Dauer von .... Monaten. Die Finanzierungsgesellschaft schließt jegliche Gewährleistung aus mit folgender Einschränkung:

- Der AG kann den Vertrag kündigen, wenn der AN seine Pflichten in einer Weise verletzt, daß der AG nach den BVB-Miete zur Kündigung gegenüber dem AN berechtigt wäre.
- Der AG kann den Mietzins zurückhalten, solange der AN Sanktionen nicht leistet (Zahlung pauschalierten Schadensersatzes, Erstattung des Mietzinses in der Höhe, wie der AG den Mietzins bei einem BVB-Mietvertrag hätte kürzen können).
- Der AG kann mit Forderungen aufrechnen, wenn der AN zahlungsunfähig ist."

11 Es kann vereinbart werden, daß die Überlassung der Software, soweit sie ohne gesonderte Vergütung erfolgt, direkt zwischen AN und AG vereinbart wird.

Praktischer Teil 5: Umstellung alter Verträge

1 Zielsetzung: Die Umstellung alter Verträge von den AGB des AN auf die BVB bietet sich für den AG an
- wenn die BVB als günstiger angesehen werden,
- wenn ein installiertes System erweitert werden soll und die BVB für die zusätzlichen Einheiten anzuwenden sind, um einheitliche Vertragsbedingungen *für ein System* zu haben, oder
- um bei unabhängigen weiteren Beschaffungen mit einheitlichen Vertragsbedingungen *für ein Rechenzentrum* arbeiten zu können, z.B. nicht für einige Geräte den Mietzins monatlich, für andere vierteljährlich zu zahlen oder die Mietkürzung einheitlich zu berechnen.

2 Handelt es sich also nur um eine *unbedeutende Erweiterung* eines Systems und sind sonstige Bestellungen nicht zu erwarten, ist es als zulässig anzusehen, der Einfachheit halber nicht zu den BVB, sondern zu den AGB des AN zu bestellen.

3 Die Umstellung sollte nur für die Zukunft vereinbart werden. Für installierte Geräte sollte nicht nachträglich noch eine Funktionsprüfung vereinbart werden, wohl aber sollte sie durchgeführt werden, wenn aufgrund alter Verträge bestellte Geräte installiert werden.

4 Die Umstellung bei Mietverträgen kann wie im Beispiel in Abb. 33 erfolgen. Es werden diejenigen Formulare der LB ausgefüllt, die sich auf die Wartung und auf sonstige Pflichten beziehen, die auch noch nach der Abnahme bestehen. Die Formulare für Geräte und Software (MS 1, 2 und 15) brauchen nicht ausgefüllt werden; es reicht aus, die - bereits angemieteten - Geräte und Programme in einer weiteren Anlage aufzuführen (dies sollte insb. geschehen, um einen aktuellen Stand zu haben; die alten LB können teilweise überholt sein).

Die Vertragspartner vereinbaren, daß der Mietvertrag ... für die in Anlage 1 aufgeführten Geräte und Programme durch diesen auf der Grundlage der Besonderen Vertragsbedingungen für die Miete von EDV-Anlagen und -Geräten geschlossenen Vertrag nach folgender Maßgabe mit Wirkung vom ... ersetzt wird:

1. Die Leistungsbeschreibung des Mietvertrags vom .... ist Bestandteil dieses Vertrages im Sinne von § 2 I a) BVB.
   Die Geräte und Programme, für die dieser Vertrag gilt, sind in Anlage 1 aufgeführt.

2. Die bisherige Mietzeit für die unter Nr. 1 aufgeführten Geräte, begonnen mit der betriebsbereiten Übergabe nach dem Mietvertrag vom ..., wird auf die Fristen nach § 3 Nr. 1 BVB (Mindestmietzeit), § 4 Nr. 5b BVB (Preisvorbehalt), § 21 Nr. 2 BVB (Rücktransport), § 22 BVB (Kaufrecht) angerechnet.

3. Als Grundsoftware wird vereinbart:

4. Auf die in Anlage 1 aufgeführten Geräte und Programme finden die §§ 6 bis 8, 13 und 14 Nr. 1 BVB keine Anwendung, soweit sie bereits übergeben bzw. abgenommen sind.
   Soweit die in Anlage 1 aufgeführten bereits abgenommenen Geräte aus technischen Gründen im Rahmen einer Funktionsprüfung nach § 8 BVB mitbenutzt werden, gehen die Nutzungs- sowie die Ausfallzeiten nicht in die Verfügbarkeitsberechnung der der Funktionsprüfung unterliegenden Geräte mit ein. Die Zeiten, in denen neu angemietete, der Funktionsprüfung unterliegende Geräte infolge von Ausfällen der in Anlage 1 aufgeführten Geräte nicht benutzt werden können, gelten als neutrale Zeiten.

5. Die Mietberechnung nach § 4 BVB beginnt mit dem Tage der Wirksamkeit dieser Zusatzvereinbarung.

Ort, Datum
Unterschrift

Ort, Datum
Unterschrift

Abb. 33

5 Die Umstellung von Kaufverträgen kommt nur insoweit in Betracht, als die betreffenden Geräte noch nicht installiert sind oder noch der Gewährleistung unterliegen. Soll hingegen ein bereits einem Wartungsvertrag unterliegendes System erweitert werden, so wird der alte Kaufvertrag dadurch nicht berührt. Bei Nutzungseinschränkungen muß jeder Teil des Systems nach dem Vertrag behandelt werden, dem er unterliegt.

Die dem Wartungsvertrag unterliegende Zentraleinheit fällt für 5 Tage aus, ohne daß der AN den Fehler schneller hätte beseitigen müssen. Es ist insoweit keine Sanktion zu zahlen (s. Rz 10, 13 zu § 8 W). Die zusätzlich beschafften Plattenlaufwerke konnten nicht genutzt werden. Dafür ist für drei Tage Sanktion zu zahlen (s. Rz 20 zu § 9 K).

Zur Funktionsprüfung s. PT 2 Rz 22 und 31.

6 Die Umstellung bei Wartungsverträgen erfolgt wie bei Mietverträgen, wobei auf Lieferung und Funktionsprüfung nicht eingegangen werden braucht.

Praktischer Teil 6: Muster eines Kaufvertrages nach Ausübung der Kaufoption gem. § 22 M

1 Der Kaufvertrag kommt nicht durch einseitige Erklärung des AG zustande; § 22 M verpflichtet den AN nur, einen Kaufvertrag zu bestimmten Bedingungen zu schließen. Dabei ist es nicht erforderlich, den Mietvertrag aufzuheben und einen Kaufvertrag zu schließen; der Mietvertrag kann auch in einen Kaufvertrag *umgewandelt* werden. Der Inhalt des Vertrages hängt davon ab, zu welchem Zeitpunkt er wirksam wird:
- vor der Lieferung
- während der Gewährleistung
- zu einem späteren Zeitpunkt, so daß zugleich ein Wartungsvertrag geschlossen werden muß.

2 Die folgenden Beispiele zeigen, daß der Inhalt des Kaufvertrages weitestgehend vorbestimmt ist, so daß kaum Verhandlungsspielraum besteht.

> Der am .... geschlossene Mietvertrag, Auftragsnummer .., wird mit Wirkung zum .... in einen Kaufvertrag umgewandelt. Dieser Kaufvertrag wird durch die BVB-Kauf ergänzt. Die LB gilt mit folgender Maßgabe fort:
> - MS 1 wird durch KS 1 ersetzt.
> - MS 2 und 15 werden durch KS 2 und 14 ersetzt.
> - Der AN ist außerhalb seiner normalen Geschäftszeit weder zur Instandhaltung noch zur Instandsetzung verpflichtet. Letzteres kann - ggf. gegen gesonderte Vergütung - vereinbart werden. Es gelten die Preisvorbehalte gem. § 3 Nr. 3 II c) und Nr. 4 BVB-Kauf.
>
> Abb. 34

3 Umstellung vor der Lieferung: Die LB muß insoweit geändert werden, wie sich die Formulare voneinander unterscheiden *und* zu solchen Punkten auch Absprachen getroffen worden sind:
- MS 10/KS 9: Soweit Wartungsbereitschaft für Instandhaltung außerhalb der normalen Geschäftszeiten vereinbart worden ist, werden bei Kaufverträgen nicht die tat-

sächlich geleisteten Stunden, sondern ggf. pauschal ein Zuschlag zum Kaufpreis vergütet (s. Rz 2 zu § 17 Nr. 1 I. 2), der in KS 10 vereinbart wird.

- MS 11/KS 11: Der Vergütungssatz für Instandsetzung zu ungünstigen Zeiten wird anders berechnet (s. MS 11 Rz 7 f).
- MS 12/KS 12: Für die Vorhaltung einer Ausweichanlage während der Gewährleistungsfrist kann eine gesonderte Vergütung vereinbart werden.
- MS 13/KS 13: Es ist anzunehmen, daß vereinbarte Preisvorbehalte auf die Mehrwertsteuer und auf Nebenleistungen auch für den Kaufvertrag gelten, selbst wenn dies jetzt nicht ausdrücklich klargestellt wird.

4 Damit ergibt sich z.B. ein Vertrag wie in Abb. 34. In KS 1, 2 und 14 werden die Geräte und Programme aufgeführt und die Kaufpreise angegeben.

5 Die Umstellung während der Gewährleistungszeit unterscheidet sich nicht wesentlich außer in dem Punkte, daß das Eigentum an der Anlage, die der AG bereits in Besitz hat, zu übertragen ist. Ist die Betriebsbereitschaft noch nicht erklärt, wird der AG mit der Erklärung der Betriebsbereitschaft Eigentümer; die Einigung über den Eigentumsübergang ist in § 6 K enthalten. Es sind dieselben Punkte wie im letzten Beispiel zu klären. Das Beispiel in Abb. 35 geht davon aus, daß die Betriebsbereitschaft bereits erklärt worden ist.

Der am .... geschlossene Mietvertrag, Auftragsnummer..., wird mit Wirkung zum .... in einen Kaufvertrag umgewandelt. AN und AG sind sich darüber einig, daß mit dem o. a. Datum Eigentum und Gefahr übergehen und dem AG ein Nutzungsrecht an der Software gem. § 6 Nr. 2 BVB-Kauf zusteht. Dieser Kaufvertrag wird durch die BVB-Kauf ergänzt.
Der pauschalierte Schadensersatz gem. § 9 Nr. 4 wird auf den vollen Kaufpreis bezogen. Die LB gilt mit folgender Maßgabe fort:

- MS 1, 2 und 15 werden durch KS 1, 2 und 14 ersetzt.
- Die Instandhaltung zu ungünstigen Zeiten wird weiterhin wie in MS 10 festgelegt vergütet.
- Es gelten die Preisvorbehalte gem. § 3 Nr. 3 II c) und Nr. 4 BVB-Kauf.

Abb. 35

In KS 1, 2 und 14 werden die Kaufpreise, die anzurechnenden Mietzinsen und damit die Restkaufpreise angegeben. Sofern der AN üblicherweise einen Zuschlag nach § 17 Nr. 1 I. 2 für die Instandhaltung während der Gewährleistungsfrist verlangt, kann er ihn auch hier anteilig für den Rest der Gewährleistungsfrist verlangen.

6 Die Umstellung nach Ablauf der Gewährleistungsfrist braucht die LB des Mietvertrags nicht einzubeziehen, weil

sich aus dem zu schließenden Kaufvertrag praktisch keine weitergeltenden Pflichten mehr ergeben. Das Beispiel in Abb. 36 geht von dem Abschluß eines neuen Vertrages aus, wobei die Option nur für einen Teil der Mietsache ausgeübt wird. In KS 1, 2 und 14 werden die Kaufpreise, die anzurechnenden Mietzinsen und damit die Restkaufpreise bzw. die Mindestkaufpreise, angegeben.

> Die Parteien schließen einen Kaufvertrag, Auftragsnummer ..., zu den BVB-Kauf gemäß den anliegenden KS 1, 2 und 14.
> Dieser Vertrag wird zum .... wirksam. Zu diesem Zeitpunkt wird der Mietvertrag vom ...., Auftragsnummer ... hinsichtlich der in KS 1, 2 und 14 aufgeführten Einheiten aufgehoben. Das Eigentum an den Geräten geht zu diesem Zeitpunkt auf den AG über. Der AG erhält ein Nutzungsrecht an den Programmen zu diesem Zeitpunkt gemäß § 6 Nr. 2 BVB-Kauf.
> Die Gewährleistung entfällt gem. § 23, 1 BVB-Kauf.
>
> Abb. 36

Praktischer Teil 7: Vergabe nach der VOL/A

1. Vergabeformen nach der VOL/A

1 § 3 VOL/A sieht drei Formen der Vergabe vor:
- die öffentliche Ausschreibung
- die beschränkte Ausschreibung und
- die freihändige Vergabe.

Damit ist zugleich in absteigender Reihenfolge angegeben, in welcher Form vorgegangen werden soll. Soll freihändig vergeben werden, so ist dies gem. § 3 Nr. 5 VOL/A besonders zu begünden.

2 Die öffentliche und die beschränkte Ausschreibung unterscheiden sich nur darin, wie sich der AG an die potentiellen AN wendet: Bei der öffentlichen Ausschreibung weist er öffentlich, idR in Zeitungen, darauf hin, daß die Unterlagen zur Abgabe eines Angebots von jedem Interessierten angefordert werden können. Bei der beschränkten Ausschreibung wendet sich der AG direkt an eine Reihe potentieller Bieter und fordert sie zur Abgabe eines An-

gebots auf. Wenn überhaupt eine der beiden Formen in Betracht kommt, dürfte es derzeit nur die beschränkte Ausschreibung sein.
Beide Formen der Ausschreibung zielen von vornherein auf die Abgabe nicht nur verbindlicher, sondern sogar unterschriftsreifer Angebote. Der AG soll anhand der Angebote über den Zuschlag ohne weitere Verhandlungen entscheiden. Der AG muß die Leistung also in einer solchen Weise beschreiben können, daß die Bieter entsprechende Angebote abgeben können. Dies ist kaum möglich; wenn es auch um Serienprodukte geht, so unterscheiden sie sich doch erheblich. Die Auswahl ist meist ein mehrstufiger Prozeß. Es bleibt fast stets nur die freihändige Vergabe übrig.

3 Der <u>freihändigen Vergabe</u> soll gem. § 3 Nr. 4 VOL/A zumindest eine formlose Preisanfrage vorangehen. Diese kann auch förmlich sein, um aussagekräftigere und eher vergleichbare Angebote zu erhalten. Dies kann dadurch erreicht werden, daß die Aufforderung zur Abgabe eines Angebots eng an die bei einer Ausschreibung angelehnt wird. Im Bereich der EDV-Beschaffung wird mit "Pflichtenheften", d.h. einer abgeschwächten Form der LB gearbeitet, die die Anforderungen des AG an die Leistung enthalten. Diese können zur Grundlage einer förmlichen Preisanfrage gemacht werden. Der *Beschaffer* sollte dafür sorgen, daß bei der Anfrage die beschaffungsmäßigen Belange mit einbezogen werden, insb. damit der Vertragsschluß vorbereitet wird.

4 Der AG kann sich auch auf andere Weise als durch eine Preisanfrage einen Überblick über den Markt verschafft und beschlossen haben, den Vertrag mit einem bestimmten AN zu schließen. Dies kann sich auch ergeben, weil von vornherein nur ein bestimmter AN in Betracht kommt, z.B. bei Erweiterungen vorhandener Anlagen. Diese Form der Beschaffung wird im folgenden nicht weiter behandelt.

2. Vorgehen bei freihändiger Vergabe mit förmlicher Preisanfrage

5 Durch die Formalisierung bindet sich der AG nicht an ein bestimmtes Verfahren; er ist insb. nicht den Vorschriften über das Vorgehen bei einer Ausschreibung unterworfen. Das bedeutet z.B.:
- Die Angebote brauchen nicht formell eröffnet zu werden.
- Verspätet eingehende Angebote dürfen berücksichtigt werden.
- Nachträgliche Angebote, insb. Änderungen, dürfen berücksichtigt werden.
- Der AG darf mit den Bietern verhandeln.

2.1 Aufforderung zur Abgabe eines funktionalen Angebots

6 Die Aufforderung dient dazu festzustellen, welche Angebote die gewünschten Leistungen erbringen können, und bereitet den Vertragsschluß vor. Dementsprechend besteht

die Aufforderung aus folgenden (logischen) Teilen:
- einem Anschreiben mit den Regelungen des Vergabeverfahrens
- sachlichen und formalen Vorgaben für die Abfassung der LB durch den AG und
- einem Pflichtenheft für die Beschreibung des Systems.

7 Unabhängig von der schriftlichen Aufforderung kann das Beschaffungsvorhaben mit den Bietern einzeln oder gemeinsam besprochen werden. Dies sollte erst einige Zeit nach der Übergabe der Unterlagen erfolgen.

8 Das Anschreiben (s. Abb. 37) kann neben dem Hinweis auf die beabsichtigte Beschaffung auch Vorgaben für die Abfassung der LB enthalten (zu weiteren Vorgaben s. Rz 9):
- welche Angaben der Bieter machen soll (möglichst auf der Grundlage der Musterleistungsbeschreibungen)
- daß der Vertrag auf der Grundlage der BVB (und damit zugleich der VOL/B) geschlossen werden wird,
- inwieweit und für welche Zeit das Angebot verbindlich sein soll
- daß der Bieter die Unterlagen vertraulich behandeln möge und
- wie der AG weiter vorzugehen plant (z.B. weitere Fragen an den Bieter, Tests, vorgesehene Termine für Vertragsschluß und für Lieferung).

Der AG sollte besonders darauf hinweisen, daß die Vergütung vollständig und damit möglichst vergleichbar anzugeben ist, auch für Nebenleistungen. Ist der AG an den Preisen für die einzelnen Geräte interessiert, sollte er darauf hinweisen, weil die Tendenz besteht, den Preis für kleinere Anlagen pauschal auszuweisen. Eindeutige Vorgaben helfen z.B. auch, Aussagen darüber zu erhalten,
- wie lange die Gewährleistungsfrist bei Kauf ist, für die nicht die volle Wartungsvergütung, sondern gem. § 17 Nr. 1 K nur ein Zuschlag auf den Kaufpreis gezahlt wird,
- wie hoch dieser Zuschlag ist,
- ob die Mehrwertsteuer in den Preisen enthalten ist oder nicht.

9 Der AG kann weitere Vorgaben für die Beschreibung der Nebenpflichten in den dazugehörenden Formularen der Musterleistungsbeschreibung machen (Abb. 38); er kann die Fragen auch so stellen, daß der Bieter sie in den Formularen beantworten kann (Abb. 39).

10 <u>Pflichtenhefte</u> unterscheiden sich in der Praxis danach, <u>ob das System</u> eher nur eine einzige Aufgabe oder eher ein Aufgabenbündel bearbeiten soll (aufgabenbezogenes oder systembezogenes Pflichtenheft). Bei aufgabenbezogenen Pflichtenheften besteht die Neigung, zu ausführlich die einzelnen Arbeitsschritte der zu lösenden Aufgabe zu beschreiben und nur wenige ausdrückliche Fragen anzuschliessen ("Haben Sie die für diese Aufgabe erforderliche Standardsoftware?"). Bei systembezogenen Pflichtenheften be-

An (Bieter)

Betrifft: Vergabe ...
Anlagen:

Die ... beabsichtigt, ein System zur Unterstützung der Erledigung der im beiliegenden Pflichtenheft beschriebenen Aufgabe zu kaufen. Die ... legt dem Vertrag die BVB-Kauf zugrunde.

Sollten Sie an einem Angebot interessiert sein, bitten wir Sie, das beiliegende Pflichtenheft auszufüllen und eine Leistungsbeschreibung auf der Grundlage der BVB-Kaufscheine zu erstellen. Dabei bitten wir Sie, die Vergütung wie folgt aufzugliedern:

- Die Vergütung ist für jedes Gerät einzeln anzugeben.
- Die Gewährleistungsfrist ist mit ... Monaten (einschl. Funktionsprüfung) anzubieten.
- Wird ein Zuschlag für die Instandhaltung gem. § 17 Nr. 1 BVB-Kauf verlangt, so ist dieser auszuweisen.
- Mehrwertsteuer ist in die Vergütungen einzubeziehen.

Wir bitten Sie um Ihr Angebot bis zum ... Nach der Eröffnung werden wir uns an Sie zwecks Klärung von Einzelheiten wenden und Sie ggf. auffordern, ein verbindliches Angebot abzugeben.
Für Rückfragen steht Ihnen ... (Telefon ...) zur Verfügung.

Abb. 37

steht hingegen die Neigung, sich in Fragen nach technischen Einzelheiten zu ergehen: Es wird alles abgefragt, was in den Systembeschreibungen der Hersteller ohnehin steht. In Abb. 40 werden die Angaben für *eine* Aufgabe stufenweise verfeinert. Eine weitere Stufe kann sinnvoll sein. Sie darf aber nicht in Richtung auf eine Programmvorgabe gehen, die hier fehl am Platze wäre. Wichtiger ist es, EDV-technische Anforderungen abzuleiten, wie etwa das Mengengerüst in Abb. 41, das *alle* Aufgaben zusammenfaßt.

2.2 Vorauswahl

11 Bei mehreren Angeboten kann die Auswahl oft nur stufenweise durchgeführt werden. Ziel jeder Stufe ist es, die Anzahl der Angebote zu verringern, weil der Aufwand für die Überprüfung je Stufe zunimmt. Dabei können die Beurteilungskriterien auf jeder Stufe weiter detailliert werden; es können auch zusätzliche Kriterien auf jeder Stufe herangezogen werden, z.B. Einbettung in EDV-Gesamtkonzeption, Übertragbarkeit der Lösung.

5. Personalausbildung (§ 13)

Ausbildung zur

☐ Maschinenbedienung ☐ Programmierung ☐ Organisation und Systemanalyse ☐ Sonstige Ausbildung

Lfd. Nr.	Art der Ausbildung a) Maschinenbedienung b) Programmierung c) Org. u. Systemanalyse d) Sonstige Ausbildung	Anzahl der Auszubildenden ohne Berechnung	Anzahl der Auszubildenden gegen Vergütung	Ausbildungsprogramm	Ausbildungsdauer (Tage)	Voraussichtlicher Termin	Ausbildungsort	Ausbildungskosten (bei Vertragsabschluß) pro Teilnehmer/Tag DM
1	2	3	4	5	6	7	8	9

1. a) Welche Ausbildung ist zum Bedienen des Systems und zum Erlernen der Programmiersprache erforderlich ?

b) Was wird zusätzlich geboten ?

2. Welche Kosten entstehen ?

3. Wann sind die nächsten Termine nach dem ... ?

6. Einsatzvorbereitung (§ 13)
6.1. Beratung

Lfd. Nr.	Art der Beratung	Zeitplan	Beratung ohne Berechnung (in Std.)	Bei Beratung gegen Vergütung Vergütungssatz pro Stunde (bei Vertragsabschluß) DM
1	2	3	4	5

Wieviel Beratung wird ohne gesonderte Vergütung gestellt ?
Für welche Aufgaben ?
Was kostet zusätzliche Beratung je Manntag (einschl. Spesen)?

Abb. 38

<u>Vorgaben zur Leistungsbeschreibung</u>

Zu MS/KS 4: Voraussichtliche Lieferzeit, wenn der Vertrag vor dem ... geschlossen wird:

Zu MS/KS 7: Was kostet zusätzliche Beratung je Manntag (einschl. Spesen)?

Abb. 39

12 Grundsätzlich lassen sich drei <u>Stufen</u> unterscheiden, die noch aufgegliedert werden können:
- Auf der ersten Stufe wird geprüft, ob die Angebote die grundlegenden/unverzichtbaren Anforderungen ("K.o.-Kriterien") erfüllen. Andernfalls werden sie ausgeschieden.
- Auf der zweiten Stufe werden die Angebote im einzelnen anhand der Unterlagen und der ergänzenden Informationen der Bieter beurteilt. Diejenigen Angebote, die weniger

Darstellung der vom DV-System zu unterstützenden Abläufe im Bereich:

Administration

1. Es müssen Bestellsätze aufgebaut und eingegeben werden.
2. Anhand der gespeicherten Bestellsätze werden die Lieferscheine kontrolliert.
3. Lagerzu- und -abgänge, werden nach Art und Menge erfaßt.
4. Die Änderung von Personalstammsätzen wird durchgeführt.
5. Änderung der übrigen Stammsätze
   Das betrifft die Veränderung von Artikel-, Lieferanten-, Anlagegütern-, Debitoren-, Kreditoren-Stammsätzen

Aktivität/Vorgang	Häufigkeit/ Tag/Anzahl	Dialog-Eingabe	Dialog-Ausgabe	Zahl d. Merkmale	Verteilung d. tägl. Arbeitszeit	
					Stunden	%
Bestellsätze	10	200	20	5	9-16	100
Lieferscheinkontrolle	10	10	200	5	9-12	90
Lagerbewegungen Änderungsd.	800	800	100	10	13-16	80
- Personal incl. Überstd.	500	200	100	10	9-16	100
- übrige Stammsätze	50	40	80	10	9-16	100

Abb. 40

geeignet erscheinen und nicht in die Endauswahl aufgenommen werden sollen, werden ausgeschieden.
- Endauswahl (s. Rz 18 f).

Ergänzende Informationen in Gesprächen mit den einzelnen Bietern gewinnen dabei zunehmend an Bedeutung.

13 Der <u>Kriterienkatalog</u> nimmt die Entscheidung zwar nicht ab, kann aber eine gute Entscheidungshilfe sein.
Der Kriterienkatalog sollte möglichst weitgehend mit dem

Abschätzung des Datenvolumens

	Anzahl Sätze	Satzlänge	Speicherbedarf Platte (KB)
Bibliothek	6.000	16	96
- Index	6.000	16	96
- Stammdaten	6.000	120	720
- Verwaltung	6.000	100	600
- Risiko	6.000	200	1.200
- Anforderungen	90.000	40	3.600
- Ergebnisse	150.000	50	7.500
Leistungsstellen-bibliothek			
- Index	50	16	1
- Stammdaten	50	100	5
- Anforderungen	4.000	40	160
- Ergebnisse	2.000	50	100
- Leistungskat.	5.000	150	750
Protokolle			
- Anforderungen	2.000	40	80
- Ergebnisse	1.000	50	50
- Sonstiges	5.000	60	300
Spooling			
- Druck über System	10.000	150	1.500
- Zwischenspeicherung (Druck über Hintergrundrechner)	10.000	150	1.500
- Druck über Subsystem	5.000	150	750

Abb. 41

Pflichtenheft bzw. hinsichtlich der Nebenleistungen mit der LB korrespondieren. Dies erleichtert die Überprüfung der Vollständigkeit des Kriterienkataloges (ggf. auch die des Pflichtenheftes), die Zuordnung der Angaben des Angebots zu den Kriterien, die Überprüfung der Vollständigkeit des Angebots u.a.m. Es kann festgestellt werden, welche Fragen offen sind und in welcher Reihenfolge sie zueinander stehen. (Dies braucht nicht soweit zu gehen, alle K.o.-Kriterien auf einer Seite des Pflichtenheftes zu sammeln). Der Kriterienkatalog sollte möglichst gleichzeitig mit dem Pflichtenheft erstellt werden, spätestens aber vor der Eröffnung der Angebote.
Die Beurteilung nach dem Kriterienkatalog kann schon in der LB und im Pflichtenheft vorbereitet werden, insb. wenn die Bieter ihre Angaben bereits in diesen Unterlagen

machen: Es kann dann eine Spalte für die Beurteilung auf unterster Ebene vorgesehen werden (s. Abb. 42). Ein Teil der Kriterien kann allerdings nicht in Fragen des Pflichtenheftes Ausdruck finden, z.B. die Zuverlässigkeit des AN oder seine informelle Unterstützungsbereitschaft.

Hardcopy-Einheit	Antworten des Bieters	Beurteilung
1. Typ 2. Verfügbar seit/ab 3. Schreibprinzip 4. Formularführung 5. Schreibgeschwindigkeit 6. Anschlußmöglichkeit 7. Standardschnittstelle 8. Normalpapier 9. Geräuschentwicklung 10. Über Funktionstastatur bedienbar 11. Maximale Entfernung zum Display 12. Besonderheiten		

Abb. 42

14 Fortschreibung des Pflichtenheftes und des Kriterienkataloges: Beide Unterlagen können durch neue Erkenntnisse, durch Ausscheiden von Alternativen u.a.m. überholt werden. Der AG sollte diese Änderungen formell in sein Arbeitsexemplar der LB und des Pflichtenheftes aufnehmen und sie ggf. auch den Bietern mitteilen, damit sich diese darauf einstellen können.
Soll der Kriterienkatalog seinen Wert als Entscheidungshilfe nicht verlieren, so muß er förmlich geändert werden. Dies sollte begründet werden, damit die Entscheidung möglichst nachvollziehbar bleibt.

15 Beurteilung: Es gibt verschiedene Methoden; besonders verbreitet als Entscheidungshilfe ist die Multifaktorenanalyse mit einigen Verfeinerungen.

16 Protokoll: Es empfiehlt sich, ein laufendes Protokoll während der gesamten Zeit der Auswahl zu führen. Dies sollte folgende Punkte enthalten:
- Eröffnung
  - Bieter, die aufgefordert sind
  - Bieter, die abgeschrieben oder kein Angebot abgegeben haben
  - Bieter, die ein Angebot eingereicht haben.
- Überprüfung auf K.o.-Kriterien
  - ggf. Änderungen der K.o-Kriterien
  - Ergebnis
  - Absage an ausgeschiedene Bieter.

- Vorauswahl (ggf. in Stufen)
  - Besprechung mit Bietern
  - ggf. Fortschreibung der Unterlagen/des Kriterienkataloges
  - Ergebnis
  - Absage an ausgeschiedene Bieter.
- Endauswahl
  - Anfordern von unterschriftsreifen Angeboten
  - ggf. Fortschreibung der Unterlagen/des Kriterienkataloges
  - sonstige Maßnahmen
  - zusammenfassende Beurteilung der Angebote und Entscheidung.

Daneben kann ein Protokoll für jedes Angebot geführt werden, in dem offene Fragen, Terminabsprachen u.a.m. festgehalten werden.

17 Es kann sich empfehlen, Bieter, deren Angebote ausgeschieden sind, alsbald und nicht erst nach Abschluß der Auswahl zu benachrichtigen. Diese können dann Alternativangebote sofort einreichen bzw. auf Produkte, die in absehbarer Zeit auf den Markt kommen werden, hinweisen.

2.3 <u>Endauswahl</u>

18 Die Endauswahl unterscheidet sich von der Vorauswahl tendentiell dadurch, daß systemtechnische Fragen in den Hintergrund treten, Fragen der Vergütung und der Vertragsbedingungen hingegen in den Vordergrund treten. Dies ist desto stärker, je mehr sich der AG bereits für ein bestimmtes systemtechnisches Konzept entschieden hat. In Betracht kommen weitere Maßnahmen zur Gewinnung von Entscheidungsgrundlagen wie Testläufe, Besichtigungen u.a.m. Mit Beginn der Endauswahl sollten neue Angebote grundsätzlich nicht mehr angenommen werden. Ankündigungen neuer Einheiten sollten nicht mehr beachtet werden.

19 Sobald sich eine Spitzengruppe von ca. 3 Angeboten herauskristallisiert, sollten verbindliche Angebote eingeholt werden. Dies erlaubt, Lieferfristen und andere Termine festzulegen, die Preise für die Bindungsfrist einzufrieren und Zusagen, die zwischenzeitlich gemacht worden sind, festzuhalten u.a.m. Außerdem kann Zeit zwischen der Entscheidung über die Systemauswahl und dem Vertragsschluß eingespart werden.

Sachregister

Es werden folgende Abkürzungen zusätzlich verwendet:

Amtl. Begriffe	Amtliche Begriffsbestimmungen (Kommentar 5)
E	Einleitung
V	VOL/B

Randziffern werden in Klammern gesetzt, ggf. nach dem §.
Das Zeichen " = " ersetzt die Tilde.

Mietschein 5 (Kaufschein 5) zu S. 355

4. Installations- und Aufstellungsvoraussetzungen beim Mieter (§ 6 Nr. 2, 3 und 5)

Beispiel 1

Die Steuereinheit soll an einen ... Kanal einer Anlage CS 4711, die unter OS 4711 Version 3.2 betrieben wird, angeschlossen werden. Der AG stellt das Kabel bis zur Steuereinheit sowie 4-Drahtleitungen mit V-24-Schnittstelle von der Steuereinheit bis zu den Bildschirmen. Der AG gibt die von ihm vorgesehenen Geräteadressen vorher bekannt.

Das System 4711 wird dem AN 6 Stunden vollständig zur Verfügung gestellt; danach kann er den Anschluß während des Betriebs des Systems 4711 testen. Darüber hinaus wird das System insgesamt nur an Sonnabenden zur Verfügung gestellt.

4.1. Bauliche, elektrotechnische, klimatische u. ä. Erfordernisse (ggf. Erläuterungen auf besonderem Beiblatt)

Beispiel 1

Stromversorgung:	22o V Wechselstrom + 15 %, 5o Hz Leistungsaufnahme 3oo VA Gesondert abgesicherter Anschluß je Gerät bis 1o m Entfernung.
Betriebsbedingungen:	relative Luftfeuchtigkeit 1o % - 8o % Betriebstemperatur 15° C bis 35° C Wärmeabgabe 25o Kcal.

Beispiel 2

Es gilt das Installationshandbuch des AN, Anlage ..... .

4.2. Spätester Termin für die Fertigstellung

MS 5

4.3. Bereitstellung eines Raumes für Wartungspersonal, für die Aufbewahrung von Geräten u. ä. (ggf. Erläuterungen auf besonderem Beiblatt)

x ja ☐ nein für Install. nachher: ein 2-teiliger Schrank und 2 m^2 Stellfläche.

Abbildung 27 zu S. 416

Tagebuch für die Funktionsprüfung "kleine Systeme"

System : X 4711

Auftraggeber : ____________ Seite : 1

Auftragnehmer : ____________

1				2	3			4	5		6	7	8	
Tag	Beginn Uhr	Ende Uhr	Dauer Minuten	Bezeichnung der betroffenen Einheit (Typ / Adresse, Laufwerk)	Unterbrechung Beginn Uhr	Ende Uhr	Dauer Minuten	Ursache	Faktor	Hilfsfeld	Neutrale Zeit	Ausfall-Zeit	Unterschrift Auftraggeber	Auftragnehmer
7.7.	8.00	16.00	480	Drucker I	10.00	12.00	120	Verschleiß	1/3			40	A.	B.
8.7.	8.00	16.00	480											
9.7.	8.00	16.00	480	Platte II	10.00	14.00	240	Strom	1/4	[illegible]		45	A.	B.
				Zentraleinheit	11.00	12.00	60	Strom	1	[illegible]!		60	A.	B.
10.7.	8.00	16.00	480	System	12.00	13.00	60	Wartung	1		60		A.	B.
Summe			1920							Summe	60	145	Summe	

	Dauer			Neutrale Zeit	Ausfall-Zeit	
Summe	1920		Summe	60	145	Summe
+				+	+	
Übertrag von der letzten Seite bisherige Gesamtdauer	–		bisherige $\sum$ neutrale Zeit	–	–	bisherige $\sum$ Ausfallzeit
=				=	=	
Gesamtdauer	1920		$\sum$ neutrale Zeit	60	145	$\sum$ Ausfallzeit = AZ

Berechnung der Ausfallrate

	./.
$\sum$ neutrale Zeit	60
	=
$\sum$ bereinigte Funktionsprüfungszeit = NZ + AZ	1860

Ausfallrate $= \frac{AZ \cdot 100}{NZ + AZ} = \frac{145}{1860} = 7{,}8\,\%$

FSC
www.fsc.org
MIX
Papier | Fördert gute Waldnutzung
FSC® C083411

Kolibri 360 GmbH
Ferdinand-Jühlke-Straße 7
99095 Erfurt, Deutschland
produktsicherheit@kolibri360.de